四訂
居宅介護支援・介護予防支援
給付管理業務マニュアル

公益社団法人 かながわ福祉サービス振興会 編集
NPO法人 神奈川県介護支援専門員協会 編集協力

中央法規

はじめに

　2000（平成12）年4月に施行された介護保険制度は、2005（平成17）年の大きな制度改革を経て15年目を迎えました。この間、介護事業所においては、人材の確保や育成が大きな課題として浮かび上がり、介護人材の処遇、雇用管理のあり方等を見直す機運が高まってきました。

　一方、今般の介護保険制度改正では、医療依存度の高い要介護高齢者が在宅で生活することを想定し、医療、介護、予防、住まい、生活支援サービスが切れ目なく提供される「地域包括ケアシステム」の実現に向けた取組みを積極的に進めることとされました。

　こうしたなかで、居宅介護支援事業所の管理者は、法令に基づいて居宅介護支援事業を健全に行うことはもちろんのこと、法定研修等の受入れや地域ケア会議への事例提供など制度改正に適切に対応することが必要になっています。そのために、地域包括ケアシステムやケアマネジメントを理解し、法令遵守のもとで居宅介護支援事業を運営するための指針となる参考書が求められております。

　そこで、本書は、居宅介護支援事業所の管理者を対象として、地域包括ケアシステムの全体像や介護支援専門員が知っておきたい制度改正の概要、事業所を運営するために必要な知識、ケアマネジメントと給付管理業務の実務、介護報酬改定の概要等をわかりやすく体系立てて整理し事業運営に役立つ業務マニュアルとして改訂いたしました。

　本書が、居宅介護支援事業所の管理者をはじめ多くの介護支援専門員にとって、少しでもお役に立つことができれば、執筆者および編集者一同、大変幸甚でございます。

2015年10月

公益社団法人　かながわ福祉サービス振興会
NPO法人　神奈川県介護支援専門員協会

目次

はじめに

第1章 介護保険制度の全体像

1 介護保険制度の仕組み ……………………………………………………………… 2
2 介護サービス利用の手続き ………………………………………………………… 4
3 要介護認定 …………………………………………………………………………… 6
4 要介護・要支援状態区分 …………………………………………………………… 8
5 介護サービス・介護予防サービスの種類等 ……………………………………… 10
6 介護保険事業計画策定の仕組み …………………………………………………… 12
7 地域包括ケアシステムの構築 ……………………………………………………… 14
8 保険給付の財源構成 ………………………………………………………………… 16
9 事業者指定の仕組み ………………………………………………………………… 18
10 審査請求・苦情等への対応の仕組み ……………………………………………… 20

第2章 介護支援専門員が知っておきたい制度改正の概要

1 介護保険法等の改正 ………………………………………………………………… 24
2 介護報酬の改定 ……………………………………………………………………… 34
3 介護支援専門員を取り巻く環境の変化 …………………………………………… 42
4 地域包括ケアシステムの実現に向けて …………………………………………… 60
5 他制度に関する知識 ………………………………………………………………… 66

第3章 居宅介護支援・介護予防支援事業の運営

1 居宅介護支援事業運営の基本 ……………………………………………………… 82
2 介護予防支援事業運営の基本 ……………………………………………………… 102
3 介護サービス情報の公表制度 ……………………………………………………… 108
　　●参考―神奈川県における情報公表制度の活用について ……………………… 114
4 個人情報保護法について …………………………………………………………… 117

第4章 シミュレーション 受付からケアプラン作成・給付管理票提出まで

1 居宅介護支援・介護予防支援の流れ ……………………………………………… 120
2 居宅介護支援の流れ ………………………………………………………………… 123
　　●課題分析標準項目 ………………………………………………………………… 131
　　●アセスメント総括表（課題整理総括表） ……………………………………… 133
　　●アセスメント結果に対する相談記録 …………………………………………… 136

- ●居宅サービス提供依頼書 152
- ●モニタリング表（短期目標・長期目標　評価表） 156
- ●入院時情報提供書 167
- ●退院・退所時情報確認書（連携シート） 169
- 3　介護予防支援の流れ 170

第5章 給付管理業務の実際

1　給付管理業務とは 188
2　給付管理業務の手順 190
3　給付管理業務の基礎知識 192
4　月途中での変更事項 202
5　月単位にみる給付管理業務 205
6　サービス利用票（第6表）・サービス利用票別表（第7表）の記載方法 209
7　給付管理票の記載方法 221
8　給付管理票や請求書に間違いがあったとき 222
9　償還払いの仕組みとサービス提供証明書 224

第6章 介護報酬と加算・減算

1　加算の概要 228
2　居宅介護支援の介護報酬単位数 234
3　居宅サービスの介護報酬単位数 237
4　地域密着型サービスの介護報酬単位数（居宅系サービス） ... 308
5　介護予防支援の介護報酬単位数 336
6　介護予防サービスの介護報酬単位数 337
7　地域密着型介護予防サービスの介護報酬単位数 388
8　資料 398

第7章 参考資料

- ◆指定居宅介護支援等の事業の人員及び運営に関する基準 412
- ◆指定居宅介護支援等の事業の人員及び運営に関する基準について 417
- ◆指定介護予防支援等の事業の人員及び運営並びに指定介護予防支援等に係る介護予防のための効果的な支援の方法に関する基準 426
- ◆指定介護予防支援等の事業の人員及び運営並びに指定介護予防支援等に係る介護予防のための効果的な支援の方法に関する基準について 432

編者プロフィール／執筆者一覧

CD-ROM収載資料

◆関係法令・通知

1. 指定居宅介護支援に要する費用の額の算定に関する基準
2. 指定居宅サービスに要する費用の額の算定に関する基準（訪問通所サービス、居宅療養管理指導及び福祉用具貸与に係る部分）及び指定居宅介護支援に要する費用の額の算定に関する基準の制定に伴う実施上の留意事項について（抄）
3. 指定介護予防支援に要する費用の額の算定に関する基準
4. 「指定介護予防サービスに要する費用の額の算定に関する基準の制定に伴う実施上の留意事項について」の制定及び「指定居宅サービスに要する費用の額の算定に関する基準（訪問通所サービス及び居宅療養管理指導に係る部分）及び指定居宅介護支援に要する費用の額の算定に関する基準の制定に伴う実施上の留意事項について」等の一部改正について

◆サービスコード表

1. 介護給付費単位数等サービスコード表（平成27年4月施行版）介護サービス
2. 介護給付費単位数等サービスコード表（平成27年4月施行版）介護予防サービス
3. 介護給付費単位数等サービスコード表（平成27年4月施行版）地域密着型サービス

◆福祉用具ガイドライン

1. 介護保険における福祉用具の選定の判断基準について
2. 福祉用具販売サービスガイドライン
3. 福祉用具サービス計画作成ガイドライン

◆個人情報保護関係

1. 個人情報の保護に関する法律
2. 医療・介護関係事業者における個人情報の適切な取扱いのためのガイドライン

◆労働基準関係

1. 訪問介護員のための魅力ある就労環境づくり（労務管理マニュアル）（外部リンク）＊
2. 介護労働者の労働条件の確保・改善のポイント（外部リンク）＊
3. 労働手帳（外部リンク）＊

＊インターネット上のホームページにアクセスします（インターネット接続環境が必要です）。

◆様式集

新規相談受付票（支援経過記録）・新規利用者等　支援経過記録　確認シート・アセスメント総括表（課題整理総括表）・課題整理総括表・アセスメント結果に対する相談記録・居宅サービス計画書（1）・居宅サービス計画書（2）・ご本人の暮らし（生活リズム表）・居宅サービス提供依頼書・ADL等状況書・サービス担当者会議の開催依頼書・サービス担当者会議（次第・会議録）・サービス担当者の意見依頼書（チームアセスメント表）・モニタリング表（短期目標・長期目標評価表）・評価表（短期目標）・評価表（長期目標）・入院時情報提供書・退院・退所時情報確認書（連携シート）

第1章

介護保険制度の全体像

CONTENTS

1. 介護保険制度の仕組み ……………………………………………… 2
2. 介護サービス利用の手続き ………………………………………… 4
3. 要介護認定 …………………………………………………………… 6
4. 要介護・要支援状態区分 …………………………………………… 8
5. 介護サービス・介護予防サービスの種類等 ……………………… 10
6. 介護保険事業計画策定の仕組み …………………………………… 12
7. 地域包括ケアシステムの構築 ……………………………………… 14
8. 保険給付の財源構成 ………………………………………………… 16
9. 事業者指定の仕組み ………………………………………………… 18
10. 審査請求・苦情等への対応の仕組み ……………………………… 20

① 介護保険制度の仕組み

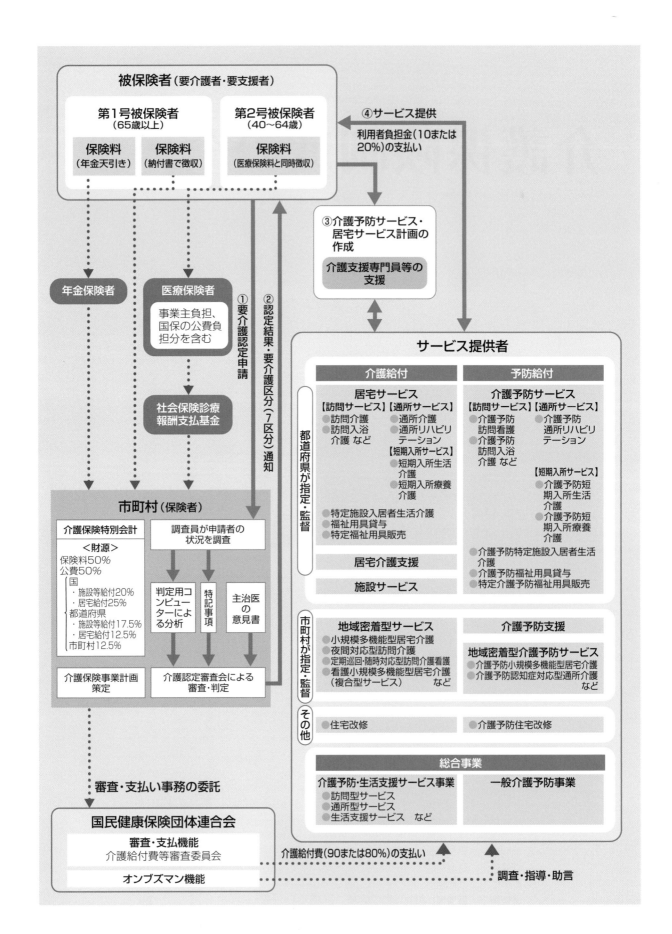

介護保険制度は、市町村が保険者の公的な地域保険です。財源構成は、税金が50％、保険料が50％です。40歳以上の者（被保険者）が保険料を納め、要介護認定を受けて介護サービスを利用する場合、利用料の1割または2割を負担します。被保険者は、第1号被保険者と第2号被保険者に分けられ、保険料の支払い方法などが異なります。

　介護サービスを提供する事業者は、原則として都道府県知事または政令指定都市か中核市の指定を受ける必要があります。ただし、地域密着型サービスや介護予防支援は、市町村長の指定を受けます。

1. 被保険者

●65歳以上の者（第1号被保険者）

　保険料は負担能力に応じ、段階的に設定されています（標準は9段階）。サービス基盤の整備状況やサービス利用の見込みに応じて設定されます。年金が年額18万円以上の者は年金からの天引き徴収（特別徴収）、18万円未満の者は納付書による徴収（普通徴収）になります。

●40～64歳の医療保険加入者（第2号被保険者）

　医療保険者が医療保険料に上乗せして徴収します。

2. 市町村（保険者）

　保険者は市町村です。市町村は、保険証の発行や要介護認定、介護保険事業計画の策定、第1号被保険者の保険料の設定、介護報酬の審査・支払（国民健康保険団体連合会に委託）などの業務を行います。

3. 保険給付（サービスの種類）

（1）介護給付（介護サービス）

　要介護1～5と認定された者が利用できます。在宅サービスを利用する場合、一般的には居宅介護支援事業所と契約します。介護給付は、居宅サービス、施設サービスおよび地域密着型サービスに分かれています。

> ＜居宅サービス＞
> 　訪問介護、訪問入浴介護、訪問看護、訪問リハビリテーション、居宅療養管理指導、通所介護、通所リハビリテーション、短期入所生活介護、短期入所療養介護、特定施設入居者生活介護、福祉用具貸与、特定福祉用具販売
> ＜施設サービス＞
> 　介護老人福祉施設、介護老人保健施設、介護療養型医療施設
> ＜地域密着型サービス＞
> 　定期巡回・随時対応型訪問介護看護、夜間対応型訪問介護、認知症対応型通所介護、小規模多機能型居宅介護、認知症対応型共同生活介護、地域密着型特定施設入居者生活介護、地域密着型介護老人福祉施設入所者生活介護、看護小規模多機能型居宅介護（複合型サービス）、地域密着型通所介護（2016（平成28）年4月より）

（2）予防給付（予防サービス）

　要支援1～2と認定された者が利用できます。予防給付を利用する場合、地域包括支援センターと契約します。

> ＜介護予防サービス＞
> 　介護予防訪問入浴介護、介護予防訪問看護、介護予防訪問リハビリテーション、介護予防居宅療養管理指導、介護予防通所リハビリテーション、介護予防短期入所生活介護、介護予防短期入所療養介護、介護予防特定施設入居者生活介護、介護予防福祉用具貸与、特定介護予防福祉用具販売
> ＜地域密着型介護予防サービス＞
> 　介護予防小規模多機能型居宅介護、介護予防認知症対応型通所介護、介護予防認知症対応型共同生活介護

4. 総合事業

（1）介護予防・生活支援サービス事業

　要支援1～2と認定された者と基本チェックリスト該当者が利用できます。

> 訪問型サービス、通所型サービス、生活支援サービス、介護予防ケアマネジメント

（2）一般介護予防事業

　すべての高齢者が利用できます。

② 介護サービス利用の手続き

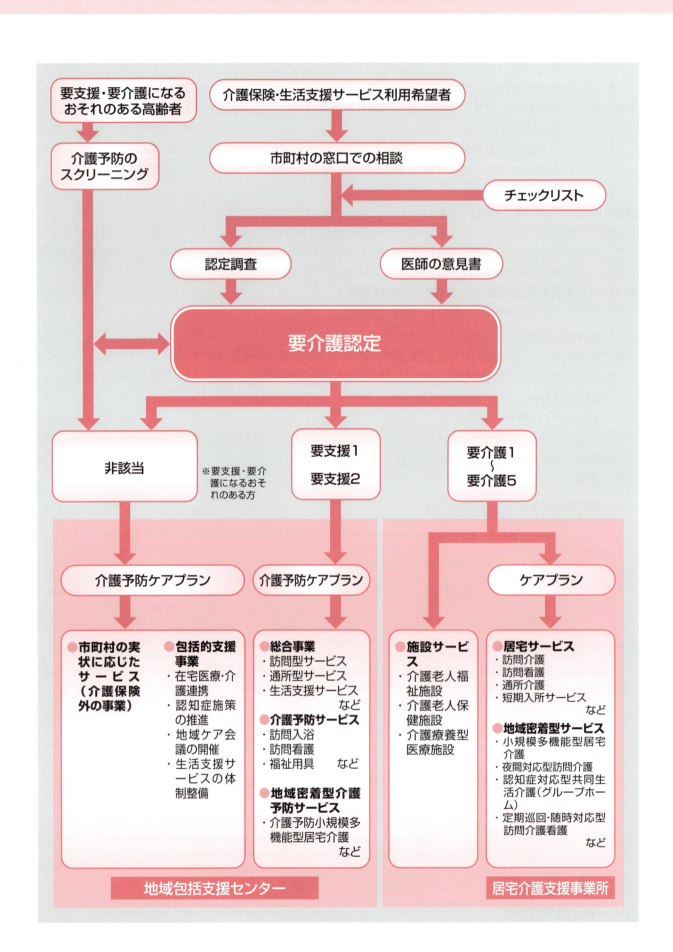

1. 介護保険制度

　介護保険制度は、高齢者が要介護状態になっても、その有する能力に応じ自立した日常生活を営むことができるよう、自己決定権の尊重、生活の継続、自立支援を基本理念として創設されました。

　その後、高齢化の一層の進展等をふまえ、制度の持続可能性の観点から給付の効率化・重点化を図るとともに、予防重視型システムへの転換、地域密着型サービスの創設およびサービスの質の確保・向上等の視点から見直しが行われました。さらに、2014（平成26）年の制度改正において、「地域包括ケアシステム」を推進するために、介護と医療の連携の推進をはじめとして、認知症施策の推進、地域ケア会議の充実、生活支援サービスの体制整備を図ることとされました。

2. 要介護認定

　保険給付を受けるためには、市町村の要介護認定を受ける必要があります。要支援1・2と認定された者は予防給付や新しい介護予防・日常生活支援総合事業（以下：総合事業）のサービスを、要介護1～5と認定された者は介護給付を受けられます。

3. 介護給付と予防給付

●介護給付

　介護給付（介護サービス）を受けるためには、一般的には居宅介護支援事業所と契約し、ケアプラン（居宅サービス計画）を作成します。

●予防給付

　予防給付（介護予防サービス）を受けるためには、地域包括支援センターと契約し、介護予防ケアプラン（介護予防サービス計画）を作成します。

4. 地域支援事業

　地域支援事業は、被保険者が要介護状態等となることを予防するとともに、要介護状態等となった場合においても、可能な限り、地域において自立した日常生活を営むことができるよう支援することを目的として実施されます。改正後の地域支援事業は次図のとおりです。要支援1・2と認定された者は、地域支援事業の総合事業（介護予防・生活支援サービス事業）を利用できます。

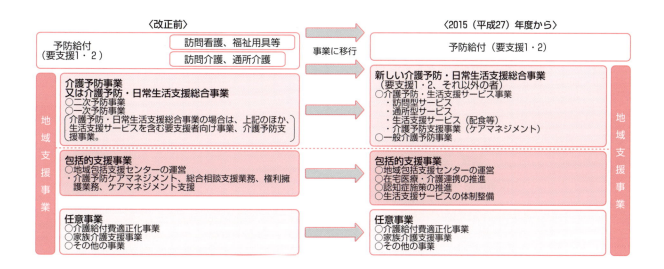

③ 要介護認定

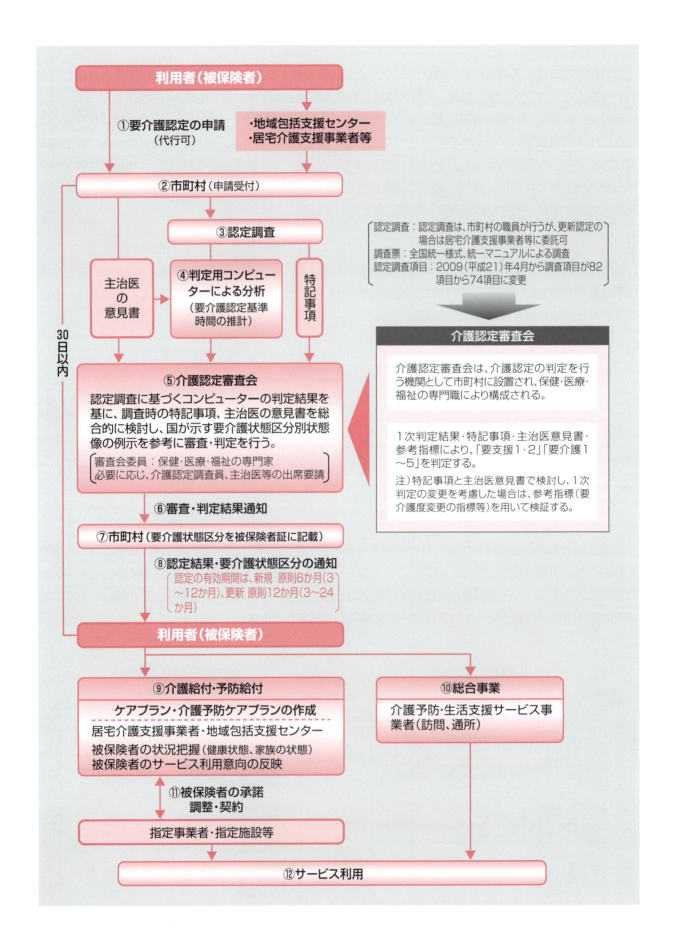

1. 要介護認定の申請

　介護保険を利用する場合は、まず、市町村に要介護認定の申請を行います。本人が市町村の窓口に行って手続きを行うことができない場合、地域包括支援センターや居宅介護支援事業者等が申請を代行できます。

2. 認定調査

　市町村は、要介護認定申請書を受理した場合、認定調査を行います。新規の認定調査は、市町村の職員によって、全国統一の調査票に基づいて行われます。自治体によっては、指定市町村事務受託法人が実施しているところもあります。更新のための認定調査は、居宅介護支援事業者や介護保険施設に委託が可能です。

　2009（平成21）年4月より、認定調査の負担軽減を図る観点から、精度が落ちないことを前提に調査項目が82項目から74項目に変更されました。

3. コンピューターによる1次判定

　訪問調査が終了すると、その結果を判定用コンピューターに入力し、全国一律の基準により介護にかかる時間を算出することにより要介護状態区分等を判定します。

4. 主治医意見書

　市町村は、要介護認定申請書に記載（指定）された主治医に、障害の原因である疾病等の状況について、意見書の作成を依頼します。

5. 介護認定審査会

　認定調査に基づくコンピューターの1次判定結果をもとに、調査時の特記事項、主治医の意見書を総合的に検討し、審査・判定を行う機関が、介護認定審査会です。この審査会は、市町村に設置されますが、公平・中立に判定を行うために、保健・医療・福祉の専門職（5名程度）から構成されています。

6. 認定通知

　市町村は、介護認定審査会の判定結果を尊重して、要支援・要介護認定を行います。そして、要支援・要介護認定通知書を作成するとともに、被保険者証に当該結果を記載し、申請者に通知します。要支援1・2と認定された者は予防給付、要介護1～5と認定された者は介護給付を受けられます。認定は申請から通常30日以内に行われます。

7. 介護給付、予防給付、総合事業の利用

（1）介護給付

　要介護1～5と認定された者は、一般的には居宅介護支援事業者と契約し、介護支援専門員（ケアマネジャー）がケアプランを作成したうえで、介護サービスを利用します。

（2）予防給付

　要支援1・2と認定され予防給付を利用する者は、地域包括支援センターと契約し、介護予防ケアプランを作成したうえで、介護予防サービスを利用します。

（3）総合事業

　総合事業を利用する場合は、地域包括支援センターが行う介護予防ケアマネジメントを活用し、介護予防・生活支援サービスを利用します。

④ 要介護・要支援状態区分

状態区分	状態の例	支給限度基準額
自立（非該当）	歩行や起き上がりなどの日常生活上の基本的動作を自分で行うことが可能であり、かつ、薬の内服、電話の利用などの手段的日常生活動作を行う能力もある状態。	―
要支援1	日常生活上の基本的動作については、ほぼ自分で行うことが可能であるが、炊事、洗濯などの家事、薬の管理、電話の利用、金銭管理など生活するうえで必要な活動に社会的支援が必要な状態。	5,003単位／月
要支援2	立ち上がりや歩行などの身体的な動作で不安な状態があり、要支援1の状態よりわずかに低下がみられ、何らかの支援が必要な状態。	10,473単位／月
要介護1	食事、排泄、着替えはなんとか自分でできるが、疾病や外傷等により心身の状態が安定していない状態や認知機能や思考、感情等の障害により予防サービスに関する理解が難しく、日常生活能力や理解力が一部低下し、部分的な介護が必要な状態。	16,692単位／月
要介護2	歩行や起き上がりなど起居移動が一人でできないことが多く、食事、着替えはなんとか自分でできるが、排泄は一部手助けが必要な状態。要介護1より日常生活能力の低下があり、部分的な介護が必要な状態。	19,616単位／月
要介護3	要介護2の状態と比較して、日常生活動作及び手段的日常生活動作の両方の観点からも著しく低下し、ほぼ全面的な介護が必要となる状態。食事、排泄、着替えいずれも一部手助けが必要な状態。	26,931単位／月
要介護4	両足での立位や寝返りが困難となり、食事、排泄、移動のいずれも手助けが必要となるなど、日常生活の行為が一人でできない状態。	30,806単位／月
要介護5	座位の保持や寝返りもできず、食事、排泄、着替えのいずれも全面的な手助けが必要な状態、かつ、意思の伝達が困難となるなど日常生活のすべての行為が一人でできない状態。	36,065単位／月

要介護状態・要支援状態の区分

要支援者		要介護者				
要支援1	要支援2	要介護1	要介護2	要介護3	要介護4	要介護5

要支援1・要支援2 → 予防給付／総合事業

要介護1〜要介護5 → 介護給付

1. 要介護（要支援）状態区分

要介護（要支援）状態区分とは、その人の介護の必要の程度を表したものです。現在、要支援については、1・2までの2段階、要介護については、1～5までの5段階に分けられています。

この要介護（要支援）状態区分により給付の支給限度基準額が定められています。

2. 要支援状態〈想定される状態像〉

要支援状態とは、「身体上若しくは精神上の障害があるために、6か月程度にわたり、日常生活を営むのに支障があると見込まれる状態であって、要介護状態以外の状態」と定義されています（法第7条第2項要約）。

要支援状態については、次の2段階に区分されています。

- **要支援1** 日常生活動作は、ほぼ自分で行うことができるが、歩行などに不安定さが見られ、日常生活の世話などに見守りが必要な状態
- **要支援2** 立ち上がりや歩行が不安定で、片足での立位や買物等に何らかの支援が必要な状態

3. 要介護状態〈想定される状態像〉

要介護状態とは、「身体上又は精神上の障害があるために、入浴、排せつ、食事等の日常生活における基本的な動作の全部又は一部について、6か月程度にわたり、常時介護を要すると見込まれる状態」と定義されています（法第7条第1項要約）。

要介護状態については、次の5段階に区分されています。

- **要介護1** 立ち上がりや歩行が不安定で、入浴、衣服の着脱、掃除などに部分的な介護が必要な状態
- **要介護2** 立ち上がりや歩行が一人では困難で、食事、排泄、入浴などに部分的な介護が必要な状態
- **要介護3** 上衣やズボン等の着脱、排泄することが自分一人では困難で、問題となる行動や理解力の低下が見られる状態
- **要介護4** 寝返りや両足での立位、入浴や排泄などが自分一人ではできず、全面的な介護が必要な状態
- **要介護5** 日常生活能力が著しく低下し、自分一人で生活することができず、生活全般にわたり介護が必要な状態

4. 支給限度基準額

介護保険では、要支援1～要介護5までの7段階ごとに、在宅サービスで月々利用できる限度額が決められています。これを支給限度基準額といい、この基準額を超えた場合は、超えた費用が自己負担となります。1単位あたりの金額は原則10円に換算しますが、サービスを利用する地域やサービスの種類によって異なります。2015（平成27）年4月より地域区分の見直しが行われ、人件費の地域格差の是正が図られました。

⑤ 介護サービス・介護予防サービスの種類等

介護給付におけるサービス

都道府県が指定・監督を行うサービス

◆居宅サービス

訪問サービス
- 訪問介護
- 訪問入浴介護
- 訪問看護
- 訪問リハビリテーション
- 居宅療養管理指導

通所サービス
- 通所介護
- 通所リハビリテーション

短期入所サービス
- 短期入所生活介護
- 短期入所療養介護

- 特定施設入居者生活介護
- 福祉用具貸与
- 特定福祉用具販売

◆居宅介護支援（※1）

◆施設サービス
- 介護老人福祉施設
- 介護老人保健施設
- 介護療養型医療施設

市町村が指定・監督を行うサービス

◆地域密着型サービス
- 小規模多機能型居宅介護
- 夜間対応型訪問介護
- 認知症対応型通所介護
- 認知症対応型共同生活介護（グループホーム）
- 地域密着型特定施設入居者生活介護
- 地域密着型介護老人福祉施設入所者生活介護
- 定期巡回・随時対応型訪問介護看護
- 看護小規模多機能型居宅介護（複合型サービス）
- 地域密着型通所介護（※2）

その他
- 住宅改修

予防給付におけるサービス

◆介護予防サービス

訪問サービス
- 介護予防訪問入浴介護
- 介護予防訪問看護
- 介護予防訪問リハビリテーション
- 介護予防居宅療養管理指導

通所サービス
- 介護予防通所リハビリテーション

短期入所サービス
- 介護予防短期入所生活介護
- 介護予防短期入所療養介護

- 介護予防特定施設入居者生活介護
- 介護予防福祉用具貸与
- 特定介護予防福祉用具販売

◆介護予防支援

◆地域密着型介護予防サービス
- 介護予防小規模多機能型居宅介護
- 介護予防認知症対応型通所介護
- 介護予防認知症対応型共同生活介護（グループホーム）

- 介護予防住宅改修

市町村が実施する事業

◆地域支援事業

- 新しい介護予防・日常生活支援総合事業（要支援1・2、それ以外の者）
  ○介護予防・生活支援サービス事業
    ・訪問型サービス
    ・通所型サービス
    ・生活支援サービス（配食等）
    ・介護予防支援事業（ケアマネジメント）
  ○一般介護予防事業

- 包括的支援事業
  ○地域包括支援センターの運営
    （介護予防ケアマネジメント、総合相談支援、権利擁護、包括的・継続的ケアマネジメント支援に加え、地域ケア会議の充実）
  ○在宅医療・介護連携の推進
  ○認知症施策の推進
    （認知症初期集中支援チーム、認知症地域支援推進員 等）
  ○生活支援サービスの体制整備
    （コーディネーターの配置、協議体の設置等）

- 任意事業
  ○介護給付費適正化事業
  ○家族介護支援事業
  ○その他の事業

※1　2018（平成30）年4月から市町村が指定・監督を行う
※2　2016（平成28）年4月施行

介護保険で利用できるサービスは、介護サービス、介護予防サービス、地域密着型サービスと多岐にわたっています。介護サービスは、要介護1～5と認定された者、介護予防サービスは、要支援1・2と認定された者が利用でき、地域密着型サービスは、当該事業所を指定した市町村の住民が利用できます。

　広域的なサービスについては、都道府県が指定を行い、地域密着型サービスは、市町村が指定を行います。2011（平成23）年の地域主権改革により、都道府県の指定権限が、政令指定都市・中核市に移譲されました。

1. 介護サービス（介護給付）

　介護サービスには、在宅で利用できる12種類の居宅サービスと居宅介護支援、3種類の介護保険施設サービス、8種類の地域密着型サービスがあります※。

　※地域密着型サービスは2016（平成28）年4月から地域密着型通所介護が始まるため、9種類となります。

2. 介護予防サービス（予防給付）

　介護予防サービスは、要介護状態にならないように現在の生活機能の維持・向上を図ることを目的としています。介護予防サービスは介護予防支援を含め14種類ありますが、代表的なサービスとしては、介護予防訪問看護や介護予防通所リハビリテーション、介護予防福祉用具貸与などがあります。

3. 地域密着型サービス

　地域密着型サービスは、「地域に必要なサービスは地域が創る」という考え方のもとで創設されました。地域密着型サービスには、介護サービスと介護予防サービスがありますが、代表的な介護サービスとしては、小規模多機能型居宅介護、夜間対応型訪問介護、認知症対応型通所介護、認知症対応型共同生活介護などがあります。

　2005（平成17）年の制度改正より、認知症対応型共同生活介護は、地域密着型サービスに位置づけられ、2011（平成23）年の制度改正により、定期巡回・随時対応型訪問介護看護および複合型サービスが地域密着型サービスに加わりました。2014（平成26）年の制度改正により運営基準上、複合型サービスの名称が看護小規模多機能型居宅介護に変更されました。また2016（平成28）年4月1日までには小規模の通所介護が地域密着型通所介護等に移行します。

4. 介護予防・日常生活支援総合事業（総合事業）

　総合事業は、市町村が中心となって、地域の実情に応じて、住民等の多様な主体が参画し、多様なサービスを充実することで、地域の支え合い体制づくりを推進し、要支援者等に対する効果的かつ効率的な支援等を可能とすることを目指すものです。

⑥ 介護保険事業計画策定の仕組み

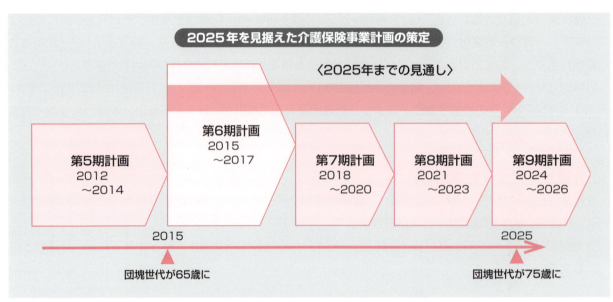

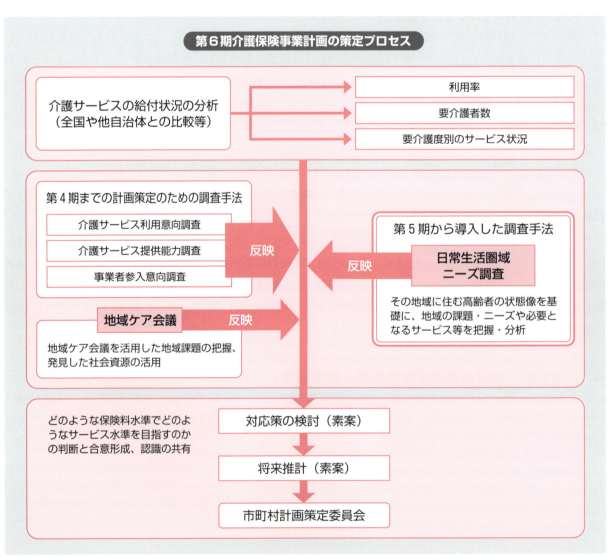

1. 基本的な考え方

市町村および都道府県は、介護保険法第117条第1項および第118条第1項に基づき、国の基本指針に即して、3年を1期とする介護保険事業（支援）計画を策定することとされています。

第5期計画（平成24～26年度）では、地域包括ケアの実現を目指すため、地域の課題やニーズを的確に把握し、認知症支援策、住宅医療、住まいの整備、生活支援を新たに位置づけることとされました。

第6期計画以降は、2025（平成37）年に向け、第5期で開始した地域包括ケア実現のための方向性を承継しつつ、在宅医療連携等の取組みを本格化していきます。

2. 第6期計画の主な内容

介護保険事業計画（市町村）	介護保険事業支援計画（都道府県）
○ 市町村介護保険事業計画の基本理念等	○ 都道府県介護保険事業支援計画の基本理念等
○ 2025（平成37）年度の推計及び第6期の目標	○ 2025（平成37）年度の推計及び第6期の目標
○ 介護給付等対象サービスの現状等	○ 介護給付等対象サービスの現状等
○ 計画の達成状況の点検・評価	○ 計画の達成状況の点検・評価
● 日常生活圏域の設定	● 老人福祉圏域の設定
● 各年度の日常生活圏域ごとの必要利用定員総数の設定 認知症グループホーム、地域密着型特定施設、地域密着型介護老人福祉施設	● 各年度の老人福祉圏域ごとの必要入所（利用）定員総数の設定 介護老人福祉施設、介護老人保健施設、介護療養型医療施設、介護専用型特定施設、地域密着型特定施設、地域密着型介護老人福祉施設（介護専用型以外の特定施設（混合型特定施設）についても、必要利用定員総数の設定は可）
● 各年度の介護給付等対象サービスの種類ごとの見込量	● 各年度の介護給付等対象サービスの種類ごとの見込量
● 各年度の地域支援事業の見込量	
○ 地域包括ケアシステム構築のための重点的取り組み事項 ①在宅医療・介護連携の推進　②認知症施策の推進 ③生活支援・介護予防サービスの基盤整備の推進 ④高齢者の居住安定に係る施策との連携	○ 地域包括ケアシステム構築のための支援に関する事項 ①在宅医療・介護連携の推進　②認知症施策の推進 ③生活支援・介護予防サービスの基盤整備の推進 ④介護予防の推進　⑤高齢者の居住安定に係る施策との連携
○ 各年度の介護給付等対象サービスの種類ごとの見込量の確保方策	○ 施設における生活環境の改善に関する事項
○ 各年度の地域支援事業に要する費用の額とその見込量の確保方策	○ 人材の確保及び資質の向上に関する事項
○ 介護サービス情報の公表に関する事項	○ 介護サービス情報の公表に関する事項
○ 介護給付等に要する費用の適正化に関する事項	○ 介護給付等に要する費用の適正化に関する事項

※ ●は必須記載事項（基本的記載事項）である。
※「各年度」とは、平成27年度、平成28年度および平成29年度のことである。

⑦ 地域包括ケアシステムの構築

地域包括ケアシステムの5つの構成要素と「自助・互助・共助・公助」

自助：・介護保険・医療保険の自己負担部分
　　　・市場サービスの購入
　　　・自身や家族による対応

互助：・費用負担が制度的に保障されていないボランティアなどの支援、地域住民の取組み

共助：・介護保険・医療保険制度による給付

公助：・介護保険・医療保険の公費（税金）部分
　　　・自治体等が提供するサービス

地域包括ケア研究会「地域包括ケアシステムの構築における今後の検討のための論点」（平成25年3月）より

出典：厚生労働省

地域包括ケアシステムのイメージ

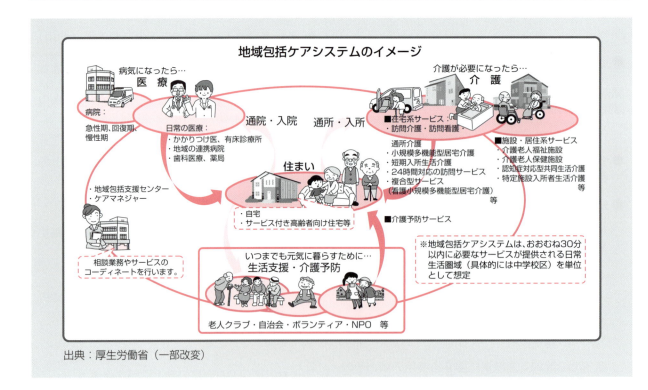

出典：厚生労働省（一部改変）

1. 地域包括ケアシステムが必要な理由

今後、団塊の世代が75歳になる2025（平成37）年の高齢社会を展望すると、
①高齢者ケアのニーズの増大
②単独世帯の増大
③認知症を有する者の増加
が想定されます。

こうした課題を解決するためには、介護保険サービス、医療保険サービスのみならず、見守りなどの生活支援や、成年後見等の権利擁護、住居の保障、低所得者への支援などさまざまな支援が切れ目なく提供されることが必要です。

しかし、現状では、各々の提供システムは分断され、有機的な連携が図られていません。そこで、地域において包括的、継続的につないでいく仕組み「地域包括ケアシステム」が必要となるのです。

2. 地域包括ケアの5つの視点による取組み

地域包括ケアを実現するためには、次の5つの視点での取組みが包括的、継続的（入院、退院、在宅復帰を通じて切れ目のないサービス提供）に行われることが必須です。

（1）医療との連携強化
　　・24時間対応の在宅医療、訪問介護やリハビリテーションの充実強化
　　・介護職員によるたんの吸引などの医療行為の実施
（2）介護サービスの充実強化
　　・介護拠点の緊急整備
　　・定期巡回・随時対応サービスなど在宅サービスの強化
（3）介護予防の推進
　　・要介護状態とならないための予防の取組みや自立支援型の介護の推進
（4）多様な生活支援サービスの確保や権利擁護など
　　・様々な生活支援（見守り、配食などの生活支援など）サービスを推進
（5）高齢者の住まいの整備
　　・サービス付高齢者向け住宅の整備促進

3. 地域包括ケアシステムを実現するために

地域包括ケアシステムを実現するためには、保険者である市町村の機能強化とともに、地域包括支援センターを中核にして、医療や介護事業者および地域で活動するNPOや住民を巻き込んで、医療政策や在宅政策をふまえた総合的な福祉政策を進める必要があります。

（1）日常生活圏域におけるニーズおよび課題の把握
（2）高齢者保健福祉計画・介護保険事業計画への反映
（3）地域包括支援センターを中核とした社会資源のネットワーク化

⑧ 保険給付の財源構成

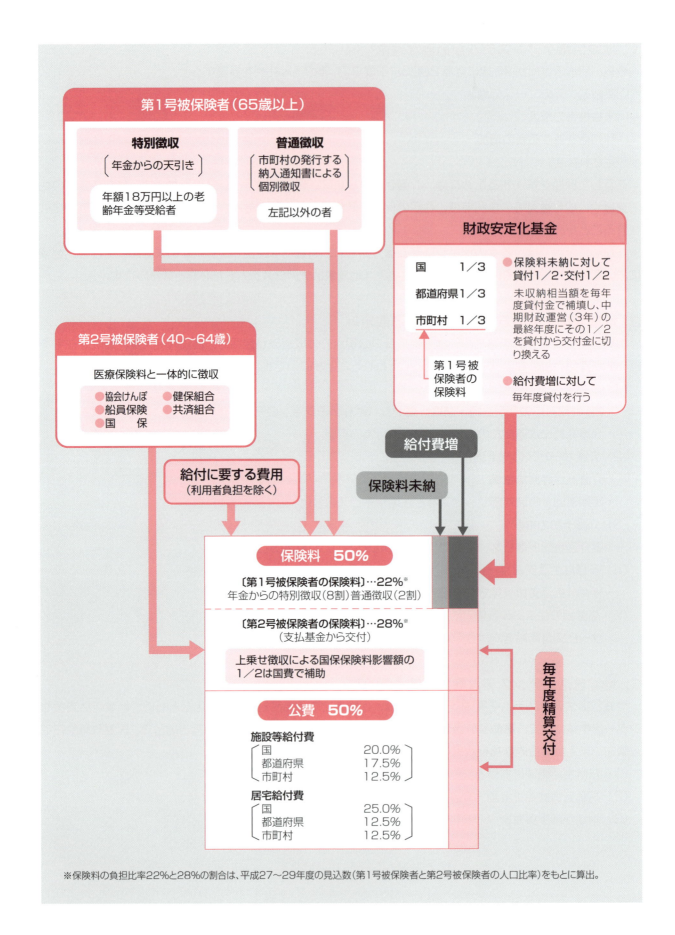

1. 介護保険の財源は公費と保険料

介護保険サービスの提供にかかる給付費は、利用者負担を除き50%を保険料、50%を公費（税金）でまかないます。

2. 保険料の納付

介護保険は、40歳以上の者が加入し、保険料を納める仕組みです。被保険者は、第1号被保険者（65歳以上）と第2号被保険者（40～64歳の医療保険加入者）に分けられ、保険料の支払い方法などが異なります。

（1）第1号被保険者の保険料

第1号被保険者の保険料は、市町村が策定する介護保険事業計画における介護サービスの供給量等に基づき市町村ごとに基準の保険料が設定され、被保険者の所得に応じた定額保険料となっています。

第6期（平成27～29年度）の保険料は、全国平均で5,514円となりました。第1期から第6期までの全国平均保険料の推移は次のとおりです。

　　第1期（平成12～14年度）　全国平均　2,911円
　　第2期（平成15～17年度）　全国平均　3,293円
　　第3期（平成18～20年度）　全国平均　4,090円
　　第4期（平成21～23年度）　全国平均　4,160円
　　第5期（平成24～26年度）　全国平均　4,972円
　　第6期（平成27～29年度）　全国平均　5,514円

保険料の徴収は、原則として、年金からの特別徴収（天引き）となり、特別徴収ができない場合に普通徴収となります。

（2）第2号被保険者の保険料

第2号被保険者の保険料は、本人が加入している医療保険者が、医療保険料と一体的に徴収します。

3. 保険料割合の内訳

介護保険財源の公費と保険料の内訳は、公費に関する施設等給付費については、国が20%、都道府県が17.5%、市町村が12.5%の割合で、居宅給付費については、国が25%、都道府県が12.5%、市町村が12.5%の割合です。

保険料の内訳をみると、平成27～29年度の第6期計画期間においては、第1号被保険者の保険料は、介護保険財源全体の22%、第2号被保険者の保険料は、28%の割合になっています。

⑨ 事業者指定の仕組み

1 指定事務の根拠

居宅サービス事業者（介護保険法第70条）　　介護予防サービス事業者（同　第115条の2）
居宅介護支援事業者（同　第79条）　　　　　介護予防支援事業者（同　第115条の22）
施設サービス事業者（同　第86、94条）　　　地域密着型介護予防サービス事業者（同　第115条の12）
地域密着型サービス事業者（同　第78条の2）

介護保険サービス事業者は、『サービスの種類ごと・事業所ごと』に都道府県知事または市町村長の指定（介護老人保健施設は許可）を受ける

2 指定手続きの流れ

指定申請受理	指定申請に関する相談（指定要件・申請方法等） 指定申請受付
（毎月中旬まで受付）↓	
申請の審査	申請内容の審査（必要に応じて現地確認）
（中旬〜月末）↓	
事業者指定	指定通知書の交付
（毎月1日）↓	
指定情報の提供	都道府県知事または情報公表センター

3 申請の流れと情報提供の仕組み

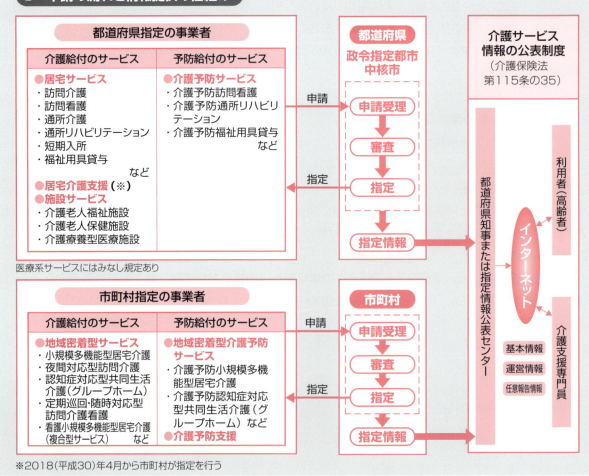

※2018（平成30）年4月から市町村が指定を行う

1. 指定の考え方

　事業者の指定は、サービスごと、事業所ごとに行われます。都道府県や市町村では、毎月、事業者からの申請に基づき事業者の指定（許可）を行っています。

　2012（平成24）年4月から都道府県の指定権限が政令指定都市および中核市に移譲されました（それ以外の市町村での指定権限は都道府県のままです）。

2. 指定の要件

　介護保険制度において、介護サービスを提供しようとする者は、都道府県や市町村の指定を受ける必要があります。2005（平成17）年の制度改正により創設された地域密着型サービスの指定は、市町村が行っていますが、政令指定都市と中核市においては、2012（平成24）年4月からすべての指定事務を取扱っています。

　指定の要件は、次のとおりです。

指定の要件
①申請者が法人であること（個人による経営が現在認められている、病院・診療所により行われる居宅療養管理指導、訪問看護、訪問リハビリテーション、通所リハビリテーション、短期入所療養介護、および薬局により行われる居宅療養管理指導については、法人でなくても可）
②事業所の従業者の知識・技能、人数が都道府県の条例で定める基準を満たしていること
③事業の設備基準を満たしていること
④事業の運営に関する基準に従って事業の運営ができること　等

3. 指定更新制

　2006（平成18）年4月に指定の更新制が導入され、事業者の指定に関する有効期間は「6年」となっています。更新時に、基準への適合状況や改善命令を受けた履歴等を確認し、基準に従って適正な事業の運営ができないと認めるときは、更新できなくなります。

　2012（平成24）年4月から、労働基準法等に違反して罰金刑を受けた事業者は、指定の更新等ができなくなりました。

4. 指定の取消等

　2006（平成18）年4月にサービスの質の向上と悪質な事業者の排除を図る観点から、指定の欠格事由に、申請者の取消履歴、役員の取消履歴、犯罪履歴等が追加されています。また、過去に指定を取消されて一定年数を経ていない場合なども、指定ができないことになっています。

　さらに、都道府県や市町村に勧告、命令、処分の公表などの権限が追加されています。

5. 介護サービス情報の提供

　2006（平成18）年4月に介護サービス情報の公表制度が施行されたことに伴い、すべての介護サービス事業者に「介護サービス情報の公表」が義務づけられています。介護サービス情報（基本情報、運営情報、任意報告情報）は、都道府県の管理のもと、国の公表システム等により利用者や介護支援専門員（ケアマネジャー）に対して提供されます。

⑩ 審査請求・苦情等への対応の仕組み

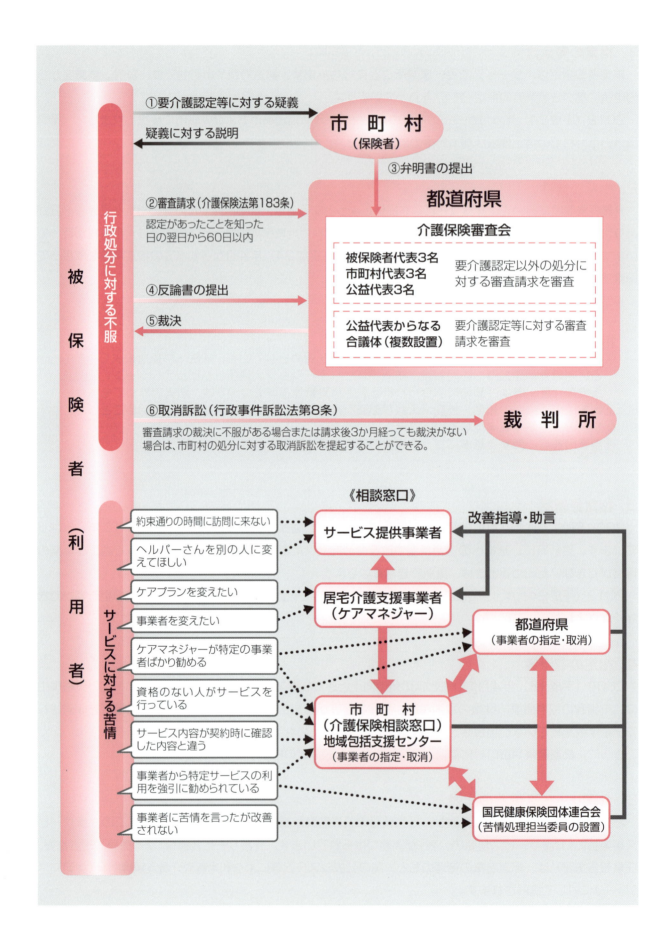

1. 基本的な考え方

　介護保険制度においては、利用者の選択に基づいて適切なサービスが提供されることを基本理念としています（介護保険法第2条第3項）。その理念を実現するには、提供されたサービスに不満がある場合に利用者が苦情を申し出ることができ、それに対して関係機関が迅速かつ適切な対応を図る仕組みを整備することが重要です。

　そこで、都道府県、都道府県内市町村および国民健康保険団体連合会（以下、国保連）等の関係機関は、介護保険制度における苦情・相談等について、お互いに連携して迅速に解決を図ります。

2. 行政処分に対する不服

　要介護認定に対する疑義がある場合は、当該認定を行った市町村に対して説明を求めることができます。それでも納得できない場合は、都道府県に設置されている介護保険審査会に対して、認定があったことを知った日の翌日から60日以内に審査請求をすることができます。

　また、介護保険審査会の裁決に不服がある場合は、裁判所に認定の取消訴訟を起こすことができます。

3. 介護サービスに対する苦情

　介護サービスに対する苦情は、はじめに当該サービスを提供した事業者に対して申し出ます。事業者が十分な対応をしない場合は、居宅介護支援事業者や市町村に対して苦情を申し出ることができます。居宅介護支援事業者や市町村において解決を図ることができない場合は、苦情の内容に応じて都道府県または国保連に連絡し、実態調査を行い、相互に連携して問題の解決に努めます。

4. 居宅介護支援事業者の対応

　ケアプラン・介護予防ケアプランを作成した居宅介護支援事業者等は、利用者から介護サービスの内容等に対する苦情、相談等があった場合、事実関係を確認し、必要がある場合にはサービス事業者等への連絡・調整、ケアプランの変更等の対応を図ります。

5. 市町村・地域包括支援センターの対応

　利用者から市町村や地域包括支援センターに対して苦情、相談等があった場合には、必要な対応を行います。この場合において、ケアプラン等の変更を要する場合、その他居宅介護支援事業者の協力を要する場合は、連絡のうえ、相互に連携して対応します。

　市町村は、介護保険制度の周知、サービス情報の提供等を行うため、介護保険に関する相談窓口および担当職員を設置し、地域包括支援センター等との連携体制を構築することが必要です。

6. 国民健康保険団体連合会の対応

　国保連は、苦情の申し出があった場合、特別な事情がない限り、サービス事業者に対して調査を行います。その結果、サービス事業者において改善等を要すると認められる場合は、文書または口頭により指導・助言を行います。

第2章

介護支援専門員が知っておきたい制度改正の概要

CONTENTS

1. 介護保険法等の改正 ……………………………………………………… 24
2. 介護報酬の改定 …………………………………………………………… 34
3. 介護支援専門員を取り巻く環境の変化 ………………………………… 42
4. 地域包括ケアシステムの実現に向けて ………………………………… 60
5. 他制度に関する知識 ……………………………………………………… 66

① 介護保険法等の改正

1．制度改正の趣旨

　我が国の介護保険制度については、制度施行後15年が経過し、高齢者の暮らしを支える制度として定着しています。しかしながら今後の急速な高齢化の進展に伴い、医療ニーズの高い高齢者の増加、単身・高齢者のみ世帯の増加、認知症高齢者の増加への対応などが喫緊の課題となっています。このような課題に対し、高齢者が住み慣れた地域で安心して暮らし続けることができるようにするためには、介護保険サービス、医療保険サービスのみならず、見守りなどの「生活支援」や成年後見等の「権利擁護」、住居の保障、低所得者への支援など様々な支援が切れ目なく提供される体制が必要になります。

　一方、我が国の少子高齢化の進展や経済状況に鑑みると、社会保障給付の伸びはある程度抑え、持続可能性のある制度にしていかなければなりません。そこで2013（平成25）年8月に取りまとめられた「社会保障制度改革国民会議」の報告書※では、社会保障の考え方を「自助を基本としつつ、（共助である）社会保険制度が自助を支え、自助・共助で対応できない場合に公的扶助等の公助が補完する仕組み」としています。

　以上のことを背景として、介護保険制度の改正では①在宅医療・介護連携の推進、②認知症施策の推進、③地域ケア会議の推進、④生活支援サービスの充実・強化を4つの柱とした「地域包括ケアシステム」を導入することで、サービスの充実を図ろうとしています。また給付の重点化・効率化を目指し、全国一律の予防給付（介護予防訪問介護・介護予防通所介護）を市町村が取り組む地域支援事業に移行し多様化を図るとともに、特別養護老人ホームの新規入所者を、原則、要介護3以上に限定するなどの見直しが行われました。

　介護保険制度が施行されてから「民間の活力の導入」によってある程度の社会資源が整いました。今回の制度改正によって、2025（平成37）年に向けて「多様なサービスの充実」と「給付の抑制」という対立する内容を同時に達成させるべく、「地域包括ケアシステム」の構築が始まりますが、これまでより一層、行政や住民、民間企業やNPO等が連携協力して取り組むことで、既存の資源に加えて多様なサービスを生み出すことが重要になってきます。

※2013（平成25）年8月『社会保障制度改革国民会議　報告書～確かな社会保障を将来世代に伝えるための道筋～』

2．地域包括ケアシステムの構築
（1）地域包括ケアシステムとは

　　今回の制度改正で大きな柱になるのが「地域包括ケアシステム」です。地域包括ケアシステムとは団塊の世代が75歳以上となる2025（平成37）年を目途に、重度の要介護状態となっても、住み慣れた地域で自分らしい暮らしを人生の最期まで続けることができるよう、医療・介護・介護予防・住まい・生活支援が一体的に提供される体制を構築するための制度をいいます。地域包括ケアシステムのイメージは、次のとおりです。

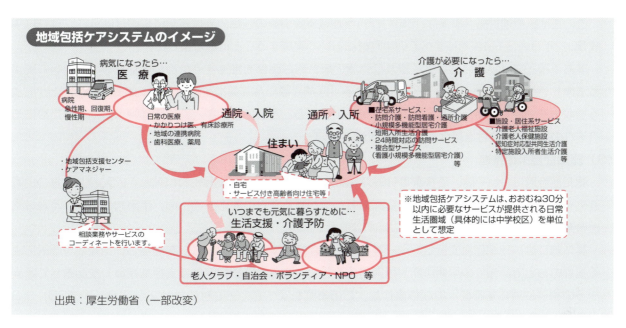

出典：厚生労働省（一部改変）

「地域包括ケアシステム」を構築するためには、保険者である市町村が、地域の社会資源を総動員し、地域の自主性や主体性に基づき、創意工夫を凝らして作り上げていくことが重要となります。したがって、介護支援専門員は、これまで以上に市町村との連携を図ることが重要です。

このシステムの特徴は、住まいを基本として、そこに医療・介護・生活支援サービスを届ける仕組みです。今後は、介護サービスだけでなく生活支援サービスを加え、多様なサービスをマネジメントすることが、介護支援専門員の仕事になります。

（2）在宅医療・介護連携の推進

今後、医療依存度の高い要介護高齢者や認知症高齢者が地域で自分らしい生活をするためには、在宅医療と介護の連携が必須となります。そこで、市町村は、地区医師会などと連携して在宅医療連携拠点を設けることにしています。在宅医療連携のイメージは、次図に示すとおりです。

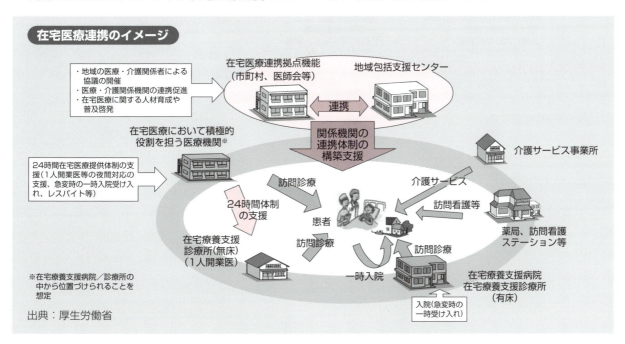

出典：厚生労働省

この在宅医療連携拠点事業は、市町村が行う地域支援事業の包括的支援事業に位置付けられ、2018（平成30）年3月31日までにすべての市町村において実施することになりました。
　なお、改正法「地域における医療及び介護の総合的な確保を推進するための関係法律の整備等に関する法律」（平成26年法律第83号）、いわゆる「医療介護総合確保推進法」では、消費税率引き上げによる増収分を活用した新たな基金を都道府県に創設するとともに、医療と介護の連携を推進するためにそれぞれの計画の整合性を確保することとしています。

（3）認知症施策の推進

　認知症施策については、これまでも国の「認知症施策推進5か年計画（オレンジプラン）」に基づいて進められてきましたが、今後、認知症高齢者が増加することに対応するため、市町村が実施する地域支援事業に認知症施策の推進が位置付けられました。
　具体的には、地域包括支援センター等に「認知症初期集中支援チーム」を設置し、認知症専門医による指導のもとで認知症の早期診断や早期対応を行い、さらに「認知症地域支援推進員」を配置して家族からの相談に対応することになりました。この事業もすべての市町村において2018（平成30）年3月31日までに実施されます。

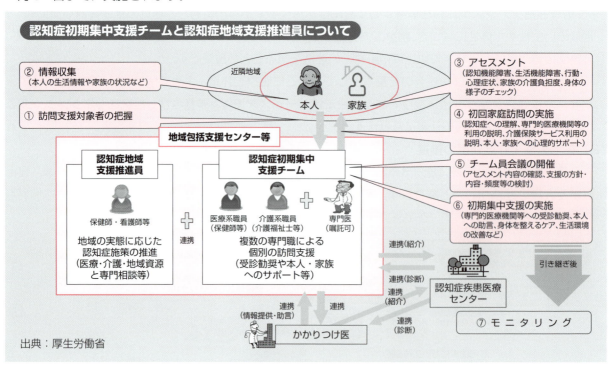

(4) 地域ケア会議の推進

地域ケア会議は、地域の社会資源や課題の把握に有効な手法であるため、2014（平成26）年の介護保険制度改正により、市町村の地域支援事業に位置付けられました。地域ケア会議の仕組みは、次図のとおりです。

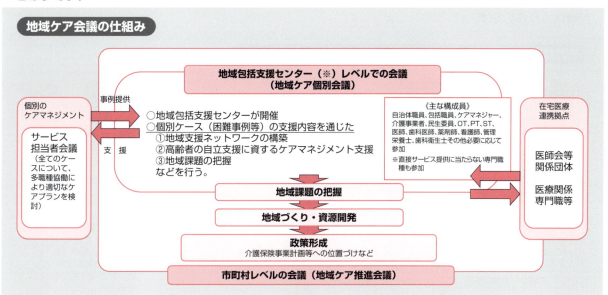

○地域ケア会議の役割

地域ケア会議とは、高齢者個人に対する支援の充実と、それを支える社会基盤の整備とを同時に進めていく、地域包括ケアシステムの実現に向けた手法です。

具体的には、地域包括支援センター等が主催し、次の役割を果たします。

①医療、介護等の多職種が協働して高齢者の個別課題の解決を図るとともに、介護支援専門員の自立支援に資するケアマネジメントの実践力を高める。
②個別ケースの課題分析等を積み重ねることにより、地域に共通した課題を明確化する。
③共有された地域課題の解決に必要な資源開発や地域づくり、さらには介護保険事業計画への反映などの政策形成につなげる。

つまり、地域ケア会議は、個別事例の検討などをとおして、多職種協働によるケアマネジメント支援や地域のネットワーク構築、さらには地域政策の形成につなげるなど、地域包括ケアシステムの構築に有効な手法として推進が期待されているのです。

このように地域ケア会議が重視される背景には、急速な少子高齢化に伴い医療・介護・生活支援などを必要とする高齢者が増加するとともに、それを支える現役世代が減少していくなかで、多職種連携や地域住民の協力が一層必要となってきているためであり、地域ケア会議を活用して地域づくりに取組むことが有効であると考えられることがあります。

地域ケア会議を効果的に活用するためには、その目的や機能の理解はもとより、それぞれの市町村の実情に応じた体制や運営方法を主体的に作り上げていく必要があります。

そして、2014（平成26）年の介護保険法改正に伴い介護支援専門員は、地域ケア会議において、個別のケアマネジメント事例の提供の求めがあった場合には、これに協力するよう努めることとされまし

た（平成11年厚生省令第38号（以下「運営基準」）第13条）。

　市町村において、地域包括ケアシステムを構築するためのプロセスは次のとおりです。地域ケア会議において個別のケアマネジメント事例をもとに地域の課題を把握し、それを解決するための政策を立案するプロセスが大変重要になります。こうしたプロセスを実践することにより、地域包括ケアシステムが構築されるのです。

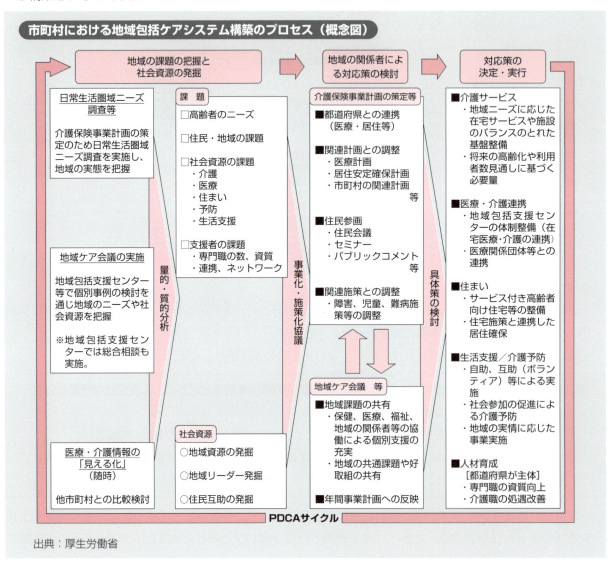

出典：厚生労働省

（5）生活支援サービスの充実と高齢者の社会参加

単身世帯等が増加し、支援を必要とする軽度の高齢者が増加するなか、生活支援の必要性が増加しています。ボランティアやNPO、民間企業や協同組合等の多様な主体が生活支援サービスを提供することが必要とされています。

一方、高齢者自らが社会事業やボランティアなど社会貢献活動を行うことにより、生きがいや健康寿命の延伸につながることがわかってきました。そこで、元気な高齢者が地域の中で生活支援サービスの担い手になり、多様な生活支援サービスが利用できるような地域づくりを市町村が進めることが重要と考えられています。

生活支援サービスを充実するためには、その担い手を育成することが重要になります。そのためには、従来の組織だけでなく、地域住民が積極的に参加するボランタリーな活動やNPO活動の活性化を図る必要があります。地域住民のお互いの支え合いの精神で互助の仕組みを作ることができれば、住みやすい地域社会になるでしょう。介護支援専門員は、地域の社会資源を把握し、公民連携とともに地域住民の目線で活動することが必要になるでしょう。生活支援サービスの充実と高齢者の社会参加のイメージは、次図に示すとおりです。

生活支援サービスの充実と高齢者の社会参加のイメージ

地域住民の参加

生活支援サービス
- ○ニーズに合った多様なサービス種別
- ○住民主体、NPO、民間企業等多様な主体によるサービス提供
  - ・地域サロンの開催
  - ・見守り、安否確認
  - ・外出支援
  - ・買い物、調理、掃除などの家事支援　等

生活支援の担い手としての社会参加

高齢者の社会参加
- ○現役時代の能力を活かした活動
- ○興味関心がある活動
- ○新たにチャレンジする活動
  - ・一般就労、起業
  - ・趣味活動
  - ・健康づくり活動、地域活動
  - ・介護、福祉以外のボランティア活動　等

バックアップ
市町村を核とした支援体制の充実・強化

バックアップ
都道府県等による後方支援体制の充実

出典：厚生労働省

また、地域住民の参加によるNPOやボランタリーな活動など、多様な主体による生活支援サービスの提供イメージは、次図に示すとおりです。

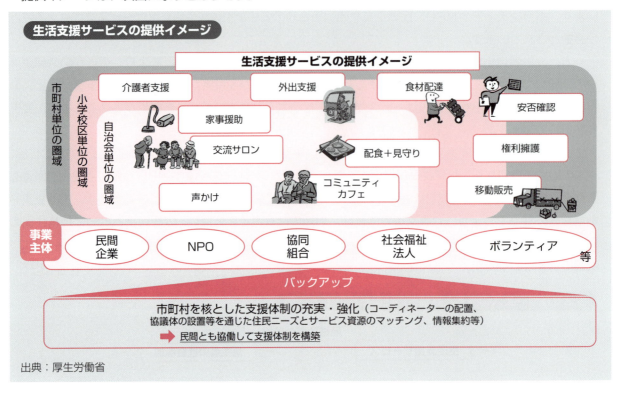

出典：厚生労働省

(6) 新しい地域支援事業の全体像

　2014（平成26）年の介護保険制度改正により、市町村の地域支援事業が大きく見直されました。下記に示す図のうち、左側が見直し前で、右側が見直し後になります。

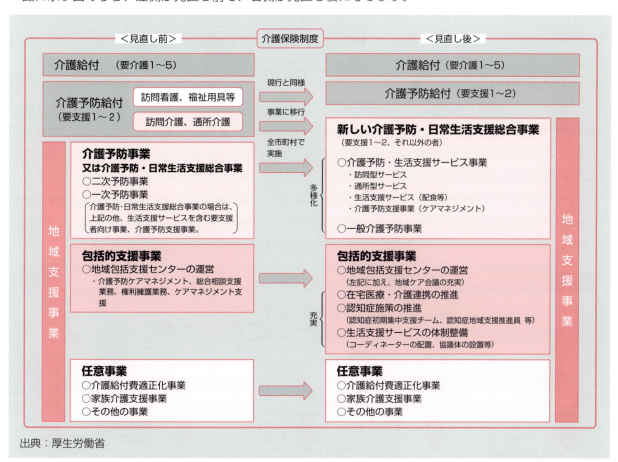

出典：厚生労働省

　2012（平成24）年度に地域支援事業として導入された介護予防・日常生活支援総合事業は、予防給付の訪問介護と通所介護を包含する形で大きく見直されました。

　従来の介護予防訪問介護と介護予防通所介護は、次のとおり訪問型サービスと通所型サービスになり、その内容も多様化されました。

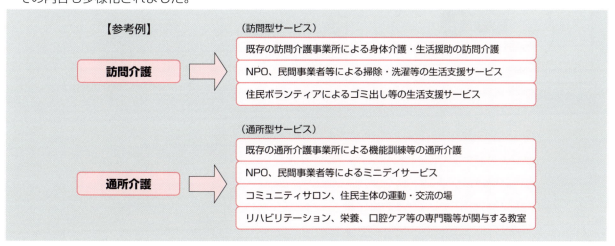

包括的支援事業については、地域包括支援センターの運営に加えて、地域ケア会議の開催、在宅医療・介護連携の推進、認知症施策の推進、生活支援サービスの体制整備が位置づけられました。市町村が実施する介護予防事業及び包括的支援事業については、地域包括ケアシステムの推進にとって大きな役割を果たすことになります。

　2015（平成27）年4月から施行された改正介護保険法は、従来のサービス提供の仕組みに加えて、地域の高齢者の活力を活かすとともに、住民参加型の地域づくりを進めることが基本となっています。市町村の役割が大きくクローズアップされたといってもいいでしょう。

（7）介護サービス情報の公表の見直し

　介護サービス情報公表制度は、利用者のサービス選択を支援する目的で2006（平成18）年4月に施行されました。この間、何度か見直しが行われましたが、2014（平成26）年の改正では、地域包括ケアシステムを構築するために必要な地域包括支援センターや生活支援サービスを新たに加えることになりました。

　このことにより、自宅を中心に、地域で自立した暮らしをするための介護サービス以外の地域資源が一体的に把握できるようになります。介護支援専門員は、こうした地域の社会資源を把握したうえで、利用者の選択権を保障するために介護サービス情報公表制度を有効に活用することが重要です。

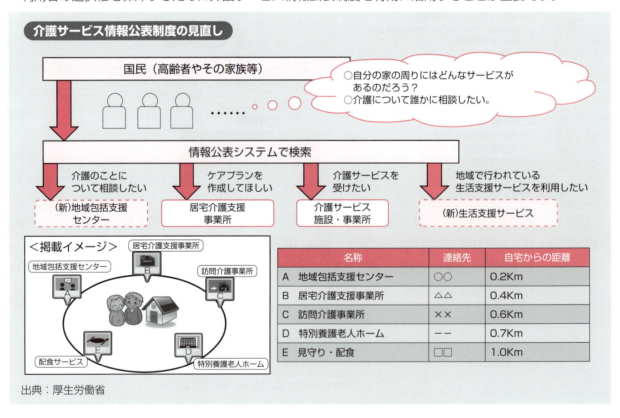

出典：厚生労働省

（8）第1号被保険者の一部の自己負担割合の2割への引上げ

　2014（平成26）年の制度改正では、高齢者間の費用負担の公平化を図るため、一部の所得上位にいる高齢者において、介護サービス利用時の自己負担割合が2割に引上げられました。

　具体的には、第1号被保険者のうち、合計所得金額が160万円（年金収入額でみると280万円）以上の者が該当者となります。ただし、二人以上の世帯において、合計所得金額が346万円を下回った場合は1割負担のままです。

一定以上所得者の利用者負担の見直し

負担割合の引上げ

○保険料の上昇を可能な限り抑えつつ、制度の持続可能性を高めるため、これまで一律1割に据え置いている利用者負担について、**相対的に負担能力のある一定以上の所得の方の自己負担割合を2割とする**。ただし、月額上限があるため、見直し対象者の負担が必ず2倍になるわけではない。
○自己負担2割とする水準は、モデル年金や平均的消費支出の水準を上回り、かつ負担可能な水準として、**被保険者の上位20％**に該当する合計所得金額160万円以上の者（単身で年金収入のみの場合、280万円以上）を基本として政令で定める。
○利用者の所得分布は、被保険者全体の所得分布と比較して低いため、被保険者の上位20％に相当する基準を設定したとしても、実際に影響を受けるのは、在宅サービスの利用者のうち15％程度、特養入所者の5％程度と推計。

自己負担2割とする水準（単身で年金収入のみの場合）
※年金収入の場合：合計所得金額＝年金収入額－公的年金等控除（基本的に120万円）

区分	金額
住民税非課税	155万円
平均的消費支出（無職高齢者単身世帯）	170万円
モデル年金（厚生年金）	198万円
被保険者の上位20％	280万円
介護保険料が第6段階	310万円
医療保険の現役並み所得	383万円

資料：厚生労働省

② 介護報酬の改定

1. 基本的な考え方

　2015（平成27）年度の介護報酬改定は、2025（平成37）年に向けて、「地域包括ケアシステム」の構築を実現していくため、2014（平成26）年度制度改正の趣旨を踏まえ行われました。その改定の基本的な視点として、中重度の要介護者や認知症高齢者への対応の更なる強化、介護人材確保対策の推進、サービス評価の適正化と効率的なサービス提供体制の構築といった3つの柱が示されています。

2. 報酬改定の3つの柱

　2015（平成27）年度の介護報酬改定については、以下の基本的な視点に基づき、各サービスの報酬・基準についての見直しを行うこととされました。

（1）中重度の要介護者や認知症高齢者への対応の更なる強化

①地域包括ケアシステムの構築に向けた対応

　将来、中重度の要介護者や認知症高齢者となったとしても、「住み慣れた地域で自分らしい生活を続けられるようにする」という地域包括ケアシステムの基本的な考え方を実現するため、引き続き、在宅生活を支援するためのサービスの充実を図ることとされました。

　特に、中重度の要介護状態となっても無理なく在宅生活を継続できるよう、24時間365日の在宅生活を支援する定期巡回・随時対応型訪問介護看護を始めとした「短時間・一日複数回訪問」や「通い・訪問・泊まり」といった一体的なサービスを組み合わせて提供する包括報酬サービスの機能強化等を図ることとされました。

②活動と参加に焦点を当てたリハビリテーションの推進

　リハビリテーションの理念を踏まえた「心身機能」、「活動」、「参加」の要素にバランスよく働きかける効果的なリハビリテーションの提供を推進するため、そのような理念を明確化するとともに、「活動」と「参加」に焦点を当てた新たな報酬体系の導入や、このような質の高いリハビリテーションの着実な提供を促すためのリハビリテーションマネジメントの充実等を図ることとされました。

③看取り期における対応の充実

　地域包括ケアシステムの構築に向けて、看取り期の対応を充実・強化するためには、本人・家族とサービス提供者との十分な意思疎通を促進することにより、本人・家族の意向に基づくその人らしさを尊重したケアの実現を推進することが重要であることから、施設等におけるこのような取り組みを重点的に評価することとされました。

④口腔・栄養管理に係る取組みの充実

　施設等入所者が認知機能や摂食・嚥下機能の低下等により食事の経口摂取が困難となっても、自分の口から食べる楽しみを得られるよう、多職種による支援の充実を図ることとされました。

（2）介護人材確保対策の推進

　地域包括ケアシステム構築の更なる推進に向け、今後も増大する介護ニーズへの対応や質の高い介護サービスを確保する観点から、介護職員の安定的な確保を図るとともに、更なる資質向上への取組みを推進することとされました。具体的には、介護職員処遇改善加算のさらなる充実やサービス提供体制強化加算の拡大が図られました。

（3）サービス評価の適正化と効率的なサービス提供体制の構築

　地域包括ケアシステムの構築とともに介護保険制度の持続可能性を高めるため、各サービス提供の実

態を踏まえた必要な適正化を図るとともに、サービスの効果的・効率的な提供を推進することとされました。具体的には、集合住宅に居住する利用者へのサービス提供にかかる報酬を減額する方向での見直しや通所介護等において送迎が実施されない場合の報酬を減額する等の見直しが図られました。

3. 介護職員の処遇改善等に関する見直し

介護職員処遇改善加算は、現行の仕組みは維持しつつ、更なる資質向上の取り組み、雇用管理の改善、労働環境の改善の取り組みを進める事業所を対象とし、更なる上乗せ評価を実施することとされました。

具体的には、新たに介護職員処遇改善加算（Ⅰ）が加わり、算定要件によって次の４つの類型に分けられます。

介護職員処遇改善加算

介護職員処遇改善加算（Ⅰ）：所定単位数にサービス別加算率を乗じた単位数で算定
介護職員処遇改善加算（Ⅱ）：所定単位数にサービス別加算率を乗じた単位数で算定
介護職員処遇改善加算（Ⅲ）：介護職員処遇改善加算（Ⅱ）の90/100
介護職員処遇改善加算（Ⅳ）：介護職員処遇改善加算（Ⅱ）の80/100

介護職員処遇改善加算のイメージは、次図に示すとおりです。

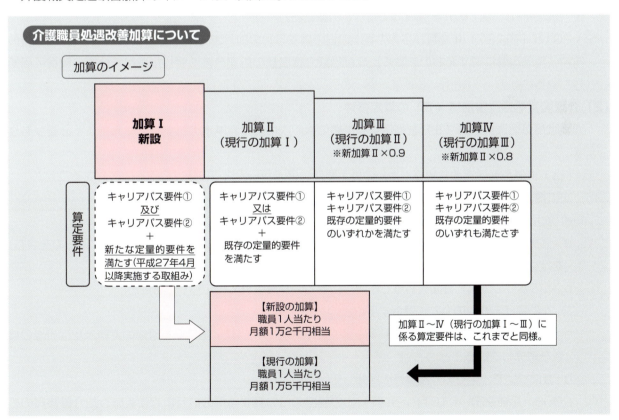

（1）介護職員処遇改善加算（Ⅰ）の算定要件

① 介護職員の賃金（退職手当を除く）の改善（以下「賃金改善」という）に要する費用の見込額が介護職員処遇改善加算の算定見込額を上回る賃金改善に関する計画を策定し、当該計画に基づき適切な

措置を講じていること。

② 指定事業所において、①の賃金改善に関する計画、当該計画に係る実施期間及び実施方法その他の介護職員の処遇改善の計画等を記載した介護職員処遇改善計画書を作成し、全ての介護職員に周知し、都道府県知事（政令指定都市及び中核市にあっては、市長）に届け出ていること。

③ 介護職員処遇改善加算の算定額に相当する賃金改善を実施すること。

④ 当該指定事業所において、事業年度ごとに介護職員の処遇改善に関する実績を都道府県知事に報告すること。

⑤ 算定日が属する月の前12月間において、労働基準法、労働者災害補償保険法、最低賃金法、労働安全衛生法、雇用保険法その他の労働に関する法令に違反し、罰金以上の刑に処せられていないこと。

⑥ 当該指定事業所において、労働保険料の納付が適正に行われていること。

⑦ 次に掲げる基準のいずれにも適合すること。

　a　介護職員の任用の際における職責又は職務内容等の要件（介護職員の賃金に関するものを含む）を定めていること。

　b　aの要件について書面をもって作成し、全ての介護職員に周知していること。

　c　介護職員の資質の向上の支援に関する計画を策定し、当該計画に係る研修の実施又は研修の機会を確保していること。

　d　cについて、全ての介護職員に周知していること。

⑧ 2015（平成27）年4月から②の届出の日の属する月の前月までに実施した介護職員の処遇改善の内容（賃金改善に関するものを除く）及び当該介護職員の処遇改善に要した費用を全ての職員に周知していること。

（2）介護職員処遇改善加算（Ⅱ）の算定要件

介護職員処遇改善加算（Ⅱ）を算定するためには、次に掲げる基準のいずれにも適合する必要があります。

① 「（1）介護職員処遇改善加算（Ⅰ）の算定要件」の①から⑥までに掲げる基準に適合すること。

② 次に掲げる基準のいずれかに適合すること。

　（一）次に掲げる要件の全てに適合すること。

　　a　介護職員の任用の際における職責または職務内容等の要件（介護職員の賃金に関するものを含む）を定めていること。

　　b　aの要件について書面をもって作成し、全ての介護職員に周知していること。

　（二）次に掲げる要件の全てに適合すること。

　　a　介護職員の資質の向上の支援に関する計画を策定し、当該計画に係る研修の実施または研修の機会を確保していること。

　　b　aについて、全ての介護職員に周知していること。

③ 2008（平成20）年10月から（1）②の届出の日の属する月の前月までに実施した介護職員の処遇改善の内容（賃金改善に関するものを除く）および当該介護職員の処遇改善に要した費用を全ての職員に周知していること。

（3）介護職員処遇改善加算（Ⅲ）の算定要件

介護職員処遇改善加算（Ⅲ）を算定するには、「（1）介護職員処遇改善加算（Ⅰ）の算定要件」①から

⑥までに掲げる基準のいずれにも適合し、かつ「(2) 介護職員処遇改善加算（Ⅱ）の算定要件」②または③に掲げる基準のいずれかに適合することが必要です。

(4) 介護職員処遇改善加算（Ⅳ）の算定要件

介護職員処遇改善加算（Ⅳ）を算定するには、「(1) 介護職員処遇改善加算（Ⅰ）の算定要件」①から⑥までに掲げる基準のいずれにも適合することが必要です。

(5) サービス別加算率

介護職員処遇改善加算は、サービス別に加算率が異なります。それは、介護職員の人件費割合を勘案して設定されているからです。具体的なサービス別加算率は次のとおりです。

介護職員処遇改善加算サービス別加算率

〈サービス別加算率〉（介護職員処遇改善加算）

サービス	加算（Ⅰ）	加算（Ⅱ）
（介護予防）訪問介護	8.6%	4.8%
（介護予防）訪問入浴介護	3.4%	1.9%
（介護予防）通所介護	4.0%	2.2%
（介護予防）通所リハビリテーション	3.4%	1.9%
（介護予防）短期入所生活介護	5.9%	3.3%
（介護予防）短期入所療養介護（老健）	2.7%	1.5%
（介護予防）短期入所療養介護（病院等）	2.0%	1.1%
（介護予防）特定施設入居者生活介護	6.1%	3.4%
介護老人福祉施設	5.9%	3.3%
介護老人保健施設	2.7%	1.5%
介護療養型医療施設	2.0%	1.1%
定期巡回・随時対応型訪問介護看護	8.6%	4.8%
夜間対応型訪問介護	8.6%	4.8%
（介護予防）認知症対応型通所介護	6.8%	3.8%
（介護予防）小規模多機能型居宅介護	7.6%	4.2%
（介護予防）認知症対応型共同生活介護	8.3%	4.6%
地域密着型特定施設入居者生活介護	6.1%	3.4%
地域密着型介護老人福祉施設	5.9%	3.3%
複合型サービス（看護小規模多機能型居宅介護）	7.6%	4.2%

※ （Ⅲ）は（Ⅱ）の90％、（Ⅳ）は（Ⅱ）の80％を算定
（介護予防）訪問看護、（介護予防）訪問リハビリテーション、（介護予防）居宅療養管理指導、（介護予防）福祉用具貸与、特定（介護予防）福祉用具販売、居宅介護支援、介護予防支援については加算算定対象外。
出典：社会保障審議会－介護給付費分科会資料「平成27年度介護報酬改定の概要」（H27.2.6）

4. 地域区分等に関する見直し

　民間事業者の賃金水準を基本として設定するという原則に立ち、公務員の地域手当を勘案し、介護報酬の地域区分が見直しされました。

　具体的には地域割りの区分を7区分（その他を含む）から8区分に見直すとともに、適用地域、上乗せ割合についても見直しが行われました。また、公務員の地域手当の設定がない地域については、「その他（0%）」の設定を原則としつつ、隣接する地域の実情を踏まえ、公務員の地域手当の設定がある地域について「複数隣接する地域区分のうち低い区分」から本来の「その他（0%）」までの範囲内の区分を選択できるようにされました。これらの見直しに当たっては、報酬単価の大幅な変更を緩和する観点から、自治体の意見を聴取した上で、2017（平成29）年度末まで必要な経過措置を講じることとされました。

　介護保険制度施行時からサービス種類別の1単位当たりの単価は、次のとおり改定されています。

介護報酬1単位当たりの単価の見直しの全体像と見直し後の単価

【見直し前】　　　　　　　　　　　　　　　　　　　　　　　　　　　　　　　　（単位：円）

		1級地	2級地	3級地	4級地	5級地	6級地	その他
上乗せ割合		18%	15%	12%	10%	6%	3%	0%
人件費割合	70%	11.26	11.05	10.84	10.70	10.42	10.21	10
	55%	10.99	10.83	10.66	10.55	10.33	10.17	10
	45%	10.81	10.68	10.54	10.45	10.27	10.14	10

【見直し後】　　　　　　　　　　　　　　　　　　　　　　　　　　　　　　　　（単位：円）

		1級地	2級地	3級地	4級地	5級地	6級地	7級地	その他
上乗せ割合		20%	16%	15%	12%	10%	6%	3%	0%
人件費割合	70%	11.40	11.12	11.05	10.84	10.70	10.42	10.21	10
	55%	11.10	10.88	10.83	10.66	10.55	10.33	10.17	10
	45%	10.90	10.72	10.68	10.54	10.45	10.27	10.14	10

　また、各サービスの人件費割合については、介護事業経営実態調査の結果等を踏まえて、各サービスの人員配置基準に基づき、実態を精査の上、次のとおり見直しが行われました。

人件費割合によるサービス区分

人件費割合70%のサービス	訪問介護／訪問入浴介護／訪問看護／居宅介護支援／定期巡回・随時対応型訪問介護看護／夜間対応型訪問介護
人件費割合55%のサービス	訪問リハビリテーション／通所リハビリテーション／認知症対応型通所介護／小規模多機能型居宅介護／複合型サービス（看護小規模多機能型居宅介護）／短期入所生活介護
人件費割合45%のサービス	通所介護／短期入所療養介護／特定施設入居者生活介護／認知症対応型共同生活介護／介護老人福祉施設／介護老人保健施設／介護療養型医療施設／地域密着型特定施設入居者生活介護／地域密着型介護老人福祉施設入所者生活介護

　実際に事業所がどこに所在するかによって報酬額が異なりますので、注意が必要です。

5. 居宅介護支援事業所における報酬改定のポイント

（1）認知症加算及び独居高齢者加算の基本報酬への包括化

　認知症加算及び独居高齢者加算について、個人の心身の状況や家族の状況等に応じたケアマネジメントの提供は、介護支援専門員の基本の業務であることを踏まえ、加算による評価ではなく、基本報酬への包括化による評価とされました。

認知症加算　　　　　　　　　150単位　　　基本報酬へ包括化

独居高齢者加算　　　　　　　150単位　　　基本報酬へ包括化

〈居宅介護支援費（1月につき）〉

居宅介護支援（Ⅰ）

　要介護1又は要介護2　　　　　　　　　1,005単位　⇒　1,042単位

　要介護3、要介護4又は要介護5　　　　1,306単位　⇒　1,353単位

居宅介護支援（Ⅱ）

　要介護1又は要介護2　　　　　　　　　502単位　⇒　521単位

　要介護3、要介護4又は要介護5　　　　653単位　⇒　677単位

居宅介護支援（Ⅲ）

　要介護1又は要介護2　　　　　　　　　301単位　⇒　313単位

　要介護3、要介護4又は要介護5　　　　392単位　⇒　406単位

（2）特定事業所集中減算

　正当な理由のない特定の事業所へのサービスの偏りの割合が90％を超える場合の減算の適用について、適用要件の明確化を図りつつ、減算の適用割合を80％に引き下げるとともに、対象サービスの範囲については、限定を外すこととされました。

算定要件等

○正当な理由なく、特定の事業所の割合が80％を超える場合に減算する。
　（旧要件の適用割合：90％超）
○対象サービスの範囲については、限定を外す。
　（旧要件の対象サービス：訪問介護、通所介護、福祉用具貸与）

居宅介護支援の給付管理の対象となるサービス

　訪問介護、訪問入浴介護、訪問看護、訪問リハビリテーション、通所介護、通所リハビリテーション、短期入所生活介護、短期入所療養介護、特定施設入居者生活介護（利用期間を定めて行うものに限る。）、福祉用具貸与、定期巡回・随時対応型訪問介護看護、夜間対応型訪問介護、認知症対応型通所介護、小規模多機能型居宅介護（利用期間を定めて行うものに限る。）、認知症対応型共同生活介護（利用期間を定めて行うものに限る。）、地域密着型特定施設入居者生活介護（利用期間を定めて行うものに限る。）、看護小規模多機能型居宅介護（利用期間を定めて行うものに限る。）

(3) 特定事業所加算

質の高いケアマネジメントを実施している事業所の評価を推進するため、特定事業所加算について、評価を三段階にして、人員配置要件の強化や人材育成に関する協力体制を整備している場合が算定要件に追加されました。一方、中重度者の利用者が占める割合については、実態に即して緩和することとされました。

特定事業所加算（Ⅰ）　500単位　　　　特定事業所加算（Ⅰ）　500単位
特定事業所加算（Ⅱ）　300単位　⇨　特定事業所加算（Ⅱ）　400単位
　　　　　　　　　　　　　　　　　　特定事業所加算（Ⅲ）　300単位

算定要件等（抜粋）

（改正前）

特定事業所加算Ⅰ
1. 常勤専従の主任介護支援専門員を<u>1名</u>以上配置
2. 常勤専従の介護支援専門員を3名以上配置
3. 中重度の利用者の占める割合が<u>50%</u>以上
4. （新規）

特定事業所加算Ⅱ
1. 常勤専従の主任介護支援専門員を1名以上配置
2. 常勤専従の介護支援専門員を<u>2名</u>以上配置
3. （新規）

（改正後）（下線は人員配置及び要件に変更のある部分）

（新）特定事業所加算Ⅰ
1. 常勤専従の主任介護支援専門員を<u>2名</u>以上配置
2. （継続）
3. 中重度の利用者の占める割合が<u>40%</u>以上
4. 法定研修等における実習受入事業所となるなど人材育成への協力体制の整備

（新）特定事業所加算Ⅱ
1. （継続）
2. 常勤専従の介護支援専門員を<u>3名</u>以上配置
3. 法定研修等における実習受入事業所となるなど人材育成への協力体制の整備

（新）特定事業所加算Ⅲ
1. （継続）
2. （継続）
3. 法定研修等における実習受入事業所となるなど人材育成への協力体制の整備

(4) 介護予防支援に係る新総合事業の導入に伴う基本報酬の見直し

介護予防支援について、「介護予防・日常生活支援総合事業（以下「新総合事業」という。）」の導入に伴い、介護予防サービス計画には、指定事業所により提供されるサービスと、多様な主体により多様なサービス形態で提供される新総合事業のサービスを位置づけることを踏まえ、基本報酬において適正に評価することとされました。

> 介護予防支援費（1月につき）414単位⇒430単位

(5) 居宅介護支援事業所とサービス事業所の連携

居宅介護支援事業所と指定居宅サービス等の事業所の意識の共有を図る観点から、介護支援専門員は、居宅サービス計画に位置づけた指定居宅サービス等の担当者から個別サービス計画の提出を求めることとされました。

(6) 地域ケア会議における関係者間の情報共有

今般の制度改正で介護保険法上に位置づけた地域ケア会議において、個別のケアマネジメントの事例の提供の求めがあった場合には、これに協力するよう努めることとされました。

③ 介護支援専門員を取り巻く環境の変化

1. 介護支援専門員の位置づけ

　介護支援専門員の位置づけは、介護保険法第7条第5項に規定されています。つまり、介護支援専門員とは、要介護者等が自立した日常生活を営むのに必要な援助に関する専門的知識および技術を有するものとして介護支援専門員証の交付を受けたものをいいます。このことは、介護保険制度の基本理念である、①高齢者の自己決定権の尊重（高齢者の尊厳）、②自分らしい生活の継続、③自立支援を現場レベルで実現する重要な専門職としての位置づけをしているといえます。

> **介護保険法第7条第5項**
>
> 　この法律において「介護支援専門員」とは、要介護者又は要支援者（以下「要介護者等」という。）からの相談に応じ、及び要介護者等がその心身の状況等に応じ適切な居宅サービス、地域密着型サービス、施設サービス、介護予防サービス若しくは地域密着型介護予防サービス又は特定介護予防・日常生活支援総合事業（第115条の45第1項第1号イに規定する第1号訪問事業、同号ロに規定する第1号通所事業又は同号ハに規定する第1号生活支援事業をいう。以下同じ。）を利用できるよう市町村、居宅サービス事業を行う者、地域密着型サービス事業を行う者、介護保険施設、介護予防サービス事業を行う者、地域密着型介護予防サービス事業を行う者、特定介護予防・日常生活支援総合事業を行う者等との連絡調整等を行う者であって、要介護者等が自立した日常生活を営むのに必要な援助に関する専門的知識及び技術を有するものとして第69条の7第1項の介護支援専門員証の交付を受けたものをいう。

2. 介護支援専門員をめぐる2014（平成26）年制度改正の背景

　制度の重要な役割を担う介護支援専門員については、利用者の満足度が高い一方で、自立支援に資するケアマネジメントの提供という観点から、ケアマネジメントプロセスの着実な実施、サービス調整機能の充実、公平・中立なケアプランの作成、業務負荷の軽減、実務に直結した研修の充実強化等の課題が提起されています。

　また、介護支援専門員は、熱意を持って働きながらも、自分の力量に不安があると感じている者も多く、介護支援専門員の資格・研修システムのあり方や雇用・労働環境のあり方などに課題があります。

　来たる2025（平成37）年に向けて要介護発生率が高くなる75歳以上の高齢者の割合が急速に進むことが見込まれ、認知症高齢者は、今後も増加が見込まれます。さらに、高齢者のみ世帯や一人暮らし高齢者の数の増加も進んできており、地域全体で支援を必要とする高齢者を支える「地域包括ケアシステム」の構築が急務となっています。

　こうしたなか、要介護者等に適切な介護サービス、保健医療サービス、インフォーマルサービス等を総合的に提供することが、これまでにも増して求められるようになってきており、介護支援専門員の資質やケアマネジメントの質の向上に対する期待も大きくなっています。

　このような介護支援専門員を取巻く課題と展望については、「介護支援専門員（ケアマネジャー）の資質向上と今後のあり方に関する検討会（以下、「検討会」）」において議論され、2013（平成25）年1月7日に中間的な整理がされました。その内容は、次のとおりです。

＜検討すべき主な課題＞
① 介護保険の理念である「自立支援」の考え方が、十分共有されていない。

② 利用者像や課題に応じた適切なアセスメントが必ずしも十分でない。
③ サービス担当者会議における多職種協働が十分に機能していない。
④ ケアマネジメントにおけるモニタリング、評価が必ずしも十分でない。
⑤ 重度者に対する医療サービスの組み込みをはじめとした医療との連携が必ずしも十分でない。
⑥ インフォーマルサービス（介護保険給付外のサービス）のコーディネート、地域のネットワーク化が必ずしも十分できていない。
⑦ 小規模事業者の支援、中立・公平性の確保について、取組みが必ずしも十分でない。
⑧ 地域における実践的な場での学び、有効なスーパーバイズ機能等、介護支援専門員の能力向上の支援が必ずしも十分でない。
⑨ 介護支援専門員の資質に差がある現状を踏まえると、介護支援専門員の養成、研修について、実務研修受講試験の資格要件、法定研修の在り方、研修水準の平準化などに課題がある。
⑩ 施設における介護支援専門員の役割が明確でない。

　上記の課題に対応するための見直しの視点は大きく2つあり、「介護支援専門員自身の資質の向上に係るもの」と「介護支援専門員が自立支援に資するケアマネジメントを実践できるようになる環境整備に係るもの」といった2つの視点からアプローチしていくことが必要であるとされました。

3. 見直しの方向

　ケアマネジメントや介護支援専門員に関する課題を解決するためには、ケアマネジメントの制度に関する見直しや介護支援専門員の質の向上のための研修制度の確立等、さまざまな観点からの見直しを行う必要がありますが、見直しの方向性として、次の指摘がされています。

(1) ケアマネジメントの質の向上に向けた取組み

　ケアマネジメントは、アセスメントからサービス担当者会議を経てケアプランが確定した後、サービス提供につなげ、モニタリングするまでの一連のプロセスをいいます。いいかえれば、PDCA（Plan・Do・Check・Action）のマネジメントプロセスのことです。このプロセスで大事な部分は、最初のアセスメント、サービス担当者会議を経て作成されたケアプラン（P）、サービス提供の実施（D）、モニタリングにおける適切な評価（C）、そしてモニタリングで明らかとなった課題を改善するためのケアプランの見直し（A）です。

　ケアマネジメントの質を高めるためには、次の3点のプロセスをしっかり行うことが重要です。

①アセスメント

　アセスメントは、利用者が自立した日常生活を営むことができるよう支援するうえで解決すべき課題を把握するものであり、特に重要なプロセスです。また、自立支援に資する適切なケアマネジメントを行ううえでも、介護支援専門員がどのような考えで課題や目標を導き出したのか、そのプロセスを明らかにすることは、アセスメント能力を向上していくうえでも重要なことです。

　このため、介護支援専門員の専門的判断として、どのような考えで利用者の生活全般の解決すべき課題（ニーズ）を導き出したのかを明確にするために、ケアプラン様式とは別の課題抽出のための新たな様式の活用を進めるべきであるとの指摘がされ、「課題整理総括表」として、2014（平成26）年に示されました。（第4章p.134参照）。

②サービス担当者会議

　　サービス担当者会議については、多職種協働が十分に機能していないのではないかとの課題に対応し、サービス担当者会議の重要性を関係者間で共有するとともに、居宅サービス計画の原案の内容について、多職種による専門的な見地からの議論が行われ、より質の高い居宅サービス計画の原案へと修正が図られるよう、関係者間で意識を共有し、そのための環境づくりをしていくことが重要です。

③モニタリングにおける適切な評価

　　モニタリングにおいては、ケアプランに位置付けたサービスの実施状況を把握し、必要に応じてケアプランの変更等を行うこととされています。具体的には、サービスの実施状況を把握しつつ、利用者の状態変化を多職種間で共有することが可能となるよう継続的に評価するとともに、ケアプランに掲げた短期目標を達成するためのサービスの提供期間が終了した際に、その結果を評価・検証した上で、必要に応じて適切にケアプランの変更を行うことが重要です。

　　そのため、サービスの提供結果、短期目標が達成されたかどうかを総括し、適切なケアプランの見直しに資するよう、ケアプラン様式とは別に適切な評価のための新たな様式の活用やデータ収集・集積を進めるべきであるとの指摘があり、2014（平成26）年に評価表として、示されました。（第4章p.156～157参照）。

(2) 介護支援専門員実務研修受講試験の見直し

　介護支援専門員に係る様々な課題が指摘されているなかで、今後、介護支援専門員に求められる資質や、介護支援専門員の専門性の向上を図っていくことが必要です。したがって、必要な経過措置を講じたうえで、受験要件について、法定資格保有者に限定することを基本に見直しを検討すべきとの指摘があり2015（平成27）年の第18回試験から実施が始まっています。

(3) 介護支援専門員に係る研修制度の見直し

　介護支援専門員の専門性を高め、資質を向上させていく手段として、研修は重要な役割を果たします。また、研修の実施方法について、より実践的な研修となるよう演習にも重点を置くとともに、研修内容が理解されているかどうかを確認するため、研修修了時の修了評価の実施についても検討すべきであるとの指摘があります。

　実務研修の時間数は、求められる介護支援専門員の知識や技術に比べ不足しているとの意見もあることから、実務研修の充実や、実務に就いた後の実務従事者基礎研修の必修化について検討すべきであるとされました。これは、2016（平成28）年度から、実務従事者基礎研修を実務研修に統合する形で、実現されます。

(4) 主任介護支援専門員についての見直し

　主任介護支援専門員には、介護支援専門員に対するスーパーバイズ、地域包括ケアシステムを実現するために必要な情報の収集・発信、事業所や職種間の調整といった役割が求められています。主任介護支援専門員については、上記のスーパーバイズ等の役割を果たすことをより一層進めることが重要であり、その資質の向上を図っていくことが求められています。

　このため、主任介護支援専門員となるための研修修了後に修了評価を導入するとともに、更新制を導入し、更新時においては、研修を実施することを検討すべきであるとされ、これも、2016（平成28）年度から実施されます。

（5）ケアマネジメントの質の評価に向けた取組み

ケアマネジメントの質の向上を図っていく基盤として、ケアマネジメントの質を評価する客観的な指標を整えていくことが重要であり、ケアマネジメントプロセスの評価、アウトカムの指標について、より具体的な調査・研究を進めるとともに、その基盤となるデータ収集・集積を継続的に進める必要があるとされました。

（6）保険者機能の強化等による介護支援専門員の支援

介護支援専門員に係る課題については、研修などを通じて介護支援専門員自身の知識や技術の向上に取組むことも重要であるが、介護支援専門員の資質の向上への取組みを効果的なものとするため、保険者である市町村により、介護支援専門員の支援を充実していくことも重要であるとされました。

（7）居宅介護支援事業者の指定等のあり方

居宅介護支援事業者の指定は、都道府県によって居宅介護支援を行う事業所ごとに行われていますが、地域ケア会議の強化等、市町村による介護支援専門員の支援を充実していくにあたり、居宅介護支援事業者に対する市町村のかかわりを強めていくことも重要です。

そこで、保険者機能の強化の一環として、居宅介護支援事業者の指定を市町村が行うことができるよう、見直しを検討すべきであるとされ、2018（平成30）年4月より、指定権限が市町村に移譲されることとなりました。

（8）ケアマネジメントの報酬の見直し

介護支援専門員が介護報酬を請求できるのは給付管理を行った場合に限られており、アセスメントの結果、介護保険の法定サービスは利用せず、インフォーマルサービスのみの利用となった場合には、ケアマネジメントに対する介護報酬の評価が行われない現状にあります。

この点については、インフォーマルサービスなどの地域資源を積極的に活用することを促進していく観点からも、利用者の支援に当たって、ケアプランに位置付けられたサービスがインフォーマルサービスのみであり、結果として給付管理が発生しない場合であっても、介護支援専門員のケアマネジメントを適切に評価する仕組みを検討すべきであるとされました。

（9）医療との連携の促進について

医療との連携にあたっては、医療に関する知識が必要になってきますが、いわゆる福祉関係職種の基礎資格を持つ介護支援専門員が増えている状況であり、そうした背景も医療との連携が十分でない要因の一つと考えられます。そこで、医療との連携にあたって必要となる知識については、介護支援専門員に係る研修において医療に関するカリキュラムを充実すること等が重要です。

また、自立支援に向けては、リハビリテーションの活用が有効であり、ケアマネジメントの際に適切な連携がなされるよう、介護支援専門員にリハビリテーションに係る基礎的な知識が教育される機会を増やすとともに、早い段階からリハビリテーション専門職の適切な助言が必要に応じて得られることが重要であるとされました。

4. 研修制度及びカリキュラムの見直し

　地域包括ケアシステムのなかで、医療職をはじめとする多職種と連携・協働しながら、利用者の尊厳を旨とした自立支援に資するケアマネジメントを実践できる専門職を養成するため、介護支援専門員に係る研修制度を見直すこととされました。

　具体的には、法定研修として位置づけられている介護支援専門員実務研修を充実するため、任意の研修となっている介護支援専門員実務従事者基礎研修を介護支援専門員実務研修に統合することとなりました。

　また、主任介護支援専門員に更新制を導入し、更新時の研修として更新研修が新たに創設されました。さらに、専門職として修得すべき知識、技術を確認するため、各研修修了時に修了評価を実施することになりました。

　実務研修等は2016（平成28）年度の介護支援専門員実務研修受講試験の合格発表の日から、専門研修等は2016（平成28）年4月1日から施行されます。見直しの概要は、次図に示すとおりです。

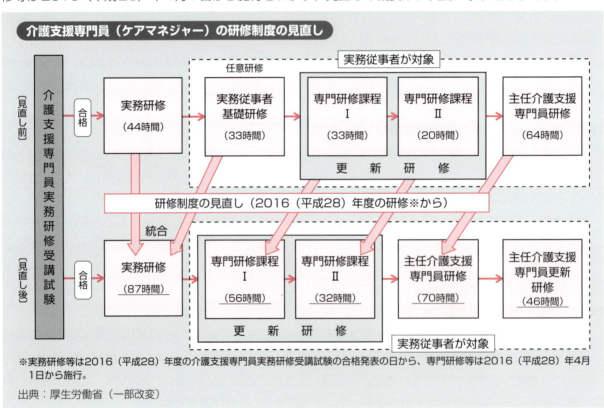

※実務研修等は2016（平成28）年度の介護支援専門員実務研修受講試験の合格発表の日から、専門研修等は2016（平成28）年4月1日から施行。
出典：厚生労働省（一部改変）

介護支援専門員実務研修及び専門研修のカリキュラムについては、次図に示すとおりです。

実務研修カリキュラム

介護支援専門員実務研修の見直しについて

〔見直し前〕

	研修課目（介護支援専門員実務研修）	時間
講義	介護保険制度の理念と介護支援専門員	2
	介護支援サービス（ケアマネジメント）の基本	2
	要介護認定等の基礎	2
	介護支援サービス（ケアマネジメント）の基礎技術	
	受付及び相談と契約	1
	アセスメント、ニーズの把握の方法	2
	居宅サービス計画等の作成	2
	モニタリングの方法	2
	実習オリエンテーション	1
	介護支援サービス（ケアマネジメント）の展開技術	
	相談面接技術の理解	3
	地域包括支援センターの概要	2
演習	介護支援サービス（ケアマネジメント）の基礎技術	
	アセスメント、ニーズの把握の方法	4
	アセスメント、居宅サービス計画等作成演習	6
	居宅サービス計画等の作成	4
	介護予防支援（ケアマネジメント）	4
	介護支援サービス（ケアマネジメント）の展開技術	
	チームアプローチ演習	3
	意見交換、講評	1
実習	介護支援サービス（ケアマネジメント）の基礎技術に関する実習	
	合計	44

	研修課目（介護支援専門員実務従事者基礎研修）	時間
講義	ケアマネジメントとそれを担う介護支援専門員の倫理	3
	ケアマネジメントのプロセスとその基本的考え方	7
演習	ケアマネジメント演習講評	6
	ケアマネジメント点検演習	14
	研修を振り返っての意見交換、ネットワーク作り	3
	合計	33

任意研修であった実務従事者基礎研修を統合（＝実務研修の充実）

〔見直し後〕

	研修課目（新・介護支援専門員実務研修）	時間
講義	介護保険制度の理念・現状及びケアマネジメント	3
	ケアマネジメントに係る法令等の理解（新）	2
	地域包括ケアシステム及び社会資源（新）	3
	ケアマネジメントに必要な医療との連携及び多職種協働の意義（新）	3
	人格の尊重及び権利擁護並びに介護支援専門員の倫理（新）	2
	ケアマネジメントのプロセス（新）	2
	実習オリエンテーション	1
講義・演習	自立支援のためのケアマネジメントの基本	6
	相談援助の専門職としての基本姿勢及び相談援助技術の基礎	4
	利用者、多くの種類の専門職等への説明及び合意（新）	2
	介護支援専門員に求められるマネジメント（チームマネジメント）（新）	2
	ケアマネジメントに必要な基礎知識及び技術	
	受付及び相談並びに契約	1
	アセスメント及びニーズの把握の方法	6
	居宅サービス計画等の作成	4
	サービス担当者会議の意義及び進め方（新）	4
	モニタリング及び評価	4
	実習振り返り	3
	ケアマネジメントの展開（新）	
	基礎理解	3
	脳血管疾患に関する事例	5
	認知症に関する事例	5
	筋骨格系疾患と廃用症候群に関する事例	5
	内臓の機能不全（糖尿病、高血圧、脂質異常症、心疾患、呼吸器疾患、腎臓病、肝臓病等）に関する事例	5
	看取りに関する事例	5
	アセスメント、居宅サービス計画等作成の総合演習（新）	5
	研修全体を振り返っての意見交換、講評及びネットワーク作り	2
実習	ケアマネジメントの基礎技術に関する実習	
	合計	87

専門研修カリキュラム

介護支援専門員専門研修の見直しについて

〔見直し前〕

	研修課目（専門研修Ⅰ）	時間
講義	介護保険制度論	2
	対人個別援助	2
	ケアマネジメントとそれを担う介護支援専門員の倫理	1
	ケアマネジメントのプロセスとその基本的考え方	3
	保健医療福祉の基礎理解「高齢者の疾病と対処及び主治医との連携」	4
	保健医療福祉の基礎理解「社会資源活用」	3
	保健医療福祉の基礎理解「人格の尊重及び権利擁護」※	2
	保健医療福祉の基礎理解「リハビリテーション」※	3
	保健医療福祉の基礎理解「認知症高齢者・精神疾患」※	3
	サービスの活用と連携「訪問介護・訪問入浴介護」※	3
	サービスの活用と連携「訪問看護・訪問リハビリテーション」※	3
	サービスの活用と連携「居宅療養管理指導」※	3
	サービスの活用と連携「通所介護・通所リハビリテーション」※	3
	サービスの活用と連携「短期入所・介護保険施設」※	3
	サービスの活用と連携「介護保険施設・認知症対応型共同生活介護・特定施設入居者生活介護」※	3
	サービスの活用と連携「福祉用具・住宅改修」※	3
演習	対人個別援助技術（ソーシャルケースワーク）	9
※3課目を選択して受講　　　　　　　　合計		33

	研修課目（専門研修Ⅱ）	時間
講義	介護支援専門員特別講義	2
	介護支援専門員の課題	3
	「居宅介護支援」事例研究※1	6
	「施設介護支援」事例研究※2	6
演習	サービス担当者会議演習	3
	「居宅介護支援」演習※1	6
	「施設介護支援」演習※2	6
※1か※2を選択して受講　　　　　　　　合計		20

〔見直し後〕

	研修課目（専門研修Ⅰ）	時間
講義	介護保険制度及び地域包括ケアシステムの現状	3
	対人個別援助技術及び地域援助技術	3
	ケアマネジメントの実践における倫理	2
	ケアマネジメントに必要な医療との連携及び多職種協働の実践（新）	4
	個人での学習及び介護支援専門員相互間の学習（新）	2
講義・演習	ケアマネジメントにおける実践の振り返り及び課題の設定	12
	ケアマネジメントの演習（新）	
	リハビリテーション及び福祉用具の活用に関する事例	4
	看取り等における看護サービスの活用に関する事例	4
	認知症に関する事例	4
	入退院時等における医療との連携に関する事例	4
	家族への支援の視点が必要な事例	4
	社会資源の活用に向けた関係機関との連携に関する事例	4
	状態に応じた多様なサービス（地域密着型サービス、施設サービス等）の活用に関する事例	4
	研修全体を振り返っての意見交換、講評及びネットワーク作り（新）	2
合計		56

	研修課目（専門研修Ⅱ）	時間
講義	介護保険制度及び地域包括ケアシステムの今後の展開	4
講義・演習	ケアマネジメントにおける実践事例の研究及び発表（新）	
	リハビリテーション及び福祉用具の活用に関する事例	4
	看取り等における看護サービスの活用に関する事例	4
	認知症に関する事例	4
	入退院時等における医療との連携に関する事例	4
	家族への支援の視点が必要な事例	4
	社会資源の活用に向けた関係機関との連携に関する事例	4
	状態に応じた多様なサービス（地域密着型サービス、施設サービス等）の活用に関する事例	4
合計		32

主任介護支援専門員については、更新制を導入し、更新時の研修として更新研修が新たに創設されました。更新研修のカリキュラムについては、次図に示すとおりです。

主任介護支援専門員のカリキュラム

主任介護支援専門員研修の見直しについて

〔見直し前〕

	研修課目	時間
講義	対人援助者監督指導（スーパービジョン）	6
	地域援助技術（コミュニティソーシャルワーク）	3
	人事・経営管理に関する講義	3
	主任介護支援専門員の役割と視点	5
	ケアマネジメントとそれを担う介護支援専門員の倫理	3
	ターミナルケア	3
	人事・経営管理	3
	サービス展開におけるリスクマネジメント	3
演習	対人援助者監督指導	12
	地域援助技術	3
	事例研究及び事例指導方法	18
	合計	64

〔見直し後〕

	研修課目	時間
講義	主任介護支援専門員の役割と視点	5
	ケアマネジメントの実践における倫理的な課題に対する支援	2
	ターミナルケア	3
	人材育成及び業務管理	3
	運営管理におけるリスクマネジメント	3
講義・演習	地域援助技術	6
	ケアマネジメントに必要な医療との連携及び多職種協働の実現（新）	6
	対人援助者監督指導	18
	個別事例を通じた介護支援専門員に対する指導・支援の展開	24
	合計	70

主任介護支援専門員更新研修の創設について

	研修課目	時間
講義	介護保険制度及び地域包括ケアシステムの動向（新）	4
講義・演習	主任介護支援専門員としての実践の振り返りと指導及び支援の実践（新）	
	リハビリテーション及び福祉用具活用に関する事例	6
	看取り等における看護サービスの活用に関する事例	6
	認知症に関する事例	6
	入退院時等における医療との連携に関する事例	6
	家族への支援の視点が必要な事例	6
	社会資源の活用に向けた関係機関との連携に関する事例	6
	状態に応じた多様なサービス（地域密着型サービスや施設サービス等）の活用に関する事例	6
	合計	46

※主任介護支援専門員更新研修として新たに創設

5. 受験要件の見直し

　現在、介護支援専門員実務研修受講試験の受験要件は、保健・医療・福祉に係る法定資格保有者、相談援助業務従事者及び介護等の業務従事者であって定められた実務経験期間を満たした者が受験できることとなっています。

　介護支援専門員に係るさまざまな課題が指摘されているなかで、今後、介護支援専門員の資質や専門性の向上を図っていくことが必要であることから、受験要件について、上記の法定資格保有者に限定することを基本に見直すことになりました。

　なお、介護支援専門員の業務が相談援助業務の性格を有することを考え、相談援助業務の経験がある者については、引き続き受験資格を有する者とされました。

＜法定資格保有者＞
　　医師、歯科医師、薬剤師、保健師、助産師、看護師、准看護師、理学療法士、作業療法士、社会福祉士、介護福祉士、視能訓練士、義肢装具士、歯科衛生士、言語聴覚士、あん摩マッサージ指圧師、はり師、きゅう師、柔道整復師、栄養士（管理栄養士を含む）、精神保健福祉士

　法定資格取得者に対する試験の解答免除の取扱いについては、介護支援専門員として利用者を支援していくには、介護保険制度に関する知識だけでなく、保健・医療・福祉に関する幅広い知識や技術が求められることから、保有資格によって認められている解答免除を廃止することになりました。

6. 資格更新制度

（1）介護支援専門員の登録

　　介護支援専門員は、医療や福祉の実務経験があり、都道府県知事が実施する試験に合格し、かつ都道府県が行う実務研修の課程を修了した者が、当該都道府県知事の登録を受けることにより、その業務を行うことができます（法第69条の2）。

　　したがって、登録している都道府県以外に所在する居宅介護支援事業所や施設の業務に従事する場合、移転（転居）の場合は、改めて登録の移転申請を行う必要があります（法第69条の3）。

　　また、登録内容に変更があった場合は、遅滞なくその旨を都道府県知事に届け出なければならないとされています（法第69条の4）。

（2）介護支援専門員証の交付

　　都道府県知事の登録を受けている介護支援専門員は、当該都道府県知事に対し、介護支援専門員証の交付を申請することができます（法第69条の7第1項）。この介護支援専門員証の有効期間が5年と定められ（法第69条の7第3項）、登録の移転があった場合は、当該介護支援専門員証は、その効力を失います（法第69条の7第4項）。

　　介護支援専門員証が効力を失った場合は、速やかに介護支援専門員証をその交付を受けた都道府県知事に返納しなければなりません（法第69条の7第6項）。

（3）介護支援専門員証の有効期間の更新

　　介護支援専門員証の有効期間は5年と定められていますが、申請により有効期間を更新することができます（法第69条の8第1項）。介護支援専門員の業務を継続する場合は、介護支援専門員証の有効期

限前に更新申請を行い、都道府県知事が実施する更新研修を受け、新しい介護支援専門員証の交付を受けなければなりません（法第69条の8第2項）。

7. 申請代行

　介護保険制度を利用する場合、要介護認定を受ける必要がありますが、この要介護認定を受けようとする被保険者は、市町村に対して要介護・要支援認定申請書（被保険者証添付）を提出しなければなりません。しかし、要介護状態の高齢者が市町村の窓口に行って申請を行うことについては、現実的になかなか難しい状況もあります。

　したがって、被保険者にかわって指定居宅介護支援事業者、地域包括支援センター、地域密着型介護老人福祉施設等が申請代行を行うことができることとなっています（法第27条第1項）。

8. 認定調査

　市町村は、被保険者等から要介護認定の申請があったときは、要介護認定の判定を行うために、被保険者の自宅を訪問し、本人の心身の状況、その置かれている環境等について調査を行います。

　この訪問調査については、2005（平成17）年の制度改正により、新規認定の訪問調査については、原則として市町村が実施することになりました（法第27条第2項）。

　なお、要介護・要支援認定の更新にかかる訪問調査については、指定居宅介護支援事業者等に委託することができます（法第28条第5項）。

9. 住所地特例

　介護保険制度においては、原則として居住している市町村で介護保険に加入する仕組みになっていますが、その例外が住所地特例です。

　住所地特例とは、施設等を多く抱える市町村の財政負担が過大にならないようにするための特例措置であり、介護保険施設等に住所を移す前の市区町村が引き続き保険者となる仕組みです。

　住所地特例が適用となる施設は次のとおりです。

＜住所地特例の対象施設＞
　○介護保険3施設（地域密着型介護老人福祉施設は含まれない）
　　●介護老人福祉施設
　　●介護老人保健施設
　　●介護療養型医療施設
　○特定施設（介護保険法第8条第11項）
　　●有料老人ホーム（老人福祉法第29条第1項）
　　●軽費老人ホーム（老人福祉法第20条の6）
　○養護老人ホーム（老人福祉法第20条の4）
　○有料老人ホームに該当するサービス付き高齢者向け住宅
　　2014（平成26）年の介護保険法改正で、住所地特例の対象施設に、新たに「特定施設入居者生活介護の指定を受けていない賃貸借方式のサービス付き高齢者向け住宅」（いわゆる、有料老人ホームに該当するサ高住）も対象に含まれることとされました。

また、これまで住所地特例の対象者は、居住地の市町村の指定した地域密着型サービスを使えませんでしたが、今回の改正で地域密着型サービスを使えるようにして、居住地の市町村の地域支援事業の対象者とすることとしました。

10．福祉用具の居宅サービス計画への位置づけ

　福祉用具貸与および特定福祉用具販売については、その特性と利用者の心身の状況等をふまえて、その必要性を十分に検討せずに選定した場合、利用者の自立支援が大きく阻害されるおそれがあることから、検討の過程を別途記録することが重要になります。

　したがって、介護支援専門員は、居宅サービス計画に福祉用具貸与および特定福祉用具販売を位置づける場合には、サービス担当者会議を開催し、当該計画に福祉用具貸与および特定福祉用具販売が必要な理由を記載しなければなりません。

　なお、福祉用具貸与については、居宅サービス計画作成後、必要に応じて随時サービス担当者会議を開催して、利用者が継続して福祉用具貸与を受ける必要性について専門的意見を聴取するとともに検証し、継続して福祉用具貸与を受ける必要がある場合には、再度その理由を居宅サービス計画書に記載しなければなりません。

　また、福祉用具貸与については以下の項目について留意する必要があります（介護予防福祉用具貸与についてはこれに準じます）。

①介護支援専門員は、要介護1の利用者（以下「軽度者」という）の居宅サービス計画に指定福祉用具貸与を位置づける場合には、「厚生労働大臣が定める基準に適合する利用者等」（平成27年厚生労働省告示第94号）第31号のイで定める状態像の者であることを確認するため、当該軽度者の「要介護認定等基準時間の推計の方法」（平成12年厚生省告示第91号）別表第1の調査票について必要な部分（実施日時、調査対象者等の時点の確認および本人確認ができる部分並びに基本調査の回答で当該軽度者の状態像の確認が必要な部分）の写し（以下「調査票の写し」という）を市町村から入手しなければなりません。

ただし、当該軽度者がこれらの結果を介護支援専門員へ提示することに、あらかじめ同意していない場合については、当該軽度者の調査票の写しを本人に情報開示させ、それを入手しなければなりません。

②介護支援専門員は、当該軽度者の調査票の写しを指定福祉用具貸与事業者へ提示することに同意を得たうえで、市町村より入手した調査票の写しについて、その内容が確認できる文書を指定福祉用具貸与事業者へ送付しなければなりません。

> **厚生労働大臣が定める基準に適合する利用者等（平成27年厚生労働省告示第94号：第31号のイ）**
>
> 1　車いす及び車いす付属品：次のいずれかに該当する者
>   （1）日常的に歩行が困難な者
>   （2）日常生活範囲において移動の支援が特に必要と認められる者
> 2　特殊寝台及び特殊寝台付属品：次のいずれかに該当する者
>   （1）日常的に起きあがりが困難な者
>   （2）日常的に寝返りが困難な者
> 3　床ずれ防止用具及び体位変換器：日常的に寝返りが困難な者
> 4　認知症老人徘徊感知機器：次のいずれにも該当する者
>   （1）意思の伝達、介護を行う者への反応、記憶又は理解に支障がある者
>   （2）移動において全介助を必要としない者
> 5　移動用リフト（つり具の部分を除く）：次のいずれかに該当する者
>   （1）日常的に立ち上がりが困難な者
>   （2）移乗において一部介助又は全介助を必要とする者
>   （3）生活環境において段差の解消が必要と認められる者
> 6　自動排泄処理装置：次のいずれにも該当する者
>   （1）排便において全介助を必要とする者
>   （2）移乗において全介助を必要とする者

11．特定福祉用具販売事業者の指定

　2006（平成18）年4月より、特定福祉用具販売、特定介護予防福祉用具販売が事業者指定制度に組み込まれました。その背景としては、利用者が可能な限り居宅において自立した日常生活を営むためには、その置かれている環境をふまえて、適切な特定福祉用具の選定や取付け、調整等を行う必要があることがあげられます。特定福祉用具を販売することにより、利用者の日常生活上の便宜を図り、その機能訓練に資するとともに、利用者を介護する者の負担の軽減を図ることが期待されます。

　特定福祉用具販売の指定を受けるためには、福祉用具専門相談員を常勤換算で2人以上置く必要があります。また、併せて福祉用具貸与や介護予防福祉用具貸与、特定介護予防福祉用具販売を一体的に運営する場合は、常勤換算方法で2人以上の福祉用具専門相談員を配置することで、これらの指定に係るすべての人員基準を満たしているとみなすことができます。

12. 特定福祉用具種目の変更

　特定福祉用具の種類は、次のとおりです。特定福祉用具の購入にかかる費用は、いったん利用者が全額支払い、購入後の申請により、購入費の介護保険給付分（8割又は9割）が払い戻しされます。支給限度基準額は、1年間（毎年4月1日から3月31日まで）で10万円ですので、払い戻しの限度額は8万又は9万円になります。

　なお、2012（平成24）年4月より特定福祉用具の種目の一部が変更され、「自動排泄処理装置の交換可能部品」が加わりました。

＜特定福祉用具品目＞
　①腰掛け便座
　②自動排泄処理装置の交換可能部品
　③入浴補助用具
　④簡易浴槽
　⑤移動用リフトのつり具

13. 福祉用具貸与種目の変更

　2012（平成24）年の制度改正で、福祉用具貸与の品目に「自動排泄処理装置」が加わりました。

福祉用具貸与品目
　①車いす（自走用、介助用、普通型電動車いす）
　②車いす付属品（クッション、電動補助装置等）
　③特殊寝台（背の角度を調整できるもの、ベッドの高さを調整できるもの）
　④特殊寝台付属品（移動用バー、マットレス等）
　⑤床ずれ防止用具
　⑥体位変換器
　⑦手すり（取付工事不要のもの）
　⑧スロープ（取付工事不要のもの）
　⑨歩行器（四脚式と車輪付きタイプ等）
　⑩歩行補助杖（松葉杖、カナディアン・クラッチ、ロフストランド・クラッチ、多点杖、プラットホーム・クラッチ）
　⑪認知症老人徘徊感知機器
　⑫移動用リフト（つり具の部分を除く）
　⑬自動排泄処理装置

14. 居住費・食費の利用者負担と補足給付

2005(平成17)年10月から介護保険施設等における「居住費」や「食費」が介護保険給付の対象外になっています。この見直しで保険給付の対象からはずれたのは次の費用です。

①介護保険施設(介護老人福祉施設、介護老人保健施設、介護療養型医療施設)における「居住費」および「食費」
②短期入所生活介護、短期入所療養介護等における「滞在費」および「食費」
③通所介護、通所リハビリテーション等における「食費」

居住費や食費の具体的な水準は、利用者と事業所との契約によることが原則となりますが、所得の低い者には、負担限度額を設け、施設においては、平均的な費用と負担限度額との差額を保険給付で補う仕組みとして、補足給付が新設されました。

サービス別負担の仕組み

サービス種類	サービス利用料	食費	居住費（滞在費）	日常生活費
訪問系サービス 訪問介護、訪問入浴介護、訪問看護、訪問リハビリテーション、居宅療養管理指導	サービス費用の自己負担分	—	—	—
通所系サービス 通所介護、通所リハビリテーション	サービス費用の自己負担分	食費	—	おむつ代など
短期入所系サービス 短期入所生活介護、短期入所療養介護	サービス費用の自己負担分	食費	部屋代	理美容代など
居住系サービス 小規模多機能型居宅介護、認知症対応型共同生活介護	サービス費用の自己負担分	食費	部屋代	おむつ代など
施設サービス 介護老人福祉施設、介護老人保健施設、介護療養型医療施設	サービス費用の自己負担分	食費	部屋代	理美容代など

補足給付の仕組み（食費の場合）

基準費用額を4.2万円と設定すると、低所得者の負担限度額（1.0～2.2万円）との差額を保険給付でまかなう仕組み。

※基準費用額…施設において、現に要した平均的な食費にかかる費用

補足給付の対象となるのは、第1号被保険者の保険料区分の第1段階～第3段階の者であり、具体的には、次のとおりです。第4段階の者には補足給付はありません。

利用者負担段階	対象者
第1段階	●生活保護受給者 ●世帯全員が住民税非課税で老齢福祉年金受給者
第2段階	●世帯全員が住民税非課税で、前年の合計所得金額と課税年金収入額の合計が年額80万円以下の者
第3段階	●世帯全員が住民税非課税であって、第2段階に該当しない者
第4段階	●第1・第2・第3段階のいずれにも該当しない者

　なお、2015（平成27）年の制度改正により、上記の第1段階～第3段階に該当する者でも、①配偶者（世帯分離している場合も含む。）の所得、②預貯金等の資産、③遺族年金や障害年金等の非課税年金の額（2016（平成28）年8月から）等が一定額以上の場合、その対象からはずれることがあります。

15. 低所得者対策

（1）居住費・食費の負担軽減

　施設サービスを利用する場合は、居住費・滞在費や食費を負担することになりますが、低所得者（利用者負担第1段階～第3段階）には、負担が重くなりすぎないように、市町村に申請することにより、「介護保険負担限度額認定証」が交付され、利用者負担限度額で利用できます。

　入居・入所している施設や利用者負担段階で限度額は異なります。この制度の対象となるサービスは、介護保険施設（3施設）、短期入所生活介護、短期入所療養介護、介護予防短期入所生活介護、介護予防短期入所療養介護、地域密着型介護老人福祉施設入所者生活介護です。

低所得者の居住費・食費の負担軽減（日額）

利用者 負担段階	居住費・滞在費				食費 負担限度額
	多床室	従来型個室	ユニット型準個室	ユニット型個室	
第1段階	0円	320円	490円	820円	300円
第2段階	370円	420円	490円	820円	390円
第3段階	370円	820円	1,310円	1,310円	650円

※介護老人保健施設、介護療養型医療施設の従来型個室を利用する場合、第1・第2段階の者は日額490円、第3段階の者は日額1,310円です。

（2）高齢夫婦世帯等の居住費・食費の軽減

　利用者負担第4段階の場合でも、高齢夫婦2人暮らしで一方が施設に入った場合は、在宅で生活している配偶者が生計困難に陥らないよう、利用者負担段階を第3段階に変更する特例措置が講じられています。

（3）高額介護サービス費

　高額介護サービス費とは、介護サービスに必要な費用の負担が、家計に過度の影響を及ぼすのを防止するための制度です。被保険者の属する世帯の所得状況に応じ、低所得者には低い自己負担額が設定されています。詳細は、次項「高額介護サービス費」を参照。

（4）社会福祉法人による利用者負担軽減制度

社会福祉法人が運営主体となっている特別養護老人ホーム、訪問介護、通所介護、短期入所生活介護等の各サービスについては、法人が低所得者の利用者負担額を軽減することができます。この場合、国や自治体がその費用の一部を公費で補います。この制度は、市町村民税世帯非課税であって、年間の収入が単身世帯で150万円以下で資産等のない者等、一定の要件を満たす人が対象となります。

16. 高額介護サービス費

介護保険のサービスに対して支払った1か月ごとの利用者の自己負担額が一定の上限を超えた場合、市町村に申請することにより、高額介護（予防）サービス費が払い戻されます。

対象となるのは、居宅サービス、施設サービス（居住費・食費を除く）、地域密着型サービスの利用にかかる自己負担分です。福祉用具や住宅改修における自己負担分は除きます。

高額介護サービス費の支給対象となる自己負担上限額は、次のとおりです。

この上限額は、原則として、世帯単位で設定されていますので、同一世帯に複数の介護サービス利用者がいるときには、世帯全体の負担額が上限を超えた場合に支給されます。ただし、低所得者については家計に過度の影響を及ぼすのを防止するため、個人単位で上限額が設定されています。

高額介護（予防）サービス費の所得区分ごとの負担上限額

所得区分	世帯の上限額（月額）
（1）現役並み所得者（課税所得145万円以上の世帯）	44,400円
（2）上記（1）または下記（3）（4）に該当しない標準的な場合	37,200円
（3）①市町村民税世帯非課税 ②負担を24,600円へ減額することにより被保護者とならない場合	24,600円
市町村民税世帯非課税で、【公的年金等収入金額＋合計所得金額】の合計額が80万円以下である場合	個人15,000円
市町村民税世帯非課税の老齢福祉年金受給者	個人15,000円
（4）①生活保護の被保護者 ②負担を15,000円へ減額することにより被保護者とならない場合	個人15,000円 15,000円

17. 高額医療・高額介護合算制度

　2008（平成20）年4月から各医療保険と介護保険の自己負担の1年間（8月から翌年7月）の合計額が基準額を超えた場合に、申請により超えた額が支給される制度が始まっています。

高額医療・高額介護合算制度における世帯の負担限度額

70歳から74歳の者の基準額（医療保険＋介護保険）

		後期高齢者医療制度＋介護保険	被用者保険または国民健康保険＋介護保険
現役並み所得者（上位所得者）		67万円	67万円
一般		56万円	56万円
低所得者	Ⅱ	31万円	31万円
	Ⅰ	19万円	19万円

70歳未満の者の基準額（医療保険＋介護保険）

標準報酬月額・課税状況等	被用者保険または国民健康保険＋介護保険
83万円以上	212万円
53万～79万円	141万円
28万～50万円	67万円
26万円以下	60万円
市区町村民税非課税者等	34万円

18. 地域密着型サービス

　地域密着型サービスは、住み慣れた自宅や地域での生活を継続できるようにするため、認知症ケアの充実を図り、地域の特性に応じて柔軟なサービスを提供することを目的として創設されました。

　したがって、地域密着型サービスの指定権限は市町村にあります。また、指定地域密着型サービスを利用できる者は、その市町村の住民のみとなります。市町村単位で必要整備量を定めることから、地域のニーズに応じたバランスの取れた整備を進めることが期待されています。

　2011（平成23）年の制度改正により、新たに2サービスが地域密着型サービスに加わり、サービスの種類は8種類に増えました。また2016（平成28）年4月より地域密着型通所介護が加わり9種類となります。

> ①定期巡回・随時対応型訪問介護看護
> ②夜間対応型訪問介護
> ③認知症対応型通所介護／介護予防認知症対応型通所介護
> ④小規模多機能型居宅介護／介護予防小規模多機能型居宅介護
> ⑤認知症対応型共同生活介護／介護予防認知症対応型共同生活介護
> ⑥地域密着型特定施設入居者生活介護
> ⑦地域密着型介護老人福祉施設入所者生活介護
> ⑧看護小規模多機能型居宅介護（複合型サービス）
> ⑨地域密着型通所介護　※2016（平成28）年4月より

④ 地域包括ケアシステムの実現に向けて

1．地域包括支援センターと主任介護支援専門員の役割

　今後、認知症高齢者やひとり暮らしの要介護高齢者が増加することを考えると、地域全体で要介護高齢者を支えるための仕組みが必要になります。特に医療依存度が高い場合には、医療連携が欠かせません。
　そこで、地域包括ケアシステムを実現することが必要になるわけですが、地域包括ケアシステムを構築する際の中核機関として期待されているのが、地域包括支援センターなのです。

（1）地域包括支援センターの機能強化

　地域包括支援センターは、公正・中立な立場から、①総合相談支援、②虐待の早期発見・防止などの権利擁護、③包括的・継続的ケアマネジメント支援、④介護予防ケアマネジメントという4つの機能を担う、地域の中核機関です。
　地域包括支援センターの設置運営主体は、市町村ですが、市町村から委託を受けた法人が運営する場合もあります。市町村は生活圏域ごとに担当エリアを設定します。また、小規模な市町村の場合、他の市町村と共同設置することもできます。職員は、保健師、主任介護支援専門員、社会福祉士の3職種が配置されます。
　また、地域包括支援センターの設置運営に関して、公正・中立性を確保する観点から、市町村が事務局となり、地域のサービス事業者、関係団体、被保険者の代表などにより構成される「地域包括支援センター運営協議会」が関与することになっています。
　地域包括支援センターの機能強化のイメージは次図のとおりです。

出典：厚生労働省

今後、地域包括支援センターでは、医療連携はもとより、高齢者の住まいや地域の生活支援サービスの把握を行い、適切に住民に情報提供することが求められます。したがって、有料老人ホームやサービス付き高齢者向け住宅の入居状況も把握しておく必要があります。そのためには、信頼のおけるWebサイトを活用することや実際に施設に足を運んで情報を収集しておくことも必要になります。

（2）主任介護支援専門員

　主任介護支援専門員は、地域包括支援センターに配置され、主に包括的・継続的ケアマネジメントの支援に従事することになります。具体的には、主治医や介護支援専門員などとの「多職種協働」や、地域の関係機関との連携を通じて、ケアマネジメントの後方支援を行います。

　地域の介護支援専門員等に対する個別相談窓口の設置によるケアプラン作成技術の指導等日常的個別指導・相談、地域の介護支援専門員が抱える支援困難事例への指導助言等、医療機関を含む関係機関やボランティアなど様々な地域における地域資源との連携・協力体制の整備を行います。

　地域包括ケアシステムを実現するためには、地域の社会資源をネットワーク化することが必要になりますが、その際に大事なことは、人的なつながりを継続して維持することです。そのためには、地域包括支援センターの人材を育成することが重要になります。人材育成にあたっての具体的なイメージは、次図のとおりです。

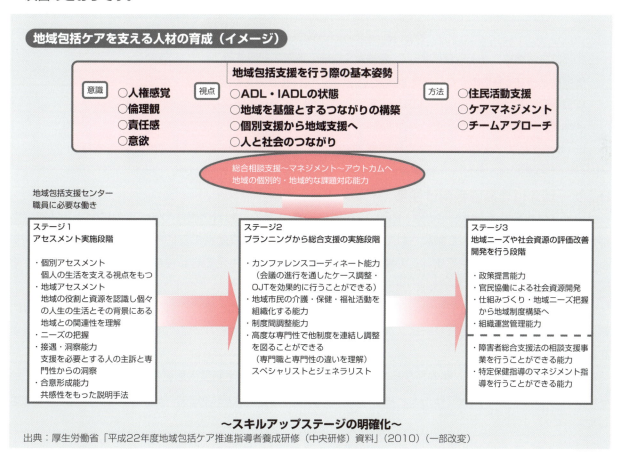

出典：厚生労働省「平成22年度地域包括ケア推進指導者養成研修（中央研修）資料」（2010）（一部改変）

主任介護支援専門員に求められる能力

ステージ1　　アセスメント実施段階
①個別アセスメント能力
②地域アセスメント能力
③接遇・洞察能力
④合意形成能力
ステージ2　　プランニングから総合支援の実施段階
①カンファレンスコーディネート能力
②制度間調整能力
ステージ3　　地域ニーズや社会資源の評価改善、開発を行う段階
①政策提言能力
②組織運営管理能力

　地域包括支援センターに配属された主任介護支援専門員は、次に掲げる役割を意識することにより、良い仕事ができるようになります。

主任介護支援専門員の役割

①日常生活圏域ニーズ調査を用いて、高齢者や地域の課題を把握する。
②実態把握から導き出された課題を解決するための目標を設定する。
③目標を行政計画に盛り込み、住民と一体となった地域づくりを展開する。
④地域ケア会議等の定例開催による的確なケースマネジメントと人材育成を図る。
⑤「地域包括ケアシステム」の実現を念頭におき、市町村と連携・協力して地域のマネジメントを行う。

2. サービス付き高齢者向け住宅

　サービス付き高齢者向け住宅とは、2011（平成23）年4月の高齢者の居住の安定確保に関する法律（高齢者住まい法）の改正により創設された、介護・医療が連携し、高齢者の安心を支えるサービスを提供するバリアフリー構造の住宅です。この制度は、高齢者が安心して生活できる住まいづくりを推進するために制定されました。

　住宅としての居室の広さや設備、バリアフリーといったハード面の条件を備えるとともに、ケアの専門家による安否確認や生活相談サービスなどを提供することで、高齢者が安心して暮らすことができる環境を整えます。

　なお、2015（平成27）年4月から、有料老人ホームのうち特定施設入居者生活介護の指定を受けていないサービス付き高齢者向け住宅で、地域密着型特定施設に該当しない住宅が住所地特例の対象となりました。

(1) サービス付き高齢者向け住宅の登録制度の概要

サービス付き高齢者向け住宅の登録制度の概要

登録基準	ハード	・床面積は原則25㎡以上 ・構造・設備が一定の基準を満たすこと。 ・バリアフリー（廊下幅、段差解消、手すり設置）。 （※有料老人ホームも登録可）
	サービス	・サービスを提供すること（少なくとも安否確認・生活相談サービスを提供）。 ［サービスの例：食事の提供、清掃・洗濯等の家事援助 等］
	契約内容	・長期入院を理由に事業者から一方的に解約できないこととしているなど、居住の安定が図られた契約であること。 ・敷金、家賃、サービス対価以外の金銭を徴収しないこと。 ・前払金に関して入居者保護が図られていること（初期償却の制限、工事完了前の受領禁止、保全措置・返還ルールの明示の義務づけ）。
登録事業者の義務		・契約締結前に、サービス内容や費用について書面を交付して説明すること。 ・登録事項の情報開示。 ・誤解を招くような広告の禁止。 ・契約に従ってサービスを提供すること。
行政による指導監督		・報告徴収、事務所や登録住宅への立入検査。 ・業務に関する是正指示。 ・指示違反、登録基準不適合の場合の登録取消し。

24時間対応の訪問看護・介護「定期巡回・随時対応型サービス」→介護保険法改正により創設

サービス付き高齢者向け住宅

住み慣れた環境で必要なサービスを受けながら暮らし続ける

診療所、訪問看護ステーション、ヘルパーステーション、デイサービスセンター、定期巡回・随時対応型サービス

出典：厚生労働省

(2) サービス付き高齢者向け住宅の登録基準

サービス付き高齢者向け住宅の登録基準

入居者	①単身高齢者世帯 ②高齢者＋同居者（配偶者/60歳以上の親族/要介護・要支援認定を受けている親族/特別な理由により同居させる必要があると知事が認める者） （「高齢者」……60歳以上の者または要介護・要支援認定を受けている者）
規模・設備等	○各居住部分の床面積は、原則25㎡以上（ただし、居間、食堂、台所その他の住宅の部分が高齢者が共同して利用するため十分な面積を有する場合は18㎡以上※1）。 ○各居住部分に、台所、水洗便所、収納設備、洗面設備、浴室を備えたものであること（ただし、共用部分に共同して利用するため適切な台所、収納設備または浴室を備えることにより、各戸に備える場合と同等以上の居住環境が確保される場合は、各戸に台所、収納設備または浴室を備えずとも可※1）。 ○バリアフリー構造であること（段差のない床、手すりの設置、廊下幅の確保等※1）。
サービス	○少なくとも状況把握（安否確認）サービス、生活相談サービスを提供。 ・社会福祉法人、医療法人、指定居宅サービス事業所等の職員または医師、看護師、介護福祉士、社会福祉士、介護支援専門員、介護職員初任者研修課程を修了した者が少なくとも日中常駐し、サービスを提供する。※1 ・常駐しない時間帯は、緊急通報システムにより対応。※1
契約関連	○書面による契約であること。 ○居住部分が明示された契約であること。 ○権利金その他の金銭を受領しない契約であること（敷金、家賃・サービス費および家賃・サービス費の前払金のみ徴収可）。 ○入居者が入院したことまたは入居者の心身の状況が変化したことを理由として※1、入居者の同意を得ずに居住部分の変更や契約解除を行わないこと。 ○サービス付き高齢者向け住宅の工事完了前に、敷金および家賃等の前払金を受領しないものであること。
家賃等の前払金を受領する場合	・家賃等の前払金の算定の基礎、返還債務の金額の算定方法が明示されていること。 ・入居後3月※2以内に、契約を解除、または入居者が死亡したことにより契約が終了した場合、（契約解除までの日数×日割計算した家賃等）を除き、家賃等の前払金を返還すること。 ・返還債務を負うこととなる場合に備えて、家賃等の前払金に対し、必要な保全措置が講じられていること。
	○基本方針および高齢者居住安定確保計画（策定されている場合）に照らして適切なものであること。

※1：都道府県知事が策定する高齢者居住安定確保計画において、告示で定める基準に従い、登録基準の強化または緩和ができる。
※2：期間の延長のみ可。
出典：厚生労働省

3. 有料老人ホーム

　有料老人ホームは、高齢者の長期にわたる生活の場ですが、介護老人福祉施設（特別養護老人ホーム）等の介護保険施設とは異なり、介護を必要とする高齢者だけでなく、自立した高齢者が元気なうちに移り住み、地域との人間関係を築きながら老後を送ることができる場として、また、事業者の創意工夫に

より、高齢者の多様なニーズに対応したサービスを提供する場として、今後とも高齢者福祉において積極的な役割を担うことが期待されています。

有料老人ホームの設置者は、有料老人ホームの設置にあたり、老人福祉法第29条に基づき、施設の名称や事業の内容等を都道府県知事にあらかじめ届け出ること等が義務づけられています。

近年の設置数の急速な増加に伴い、入居一時金をめぐる契約上のトラブルや介護サービスに関する苦情が増加してきたり、一部の施設では画一的な介護が行われていたりして、業務管理体制が十分ではないケースも見受けられます。

こうしたことを背景として、利用者保護のための規定が設けられています。

①権利金の受領禁止

利用者保護の観点から、家賃、敷金および介護等その他の日常生活上必要な便宜の供与の対価として受領する費用を除くほか、権利金その他の金品の受領はできない。

②一時金方式による前払金の返還等について

入居者が契約を解除して退去する際に、入居一時金のうちの全部または一部が返還対象とならないことにより生じるトラブルが散見されているため、一時金方式により前払金を受領する場合は、算定の根拠を明確にするとともに、入居後3月を経過するまでの間および想定居住期間内に契約が解除され、または死亡により契約が終了した場合に、家賃等の実費相当額を除いて前払い金を全額返還する。

4．福祉用具貸与

福祉用具貸与および特定福祉用具販売について、福祉用具サービス計画を作成することが義務化されています。福祉用具専門相談員は、利用者の心身の状況、希望およびおかれている環境をふまえて、福祉用具貸与の目標、当該目標を達成するための具体的なサービスの内容等を記載した福祉用具サービス計画を作成しなければなりません。

福祉用具サービス計画は、すでに居宅サービス計画が作成されている場合は、その計画の内容にそって作成しなければなりません。

また、福祉用具サービス計画を作成する際には、その内容について利用者またはその家族に対して説明し、利用者の同意を得たうえで、当該福祉用具サービス計画を利用者に交付しなければなりません。

こうした一連のプロセスは、他の介護サービスと同様の規定となっています。

5．定期巡回・随時対応型訪問介護看護

定期巡回・随時対応型訪問介護看護の基本方針は、「要介護状態となった場合においても、その利用者が尊厳を保持し、可能な限りその居宅において、その有する能力に応じ自立した日常生活を営むことができるよう、定期的な巡回又は随時通報によりその者の居宅を訪問し、入浴、排せつ、食事等の介護、日常生活上の緊急時の対応など、安心して居宅で生活を送ることができるようにするための援助を行い、その療養生活を支援し、心身の機能の維持回復を目指す」とされています。

定期巡回・随時対応型訪問介護看護が提供するサービスは、次のとおりです。

定期巡回・随時対応型訪問介護看護

①定期巡回サービス
　　訪問介護員等が、定期的に利用者の居宅を巡回して行う日常生活上の世話
②随時対応サービス
　　あらかじめ利用者の心身の状況、その置かれている環境等を把握したうえで、随時、利用者またはその家族等からの通報を受け、通報内容等をもとに相談援助または訪問介護員等の訪問もしくは看護師等による対応の要否等を判断するサービス
③随時訪問サービス
　　随時対応サービスにおける訪問の要否等の判断に基づき、訪問介護員等が利用者の居宅を訪問して行う日常生活上の世話
④訪問看護サービス
　　看護師等が医師の指示に基づき、利用者の居宅を訪問して行う療養上の世話または必要な診療の補助

6. 看護小規模多機能型居宅介護（複合型サービス）

　看護小規模多機能型居宅介護（複合型サービス）は、利用者が住み慣れた地域での生活を継続することができるよう、利用者の病状、心身の状況、希望およびその置かれている環境をふまえて、通いサービス、訪問サービスおよび宿泊サービスを柔軟に組み合わせることにより、療養上の管理のもとで妥当・適切に行う必要があります。

　サービスの提供にあたっては、主治の医師との密接な連携およびサービス計画書に基づき適切な看護技術をもってこれを行うこととし、特殊な看護等については、これを行ってはなりません。

　サービスの提供にあたっては、サービス計画書に基づき、利用者の心身の機能の維持回復を図るとともに、漫然かつ画一的にならないよう利用者の機能訓練およびその者が日常生活を営むことができるよう必要な援助を行います。

7. 市町村（保険者）の役割

　2015（平成27）年の制度改正で、大きな柱となっているのは、地域包括ケアシステムの実現です。そのためには、医療連携をはじめとして、さまざまな社会資源をネットワーク化しなければなりません。そのためには、市町村の果たす役割が、大変大きいといえます。

　そのポイントは、地域包括支援センターの円滑な運営です。地域包括支援センターは、地域の中核機関であり、介護予防の推進と中重度者に対する地域包括ケアの推進を図る拠点として重要です。高齢者の総合相談の窓口として、利用者への情報提供も重要になります。

　これから市町村は、介護予防事業の効果を上げながら、中重度者への効果的・効率的なサービス提供を行うために、また、地域の社会資源をネットワーク化していくために、人と人とのつながりを継続的につくっていかなければなりません。さらに、介護サービスの質を上げるために介護支援専門員の質の向上や介護サービス情報の公表制度を有効に活用することに取り組む必要があります。まさに、地域の介護・福祉を総合的にマネジメントする役割に変容するのです。

⑤ 他制度に関する知識

1. 障害者総合支援法

　障害者総合支援法は、2013（平成25）年4月に施行されました。この法律では、「障害者自立支援法」を「障害者総合支援法」とするとともに、障害者の定義に難病等が追加され、一定の障害がある方々についても、障害福祉サービス等の対象となりました。

　また、「基本的人権を享有する個人としての尊厳」が明記され、障害者総合支援法の目的の実現のため、障害福祉サービスによる支援に加えて、地域生活支援事業その他の必要な支援を総合的に行うことになりました。

　2014（平成26）年4月からは、障害程度区分から障害支援区分への見直し、重度訪問介護の対象拡大、ケアホームとグループホームの一元化などが実施され、2015（平成27）年7月からは、障害者総合支援法（以下、本節において「法」）の対象となる疾病が拡大されています。

1　障害者総合支援法の目的と理念

（1）目的

　この法律の目的は、障害者および障害児がその有する能力および適性に応じ、自立した日常生活又は社会生活を営むことができるよう、必要な障害福祉サービスに係る給付その他の支援を行い、障害者および障害児の福祉の増進を図るとともに、障害の有無にかかわらず国民が相互に人格と個性を尊重し安心して暮らすことのできる地域社会の実現に寄与することです（法第1条）。

（2）基本理念

　法第1条の2に新たに障害者総合支援法の「基本理念」を創設し、次のことが掲げられました。

①全ての国民が、障害の有無にかかわらず、等しく基本的人権を享有するかけがえのない個人として尊重されること。

②全ての国民が、障害の有無によって分け隔てられることなく、相互に人格と個性を尊重し合いながら共生する社会を実現すること。

③全ての障害者および障害児が可能な限りその身近な場所において必要な日常生活または社会生活を営むための支援を受けられること。

④社会参加の機会が確保されること。

⑤どこで誰と生活するかについての選択の機会が確保され、地域社会において他の人々と共生することを妨げられないこと。

⑥障害者および障害児にとって日常生活または社会生活を営む上で障壁となるような社会における事物、制度、慣行、観念その他一切のものの除去に資すること。

2　障害福祉サービス等の体系

　障害者総合支援法のサービスは、自立支援給付と地域生活支援事業に大別されます。

　自立支援給付には、「介護給付」や「訓練等給付」、「地域相談支援給付」や「自立支援医療」、「補装具」などがあります。

　地域生活支援事業は、市町村の創意工夫により、地域の特性や利用者の状況に応じて柔軟に対応することが求められる成年後見制度利用支援、意思疎通支援、移動支援、地域活動支援センターなどの事業があります。詳しい事業内容や利用者の負担はそれぞれの市町村ごとに異なります。

福祉サービス等の体系を図示すると次のとおりです。

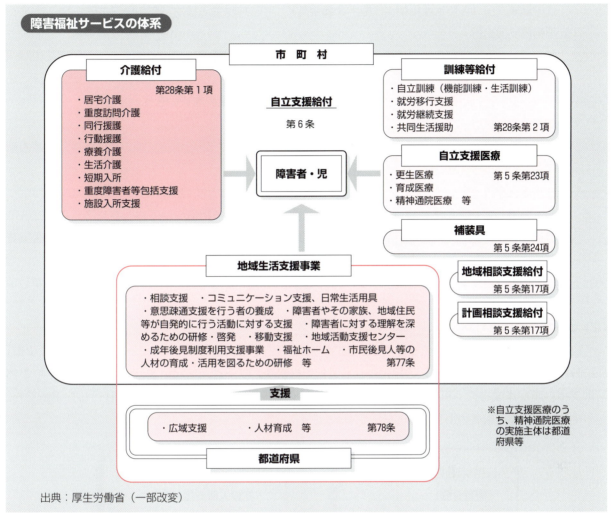

出典：厚生労働省（一部改変）

3 サービスの内容
（1）自立支援給付

自立支援給付は、障害者の自己決定を尊重し、利用者本位でのサービス提供を基本としています。障害者が自らサービスを選択して、契約を交わした後にサービスを利用する仕組みです。主なものを列挙すると次のとおりです。

①介護給付

居宅介護（ホームヘルプサービス）や施設入所支援などの、日常生活上必要な介護を受けるサービスをいいます。

- ○居宅介護　　　　　　　○重度訪問介護　　　　　○同行援護
- ○行動援護　　　　　　　○療養介護　　　　　　　○生活介護
- ○短期入所（ショートステイ）　○重度障害者等包括支援　○施設入所支援

②訓練等給付

障害者が地域で生活を行うために適性に応じて一定の訓練を提供されるサービスで、機能訓練や生活訓練、就労に関する支援などがあります。

　　　　　○自立訓練（機能訓練・生活訓練）　　　　　○就労移行支援
　　　　　○就労継続支援（A型＝雇用型・B型＝非雇用型）　○共同生活援助（グループホーム）

③計画相談支援給付

　障害福祉サービス等の申請に係る支給決定前に、サービス等利用計画を作成し、支給決定後にサービス事業者等との連絡調整等を行います。また、支給決定されたサービス等の利用状況の検証（モニタリング）を行ったあとも、サービス事業者等との連絡調整等を行います。

④地域相談支援給付

　障害者の地域生活への移行を進め、地域で安心して暮らすための相談支援で、地域移行支援と地域定着支援があります。

⑤自立支援医療

　旧・障害者自立支援法が施行されるまでは、障害者の公費負担については、身体障害者福祉法に基づく「更生医療」、児童福祉法に基づく「育成医療」、精神保健福祉法に基づく「精神通院医療費公費負担制度」と、個別の法律で規定されていました。

　旧・障害者自立支援法の成立により、2006（平成18）年4月から、これらを一元化した新しい制度（自立支援医療制度）に変更されました。

（2）サービスの組合わせ

　自立支援のためのサービスについては、昼のサービス（日中活動事業）と夜のサービス（居住支援事業）に分けることにより、サービスの組合わせを選択できます。サービスを利用する際には一人ひとりの個別支援計画が作成され、利用目的にかなったサービスが提供されます。地域生活に移行した場合でも、日中は生活介護事業を利用することが可能です。

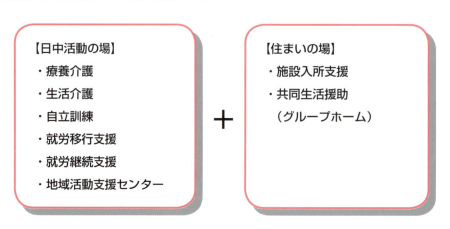

（3）介護保険制度との適用関係

　介護保険の対象となる人は、介護保険のサービス（介護給付・予防給付・市町村特別給付）が優先されます。ただし、障害者の固有のサービスが必要と認められる場合や、介護保険にはないサービスについては、障害者のサービスが利用できます。

（4）地域生活支援事業

　地域生活支援事業とは、障害者等が、自立した日常生活または社会生活を営むことができるよう、住民に最も身近な市町村を中心として実施される事業です。

　市町村や都道府県は、地域で生活する障害者等のニーズを踏まえ、地域の実情に応じた柔軟な事業形

態での実施が可能となるよう、自治体の創意工夫により事業の詳細を決定し、効率的・効果的な取組みを行っています。

4 サービスの利用手続き

サービスの利用手続きは、次のとおりです。

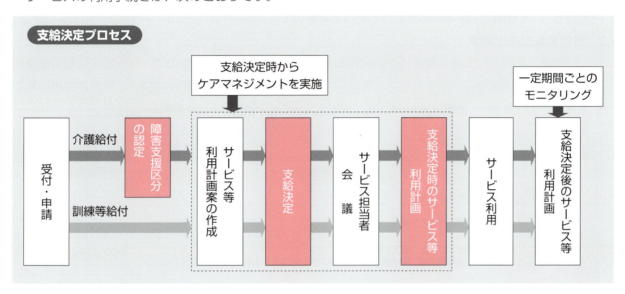

① サービスの利用を希望する人は、市町村の窓口に申請し障害支援区分の認定を受けます。
② 市町村は、サービスの利用の申請をした人（利用者）に、「指定特定相談支援事業者」が作成する「サービス等利用計画案」の提出を求めます。
③ 利用者は「サービス等利用計画案」を「指定特定相談支援事業者」で作成し、市町村に提出します。
④ 市町村は、提出された計画案や勘案すべき事項をふまえ、支給決定します。
⑤ 「指定特定相談支援事業者」は、支給決定された後にサービス担当者会議を開催します。
⑥ サービス事業者等との連絡調整を行い、実際に利用する「サービス等利用計画」を作成します。
⑦ サービス利用が開始されます。

5 障害支援区分

障害者総合支援法では、公平なサービス利用を実現するために、障害者一人ひとりへのサービスの必要性を明確に判断するための「障害支援区分」を設けています。

障害支援区分は、介護給付の必要度に応じて適切なサービスが利用できるよう、障害者等に対する介護給付の必要度を表す6段階の区分（区分1〜6：区分6のほうが必要度が高い）をいいます。

障害支援区分の決定のためには、市町村が行う認定調査を受ける必要があり、この認定調査は、心身の状況に関する80項目の聴き取り調査と、調査項目だけではわからない個別の状況を記入する特記事項により構成されており、これに、医師の意見書（24項目）を併せて、市町村審査会での総合的な判定を踏まえて市町村が認定します。

6 利用者負担のしくみ
(1) 利用者負担は、報酬額の1割が基本
　サービスの種類ごとに、サービスを提供する事業者が受け取れる額が決められています。それを報酬基準といいます。例えば1時間で1,000円などと決められている報酬基準のサービスを2時間利用した場合は、報酬額は2,000円となります。
　利用者は、報酬額の1割を負担することになりますので、この場合は、200円が利用者負担となります。

(2) 利用者負担の上限額
　一人で多くのサービスを利用すると、利用者負担が高額になってしまうので、サービスの利用を控えることになりかねません。そうしたことを防ぐため、月ごとの利用者負担額には、上限額が定められています。この上限額は、世帯の収入状況等に応じて、4つに区分されています。

上限額の区分

区分	対象	月額負担上限額
生活保護	生活保護受給世帯	0円
低所得	市町村民税非課税世帯	0円
一般1	市民税所得割額が16万円未満 ※入所施設利用者（20歳以上）およびグループホーム利用者を除く。	9,300円
一般2	上記以外の世帯	37,200円

(3) サービス利用にかかる実費負担
　サービスの1割負担以外に、提供されるサービスの種類によっては、実費を負担する場合があります。
〈実費負担の例〉
　・生活介護、療養介護、就労移行支援、就労継続支援、自立訓練：食費等
　・施設入所支援、グループホーム等：食費、光熱水費、日用品費、家賃等

2. 高齢者虐待防止法
(1) 概要
　高齢者虐待防止法は、正式には、「高齢者虐待の防止、高齢者の養護者に対する支援等に関する法律」といい、2006（平成18）年4月1日に施行されました。

　この法律の目的は、養護者による高齢者への虐待が深刻な状況にあることから、高齢者虐待の防止等に関する国等の責務を明らかにし、虐待の防止および虐待を受けた高齢者に対する保護のための措置を定めるとともに、高齢者を介護する者への支援のために必要な措置を講じることにより、高齢者の権利擁護および養護者の負担の軽減を図ることです。

　高齢者虐待とは、養護者による高齢者虐待と養介護施設従業者等による高齢者虐待で、次にあげる行為をいいます。

①身体的虐待… 高齢者の身体に外傷が生じるおそれのある暴行を加えること
②介護放棄…… 高齢者を衰弱させるような著しい減食または長時間の放置等養護を著しく怠ること
③心理的虐待… 高齢者に対する著しい暴言または著しく拒絶的な対応等著しい心理的外傷を与える言動を行うこと
④性的虐待…… 高齢者にわいせつな行為をすることまたはさせること
⑤経済的虐待… 高齢者の財産を不当に処分すること、高齢者から不当に利益を得ること

(2) 養護者・養介護施設従事者
　この法律において、「養護者」とは、家庭で要介護高齢者を養護している者をいいます。また「養介護施設従事者」とは、老人福祉法に規定する①老人福祉施設、②有料老人ホーム、③老人居宅生活支援事業、ならびに介護保険法に規定する①地域密着型介護老人福祉施設、②介護老人福祉施設、③介護老人保健施設、④介護療養型医療施設、⑤地域包括支援センター、⑥居宅サービス事業、⑦地域密着型サービス事業、⑧居宅介護支援事業、⑨介護予防サービス事業、⑩地域密着型介護予防サービス事業、⑪介護予防支援事業にかかる従業者をいいます。

(3) 市町村の役割
　市町村は、高齢者および養護者に対して、相談、指導および助言を行い、発見者からの通報または高齢者からの届出を受けた場合は、速やかに高齢者の安全確認、事実確認を行うとともに、高齢者虐待対応協力者と対応について協議を行い、老人短期入所施設等へ一時保護するなど適切な措置を講じます。

　また、高齢者の生命または身体に重大な危険が生じているおそれがあるときは、地域包括支援センターの職員その他の高齢者の福祉に関する事務に従事する職員に、高齢者の居所に立ち入り、調査または質問をさせることができます。その際、必要があれば、管轄する警察署長に援助を求めることができます。

　さらに市町村には、虐待の早期発見や防止のために、関係機関との連携協力体制を整備し、成年後見制度の利用等を含め、啓発活動を行う役割があります。

(4) 都道府県の役割

都道府県は、市町村間の連絡調整、市町村に対する情報提供等を行います。また、市町村から高齢者虐待に関する報告を受理したときは、毎年度、養介護施設従事者等による虐待の状況とその対応等について公表する役割があります。

(5) 養介護施設の職員等による通報

介護施設等の職員は、自らの施設または事業所等において虐待を受けたと思われる高齢者を発見した場合は、速やかに、市町村に通報しなければなりません。この際、通報をした職員については、そのことを理由として解雇その他の不利益な取扱いを受けないことを規定する一方で、通報を受けた市町村は、都道府県に報告し、市町村長または都道府県知事は、高齢者虐待の防止等を図るため、老人福祉法または介護保険法による権限を適切に行使するものとしています。

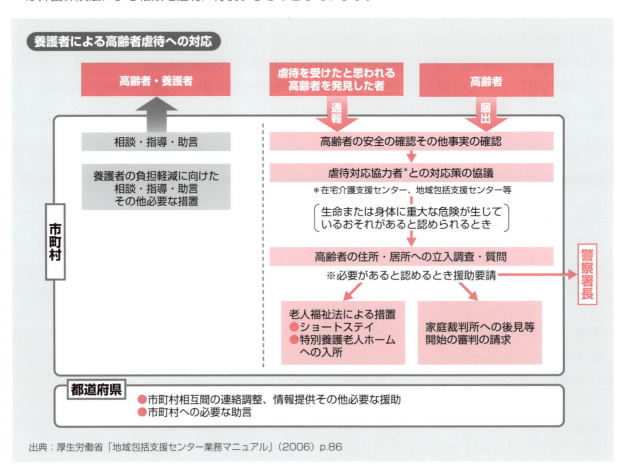

出典：厚生労働省「地域包括支援センター業務マニュアル」(2006) p.86

3. 介護扶助（生活保護法）

（1）概要

介護保険制度における要介護者・要支援者で生活保護を受給している者が、介護保険サービスを利用した場合、自己負担分（1割）については、生活保護法により介護扶助が支給されます。40歳以上65歳未満の介護保険被保険者以外の者（医療保険未加入者）で生活保護を受給している者が、介護保険サービスを利用した場合は、費用の10割が介護扶助として支給されます。

（2）生活保護と介護保険の関係

生活保護を受けていても、65歳以上の者（第1号被保険者）と40歳以上65歳未満の医療保険加入者（第2号被保険者）は、介護保険の被保険者となります。この場合、補足性の原理により介護保険による保険給付が優先し、自己負担分が生活保護からの給付（介護扶助）となります。

これ以外に、他制度による給付がある場合には、介護保険または介護扶助との調整があります。

	40歳～65歳未満の生活保護受給者	65歳以上の生活保護受給者
医療保険加入者	第2号被保険者 自己負担分（1割）を支給	第1号被保険者 自己負担分（1割）を支給
医療保険未加入者	介護保険の被保険者以外の者 10割を支給 ※生活保護受給者の大多数は、医療保険の未加入者（国民健康保険の適用除外となるため）のため、介護保険の被保険者となりません。	

（3）介護扶助の方法

介護扶助の給付は、原則として現物給付の方法によります。現物給付を担当する指定介護機関は、都道府県知事、政令指定都市または中核市の市長が、介護保険法に規定する居宅サービス事業、居宅介護支援事業等を行う者または介護施設の開設者の申請により指定します。

指定介護機関は、福祉事務所の交付する介護券（介護扶助対象であること等を証する書類）に記載された資格情報等を介護報酬明細書に転記し、介護に要した費用を国民健康保険団体連合会へ請求します。

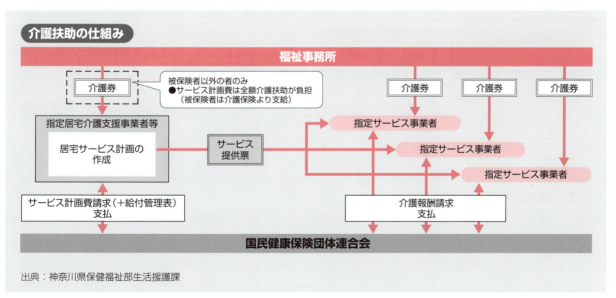

出典：神奈川県保健福祉部生活援護課

（4）介護扶助の介護方針および介護報酬

介護扶助の介護方針および介護報酬は、介護保険の介護方針および介護報酬の例によります。したがって、原則介護保険と同範囲・同水準の介護サービスが給付されます。

4．成年後見制度（民法）

（1）概要

成年後見制度とは、認知症、知的障害、精神障害などの理由で、本人の判断能力が不十分な場合に、不動産や預貯金などの財産管理、身のまわりの世話のための介護サービスや施設への入所に関する契約の締結、遺産分割の協議等において、本人が不利益を被らないように保護し、支援する制度です。

（2）成年後見制度の種類

成年後見制度は、大きく分けると、法定後見制度と任意後見制度の2つがあります。

また、法定後見制度は、「後見」「保佐」「補助」の3つに分かれており、判断能力の程度など本人の事情に応じて制度を選べるようになっています。

法定後見制度においては、家庭裁判所によって選ばれた成年後見人等（成年後見人・保佐人・補助人）が、本人の利益を考えながら、本人を代理して契約などの法律行為をしたり、本人が自分で法律行為をするときに同意を与えたり、本人が同意を得ないでした不利益な法律行為を後から取消したりすることによって、本人を保護・支援します。

法定後見制度の概要

	後見	保佐	補助
対象者	判断能力が欠けているのが通常の状態の人	判断能力が著しく不十分な人	判断能力が不十分な人
申立権者	本人、配偶者、4親等内の親族、検察官、市町村長　等(注1)		
成年後見人等（成年後見人・保佐人・補助人）の同意が必要な行為	－	民法第13条第1項所定の行為(注2)(注3)(注4)	申立ての範囲内で家庭裁判所が審判で定める「特定の法律行為」（民法第13条第1項所定の行為の一部）(注1)(注2)(注4)
取消しが可能な行為	日常生活に関する行為以外の行為		同上(注2)(注4)
成年後見人等に与えられる代理権の範囲	財産に関するすべての法律行為	申立ての範囲内で家庭裁判所が審判で定める「特定の法律行為」(注1)	同左(注1)

(注1) 本人以外の者の請求により、保佐人に代理権を与える審判をする場合、本人の同意が必要になります。補助開始の審判や補助人に同意権・代理権を与える審判をする場合も同じです。
(注2) 民法第13条第1項では、借金、訴訟行為、相続の承認・放棄、新築・改築・増築などの行為があげられています。
(注3) 家庭裁判所の審判により、民法第13条第1項所定の行為以外についても、同意権・取消権の範囲を広げることができます。
(注4) 日常生活に関する行為は除かれます。
出典：法務省

ア　後見人制度

精神上の障害（認知症・知的障害・精神障害など）により、判断能力が欠けているのが通常の状態にある人を保護・支援するための制度です。この制度を利用すると、家庭裁判所が選任した成年後見人が、本人の利益を考えながら、本人を代理して契約などの法律行為を行ったり、本人または成年後見人が、本人が行った不利益な法律行為を後から取り消すことができます。ただし、自己決定の尊重の観点から、日用品（食料品や衣料品等）の購入など「日常生活に関する行為」については、取消しの対象になりません。

第2章 介護支援専門員が知っておきたい制度改正の概要

●本人の状況：アルツハイマー病
●申立人：妻　　●成年後見人：申立人

　本人は5年ほど前から物忘れがひどくなり、勤務先の直属の部下を見ても誰かわからなくなるなど、次第に社会生活を送ることができなくなりました。日常生活においても、家族の判別がつかなくなり、その症状は重くなる一方で回復の見込みはなく、2年前から入院しています。
　ある日、本人の弟が突然事故死し、本人が弟の財産を相続することになりました。弟には負債しか残されておらず、困った本人の妻が相続放棄のために、後見開始の審判を申し立てました。
　家庭裁判所の審理を経て、本人について後見が開始され、夫の財産管理や身上監護をこれまで事実上担ってきた妻が成年後見人に選任され、妻は相続放棄の手続をしました。

イ　保佐人制度

　精神上の障害（認知症・知的障害・精神障害など）により、判断能力が著しく不十分な人を保護・支援するための制度です。この制度を利用すると、お金を借りたり、保証人となったり、不動産を売買するなど法律で定められた一定の行為について、家庭裁判所が選任した保佐人の同意を得ることが必要になります。保佐人の同意を得ないで行った行為については、本人または保佐人が後から取り消すことができます。
　ただし、自己決定の尊重の観点から、日用品（食料品や衣料品等）の購入など「日常生活に関する行為」については、保佐人の同意は必要なく、取消しの対象にもなりません。
　また、家庭裁判所の審判によって、保佐人の同意権・取消権の範囲を広げたり、特定の法律行為について保佐人に代理権を与えることもできます。
　保佐人の同意権・取消権の範囲を広げたり、保佐人に代理権を与えるためには、自己決定の尊重から、当事者が、同意権等や代理権による保護が必要な行為の範囲を特定して、審判の申立てをしなければなりません。また、保佐人に代理権を与えることについては、本人も同意している必要があります。この申立ては、保佐開始の審判の申立てとは別のものです。

●本人の状況：中程度の認知症の症状
●申立人：長男　　●保佐人：申立人

　本人は1年前に夫を亡くしてから一人暮らしをしていました。以前から物忘れがみられましたが、最近症状が進み、買物の際に1万円札を出したか5千円札を出したか、わからなくなることが多くなり、日常生活に支障が出てきたため、長男家族と同居することになりました。
　隣県に住む長男は、本人が住んでいた自宅が老朽化しているため、この際自宅の土地、建物を売りたいと考えて、保佐開始の審判の申立てをし、あわせて土地、建物を売却することについて代理権付与の審判の申立てをしました。
　家庭裁判所の審理を経て、本人について保佐が開始され、長男が保佐人に選任されました。長男は、家庭裁判所から居住用不動産の処分についての許可の審判を受け、本人の自宅を売却する手続を進めました。

ウ　補助人制度

　軽度の精神上の障害（認知症・知的障害・精神障害など）により、判断能力の不十分な人を保護・支援するための制度です。この制度を利用すると、家庭裁判所の審判によって、特定の法律行為について、家庭裁判所が選任した補助人に同意権・取消権や代理権を与えることができます。
　ただし、自己決定の尊重の観点から、日用品（食料品や衣料品等）の購入など「日常生活に関する

行為」については、補助人の同意は必要なく、取消しの対象にもなりません。
　補助人に同意権や代理権を与えるためには、自己決定の尊重の観点から、当事者が、同意権や代理権による保護が必要な行為の範囲を特定して、審判の申立てをしなければなりません。この申立ては、補助開始の審判とは別のものです。なお、補助に関するこれらの審判は、本人自らが申し立てるか、本人が同意している必要があります。

> **補助人制度を利用した事例**
> ●本人の状況：軽度の認知症の症状
> ●申立人：長男　　●補助人：申立人
>
> 　本人は、最近、米をとがずに炊いてしまうなど、家事の失敗がみられるようになり、また、長男が日中仕事で留守の間に、訪問販売員から必要のない高額の呉服を何枚も購入してしまいました。困った長男が家庭裁判所に補助開始の審判の申立てをし、あわせて本人が10万円以上の商品を購入することについて同意権付与の審判の申立てをしました。
> 　家庭裁判所の審理を経て、本人について補助が開始され、長男が補助人に選任されて同意権が与えられました。その結果、本人が長男に断りなく10万円以上の商品を購入してしまった場合には、長男がその契約を取り消すことができるようになりました。

(3) 成年後見人等の選任

　成年後見人等には、本人のためにどのような保護・支援が必要かなどの事情に応じて、家庭裁判所が選任することになります。本人の親族以外にも、法律・福祉の専門家その他の第三者や、福祉関係の公益法人その他の法人が選ばれる場合があります。
　成年後見人等を複数選ぶことも可能です。また、成年後見人等を監督する成年後見監督人などが選ばれることもあります。

> **親族以外の第三者が成年後見人に選任された事例**
> ●本人の状況：重度の知的障害
> ●申立人：母　　●成年後見人：社会福祉士
>
> 　本人は、一人っ子で生来の重度の知的障害があり、長年母と暮らしており、母は本人の障害年金を事実上受領し、本人の世話をしていました。ところが、母が脳卒中で倒れて半身不随となり回復する見込みがなくなったことから、本人を施設に入所させる必要が生じました。
> 　そこで、本人の財産管理と身上監護に関する事務を第三者に委ねるために後見開始の審判を申し立てました。
> 　家庭裁判所の審理を経て、本人について後見が開始されました。そして、本人の財産と将来相続すべき財産はわずかであり、主たる後見事務は、本人が今後どのような施設で生活することが適切かといった身上監護の面にあることから、社会福祉士が成年後見人に選任されました。

> **市町村長が後見開始の審判の申立てを行った事例**
> ●本人の状況：重度の知的障害
> ●申立人：町長　　●成年後見人：司法書士
>
> 　本人には重度の知的障害があり、現在は特別養護老人ホームに入所しています。本人は、長年障害年金を受け取ってきたことから多額の預貯金があり、その管理をする必要があるとともに、介護保険制度の施行に伴い、特別養護老人ホームの入所手続を措置から契約へ変更する必要があります。本人にはすでに身寄りがなく、本人との契約締結が難しいことから、町長が知的障害者福祉法の規定に基づき、後見開始の審判の申立てをしました。
> 　家庭裁判所の審理の結果、本人について後見が開始され、司法書士が成年後見人に選任されました。
> 　その結果、成年後見人は介護保険契約を締結し、これに基づき、特別養護老人ホーム入所契約のほか、各種介護サービスについて契約を締結し、本人はさまざまなサービスを受けられるようになりました。

（4）任意後見制度

　任意後見制度は、本人が十分な判断能力があるうちに、将来、判断能力が不十分な状態になった場合に備えて、あらかじめ自らが選んだ代理人（任意後見人）に、自分の生活、療養看護や財産管理に関する事務について代理権を与える契約（任意後見契約）を公証人の作成する公正証書で結んでおくというものです。

　そうすることで、本人の判断能力が低下した後に、任意後見人が、任意後見契約で決めた事務について、家庭裁判所が選任する「任意後見監督人」の監督のもと本人を代理して契約などをすることによって、本人の意思に従った適切な保護・支援をすることが可能になります。

> **任意後見制度を利用して任意後見監督人が選任された事例**
>
> ●本人の状況：脳梗塞による認知症の症状
> ●任意後見人：長女　　●任意後見監督人：弁護士
>
> 　本人は、長年にわたって自己の所有するアパートの管理をしていましたが、判断能力が低下した場合に備えて、長女との間で任意後見契約を結びました。その数か月後、本人は脳梗塞で倒れ左半身が麻痺するとともに、認知症の症状が現れアパートを所有していることさえ忘れてしまったため、任意後見契約の相手方である長女が任意後見監督人選任の審判の申立てをしました。
> 　家庭裁判所の審理を経て、弁護士が任意後見監督人に選任されました。その結果、長女が任意後見人として、アパート管理を含む本人の財産管理、身上監護に関する事務を行い、これらの事務が適正に行われているかどうかを任意後見監督人が定期的に監督するようになりました。

※事例資料：最高裁判所「成年後見関係事件の概況」

5. 日常生活自立支援事業

（1）概要

　2000（平成12）年4月に「介護保険法」、2006（平成18）年4月に「障害者自立支援法」（現：障害者総合支援法）が施行され、福祉サービスの利用については、行政が決定する「措置」から「契約」へと移行されました。したがって福祉サービスを利用するためには、サービスを必要としている人自身が、要介護認定や介護給付費の支給決定の申請をしたり、適切な福祉サービス利用の契約を結んだりしなければなりません。

　しかし、判断能力が不十分な人は、これらのことを行うことができない場合があります。このような人々を支援する仕組みとして、1999（平成11）年10月から「地域福祉権利擁護事業」が始まりました。

　「地域福祉権利擁護事業」は、「日常生活自立支援事業」に名称変更され今日に至っています。その概要は、認知症や精神障害等により、日常生活を営むのに支障がある人に対し、福祉サービスの利用に関する相談・助言や手続き・支払等の援助を行うものです。

（2）対象者

　次のすべてに該当する人が対象となります。

①判断能力が不十分な状態の人（認知症や物忘れのある高齢者、知的障害者、精神障害者等）。
②在宅での日常生活を営むのに必要なサービスを利用するための情報の入手、理解、判断、意思表示を本人のみでは適切に行うことが困難であると認められる人。
③この事業における契約の内容について、判断できる能力をもっていると認められる人。

(3) 事業の概要

希望や本人の状況などに応じて、福祉サービスの利用援助に加えて、日常的金銭管理や書類等の預かりサービスを利用することができます。

①福祉サービス利用援助（基本事業）
- 福祉サービスについての情報提供、助言
- 福祉サービスを利用する際の手続きの援助
- 福祉サービスの利用料の支払い手続きの援助
- 福祉サービスについての苦情解決制度を利用する手続きの援助　など

②日常的金銭管理サービス（オプション）
- 年金や福祉手当の受領に必要な手続きの援助
- 税金、社会保険料、公共料金、医療費、家賃などの支払い手続きの援助
- 日常生活に必要な預金の払戻し、預け入れ、解約の手続きの援助　など

③書類等の預かりサービス（オプション）
- 金融機関の貸金庫における大切な書類（年金証書・預貯金の通帳・権利証・契約書類・保険証書・実印・銀行印など）の預かり

（4）利用料

相談や契約までの手続きは無料です。契約をした後の実際の支援については有料になります。利用料は、市町村によって異なりますので、最寄りの市町村社会福祉協議会等に確認する必要があります。

また、上記のほかに、利用者の自宅から金融機関等へ出向いた際にかかった交通費の実費は、利用者負担となります。

6. 介護保険と医療保険の主な給付の具体的区分について

医療保険制度との関係

介護保険制度では、医療保険制度上の診療所や訪問看護ステーション、老人保健施設、療養型医療施設等が介護保険のサービスを提供することとなることから、医療保険と介護保険のどちらで給付を行うかが、問題となります。

具体的には、医療機関等で実施されたサービスについて、医療機関で介護報酬か診療報酬の請求のどちらで行うかを決定することとなりますが、おおむねの考え方は以下のとおりです。

第2章 介護支援専門員が知っておきたい制度改正の概要

		介護保険	医療保険
施設サービス	[介護療養型医療施設] ・療養病床 ・老人性認知症疾患療養病棟		療養病床等のうちの医療保険適用部分の入院患者の治療 ・神経難病、人工透析等を必要とする患者など密度の高い医学的管理および治療を必要とする患者 ・回復期のリハビリテーションを必要とする患者 ・40歳未満の長期療養患者や40～64歳の特定疾病以外の長期療養患者
	介護保険適用部分（原則病棟、例外的に病室）の入院患者に限る 　急性期治療が必要な場合には、急性期病棟に移って、医療保険から給付		介護保険適用部分における入院患者が急性増悪した場合で、転院等ができない場合等に介護保険適用部分で行われた医療
	介護保険適用の療養病床等の入院患者に対する指導管理、リハビリテーション、単純撮影等の長期療養に対応する日常的な医療行為		介護保険適用の療養病床等の入院患者に対する透析や人工呼吸器の装着など頻度が少ないような複雑な医療行為
	[介護老人保健施設] ・入所者の病状が著しく変化した際に緊急その他やむを得ない事情により老人保健施設で行われる緊急時施設療養費		老人保健施設の入所者に対して他医療機関が行った老人保健施設では通常行えない一定の処置（透析等）、手術等
	[介護老人福祉施設] ・配置医師が行う健康管理や療養指導等		他医療機関からの往診や急性期病棟への入院等
在宅サービス	[居宅療養管理指導] 医師の居宅療養管理指導 　通院困難な要介護者等について訪問して行われる継続的な医学的な管理に基づく ・ケアプラン作成事業者等への情報提供 ・介護サービス利用上の留意事項、介護方法の相談指導		在宅時医学総合管理料 ・診療計画による医学的管理 ・疾病の治療の指導 ・投薬・検査 訪問診療料 具体的疾患に関する指導管理料 検査、投薬、処置等
	歯科医師の居宅療養管理指導 　通院困難な要介護者等について訪問して行われる継続的な歯科医学的な管理に基づく ・介護サービス利用上の留意事項、口腔衛生等の相談指導 ・ケアプラン作成事業者等への情報提供		歯科訪問診療料 具体的疾患に関する指導管理料 検査、投薬、欠損補綴等
	要介護者等に対する ・訪問薬剤管理指導 ・訪問栄養食事指導 ・訪問歯科衛生指導		要介護者等以外の者に対する ・訪問薬剤管理指導 ・訪問栄養食事指導 ・訪問歯科衛生指導
	[訪問看護] ・要介護者等に対する訪問看護		要介護者等以外の者に対する訪問看護 要介護者等に対する訪問看護のうち ・急性増悪時の訪問看護 ・厚生労働大臣が定める疾病等※に対する訪問看護 精神科訪問看護
	[通所リハビリテーション] ・要介護者等に対する通所リハビリテーション		重度認知症デイケア
	[訪問リハビリテーション] ・要介護者等に対するOT、PT、STの訪問リハビリテーション		要介護者等以外の者に対する訪問リハビリテーション
	[短期入所療養介護] ＊施設サービスと同様		＊施設サービスと同様

※ 末期の悪性腫瘍、多発性硬化症、重症筋無力症、スモン、筋萎縮性側索硬化症、脊髄小脳変性症、ハンチントン病、進行性筋ジストロフィー症、パーキンソン病関連疾患（進行性核上性麻痺、大脳皮質基底核変性症、パーキンソン病（ホーエン・ヤールの重症度分類がステージ3以上であって生活機能障害度がⅡ度またはⅢ度の者に限る））、多系統萎縮症（線条体黒質変性症、オリーブ橋小脳萎縮症、シャイ・ドレーガー症候群）、プリオン病、亜急性硬化性全脳炎、ライソゾーム病、副腎白質ジストロフィー、脊髄性筋萎縮症、球脊髄性筋萎縮症、慢性炎症性脱髄性多発神経炎、後天性免疫不全症候群、頸髄損傷の患者または人工呼吸器を使用している患者

第3章

居宅介護支援・介護予防支援事業の運営

CONTENTS

1. 居宅介護支援事業運営の基本 ……………………… 82
2. 介護予防支援事業運営の基本 ……………………… 102
3. 介護サービス情報の公表制度 ……………………… 108
4. 個人情報保護法について ……………………… 117

参考

神奈川県における情報公表制度の活用について ……………………… 114

① 居宅介護支援事業運営の基本

1. 指定居宅介護支援事業者の基本方針

　指定居宅介護支援事業者は、介護保険法および運営基準に沿って、事業運営を行う必要があります。

　指定居宅介護支援事業における基本方針は、「指定居宅介護支援等の事業の人員及び運営に関する基準（平成11年厚生省令第38号）」（以下、運営基準）に掲載されており、事業所の管理者および従事者は、この基本方針をふまえ、質の高い居宅介護支援を提供することが求められています。

　指定居宅介護支援事業の運営にあっては、地域包括支援センターや介護予防支援事業者との連携に努めることが求められています。

> **運営基準第1条の2（指定居宅介護支援事業における基本方針）**
>
> 1　指定居宅介護支援の事業は、要介護状態となった場合においても、その利用者が可能な限りその居宅において、その有する能力に応じ自立した日常生活を営むことができるように配慮して行われるものでなければならない。
> 2　指定居宅介護支援の事業は、利用者の心身の状況、その置かれている環境等に応じて、利用者の選択に基づき、適切な保健医療サービス及び福祉サービスが、多様な事業者から、総合的かつ効率的に提供されるよう配慮して行われるものでなければならない。
> 3　指定居宅介護支援事業者は、指定居宅介護支援の提供に当たっては、利用者の意思及び人格を尊重し、常に利用者の立場に立って、利用者に提供される指定居宅サービス等が特定の種類又は特定の居宅サービス事業者に不当に偏することのないよう、公正中立に行われなければならない。
> 4　指定居宅介護支援事業者は、事業の運営に当たっては、市町村、法第115条の46第1項に規定する地域包括支援センター、老人福祉法第20条の7の2に規定する老人介護支援センター、他の指定居宅介護支援事業者、指定介護予防支援事業者、介護保険施設等との連携に努めなければならない。

　介護保険の基本理念である「高齢者の自己決定権の尊重」「自分らしい生活の継続」および「自立支援」を推進するためには、介護支援専門員の果たす役割が大きいといえます。

　要支援1および要支援2と認定された人は、地域包括支援センターと契約して介護予防ケアプランを作成し、介護予防サービスを利用します。2015（平成27）年制度改正により、介護予防訪問介護と介護予防通所介護は市町村の地域支援事業に位置づけられました。

　介護予防サービスを利用する場合に必要な介護予防ケアプランの作成は、地域包括支援センターが行いますが、地域包括支援センターは、当該業務の一部を指定居宅介護支援事業者に委託することができます。

（1）介護支援専門員の業務

　介護支援専門員は、利用者の意向をふまえ、自立支援に向けた居宅サービス計画を作成し、そのプランに従ってサービスが提供されるよう事業者と調整することを主な業務としていますが、保険給付を受けるためには、さらにサービスの実績を管理し、給付管理票を国民健康保険団体連合会（以下、国保連）に提出しなければなりません。

　したがって、介護支援専門員が行う業務は、居宅介護支援業務（ケアマネジメント）と給付管理業務の2つに大別されます。

介護支援専門員の主な業務

①居宅介護支援業務（ケアマネジメント）
- アセスメント（課題分析）
- 居宅サービス計画の作成
- サービス提供の調整
- モニタリング
- 居宅サービス計画の見直し（再アセスメント）

②給付管理業務
- サービス提供実績の管理
- 給付管理票の作成
- 国民健康保険団体連合会への請求

（2）介護支援専門員の心構え

居宅介護支援事業者が行う主な業務は、アセスメントおよび居宅サービス計画の作成、モニタリング、給付管理業務などですが、まず、利用者の自立支援に向けた質の高い居宅サービス計画を作成するための介護支援専門員の心構えについて述べます。

介護支援専門員は、介護・福祉の専門家ですが、その前に一人の人間としての資質が問われます。専門知識や技術の習得とともに人格を陶冶することが必要です。次に介護支援専門員に必要な5つの心得を示しますので、参考にしてください。

介護支援専門員5つの心得

①利用者・家族の信頼を得るためのコミュニケーションをしっかり行うこと
②利用者・家族が抱える課題を正確にとらえるためのアセスメントを適切に行うこと
③利用者・家族が必要としている制度情報やサービス情報を充分に提供すること
④モニタリングを適切に行うこと
⑤常に相手を思いやり、相手の立場に立って対応すること

2. 留意すべきポイント

指定居宅介護支援事業の運営にあたり、留意すべき内容について確認しておきましょう。

（1）自立支援型ケアマネジメントの推進（運営基準減算の強化）

2012（平成24）年4月から運営基準減算が強化され、運営基準違反の状態が1か月続いた場合は、介護報酬が5割に減額され、2か月以上運営基準減算の状態が続いた場合は、介護報酬の算定ができなくなりました。運営基準減算とは、指定居宅介護支援事業運営基準第13条第7号、第9号～第11号、第14号、第15号（第16号において準用する場合を含む）に定める規定に違反している場合に減算されるものです。

これは、利用者の自宅を訪問してアセスメントを行い、サービス担当者会議を経てケアプラン原案を作成し、利用者への説明をしっかりと行ったうえでケアプランを交付、その後、適切にサービスが提供されているかをモニタリングし、ケアプランの変更が必要になったら変更するというケアマネジメントのプロセスを必ず実施してくださいということです。

（2）特定事業所集中減算

2015（平成27）年4月から特定事業所集中減算が見直しされ、正当な理由のない特定の事業所へのサービスの偏りの割合が80％を超える場合に200単位が減算されることになりました。これまでは、訪問介護、通所介護、福祉用具貸与に限定されていましたが、今回の制度改正により、すべてのサービスに適用されることになりました。正当な理由について留意しておく必要があります。

（3）ケアプランと個別サービス計画の連携

2015（平成27）年4月から居宅介護支援事業所と指定居宅サービス等の事業所の意識の共有を図る観点から、介護支援専門員は、居宅サービス計画に位置づけた指定居宅サービス等の担当者から個別サービス計画の提出を求めなければならないこととされました（運営基準第13条第12号）。

（4）地域ケア会議への協力

2015（平成27）年4月から介護保険法上に位置づけた地域ケア会議において、個別のケアマネジメント事例の提供の求めがあった場合には、介護支援専門員は、これに協力するよう努めなければなりません（運営基準第13条第27号）。

（5）事業者指定の更新制

居宅介護支援事業者の指定は、6年ごとにその更新を受けなければ、その期間の経過によって、その効力を失います（法第79条の2第1項）。したがって、事業を継続する場合は、6年ごとに更新申請を行わなければなりません。

（6）管理者

指定居宅介護支援事業所に置くべき管理者は、介護支援専門員であって、もっぱら管理者の職務に従事する常勤の者でなければならないとされています（運営基準第3条第2項、第3項）。

（7）介護支援専門員証の携行

利用者が安心して居宅介護支援を利用できるよう、指定居宅介護支援事業者は、介護支援専門員に介護支援専門員証を携行させ、初回訪問時および利用者またはその家族から求められたときは、これを提示することが義務づけられています。この介護支援専門員証には、5年間の有効期間が記載され、本人の写真を貼付することになっています。

（8）サービス担当者会議の開催

介護支援専門員は、効果的かつ実現可能な質の高い居宅サービス計画（ケアプラン）を作成するために、居宅サービス計画原案に位置づけた指定居宅サービス等の担当者からなるサービス担当者会議を開催することが義務づけられています（運営基準第13条第9号）。これは、質の高いケアマネジメントを実践するためには、サービス担当者間で利用者の状況等に関する情報を共有するとともに、専門的な見地からの意見を求め、サービスの調整を図ることが重要と考えられるからです。

サービス担当者会議を開催しなければならないケース

①居宅サービス計画を新規に作成した場合
②要介護認定を受けている利用者が要介護更新認定を受けた場合
③要介護認定を受けている利用者が要介護状態区分の変更の認定を受けた場合

ただし、やむを得ない理由がある場合については、サービス担当者に対する照会等により意見を求めることができるものとしていますが、この場合にも、緊密に相互の情報交換を行うことにより、利用者

の状況等についての情報や居宅サービス計画原案の内容を共有できるようにする必要があります。

　なお、ここでいうやむを得ない理由がある場合とは、開催の日程調整を行ったが、サービス担当者の事由により、サービス担当者会議への参加が得られなかった場合、居宅サービス計画の変更であって、利用者の状態に大きな変化がみられない等における軽微な変更の場合等が想定されます。

　介護支援専門員は、サービス担当者会議を開催した場合、サービス担当者会議の要点または当該担当者への照会内容について記録するとともに、運営基準第29条第2項の規定に基づき、当該記録を2年間保存しなければなりません。

(9) モニタリングの記録

　利用者の生活の状況を確認するためのモニタリングについては、少なくとも毎月1回、利用者の居宅を訪問し、利用者に面接するとともに、少なくとも毎月1回、モニタリングの結果を記録することが義務づけられています（運営基準第13条第14号）。

(10) 福祉用具貸与および特定福祉用具販売

①居宅サービス計画への位置づけ

　福祉用具貸与および特定福祉用具販売については、その特性と利用者の心身の状況等をふまえて、その必要性を十分に検討せずに選定した場合、利用者の自立支援が大きく阻害されるおそれがあることから、検討の過程を別途記録する必要があります。

　このため、介護支援専門員は、居宅サービス計画に福祉用具貸与および特定福祉用具販売を位置づける場合には、サービス担当者会議を開催し、当該計画に福祉用具貸与および特定福祉用具販売が必要な理由を記載しなければなりません（運営基準第13条第22号、第23号）。

　なお、福祉用具貸与については、居宅サービス計画作成後、必要に応じて随時サービス担当者会議を開催して、利用者が継続して福祉用具貸与を受ける必要性について専門的意見を聴取するとともに検証し、継続して福祉用具貸与を受ける必要がある場合には、その理由を再び居宅サービス計画に記載する必要があります。

②軽度者への対応

　要介護1の利用者（以下、軽度者）の居宅サービス計画に指定福祉用具貸与を位置づける場合には、「厚生労働大臣が定める基準に適合する利用者等」（平成27年厚生労働省告示第94号）第31号のイで定める状態像（p.53参照）の者であることを確認するため、当該軽度者の「要介護認定等基準時間の推計の方法」（平成12年厚生省告示第91号）別表第1の調査票について必要な部分（実施日時、調査対象者等の時点の確認および本人確認ができる部分ならびに基本調査の回答で当該軽度者の状態像の確認が必要な部分）の写し（以下「調査票の写し」という。）を市町村から入手しなければなりません。

　軽度者の調査票の写しを指定福祉用具貸与事業者へ提示することについて、利用者の同意を得たうえで、市町村より入手した調査票の写しについて、その内容が確認できる文書を指定福祉用具貸与事業者へ送付します。

(11) 指定介護予防支援事業者との連携

　要介護認定を受けている利用者が要支援認定を受けた場合には、指定介護予防支援事業者が当該利用者の介護予防サービス計画を作成することになるため、速やかに適切な介護予防サービス計画の作成に着手できるよう、指定居宅介護支援事業所は、指定介護予防支援事業者に対して当該利用者に関する必要な情報を提供する等の連携を図る必要があります（運営基準第13条第25号）。

(12) 介護予防支援業務の受託上限の撤廃

指定居宅介護支援事業者は、指定介護予防支援事業者から指定介護予防支援の業務を受託することができますが（法第115条の23第3項）、2012（平成24）年の制度改正前まで介護支援専門員1人につき8人が上限とされていた制限が廃止されました。

なお、指定居宅介護支援事業者は、その業務量等を勘案し、指定介護予防支援業務を受託することによって、当該指定居宅介護支援事業者が本来行うべき指定居宅介護支援業務の適正な実施に影響を及ぼすことのないよう配慮しなければなりません。

(13) 利用者に対する居宅サービス計画等の書類の交付

指定居宅介護支援事業者は、利用者が他の居宅介護支援事業者の利用を希望する場合、また、要介護認定を受けている利用者が要支援認定を受けた場合、その他利用者からの申し出があった場合には、当該利用者に対し、直近の居宅サービス計画およびその実施状況に関する書類を交付しなければなりません（運営基準第15条）。

(14) 労働関係法令の遵守

事業者が、労働基準法などに抵触して罰金刑を受けている場合や労働保険の保険料を滞納している場合には、指定の取消し等が行われ、事業の継続ができなくなりました。

(15) 罰則

①勧告と命令

指定居宅介護支援の事業を行う者または行おうとする者が満たすべき基準等を満たさない場合には、指定居宅介護支援事業者の指定または更新は受けられず、また、基準に違反することが明らかになった場合には、都道府県は、相当の期限を定めて運営基準を遵守するよう「勧告」が行われます（法第83条の2）。

勧告に従わなかったときは、事業者名、勧告に至った経緯、当該勧告に対する対応等を公表し、正当な理由なく、当該勧告に関する措置をとらなかったときは、都道府県は、相当の期限を定めて当該勧告に関する措置をとるよう「命令」をすることができます。

都道府県知事が「命令」をした場合には、事業者名、命令に至った経緯等を公表しなければなりません。なお、命令に従わない場合には、当該指定を取り消すこと、または取り消しを行う前に相当の期間を定めて指定の全部もしくは一部の効力を停止すること（不適正なサービスが行われていることが判明した場合、当該サービスに関する介護報酬の請求を停止させるなど）ができます。

②指定の取消

都道府県知事は、次に掲げる場合には、運営基準に従った適正な運営ができなくなったものとして、ただちに指定の全部もしくは一部の停止または取消しができます（法第84条）。

①指定居宅介護支援事業者およびその従業者が、居宅サービス計画の作成または変更に関し、利用者に対して特定の居宅サービス事業者等によるサービスを利用させることの対償として、当該居宅サービス事業者等から金品その他の財産上の利益を収受したとき。その他の自己の利益を図るために基準に違反したとき

②利用者の生命または身体の安全に危害を及ぼすおそれがあるとき

③その他①および②に準ずる重大かつ明白な基準違反があったとき

3. 指定居宅介護支援事業者・管理者等の責務

指定居宅介護支援事業所には、必ず常勤の管理者と介護支援専門員が配置されます。管理者は、その事業所において、指定居宅介護支援事業の適正かつ円滑な運営を図るため、介護保険法、介護保険法施行規則および運営基準に則って事業を運営する責務を負っています。

事業者の責務

責務等の内容	根拠
（1）要介護者の心身の状況に応じて適切な居宅介護支援を提供すること	介護保険法第80条第1項
（2）自ら提供する居宅介護支援の質の評価を行うこと	介護保険法第80条第1項
（3）要介護者の人格を尊重するとともに法令を遵守し、要介護者のため忠実にその職務を遂行すること	介護保険法第81条第6項
（4）業務管理体制を整備し届け出ること	介護保険法第115条の32
（5）事業所の名称および所在地等の変更届出を行うこと（10日以内）	介護保険法第82条
（6）事業の廃止または休止の1か月前に届出を行うこと	介護保険法第82条第2項
（7）都道府県知事又は市町村長への報告、書類の提出・提示命令、出頭、質問、検査に応じること	介護保険法第83条第1項

（1）適切な居宅介護支援を提供すること

適切な居宅介護支援の提供を行う際の留意点は次の4点です（運営基準第1条の2）。

第1に、要介護状態となった場合においても、その利用者が可能な限りその居宅において、その有する能力に応じ自立した日常生活を営むことができるように配慮すること。

第2に、利用者の心身の状況、その置かれている環境等に応じて、利用者の選択に基づき、適切な保健医療サービスおよび福祉サービスが、多様な事業者から、総合的かつ効率的に提供されるよう配慮すること。

第3に、利用者の意思および人格を尊重し、常に利用者の立場に立って、利用者に提供される指定居宅サービス等が特定の種類または特定の事業者に不当に偏らないこと。

第4に、市町村、地域包括支援センター、他の指定居宅介護支援事業者、介護保険施設等との連携に努めること。

（2）自ら提供する居宅介護支援の質の評価を行うこと

指定居宅介護支援事業者は、介護保険法第80条第1項および運営基準第12条第2項により、その事業所が提供する居宅介護支援の質の評価を行う義務があります。具体的に、居宅介護支援の質の評価とはいったいどのようなことを指し、どのようなことをすればよいのでしょうか。

居宅介護支援の業務は、利用者の課題を分析し、適切な居宅サービス計画を作成することを中心とした居宅介護支援業務と、実際に提供されたサービスの実績を管理する給付管理業務の2つに大別できます。指定居宅介護支援事業所には、この2つの業務を適切に行うことが求められています。

ア 居宅介護支援業務（ケアマネジメント）のチェックポイント

ケアマネジメントは、利用者の生活に直接結びつく重要な業務です。したがって、居宅サービス計画を作成する際には、利用者への十分な説明と同意が重要です。また、居宅サービス計画に従ってサービスが提供されているか、その後のモニタリング（継続的なアセスメント）も重要です。

たとえば、サービスを受けはじめて利用者が楽しそうな振る舞いをしているか、家族との関係は改善しているかなど、常に利用者とコミュニケーションをとりながら、利用者を取り巻く生活や環境に目を配ることが必要です。

ケアマネジメント業務については、次の点をチェックしておく必要があります。

ケアマネジメント業務のチェックポイント（15項目）

業務の流れ	チェック項目	チェック欄
1 利用者支援	①利用者に介護保険制度をわかりやすく説明していますか。	
	②利用者のサービス選択を支援する情報公表制度をわかりやすく説明していますか。	
	③利用者の立場にたって適切なアドバイスをしていますか。	
	④利用者の依頼にもとづいて申請代行等の支援を行っていますか。	
2 ケアプラン	①利用者宅を訪問してアセスメントを行っていますか。	
	②サービス担当者会議を開催して質の高いケアプランを作成していますか。	
	③利用者および家族からケアプランおよび個人情報提供の同意を得ていますか。	
	④ケアプランに位置付けるサービスが特定の事業者に偏っていませんか。	
	⑤利用者の意向を踏まえ、自立支援に向けたケアプランを作成していますか。	
	⑥事業所に介護サービス計画の提出を求めていますか。	
3 モニタリング	①利用者宅を訪問し、モニタリングを実施していますか。	
	②モニタリングの記録をもとにケアプランの見直しを行っていますか。	
4 市町村との連携	①地域支援事業で提出されるサービスを把握し連携に努めていますか。	
	②地域包括支援センターとの連携に努めていますか。	
	③地域ケア会議に事例提供等の協力をしていますか。	

イ　給付管理業務のチェックポイント

　給付管理業務は、直接、利用者の生活に影響を与えるものではなく、介護保険制度を適切に運用するために必要な業務です。したがって、これらの一連の業務は、コンピューター等を活用して迅速、かつ正確に行うことが求められます。
　次に、給付管理業務を適切に遂行するうえでのチェックポイントについて確認しておきましょう。
　給付管理業務は、サービス提供を実効あるものとするため、また、介護給付費を適切に支払うために必要な業務ですので、必ずしも介護支援専門員が行う必要はないと考えます。
　こうした給付管理業務を適切に行うためには、その事務に精通した専門家を養成することが望ましく、介護支援専門員は、全体の仕組みを理解しておく必要はありますが、細部にわたる事務をすべて行う必要はありません。
　利用者は、介護支援専門員に介護保険の事務能力を期待しているのではなく、ケアマネジメント能力を期待しているのです。したがって、介護支援専門員は、まず、ケアマネジメント能力を高めるためのトレーニングをすることが重要です。

ウ　指定居宅介護支援事業の評価

　都道府県の指定を受けた指定居宅介護支援事業所は、適切なケアマネジメントを行う機能と迅速かつ正確な給付管理業務を行う機能を備えなければなりません。それを一人の介護支援専門員に期待するのではなく、組織として適切な人材を配置し、総合的に十分な機能を発揮できるようにする

給付管理業務のチェックポイント

業務の流れ	チェック項目	チェック欄
1 限度額管理	①事業者が提供するサービス利用料金を把握していますか	
	②事業所の人員体制や設備等により変動する加算情報を把握していますか	
	③介護保険対象外のサービスについて、利用料金等を把握していますか	
	④限度額の範囲内で、利用者の意向に添ったケアプランを迅速に作成していますか	
2 サービス利用票・提供票の作成	①サービス利用票を迅速かつ正確に作成していますか	
	②サービス提供票を迅速かつ正確に作成していますか	
	③サービスコードとそれに対応する報酬額を正確に記載していますか	
	④過去のサービス利用票・提供票を適切に管理していますか	
3 給付管理票の作成	①前月のサービス実績をふまえた給付管理票を迅速かつ正確に作成していますか	
	②居宅サービス計画の変更等の情報を正確に管理していますか	
	③過去の給付管理票を適切に管理していますか	
	④利用者の意向をふまえて、翌月の給付管理票を迅速に作成していますか	
4 利用者データ管理	①利用者のデータを適切に管理していますか	
	②個人情報保護を徹底していますか	

ことが重要です。
　これをわかりやすく図示すると、次のとおりです。

指定居宅介護支援事業所の業務と職員の役割分担のイメージ

　管理者は、常に居宅介護支援の適切な提供を心がけ、ケアマネジメント能力の高い介護支援専門員を養成するとともに、事業全体のマネジメントを行う必要があります。そうすることにより、質の高いサービス提供が継続して実現できるのです。この点については、管理者の責務として、運営基準第17条に記載されています。

管理者の責務

責務等の内容	根拠
①介護支援専門員その他の従業者の管理を行うこと	運営基準第17条第1項
②居宅介護支援業務の実施状況を把握すること	運営基準第17条第1項
③介護支援専門員その他の従業者に運営に関する基準を遵守させるため必要な指揮命令を行うこと	運営基準第17条第2項

居宅介護支援の評価とは、事業所の総合的な評価を意味し、指定居宅介護支援事業者は、次のチェックポイントを参考にして自ら提供する居宅介護支援の質を評価する必要があります。

事業者自らが行う評価のチェックポイント

チェック項目	説明	チェック欄
1 運営方針および事業計画	運営方針および事業計画を明記し、職員一人ひとりが自覚してサービスを行っていますか	
2 人事管理	職員の健康管理、人事考課のための明確・合理的な基準を設けていますか	
3 財務管理	収入・支出の分析や管理を行い、経営状態を把握していますか	
4 利用者およびサービス管理	利用者の記録が適切に管理されていますか	
5 事故発生時の対応	緊急時の対応について手順を取り決めていますか	
6 介護支援専門員の能力開発	介護支援専門員の相談技術の標準化を図るためのマニュアルおよび能力開発のための研修プログラムを用意していますか	
7 他機関との連携	医療と福祉の連携を図る観点から他機関との連携に努めていますか	
8 重要事項説明と同意	居宅サービス計画作成にあたり、利用者に対して重要事項を説明し同意を得ていますか	
9 適切なケアマネジメント	サービス提供事業者から金品等の収受をしていませんか、公正中立を確保していますか	
10 適切な給付管理	サービス提供実績を適切に管理していますか	
11 守秘義務	個人情報保護を徹底していますか	
12 苦情対応	苦情対応窓口を設置し、きちんとした対応をしていますか	

(3) 法令を遵守し要介護者のために忠実に職務を遂行すること

介護保険法第81条第6項には、指定居宅介護支援事業者の責務として、要介護者の人格を尊重するとともに、この法律またはこの法律に基づく命令を遵守し、要介護者のために忠実にその職務を遂行しなければならないという規定があります。

この規定は、居宅介護支援事業者が提供する居宅介護支援が介護保険制度の要であり、当該サービスの質が要介護高齢者の生活に大きくかかわることから、法令遵守のもとで利用者の立場にたった居宅介護支援を行わなければならないことを定めたものです。

この規定に違反した事業者は、指定の取消しまたは期間を定めてその指定の全部もしくは一部の効力を停止されることになります（法第84条第1項第4号）。

(4) 業務管理体制を整備し届け出ること

2008（平成20）年の介護保険法改正により、2009（平成21）年5月1日から、介護サービス事業者には、法令遵守等の業務管理体制の整備が義務づけられました。介護サービス事業者が整備すべき業務管理体制は、事業所の規模に応じて次のとおり定められています（法第115条の32等）。

事業者が整備する業務管理体制

業務管理体制整備の内容			業務執行の状況の監査を定期的に実施
		業務が法令に適合することを確保するための規程（法令遵守規程）の整備	業務が法令に適合することを確保するための規程（法令遵守規程）の整備
	法令を遵守するための体制の確保にかかる責任者（法令遵守責任者）の選任	法令を遵守するための体制の確保にかかる責任者（法令遵守責任者）の選任	法令を遵守するための体制の確保にかかる責任者（法令遵守責任者）の選任
事業所等の数	1以上20未満	20以上100未満	100以上

　また、業務管理体制の整備に関する事項を記載した届出書を関係行政機関に届け出ることも義務づけられました（法第115条の32）。届出先は、事業所等の所在地によって決まり、主たる事務所の所在地ではないので注意が必要です。

　事業所等が3以上の都道府県に所在する事業者は厚生労働省（地方厚生局）に、地域密着型（介護予防）サービス事業のみを行う事業者であって、すべての事業所が同一市町村内に所在する事業者は当該市町村に、それ以外の事業者は、都道府県に届け出ます。

（5）事業所の名称および所在地等の変更届出を行うこと

　指定居宅介護支援事業者は、事業所の名称や所在地、電話番号等が変更になった場合、10日以内に都道府県知事に「指定居宅サービス事業者変更届出書」（以下、「変更届出書」）を提出する必要があります（法第82条第1項）。

　2014（平成26）年の介護保険制度改正では、事業所の指定権限を2018（平成30）年に市町村に委譲することになりました。

ア　法人および事業所の名称等が変更になった場合

　　法人の名称や法人所在地、代表者名や住所、連絡先等の開設者に関する基本情報が変更になった場合は、「変更届出書」に登記簿謄本を添付して提出します。

　　また、事業所の名称や所在地が変更になった場合は、「変更届出書」に「変更事項」および関係書類を添付して都道府県知事に提出します。変更事項により提出する書類を整理すると次のとおりです。

変更事項と提出書類

変更事項	提出書類
（1）申請者の記載事項 ・名称 ・主たる事務所の所在地 ・代表者の職、氏名、住所	①変更届出書 ②申請者（開設者）の定款、寄付行為および登記簿謄本または条例等
（2）事業所、施設の名称 　　（名称のみの変更の場合）	①変更届出書 ②指定居宅介護支援事業者の変更事項 ③運営規程*1
（3）事業所の所在地*2 　　（当該市区町村域内の移動の場合）	①変更届出書 ②指定居宅介護支援事業者の変更事項 ③登記簿謄本または条例等（登記していない場合は所在地を確認できる書類） ④事業所の平面図（写真を貼付） ⑤運営規程*1

*1　運営規程は事業ごとに作成します。
*2　（3）で市区町村域を超えて所在地が変更になる場合は、既事業所の廃止手続き後に、新たな事業所として申請することになります。

イ　事業の内容や従業者の員数等が変更になった場合

事業所の管理者や人員等、サービスの内容に変更があった場合は、次に示す変更事項にしたがって、「変更届出書」「指定居宅介護支援事業者の変更事項」および添付書類を都道府県知事に提出します。

変更事項と提出書類

変更事項	提出書類
（1）管理者に関する変更 ・管理者の変更 ・管理者住所等の変更	①変更届出書 ②指定居宅介護支援事業者の変更事項 ③管理者経歴書
（2）介護支援専門員の増減	①変更届出書 ②指定居宅介護支援事業者の変更事項および介護支援専門員一覧 ③従業者の勤務体制および勤務形態一覧表 ④資格証の写し ⑤運営規程
（3）営業日、営業時間、利用料、事業の実施地域等の変更	①変更届出書 ②指定居宅介護支援事業者の変更事項 ③運営規程

（6）事業の廃止・休止届出を行うこと（事前届出）

指定居宅介護支援事業所は、居宅介護支援事業を廃止または休止する場合、その廃止または休止の日の1か月前までに、その旨を都道府県知事に届け出なければなりません（介護保険法施行規則第133条）。

指定を受けた法人が変更になるときは、当該事業所は廃止の扱いとなりますので、廃止の届出を行うほか、新たに申請手続きを行う必要がありますので、注意してください。

廃止・休止届出事項

①事業所の名称	⑤廃止または休止の理由
②事業所の所在地	⑥廃止、休止の年月日
③介護保険事業所番号	⑦休止の場合にあっては当該予定期間
④指定年月日	⑧利用者に対する措置

居宅サービスの継続利用への支援

指定居宅介護支援事業者は、事業の廃止または休止の届出をしたときは、これまでケアプランを作成していた利用者が引き続き居宅サービスの継続利用の意向がある場合、他の指定居宅介護支援事業者・関係者と連絡調整を行い、利用者に対して便宜の提供をしなければなりません。

介護保険法第82条（変更の届出等）

第82条　指定居宅介護支援事業者は、当該指定に係る事業所の名称及び所在地その他厚生労働省令で定める事項に変更があったとき、又は休止した当該指定居宅介護支援の事業を再開したときは、厚生労働省令で定めるところにより、10日以内に、その旨を都道府県知事に届け出なければならない。

2　指定居宅介護支援事業者は、当該指定居宅介護支援の事業を廃止し、又は休止しようとするときは、厚生労働省令で定めるところにより、その廃止又は休止の日の1月前までに、その旨を都道府県知事に届け出なければならない。

（7）知事への報告、書類の提出・提示命令、出頭、質問、検査に応じること

指定居宅介護支援事業所は、関係法令に従って適切な居宅介護支援を行うこととされていますが、運営基準に従って事業運営が行われていない場合やその疑いのある場合には、都道府県知事から関係書類の提示や出頭を命じられることがあります。

また、知事が求める報告書や質問に対して適切な対応がなされない場合は、事業所への立ち入り調査が行われ、関係書類や物件等の検査があります。

都道府県によって、事業者指導の方法は異なりますが、こうした調査は事前通告されない場合もありますので、日頃から関係書類の適切な管理とともに適切な事業運営を行うことが大切です。

介護保険法第83条（報告等）

第83条　都道府県知事又は市町村長は、必要があると認めるときは、指定居宅介護支援事業者若しくは指定居宅介護支援事業者であった者若しくは当該指定に係る事業所の従業者であった者（以下この項において「指定居宅介護支援事業者であった者等」という。）に対し、報告若しくは帳簿書類の提出若しくは提示を命じ、指定居宅介護支援事業者若しくは当該指定に係る事業所の従業者若しくは指定居宅介護支援事業者であった者等に対し出頭を求め、又は当該職員に関係者に対して質問させ、若しくは当該指定居宅介護支援事業者の当該指定に係る事業所、事務所その他指定居宅介護支援の事業に関係のある場所に立ち入り、その帳簿書類その他の物件を検査させることができる。

4. 勧告・命令

指定居宅介護支援事業所が運営基準等に違反していると認められるときは、都道府県知事は、事業所に対して「勧告」「命令」を行うことができます。

介護保険法第83条の2（勧告、命令等）

第83条の2　都道府県知事は、指定居宅介護支援事業者が、次の各号に掲げる場合に該当すると認めるときは、当該指定居宅介護支援事業者に対し、期限を定めて、それぞれ当該各号に定める措置をとるべきことを勧告することができる。

一　当該指定に係る事業所の介護支援専門員の人員について第81条第1項の厚生労働省令で定める員数を満たしていない場合　当該厚生労働省令で定める員数を満たすこと。
　　二　第81条第2項に規定する指定居宅介護支援の事業の運営に関する基準に従って適正な指定居宅介護支援の事業の運営をしていない場合　当該指定居宅介護支援の事業の運営に関する基準に従って適正な指定居宅介護支援の事業の運営をすること。
　　三　第81条第4項に規定する便宜の提供を適正に行っていない場合　当該便宜の提供を適正に行うこと。
2　都道府県知事は、前項の規定による勧告をした場合において、その勧告を受けた指定居宅介護支援事業者が同項の期限内にこれに従わなかったときは、その旨を公表することができる。
3　都道府県知事は、第1項の規定による勧告を受けた指定居宅介護支援事業者が、正当な理由がなくてその勧告に係る措置をとらなかったときは、当該指定居宅介護支援事業者に対し、期限を定めて、その勧告に係る措置をとるべきことを命ずることができる。
4　都道府県知事は、前項の規定による命令をした場合においては、その旨を公示しなければならない。
5　市町村は、保険給付に係る指定居宅介護支援を行った指定居宅介護支援事業者について、第1項各号に掲げる場合のいずれかに該当すると認めるときは、その旨を当該指定に係る事業所の所在地の都道府県知事に通知しなければならない。

5．指定の取消

　指定居宅介護支援事業所が一定の事由に該当したときは、都道府県知事による指定の取消し、または期間を定めてその指定の全部もしくは一部の効力を停止されることがあります。取消しの事由は、介護保険法で規定されており、次のいずれかに該当した場合です。

①事業所の介護支援専門員の人員が、厚生労働省令で定める員数を満たしていないとき
②運営規程に従って適正な居宅介護支援の運営ができなくなったとき
③申請者（法人）が、介護保険法その他保健医療に関する法令により罰金の刑に処せられたとき
④申請者（法人）が労働基準法等に違反し罰金の刑に処せられたとき
⑤申請者（法人）が健康保険や労働保険の保険料の滞納処分を受けたとき
⑥申請者（法人）の役員に次に該当する者がいるとき
　・禁固以上の刑に処せられた場合
　・指定申請前5年以内に居宅サービス等に関して不正または著しく不当な行為をした場合
　・介護保険法により指定を取消され、5年を経過していない場合
　・事業廃止の届出を行って5年を経過していない場合
⑦要介護認定調査の委託を受けた場合に虚偽の調査結果報告をしたとき
⑧不正の手段により指定を受けたとき
⑨知事の報告や帳簿類の提出・指示命令に従わないとき、または虚偽の報告をしたとき
⑩法第81条第5項に規定する法令遵守事項に違反したとき
⑪居宅介護サービス費に関して不正があったとき
⑫知事の出頭命令や質問に応じないとき、虚偽の答弁をしたとき、または検査を拒み、妨げ、忌避したとき
⑬居宅サービスに関して不正または著しく不当な行為をした者があるとき

介護保険法第84条（指定の取消し）

第84条　都道府県知事は、次の各号のいずれかに該当する場合においては、当該指定居宅介護支援事業者に係る第46条第1項の指定を取り消し、又は期間を定めてその指定の全部若しくは一部の効力を停止することができる。

一　指定居宅介護支援事業者が、第79条第2項第4号、第4号の2又は第8号（ハに該当する者があるときを除く。）のいずれかに該当するに至ったとき。

二　指定居宅介護支援事業者が、当該指定に係る事業所の介護支援専門員の人員について、第81条第1項の厚生労働省令で定める員数を満たすことができなくなったとき。

三　指定居宅介護支援事業者が、第81条第2項に規定する指定居宅介護支援の事業の運営に関する基準に従って適正な指定居宅介護支援の事業の運営をすることができなくなったとき。

四　指定居宅介護支援事業者が、第81条第5項に規定する義務に違反したと認められるとき。

五　第28条第5項の規定により調査の委託を受けた場合において、当該調査の結果について虚偽の報告をしたとき。

六　居宅介護サービス計画費の請求に関し不正があったとき。

七　指定居宅介護支援事業者が、第83条第1項の規定により報告又は帳簿書類の提出若しくは提示を命ぜられてこれに従わず、又は虚偽の報告をしたとき。

八　指定居宅介護支援事業者又は当該指定に係る事業所の従業者が、第83条第1項の規定により出頭を求められてこれに応ぜず、同項の規定による質問に対して答弁せず、若しくは虚偽の答弁をし、又は同項の規定による検査を拒み、妨げ、若しくは忌避したとき。ただし、当該指定に係る事業所の従業者がその行為をした場合において、その行為を防止するため、当該指定居宅介護支援事業者が相当の注意及び監督を尽くしたときを除く。

九　指定居宅介護支援事業者が、不正の手段により第46条第1項の指定を受けたとき。

十　前各号に掲げる場合のほか、指定居宅介護支援事業者が、この法律その他国民の保健医療若しくは福祉に関する法律で政令で定めるもの又はこれらの法律に基づく命令若しくは処分に違反したとき。

十一　前各号に掲げる場合のほか、指定居宅介護支援事業者が、居宅サービス等に関し不正又は著しく不当な行為をしたとき。

十二　指定居宅介護支援事業者の役員等のうちに、指定の取消し又は指定の全部若しくは一部の効力の停止をしようとするとき前5年以内に居宅サービス等に関し不正又は著しく不当な行為をした者があるとき。

2　市町村は、保険給付に係る指定居宅介護支援又は第28条第5項の規定により委託した調査を行った指定居宅介護支援事業者について、前項各号のいずれかに該当すると認めるときは、その旨を当該指定に係る事業所の所在地の都道府県知事に通知しなければならない。

6. 介護保険法に基づくサービス提供の流れ

介護保険法に基づくサービス提供の流れは、次のとおりです。詳しくは第4章を参照してください。

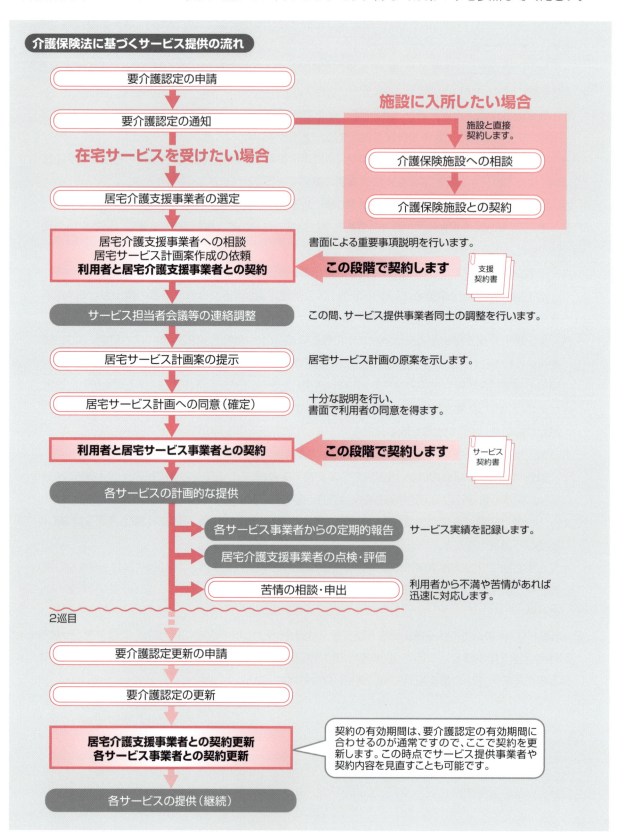

7. 契約書の意義

(1) 契約の基本的な考え方

　介護保険制度の施行を受け、サービス利用の形態が従来の「措置」から「契約」に転換したことに伴い、利用者と事業者の契約関係の明確化等を図るには「契約書」を締結することが必要となります。

　この契約書については、利用者の状態を常に把握し、適切なサービスを総合的に提供するために事業者間の協力連携を図ることによりサービスの質を確保するとともに、法的な知識や判断能力が十分でない要介護の高齢者が不測の不利益を受けることや、契約トラブルに巻き込まれることを防止する意義があります。

　一方、介護保険法に基づく介護サービスを提供する事業者・施設と利用者との契約にあたっては、運営基準において、あらかじめ、利用申込者またはその家族に対し、事業運営についての重要事項に関する規程の概要、サービス提供にあたる者の勤務体制その他の利用申込者のサービス選択に資する事項を記した文書を交付して説明を行い、当該サービスの提供の開始について利用申込者の同意を得なければならないことが規定されています。この同意は、利用者および事業者双方の保護のため、書面によることが望ましいとされています。

　居宅介護支援事業者については、居宅サービス計画の原案に位置づけた指定居宅サービス等についても、保険給付の別を区分し、その種類、内容、利用料等について、利用者およびその家族に対して説明し、文書により利用者の同意を得なければなりません。

　特定施設入居者生活介護事業者については、運営基準上、文書による契約締結が義務づけられています。

(2) 神奈川版標準契約書の特徴

　神奈川県では、かながわ福祉サービス振興会が中心となって、横浜市、弁護士と協働して「介護サービス標準契約書」を作成しました（『介護保険契約業務ハンドブック』中央法規出版、2006年）。

　この標準契約書の特徴は次のとおりです。

1　契約上の不利益やトラブルから利用者を保護することを基本としました。
　①利用者からは1週間の予告期間があればいつでも契約を解約できるものとしたこと
　②利用者の都合でキャンセルした場合のキャンセル料に制限を加えたこと（原則として、前々日までのキャンセルは無料、前日は利用者負担金の50％等とした。ただし、容態の急変など緊急やむを得ない事情がある場合は不要とした）
　③利用者負担金（1割または2割）の滞納の場合において、事業者から契約の解除を行うためには合計3か月の猶予期間を置く必要があること
　④事業者が利用者の身体・財産等に損害を与えた場合の賠償義務を明記したこと
　⑤利用者の個人情報は、本人の同意書がなければ使用できないものとしたこと

2　適切なサービスを総合的に提供するために必要な対応を定めました。
　①一事業者が複数のサービスを提供する場合を想定して、7種類の在宅サービスを1冊の契約書で締結し、総合的に実施できる仕組みにしたこと
　②個々にサービス計画書を作成し、計画的にサービス提供を行うものとしたこと
　③サービスを提供したときは、その実施状況と目標達成の成果を記録書にまとめ、定期的に利用者に報告するものとしたこと

④介護支援専門員（ケアマネジャー）は各事業者のサービス提供の状況を把握し、定期的に評価を行って、利用者に報告するものとしたこと

3　必要最小限の事項を定めたシンプルでわかりやすい契約書としました。
①契約書の条項を必要最小限の規定（12条）に絞ったこと
②特殊な法律用語等を避けて、できるだけわかりやすい表現にしたこと
③契約書には「サービス内容説明書」を添付し、具体的なサービス内容を確認したうえで契約するものとしたこと（例：ホームヘルパーの具体的サービス内容の確認、ホームヘルパーの交代を希望する場合の対応義務等）
④「利用者負担金」について算定の根拠や交通費の要否等の内容を明記したこと

標準契約書案には、「サービス契約書」のほか、契約と密接な関係をもつ「サービス内容説明書」「重要事項説明書」等の附属書類を添付しています。具体的な構成は次のとおりです。

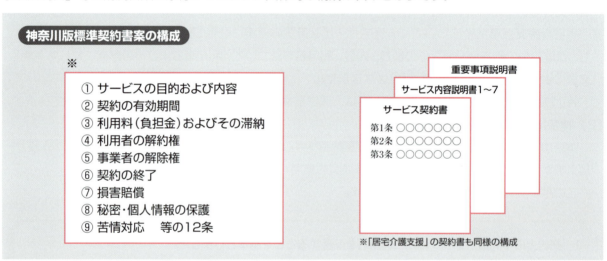

8．記録の整備

指定居宅介護支援事業者は、従業者、設備、備品および会計に関する諸記録を整備しておく必要があります。また、利用者に関するさまざまな書類についても完結の日から2年間保存しなければなりません。
2年間の保存が義務づけられている書類は、次のとおりです。

> **運営基準第29条第2項（2年間の保存が必要な書類）**
>
> ①指定居宅サービス事業者等との連絡調整に関する記録
> ②居宅サービス計画（利用者ごと）
> ③アセスメントの結果の記録（利用者ごと）
> ④サービス担当者会議等の記録（利用者ごと）
> ⑤モニタリングの結果の記録（利用者ごと）
> ⑥市町村への通知に関する記録
> ⑦苦情の内容等の記録
> ⑧事故の状況および事故に際して採った処置についての記録

9．介護保険事業所番号

（1）介護保険事業所番号とは

指定通知書には、介護保険事業所番号が記載されていますが、この番号は、都道府県（地域密着型サービス等については市町村）が事業所および施設を指定した場合に事業所（施設）単位に付番する番号です。

国保連に介護報酬を請求する際には、この番号を記載します。国保連では、請求時に記載される介護保険事業所番号をもとに事業所および施設の所定の口座に介護報酬を振り込みます。

（2）介護保険事業所番号の設定方法

介護保険事業所番号は、原則として10桁の番号で次の基準により設定されます。ただし、健康保険法等ですでに指定を受けている訪問看護ステーション、病院、診療所および薬局等は現在使用している医療機関コード（7桁）等を下7桁にセットします。

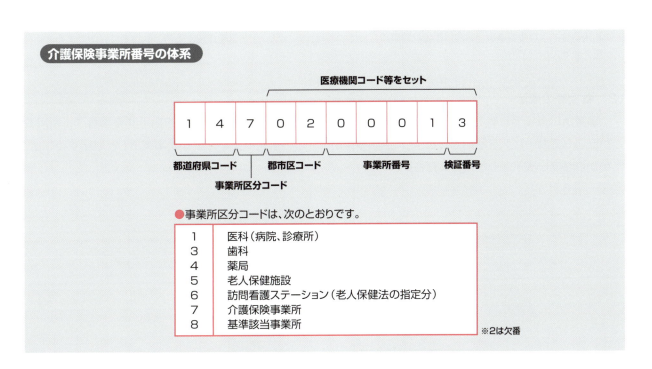

10．指定事業所の掲示

　介護保険法の指定を受けた事業所は、介護保険を取り扱う事業所として、次の事項を利用者等にわかりやすく掲示する必要があります。

（1）事業所内に掲示する事項

　各事業所内に掲示する事項は、次のとおり定められています。

> ①運営規程の概要
> ②職員の勤務体制
> ③その他利用者のサービス選択に資する内容

　利用者へのわかりやすさと事業者の負担軽減の視点から、事業所内に掲示する事項は次のとおり考えられます。

> ①事業所の名称（都道府県知事指定介護保険事業所である旨を付記）
> ②サービスの種類
> ③営業日および営業時間（受付時間、サービス提供時間の区別を明記）
> ④利用料金およびその他重要事項（運営規程に記載されている事項）
> 　（料金が複雑な場合、料金表を別途作成し配布する。また、職員の勤務体制等運営規程に記載されている事項については、パンフレット等を作成し、利用者に説明できる体制を整える。）

※注意事項
　①利用者およびその家族の見やすい大きさ、掲示場所を確保します。
　②複数のサービスを実施する事業所は、上記②、③の項目は、サービスごとに内容が明確に判読できるようにします。
　③利用料金および重要事項（運営規程の記載事項）については、パンフレット等を作成する等、利用者に説明できる体制を整えます。

（2）看板等の掲示

　事業所の外に看板等を掲示することは義務づけられていませんが、看板等を掲示する場合は、利用者が安心してサービスを利用できるよう、当該事業所に「○○県知事指定介護保険事業所」と明記するなど、わかりやすい表示を心がけてください。

事業所内に掲示する場合の例（参考）

利用者の皆様へ

当事業所の介護保険の取り扱いは、次のとおりです。

1　提供するサービスの種類
　　　訪問看護
　　　居宅介護支援
　　　訪問介護

2　営業日および営業時間
　　　月曜日〜金曜日　　9時〜17時
　　　土曜日　　　　　　9時〜12時
　　　日曜日・祝日　　　休業

　　※訪問看護、訪問介護の実際のサービス提供時間は、営業時間とは異なります。パンフレットでご確認のうえ、ご相談ください。

3　利用料金
　　　訪問看護　　　　1時間あたり基本単価　　○○○円
　　　居宅介護支援　　無料（全額介護保険の適用となります。）
　　　訪問介護　　　　1時間あたり基本単価　　○○○円

　　※訪問看護、訪問介護はケアプランにより実際の料金が変わります。詳しくはパンフレットでご確認のうえ、ご相談ください。

　　　　　　○○県知事指定介護保険事業所「○○○訪問看護ステーション」

11．介護支援専門員証の携行

　指定居宅介護支援事業所の介護支援専門員は、常に介護支援専門員証を携帯し、利用者や家族からの求めに応じ、提示しなければなりません。

② 介護予防支援事業運営の基本

1. 指定介護予防支援事業者の基本方針

　指定介護予防支援事業者は、介護保険法および運営基準に沿って、事業運営を行う必要があります。

　指定介護予防支援事業における基本方針は、「指定介護予防支援等の事業の人員及び運営並びに指定介護予防支援等に係る介護予防のための効果的な支援の方法に関する基準（平成18年厚生労働省令第37号）」（以下、予防運営基準）に掲載されており、事業所の管理者および従事者は、この基本方針をふまえ質の高い介護予防支援を提供することが求められています。

　指定介護予防支援の基本方針は次のとおりです。

> **予防運営基準第1条の2（指定介護予防支援事業における基本方針）**
> 1　指定介護予防支援の事業は、その利用者が可能な限りその居宅において、自立した日常生活を営むことのできるように配慮して行われるものでなければならない。
> 2　指定介護予防支援の事業は、利用者の心身の状況、その置かれている環境等に応じて、利用者の選択に基づき、利用者の自立に向けて設定された目標を達成するために、適切な保健医療サービス及び福祉サービスが、当該目標を踏まえ、多様な事業者から、総合的かつ効率的に提供されるよう配慮して行われるものでなければならない。
> 3　指定介護予防支援事業者は、指定介護予防支援の提供に当たっては、利用者の意思及び人格を尊重し、常に利用者の立場に立って、利用者に提供される指定介護予防サービス等が特定の種類又は特定の介護予防サービス事業者若しくは地域密着型介護予防サービス事業者に不当に偏することのないよう、公正中立に行われなければならない。
> 4　指定介護予防支援事業者は、事業の運営に当たっては、市町村、地域包括支援センター、老人福祉法第20条の7の2に規定する老人介護支援センター、指定居宅介護支援事業者、他の指定介護予防支援事業者、介護保険施設等、住民による自発的な活動によるサービスを含めた地域における様々な取組を行う者等との連携に努めなければならない。

　さらに、指定介護予防支援の基本取扱方針は、次のとおり定められています（予防運営基準第29条）。
①利用者の介護予防に資するよう行われるとともに、医療サービスとの連携に配慮する。
②介護予防の効果を最大限に発揮し、利用者が生活機能の改善を実現するための適切なサービスを選択できるよう、目標志向型の計画を策定する。
③自ら提供する介護予防支援の質の評価を行い、常にその改善を図る。

　介護予防支援で重要なことは、利用者自らが生活機能の維持・向上に努めるよう意欲を引き出すことです。利用者が自らそのような気持ちになることが大切です。そして、継続することが何より重要です。介護予防ケアプランを作成する際にはこのような視点が必要となります。

2. 留意すべきポイント

　指定介護予防支援事業の運営にあたり、留意すべき内容について確認しておきましょう。

（1）介護予防支援の留意点

適切な介護予防支援の提供を行う際の留意点は次の5点です。

第1に、介護予防支援の提供にあたっては、利用者の自立を最大限に引き出すために、利用者の主体的な取り組みを支援するとともに、生活機能の維持向上に対する意欲を高めるよう支援すること。

第2に、単に運動機能や栄養状態、口腔機能といった特定機能等の改善だけを目指すものではなく、これらの機能の改善や環境の調整などを通じて、利用者の日常生活の自立のための取組みを総合的に支援すること。

第3に、具体的な日常生活における行為について、利用者の状態の特性をふまえた目標を設定し、利用者、サービス提供者等とともに目標を共有すること。

第4に、多くの専門職の連携により、地域における住民の自発的な活動によるサービス等の利用も含め、介護予防に資する取り組みを積極的に活用すること。

第5に、地域支援事業や介護サービスと連続性および一貫性をもった支援を行うよう配慮するとともに、機能の改善後についても、その状態の維持への支援に努めること。

（2）介護予防サービス計画（介護予防ケアプラン）の作成

介護予防サービス計画の作成にあたっては、次の点に留意する必要があります。

①2015（平成27）年4月から「介護予防・日常生活支援総合事業（以下「新総合事業」）」の導入に伴い、介護予防サービス計画に、指定事業所により提供されるサービスと、多様な主体により多様なサービス形態で提供される新総合事業のサービスを位置づけることが必要になりました。

②介護予防の効果を最大限に発揮し、利用者が自立した生活を営むことができるような介護予防サービス計画を作成するため、下記の領域を中心にアセスメントをきちんと行い、利用者が抱えている課題を明らかにすること。
- 運動・移動について
- 日常生活（家庭生活）について
- 社会参加、対人関係・コミュニケーションについて
- 健康管理について

③アセスメントの実施にあたっては、利用者の居宅を訪問し、利用者や家族と話し合いながら、利用者や家族の意向をふまえて、具体的な目標とする生活像を家族とともに設定すること。

④利用者の自立した日常生活の支援を効果的に行うため、利用者の心身または家族の状況等に応じ、計画的に指定介護予防サービスの利用が行われるようにすること。

⑤利用者の日常生活全般を支援する観点から、予防給付の対象となるサービス以外の保健医療サービスまたは福祉サービス、当該地域の住民による自発的な活動によるサービス等の利用も含めて介護予防サービス計画上に位置づけるようにすること。

⑥新規に介護予防サービス計画を作成する場合は、必ずサービス担当者会議を開催すること。

⑦作成した介護予防サービス計画については、利用者や家族に説明し、文書による同意を得て、利用者やサービス担当者に交付すること。

（3）モニタリング（介護予防支援の質の評価）

介護予防サービス計画を作成した者は、介護予防サービス計画に位置づけた期間が終了するときは、当該計画の目標の達成状況について評価しなければなりません。そのためにも、毎月、介護予防サービスの実施状況や利用者の状態等に関する情報を、サービス担当者や利用者から聴取し、モニタリングす

る必要があります。

モニタリングの結果については、毎月、記録するとともに、必要に応じて介護予防サービス計画の変更を行います。

ア　介護予防ケアマネジメントのチェックポイント

介護予防ケアマネジメントは、利用者の生活機能を維持・向上させるための重要な業務です。したがって、介護予防ケアプランを作成する際には利用者への十分な説明と同意が重要です。また、介護予防ケアプランに従って適切な介護予防サービスが提供されているか、その後のモニタリング（継続的なアセスメント）も重要です。

たとえば、介護予防サービスを利用しはじめた利用者が、楽しそうな振る舞いをしているか、家族との関係は改善しているかなど、常に利用者とコミュニケーションをとりながら、利用者を取り巻く生活や環境に目を配ることが必要です。

介護予防ケアマネジメント業務については、次の点をチェックしておく必要があります。

介護予防ケアマネジメント業務のチェックポイント

業務の流れ	チェック項目	チェック欄
1　利用者支援	①介護予防への意欲を引き出していますか	
	②介護予防サービスの内容について、わかりやすく説明していますか	
2　介護予防ケアプラン	①介護予防の効果を最大限に発揮するよう、利用者の望む目標を設定していますか	
	②目標を達成するための支援が明確に記載されていますか	
	③介護予防ケアプランの内容について、利用者や家族が十分に理解していますか	
	④個人情報の取扱いについての同意を得ていますか	
	⑤介護予防サービス提供事業者について、十分な情報をもっていますか	
	⑥地域の自主的な活動によるサービスを把握していますか	
	⑦介護予防ケアプランに新総合事業のサービスを位置づけていますか	
3　モニタリング	①毎月、利用者や事業所に聴取して、計画の達成度を把握していますか	
	②毎月、モニタリング結果を記録していますか	
	③計画に位置づけた期間が終了するときには、目標の達成状況について評価していますか	
	④利用者が要介護状態になった場合に、居宅介護支援事業所との連携が図られていますか	

イ　給付管理業務のチェックポイント

給付管理業務は、直接、利用者の生活に影響を与えるものではなく、介護保険制度を適切に運用するために必要な業務です。

したがって、これらの一連の業務は、コンピューター等を活用して迅速、かつ正確に行うことが求められます。

次に、給付管理業務を適切に遂行するうえでのチェックポイントについて確認しておきましょう。

給付管理業務のチェックポイント

業務の流れ	チェック項目	チェック欄
1 限度額管理	①サービス提供事業者が提供する介護予防サービス利用料金を把握していますか	
	②サービス提供事業所の人員体制や設備等により変動する加算情報を把握していますか	
	③介護保険対象外の介護予防サービスについて、利用料金等を把握していますか	
	④限度額の範囲内で、利用者の意向に添った介護予防ケアプランを迅速に作成していますか	
2 介護予防サービス利用票・提供票の作成	①介護予防サービス利用票を迅速かつ正確に作成していますか	
	②介護予防サービス提供票を迅速かつ正確に作成していますか	
	③介護予防サービスコードとそれに対応する報酬額を正確に記載していますか	
	④介護予防サービス利用票・提供票を適切に管理していますか	
3 給付管理票の作成	①前月の介護予防サービスの実績をふまえた給付管理票を迅速かつ正確に作成していますか	
	②給付管理票を期日までに国保連に提出していますか	
	③介護予防ケアプランの変更等の情報を正確に管理していますか	
	④給付管理票を適切に管理していますか	
	⑤利用者の意向をふまえて、翌月の給付管理票を迅速に作成していますか	
4 利用者のデータ管理	①利用者のデータを適切に管理していますか	
	②個人情報保護を徹底していますか	

　給付管理業務は、介護予防サービス提供を実効あるものとするため、また、介護予防給付費を適切に支払うために必要な業務です。

　管理者は、常に介護予防支援の適切な提供を心がけ、介護予防ケアマネジメント能力の高い職員を養成するとともに、介護予防支援の利用の申込に関する調整、業務の実施状況の把握、その他の管理を一元的に行わなければなりません。

　また、介護予防ケアプラン作成に係る担当職員その他の従業者に、運営に関する基準、効果的な支援の方法に関する基準を遵守させるための指揮命令を行う必要があります（予防運営基準第16条）。

管理者の責務

責務等の内容	根拠
①担当職員その他の従業者の管理を行うこと	予防運営基準第16条第1項
②介護予防支援業務の実施状況を把握すること	予防運営基準第16条第1項
③担当職員その他の従業者に運営基準を遵守させるために必要な指揮命令を行うこと	予防運営基準第16条第2項

3. 介護予防支援事業の評価

　介護予防支援事業の評価とは、事業所の総合的な評価を意味し、指定介護予防支援事業者は、次のチェックポイントを参考にして自ら提供する介護予防支援の質を評価する必要があります（法第115条の23第1項）。

事業者自らが行う評価のチェックポイント

チェック項目	説明	チェック欄
1　運営方針および事業計画	運営方針および事業計画を明確に記載し、職員一人ひとりが自覚して介護予防支援を行っていますか	
2　人事管理	職員の健康管理、人事考課のための明確・合理的な基準を設けていますか	
3　財務管理	会計を明確に区分したうえで、収入・支出の分析や管理を行い、経営状態を把握していますか	
4　利用者および介護予防サービス管理	利用者の記録が適切に管理されていますか	
5　事故発生時の対応	緊急時の対応について手順を取り決めていますか	
6　職員の管理	職員の管理を適切に行っていますか	
7　サービスの質の向上	職員の相談技術の標準化を図るためのマニュアルおよび能力開発のための研修プログラムを用意していますか	
8　他機関との連携	医療と福祉の連携を図る観点から他機関との連携に努めていますか	
9　重要事項説明と同意	介護予防サービス計画の作成にあたり利用者に対して重要事項を説明し同意を得ていますか	
10　適切な介護予防ケアマネジメント	介護予防サービス提供事業者から金品等の収受をしていませんか、公正中立を確保していますか	
11　適切な給付管理	サービス提供実績を適切に管理していますか	
12　守秘義務	個人情報保護を徹底していますか	
13　苦情対応	苦情対応窓口を設置し、きちんとした対応をしていますか	

4. 介護予防支援事業の委託

介護予防支援事業者は、法第115条の23第3項により指定介護予防支援の一部を委託することができます。その場合の基準を次に示します（予防運営基準第12条）。

> ①委託にあたっては、中立性および公正性の確保を図るため地域包括支援センター運営協議会の議を経なければならないこと。
> ②委託にあたっては、適切かつ効率的に介護予防支援業務が実施できるよう、委託する業務の範囲や業務量について配慮すること。
> ③委託する指定居宅介護支援事業者は、介護予防支援業務に関する知識および能力を有する介護支援専門員が従事する事業者でなければならないこと。
> ④委託する指定居宅介護支援事業者に対し、介護予防支援の業務を実施する介護支援専門員が、介護予防支援の基本方針、介護予防支援事業の運営に関する基準および介護予防のための効果的な支援の方法に関する基準を遵守するよう措置させなければならないこと。

指定居宅介護支援事業者は、指定介護予防支援事業者（地域包括支援センター）との業務委託契約により、介護予防支援にかかる計画の作成、事業所との調整、モニタリング等を行うことになりますが、業務内容と委託料については、個々の契約によります。したがって介護予防支援の介護報酬額とは、一致しませんので注意が必要です。

5. 指定介護予防支援事業者の責務

指定介護予防支援事業所は、指定介護予防支援事業の適正かつ円滑な運営を図るため、介護保険法、介護保険法施行規則および運営基準に則って事業を運営する責務を負っています。

事業者の責務

責務等の内容	根拠
(1) 要支援者の心身の状況に応じて適切な介護予防支援を提供すること	介護保険法第115条の23第1項
(2) 自ら提供する介護予防支援の質の評価を行うこと	介護保険法第115条の23第1項
(3) 要支援者の人格を尊重するとともに法令を遵守し、要支援者のため忠実にその職務を遂行すること	介護保険法第115条の24第6項
(4) 業務管理体制を整備し届け出ること	介護保険法第115条の32第1項および第2項
(5) 事業所の名称および所在地等の変更届出を行うこと（10日以内）	介護保険法第115条の25第1項
(6) 事業の廃止または休止の1か月前に届出を行うこと	介護保険法第115条の25第2項
(7) 知事への報告、書類の提出・提示命令、出頭、質問、検査に応じること	介護保険法115条の27

6. 勧告・命令

※指定居宅介護支援事業者と同じです（p.93参照）。

7. 指定の取消

※指定居宅介護支援事業者と同じです（p.94参照）。

③ 介護サービス情報の公表制度

　2006（平成18）年4月から介護サービス情報の公表制度が施行され、すべての介護事業所に介護サービス情報の公表が義務づけられています。この制度は、利用者の介護サービス選択を支援するもので、利用者によるサービス選択を通してサービスの質の向上を図ることを目的としています。2009（平成21）年度からすべての介護サービスが対象となり完全施行になりました。

　2015（平成27）年の制度改正により、公表が義務づけられている情報に地域包括支援センター及び生活支援サービスが新たに加わりました。自宅を中心に地域で自立した暮らしをするためには、介護サービス以外の地域資源が一体的に把握できることが重要になります。今回の制度改正は、地域包括ケアシステムを推進するために、社会資源を「見える化」し、介護サービス情報公表制度を活用する方向が示されたといえるでしょう。

1. 介護サービス情報公表制度の概要

（1）基本的な考え方

　「介護サービス情報の公表」は、介護保険制度の基本理念である「利用者本位」「高齢者の自立支援」「利用者による選択（自己決定）」を現実のサービス利用において保障するための仕組みです。利用者による介護サービス事業所の選択を支援することを目的として、都道府県内の事業所の比較・検討が可能となるよう、介護サービスの種類ごとに共通の項目の情報が定期的に公表されます。

　「介護サービス情報の公表」は、介護サービス事業所の基本的な事項やサービスの内容、運営等の取組状況に関する情報をそのまま公表するものであり、事業所の評価、格付け、画一化などを目的とするものではありません。

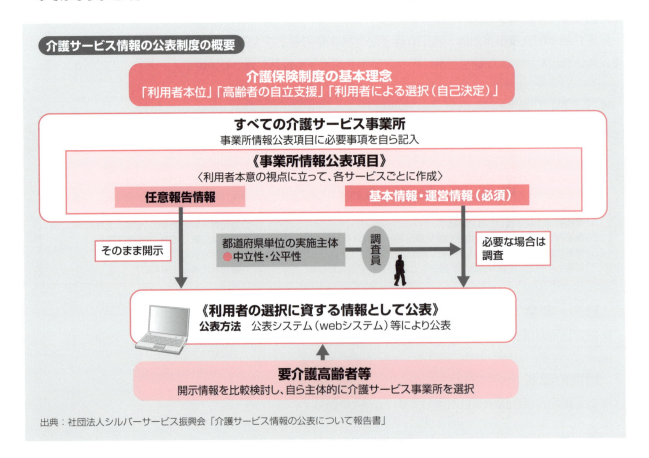

出典：社団法人シルバーサービス振興会「介護サービス情報の公表について報告書」

(2) 介護サービス情報の公表の仕組み

介護サービス情報の公表制度は、介護保険法第115条の35の規定により都道府県が実施主体となって運用されます。

具体的には、介護事業者は利用者のサービス選択のための情報（基本情報・運営情報、任意報告情報）を都道府県に報告し、報告を受けた都道府県は、必要と認める場合、事業所を訪問して調査を行い、その結果を国の公表システム等により公表する仕組みとなっています。

(3) 情報の公表の対象となる事業所

介護保険法に基づく指定事業者及び地域支援事業で提供されるサービス事業者すべてが公表の対象となりますが、常時、介護や生活支援サービスを提供していない事業所については対象となりません。

(4) 公表される情報の内容

公表される情報は、事業所が提供する介護サービスや生活支援サービスの内容および事業所の運営状況に関する情報のうち、利用者が適切かつ円滑にこれらのサービスを利用する機会を確保するために公表することが必要な情報です。これを「介護サービス情報」といいます。この情報は、「基本情報」、「運営情報」および「任意報告情報」で構成され、介護サービスの種類ごとに作成されます。

なお、公表される情報のうち、「基本情報」および「運営情報」については、必要な場合は調査員が当該事業所を訪問し、その情報の根拠となる事実を確認します。

①「基本情報」について

「基本情報」は、介護サービス事業所の名称、所在地、連絡先、サービス従業者の数、施設・設備の状況や利用料金などの事実情報です。

②「運営情報」について

「運営情報」は、利用者本位のサービス提供の仕組み、従業者の教育・研修の状況など、介護サービス事業所のサービス内容、運営等に関する情報です。

「運営情報」は、【大項目】【中項目】【小項目】「確認事項」「確認のための材料」で構成されます。

【大項目】…利用者の視点に立って、介護サービスの内容に関する項目と介護サービスを提供する事業所または施設の運営状況に関する項目の2つに分類されています。
【中項目】…大項目の分類に応じて、すべてのサービス共通に10区分に分類されています。
【小項目】…中項目の分類に応じて、各サービスの特性をふまえた、具体的な内容が分類されています。
「確認事項」…小項目の分類に応じて、介護サービス事業所が実際に行っている事柄（事実＝取組み状況）を利用者が確認するための項目です。
「確認のための材料」…確認事項について、調査員が事実確認した材料の有無を確認するための項目です。

③「任意報告情報」について

「任意報告情報」は、評価などの介護サービスの質に関する情報や従業者の勤務時間、賃金体系等の情報です。

(5) 情報の公表の頻度

介護サービス事業所は、1年に1回、介護サービス情報(基本情報・運営情報・任意報告情報)を都道府県または指定情報公表センターに報告します。

都道府県は、調査指針に基づき、必要があると認める事業所に訪問調査を実施し、「基本情報」「運営情報」の事実を確認したうえで公表します。

なお、新たに指定を受けた介護サービス事業所は、介護サービスを提供しようとする際に、「基本情報」のみを報告します。

基本情報の概要

事項	主な内容
記入者等	記入者名、部署・役職、記入年月日
運営法人の概要	法人名、所在地、法人種類、開設日、代表者名、他に提供している介護サービス　等
事業所の概要	事業所名、管理者、所在地、交通方法、開設日　等
職員の体制	職種別職員構成、常勤・非常勤職員数、在職年数等、職員1人当たり利用者数　等
サービス内容等	営業時間、サービス提供地域、建物の構造、トイレ・浴室・食堂等の状況、サービス提供実績、サービス提供制限例、損害賠償保険加入状況　等
利用料金等	介護保険利用者負担以外の料金、キャンセル料、有料老人ホーム等の一時金　等

運営情報の概要

大項目	公表情報の利用者の視点に立って分類した次の2項目 ①介護サービスの内容に関する事項 ②介護サービスを提供する事業所または施設の運営状況に関する事項
中項目	大項目の分類に応じて、介護保険制度の基本理念などが、具体的なサービス提供の中で実現されているかを確認するための項目
小項目	中項目の分類に応じて、各サービスの特性をふまえ、具体的な取組み状況を確認するための項目
確認事項	調査員が事業所の取組み状況について具体的な事実を確認する事項(利用者が選択する際に確認する)
確認のための材料	事業所が公表しようとする情報に関して、調査員が事実確認を行う根拠資料となるもの(例示されているが、基本的には事業所側が自ら提示する)

任意報告情報の概要

評価結果	介護サービスの質に関する情報
従業者の勤務	従業者の勤務時間、就業規程等の情報
賃金体系	従業者の賃金体系、給与規程等の情報

2. 都道府県における運用

介護サービス情報の公表制度は、都道府県の自治事務として位置づけられていますが、この制度を円滑に運用するために、都道府県知事は、指定調査機関や指定情報公表センターを指定することができます。

(1) 指定調査機関

指定調査機関とは、都道府県知事が指定して調査を行わせることのできる機関です。公正かつ的確な調査事務の実施等に留意するとともに、特定の事業所に偏ることのない中立・公正な調査事務を実施しなければなりません。

(2) 指定情報公表センター

指定情報公表センターとは、都道府県に代わって「情報公表制度」に関する計画の策定・管理、介護サービス事業所情報（基本情報・運営情報・任意報告情報）の受理および公表に関する事務の全体を管理運営する機関です。指定情報公表センターは、公正かつ的確な情報公表事務の実施に留意し、また特定の事業所に偏ることのない中立・公正な情報公表事務を行わなければなりません。

3. 調査実務

調査実務の流れの概要は次のとおりです。

介護サービス情報の公表制度における調査に関する指針策定のガイドライン

Ⅰ 調査が必要と考えられる事項

A 調査を実施すべきと考えられる事項
- 新規申請時または新規指定時
  （調査項目の例）
  新規申請時に調査することが必要と判断される項目を中心に調査
- 新規申請または新規指定時から一定期間（毎年実施）
  （一定期間の例）
  新規申請から3年間は毎年実施
  （調査項目の例）
  運営情報の項目を中心に調査
- 事業者自ら調査を希望する場合
  （調査項目の例）
  事業者の希望に応じ、すべての項目もしくは運営情報を調査
  ※公表システムにおいて、自主的に調査を受けた事業所であることを明示し公表する。

B 地域の実情に応じて、調査を実施するものと考えられる事項
- 更新申請時
  （調査項目の例）
  更新申請時に調査することが必要と判断される項目を中心に調査
- 調査による修正項目の割合に応じ実施
  （調査実施の例）
  ・修正項目の割合が一定以上の場合には、次年度も調査を実施
  ・修正項目の割合に応じ調査頻度を設定し実施
- 一定年数ごとに実施
  （調査間隔の例）
  2年ごとに調査

Ⅱ 調査を行わないなどの配慮をすることが適当と考えられる事項

- 第三者評価など、第三者による実地調査等が行われている場合
  （配慮の例）
  ・福祉サービス第三者評価を定期的に実施している事業所については、調査を行わないこととする。
  ・外部評価が義務づけされている地域密着型サービス事業所については、調査を行わないこととする。
- 1事業所において複数サービスを実施している場合
  （配慮の例）
  主たるサービスの調査を実施することにより、他のサービスについては、調査を行わないこととする。

Ⅲ 他制度等との連携等より効率的に実施することが可能と考えられる事項

- 報告内容に虚偽が疑われる場合
  （調査方法等の例） 疑いのある項目を中心に調査
  （状況に応じ指導または監査と連携し調査）
- 公表内容について、利用者等から通報があった場合
  （調査方法等の例） 通報があった項目を中心に調査
  （状況に応じ指導または監査と連携し調査）
- 実地指導と同時実施
  （調査方法等の例） 実地指導の内容を考慮のうえ、連携し調査
- 状況に応じて、調査する項目を選定して実施
- その他必要に応じて実施する場合
  （調査方法等の例） 食中毒や感染症の発生、火災等の問題が生じた場合に、必要な項目について管内の事業所を調査
  （状況に応じ行政指導等と連携し調査）

4. 指導監査や第三者評価との違い

　指導監査とは、都道府県知事が、各サービス提供事業者の「指定基準の遵守状況」を確認するために実施するもので、これは行政による強制力をもって行われ、すべての事業所に義務づけられています。行政の「査察的視点」で問題点を探し、法令に違反している場合は指定の取消し等が行われます。したがって、利用者の事業所選択のための情報とはなりにくいといえます。

　一方、第三者評価とは、各事業所のサービスの改善項目を明らかにし、サービスの質の向上を目的としています。行政の強制力はなく、評価を受けるかどうかは任意です。また、評価機関は複数ある機関のなかから選択することができます。評価基準も各機関により異なり、評価結果から判断したアドバイスを受けることもできます。第三者評価は、事業所が任意で受審するものであり、現状の受審状況をみると、介護サービス事業所全体の1割にも満たないため、利用者のサービス選択のための情報として活用することには限界があります。

5. 情報公表制度の活用

　事業所において、健全な事業経営を行うために、日頃から日常業務の振り返りを行うことは重要です。介護サービス情報の公表制度を「事業経営の戦略」として活用する視点をもつと、事業所におけるメリットを創出することができます。

　年に1度の「情報公表制度」への対応を、経営戦略のための大きなチャンスにつなげるといった視点が重要です。ポジティブな考え方によるこの制度への対応が将来の事業所の発展に寄与することでしょう。

　介護サービス情報の公表制度を事業経営にいかす視点は、次のとおり考えることができます。

情報公表制度を経営戦略にいかす視点

①事業所を点検するチャンス！
②マニュアルを整備するチャンス！
③管理者とサービス提供スタッフの風通しをよくするチャンス！
④サービスの改善につなげるチャンス！
⑤利用者・家族の信頼を獲得するチャンス！
⑥事業所のイメージをアップさせるチャンス！
⑦事業所の発展につなげるチャンス！

　インターネット等を介して広く利用者やその家族、介護支援専門員等の介護サービス従事者に事業所の現状をアピールすることが「情報公表制度」のいちばんの目的です。客観性の高い、豊富な情報を閲覧者自身が評価し、事業所選択の助けとするものですから、調査結果の公表は、全事業所に与えられた極めて公平な広告の機会と考えることができます。大いに活用して、利用者や介護サービス従事者からの信頼を獲得し、事業の発展につなげましょう。

6. 公表情報をケアマネジメントにいかす視点

　介護支援専門員は、利用者の立場に立って、利用者の自立支援につながる居宅サービス計画を作成し、サービスの提供につなげ、モニタリングを行い、必要に応じて居宅サービス計画の変更を行います。

　介護サービス情報公表制度の特徴は、すべての介護事業所が標準化された項目に沿って事業所のサービスの実態を明らかにすることですから、こうした情報が提供されると、利用者だけでなく介護支援専門員にとっても貴重な情報が入手できることになります。

　今後は、こうした事業所の公表情報をケアマネジメントにいかすことにより、利用者の立場に立ったケアマネジメントの実践が可能となります。まずは「介護サービス情報公表システム」にアクセスしてみましょう。検索エンジンで「〇〇県　介護サービス情報」と入力してみてください。

　神奈川県では、このほかにも「介護情報サービスかながわ」があり、さまざまな情報を提供していますので、積極的な活用を図るとよいでしょう。

参考　神奈川県における情報公表制度の活用について

　公益社団法人かながわ福祉サービス振興会は、2006（平成18）年4月から指定情報公表センターとして公表制度の円滑な運用に積極的にかかわってきました。この間の公表制度利活用に向けた取り組みと今後の展望を紹介します。

1. これまでの取組み

　神奈川県指定情報公表センターでは、制度施行とともに学識経験者や市町村の職員を構成員とする「介護サービス情報公表委員会」（現委員長：辻哲夫東京大学高齢社会総合研究機構教授）を設置し、制度の運用上の課題を検討してきました。

　また、制度の利活用に向けた検討部会を設置し、公表システム活用ガイドブックの作成やシステムのリニューアルを進めてきました。これまでの主な取り組みは次のとおりです。

> ①神奈川Web報告システムの開発および運用（2007（平成19）年4月）
> ②公表システム活用ガイドブックの作成（2009（平成21）年3月）
> ③情報公表制度利活用検討部会報告書の作成（2010（平成22）年3月）
> ④介護情報サービスかながわのリニューアル（2011（平成23）年3月）
> ⑤介護施設の写真（10点）および動画のWeb掲載（2012（平成24）年3月）

　こうした取り組みのなかで、私たちが大切にしてきたことは、「利用者の視点」と「みんなのためになる」制度にしようということです。本当の意味で「利用者のサービス選択につながる情報は何か」を議論し、介護サービスの品質を「見える化」することに取組んできました。

2. Web上に介護の百科事典をつくる

　私たちの目標は、介護サービスを利用したいと考えている神奈川県民の皆様のために、Web上に「介護の百科事典」をつくることです。そのために、平成23年度、神奈川県の「公表制度利活用促進事業」を活用し、訪問調査員が県内3005か所の介護施設および通所施設を訪問して写真や動画を撮影しました。その成果を「介護情報サービスかながわ」に掲載したのです。

　神奈川県では、独自のWebサイト「介護情報サービスかながわ」に事業所の管理者のインタビュー動画をはじめ、外観、サービス風景、スタッフ笑顔および食事メニューなど、事業所の様子がよくわかるような写真を掲載していますので、ぜひ、ご覧ください。

第3章 居宅介護支援・介護予防支援事業の運営

●介護情報サービスかながわのホームページ　http://rakuraku.or.jp/kaigonavi/

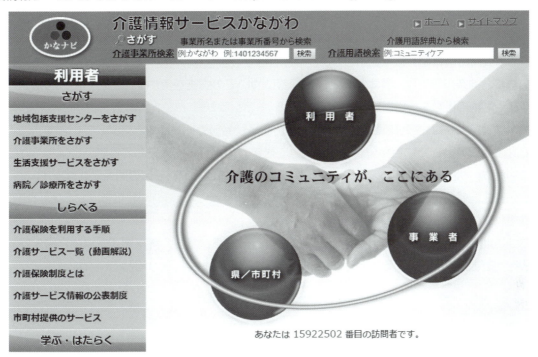

●掲載例

|外観|
|サービス風景|

白い建物に、湘南の空と海をイメージした青いフレームが印象的です。

午前のお茶のひとときです。ご自分の好きな居場所でゆったりと寛いで過ごしています。

|スタッフ笑顔|

若くて明るいスタッフが、笑顔でご利用者に寄り添い支援をします。

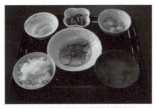

|食事|

栄養バランスに配慮した手作りの食事を、お一人おひとりの身体状況に合わせて提供しています。

3．現状の取組み

　神奈川県では、公表制度の安定的な運用を目指し、2012（平成24）年度以降も手数料を徴収し、公表制度の訪問調査を実施しています。「介護の百科事典」をつくるためには、介護保険制度の概要や仕組み、公表される事業所の情報を、日々更新していかなければなりません。

　そのために、神奈川県では、基本情報と運営情報についての調査を実施するとともに、希望する事業所には、写真や動画の撮影を行います。

　介護現場は「感動」「共感」「感謝」の3Kがあり、職員が笑顔でいきいきと活動しています。こうした写真を見て介護施設で働きたいと希望する人も現れてきました。介護に光をあてることにより、介護の人材確保につながり、利用者のサービス選択につながれば、両者にとってプラスの関係になります。

　介護サービス情報公表制度は、活用の仕方によって、「事業者にプラス」「利用者にプラス」「市町村や地域包括支援センターにもプラス」になります。

　私たちは、地域包括支援センターを中心として、付近の医療機関、介護事業所および介護保険外サービス事業所を地図上にプロットすることで、「社会資源の見える化」にも取り組んでいます。

④ 個人情報保護法について

1. 法律の趣旨

　個人情報保護法は、個人情報を悪用する犯罪への対抗措置として制定された法律です。2005（平成17）年4月から5000名以上の個人データをもった事業者すべてに適用されています。正式名称は、「個人情報の保護に関する法律」（平成15年法律第57号）といいます。第1条には、この法律がつくられた理由が述べられています。

> **個人情報保護法第1条**
>
> 　この法律は、高度情報通信社会の進展に伴い個人情報の利用が著しく拡大しているため個人情報の適正な取扱いに関して個人情報を取り扱う事業者の遵守すべき義務等を定めることにより、個人情報の有用性に配慮しつつ、個人の権利利益を保護することを目的とする。

　つまり、パソコンやインターネット、データベース等の普及によって、個人の情報を悪用することが簡単になってしまいました。そこで、個人情報を入手する際の利用目的の明確化・制限、入手後のデータ内容の正確性の確保、安全管理措置、第三者提供の制限等についてのルールがつくられたということです。

2. 個人情報の定義

　法律第2条第1項では、個人情報を次のように定義しています。

> **個人情報保護法第2条第1項**
>
> 　「個人情報」とは、生存する個人に関する情報であって、当該情報に含まれる氏名、生年月日その他の記述等により特定の個人を識別することができるもの（他の情報と容易に照合することができ、それにより特定の個人を識別することができることとなるものを含む。）をいう。

3. 事業者の責務

　個人情報の定義の幅が広いこと、それ自体は特に問題ではありません。むしろ、それに対してどのような義務があるのかを知ることが重要です。ここで事業者の責務を確認しておきましょう。

- 利用目的の特定・制限
- 適正な取得、取得に際しての利用目的の通知
- データ内容の正確性の確保
- 安全管理措置
- 従業者・委託先の監督
- 第三者提供の制限
- 保有個人データに関する事項の公表・開示・訂正・利用停止・理由の説明

　つまり、個人情報については、目的をはっきりさせたうえで、正当な方法によって収集し、正確に保管し、安全に管理し、本人から内容の確認や訂正や削除を求められた場合には、それに応じることが求められています。

　個人情報については、その情報は誰のものなのか、ということが問題になっていました。この法律では、情報を与えたり変更したりする権利が本人にあり、それを預かっている事業者は本人の申し出に従う義務

がある、ということを定めています。

4. 厚生労働省のガイドライン

　厚生労働省は、2004（平成16）年12月に「医療・介護関係事業者における個人情報の適切な取扱いのためのガイドライン」を策定しました。

　このガイドラインは、個人情報の保護に関する法律第6条および第8条の規定に基づき、法の対象となる病院、診療所、薬局、介護保険法に規定する居宅サービス事業を行う者等の事業者等が行う個人情報の適正な取扱いに資するために定められたもので、厚生労働大臣が法を執行する際の基準として位置づけられています。

　特に、多くの個人情報を取り扱う介護支援専門員は、こうしたガイドラインを熟知し、個人情報の取扱いに十分配慮する必要があります。

5. マイナンバー制度とは

　行政手続における特定の個人を識別するための番号の利用等に関する法律（通称「マイナンバー法」）が2013（平成25）年5月31日に公布され、2016（平成28）年1月の利用開始に向けて、2015（平成27）年10月から一人ひとりの国民に「個人番号（マイナンバー）」の通知が始まりました。

　個人番号を利用することで、複数の行政機関に存在する様々な個人情報の同一性が確認しやすくなり、利便性の高い公平・公正な社会の実現につながりますが、一方で個人番号は極めて個人識別性の高い情報なので、個人情報保護の視点から慎重な取扱いが必要となります。介護支援専門員にとってもかかわりの深い制度ですので、最新の動向を確認しておきましょう。

　居宅介護支援事業所にとっても、従業員への給与支払いの報告など、個人番号を取扱うことになります。ただし、法で定める場合を除いて個人番号を含む情報の収集・保管はできませんので、ご留意ください。

　　※詳しくは、内閣官房マイナンバーホームページをご覧ください。

第4章

シミュレーション
受付からケアプラン作成・
給付管理票提出まで

CONTENTS

1. 居宅介護支援・介護予防支援の流れ ………………………………… 120
2. 居宅介護支援の流れ ………………………………………………… 123
3. 介護予防支援の流れ ………………………………………………… 170

① 居宅介護支援・介護予防支援の流れ

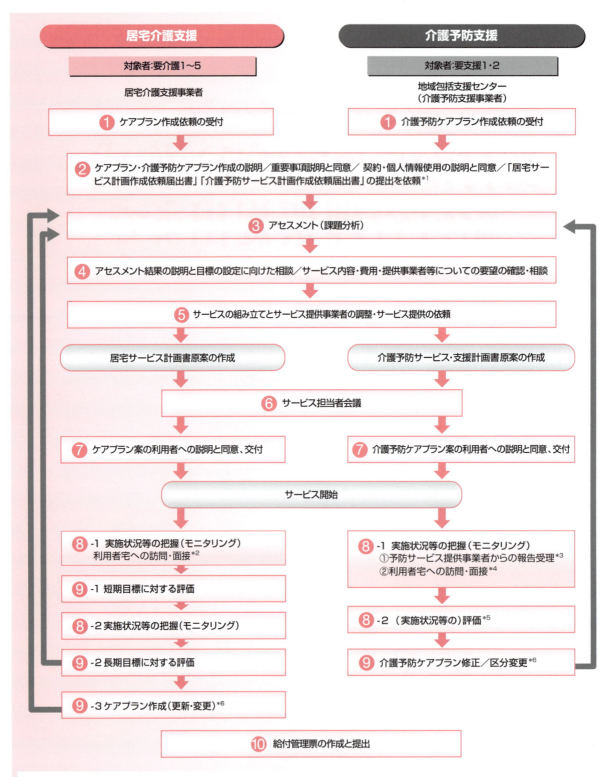

＊1　介護予防支援については、❷以降の業務の一部について居宅介護支援事業者に委託することができる。
＊2　少なくとも1か月に1回は利用者の居宅で面接を行い、その内容を記録する。
＊3　介護予防支援事業者は、少なくとも1か月に1回、予防サービス提供事業者への訪問、電話、FAX等の方法により、利用者の状況、サービス実施の効果について報告を受ける。
＊4　少なくとも3か月に1回およびサービス提供開始月・終了月、利用者の状況に著しい変化があったときは利用者の居宅を訪問し面接する。その他の月は、予防サービス提供事業者への訪問、電話等により、利用者と連絡をとり、その状況を把握する。
＊5　計画期間終了時（3〜6か月ごと）には、利用者の居宅を訪問し、介護予防サービス計画の実施状況をふまえ、目標の達成状況を評価し、今後の方針を決定する。　介護予防支援業務の委託を受けている居宅介護支援事業者は、評価の結果を地域包括支援センターに報告し、今後の方針について相談する。
＊6　修正や変更があった場合も、随時ケアプランを作成（修正・変更）する。

2014（平成26）年の介護保険法改正は、介護保険制度の基本理念である自立支援が強調されています。その改定の中心にすえられた「地域包括ケアシステム」という考え方が報酬に強く反映されたものとなりました。地域包括ケアシステムとは、「おおむね30分以内に駆けつけられる圏域で、個々人のニーズに応じて、医療・介護等の様々なサービスが適切に提供できるような地域の体制」[※]です。2025（平成37）年には団塊の世代（第一次ベビーブーム世代）が後期高齢者になることから、ケアマネジメントの重要性はますます高くなるとともに、その「質」が求められます。そのためケアマネジメントのプロセスを大切に、かつ質の高い支援を常に目指していく必要があります。とりわけ、2014（平成26）年の改正のポイントであるケアマネジメントの適正化と医療との連携は、地域包括ケアシステムの中で専門職の一翼を担う介護支援専門員にとって非常に重要なことです。適正化の手法としては、地域ケア会議における自立支援に資するケアマネジメント支援（事例検討）やケアプラン点検（適正化）事業等の推進があげられており、運営基準では、地域ケア会議等において支援体制に関する検討を行う際に「資料又は情報の提供、意見の開陳その他必要な協力の求めがあった場合には、これに協力するよう努めなければならない」と明記されました。

　介護支援専門員の大きな役割は2点あります。1つはケアマネジメントの実践であり、もう1つは給付管理です。ケアマネジメントの実践は、インテークからスタートします。そのスタートの多くは、要介護認定を受けた人からのケアプラン作成（居宅介護支援）の依頼であり、大半は電話での問い合わせです。その時点では、主訴（何に困り、何を求めているのか）をしっかりと聴き、インテークで、居宅介護支援事業所として支援開始の可否を判断します。

　次に自宅に訪問してアセスメントを行いますが、利用者の自宅に訪問し、事業所として重要事項の説明や契約書の説明・締結を行います。その際には介護保険制度の説明等も同時に行い、アセスメントへと続きます。アセスメントにおいては、厚生労働省が目安として定める23項目を網羅した課題分析表等を使用して、利用者および取り巻く環境を多角的な視点と視野から評価します。専門家として判断された課題や可能性について利用者および家族に丁寧に説明し、その内容を踏まえながらあらためて利用者および家族の意向や希望等を確認、相談して居宅サービス計画書原案の作成へと結びつけます。2014（平成26）年には、厚生労働省より「課題整理総括表」が参考様式として示されました。サービス担当者会議や地域ケア会議等のさまざまな場面での活用が想定されており、アセスメント結果の可視化（見える化）の促進が期待されています。

　そして、課題を利用者が主体的に解決できるようサービスや事業所について、さまざまな情報を提示し利用者の自己選択で決定します。その後、サービス提供事業所へのサービス提供の打診や依頼、利用者負担額等の計算、居宅サービス計画書原案の作成を行います。

　次に、サービス担当者会議を開催し、利用者とその家族、サービスにかかわる担

※地域包括ケア研究会「地域包括ケア研究会報告書-今後の検討のための論点整理」2009.

当者に集ってもらい、提出された居宅サービス計画書原案に対して「専門的見地からの意見」を求めます。サービス担当者会議後に「サービス担当者会議の要点」を作成し記録として保管します。サービス担当者会議については、厚生労働省の通知において、サービス担当者会議の開催前にサービス事業者に対して居宅サービス計画書原案を渡し、また、サービス事業者がサービス担当者会議に個別援助計画を持参する等が有効な手段とされました。

　実際にサービスが開始されたら、月1回は少なくとも自宅を訪問してモニタリングを行います。モニタリングの内容は支援経過記録に記載することで差支えありませんが、記録に必要な項目が記載された任意の様式等を活用することもできます。そして、1か月が終了した際には給付管理業務を行い、毎月10日までに国民健康保険団体連合会へ給付管理票のデータ等を伝送します。

　第4章では、要介護・要支援認定を受けた利用者（市民）に対する居宅サービス計画書と介護予防サービス・支援計画書の作成依頼から、給付管理票の提出までの基本的な流れをまとめています。利用者（市民）を常に中心におき、何よりも人権を軸にしたケアマネジメントプロセスを確認してください。

② 居宅介護支援の流れ

❶ 居宅サービス計画書（ケアプラン）作成依頼を受け付けます。

利用者やその家族から、居宅サービス計画書作成についての相談、依頼があった場合まず、受給資格があるか、介護給付の対象である「要介護1～5」に該当するかを尋ねます。利用者の氏名や連絡先のほか、次の点も確認しておきましょう。

- 実際の居住地と介護保険の介護サービスを受ける住所地は同じですか（転居していても介護保険被保険者証の住所地が未変更であることや、居住地と介護保険の受給地が異なる場合があります）。
- 生活保護法、特定疾患治療研究事業、障害者総合支援法等の公費負担による給付を受けていますか。
- 第2号被保険者については、特定疾病に該当していますか。

電話で依頼があった場合、口頭でのやり取りだけでなく、利用者宅への訪問時に、介護保険被保険者証、受給資格、自己負担割合等を確認しなければなりません。訪問した際には、実際の介護保険被保険者証の給付制限欄を確認し、介護保険料の滞納等がないことを確認します。

相談や面接内容の記録は、もれがないよう、常に確認をしていますか？
→ケアマネジメントは、利用者から居宅介護支援の依頼があった時点からスタートします。そのため、依頼のあった時点から支援経過を記録しておくことが大切です。また、日付の記載もれなどにも注意が必要です。

利用者が要介護認定を申請していない場合、要介護認定の結果待ちの場合

①利用者が要介護認定を申請していない場合
介護保険制度や要介護認定について説明し、市町村窓口に相談するよう助言します。居宅介護支援事業者等が代わりに申請することもできますが、その際には申請書のコピーをとり、利用者からの依頼と代行する旨を支援経過記録に記入します。

②利用者が要介護認定を申請していない、または認定結果を受けていないが、緊急にサービスを必要としている場合
介護支援専門員は、要介護度を予測して暫定の居宅サービス計画書を作成することができます。ただし、実際に認定された要介護度が、予測と異なることもあります。その際、支給限度基準額を超えたサービスを居宅サービス計画書に組み込んでいると、超過分のサービス利用料は介護保険から給付されず、全額利用者の自己負担となりますので事前に十分な説明と配慮が必要です。

また、予防給付の対象となる要支援1・2と認定される可能性が高い場合は、利用者にこの点を説明したうえで、要支援1・2となった場合について、地域包括支援センター（介護予防支援事業者）と連携しておくとよいでしょう。認定結果が出る前に居宅介護支援事業者が居宅サービス計画書を作成する場合は、要介護認定で要支援1または2となっても給付が滞らないよう、介護サー

「クオリティーアップ!!」は「ケアプラン点検支援マニュアル」の質問項目をもとに、ケアマネジメントのプロセスごとに必要と思われる箇所に掲載されています。ただし、「ケアプラン点検支援マニュアル」のすべての質問事項を網羅しているわけではなく、また、解説も「ケアプラン点検支援マニュアル」どおりではありません。

要介護認定申請代行→p.51

ビスと予防サービスの両方の指定・委託を受けている事業者を居宅サービス計画書に位置づけること等も利用者に伝え、相談しておくとよいでしょう。

さらに、居宅サービス計画書は、利用者本人が作成することも可能です。ただし、サービスを利用する前に居宅サービス計画書を市町村に届け出ておかなければ、利用者が一度、サービス利用料を全額立て替え、後日、その9割または8割分の払い戻しを受ける「償還払い」になります。具体的な手続きについては、各市町村に確認し、利用者に伝えておきましょう。

❷ 重要事項を説明し、契約を結びます。

①居宅サービス計画書作成の説明

介護保険制度のしくみや介護支援専門員の役割、居宅サービス計画書の目的・内容、ケアマネジメントやサービス提供の流れを説明します。また、サービス利用料や自己負担額についても、わかりやすく伝えます。

②重要事項説明

利用者には、居宅介護支援事業者を選択する権利があります。選択のための情報を提供するのが「重要事項説明」です。居宅サービス計画書作成の契約を結ぶ前に、介護支援専門員は、必ず重要事項の説明を行わなければなりません。「重要事項」とは、下記の項目のほか、利用者がサービスを選択するのに必要な項目をいいます。「重要事項説明書」は2部用意し、利用者の同意が得られたら、利用者、居宅介護支援事業者が署名および捺印し、それぞれが1部ずつ保管します。

「重要事項」とは
- 事業の目的および運営の方針
- 職員の職種、職員数、職務内容、体制
- 営業日、営業時間
- サービスの提供方法、内容、利用料、その他の費用の額
- 通常の事業の実施地域
- その他運営に関する重要事項
- 秘密の保持
- 事故発生時の対応
- 相談・苦情対応窓口（担当者名と連絡先） 等

③契約・個人情報使用の説明と同意

重要事項の説明の後に、同意が得られたら、利用者と居宅介護支援事業者との間で「居宅介護支援契約書」を交わします。

●関係する書類
重要事項説明書
居宅介護支援契約書
個人情報使用同意書
居宅サービス計画作成依頼（変更）届出書→p.126

また、居宅サービス計画書作成においては、利用者の心身・生活状態といった個人情報を扱うことになるため、契約に際して、居宅介護支援事業者には守秘義務があること、必要に応じてサービス提供事業者等に情報を伝えることがあることを説明し、「個人情報使用同意書」に署名・捺印をもらいます。

④「居宅サービス計画作成依頼（変更）届出書」の提出

契約を済ませたうえで、利用者に「居宅サービス計画作成依頼（変更）届出書」を市町村に提出するよう依頼します。届出がなされると、利用者の介護保険被保険者証に居宅サービス計画書作成を担当する居宅介護支援事業者名が記載されることになります。

なお、この届出書の提出を忘れていると、国民健康保険団体連合会（以下、国保連）での給付管理者とサービス提供事業者からの請求内容との突合・審査ができないため、サービス提供事業者に対して居宅介護サービス費が支給されません。したがって、この点については事前に利用者に説明しておきましょう。実際には、居宅介護支援事業者が代行して提出することもできます。

利用者から居宅サービス計画書作成について同意が得られた場合、介護保険被保険者証をコピーしておくと転記ミス等を防ぐことができます。また、必要に応じて、健康保険被保険者証や後期高齢者医療被保険者証、障害者手帳等についても、記号・番号や交付年月日、有効年月日等を控えておくとよいでしょう。認定更新や医療機関との連絡等の際に使用できます。

第4章の様式について

以下、第4章に掲載する様式のうち右下に「NPO法人神奈川県介護支援専門員協会」とあるものは、NPO法人神奈川県介護支援専門員協会編『三訂　オリジナル様式から考えるケアマネジメント実践マニュアル　居宅編』（中央法規出版、2014）に収載されているものです。これらの様式は神奈川県介護支援専門員協会が提案するモデル様式であり、これら以外の様式を使用することを妨げるものではありません。

■ 居宅サービス計画作成依頼（変更）届出書

居宅サービス計画作成依頼（変更）届出書

	区　分
	新規・変更

被保険者氏名	被保険者番号
フリガナ	
	個　人　番　号
	生　年　月　日　／　性　別
	明・大・昭　年　月　日　／　男・女

居宅サービス計画の作成を依頼（変更）する居宅介護支援事業者

居宅介護支援事業所名	居宅介護支援事業所の所在地	〒
		電話番号　（　）

居宅介護支援事業所を変更する場合の理由等　※変更する場合のみ記入して下さい。

変更年月日
（平成　年　月　日付）

○○市（町村）長　様

上記の居宅介護支援事業者に居宅サービス計画の作成を依頼することを届け出します。

平成　年　月　日
　　　住所
　　　　　　　　　　　　　　　　　　　電話番号　（　）
　　　被保険者
　　　　氏名

保険者確認欄	□ 被保険者資格　□ 届出の重複 □ 居宅介護支援事業者事業所番号

（注意）1　この届出書は、要介護認定の申請時に、若しくは、居宅サービス計画の作成を依頼する居宅介護支援事業所が決まり次第速やかに○○市（町村）へ提出してください。
　　　　2　居宅サービス計画の作成を依頼する居宅介護支援事業所を変更するときは、変更年月日を記入のうえ、必ず○○市（町村）に届け出てください。届け出のない場合、サービスに係る費用を一旦、全額自己負担していただくことがあります。

第4章　シミュレーション　受付からケアプラン作成・給付管理票提出まで

新規相談受付票（支援経過記録）

受付職員氏名 _____

相談状況	相談受付日時	平成　　年　　月　　日　　時　　分
	相談方法	電話　　事業所へ来所　　その他（　　　　　　）
	相談者氏名	
	利用者との関係（続柄）	
	紹介者（機関）	

> 月単位などで整理しておくことで、相談記録を管理することができます。

利用者情報	氏　名	（男・女）
	生年月日	明治　大正　昭和　　年　　月　　日　（　　歳）
	住　所	
	現在の所在地	（自宅・病院・その他）
	電話番号	
	要介護認定	認定済　　申請中　　未申請（代行　要　否）
	要介護度	要支援（　）　要介護（　）　認定の有効期間　年　月　日～　年　月　日
	主治医	（　　　　医院・病院）　主治医名（　　　）　電話番号
	現病歴・既往歴	
	心身の状況	

家族情報	世帯状況	一人暮らし　高齢者夫婦世帯　その他（　　　　　）
	主たる介護者の氏名等	（同居・別居）　続柄（　　　）
	住　所	
	電話番号	

相談内容（主訴）

居宅介護支援依頼　　情報提供　　その他（　　　　　　　　　　　）

> 居宅介護支援事業所は、支援に結びつかない場合であっても、必要な便宜を図ることが必要です。

回答及び今後の予定

今後の方針（内容）	支援開始　連絡待ち　他機関紹介　相談のみ　その他（　　　　）
担当介護支援専門員	（氏名）

> 管理者には、事業全体の一元的管理が求められます。本様式を活用して「受託の可否」「担当者の選任」等の管理をしてください。

管理者確認欄　（氏名）_____

NPO法人神奈川県介護支援専門員協会（2014）

新規利用者等　支援経過記録　確認シート

利用者氏名 ＿＿＿＿＿＿＿＿＿＿

支援内容	支援実施（完了）日	特記事項	担当者
居宅サービス計画の作成届出	年　月　日		
個人情報取扱いの同意	年　月　日		
重要事項の説明・契約の締結日	年　月　日	居宅介護支援業務においては、新規利用者の支援に関して、記入すべき書類、利用者に説明しなければならない事項等、必要な手続きが数多くあります。特に新人のケアマネジャーが支援を漏れなく、かつ適切に実践するために、本様式は有効です。	
主治医意見書・認定結果の情報開示	年　月　日		
課題分析表の作成	年　月　日		
アセスメント総括表（課題整理総括表）作成	年　月　日		
居宅サービス計画原案作成	年　月　日		
サービス事業者へのサービス提供依頼日	年　月　日		
サービス担当者会議　開催依頼	年　月　日		
サービス事業者への居宅サービス計画の事前配布日	年　月　日		
サービス担当者会議開催日	年　月　日		
原案の意見聴取（文書等による）	年　月　日		
利用者等への原案説明・同意日	年　月　日		
利用者等への計画書配布日	年　月　日		
サービス事業者への計画書配布日	年　月　日		
主治医への計画書配布日	年　月　日		
	年　月　日		
	年　月　日		
	年　月　日		
	年　月　日		
	年　月　日		
	年　月　日		
	年　月　日		

NPO法人神奈川県介護支援専門員協会（2014）

3 アセスメント（課題分析）を行います。

利用者宅を訪問して面接を行い、生活の場における心身の状態や生活に対する利用者・家族の意向等を把握し、解決すべき課題や自立支援に資する生活行為の可能性を抽出し、それらに基づく「目標」を導き出します。得られた情報は、ケアマネジメントの中核となるものです。アセスメントの際は、情報に漏れがないように、厚生労働省が目安として定めた23項目の「課題分析標準項目」をふまえて臨みましょう。

本人の了解があれば、市町村に対して要介護認定の調査結果と主治医意見書の情報開示請求を行うことができます。これらの情報を、居宅サービス計画書作成に活かすことも重要です。

●関係する書類
課題分析標準項目
→p.131
各種アセスメント総括表（課題整理総括表）
→p.133-134
居宅サービス計画書（1）（2）（第1表、第2表）→p.139-140
週間サービス計画表（第3表）→p.141

アセスメントの際には、アセスメントシートの活用が有効です。確認につい没頭しがちですが、アセスメントの目的は、利用者が本当に望んでいること、利用者にとって本当に必要なことは何かを把握することです。利用者の話に耳を傾け、コミュニケーションを十分にとることを心がけましょう。

利用者の主な日常生活について、どのように把握しましたか？　またその人らしい生活をイメージしていますか？
→24時間の暮らしの把握には、起床、食事、トイレの時刻だけでなく、利用者の好みや個性も理解することが必要です。利用者の生活の質や暮らし方や趣味、文化、価値観、または24時間をどのように暮らしているかを把握することが大切です。

「生活全般の解決すべき課題（ニーズ）」の原因や背景を教えてください。
→入浴ができないという事実に対して、すぐに訪問入浴介護サービスを利用してもらうという思考にたどりつくのではなく、「なぜ、入浴ができないのか」という原因を分析することが必要です。原因に対する支援内容でなければ、ときに要介護状態の悪化をまねくことにもなります。
　入浴に関連する動作の問題か、利用者の入浴に対する意思や意欲の問題か、浴室や浴槽などの環境の問題か、など多角的にアセスメントする必要があります。その問題や課題にあわせて、どのようなサービスで、どのように解決し、利用者の自立を促すかを考える必要があります。

家族はどのような思いで利用者を支え、介護をしていこうとお考えですか？
→今後、「どう支えようとしているか」を確認することにより、今後の利用者および家族への支援内容や配慮がさらに深まります。時間の経過によって、介護の方針や気持ちに変化があるかもしれませんが、介護支援専門員はその変化に丁寧に対応（支援）していかなければなりません。

現場からの実践報告① アセスメント

視覚と会話の情報をすりあわせる

　アセスメントでは、会話のやり取りから得られる情報と視覚から得られる情報があります。会話からは利用者の生活歴、現在困っていること、どんな生活を送りたいかといった望み、医療機関の受診の有無や日頃の健康管理の様子、経済状況などが把握できます。

　それに対して、視覚的な情報からは、自宅と周辺の環境や本人の動作、家族と本人の様子などがわかります。部屋の整頓具合などは生活能力をみるうえで重要ですし、歩き方などの観察は、事前に得た身体状況の情報と実際の動きを結び付けるために欠かせません。家族と本人の座る位置、質問をしたときの答え方・表情からは、家族関係や本人の思いをうかがうことができます。

　この2種類の情報の一方だけを鵜呑みにするのではなく、両方の情報をすりあわせて状況を読み取ることが大切です。たとえば、本人が「お風呂には毎日入っている」と言っても、浴槽をみると入浴している形跡がないこともあるからです。事前に主治医意見書や訪問調査による情報を入手し、訪問時にその確認をするといった方法をとるとスムーズです。

　初回訪問では、アセスメントツールの項目はともかく、その人をより理解しようと、いろいろなことを聞きたくなってしまううえ、課題もたくさん出てくるので、どこから着手すればいいのか戸惑いがちです。しかし、現実的には最初からすべてのニーズを満たすのは不可能ですし、そもそも利用者が、初対面の人にすべてを話してくれるとは思えません。私は、把握すべき情報の項目を自分のなかで設定し、数か月かけて確認しています。

　最初のアセスメントでは、「何に困っているのか」「どのようなことをサービスに期待するのか」「何を相談したいのか」の3点に比重を置いています。そして、将来的に機能低下につながると予想される緊急性の高い課題、本人が困っていることや要望を優先してケアプランを立案します。それ以外の課題は、時間をかけて信頼関係を築くなかで、段階的にサービスに結び付けます。

　また、本人のできないところばかりではなく、できる部分、自信をもっている部分を探し、共有していくこともアセスメントの重要な目的だと思っています。

（株式会社フジケア　白木裕子さん）

課題分析標準項目

Ⅰ. 基本的な考え方

　介護サービス計画作成の前提となる課題分析については、介護支援専門員の個人的な考え方や手法のみによって行われてはならず、要介護者等の有する課題を客観的に抽出するための手法として合理的なものと認められる適切な方法を用いなければなりません。

　この課題分析の方式については、「指定居宅介護支援等の事業の人員及び運営に関する基準について」（平成11年7月29日老企第22号厚生省老人保健福祉局企画課長通知。以下「基準解釈通知」という。）第二の3（運営に関する基準）の(7)⑥において、別途通知するところによるものとしているところですが、当該「基準解釈通知」の趣旨に基づき、個別の課題分析手法について「本標準課題分析項目」を具備することをもって、それに代えることとするものです（「介護サービス計画書の様式及び課題分析標準項目の提示について」より）。

Ⅱ. 課題分析標準項目

課題分析標準項目

基本情報に関する項目

No.	標準項目名	項目の主な内容（例）
1	基本情報（受付、利用者等基本情報）	居宅サービス計画作成についての利用者受付情報（受付日時、受付対応者、受付方法等）、利用者の基本情報（氏名、性別、生年月日、住所・電話番号等の連絡先）、利用者以外の家族等の基本情報について記載する項目
2	生活状況	利用者の現在の生活状況、生活歴等について記載する項目
3	利用者の被保険者情報	利用者の被保険者情報（介護保険、医療保険、生活保護、身体障害者手帳の有無等）について記載する項目
4	現在利用しているサービスの状況	介護保険給付の内外を問わず、利用者が現在受けているサービスの状況について記載する項目
5	障害老人の日常生活自立度	障害老人の日常生活自立度について記載する項目
6	認知症である老人の日常生活自立度	認知症である老人の日常生活自立度について記載する項目
7	主訴	利用者及びその家族の主訴や要望について記載する項目
8	認定情報	利用者の認定結果（要介護状態区分、審査会の意見、支給限度額等）について記載する項目
9	課題分析（アセスメント）理由	当該課題分析（アセスメント）の理由（初回、定期、退院退所時等）について記載する項目

課題分析（アセスメント）に関する項目

No.	標準項目名	項目の主な内容（例）
10	健康状態	利用者の健康状態（既往歴、主傷病、症状、痛み等）について記載する項目
11	ADL	ADL（寝返り、起きあがり、移乗、歩行、着衣、入浴、排泄等）に関する項目
12	IADL	IADL（調理、掃除、買物、金銭管理、服薬状況等）に関する項目
13	認知	日常の意思決定を行うための認知能力の程度に関する項目
14	コミュニケーション能力	意思の伝達、視力、聴力等のコミュニケーションに関する項目
15	社会との関わり	社会との関わり（社会的活動への参加意欲、社会との関わりの変化、喪失感や孤独感等）に関する項目
16	排尿・排便	失禁の状況、排尿排泄後の後始末、コントロール方法、頻度などに関する項目
17	じょく瘡・皮膚の問題	じょく瘡の程度、皮膚の清潔状況等に関する項目
18	口腔衛生	歯・口腔内の状態や口腔衛生に関する項目
19	食事摂取	食事摂取（栄養、食事回数、水分量等）に関する項目
20	問題行動	問題行動（暴言暴行、徘徊、介護の抵抗、収集癖、火の不始末、不潔行為、異食行動等）に関する項目
21	介護力	利用者の介護力（介護者の有無、介護者の介護意思、介護負担、主な介護者に関する情報等）に関する項目
22	居住環境	住宅改修の必要性、危険箇所等の現在の居住環境について記載する項目
23	特別な状況	特別な状況（虐待、ターミナルケア等）に関する項目

アセスメント総括表（課題整理総括表）

Ⅰ．使途と開発理由

　計画作成にあたっては、新規利用者の場合には、まず課題分析票を活用した情報収集を行い、"専門職"として、利用者のニーズを抽出します。更新時においては、居宅サービス計画書に掲げた「長期目標」に対する評価を行ったうえで、新たなニーズを抽出します。

　そして、それらをもとに居宅サービス計画書を作成することとなりますが、この過程で介護支援専門員は、評価結果（この時点では利用者および家族の生活の意向は入りません）を利用者および家族に伝え、ニーズと「利用者や家族の意向」とのすり合わせを行います。そしてその結果、合意されたものが居宅サービス計画に位置づけられるという流れになります。

　また、2012（平成24）年に行われた「介護支援専門員の資質向上のあり方検討会」においても、アセスメント結果の可視化が論点に挙げられました。介護支援専門員が利用者との面接の中で課題分析票を活用し、抽出したニーズと課題と判断した理由等を明確にする必要があります。そのことを受け、2014（平成26）年6月に厚生労働省より「課題整理総括表」が参考様式として示されました。アセスメントだけでなく、サービス担当者会議等で活用すべく、介護支援専門員の新たなツールとして誕生しました。

　なお、本書ではNPO法人神奈川県介護支援専門員協会が独自に開発したアセスメント総括表（課題整理総括表）（p.133）と、厚生労働省が「参考様式」として示した課題整理総括表（p.134）をどちらも収載しました。どちらも試用していただき、適切に評価が可能、かつ、実務に沿って作成できるか等を専門家として判断いただき活用ください。

Ⅱ．様式の特徴

①介護支援専門員（専門職）としてのアセスメント結果（判断）を記載できます。

②介護支援専門員が、ニーズ（課題）と判断した内容について、主要素と関連要素の項目で構成し記載できます。さらに、課題と判断した内容・理由、その状況に対して行うべき必要な支援、その結果の予後予測等の判断結果が明確になります。

③書面を活用して介護支援専門員（専門職）のアセスメント結果を利用者、家族に示すことにより、より深い相談が可能になります。

Ⅲ．使用方法

①利用者の自宅において、課題分析票による情報収集を終えた時点で記入します。

②記入した内容（専門職によるアセスメント結果）を利用者等に説明します。

Ⅳ．留意点と使用工夫

①面接時に手書きで記載することで、業務の効率化を図ることができます。

②記載した本様式は、課題分析のまとめ（居宅サービス計画作成の根拠）として保管しておくことで、適切な支援を行ったことの証明となります。

③また、必要に応じて、この様式の内容をサービス事業者に説明するとよいでしょう。サービス導入の経緯や相談結果の情報を共有することで、支援をより円滑に進めることができます。

第4章 シミュレーション 受付からケアプラン作成・給付管理票提出まで

アセスメント総括表(課題整理総括表)

利用者氏名　　　　　様
評価日　　年　月　日
□新規用

主要素については生活上の課題に○をつけ(複数可)、次にその課題の関連要素について○をつけます。

課題(ニーズ)の主要素		関連要素		課題と判断した内容・理由(原因や背景)	必要だと考えられる具体的な支援内容	支援することによる変化(予後予測)	誰が行うか(支援者)
ADL	寝返り / 起き上がり / 室内歩行 / 移乗	**健康状態**		① ②	① ②	改善・維持・維持には該当しないが、ご本人の暮らしの支援として必要	本人等(自助) 家族等(互助) サービス(共助) その他( )
	食事 / 着替え / 排せつ / 入浴	**介護力**	+				
IADL	服薬 / 金銭管理 / 掃除 / 調理	**住環境**	=				
交流	意思疎通 / 視力 / 聴力 / 社会参加	**認知症等**					
他	褥瘡・皮膚 / 口腔衛生 / 意欲	**特別な状況**					
ADL	寝返り / 起き上がり / 室内歩行 / 移乗	**健康状態**		① ②	① ②	改善・維持・維持には該当しないが、ご本人の暮らしの支援として必要	本人等(自助) 家族等(互助) サービス(共助) その他( )
	食事 / 着替え / 排せつ / 入浴	**介護力**	+				
IADL	服薬 / 金銭管理 / 掃除 / 調理	**住環境**	=				
交流	意思疎通 / 視力 / 聴力 / 社会参加	**認知症等**					
他	褥瘡・皮膚 / 口腔衛生 / 意欲	**特別な状況**					
ADL	寝返り / 起き上がり / 室内歩行 / 移乗	**健康状態**		① ②	① ②	改善・維持・維持には該当しないが、ご本人の暮らしの支援として必要	本人等(自助) 家族等(互助) サービス(共助) その他( )
	食事 / 着替え / 排せつ / 入浴	**介護力**	+				
IADL	服薬 / 金銭管理 / 掃除 / 調理	**住環境**	=				
交流	意思疎通 / 視力 / 聴力 / 社会参加	**認知症等**					
他	褥瘡・皮膚 / 口腔衛生 / 意欲	**特別な状況**					
ADL	寝返り / 起き上がり / 室内歩行 / 移乗	**健康状態**		① ②	① ②	改善・維持・維持には該当しないが、ご本人の暮らしの支援として必要	本人等(自助) 家族等(互助) サービス(共助) その他( )
	食事 / 着替え / 排せつ / 入浴	**介護力**	+				
IADL	服薬 / 金銭管理 / 掃除 / 調理	**住環境**	=				
交流	意思疎通 / 視力 / 聴力 / 社会参加	**認知症等**					
他	褥瘡・皮膚 / 口腔衛生 / 意欲	**特別な状況**					

「誰が行うか(支援者)」は、自助・互助・共助という段階で検討していきます。

特記事項

NPO法人神奈川県介護支援専門員協会(2014)

厚生労働省参考様式：課題整理総括表

利用者名　　　　　　　　殿　　　　　　　　　　　作成日　　／　　／

①	②	③
④	⑤	⑥

自立した日常生活の阻害要因（心身の状態、環境等）：①④

状況の事実 ※1	現在 ※2	要因 ※3	改善/維持の可能性 ※4	備考（状況・支援内容等）
移動　室内移動	自立　見守り　一部介助　全介助		改善　維持　悪化	
屋外移動	自立　見守り　一部介助　全介助		改善　維持　悪化	
食事　食事内容	支障なし　支障あり		改善　維持　悪化	
食事摂取	自立　見守り　一部介助　全介助		改善　維持　悪化	
調理	自立　見守り　一部介助　全介助		改善　維持　悪化	
排泄　排尿・排便	支障なし　支障あり		改善　維持　悪化	
排泄動作	自立　見守り　一部介助　全介助		改善　維持　悪化	
口腔　口腔衛生	支障なし　支障あり		改善　維持　悪化	
口腔ケア	自立　見守り　一部介助　全介助		改善　維持　悪化	
服薬	自立　見守り　一部介助　全介助		改善　維持　悪化	
入浴	自立　見守り　一部介助　全介助		改善　維持　悪化	
更衣	自立　見守り　一部介助　全介助		改善　維持　悪化	
掃除	自立　見守り　一部介助　全介助		改善　維持　悪化	
洗濯	自立　見守り　一部介助　全介助		改善　維持　悪化	
整理・物品の管理	自立　見守り　一部介助　全介助		改善　維持　悪化	
金銭管理	自立　見守り　一部介助　全介助		改善　維持　悪化	
買物	自立　見守り　一部介助　全介助		改善　維持　悪化	
コミュニケーション能力	支障なし　支障あり		改善　維持　悪化	
認知	支障なし　支障あり		改善　維持　悪化	
社会との関わり	支障なし　支障あり		改善　維持　悪化	
褥瘡・皮膚の問題	支障なし　支障あり		改善　維持　悪化	
行動・心理症状（BPSD）	支障なし　支障あり		改善　維持　悪化	
介護力（家族関係含む）	支障なし　支障あり		改善　維持　悪化	
居住環境	支障なし　支障あり		改善　維持　悪化	

利用者及び家族の生活に対する意向	見通し ※5	生活全般の解決すべき課題（ニーズ）【案】 ※6

※1　本書式は総括表であり、アセスメントツールではないため、必ず別に詳細な情報収集・分析を行うこと。なお「状況の事実」の各項目は課題分析標準項目に準拠しているが、必要に応じて追加して差し支えない。

※2　介護支援専門員が収集した事実を記載する。選択肢に○印を記入する。

※3　現在の状況が「自立」あるいは「支障なし」以外である場合に、そのような状況をもたらしている要因を、様式上部の「要因」欄から選択し、該当する番号（丸数字）を記入する（複数の番号を記入可）。

※4　今回の認定有効期間における状況の改善/維持/悪化の可能性について、介護支援専門員の判断として選択肢に○印を記入する。

※5　「要因」および「改善/維持の可能性」を踏まえ、要因を解決するための援助内容と、それが提供されることによって見込まれる事後の状況（目標）を記載する。

※6　本計画期間における優先順位を数字で記入。ただし、解決が必要だが本計画期間に取り上げることが困難な課題には「―」印を記入。

アセスメント結果に対する相談記録

Ⅰ．使途と開発理由
　介護支援専門員が判断し記入した「アセスメント総括表（課題整理総括表）」を利用者および家族に説明する際に、判断した内容すべてに対して説明しています。その際には、その一つひとつの内容（課題）に対して、利用者及び家族の意見や相談結果を記入しておく必要があります。その内容が、仮に居宅サービス計画に反映されなかった場合の理由となるためです。さらに、計画に反映されない内容は、「課題でない」という訳ではないため、その後の介護支援専門員としての支援方針を明確にしておく必要があります。

Ⅱ．様式の特徴
①介護支援専門員がニーズだと判断し、利用者および家族に説明した一つひとつの項目に対しての意見を記入することができます。
②その説明において、居宅サービス計画書に反映されなかったニーズに対する介護支援専門員の支援方針を記入することができます。

Ⅲ．使用方法
　アセスメント結果を利用者および家族に説明した際に使用します。

Ⅳ．留意点と使用工夫
①面接時に手書きで記載することで、業務の効率化を図ることができます。
②記載した本様式は、課題分析結果の説明に対する相談記録として保管しておくことで、適切な支援を行ったことの証明となります。
③サービス担当者会議においても、本様式を活用することで、サービス事業者に対して「介護支援専門員の評価結果」「利用者・家族の生活の意向」「相談（すり合わせ）の結果」を示すことができます。

アセスメント結果に対する相談記録

ご本人・ご家族との相談結果（希望や意見等）	説明日	立会者	計画の有無
	年 月 日	ご本人 ご家族 その他（ ）	
1 上記の評価内容を利用者及び家族に説明。相談した結果、「課題としては挙がったものの計画に至らなかった」場合に、その理由等を記載します。			有 ・ 無
2 課題等についてこの様式を使用して説明することで、本人や家族の意向や希望が変化していくこともあります。			有 ・ 無
3			有 ・ 無
4			有 ・ 無
5			有 ・ 無

→

上記の相談の結果、居宅サービス計画に反映されなかったニーズへの今後の方針等

作成年月日	年　　月　　日
介護支援専門員名	

NPO法人神奈川県介護支援専門員協会（2014）

④ アセスメント結果の説明と目標設定に向けた相談を行います。また、サービス内容、費用、提供事業者等について、利用者・家族の要望を確認します。

アセスメント結果をもとに、介護支援専門員が専門職として把握した課題等を利用者に伝えます。その後、再度、利用者の意向を聞きながら、目標、目標の優先順位、目標を達成するために必要と思われるサービスの種類を提案し、利用者と相談しながら決定していきます。介護保険制度では、サービス利用料の1割または2割を利用者が負担することになるので、費用に関する要望についても確認します。自己負担額の支払いに対する負担感はどうか、必要によっては自己負担での上乗せサービスが可能かどうか等、利用者の意向をきちんと把握しておきましょう。

また、サービスの内容や種類の提案とともに、サービス提供事業者の候補を一覧表やパンフレット等を活用して提示します。その際、利用者がサービス提供事業者を選択するための情報として、前もって、各事業所の場所やサービスの特徴、営業時間帯、人員体制等による加算・減算の有無等を調べておくことが必要です。この段階では、サービスの提供が可能かどうかは不明なため、利用者には希望する事業者を複数あげてもらいます。これらの情報が、居宅サービス計画書原案作成のベースになります。

なお、2014（平成26）年6月には厚生労働省より課題整理総括表が参考様式として通知され、その活用の推進が図られています。これはアセスメントの結果を可視化（見える化）し、課題を整理するために用いられますが、サービス担当者会議や研修等での使用も想定されています。

●関係する書類
サービス提供事業者の候補一覧表

アドバイス　サービスの利用料（利用者の自己負担額）を相談する際には、単位数の一覧や電卓が欠かせません。また、複雑な計算の場合は、無理にその場で行うと間違えてしまうおそれもあるため、後日、あらためて連絡します。

アドバイス　正当な理由なく、前6か月間に作成した居宅サービス計画に位置づけられた居宅サービス、地域密着型サービス（居宅療養管理指導等を除く）の提供総数のうち、同一の事業者の占める割合が80％を超えた場合には、「特定事業所集中減算」として、居宅介護支援費の減算が行われることとなります。そのような点も含め、介護支援専門員は公平中立な立場で、さまざまなサービス事業者の情報を収集し、それをもとに利用者に選択してもらうという「自己選択の徹底」の視点が求められます。

クオリティーアップ!!　「課題」の整理はできましたか？　また、それらの「課題」は「利用者および家族の生活の意向」とどのように関係していますか？
→専門職（介護支援専門員）としての「課題についての評価」をすることです。つまり、課題を整理し、原因を念入りに調べ、解決できるか、または解決するべきことかどうか吟味することです。そして、課題を整理した結果と利用者および家族の生活の意向とのすり合わせ（相談）をします。その結果が居宅サービス計画書原案となります。
意向の変化は専門職としての評価の結果を利用者および家族に説明し、相談していくことによって当初の意向や希望にプラスされたり、変更されたりするということです。

⑤ サービスの組み立てとサービス事業者の調整を行い、居宅サービス計画書原案を作成します。

利用者・家族との面接結果に基づいて、居宅サービス計画書原案を組み立てます。サービス提供事業者については、サービス内容やサービスの提供日、提供時間、回数、空き状況等を確認したうえで居宅サービス計画書原案を作成します。この際、居宅サービス計画書原案に位置づけたサービスが、支給限度基準額を超えていないか、必ずチェックします。そして、1か月に支払うサービス利用料を、利用者が支払い可能かどうか確認します。

●関係する書類
居宅サービス計画書(1)(2)(第1表、第2表)→p.139-140
週間サービス計画表(第3表)→p.141

アドバイス
サービス提供事業者にサービスの予約をする場合は、口頭のみでは行き違いが起こりやすいため、内容を文書で送る、後日あらためて電話をするといった二重、三重の確認が大切です。その際にはあらかじめ、利用者情報、居宅サービス計画書原案を送付しておきます。

クオリティーアップ!!
生活全般の解決すべき課題をどのように記録していますか？
→利用者・家族がわかりやすい表現を用い、専門用語を使わないようにしましょう。
　日常生活で使用されるかどうかをポイントに言葉を選ぶことや面接等のなかで利用者や家族が使用した言葉を使うことも大切です。

・目標は利用者が取組みやすく、具体的に記載されていますか？
・利用者自身が、課題（ニーズ）ごとに支援を受けながら、自分自身も努力する到達点として、具体的にわかりやすく記載できていますか？
・短期目標は長期目標を達成するための具体的な活動の「目標」になっていますか？
　→「目標」は曖昧な表現を避けなくてはいけません。たとえば「安心した生活」という表現が記載されていた場合、支援者の価値観によって解釈はそれぞれ異なりますし、目標に対する評価においても何を「安心」とするのかの根拠が不明瞭となってしまいます。

計画したサービス内容を適切に提供するために、サービス種別はどのような資源を検討し、決定しましたか？
　→最終的にサービス種別を選択するのは利用者ですが、選択の過程では介護支援専門員が適切および有効と思われる資源を選択肢として示すことが必要です。その際には、介護保険サービスに限らず、インフォーマルなサポートの活用も検討する必要があります。

第4章 シミュレーション 受付からケアプラン作成・給付管理票提出まで

居宅サービス計画書（1）[第1表]

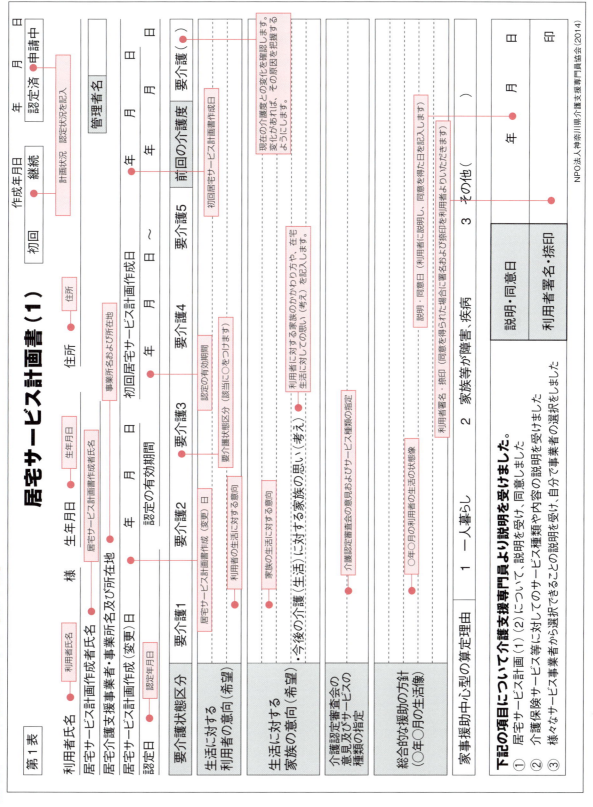

居宅サービス計画書（2）［第2表］

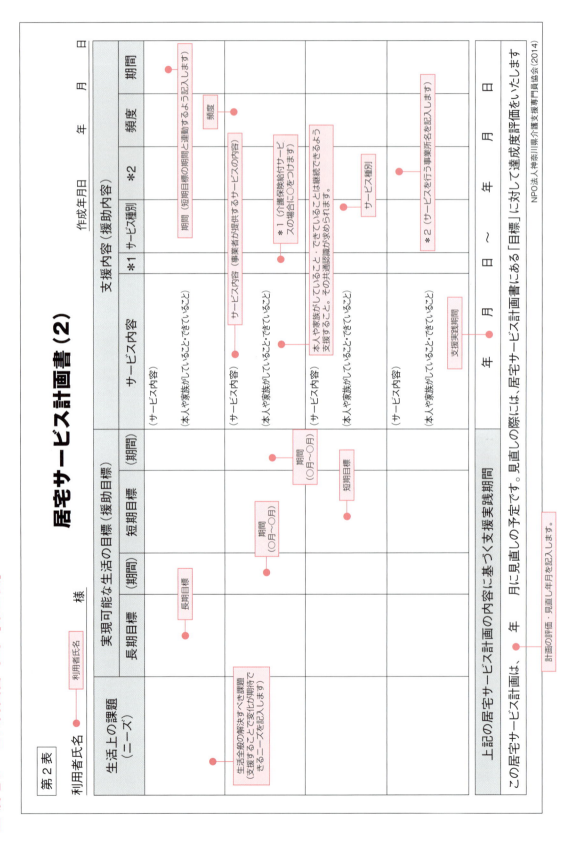

第4章　シミュレーション　受付からケアプラン作成・給付管理票提出まで

■ 週間サービス計画表［第3表］

第3表										作成年月日　　年　　月　　日
利用者氏名　　　　　　　様			ご本人の暮らし（生活リズム表）							作成者氏名

	生活の日課 自分でできている事（自助）	生活の日課 手伝いが必要な事（互助）	月曜日	火曜日	水曜日	木曜日	金曜日	土曜日	日曜日	留意点（気を付ける点）
0:00										
0:30										
1:00										
1:30										
2:00										
2:30										
3:00										
3:30										
4:00										
4:30										
5:00										
5:30										
6:00										
6:30										
7:00										
7:30										
8:00										
8:30										
9:00										
9:30										
10:00										
10:30										
11:00										
11:30										
12:00										
12:30										
13:00										
13:30										
14:00										
14:30										
15:00										
15:30										
16:00										
16:30										
17:00										
17:30										
18:00										
18:30										
19:00										
19:30										
20:00										
20:30										
21:00										
21:30										
22:00										
22:30										
23:00										
23:30										

※ 24時間の生活を把握し、自分でできていること（自助）、手伝い（サポート）が必要なこと（互助）の状況を記入します。

※ 曜日ごとに暮らしの内容を把握し、記入します。

1か月の暮らし

NPO法人神奈川県介護支援専門員協会（2014）

現場からの実践報告②　サービス提供事業者の調整

お互いの顔がみえる連携を

　調整をスムーズに進めるためには、事前にある程度の情報収集を行ったほうがいいと思います。私は、利用者・家族にサービスの概要などを説明する前に、必要性が予測されるサービスの事業者に空き状況を聞いたり、個人を特定できない範囲で利用者の状態像を伝え、受け入れが可能かどうかを確かめたりしています。サービス提供事業者の情報がない状態で利用者に臨むと、その後で、事業者に問い合わせをすることになり、結局1、2日間のロスが出てしまうからです。

　また、ケアプラン原案の作成前には、利用者の状態や必要なサービス内容、頻度などを伝え、調整が可能かどうかを電話で聞きます。近い将来、サービスの利用頻度が高くなった場合の対応の可能性についてもたずねています。その確認が取れてはじめて、ケアプランやフェイスシートを送付し、何段階かの調整を経て正式な依頼に至ります。

　サービス提供事業者の調整をスムーズに行うために、伝える内容によって、事業者の連絡窓口を使い分けることも大切だと思います。たとえば、ケアプラン原案作成前の確認時には、必ずサービス提供責任者と話をするようにしています。責任者でなければ、全体のサービス状況を把握して、他のケースとの日程調整などを行うことが難しいからです。また、通所サービスの事業所に医療情報を送る場合は、できるだけ看護師に直接連絡します。そのほうが、医療情報が正確に伝わりやすいからです。看護師と連絡できる関係をつくっておくと、利用者の状態に変化があったときに、すぐに連絡をもらえるといった利点もあります。

　ただし、サービス提供事業者は規模によって、組織体制がかなり異なります。大きな事業者では複数の責任者がいたり、地域担当者を置いている場合もあります。だからこそ、だれが担当なのかを把握し、その人の名前を事前に確認しておくことも必要になります。担当者名がわからないまま、「○○担当の方へ」と書類を送ったら、肝心の相手にまで渡らなかったという経験も何度かあります。だれとやり取りをすべきかを最初にはっきりさせたほうがトラブルは生じにくいと思います。また、サービス提供事業者の情報伝達体制などに問題があると感じたら、それは積極的に伝え、改善をお願いするようにしています。

　いずれにしても、サービス提供事業者との関係づくりの基本は、「お互いの顔がみえる連携」にあると思います。

（杏林大学保健学部　講師　柴山志穂美さん）

サービス担当者会議を開催します。

　サービス担当者会議は、チームにおいて情報や課題（ニーズ）と目標を共有するために、居宅サービス計画書原案に位置づけられたサービス提供事業所の担当者が一堂に会して行う会議です。また、利用者・家族が参加することにより、生活への希望を確認することができ、その思いをチーム全員が共有することにつながります。それがサービス提供事業所にとっては、各人の役割の認識と利用者の尊重につながります。一方、利用者・家族にとっても、各サービス提供事業者とのコミュニケーションを図る場となります。

　サービス提供においては、さまざまな職種がチームとして連携し、アプローチすることが重要です。課題分析で明らかになったニーズに対し、それを満たすためにはどのような支援が必要なのか、それぞれの事業者から専門的見地に立った意見を聞き、居宅サービス計画書原案とすり合わせを行います。そのうえで、利用者・家族に居宅サービス計画書の内容を説明して意向を聞き、方向性を固めます。

　サービス担当者会議は、日程の調整がつかなかった場合や、軽微な変更の場合などやむを得ない事情がある場合を除き、居宅サービス計画書の新規作成、認定更新、区分変更に際して開催しなければなりません。そのほか、利用者・家族の状態・状況の変化や新たな課題が発生した場合、福祉用具貸与を継続してサービスに位置づける場合にも必要に応じて開催します。

　サービス担当者会議では、事前の準備が重要になります。限られた時間内で効果的な話し合いが進められるように、あらかじめ会議での検討事項や居宅サービス計画書原案をサービス事業所に配付すること、サービス事業所に個別サービス計画書の持参を求めることも有効です。

　また、2014（平成26）年6月に厚生労働省が参考様式として示した「課題整理総括表」「評価表」についても有効に活用することが求められています。

●関係する書類
居宅サービス計画書(1)(2)（第1表、第2表）→p.139-140
週間サービス計画表（第3表）→p.141

利用者の情報を共有する

　利用者を支援するチームには、介護、看護、医療とさまざまな専門知識をもった職種が集まります。言い換えれば、多様な専門知識を背景に利用者を支えていくことこそが、チームアプローチの意義といえるでしょう。その際に、利用者情報の共有は欠かせません。
　情報をだれかが抱え込んでしまうと、利用者のためにならないばかりか、関係者全員にリスクをもたらすこともあります。たとえば、利用者が感染の危険性の高い感染症にかかっている場合などは、その情報がチーム全員に伝わっていなければ、十分な予防策を講じることができません。特に、医療的なリスクの高いケースでは、利用者や家族の同意を得たうえで、医師の診断書・意見書の内容も共有し、医師や看護師等の医療職と連携を深める必要があります。

サービス担当者に対する照会

やむを得ない理由により、サービス担当者会議に出席できないサービス提供事業所がある場合は、サービス提供事業所の担当者（サービス担当者）に照会する必要があります。サービス担当者に照会することにより、居宅サービス計画書に対するサービス担当者の意見や居宅サービス計画書の達成状況などの情報と、それに対する意見をもらうことができます。その内容については、「サービス担当者会議（次第・会議録）」（第4表）に記載します。ただし、他の書類により必要事項が確認できる場合は、第4表への記載を省略して差し支えないとされています。

●関係する書類
サービス担当者会議（次第・会議録）（第4表）
→p.147

リハビリテーションマネジメントとケアマネジメント

リハビリテーションの重要性は、ここで説明するまでもありません。
「地域包括ケアシステム」においても、リハビリテーションの強化、特に地域リハビリテーションの考え方が重視されています。
これからは医療分野の機能別に行われるリハビリテーションに加え、地域住民が互いに支え合い、人々が住み慣れた地域で、その人らしく暮らしていくことを大切に、リハビリテーションの観点から支援する「地域リハビリテーション」活動が重要となります。
2015（平成27）年の介護報酬改定においても、「リハビリテーションマネジメント加算」が見直され、以下のような視点で推進されています。

① **活動と参加に焦点を当てたリハビリテーションの推進**
　リハビリテーションの理念を踏まえた「心身機能」、「活動」、「参加」の要素にバランスよく働きかける効果的なリハビリテーションの提供を推進する質の高いリハビリテーションの着実な提供を促すためのリハビリテーションマネジメントの充実等を図る。

② **リハビリテーションマネジメントの強化**
　適宜適切でより効果の高いリハビリテーションを実現するために、リハビリテーション計画書（様式）の充実や計画の策定と活用等のプロセス管理の充実、介護支援専門員や他のサービス事業所を交えた「**リハビリテーション会議**」の実施と情報共有の仕組みの充実を評価する。

③ **リハビリテーションマネジメントについて**
　リハビリテーションマネジメントは、調査、計画、実行、評価、改善のサイクルの構築を通じて、心身機能、活動及び参加について、バランス良くアプローチするリハビリテーションが提供できているかを継続的に管理することによって、質の高いリハビリテーションの提供を目指すものであ

る。
④ **認知症高齢者に配慮したリハビリテーションの促進に向けて**
　心身機能、活動及び参加の維持又は回復を図るに当たって、認知症高齢者の状態によりきめ細かく配慮し、より効果的なリハビリテーションの提供を促進するため、包括報酬として認知症短期集中リハビリテーション実施加算（Ⅱ）を新設した。
⑤ **リハビリテーションの実施**
　① 医師又は医師の指示を受けたPT、OT若しくはSTは、利用者ごとのリハビリテーション計画書に従い、理学療法、作業療法、言語聴覚療法などのリハビリテーションを実施すること。
　② PT、OT又はSTは、介護支援専門員を通じて、指定訪問介護その他の指定居宅サービスに該当する事業に係る従業者に対し以下の情報を伝達する等、連携を図ること。
　　・利用者及びその家族の活動や参加に向けた希望
　　・利用者の日常生活能力を維持又は向上させる介護の方法及びその留意点
　　・その他、リハビリテーションの観点から情報共有をすることが必要な内容
⑥ **Q&A「リハビリテーション会議」と「サービス担当者会議」**
　リハビリテーション会議の出席者は利用者、家族、介護支援専門員をはじめ、医師、リハビリテーション職、ケアプランに位置づけた居宅サービス事業所の職員などの参加で実施します。サービス担当者会議からの流れで、リハビリテーションに関する専門的な見地からの利用者の情報共有を図り、それをリハビリテーション会議としてもかまわないとされています。（地域ケア会議においても同じ）

【参考資料】
　「リハビリテーションマネジメント加算等に関する基本的な考え方並びにリハビリテーション計画書等の事務処理手順及び様式例の提示について」（平成27年3月27日老老発0327 第3号）（抜粋）

事業所名 ＿＿＿＿＿＿＿＿＿＿＿＿　管理者　御中

> 会議出席は、事業所（会社）から担当者への参加指示に基づくものです。会議への出席依頼は、「管理者」に宛てて行いましょう。

サービス担当者会議の開催依頼書
（お願い）

以下の通りサービス担当者会議を開催いたします。
つきましては、担当職員をご派遣いただきますようご依頼申し上げます。

「根拠法令」指定居宅介護支援等の事業の人員及び運営に関する基準（省令第38号第13条第9項）

利用者様氏名	

開催理由	☐ 居宅サービス計画(1)(2)の検討 ☐ 目標の評価　（短期・長期） ☐ その他　（　　　　　　　　）
内容	☐ 居宅サービス計画書の検討 ☐ その他　（　　　　　　　　　）
日時	平成　　年　　月　　日　　　：　　から　　：　　まで
場所	☐ ご利用者宅 ☐ その他　（　　　　　　　　　　　　　　　）

> 開催理由が居宅サービス計画書の検討である場合には、「居宅サービス計画書原案」を添付することが大切です。それによりサービス事業者は、事前に原案を確認し、事業所内での検討等を経てサービス担当者会議に臨むことができます。

出欠席の確認です。どちらかに○をお願いします。

出席	（出席者氏名 　　　　　　　　※可能であれば「個別援助計画」をご持参ください
欠席	

> 各サービス事業所が作成している「個別援助計画」は、介護支援専門員への交付の義務はありません。しかし、介護支援専門員は、可能な限りその内容を把握するように努めることが必要です。それにより、目標実現のための連携が図りやすくなります。

申し訳ありませんが、　　月　　日までにＦＡＸ返信をお願いします。

依頼日	月　　日
事業所	
管理者名	
担当介護支援専門員	
電話	
ＦＡＸ	

回答日	月　　日
事業所	
管理者名	
担当者	
電話	
ＦＡＸ	

NPO法人神奈川県介護支援専門員協会（2014）

第4章 シミュレーション 受付からケアプラン作成・給付管理票提出まで

第4表					

作成日　平成　年　月　日

サービス担当者会議（次第・会議録）

利用者氏名　　　　　　　　　　　　　　居宅サービス計画書作成者（担当者）

開催日時　平成　年　月　日　～　　迄　　開催場所　　　　　開催回数

会議出席者	本人	参加・不参加	所属（職種）		氏　名
	家族	参加・不参加			
	ご家族氏名①				
	ご家族氏名②				

> サービス担当者会議への本人・家族の出席は必ずしも必要とはされていません。しかし、本人の主体性、意欲を引き出すためにも、本人及び家族の参加は重要です。極力、参加していただくようにしましょう。

	所属（職種）	氏　名	サービス担当者に対する照会（依頼）内容及び意見聴取	備考
会議欠席者			有・無	
			有・無	
			有・無	

> 会議欠席者がいる場合は、意見聴取が必要です。その方法として、「電話での聞き取りにより支援経過記録等に記載することも可」とされています。どちらにせよ、会議欠席者からの意見聴取が必要となります。

検討項目	□居宅サービス計画書の検討・確定 □目標評価（　短期・長期　） □その他（　　　　　　　　　　　　　　）
検討内容 （意見等）	
合意内容	
	□ 居宅サービス計画書を合意　　□ その他（　　　　　　　　　　）
次回検討事項 （残された課題）	
（次回の開催時期）	

NPO法人神奈川県介護支援専門員協会（2014）

第4章

旧・第5表

サービス担当者の意見依頼書（チームアセスメント表）

管理者　御中

いつもお世話になりましてありがとうございます。介護支援専門員業務の「モニタリング」「評価」にあたり、サービス提供チームの皆様に、サービス提供時のご本人の状況や課題・評価等に関してご記入をお願いさせていただいております。お忙しい折とは思いますが、ご協力をお願い致します。

依頼の目的及び内容	☐ 居宅サービス計画書の見直し（目標評価）に伴いまして、下記の①②をお願いします。 ☐ 居宅サービス計画を変えます。下記の②へのご記載をお願い致します。 ☐ 現在のサービス実施状況や利用者・介護者の変化をお願いします。下記の②へ記載してください。

> 旧第5表（「サービス担当者に対する照会（依頼）内容」）は、2008年3月の厚生労働省通知により、標準様式ではなくなりました。しかし、書面を用いることには、サービス担当者会議の際に、そのまま資料として活用できる、記録として保管できる、支援経過記録に記載する手間が省けるなどのメリットがあります。

利用者氏名　　　　　　　　様

① 居宅サービス計画の見直しに伴う目標達成（短期・長期）の状況・現状でのプラン変更の必要性等を記載してください。（支援実践期間　　年　　月～　　年　　月）

(短期・長期) 目標の内容	目標に対して現在の状況およびその原因（背景）を記入してください	支援継続の要否
		必要　不必要
		必要　不必要
		必要　不必要
		必要　不必要
		必要　不必要

> チームで目標を目指しているのですから、介護支援専門員が評価するだけでなく、サービス事業所の目標達成状況に対する評価、見解を確認することが非常に重要になります。事業所の専門職と連携を図ることで、さらに目標指向の動機づけが強まり、チームの動機づけが高まります。

② 居宅サービス計画書原案に対するご意見をお聞かせ下さい。（支援実践期間　　年　　月～　　年　　月）

依頼者	依頼日	平成　　年　　月　　日	回答者	回答日	平成　　年　　月　　日
	事業所名			事業所名	
	担当者名			担当者名	
	電話番号			電話番号	
	FAX番号			FAX番号	

お手数をおかけしますが、　　月　　日までに返信をお願い致します。

居宅サービス計画書については、利用者様の同意が得られましたら、各サービス事業者様へ配布いたします。
NPO法人神奈川県介護支援専門員協会（2014）

第4章　シミュレーション　受付からケアプラン作成・給付管理票提出まで

現場からの実践報告③　サービス担当者会議

事前に開催目的を明確に

　サービス担当者会議は、関係者が顔を合わせることで問題を理解・共有し、チームとしての力を発揮できるようにする有効な手段です。たとえば、多少困難なケースでも、サービス提供事業者がかかわりの必要性を共有すれば、前向きに努力する原動力にもなります。

　最初のサービス担当者会議では、利用者をケアするうえで注意すべき点や家族とサービス提供事業者の役割分担、緊急時の対応方法などがテーマになります。その後、回を重ねていくなかで、利用者・家族の身体の状態や気持ちが変化するため、サービス担当者会議の目的も変わっていきます。

　そこで私は、サービス担当者会議の開催にあたって2つの点を重視しています。1つは、多忙なサービス提供事業者に参加する意義を理解してもらう意味で、サービス担当者会議の目的を明確にすること、もう1つはどうしても参加してもらいたいサービス提供事業者に対しては、他の参加者よりも先に日程調整をすることです。特に、開催目的の明確化は、ケアマネジャーの重要な役割だと考えています。

　たとえば、「認定更新のため」といった曖昧な目的では、現状報告だけで終わってしまいかねません。また、こちらが開催の必要性を感じていても、サービス提供事業者側が感じていない場合などは、はっきりした目的を伝えられるか否かで、参加意欲が変わってきます。そのため私は、「介護者の介護負担が大きくなっているので、どこをサポートしていくか」など、具体的にテーマを立て事前に連絡します。そして、必要があればサービス提供事業者に資料をまとめてもらうよう依頼しています。

　サービス担当者会議では、まず、その場で結論を出さなければいけない課題と引き続き検討していく課題をはっきりさせます。進行の順序も、解決しやすい課題を先にあげ、継続的にみていく課題は後回しにしています。そのため、あらかじめ話し合うべきテーマを順番に並べてレジュメにし、会議前に配付しています。限られた時間内で効率的に話し合うには、そうした工夫も大切だと思います。

　会議中は、参加者が課題や対策を共通理解できたかどうかを発言内容などから観察するよう心がけています。引っかかることがあれば、その内容を確認します。細かいことですが、後ですれ違いを生じさせないためには重要だと考えています。

（横浜総合病院地域医療総合支援センター　乙坂佳代さん）

7 居宅サービス計画書について利用者・家族に説明し、同意をいただきます。その後、サービスを開始します。

　サービス担当者会議で決定した内容を「サービス担当者会議（次第・会議録）」（第4表）に記載するとともに、「居宅サービス計画書」としてまとめます。また、それに基づいて、「サービス利用票」（第6表）と「サービス利用票別表」（第7表）を作成します。

　ケアプランを利用者・家族に提示し、その内容を説明してあらためて同意を得ます。同時に、利用者に「サービス利用票」と「サービス利用票別表」を提示し、1か月のサービスの予定（サービス開始後に、利用者・家族とサービス提供事業者の間でトラブルが生じないように料金を確定する）と内容、利用時間、回数、実施曜日、期間などについて、利用者・家族が理解できるように確認しながらていねいに説明しましょう。「サービス利用票」等は、利用者の署名または押印をもらい、居宅介護支援事業者と利用者・家族が各1部ずつ保管します。

　また、サービス開始後も、利用者・家族の心身の状態や意向によって居宅サービス計画書を変更できることを伝えます。サービス利用票に記されていない介護保険の1割または2割の負担以外にかかる費用がある場合（食費や滞在費等）に関しても説明しましょう。

　利用者の同意を得て確定した居宅サービス計画書等は、利用者とサービス提供事業者に交付します。居宅サービス計画書の説明および同意、交付については、日時や交付先等を支援経過記録に記入しておきましょう。

　なお、「サービス利用票」と「サービス利用票別表」は、毎月、利用者に提示し、確認の署名または押印をもらいます。

●関係する書類

居宅サービス計画書(1)(2)（第1表、第2表）→p.139-140

週間サービス計画表（第3表）→p.141

サービス担当者会議（次第・会議録）（第4表）→p.147

サービス利用票（第6表）→p.209

サービス利用票別表（第7表）→p.210

居宅サービス提供依頼書

Ⅰ．使途と開発理由

　居宅サービス事業者に対してサービス提供の依頼をする際に使用します。サービス事業者にとっては、利用の受け入れ可否を判断するための材料にもなります。

　介護支援専門員が居宅サービス事業者へサービス提供の依頼をする場合に、さまざまな課題が発生しています。介護支援専門員個人の判断や各事業所の考え方によって、情報の量や内容・依頼の方法、書類の様式が異なっているため、サービス事業者は担当の介護支援専門員ごとに対応を変えざるをえないのが現状です。簡単な様式（名前と住所と電話番号のみ）でサービス依頼をする介護支援専門員もいれば、詳細な情報を提供してサービス依頼をする介護支援専門員もいます。

　利用者枠のバランスや事業所の受入条件などと照らし合わせての判断が必要な事業者に対して、少ない情報で、早急な受け入れの可否の決定を迫るケースも散見されます。サービス事業者側は、適切な情報がないまま受け入れるかどうかを判断しなければならず、そのような事態は介護支援専門員に対しての不信感にもつながりかねません。必要な情報を、過不足なく伝えることが必要です。

Ⅱ．様式の特徴

①サービスの依頼内容や目的、ADL等の全体像（イメージ）をつかみやすくしました。

②依頼書の作成時間は10〜15分を想定しており、介護支援専門員の業務負担が過剰にならないように配慮しています。

③ADL等状況書の評価には要介護認定項目を採用しており、全国共通の基準であるため誰にでも理解可能です。

④サービス依頼→モニタリング→評価→意見聴取という一連の流れを意識して作成しています。

Ⅲ．使用方法

　サービス事業者へサービス提供の依頼を行うときに使用します。

Ⅳ．留意点と使用工夫

①居宅サービス提供依頼書は受け入れの可否判断の材料であり、受け入れが決定した時点で、必要に応じて詳細な情報を提供します（利用者から「情報提供同意書」を受領していることが条件となります）。

②送付方法は、FAX・郵送・Eメール・直接持参などが考えられますが、介護支援専門員自身の判断で、プライバシー保護（個人情報保護）に努めた対応が必要です。

③特にFAXで送る場合は、事前連絡なしに送付することは避け、サービス担当者に対してあらかじめ電話などをしたうえで、居宅サービス提供依頼書を送付します。

④ADL等状況書については、要介護認定項目の多くを採用していますが、課題分析票ではありません。課題分析標準項目（厚生労働省が目安として定める23項目）のすべてを網羅しているわけではありませんので注意してください。

居宅サービス提供依頼書
（居宅介護支援事業所 → サービス提供事業所）

_____ 様　　　　　　　　　　　　　　　　新規 ・ 変更

- この様式は、受入の判断材料として下さい。詳細情報は、サービス提供の決定後に提供いたします。
- 「ADL等状況書」を同送しますので、ご確認をお願いいたします。

利用者様　情報

フリガナ／氏名		性別	男性	女性	生年月日	M T S 　年　月　日（　歳）		
住　所	利用者の個人情報は慎重に取り扱わなければなりません。依頼書を送付する前に、電話連絡をしておくなどの配慮が必要です。				自宅電話番号	（　　）　－		
フリガナ／家族氏名					続柄		同居の有無	同居　別居
住　所						（　　）　－		
世帯状況	単身世帯　　ご夫婦2人世帯　　その他の世帯（　　　　　　　　）							
住環境等	一戸建て　　マンション・アパート等　　階段等の有無（ 有り　 無し ）							
連絡事項								

介護保険情報

要介護度	有効期間	被保険者番号
要支援1　2　　要介護 1　2　3　4　5　　申請中	年　月　日～　年　月　日	
特記事項		

サービス依頼内容（希望）

サービス名	曜　日	提供時間	算定項目	支援内容（加算等）	開始日
訪問介護		：　－　：			／
		：　－　：			／
訪問看護		：　－　：			／
訪問入浴介護		：　－　：			／
通所介護		：　－　：			／
		：　－　：			／
福祉用具貸与	商品名（　　　　　）	単位数（　　　）			／
福祉用具貸与	商品名（　　　　　）	単位数（　　　）			／

サービス名	種　別	入所日	退所日	送　迎	支援目的・内容
短期入所	生活 ・ 療養	年　／	年　／	迎え ・ 送り	
	生活 ・ 療養	年　／	年　／	迎え ・ 送り	

留意事項（この依頼書の取り扱いについて）
① この依頼書は「情報提供同意書」による同意に基づいて提供させていただいております
② 情報の取り扱いには、プライバシー保護に十分な配慮をお願いします

依頼日	平成　　年　　月　　日
事業所	
担当	
電話	
FAX	

NPO法人神奈川県介護支援専門員協会（2014）

ADL等状況書

記入日　　年　　月　　日
利用者氏名　　　　　　様
記入者

	介護認定	項　目	評　価	特記事項
食事	2(4)	食事摂取	自立　見守り必要（介護者の指示含）　一部介助　全介助	
		形態	主＝常食・軟食・粥食・ミキサー食・その他　　副＝常食・キザミ食・ミキサー食・その他	
排泄	2(5)	排尿	自立　見守り（介護者の指示含）　一部介助　全介助	
	2(6)	排便	自立　見守り（介護者の指示含）　一部介助　全介助	
		失禁	あり　ときどき　まれにあり　なし	
		方法	（日中）　トイレ・Pトイレ・おむつ・カテーテル等	
			（夜間）　トイレ・Pトイレ・おむつ・カテーテル等	
入浴	1(10)	洗身	自立　　一部介助　　全介助　　行っていない	
		方法	一般浴槽・機械浴槽（座位・寝たまま）	
着脱	2(10)	上着の着脱	自立　　見守り（介護者の指示含）　　一部介助　　全介助	
	2(11)	ズボン・パンツ着脱	自立　　見守り（介護者の指示含）　　一部介助　　全介助	
整容	2(7)	口腔（歯磨き等）	自立　　一部介助　全介助	
	2(8)	洗顔	自立　　一部介助　全介助	
移動・移乗	1(4)	起きあがり	つかまらず可　　何かにつかまれば可　　できない	
	1(5)	両足ついた座位	できる　背もたれなくて自分の手で　背もたれあれば可　できない	
	1(8)	立ち上がり	つかまらず可　　何かにつかまれば可　　できない	
	1(7)	歩行	つかまらず可　　何かにつかまれば可　　できない	
	2(1)	移乗	自立　　見守り（介護者の指示含）　一部介助　　全介助	
		方法	（屋内）　独歩・杖・シルバーカー・歩行器・車いす・その他	
			（屋外）　独歩・杖・シルバーカー・歩行器・車いす・その他	
行動等	1(12)	視力	普通　1m離れた視力確認表が見える　目の前の視力確認表が見える　ほとんど見えない	
	1(13)	聴力	普通　やっと聞き取れる　かなり大きな声で聞き取れる　ほとんど聞こえない　判断不能	
	3(2)	日課の理解	できる　　　できない	
	3(8)	徘徊	ない　　ときどき　　ある	
	4(15)	会話にならない	ない　　ときどき　　ある	
	5(1)	薬の内服	自立　　一部介助が必要　全介助が必要	
	5(6)	簡単な調理	できる　　見守り等　　一部介助　　全介助	
	4(1)	被害妄想	ない　ときどき　　ある	
	4(3)	感情が不安定	ない　ときどき　　ある	
	4(4)	昼夜逆転	ない　ときどき　　ある	
	4(6)	大声を出す	ない　ときどき　　ある	
	4(7)	介護に抵抗	ない　ときどき　　ある	
	4(8)	帰宅願望	ない　ときどき　　ある	
	5(2)	金銭の管理	自立　一部介助が必要　全介助が必要	
	5(3)	日常の意思決定	できる　　特別な場合を除いてできる　　日常的に困難　　できない	
医療管理		主治医	（医院・病院）　　　科　　　Dr　　　月　　回　（外来・訪問診療）	
		処置内容	1. 点滴の管理　2. 中心静脈栄養　3. 透析　4. ストーマの処置　5. 酸素療法　6. レスピレーター　7. 気切の処置　8. 疼痛の看護　9. 経管栄養	
		特記事項		
疾病等				

※本様式は「課題分析票」ではありません。

NPO法人神奈川県介護支援専門員協会（2014）

8 実施状況等の把握(モニタリング)を行います。

　サービス開始後は、少なくとも月1回は利用者宅を訪問して、居宅サービス計画書に位置づけたサービスの実施状況の把握(モニタリング)を行うとともに、その結果を毎月記録します。モニタリングは居宅サービス計画書に対するサービスの内容や進捗状況の効果と目標の達成状況の確認です。モニタリングのポイントは下記のとおりです。

- 居宅サービス計画書に位置づけたサービスが計画どおりに実施されていますか。
- 目標に対する達成度はどうですか。
- 目標に対するサービスの種類や支援内容等は適切ですか。
- 利用者側に、新しい生活上の課題が発生していませんか。
- サービスの質と量に対する利用者・家族の満足度はどうですか。

　モニタリングの結果をふまえて、特に変更がなければ翌月分の「サービス利用票」「サービス提供票」等を作成します。帳票の作成は月末までに行い、翌月1日からサービスを提供できるようにします。

介護支援専門員が利用者・家族と話をする機会は、少ない場合は月1回です。利用者・家族が本音を打ち明けやすいように、話に十分に耳を傾け、情報提供をしっかり行い、信頼関係を築くことが求められます。

●関係する書類
モニタリング表(評価表)
→p.156-157
サービス利用票(第6表)→p.209
サービス提供票

モニタリング表（短期目標・長期目標　評価表）

Ⅰ．使途と開発理由
モニタリングにおいては、少なくとも月1回の訪問と記録が義務づけられています。記録については、支援経過記録に記載することで問題はありませんが、状態変化の経過が見えにくく、また、フリーでの記載のために膨大な量の記述が必要になるという状況が散見されます。その点をふまえて、効率よく、確実にモニタリングするための様式を開発しました。本様式により、モニタリングの一定の質と目的に合わせた確認が可能になります。

Ⅱ．様式の特徴
① モニタリング業務の内容（目的）が明確に把握できます。記入にあたっては、数値を多用することにより、客観的、効率的に対応できます。
② ADL評価は要介護認定調査項目を採用しており、日常生活動作の全体を把握することができるとともに、担当者間で状態像を共有することができます。
③ 短期目標および長期目標の達成状況等（モニタリングの目的）とADL評価の2側面から観察・確認・評価が可能となります。
④ サービス担当者会議やサービス担当者との相談時などにも活用でき、共通認識を図りやすくなります。
⑤ 月1回の訪問ならば、6か月分を時系列で表記でき、変化の確認が容易になります。

Ⅲ．使用方法
① 定期的なモニタリングおよび計画書の見直し時に使用します。
② 1枚目を記入した後、2枚の評価欄を記入します。結果と原因分析を行ったうえで必要な支援の判断をします。

Ⅳ．留意点と使用工夫
① 労働効率を考えると、訪問中にその場で記入することで、業務がより効率的になります（パソコン入力はきれいに保管できますが、転記という手間もあります）。
② モニタリングだけではなく、居宅サービス計画原案作成やサービス担当者会議の開催時などの資料としても活用できます。
③ モニタリングは、利用者とともに確認していくことが重要です。必要に応じて本様式を利用者と共有することで、利用者自身の主体性の促進にもつながります。
④ 支援の開始時（ケアマネジメントプロセスの開始時）は、短期目標に向けてモニタリングを行います。
⑤ 支援の開始時や退院時などは状況変化が見られることが多くあります。少なくとも1か月に1回という運営基準の規定に縛られることなく必要時にモニタリングが行えるよう頻度を考えることが求められます。

モニタリング表（短期目標・長期目標　評価表）

氏名　　　　　　　　　様

	支援実践期間	年　月　日　〜　年　月　日
	短期目標　評価月	年　月
	長期目標　評価月	年　月

	項目	評価基準	自宅訪問日 月日	月日	月日	月日	月日	月日	月日	月日
サービス評価	サービスを利用することで利用者自身は変化を感じていますか（本人回答）	1大変満足　2満足　3不満　4非常に不満　5不明								
状況変化	家族から見てサービスを利用することで利用者の変化はありますか（家族回答）	1良くなった　2変化なし　3悪くなった　4不明								
	サービスを利用することで介護者は変化を感じていますか（家族回答）	1良くなった　2変化なし　3悪くなった　4不明								
		1良くなった　2変化なし　3悪くなった　4不明								

モニタリング評価項目　　　評価結果

プランの実践状況（上段へ記入）
① 実践されている
② 実践されていないことがある
③ 実践されていない

目標達成状況（中段へ記入）
① 改善している
② 維持している
③ 低下している

プラン変更の必要性（下段へ記入）
① 必要なし（継続）
② 必要（プランの見直し）

☐ 長期目標（短期→長期）に向けた評価

☐ 短期目標に向けた評価

> モニタリングは、居宅サービス計画書に記載された内容にもとづいて行われます。① サービス実践状況、② 目標の達成状況をふまえて、③ プラン変更の必要性を評価することが必要です。

> 支援当初は、短期目標に対してのモニタリングが必要です。短期目標を評価した後は、長期目標に対するモニタリングとなります。

第4章 シミュレーション 受付からケアプラン作成・給付管理票提出まで

		介護摂取	前月との変化：(有 無) 内容：
月 日			その要因と対応（対策等）：
			特記事項：
月 日			前月との変化：(有 無) 内容：
			その要因と対応（対策等）： 改善している変化も低下（悪化）している変化も「変化」です。その内容を記載するとともに、その要因（原因）を的確に掴むことが重要です。モニタリングは、継続的アセスメントでもあります。
			特記事項：
月 日			前月との変化：(有 無) 内容：
			その要因と対応（対策等）：
			特記事項：
月 日			前月との変化：(有 無) 内容：
			その要因と対応（対策等）：
			特記事項：
月 日			前月との変化：(有 無) 内容：
			その要因と対応（対策等）：
			特記事項：
月 日			前月との変化：(有 無) 内容：
			その要因と対応（対策等）：
			特記事項：

ADL状況書

状況		介護認定	評価基準	月 日	月 日	月 日	月 日	月 日	月 日	月 日
日常生活動作能力等	食事	食事摂取	1 自立　2 見守り必要（介護者の指示含む）　3 一部介助　4 全介助							
		形態	主＝常食・粥　副＝常食・ソフト食・ムース食・ミキサー等							
	排泄	排尿	1 自立　2 見守り等　3 一部介助　4 全介助							
		排便	1 自立　2 見守り等　3 一部介助　4 全介助							
		失禁	1 あり　2 ときどき　3 まれにあり　4 なし							
		方法	「日中」トイレ・Pトイレ・おむつ・カテーテル等「夜間」トイレ・Pトイレ・おむつ・カテーテル等							
	着脱	上着の着脱	1 自立　2 見守り（介護者の指示含む）　3 一部介助　4 全介助							
		ズボン・パンツ着脱	1 自立　2 見守り（介護者の指示含む）　3 一部介助　4 全介助							
	移動	歩行	1 つかまらず可　2 何かにつかまれば可　3 できない							
		移乗	1 自立　2 見守り（介護者の指示含む）　3 一部介助　4 全介助							
		方法	屋内＝独歩・杖・シルバーカー・歩行器・車いす・その他　屋外＝独歩・杖・シルバーカー・歩行器・車いす・その他							

ADL項目は、主に要介護認定項目を採用しています。ここでは、食事・排泄・着脱・移動に関する項目を挙げていますが、利用者の状況によって、項目を変更するなどしてください。（例：認知症のある利用者について、「移動」を削除して「行動」に関連する項目を盛り込む）

NPO法人神奈川県介護支援専門員協会（2014）

現場からの実践報告④　モニタリング

事業者からも情報収集を

　アセスメントが、利用者（クライエント）の状態やニーズを把握することに重きをおいているのに対し、モニタリングは把握した課題の解決に向けて設定した目標やケアプランが適切であるかどうかを評価することだと考えています。ですから、利用者宅への訪問は、すべてモニタリングだと思っています。

　ただし、ケアマネジャーの訪問回数は、少ない場合は月1回です。その機会に得られる情報量は限られているうえに、ケアマネジャーにはみせない利用者の顔もあります。そのため、ケアマネジャーよりも利用者を訪問する回数の多いサービス提供事業者から、利用者の状況をどのようにみているのかという情報を提供していただいたうえでモニタリングを行うようにしています。

　ケアプランは、利用者や家族の状態等が激変しない限り、大きな目標はそうは変わらないため、一度立ててしまうと全面的に立案し直すことは多くはありません。ただ、ニーズを満たすための手段が変更になることはよくあります。「自宅でのひとり暮らしを長く維持する」という大きな目標は継続したまま、調理、掃除といった支援手段を変えるといった例です。

　その支援の必要性をみるのもモニタリングの役割ですが、ケアプランを変更する際には、利用者から得た情報・要望だけでは十分ではないので、サービス提供事業者からも意見を聞くようにしています。たとえば、掃除の範囲を広げてほしいという利用者の要望があったとしても、ヘルパーは「膝が曲がらないため、床のふき掃除の支援を行っているが、その他はできる力がある」と評価しているかもしれないからです。

　このように目標に対してサービスを増減する必要があるかどうかは、ケアマネジャーだけで判断すべきものではないと私は思います。サービス提供事業者の意見を聞き、利用者・家族、ケアマネジャーの3者で課題を共有できてこそ、目標と現状に対する本当の相違がみえてくるのではないでしょうか。

　モニタリングは、そのひと月で完結するものではなく、継続性のあるものです。利用者とのかかわりが長くなるほど信頼関係を築くことができ、より深い状況も聞けるようになります。前回は確認できなかったことも、今回は聞くことができるかもしれません。長期的な視点で質問を設定しつつ、今回の訪問では何を聞くかを決めていくことも大切です。また、利用者と課題を共有できていない場合は、評価をするだけでなく、毎月の訪問で、質問を介して少しずつ利用者に働きかけるといったことも必要だと思います。

（聖芳園指定居宅介護支援ステーション　笠原由美さん）

9-1 短期目標に対する評価

　居宅サービス計画において設定された「短期目標の評価月」においては、短期目標に対しての評価を行います。2014（平成26）年6月に厚生労働省より「評価表」が参考様式として示されたところでありますが、月1回のモニタリング時において、短期目標評価月においては、短期目標で掲げられた具体的な目標に対しての評価を行い、必要に応じて居宅サービス計画書の見直し等を行います。

9-2 長期目標に対する評価

　モニタリングと短期目標の評価を経て、長期目標の評価月においては各目標について「目標の評価」を行います。具体的なプロセスとしては、①目標に対しての現在の状況、②その理由（原因や背景）、③支援の継続の可否等の検討、④新しい生活上の課題や可能性の把握を行います。長期目標の評価と生活上の新しい課題を把握した結果（専門職評価）を利用者および家族に説明します。居宅サービス計画書原案の作成からの一連の流れをあらためて実施するという流れになります。

●関係する書類
モニタリング表（短期目標・長期目標評価表）
→p.156-157

9-3 ケアプラン修正・区分変更を検討します。

　モニタリングの結果から、居宅サービス計画書の修正の必要性が生じたら、その内容を確認します。たとえば、利用者のニーズが変わった場合、居宅サービス計画書に位置づけられたサービス内容が時間内に完了できない場合、居宅サービス計画書に位置づけたサービスの回数や内容が実績と見合っていない場合などが該当します。また、利用者の都合等により、居宅サービス計画書の立案時にはサービスにつながらなかったニーズに対して、サービス提供に対する同意が得られた場合にも修正が必要です。

　利用者の状態が変化し、明らかに要介護度が変わっていると予想される場合は、その原因を分析したうえで、再度アセスメントを行い、居宅サービス計画書を作成し直します。利用者に区分変更のための認定申請ができることを説明し、必要に応じて、要介護認定区分変更申請書の提出など、区分変更にかかわる手続きを支援します。要介護度が変更になると居宅サービス計画書の原案作成からの一連の流れを改めて実施することになります。

　緊急時には、予測される要介護度に対応した居宅サービス計画書をつくることができますが、その際には、予測と異なる要介護度に認定される可能性も考慮しておきましょう。

評価表（短期目標）

1）介護支援専門員の評価

	利用者氏名		様
	支援実践期間（短期目標）		

	短期目標の内容	支援期間	サービス名	頻度	計画の変更	評価（現在の状況）	原因分析（評価の根拠）と必要な支援
1					必要・不要	評価（現在の状況）は、「順調」といった漠然としたものではなく、現在の状況を具体的に記入します。	原因分析は、良い変化についても悪い変化についても根拠（理由）を記入します。
2					必要・不要		
3					必要・不要		
4					必要・不要		
5					必要・不要		
6					必要・不要		
7					必要・不要		
8					必要・不要		

第4章 シミュレーション 受付からケアプラン作成・給付管理票提出まで

2) ご本人等の自己評価と相談内容

	自己評価及び介護支援専門員評価への見解（コメント）	計画の変更	本人及び家族の要望及び今後の方針への相談内容
1		必要・不要	
2	本人の自己評価及び介護支援専門員（専門家）の評価に対しての本人や家族の見解を記入します。	必要・不要	
3		必要・不要	
4		必要・不要	
5		必要・不要	
6		必要・不要	
7		必要・不要	
8		必要・不要	

3) 結論

	結論	変更内容	変更理由及びコメント
1	変更・継続	目標 支援内容 サービス事業者 頻度 その他（　）	
2	変更・継続	目標 支援内容 サービス事業者 頻度 その他（　）	
3	変更・継続	目標 支援内容 サービス事業者 頻度 その他（　）	
4	変更・継続	目標 支援内容 サービス事業者 頻度 その他（　）	
5	変更・継続	目標 支援内容 サービス事業者 頻度 その他（　）	
6	変更・継続	目標 支援内容 サービス事業者 頻度 その他（　）	
7	変更・継続	目標 支援内容 サービス事業者 頻度 その他（　）	
8	変更・継続	目標 支援内容 サービス事業者 頻度 その他（　）	

作成年月日	年　　月　　日
介護支援専門員氏名	

NPO法人神奈川県介護支援専門員協会（2014）

評価表（長期目標）

利用者氏名	様
支援実践期間（長期目標）	

要介護度	要介護　　から　　要介護　　へ	要因	

> 要介護度の変化の要因（理由）について、専門家としての分析結果を記入します。

1）介護支援専門員の評価

	短期目標の内容	支援期間	サービス名	頻度	計画の変更	評価（現在の状況）	原因分析（評価の根拠）と必要な支援
1					必要・不要		
2					必要・不要		
3					必要・不要		
4					必要・不要		
5					必要・不要		

第4章　シミュレーション　受付からケアプラン作成・給付管理票提出まで

2) ご本人等の自己評価と相談内容

	自己評価及び介護支援専門員評価への見解（コメント）	本人及び家族の要望及び今後の方針への相談内容	計画の変更
1			必要・不要
2			必要・不要
3			必要・不要
4			必要・不要
5			必要・不要

→ 判断の根拠と支援内容

長期目標の評価時には、計画の見直しを図るために「新しい生活上の課題や可能性」について評価します。

3) 新しい生活上の課題

	有無	内容
1	有・無	
2	有・無	
3	有・無	

→ 変更理由及びコメント

4) 結論

	結論	変更内容			
1	変更・継続	目標　支援内容　サービス事業者　頻度　その他（　）
2	変更・継続	目標　支援内容　サービス事業者　頻度　その他（　）
3	変更・継続	目標　支援内容　サービス事業者　頻度　その他（　）
4	変更・継続	目標　支援内容　サービス事業者　頻度　その他（　）
5	変更・継続	目標　支援内容　サービス事業者　頻度　その他（　）

作成年月日	年　　月　　日
介護支援専門員氏名	

NPO法人神奈川県介護支援専門員協会（2014）

要介護認定の更新

要介護認定は、一定期間ごとに更新されます。更新の際は、市町村から利用者に連絡があります。更新手続きは、認定有効期間の満了の日の60日前から満了の日までの間に、市町村に申請を行う旨を、利用者に説明しておきましょう。

担当のケアマネジャーは、要介護認定期間を確認し、利用者に要介護認定の更新を居宅介護支援事業者等が代行できることを説明し、利用者から代行依頼があればその旨を支援経過記録に記載します。

認定有効期間
→p.6

入院時情報提供書

利用者が医療機関に入院した場合、個人情報使用の同意に基づき、事前に介護支援専門員から医療機関へ利用者の情報提供を行うことがその後の支援と連携の第一歩となるはずです。

なお、2009（平成21）年4月より「医療連携加算」「退院・退所加算」が居宅介護支援費に創設されたことも、医療と介護の連携がますます重要であることを裏づけています。

さらに2012（平成24）年4月には、入院時の情報提供も入院時情報連携加算として算定されることになり、より連携が強化されました。

情報提供の方法としては、NPO法人神奈川県介護支援専門員協会作成の「入院時情報提供書」（p.167）などを参考にしてください。

入院時情報提供書
→p.167

このようなときには関係機関との連携を！

利用者が、介護保険料を滞納していることがわかったとき	保険給付の方法の変更、保険給付の一時差し止め、滞納保険料と保険給付との相殺等が行われるため、市町村に相談する。
利用者の行動等が原因で事業者からサービス提供を断られたとき	サービス提供事業者と利用者から事情を聞き、利用者が意図的に問題を起こしているなどの場合は、市町村、地域包括支援センター等に相談する。
近隣住民から介護保険のサービスを受けていないひとり暮らしの高齢者がいるとの連絡を受けたとき	本人の了承を得て地域の民生委員や地域包括支援センターに情報を提供し、訪問してもらうよう働きかける。

第4章　シミュレーション　受付からケアプラン作成・給付管理票提出まで

⑩ 給付管理票を作成し、国保連に提出します。

　サービスを提供した月の月末または翌月初めに、サービス提供事業者からサービスの実績報告を受け、内容を確認します。それらの実績を「サービス利用票」（第6表）、「サービス利用票別表」（第7表）に書き込むとともに、「給付管理票」を作成します。

　これらの書類は、翌月10日までに各都道府県の国民健康保険団体連合会（国保連）に提出します。提出は、データ送付が主流になっています。

　なお、給付管理業務については、介護支援専門員がサービス提供実績を確認したうえで、事務作業を事務職員に担当させることも認められています。

●関係する書類
サービス利用票（第6表）→p.209
サービス利用票別表（第7表）→p.210
給付管理票→p.221

- 保険者番号と被保険者番号などの基本情報は正しく記載されていますか。
- 要介護状態区分と認定有効期間が正しく記載されていますか。
- どの事業者が、どのサービスを、どのくらい（何単位）提供したか、記載に間違いはありませんか。
- 当初の計画と実際の利用が異なった場合は、内容が修正されていますか。

介護給付から予防給付の対象になった場合の給付管理について

　利用者の要介護状態の変化により、介護給付から予防給付に、あるいは予防給付から介護給付の対象に変更になると、それまで担当していた居宅介護支援事業者が介護予防支援の業務委託を受けていない場合などは、担当機関が変わることになります。そのため、同じ月のなかで、居宅介護支援事業者と介護予防支援事業者が、それぞれ同一の利用者の居宅介護支援、介護予防支援を行うこともあります。

　そうした場合、月末に担当していた機関だけがその報酬を請求できることになっています。たとえば、要支援への区分変更に伴って、居宅介護支援事業者が、その月の20日に介護予防支援事業者にケースを引き継いだ場合は、月末に担当している介護予防支援事業者が介護予防支援費を請求することになります。

連携等の加算

入院時情報提供書

Ⅰ.使途と開発理由

　居宅で生活している利用者が病院や診療所に入院した場合に、介護支援専門員から在宅での情報等を提供することは、医療との連携および退院時の連携を図るうえで重要です。病院にとっては、基本情報だけでなく在宅での生活等を理解することで、退院時の介護支援専門員との連携が促進されることになります。

　しかし、担当の介護支援専門員ごとに書類の様式や情報の内容が異なると、連携を図る病院側には大きな負担となります。そこで情報提供を過不足なく適切に行うため、この様式を開発しました。

Ⅱ.様式の特徴

① 情報（基本情報、介護保険等情報、疾患およびADL等情報）を簡潔に記載でき、かつ最低限必要な項目を網羅しています。

② 在宅での生活状況をイメージできるような目次構成です。

③ 記載時間は10〜15分を想定し、業務負担が過剰にならないように配慮しています。パソコン入力だけでなく、手書きでも容易に記入することができます。

④ ADLの評価項目に要介護認定項目を採用しているため、誰にでも理解が容易です。

⑤ 退院時に、介護支援専門員が入院時との変化を確認（記入）できるようにしました。

Ⅲ.使用方法

在宅の利用者が病院および診療所へ入院した際に使用します。

また、施設サービスや小規模多機能型居宅介護利用時にも活用することが可能です。

Ⅳ.留意点と使用工夫

① 情報を病院等に提供する場合には、利用者および家族の同意に留意します。

② 送付方法は、FAX・郵送・Eメール・直接持参などが考えられますが、介護支援専門員自身の判断で、プライバシー保護（個人情報保護）に配慮した対応が必要です。

③ 病院内の担当部署、窓口などについて、事前に病院等に確認をして送付するような配慮が必要です。

④ 情報提供書を病院に提出した際には、そのコピー等をケース記録とともに必ず保管します。同時に居宅介護支援スケジュール管理台帳等に情報提供書を提供した旨がわかるように記録するなどの工夫をすると、もれなく、適切な介護報酬請求ができます。

⑤ 小規模多機能型居宅介護への情報提供についても活用できます。本様式に居宅サービス計画書等を添付して渡すとよいでしょう。

第4章 シミュレーション 受付からケアプラン作成・給付管理票提出まで

入院時情報提供書（居宅介護支援事業所 ⇔ 病院・診療所）

_____ 様

> 利用者が病院および診療所に入院した際の情報提供書として使用します。その際には、複写したものを保管しておくことが必要です。

> 支援経過記録にも「いつ」「どの病院の」「誰に」送付したかを記載しておくとよいでしょう。

作成日　平成　　年　　月　　日

以下の情報は、利用者本人及び家族の同意に基づいて提供しています。

基本情報

フリガナ		性別	生年月日	（明・大・昭）　年　月　日　歳		《家族構成》
利用者氏名		男・女				
フリガナ			続柄		同居の有無	同居・別居
キーパーソン						
世帯状況	単身世帯　・　ご夫婦2人世帯　・その他（　　　　　　　　　　）					
家族の介護力協力状況	常時　・　日に数時間　・　夜間のみ　・　週1日位　・　週数日位　・　月に数回					
	その他特記					
住宅環境	一戸建て・マンション、アパート（　階　エレベーター　有・無）　自室　有・無					《主介護者》
	その他特記					
生活状況						
	その他特記					
手帳の種別	障害者手帳　□なし　□身体　□精神　□知的　生活保護受給　□なし　□あり　その他（　　）					
障害支援区分	区分　1　2　3　4　5　6					

介護保険情報

要介護度	要支援1　2　　要介護　1　2　3　4　5　　認定期間　平成　年　月　日から／平成　年　月　日まで
サービス利用状況	訪問看護（事業所名　　　　週　回）　訪問リハビリ（週　回）　訪問介護（週　回）／通所リハビリ（週　回）　通所介護（週　回）　短期入所（月　回）
福祉用具の利用	□なし　□特殊寝台　□エアーマット　□車いす　□歩行器　□その他（　　　）

疾患及びADL情報

	かかりつけ医（通院・訪問診療）		
	現病歴・既往歴		特記事項
食事	食事	1自立　2見守り　3一部介助　4全介助　5経管栄養	
	形態	主＝常食・粥・ミキサー等　副＝常食・ソフト食・ムース食・ミキサー食	
排泄	排尿	1自立　2見守り　3一部介助　4全介助	
	失禁	1あり　2ときどき　3まれにある　4なし	特記事項は、利用者が契約期間中に退院する際に使用します。この項目だけで十分とはいえませんが、入院時の状況と退院の際の状況変化を確認することで、居宅サービス計画書の変更等の目安ともなります。
	方法	トイレ・Pトイレ・おむつ・カテーテル等	
入浴	方法	1自立　2一部介助　3全介助　4訪問入浴　5機械浴（施設）	
移動	歩行	1つかまらず可　2何かにつかまれば可　3できない	
	移乗	1自立　2見守り（介護者指示含む）　3一部介助　4全介助	
	方法（室内）	室内＝独歩・杖・シルバーカー・歩行器・車いす・その他	
褥瘡	褥瘡の有無　無：有　部位（　　　　　）　発見時期（　　　）		
精神心理面	意思の疎通　1良好　2不良　3曖昧　認知症　無：有　問題行動　無：有		
服薬管理状況	管理者（　　　）1自立　2見守り　3一部介助　4全介助　飲み忘れ　無：有		

退院に向けてのお願い
①退院調整の際には、一度、ご連絡ください。
②退院指導やカンファレンスの開催には出席いたします。
③在宅療養上、必要な情報提供を依頼することがございます。

担当介護支援専門員及び連絡先	
事業所名	
担当者名	
電話	
FAX	

NPO法人神奈川県介護支援専門員協会（2014）

退院・退所時情報確認書（連携シート）

Ⅰ. 使途と開発理由

　　居宅で生活している利用者が病院や診療所を退院する場合、また退院の可能性がある場合、病院または診療所において、利用者状況を確認する必要があります。疾患の状況や医療処置、リハビリテーションの状況やADLの変化等について把握します。さらに、退院にあたっての課題や準備を整理し、円滑に退院・退所が行われる必要があります。介護保険施設等からの退所時も同様です。

Ⅱ. 様式の特徴

①退院・退所時に状況・変化および退院に向けての課題や準備を整理することができます。
②本様式を活用することでサービス事業者との情報共有が促進されます。
③入院前とのADL等の変化を把握することができ、退院・退所に向けて総体的な理解ができます。
④病院に訪問するたびに確認した状況を記録（把握）することができます。

Ⅲ. 使用方法

①介護支援専門員が利用者の入院した病院や診療所等に訪問する際の状況把握時に使用します。
②また、利用者の同意に基づき退院に向けてサービス事業者等との情報共有やサービス担当者会議の資料として活用することができます。

Ⅳ. 留意点と使用工夫

①本様式は病院等において手書きで記入し、ファイルに保管しておくことができます。
②退院に向け、また、退院直後のサービス担当者会議等において活用することで適切に情報、状況がチームメンバーに共有されます。

退院・退所時情報確認書（連携シート）

情報確認元の医療機関・施設名		記入者氏名	
担当者(出席者)氏名及び職種		面談日　　　年　　　月　　　日(　　回目)	
入院・入所日(退院・退所予定日)	年　　月　　日〜　　年　　月　　日		

基本情報

フリガナ		性別	生年月日	（明・大・昭）　　年　　月　　日　　歳
利用者氏名		男・女		

介護保険情報

認定の有無	有・無	区分変更申請の必要性	有・無	申請日	年　　月　　日
要介護度	要支援1　2　　　要介護1　2　3　4　5			認定期間	平成　　年　　　　月　　　　日から 平成　　年　　　　月　　　　日まで

疾患及びＡＤＬ情報

今回の入院・入所の主症状と経過・手術など	
必要な医療処置等	
機能訓練の状況	退院・退所後の必要性（有：無）
退院・退所後の主治医	病院・医院（　　　科・　　　医師）（通院・訪問診療）

		ADL状況	入院・入所時前からの変化
食事	食事	1自立　2見守り　3一部介助　4全介助　5経管栄養	
	形態	主＝常食・粥・ミキサー等　副＝常食・ソフト食・ムース食・ミキサー食	
排泄	排尿	1自立　2見守り　3一部介助　4全介助	
	失禁	1あり　2ときどき　3まれにある　4なし	
	方法	トイレ・Ｐトイレ・おむつ・カテーテル等	
入浴	方法	1自立　2一部介助　3全介助　4訪問入浴　5機械浴（施設）	
		不可　（シャワー・清拭など）	
移動	歩行	1つかまらず可　2何かにつかまれば可　3できない	
	移乗	1自立　2見守り（介護者指示含む）　3一部介助　4全介助	
	方法（室内）	室内＝独歩・杖・シルバーカー・歩行器・車いす・その他	
褥瘡		褥瘡の有無　　無　：　有　　　　部位（　　　　　　　　　　）	
精神心理面		意思の疎通　1良好　2不良　3曖昧　　認知症　無　：　有　　問題行動　無　：　有	
服薬管理状況		管理者（　　　　　　　）1自立　2見守り　3一部介助　4全介助　　飲み忘れ　無　：　有	

退院・退所までの課題・準備	（病院・施設での課題・準備）	（在宅生活での課題・準備）

本人・家族の希望	

在宅生活上の留意点（リスク等）	

NPO法人神奈川県介護支援専門員協会（2014）

③ 介護予防支援の流れ

1　介護予防サービス・支援計画書（介護予防ケアプラン）作成依頼を受け付けます。

　利用者やその家族から介護予防サービス・支援計画書作成の相談、依頼があります。介護予防サービス・支援計画書の作成は、利用者の居住地域の地域包括支援センター（介護予防支援事業者）が担当し、契約するのが原則です。地域包括支援センターでは、まず、本人に受給資格があるか、予防給付の対象である「要支援1・2」に該当するかを確認します。予防給付の対象者であることを確認したら「重要事項説明」と「契約」へと進めます。

　介護予防支援業務については、一部を居宅介護支援事業者に委託することができますが、市町村によって委託業務の内容が異なりますので注意が必要です。

　なお、電話での申し込みの場合や利用者が介護保険制度を十分に理解していないと思われる場合は、利用者宅への訪問等により、介護保険被保険者証、受給資格等を確認しておくとよいでしょう。

　居宅介護支援と同様ですのでp.123を参照してください。

介護予防支援業務の一部が居宅介護支援事業者に委託された場合

　介護予防支援業務は、地域包括支援センター（介護予防支援事業者）の主任介護支援専門員、保健師、社会福祉士等が担当することとなっています。ただし、市町村によっては、この業務の一部を居宅介護支援事業者に委託することもあります。その場合は、委託契約を終結します。

　利用申し込みの受付からアセスメント、介護予防サービス・支援計画書原案の作成、サービス担当者会議の開催といった一連の事業のうち、どこからどこまでを居宅介護支援事業者に委託するかについては、市町村によって異なります。そのため、居宅介護支援事業者は、市町村や介護予防支援事業者に委託内容をしっかりと確認しておくことが大切です。

　また、業務の流れのなかで、介護予防サービス・支援計画書原案や予防サービス提供事業者からの状況報告書などを介護予防支援事業者に送付することを義務づけている市町村もあります。そうした業務の手順についても、あらかじめ把握しておく必要があります。

　介護支援専門員等の1人当たりの介護予防サービス・支援計画書の取扱件数は、介護予防支援事業者については上限が設けられていませんが、居宅介護支援事業者が受託した場合は、その件数に2分の1をかけた件数が居宅介護支援費単位数にかかわる取扱件数としてカウントされます。

重要事項を説明し、契約を結びます。

①介護予防サービス・支援計画書作成の説明

　基本的には、居宅サービス計画書作成の説明（→p.124）と同じですが、介護予防サービスは、3〜6か月ごとに「目標に対する評価」が行われることを伝えます。

　予防給付の対象者は、容態が急変したというよりも、次第に機能が低下してきた人が多いといえます。そのため、利用者がサービスの必要性をあまり認識していない場合もあります。利用者の価値観をふまえて、地域で自立した生活を営むためには、現状を維持することが大切であること、場合によっては改善の可能性があることなどを具体的に説明し、利用者が目標をもってサービス利用に取り組めるよう支援しましょう。

②重要事項説明

　居宅介護支援と同様ですのでp.124を参照してください。

③契約・個人情報使用の説明と同意

　介護予防サービス・支援計画書作成について、利用者の同意を得られたら、利用者と介護予防支援事業者との間で「介護予防支援契約書」を交わします。

　また、介護予防サービス・支援計画書作成においては、利用者の心身・生活状態といった個人情報を扱うことになるため、契約に際して、介護予防支援事業者には守秘義務があること、必要に応じてサービス提供事業者等に伝える情報があること等を説明し、「個人情報使用同意書」に署名・押印をもらいます。

●関係する書類
重要事項説明書
介護予防支援契約書
個人情報使用同意書
介護予防サービス計画作成依頼（変更）届出書→p.173

居宅介護支援事業者が利用者と契約を結ぶ場合

　市町村によって異なりますが、契約は、利用者と介護予防支援事業者で結ぶことが基本になります。

　さらに、介護予防支援費の請求・支払いについても、その方法は市町村によって異なります。したがって請求・支払い方法について、介護予防支援事業者、市町村等にしっかりと確認しておきましょう。介護報酬の請求業務は介護予防支援事業所が行うことになります。

④「介護予防サービス計画作成依頼（変更）届出書」の提出

　契約完了後、利用者に「介護予防サービス計画作成依頼（変更）届出書」に記入してもらいます。この届出書は、原則として、利用者または介護予防支援事業者が市町村の担当窓口に提出することとなっています。

　この届出書の提出を忘れてしまうと国保連での突合・審査ができず、介護予防サービス費が予防サービス提供事業者に支給されないので注意が必要です。

❸ アセスメント（課題分析）を行います。

　利用者宅を訪問して利用者・家族と面接し、心身・生活状態、生活に対する意向等を把握します。厚生労働省が定めた25項目の「基本チェックリスト」を目安に心身状態を、「利用者基本情報」を活用して家族構成や生活状況を把握します。このとき「介護予防サービス・支援計画書」のアセスメント領域も意識して臨みましょう。

　介護予防サービス・支援計画書では、1日単位（大きな目標にたどり着くための段階的な目標等）と1年単位（今後の生活で達成したい目標等）で目標とする生活像を記入することが特徴です。利用者の今後の生き方や暮らし方を重視していることがうかがえます。そのため、アセスメントでは、利用者の身体機能だけでなく、家（家庭）、地域のなかでのかかわり、何を目的・生きがいとして生活していきたいのかなどを把握する必要があります。

●関係する書類
基本チェックリスト→p.174
利用者基本情報→p.175-176
介護予防サービス・支援計画書→p.178-179

❹ アセスメント結果の説明と目標設定に向けた相談を行います。また、サービス内容、費用、提供事業者等について、利用者・家族の要望を確認します。

　居宅介護支援と同様ですので、p.137を参照してください。

■ 介護予防サービス計画作成依頼（変更）届出書

```
              介護予防サービス計画作成依頼（変更）届出書

                                           ┌──────────┐
                                           │  区  分  │
                                           ├──────────┤
                                           │ 新規・変更 │
                                           └──────────┘
┌─────────────────────┬──────────────────────────────┐
│    被 保 険 者 氏 名    │       被 保 険 者 番 号        │
│ フリガナ              ├──────────────────────────────┤
│                    │         個 人 番 号           │
│                    ├──────────────────────────────┤
│                    │   生 年 月 日    │    性  別   │
│                    │ 明・大・昭 年 月 日 │   男・女   │
├─────────────────────┴──────────────────────────────┤
│     介護予防サービス計画の作成を依頼（変更）する介護予防支援事業者      │
├──────────────┬───────────────────────────────────┤
│ 介護予防支援事業所名 │ 介護予防支援事業所の所在地  〒              │
│              ├───────────────────────────────────┤
│              │ 電話番号      （   ）                   │
├──────────────┴───────────────────────────────────┤
│          介護予防支援を受託する居宅介護支援事業者               │
│       ※居宅介護支援事業者が介護予防支援を受託する場合のみ記入して下さい。  │
├──────────────┬───────────────────────────────────┤
│ 居宅介護支援事業所名 │ 居宅介護支援事業所の所在地  〒              │
│              ├───────────────────────────────────┤
│              │ 電話番号      （   ）                   │
├──────────────┴───────────────────────────────────┤
│     介護予防支援事業所又は居宅介護支援事業所を変更する場合の理由等      │
│ ※変更する場合のみ記入してください。                           │
│                                 変更年月日        │
│                                (平成  年  月  日付)  │
├──────────────────────────────────────────────────┤
│ ○○市（町村）長　様                                    │
│   上記の介護予防支援事業者に介護予防サービス計画の作成を依頼することを届け出します。 │
│                                                │
│   平成　年　月　日                                    │
│         住所                                     │
│  被保険者                          電話番号　（　　　）     │
│         氏名                                     │
├──────┬─────────────────────────────────────┤
│        │ □ 被保険者資格　□ 届出の重複                     │
│保険者確認欄│ □ 介護予防支援事業者事業所番号                    │
│        │                                       │
└──────┴─────────────────────────────────────┘
 （注意）1　この届出書は、要支援認定の申請時に、若しくは、介護予防サービス計画の作成を依頼する
        事業所が決まり次第速やかに○○市（町村）へ提出してください。
       2　介護予防サービス計画の作成を依頼する介護予防支援事業所又は介護予防支援を受託する居
        宅介護支援事業所を変更するときは、変更年月日を記入のうえ、必ず○○市（町村）へ届け出
        てください。届け出のない場合、サービスに係る費用を一旦、全額自己負担していただくこと
        があります。
```

■ 基本チェックリスト

<table>
<tr><td colspan="3" align="center">基本チェックリスト</td></tr>
<tr><td>No.</td><td align="center">質問項目</td><td align="center">回　答
（いずれかに○を
お付け下さい）</td></tr>
<tr><td>1</td><td>バスや電車で1人で外出していますか</td><td>0.はい　　1.いいえ</td></tr>
<tr><td>2</td><td>日用品の買物をしていますか</td><td>0.はい　　1.いいえ</td></tr>
<tr><td>3</td><td>預貯金の出し入れをしていますか</td><td>0.はい　　1.いいえ</td></tr>
<tr><td>4</td><td>友人の家を訪ねていますか</td><td>0.はい　　1.いいえ</td></tr>
<tr><td>5</td><td>家族や友人の相談にのっていますか</td><td>0.はい　　1.いいえ</td></tr>
<tr><td>6</td><td>階段を手すりや壁をつたわらずに昇っていますか</td><td>0.はい　　1.いいえ</td></tr>
<tr><td>7</td><td>椅子に座った状態から何もつかまらずに立ち上がっていますか</td><td>0.はい　　1.いいえ</td></tr>
<tr><td>8</td><td>15分位続けて歩いていますか</td><td>0.はい　　1.いいえ</td></tr>
<tr><td>9</td><td>この1年間に転んだことがありますか</td><td>1.はい　　0.いいえ</td></tr>
<tr><td>10</td><td>転倒に対する不安は大きいですか</td><td>1.はい　　0.いいえ</td></tr>
<tr><td>11</td><td>6ヵ月間で2〜3kg以上の体重減少がありましたか</td><td>1.はい　　0.いいえ</td></tr>
<tr><td>12</td><td>身長　　　cm　体重　　　kg（BMI＝　　　）(注)</td><td></td></tr>
<tr><td>13</td><td>半年前に比べて固いものが食べにくくなりましたか</td><td>1.はい　　0.いいえ</td></tr>
<tr><td>14</td><td>お茶や汁物等でむせることがありますか</td><td>1.はい　　0.いいえ</td></tr>
<tr><td>15</td><td>口の渇きが気になりますか</td><td>1.はい　　0.いいえ</td></tr>
<tr><td>16</td><td>週に1回以上は外出していますか</td><td>0.はい　　1.いいえ</td></tr>
<tr><td>17</td><td>昨年と比べて外出の回数が減っていますか</td><td>1.はい　　0.いいえ</td></tr>
<tr><td>18</td><td>周りの人から「いつも同じ事を聞く」などの物忘れがあると言われますか</td><td>1.はい　　0.いいえ</td></tr>
<tr><td>19</td><td>自分で電話番号を調べて、電話をかけることをしていますか</td><td>0.はい　　1.いいえ</td></tr>
<tr><td>20</td><td>今日が何月何日かわからない時がありますか</td><td>1.はい　　0.いいえ</td></tr>
<tr><td>21</td><td>（ここ2週間）毎日の生活に充実感がない</td><td>1.はい　　0.いいえ</td></tr>
<tr><td>22</td><td>（ここ2週間）これまで楽しんでやれていたことが楽しめなくなった</td><td>1.はい　　0.いいえ</td></tr>
<tr><td>23</td><td>（ここ2週間）以前は楽にできていたことが今ではおっくうに感じられる</td><td>1.はい　　0.いいえ</td></tr>
<tr><td>24</td><td>（ここ2週間）自分が役に立つ人間だと思えない</td><td>1.はい　　0.いいえ</td></tr>
<tr><td>25</td><td>（ここ2週間）わけもなく疲れたような感じがする</td><td>1.はい　　0.いいえ</td></tr>
</table>

（注）BMI＝体重（kg）÷身長（m）÷身長（m）が18.5未満の場合に該当とする。

■ 利用者基本情報

本様式例は、当初の介護予防サービス・支援計画書原案を作成する際に記載し、その後、介護予防サービス・支援計画書の一部を変更する都度、別葉を使用して記載するものとされています。ただし、サービス内容への具体的な影響がほとんど認められないような軽微な変更については、当該変更記録の箇所の冒頭に変更時点を明記しつつ、同一用紙に継続して記載することができるものとされています。（「介護予防支援業務に係る関連様式例記載要領」より）

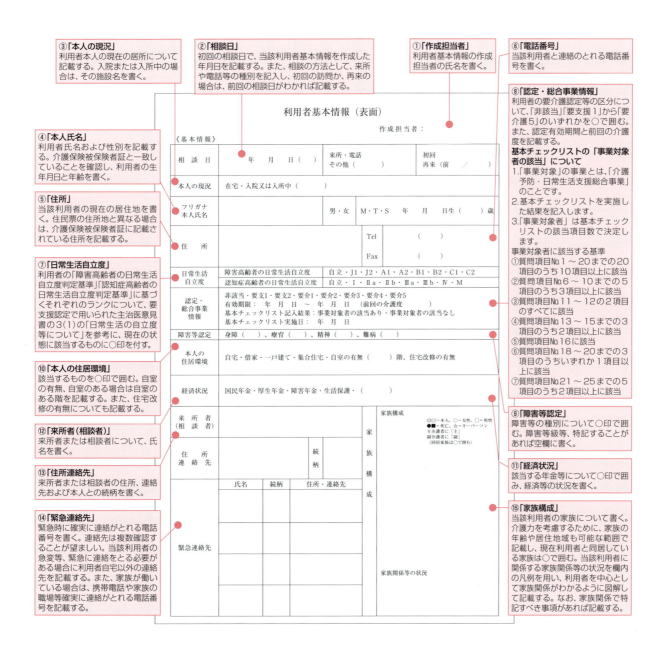

⑯「今までの生活」
当該利用者の現在までの生活について、主要な出来事を時間の経過順に記載する。
職業や転居、家族史、家族との関係、居住環境などについて書く。

⑰「現在の生活状況（どのような暮らしを送っているか）」
「1日の生活・すごし方」は、起床から就寝までの1日の流れや食事・入浴・買い物、仕事や日課にしていることなど、1日のすごし方を書く。上段には、生活全般に関する様子を記入し、食事や入浴、家事など毎日の決まった生活行為については、下段にタイムスケジュールを記入する。
のちにアセスメント領域の「日常生活（家庭生活）について」で、この領域をアセスメントすることを念頭に必要な情報を記載する。
「趣味・楽しみ・特技」は、以前取り組んでいた趣味や楽しみ、特技も聞き取り記載する。
「友人・地域との関係」は、友人や地域との交流頻度や方法、内容を記載する。

⑱「現病歴・既往歴と経過」
主治医意見書からの情報や利用者・家族からの聴取をもとに、利用者の主な既往症と治療・服薬の状況について時間の経過順に書く。服薬等の治療を受けている場合は、「治療中」に、治療は受けていないが受診だけはしているという場合は、「経過観察中」に○印を付す。その他の状況の場合には「その他」に○を付す。また、主治医意見書を記載した医療機関または医師については☆印を付す。

⑲「現在利用しているサービス」
現在利用している支援について、サービスの種別と利用頻度を記載する。行政の行う一般施策のような公的サービスと、ボランティアや友人などによって行われている非公的なサービスを分けて記載する。

利用者基本情報（裏面）

《介護予防に関する事項》

今までの生活			
現在の生活状況（どのような暮らしを送っているか）	1日の生活・すごし方		趣味・楽しみ・特技
	時間	本人	介護者・家族
			友人・地域との関係

《現病歴・既往歴と経過》（新しいものから書く・現在の状況に関連するものは必ず書く）

年月日	病名	医療機関・医師名（主治医・意見書作成者に☆）	経過	治療中の場合は内容
年　月　日		Tel	治療中 経過観察中 その他	
年　月　日		Tel	治療中 経過観察中 その他	
年　月　日		Tel	治療中 経過観察中 その他	
年　月　日		Tel	治療中 経過観察中 その他	

《現在利用しているサービス》

公的サービス	非公的サービス

　地域包括支援センターが行う事業の実施に当たり、利用者の状況を把握する必要があるときは、基本チェックリスト記入内容、要介護認定・要支援認定に係る調査内容、介護認定審査会による判定結果・意見及び主治医意見書と同様に、利用者基本情報、アセスメントシートを、居宅介護支援事業者、居宅サービス事業者、総合事業におけるサービス事業等実施者、介護保険施設、主治医その他本事業の実施に必要な範囲で関係する者に提示することに同意します。
　　　　　　　　　　　　　　　平成　年　月　日　氏名　　　　　印
　平成　年　月　日　氏名　　　　　印

⑳「個人情報の第三者提供に関する同意」
地域包括支援センターが行う事業の実施に当たり、利用者の状況を把握する必要があるときは、基本チェックリスト記入内容、要介護認定・要支援認定に係る調査内容、介護認定審査会による判定結果・意見および主治医意見書と同様に、利用者基本情報、アセスメントシートを、居宅介護支援事業者、居宅サービス事業者、総合事業におけるサービス事業等実施者、介護保険施設、主治医その他本事業の実施に必要な範囲で関係する者に提示することに同意を得る。

⑤ サービスの組み立てと予防サービス提供事業者の調整を行い、介護予防サービス・支援計画書原案を作成します。

サービス提供事業者の調整については、居宅介護支援と同様です（→p.138）。

ただし、サービスを提供できる事業者は予防サービスの指定を受けている事業者に限られること、予防サービスの報酬は、介護サービスのように時間単位ではなく月単位で設定されていることに注意しましょう。そのため、利用者のニーズに即した時間や回数に応じたサービス提供が可能かどうかについて、事前に予防サービス提供事業者に確認しておきましょう。調整内容は、「介護予防支援・介護予防ケアマネジメント経過記録」に記録します。

そのうえで、介護予防サービス・支援計画書原案を作成します。介護予防サービス・支援計画書では、「本人・家族の意欲・意向」「領域における課題（背景・原因）」「課題に対する目標と具体策の提案」等、記入欄が細かく分かれています。

また、介護予防支援事業者は、設定した目標に対して3～6か月に1回評価を行います。そのため介護予防サービス・支援計画書では、たとえば「つかまり立ちができるようになることで○○が可能になる」といった、評価が可能な具体的な目標を定めます。目標は、高すぎるものではなく、達成が可能と思われる内容を設定することが大切です。

●関係する書類
介護予防支援・介護予防ケアマネジメント経過記録
→p.184
介護予防サービス・支援計画書
→p.178-179

> **アドバイス**　「介護予防サービス・支援計画表」の「総合的な方針」は、基礎疾患にも関係することなので、主治医の意見書を読んだうえで、利用者・家族に確認し、記入するとよいでしょう。

⑥ サービス担当者会議を開催します。

サービス担当者会議の意義、内容等については、居宅介護支援と同様ですので、p.143を参照してください。

介護予防支援においても、新規に介護予防サービス・支援計画書原案を作成した場合、介護予防サービス・支援計画書を変更した場合にサービス担当者会議を開催することとなっています。

■ 介護予防サービス・支援計画書

p.180-181に①から㉚の解説があります。

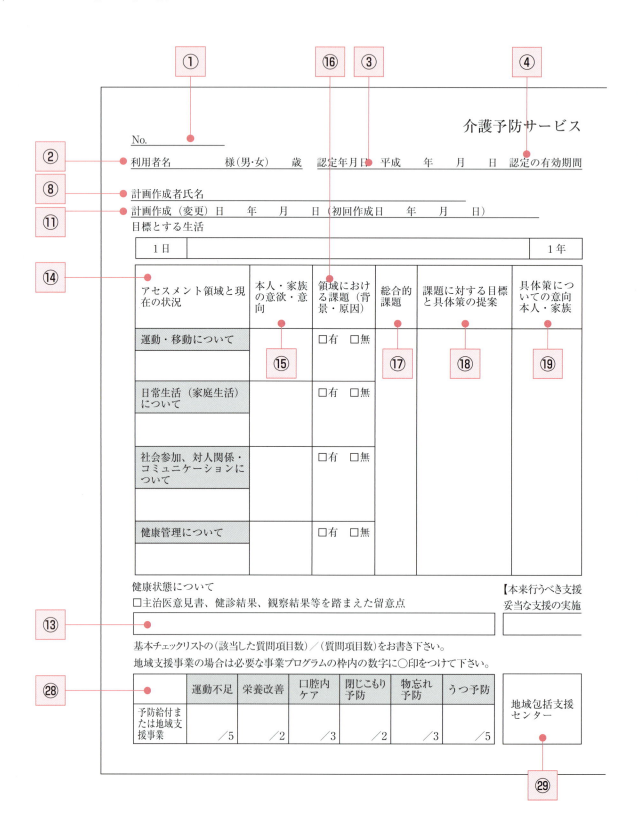

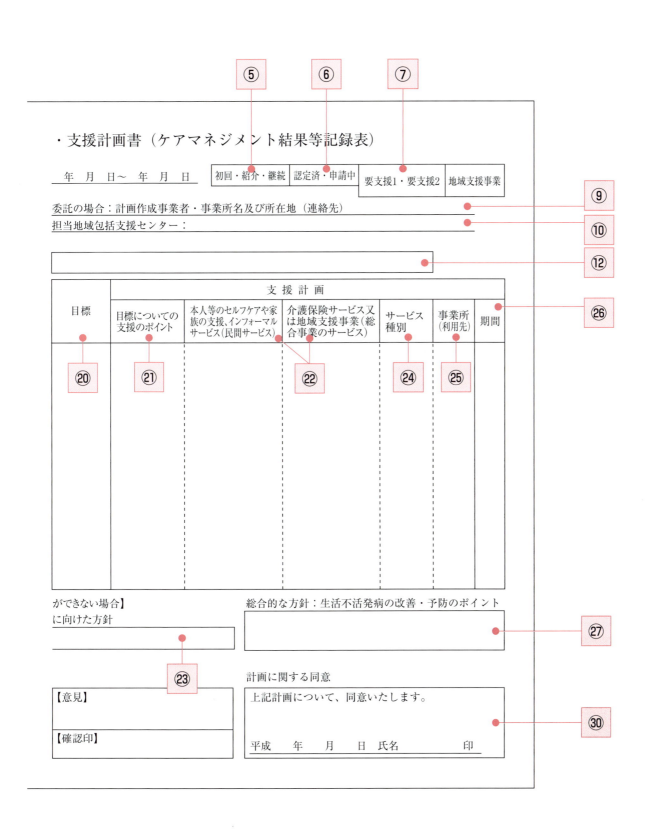

■ 介護予防サービス・支援計画書記載内容の解説

①「No.」
利用者の整理番号を書く。

②「利用者名」
利用者名、性別、年齢を書く。

③「認定年月日」
要支援認定結果を受けた日を書く。

④「認定の有効期間」
認定有効期間を日付で書く。

⑤「初回・紹介・継続」
以下の要領で、あてはまるものに○をする。
「初回」：当該利用者が初めて介護予防事業および予防給付を受ける場合。
「紹介」：介護予防事業を受けていたが予防給付を受けるよう紹介された場合、または、予防給付を受けていたが介護予防事業を受けるよう紹介された場合。
「継続」：介護予防事業または予防給付を今後も引き続き受ける予定の場合。

⑥「認定済・申請中」
あてはまるものに○をする。
「申請中」：新規申請中（前回「非該当」となり、再度申請している場合を含む）。
区分変更申請中
（更新申請中であって前回の認定有効期間を超えている場合。）
「認定済」：上記以外の場合。

⑦「要支援１・要支援２　地域支援事業」
被保険者証に記載された「要介護状態区分」あるいは事業名に○をする。

⑧「計画作成者氏名」
当該介護予防サービス計画作成者（地域包括支援センター担当者）の氏名を記載する。なお、介護予防支援業務を委託する場合には、担当介護支援専門員名もあわせて記載する。

⑨「委託の場合：計画作成事業者・事業所名および所在地（連絡先）」
介護予防支援業務を委託する場合は、当該介護予防サービス計画作成者の所属する介護予防支援事業者・事業所名および所在地（住所と電話番号）を書く。

⑩「担当地域包括支援センター」
介護予防支援業務を委託する場合に、当該利用者が利用する地域包括支援センター名を書く。

⑪「計画作成（変更）日（初回作成日）」
当該利用者に関する介護予防サービス計画を作成した日を記載する。また、「初回作成日」には、２回目以降の計画作成の場合、初回作成日を記載する。

⑫「目標とする生活」
利用者が今後どのような生活を送りたいか、利用者自身の意思・意欲を尊重し、望む日常生活のイメージを具体的にすることで、利用者が介護予防へ主体的に取り組む動機付けとなる。
この欄には、利用者にとっては介護予防への最初の取り組みである「目標とする生活」のイメージについて記載する。
具体的にどのような生活を送りたいかは、１日単位でも、１年単位でも、よりイメージしやすい「目標とする生活」を記述する。漠然としていて、イメージできない場合は、毎日の生活の中でどのようなことが変化すればよいのか、イメージしやすい日常生活のレベルでともに考える。計画を立て終わった時点では、全体像を把握したうえで、再度利用者と修正するのは差し支えない。１日および１年単位の両方記載しなければならないものでなく、また、両者の目標に関係がなければならないものではない。
「１日」は、大きな目標にたどり着くための段階的な目標である場合や、健康管理能力や機能の向上・生活行為の拡大・環境改善など、さまざまな目標が設定される場合もあり得る。また、利用者が達成感・自己効力感が得られるような内容が望ましい。
「１年」は、利用者とともに、生きがいや楽しみを話し合い、今後の生活で達成したい目標を設定する。あくまでも、介護予防支援や利用者の取り組みによって達成可能な具体的な目標とする。計画作成者は利用者の現在の状況と今後の改善の可能性の分析を行い、利用者の活動等が拡大した状態を想像してもらいながら、その人らしい自己実現を引き出すようにする。

⑬「健康状態について」
健康状態について、下記を参考に介護予防サービス計画を立てるうえで留意すべき情報を記載する。
・主治医意見書
・健診結果
・観察結果

⑭「アセスメント領域と現在の状況」
各アセスメント領域ごとに、日常生活の状況を記載する。
各アセスメント領域において「現在、自分で（自力で）実施しているか否か」「家族などの介助を必要とする場合はどのように介助され実施しているのか」等について、その領域全般について聴取する。アセスメントは、基本チェックリストの回答状況、主治医意見書、生活機能評価の結果も加味する。
聴取するにあたって利用者と家族の双方に聞き、実際の状況と発言していることの違い、利用者と家族の認識の違いなどにも留意する。利用者・家族からの情報だけでなく、計画作成者が観察した状況についても記載する。
「運動・移動について」欄は、自ら行きたい場所へさまざまな手段を活用して、移動できるかどうか、乗り物を操作する、歩く、走る、昇降する、さまざまな交通を用いることによる移動を行えているかどうかについて確認する。
「日常生活（家庭生活）について」欄は、家事（買い物・調理・掃除・洗濯・ゴミ捨て等）や住居・経済の管理、花木やペットの世話などを行っているかについて確認する。
「社会参加、対人関係・コミュニケーションについて」欄は、状況に見合った適切な方法で、人々と交流しているか。家族、近隣の人との人間関係が保たれているか。仕事やボランティア活動、老人クラブや町内会行事への参加状況や、家族内や近隣における役割の有無などの内容や程度はどうかについて確認する。
「健康管理について」欄は、清潔・整容・口腔ケアや、服薬、定期受診が行えているかどうか。また、飲酒や喫煙のコントロール、食事や運動、休養など健康管理の観点から必要と思われた場合、この領域でアセスメントする。特に、高齢者の体調に影響する、食事・水分・排泄の状況については、回数や量などを具体的に確認する。

⑮「本人・家族の意欲・意向」
各アセスメント領域において確認をした内容について、利用者・家族の認識と意向を記載する。たとえば、機能低下を自覚しているかどうか、困っているかどうか、それについてどのように考えているのか等。具体的には、「○○できるようになりたい」「手伝ってもらえば○○したい」と記載し、その理由についても確認する。ただし、利用者と家族の意向が異なった場合は、それぞれ記載する。否定的ないし消極的な意向であった場合は、その意向に対し、ただちに介護予防サービス計画を立てるのではなく、その意向がなぜ消極的なのか、否定的なのかという理由を明らかにすることが大切である。これは、具体策を検討する際に参考情報となる。

⑯「領域における課題（背景・原因）」
各アセスメント領域において生活上の問題となっていることおよびその背景・原因を「アセスメント領域と現在の状況」「本人・家族の意欲意向」に記載した内容や、実際の面談中の様子、利用者基本情報、主治医意見書、生活機能評価の結果等の情報をもとに健康状態、心理・価値観・習慣、物的環境・人的環境、経済状態等の観点から整理し、分析する。その際、基本チェックリストのチェック結果についても考慮する。ここには、現在課題となっていることあるいはその状態でいると将来どのようなことが起こるかなど課題を予測して記載する。結果として、その領域に課題があると考えた場合に「□有」に■印を付す。

⑰「総合的課題」
「領域における課題」から、利用者の生活全体の課題を探るため、直接的な背景・原因だけでなく、間接的な背景・原因を探り、各領域における課題共通の背景等を見つけ出す。そして、利用者にとって優先度の高い順に課題を列挙する。また、課題とした根拠を記載する。たとえば、複数の領域それぞれに課題があったとしても、その課題の原因や背景などが同一の場合、統合して記述したほうが、より利用者の全体像をとらえた課題となる。ここには、支援を必要とすることを明確にするために課題だけを記載し、意向や目標、具体策などは記載しない。
ここであげる総合的課題に対して、これ以降の介護予防支援プロセスを展開するため、優先度の高い順に1から番号を付す。

⑱「課題に対する目標と具体策の提案」
「総合的課題」に対して、目標と具体策を記載する。この目標は、利用者や家族に対して専門的観点から示す提案である。したがって、本人や家族の意向は入っておらず、アセスメントの結果が現れる部分である。適切にアセスメントがされたかどうかは、この項目と意向をふまえた目標と具体策を比較すると判断できるため、地域包括支援センターでの確認は、この項目を一つの評価指標とすることができる。したがって、目標は漠然としたものではなく、評価可能で具体的なものとする。
具体策についても、生活機能の低下の原因となっていることの解決につながる対策だけでなく、生活機能の低下を補うための他の機能の強化や向上につながる対策等、さまざまな角度から考える。
具体的な支援やサービスは、特定高齢者施策や介護保険サービスだけではなく、生活機能の低下を予防するための利用者自身のセルフケアや家族の支援、地域のインフォーマルサービスなどの活用についても記載する。
「具体策についての意向　本人・家族」欄で同意が得られた場合は、ここで提案した目標と具体策が介護予防サービス計画の目標と支援内容につながっていく。
計画作成者はアセスメントに基づき、専門的観点から利用者にとって最も適切と考えられる目標とその達成のための具体的な方策について提案することが重要である。

⑲「具体策についての意向　本人・家族」
計画作成者が提案した「課題に対する目標と具体策」について、利用者や家族の意向を確認して記載する。ここで、専門家の提案と利用者の意向の相違点が確認できる。ここでの情報は、最終的な目標設定を合意するうえでの足がかりとなる。
合意が得られた場合は、「○○が必要だと思う」「○○を行いたい」等と記載する。合意が得られなかった場合には、その理由や根拠等について、利用者や家族の考えを記載する。

⑳「目標」
利用者や家族の意向をふまえ、計画作成者と利用者・家族の三者が合意した目標を記載する。当初から「課題に対する目標と具体策」について合意を得られていた場合には、「同左」あるいは「提案どおり」などを記載してもよい。

㉑「目標についての支援のポイント」
目標に対して、計画作成者が具体的な支援を考えるうえでの留意点を記入する。
ここには、目標を達成するための支援のポイントとして、支援実施における安全管理上のポイントやインフォーマルサービスの役割分担など、さまざまな次元の項目が書かれることがある。

㉒「本人等のセルフケアや家族の支援、インフォーマルサービス（民間サービス）」「介護保険サービス又は地域支援事業（総合事業のサービス）」
「本人等のセルフケアや家族の支援、インフォーマルサービス」欄には、本人が自ら取り組むことや家族が支援すること、地域のボランティアや近隣住民の協力などを記載する。だれが、何をするのか具体的に書く。
「介護保険サービス又は地域支援事業」欄には、予防給付、地域支援事業のサービスの内容を記載し、どちらのサービス・事業を利用するかわかるように○印で囲む。
具体的なサービス内容について、利用者・家族と合意し、目標を達成するために最適と思われる内容については本来の支援として、そのまま記載する。
しかし、サービス内容について利用者・家族と合意できない場合や地域に適当なサービスがない場合は、利用者・家族が合意した内容や適切なサービスの代わりに行う地域の代替サービスを当面の支援として括弧書きで記載する。本来の支援の下に、当面の支援を記載する。

㉓「【本来行うべき支援ができない場合】妥当な支援の実施に向けた方針」
本来の支援が実施できない場合で、利用者や家族の合意が得られない場合は、本来の支援をできるように働きかける具体的な手順や方針を書く等、その内容の実現に向けた方向性を記載する。また、本来必要な社会資源が地域にない場合にも、地域における新たな活動の創設などの必要性を記載する。

㉔「サービス種別」
「本人等のセルフケアや家族の支援、インフォーマルサービス」「介護保険サービス又は地域支援事業」の支援内容に適したサービス種別を具体的に書く。

㉕「事業所（利用先）」
具体的な「サービス種別」および当該サービス提供を行う「事業所名」を書く。また、地域や介護保険以外の公的サービスが担う部分についても明記する。

㉖「期間」
「期間」は、「支援内容」に掲げた支援をどの程度の「期間」にわたり実施するかを記載する（「○か月」「○月○日～○月○日」など）。
なお、「期間」の設定においては「認定の有効期間」も考慮する。
また、「支援内容」に掲げたサービスをどの程度の「頻度（一定期間内での回数、実施曜日等）」で実施するか提案があれば記載する。

㉗「総合的な方針（生活不活発病の改善・予防のポイント）」
記載された「目標とする生活」や「目標」について、利用者や家族、計画作成者、各サービス担当者が生活不活発病の改善・予防に向けて取り組む共通の方向性や特別に留意すべき点、チーム全体で留意する点などを記載する。

㉘「必要な事業プログラム」
基本チェックリストの該当項目数から、プログラムごとのチェックリストの項目数を分母、該当した項目数を分子として枠内に記入する。また、介護予防特定高齢者施策では、その判断基準から参加することが望まれると考えられるプログラムの枠内の数字に○印を付す。

㉙「地域包括支援センターの意見・確認印」
予防給付の場合で、指定居宅介護支援事業者が委託を受けて行う場合に本欄を使用する。この場合、その介護予防支援の最終的な責任主体である地域包括支援センターは、介護予防サービス計画が適切に作成されているかを確認する必要がある。
このようなことから、委託された居宅介護支援事業者は、介護予防サービス計画原案を作成し、介護予防サービス計画書について当該地域包括支援センターの確認を受ける必要があり、その際に、本欄に確認をした当該地域包括支援センターの担当者がその氏名を記載する（当該地域包括支援センターの担当者がサービス担当者会議に参加する場合には、サービス担当者会議の終了時に介護予防サービス計画原案の確認を行っても差し支えない）。
この確認を受けた後に、利用者に最終的な介護予防サービス計画原案の説明を行い、同意を得ることとなる。

㉚「計画に関する同意」
介護予防サービス計画原案の内容を当該利用者・家族に説明を行ったうえで、利用者本人の同意が得られた場合、利用者に氏名を記入してもらう。この場合、利用者名を記入した原本は、事業所で保管する。

7 介護予防サービス・支援計画書原案を利用者・家族に説明し、同意をいただきます。その後、サービスを開始します。

　サービス担当者会議で話し合った内容を「介護予防支援・介護予防ケアマネジメント経過記録」に記載し、それをもとに介護予防サービス・支援計画書原案を作成します。あわせて「サービス利用票」（第6表）、「サービス利用票別表」（第7表）も記入します。

　介護予防支援では、目標や方針、支援要素等は利用者と介護予防支援事業者とで話し合って決めていきますが、サービスの具体的な提供方法や提供日、回数等については、介護予防サービス・支援計画書をふまえて、予防サービス提供事業者が利用者と相談して決めていきます。そのため、「サービス利用票」「サービス利用票別表」は簡略化して記載してもよいことになっています。

　介護予防サービス・支援計画書原案と「サービス利用票」「サービス利用票別表」は、利用者・家族に提示し、介護予防サービス・支援計画書の内容をくわしく説明したうえで同意を得ます。サービスの提供日、提供時間、回数などは、事前に事業者に確認しておいたほうがよいでしょう。また、費用負担や心身の状態、本人・家族の意向等によってサービス開始後も計画の変更が可能であることもわかりやすく伝えます。

　介護予防支援においては、3〜6か月ごとに目標の達成度の評価を行うことになっているため、利用者に目標意識をもってサービスを利用してもらうことが大切です。同意を得る際には、サービス内容だけでなく目標についてもきちんと確認しましょう。

　利用者の同意が得られたら、正式な介護予防サービス・支援計画書として利用者、予防サービス提供事業者に配付します（「サービス利用票」「サービス利用票別表」は利用者に渡します）。

> **アドバイス**　「サービス利用票」「サービス利用票別表」は、細かく記入しないまでも、支給限度基準額を超えていないかどうかをチェックするために活用するとよいでしょう。

●関係する書類
介護予防サービス・支援計画書
→p.178-179

介護予防支援・介護予防ケアマネジメント経過記録
→p.184

サービス利用票（第6表）→p.209

サービス利用票別表（第7表）→p.210

8-1 実施状況等の把握（モニタリング）を行います。

①予防サービス提供事業者からの報告受理
　介護予防支援事業者は、予防サービス提供事業者から、少なくとも1か月に1回、サービス提供の状況や利用者の状態に関する報告を受けることになっています。

②利用者宅の訪問・面接
　介護予防支援事業者は、介護予防サービス・支援計画書作成後、その実施状況の把握（モニタリング）を行い、必要に応じて介護予防サービス・支援計画書の変更、

●関係する書類
介護予防サービス・支援計画書
→p.178-179

介護予防支援・介護予防ケアマネジメント経過記録
→p.184

予防サービス提供事業者等との連絡・調整を行います。利用者の状態に変化があれば、区分変更もあり得ることを念頭においておきましょう。

モニタリングでは、利用者・家族、予防サービス提供事業者等との連絡を継続的に行い、少なくともサービス提供開始月の翌月から数えて毎月、訪問又は電話で状況を確認し、3か月に1回は利用者の居宅を訪問し、利用者に面接することとなっています。また、サービス評価期間が終了する月、利用者の状態に変化があった場合も同様に、利用者宅を訪問し、利用者に面接しなければなりません。さらに、利用者宅を訪問しない月は、できる限り、予防サービス提供事業者等を訪問して利用者に面接すること、それが難しい場合には、電話等により利用者と連絡をとることとされています。

予防サービス提供事業者からの報告やモニタリングで得られた情報は、「介護予防支援・介護予防ケアマネジメント経過記録」にまとめます。

介護予防支援におけるモニタリングのポイントは下記のとおりです。

- 介護予防サービス・支援計画書どおりに、利用者自身の行動やサービスの提供がなされていますか。
- 介護予防サービス・支援計画書に記載した目標に対するサービス提供の効果はどうですか。
- 個々のサービス内容、回数などは適切ですか。
- 利用者に介護予防サービス・支援計画書変更を必要とする新たな課題が発生していませんか。
- 利用者の生活に変化はありませんか。
- 利用者はサービスに対して満足していますか。

8-2 （実施状況等を）評価し、今後の方針を決定します。

計画期間終了時には利用者宅を訪問し、モニタリングの結果に基づいて、サービス提供の効果・目標達成状況を評価し、「介護予防支援・介護予防ケアマネジメントサービス評価表」を作成します。評価の実施に際しては、利用者の状況を適切に把握し、利用者および家族の意見を求める必要がありますので、利用者宅を訪問して行います。

利用者の課題や状態に変化がみられず、介護予防サービス・支援計画書の根本的な見直しの必要がない場合は、「介護予防サービス・支援計画書」の作成日、計画期間等を変更し、継続して使用してもかまいません。

●関係する書類
介護予防支援・介護予防ケアマネジメントサービス評価表
→p.185

■介護予防支援・介護予防ケアマネジメント経過記録

介護予防支援・介護予防ケアマネジメント経過記録（サービス担当者会議の要点を含む）

利用者氏名 ＿＿＿＿＿＿＿　計画作成者氏名 ＿＿＿＿＿＿＿

年　月　日	内　容	年　月　日	内　容

①「利用者氏名」
当該利用者名を記載する。

②「計画作成者氏名」
当該介護予防サービス計画作成者（地域包括支援センター担当者名）の氏名を書く。なお、介護予防支援業務を委託する場合には、委託を受けた指定居宅介護支援事業所の担当介護支援専門員名もあわせて書く。

③「年月日」「内容」
訪問、電話、サービス担当者会議等での連絡や相談、決定事項等があった場合その日付と相談や会議内容、決定事項等の内容を書く。事業所から報告書等が提出された場合は、ここに添付する。事実の記載は最重要事項であるが、その事実に基づき介護予防サービス計画の修正が必要と考えられた場合には、記録を残すことも重要である。

※1　介護予防支援・介護予防ケアマネジメント経過は、具体的には、時系列に出来事、訪問の際の観察（生活の活発さの変化を含む）、サービス担当者会議の内容、利用者・家族の考えなどを記入し、決定事項・介護予防ケアマネジメントや各種サービスが適切に行われているかを判断し、必要な場合は方針変更を行うための介護予防支援の開催、サービス事業所や家族との調整などを記入する。
※2　サービス担当者会議を開催した場合には、会議出席者（所属（職種）氏名）、検討した内容等を記入する。

第4章 シミュレーション 受付からケアプラン作成・給付管理票提出まで

■ 介護予防支援・介護予防ケアマネジメントサービス評価表

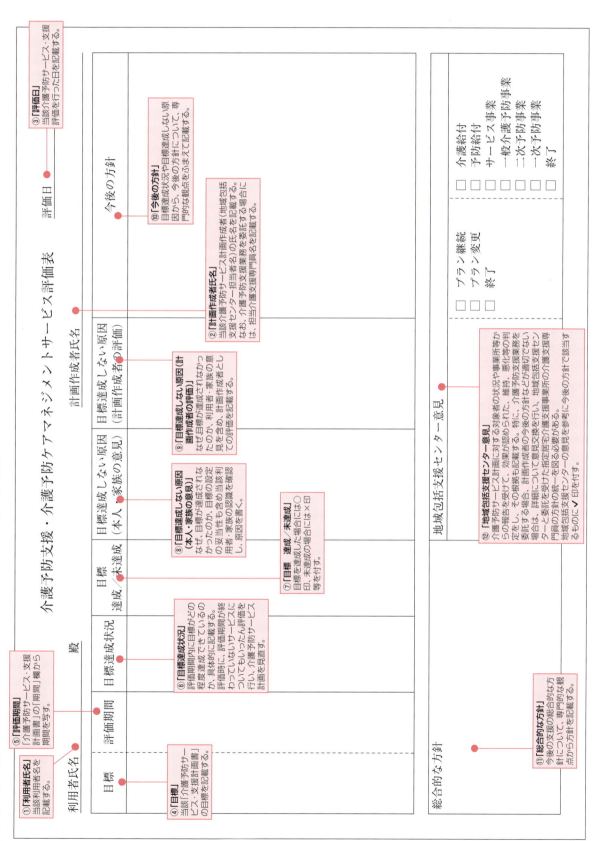

⑨ 介護予防ケアプラン修正・区分変更を検討します。

居宅介護支援と同様ですので、p.159を参照してください。

⑩ 給付管理票を作成し、国保連に提出します。

居宅介護支援と同様ですので、p.165を参照してください。

現場からの実践報告⑤　介護予防支援に必要な視点

利用者と一緒に「できるようになること」をみつけていく

　予防給付の利用者は、一般的に機能低下がゆるやかなため、介護予防支援のなかで大切な視点は本人の意欲を高め、「このようなことができそうですね」と提案し、目標を利用者と共有することがより重要になると思います。

　アセスメントの際には、本人の生活に密着した視点が必要です。その人がこれまで、どのような生活をし、今後、どのような生活を送りたいと思っているのかという価値観を理解しなければ、そのために、いかに現状を維持することが大切であるかについて説明できないからです。そのうえで、予防サービスを活用することにより、自立支援が実現するのだと考えます。

　予防給付は、介護給付に比べると、利用できるサービスの種類が少ないという特徴があります。また、サービス提供による効果を定期的に「評価する」というプロセスが組み込まれています。そのため、居宅介護支援以上に、利用者と一緒に「できるようになること」「維持していくこと」をみつけていくことが重要になると感じています。

　たとえば、調理はまったくできなくなってしまったとあきらめているひとり暮らしの方でも、味つけや味見をすること、また、野菜の皮むきなどからはじめ、少しでも調理に参加することで自立への一歩を踏み出せると考えています。

　もう一度できるようになること、または、継続することで生活を維持できる事柄を探し、それを予防給付のサービスでサポートしていくこと、同時に自立を妨げるサービスは本人のためにはならないという意識をもつことこそが、介護予防支援では求められていると思います。

（ケアプランセンター　ラポール　荻原満寿美さん）

第5章

給付管理業務の実際

CONTENTS

1. 給付管理業務とは …………………………………………………………… 188
2. 給付管理業務の手順 ………………………………………………………… 190
3. 給付管理業務の基礎知識 …………………………………………………… 192
4. 月途中での変更事項 ………………………………………………………… 202
5. 月単位にみる給付管理業務 ………………………………………………… 205
6. サービス利用票（第6表）・サービス利用票別表（第7表）の記載方法 ……… 209
7. 給付管理票の記載方法 ……………………………………………………… 221
8. 給付管理票や請求書に間違いがあったとき ……………………………… 222
9. 償還払いの仕組みとサービス提供証明書 ………………………………… 224

① 給付管理業務とは

　介護保険制度では、医療保険制度と異なり、要支援・要介護度別に区分支給限度額が定められています。利用者は、要介護等の認定を受けると、この区分支給限度額の範囲内で、居宅サービス計画（ケアプラン）・介護予防サービス計画（介護予防ケアプラン）に位置づけられたサービスを利用できます。

　居宅介護支援事業者等が行うこととされている居宅介護支援業務・介護予防支援業務は、ケアマネジメント業務と給付管理業務に大別されます。

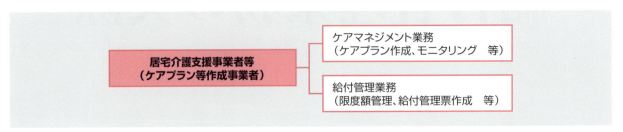

　ケアマネジメント業務は、利用者の心身状況を把握（アセスメント）し、ケアプランを作成するとともに介護サービス事業者等との調整を行い、サービスの提供から継続的な実施状況の把握および評価（モニタリング）までの一連の業務をいいます。

　給付管理業務は、ケアプラン・介護予防ケアプランにしたがって提供されたサービスの実績を1か月単位で給付管理票として取りまとめ、介護報酬の審査・支払いの基礎資料として活用するために、国民健康保険団体連合会（以下、国保連）に提出する一連の業務をいいます。

1. 給付管理業務を行う機関

　給付管理業務を行う機関は、介護給付については居宅介護支援事業者、予防給付については地域包括支援センターとなります。予防給付にかかる給付管理業務は、地域包括支援センターが行うことになりますが、委託により居宅介護支援事業者が行う場合もあります。

地域包括支援センターと居宅介護支援事業者の役割

給付の種類	利用申込受付、契約の締結	ケアマネジメント	給付管理	介護報酬の請求
予防給付	地域包括支援センター	地域包括支援センター（居宅介護支援事業者に委託可）	地域包括支援センター（居宅介護支援事業者に委託可）	地域包括支援センター
介護給付	居宅介護支援事業者	居宅介護支援事業者	居宅介護支援事業者	居宅介護支援事業者

2. 給付管理業務の内容

　給付管理業務は、サービス提供月を中心として、前月と翌月までの一連の業務として整理するとわかりやすくなります。給付管理業務は、介護支援専門員が作成するケアプラン等と密接な関係があり、基本的には、区分支給限度額の範囲内でケアプランを作成する必要があります。

給付管理業務の流れ

サービス提供前月	サービス提供月	サービス提供翌月
①ケアプランを作成する。 ②ケアプランに位置づけられたサービスの保険給付費および利用者負担額の計算を行い、限度額管理を行う。 ③ケアプラン、サービス利用票および別表を利用者に交付する。 ④サービス提供票および別表をサービス提供事業者に交付する。	①サービス実施状況を継続的に把握し、サービス提供事業者と必要な連絡調整を行う。 ②サービス利用に変更がある場合、保険給付費および利用者負担額の再計算を行い、サービス利用票を変更する。	①前月のサービス提供実績を把握し、限度額対象内の給付について給付管理票を作成し、国保連に送付する。

3. 予防給付と介護予防ケアプラン

　予防給付費に関する支給の枠組みについても、基本的には介護給付費の枠組みと同様です。

　要支援者に対する予防給付は、原則として、介護予防ケアプランが作成されていなければ給付されません。介護予防支援を受けることについて市町村に届けていない場合は、保険給付（償還払い）が行われませんので注意が必要です。

　居宅介護支援の場合、市町村への届出は、法定代理受領の要件ですが、予防給付の場合は、保険給付そのものの要件とされています。これは、予防給付については、介護予防の効果を高める観点から、介護予防支援事業者（地域包括支援センター等）において、利用者ごとに状態像の変化に応じて必要な支援ニーズを予測し、適切なサービスを調整したうえで、一定期間後に利用者に対してどのような効果が現れているかといった効果の測定およびサービス利用の評価を行うという一連のマネジメントプロセスを経ることとしたためです。

　介護予防ケアプランへの位置づけが必要なサービス、必要でないサービスは、次のとおりです。

介護予防ケアプランへの位置づけの要否

介護予防ケアプランが必要	介護予防ケアプランが不必要
・介護予防訪問介護（※1） ・介護予防訪問入浴介護 ・介護予防訪問看護 ・介護予防訪問リハビリテーション ・介護予防通所介護（※1） ・介護予防通所リハビリテーション ・介護予防短期入所生活介護 ・介護予防短期入所療養介護 ・介護予防福祉用具貸与 ・介護予防認知症対応型通所介護 ・介護予防小規模多機能型居宅介護（※2） ・介護予防認知症対応型共同生活介護（短期利用に限る）	・介護予防居宅療養管理指導 ・特定介護予防福祉用具販売 ・介護予防住宅改修費の支給 ・介護予防特定施設入居者生活介護（※2） ・介護予防認知症対応型共同生活介護（短期利用を除く）（※2）

※1：介護予防訪問介護と介護予防通所介護は2018（平成30）年3月31日までにすべて地域支援事業の「第一号訪問事業」と「第一号通所事業」へと移行しますが、要支援者がこれらのサービスを利用する場合は、引き続き介護予防ケアプランの作成が必要です。
※2：別途、施設で計画作成が必要です。

② 給付管理業務の手順

1. 居宅介護支援の給付管理業務

居宅介護支援の給付管理業務は、サービス提供月を中心として、サービス提供月の前月から翌月までの一連の業務として繰り返されます。

介護保険制度では、サービス利用に対する保険給付の上限額が設定されていることが特徴です。実際の上限額の管理は、介護支援専門員がケアプランを作成・変更する際に、保険給付費合計額を算定することにより管理されることとなります。

介護支援専門員は、利用者に対して「サービス利用票（第6表）」を交付します。利用者はこのサービス利用票により、自己のサービス利用に伴う利用者負担を確認します。

また、介護支援専門員は、サービス提供事業者に対して「サービス提供票」を交付します。サービス提供事業者はこのサービス提供票により、サービスの提供時期・内容を確認するとともに、徴収すべき利用者負担額を把握します。

サービス提供月終了後、介護支援専門員は、継続して実施してきた上限額管理の結果を「給付管理票」として国保連に送付します。

国保連は、給付管理票を受け取り、これを審査の「原本」として、サービス提供事業者より送付される「介護給付費請求書」「介護給付費明細書」と突合し、審査を行うことになります。

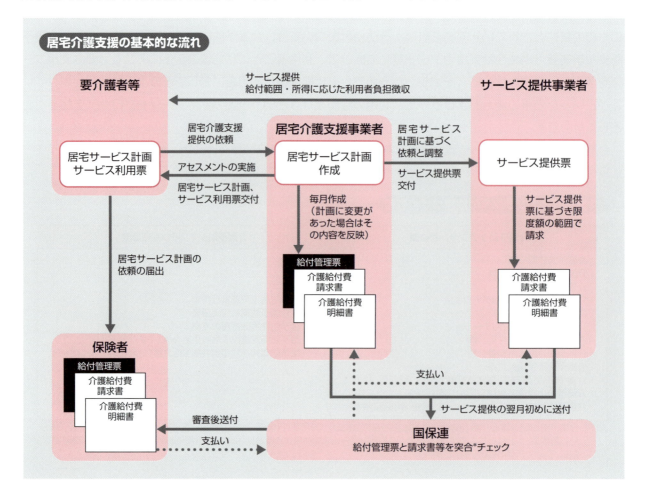

* 給付管理票と居宅サービス事業所からの請求内容との突合イメージ

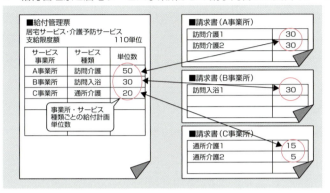

国保連では、居宅介護支援事業者から提出された給付管理票と、サービス提供事業者から提出された請求内容を照らし合わせ、事業所ごとの総単位数が合致した場合に支払いの請求を市町村に行います。
左記の例では、A事業所からの請求は60単位ですが、給付管理票の単位が50単位なので、返戻されてしまいます。

2. 介護予防支援の給付管理業務

予防給付にかかるケアマネジメントや給付管理については、地域包括支援センターが行うこととなっています。地域包括支援センターは、アセスメントの実施、介護予防サービス計画原案の作成、サービス担当者会議の開催、介護予防サービス計画原案の説明・同意、介護予防サービス計画書の交付、モニタリング、評価などのケアマネジメント業務および給付管理業務について、地域包括支援センター運営協議会の承認を得て居宅介護支援事業者に委託することができます。

介護予防支援の給付管理業務の内容は、居宅介護支援とほぼ同じです。基本的な流れは、次のとおりです。

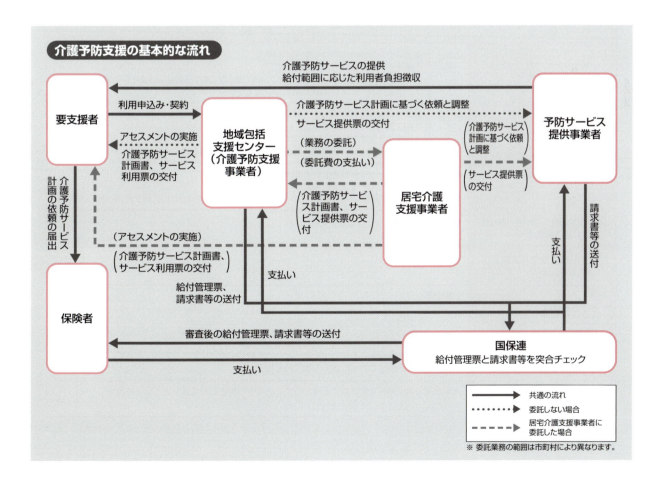

③ 給付管理業務の基礎知識

　介護保険制度において、保険給付されるサービス利用には、要介護度に応じた限度があります。この限度に応じたサービスか否かを管理する仕組みが「給付管理業務」であり、居宅介護支援事業者に給付管理票の提出が義務づけられています。
　しかし、その業務は大変複雑な仕組みになっていて、一朝一夕に理解できるものではありませんので、まず、基礎的な知識を理解しておく必要があります。
　なお、給付管理業務においては介護給付と予防給付に大きな違いはありません。したがってここでは介護給付を中心に記述し、予防給付については異なる点だけを記述することとします。

1. 法定代理受領と居宅サービス計画

　本来、保険給付は、保険者から被保険者（利用者本人）に支払われるべきものですが、さらに本人がそれをサービス提供事業者に支払うというのは、手続上いささか面倒です。そこで、サービス提供事業者がサービスに要した経費の9割（または利用者の所得によっては8割）相当分を、利用者に代わって保険者から受け取る仕組みが「法定代理受領」といわれるものです。
　そして、「利用者が1割または2割負担で利用できる＝サービス提供事業者が代理して受領できる」ためには、その居宅サービスが居宅サービス計画（ケアプラン）に位置づけられていることが前提となっています。
　法定代理受領の具体的な要件は次のとおりです。

区　分		内　容
(1) ・居宅サービス ・介護予防サービス ・地域密着型サービス ・介護予防地域密着型サービス 　（下記(2)～(6)以外）	ケース1	ケアプランの届出に基づくサービス利用 ①指定居宅サービス等を受けていて、 ②指定居宅介護支援等を受けることについてあらかじめ市町村に届け出ている場合であって、 ③指定居宅サービスが当該指定居宅介護支援等の対象である場合
	ケース2	基準該当事業者が作成したケアプランの届出に基づくサービス利用 ①指定居宅サービス等を受けていて、 ②基準該当居宅介護支援を受けることについてあらかじめ市町村に届け出ている場合であって、 ③指定居宅サービス等が当該基準該当居宅介護支援の対象である場合
	ケース3	セルフケアプランの届出によるサービス利用 ①指定居宅サービス等を受けていて、 ②当該指定居宅サービス等を含むサービスの利用に係る計画をあらかじめ市町村に届け出ている場合
(2) 特定施設入居者生活介護 　　（介護予防含む）		代理受領
(3) 地域密着型特定施設入居者生活介護		代理受領
(4) ・居宅療養管理指導 ・認知症対応型共同生活介護 　（介護予防含む）		代理受領
(5) 小規模多機能型居宅介護 　　（介護予防含む）		①本サービスを受けることについてあらかじめ市町村に届け出ている場合であって、 ②サービスの利用にかかる計画の対象である場合
(6) 居宅介護支援 　　介護予防支援		指定居宅介護支援等を受けることについて、あらかじめ市町村に届け出ている場合

> **介護保険法第41条（居宅介護サービス費の支給）**
>
> 6　居宅要介護被保険者が指定居宅サービス事業者から指定居宅サービスを受けたとき（当該居宅要介護被保険者が第46条第4項の規定により指定居宅介護支援を受けることにつきあらかじめ市町村に届け出ている場合であって、当該指定居宅サービスが当該指定居宅介護支援の対象となっている場合その他の厚生労働省令で定める場合に限る。）は、市町村は、当該居宅要介護被保険者が当該指定居宅サービス事業者に支払うべき当該指定居宅サービスに要した費用について、居宅介護サービス費として当該居宅要介護被保険者に対し支給すべき額の限度において、**当該居宅要介護被保険者に代わり、当該指定居宅サービス事業者に支払うことができる。**
>
> 7　前項の規定による支払があったときは、居宅要介護被保険者に対し居宅介護サービス費の支給があったものとみなす。

> **介護保険法第46条（居宅介護サービス計画費の支給）**
>
> 4　居宅要介護被保険者が指定居宅介護支援事業者から指定居宅介護支援を受けたとき（当該居宅要介護被保険者が、厚生労働省令で定めるところにより、当該指定居宅介護支援を受けることにつきあらかじめ市町村に届け出ている場合に限る。）は、市町村は、当該居宅要介護被保険者が当該指定居宅介護支援事業者に支払うべき当該指定居宅介護支援に要した費用について、居宅介護サービス計画費として当該居宅要介護被保険者に対し支給すべき額の限度において、**当該居宅要介護被保険者に代わり、当該指定居宅介護支援事業者に支払うことができる。**
>
> 5　前項の規定による支払があったときは、居宅要介護被保険者に対し居宅介護サービス計画費の支給があったものとみなす。

2. 区分支給限度基準額と種類支給限度基準額管理について

　要介護度に応じた区分支給限度基準額は、保険の範囲内で受けることのできるサービス量のことです。この限度の範囲内であれば、利用者は1割または2割の負担でサービスを利用できますが、サービスの供給量に限りがあるなかで、特定のサービスに利用が偏ると、利用したくても利用できない事態が生じてしまうことがあります。したがって市町村は、厚生労働大臣が定める区分支給限度基準額の範囲内において、地域のサービス基盤の整備状況等に応じて個別の種類のサービスについて、支給限度基準額（種類支給限度基準額）を定めることができます。種類支給限度基準額を超えたサービス利用は、全体として区分支給限度基準額の範囲内であっても保険給付の対象となりません。

　居宅サービスは、「単位数」による支給限度額管理とされています。介護給付費の1単位の単価は、事業所の所在地ごと、サービス種類ごとに異なるため、限度額の枠内で利用可能なサービス量を一定のものとするためには、「単位数」による支給限度額管理が適当だからです。

　要介護状態区分に応じて設定される区分支給限度基準額は右の表のとおりです。

要介護 状態区分	居宅サービス区分	
	管理期間	限度基準額（単位）
要支援1	1月間	5,003
要支援2	1月間	10,473
要介護1	1月間	16,692
要介護2	1月間	19,616
要介護3	1月間	26,931
要介護4	1月間	30,806
要介護5	1月間	36,065

※2015(平成27)年9月現在

ここで注意すべきなのは居宅サービス区分は1か月を管理期間として管理されるということです。1か月を管理期間とすることは、その月内に利用しなかった単位数は繰り越せない、言い換えれば、貯めておいて後で使うことはできないということです。

3. サービスの種類と支給限度額

　介護保険の給付に関する法の規定は、対象者による区分（要支援者に対する予防給付か、要介護者に対する介護給付か）、サービスの種類、事業者の指定・監督機関による区分等、さまざまな要素が組み合わさっています。

　サービスの種類や保険給付の方法、指定権者、支給限度額の有無等をまとめると次のとおりになります。

区分	対象者	予防給付 要支援1、2の者	介護給付 要介護1～5の者	通常の給付方法	指定・監督機関	支給限度額の有無等
居宅		介護予防訪問介護※	訪問介護	現物給付	都道府県	あり （要介護度別）
		介護予防訪問入浴介護	訪問入浴介護			
		介護予防訪問看護	訪問看護			
		介護予防訪問リハビリテーション	訪問リハビリテーション			
		介護予防通所介護※	通所介護			
		介護予防通所リハビリテーション	通所リハビリテーション			
		介護予防福祉用具貸与	福祉用具貸与			
		介護予防短期入所生活介護	短期入所生活介護			
		介護予防短期入所療養介護	短期入所療養介護			
		介護予防居宅療養管理指導	居宅療養管理指導			なし
		介護予防特定施設入居者生活介護	特定施設入居者生活介護			あり （短期利用のみ）
		特定介護予防福祉用具販売	特定福祉用具販売	償還給付		別に限度額あり
		介護予防住宅改修	住宅改修		指定なし	別に限度額あり
支援		介護予防支援	居宅介護支援		介護予防支援は市町村／居宅介護支援は都道府県	なし （10割給付）
施設		—	介護老人福祉施設		都道府県	なし
			介護老人保健施設			
			介護療養型医療施設			
地域密着型		—	定期巡回・随時対応型訪問介護看護	現物給付	市町村	あり （要介護度別）
		—	夜間対応型訪問介護			
		介護予防認知症対応型通所介護	認知症対応型通所介護			
		介護予防小規模多機能型居宅介護	小規模多機能型居宅介護			
			複合型サービス（看護小規模多機能型居宅介護）			
		介護予防認知症対応型共同生活介護	認知症対応型共同生活介護			あり （短期利用のみ）
		—	地域密着型特定施設入居者生活介護			
		—	地域密着型介護老人福祉施設入所者生活介護			なし
その他		高額介護予防サービス費	高額介護サービス費	償還給付	—	—
		高額医療合算介護予防サービス費	高額医療合算介護サービス費			—
		特定入所者介護予防サービス費	特定入所者介護サービス費	現物給付		—
		市町村特別給付		—		—

※介護予防訪問介護と介護予防通所介護は2018（平成30）年3月31日までに地域支援事業へ移行し、給付は予防給付からではなくなる（市町村ごとに対応は異なる）。

　つまり、上記の色の網かけのサービスについては、支給限度額管理が必要なサービスであり、サービス利用票上へ記載する必要があります。

　一方、短期利用ではない「特定施設入居者生活介護」や「認知症対応型共同生活介護」、また、医療従事者による「居宅療養管理指導」については、支給限度額による管理は不要です。

なお、利用者負担のない「居宅介護支援」「介護予防支援」（ケアプラン等作成費）についても、支給限度額のなかに入れて管理する必要がないことは、いうまでもありません。

4. 限度額管理の審査方法

居宅サービス区分の限度額の審査は、①居宅介護支援事業者等の介護支援専門員が作成した給付管理票と②サービス提供事業者からの「介護給付費請求書」「介護給付費明細書」を突合することにより行います。

(1) 居宅介護支援事業者等（ケアプラン作成機関）

居宅介護支援事業者は、サービス提供月の翌月に、サービス提供月の実績ベース（計画の変更があった場合等、それらを反映する）の「給付管理票」を国保連に送付します。

給付管理票には、居宅サービス区分の支給限度額内で、事業所ごと・サービス種類ごとに給付を予定していた「単位」が記載されています。

(2) サービス提供事業者

サービス提供事業者は、提供したサービスの内容を記載した「介護給付費請求書」「介護給付費明細書」を国保連に送付します。

国保連では、「介護給付費明細書」のサービス種類ごとの請求「単位」が、給付管理票で当該事業者の該当するサービスに割り振られている「単位」を超えていないかを確認することにより、上限額を管理します。

居宅サービス区分の限度額管理のイメージは、次のとおりです。

居宅サービス区分の限度額管理のイメージ

居宅介護支援事業者の「給付管理票」

被保険者氏名	横浜 一郎	
要介護状態	要介護3	
限度額	500単位	
事業者名	サービス種類	単位
指定事業者1	訪問介護	200単位
指定事業者1	通所介護	100単位
指定事業者2	訪問入浴介護	200単位
	指定サービス分	300単位
	基準該当分	200単位
	合計	500単位

- ●サービス計画月の区分支給限度額を、保険者から送付される被保険者台帳と突合し、妥当であるかチェックする。
- ●保険者に居宅サービス計画作成依頼が届け出られている事業者からの給付管理票であるかチェックする。
- ●各事業者に割り当てたサービスの給付単位合計が、限度額の範囲内であるかチェックする。

指定事業者1の「介護給付費明細書」

事業者名	指定事業者1	
被保険者名	横浜 一郎	
サービス名	日数	単位
訪問介護1	5日	100単位
訪問介護2	2日	50単位
訪問介護3	1日	50単位
通所介護1	2日	100単位

指定事業者2の「介護給付費明細書」

事業者名	指定事業者2	
被保険者名	横浜 一郎	
サービス名	日数	単位
訪問入浴介護1	5日	250単位

①訪問介護は、給付管理票の割当200単位の範囲内
　→そのまま保険給付の支払いが行われる。
②通所介護は、給付管理票の割当100単位の範囲内
　→そのまま保険給付の支払いが行われる。
③訪問入浴介護は、事業者の請求が給付管理票の割当を超えている
　→給付管理票の200単位までについて保険給付の支払いが行われる。

5. 給付管理上の留意点について

（1）給付管理票作成上の留意点

給付管理票は、国保連における審査・支払業務の基礎資料とするため、正しい給付管理票が国保連に提出されなければ、ケアプラン上に位置づけられた介護事業者に対して介護報酬が適切に支払われなくなるおそれがあります。

したがって、給付管理を適切に行うために、次の点に留意する必要があります。

①利用者ごとに区分支給限度額が異なるので、ケアプランに位置づけたサービスの保険給付額を正確に計算すること
②ケアプランと実際のサービス提供には相違が生じる場合があるため、正確に確認すること
③給付管理票は、国保連がサービス提供事業者に介護保険料を支払う際の審査資料として活用するため、サービス提供の実績を正確に記録すること

具体的には、次の確認事項を参考にしてチェックするとよいでしょう。

給付管理票作成上の留意点

番号	確認事項	内容
1	給付制限の状況	保険料の滞納による支払い方法の変更（償還払い化措置）の有無
2	利用者負担割合	利用者負担割合の確認 （減免、旧措置入所者、給付率引下、公費負担等）
3	サービス時間単位	時間単位で介護報酬が設定される訪問介護等のサービス時間単位
4	サービス提供時間帯	早朝・深夜等、サービス提供時間帯で介護報酬が設定されるサービスの提供時間帯
5	事業所の種類	事業所の規模によって介護報酬が設定されるサービスの設備・人員体制
6	サービス担当者の資格	担当者の資格によって異なる報酬が設定されているサービスの担当者の資格 （准看護師による訪問看護等）
7	事業者の割引率	事業者の割引率の届出の有無
8	加算サービス	訪問介護の2人訪問加算等加算に応じた介護報酬が設定されているサービスの加算内容等

（2）区分支給限度額管理の対象外となる加算

区分支給限度額管理の対象となるサービスであっても、離島や山間へき地等における訪問介護・訪問入浴介護・訪問看護等に対する特別地域加算（それぞれ所定の単位の15％増）や訪問看護におけるターミナルケアにかかる加算については、その加算部分を区分支給限度額外の取扱いとすることができます。

特別地域加算について限度額管理外とするのは、全国どの地域にあっても要介護度に応じて受けられるサービスの量を同じにするためです。また、訪問看護のターミナルケア加算については、緊急時のものであり計画的に加算することになじまないものであることによります。

これらのサービスについては、その加算部分が区分支給限度額を超えても保険が給付される（＝1割または2割負担で利用できる）ことに注意する必要があります。

2015（平成27）年の改定で、サービス提供体制強化加算や総合マネジメント体制強化加算等が新たに対象外として加えられました。

（3）サービス利用が区分支給限度額を超えた場合

利用者の希望により、区分支給限度額を超えるサービスを受けるときには、超えた部分に相当する費用を、利用者がサービス提供事業者に全額支払うことになります。

このような場合、居宅介護支援事業者は、その超過分をどの事業者に割り当てるのか（どのサービス提供事業者に徴収してもらうのか）を調整する必要が出てくることがあります。特に、複数の事業者がさまざまな形でかかわっているケースの場合には、そのサービスの種類や地域区分によって単位あたりの単価（金額）が異なるので、どのサービスを限度額内に収め、どのサービスを限度額外とするかは、利用者負担額に影響を及ぼすことになります＊。

さらに、前述のような異なる取扱いのできる加算分もあるので、区分支給限度額を超えるプランの場合には、多岐にわたる取扱いの違いを理解しておく必要があります。

＊介護保険制度では、要介護度が同じであれば、利用できる単位数は全国一律で同じです。しかし、地域による物価（特に人件費）差を補正するため、単位あたりの単価に差を設けています。したがって、同じ単位のサービス利用であっても、事業所が所在する地域により、利用者が負担する金額が変わるので注意が必要です。

6. 福祉用具購入と住宅改修

福祉用具購入（居宅介護福祉用具購入費・介護予防福祉用具購入費）と住宅改修（居宅介護住宅改修費・介護予防住宅改修費）については、要介護度にかかわらず、一律に定められた限度額のなかでの利用が可能なサービスです。

現在、福祉用具購入は年度を単位（毎年4月から翌3月まで）として10万円、住宅改修は20万円を限度として利用できることになっていますが、これらの利用に当たっては、原則、償還払い（利用者が負担したのち申請により9割または8割が保険者から払い戻される）であることや、必要のない購入や改修は認められないことに注意する必要があります。

現在、多くの市町村では、1割または2割負担で福祉用具の購入や住宅改修を行うことができるよう受領委任払い方式を採用しています。その場合は、事前に「福祉用具購入費事前申請書」や「住宅改修支給申請書」を自治体に提出する必要があります。

介護保険法施行規則第70条

1　居宅介護福祉用具購入費は、当該居宅要介護被保険者の日常生活の自立を助けるために必要と認められる場合に限り支給するものとする。

介護保険法施行規則第74条

居宅介護住宅改修費は、当該住宅改修が当該居宅要介護被保険者が現に居住する住宅について行われたものであり、かつ、当該居宅要介護被保険者の心身の状況、住宅の状況等を勘案して必要と認められる場合に限り支給するものとする。

福祉用具については、介護保険制度の施行後、要介護者等の日常生活を支える道具として急速に普及・定着していますが、その一方で、利用者の状態像からその必要性が想定しにくい福祉用具が給付されるなど、自立支援の趣旨に沿わない事例が見受けられました。

そこで、2004（平成16）年6月に福祉用具の適正な利用を促進することを目的とした通知「介護保険における福祉用具の選定の判断基準について」が厚生労働省より発出されました。これは「福祉用具選定のためのガイドライン」（CD-ROMに収載）と呼ばれており、介護支援専門員がケアプランを作成する際の指針とされています。

また、2006（平成18）年4月から、福祉用具販売についても事業者は都道府県の指定を受けることが必要となり、居宅サービス計画に特定福祉用具販売を位置づける場合、その必要性についての理由を記載しなければならないことが規定されました（運営基準第13条第23号）。

　住宅改修費については、はじめて住宅改修費が支給されたときに比べて、要介護状態区分が3段階以上あがった場合、また、転居した場合には、それまでに支給を受けた住宅改修費の額にかかわらず、再度、20万円までの支給申請を行うことができます（1人の被保険者につき1回まで）。

　このとき、「要支援2」と「要介護1」については、「介護の必要の程度」において同一段階に設定されていますので、たとえば、「要支援1」から「要介護2」になった場合は、2段階の上昇にとどまり、支給額のリセットの対象にはなりませんので注意が必要です。

「介護の必要の程度」と「要介護等状態区分」

「介護の必要の程度」の段階	要介護等状態区分
第6段階	要介護5
第5段階	要介護4
第4段階	要介護3
第3段階	要介護2
第2段階	要支援2または要介護1
第1段階	要支援1

7. 介護保険優先公費について

　医療・福祉においては、これまでさまざまな目的から、その一部または全部を公費（税金）によってまかなうという措置が行われてきました。

　介護保険制度においてもこの取扱いは存続しますが、この場合に、介護保険が優先するものと他法が優先するものがあり、注意が必要となります。

　「介護保険が優先である」とは、該当のサービスを受けたときに、「介護保険で優先して負担する」ということです。たとえば、措置制度で95％が公費負担でまかなわれているサービスで、介護保険が優先する場合にはそのうちの90％は介護保険から給付し、残りの5％を公費でまかなうことになります。

　公費負担医療の取扱いは、サービスの利用単位に影響を及ぼすわけではありませんので（公費負担医療であってもなくても利用単位数は同じ）、居宅サービス計画（ケアプラン）に直接的に影響を及ぼすものではありませんが、実質的には利用者負担額が減ることになります。また、サービスを提供する事業者にとっては、その請求をどこにするか（介護保険の保険者か公費負担者か）の取扱いが異なることになります。

　「適用優先度順」とは、複数の公費適用を受ける場合、上位にある公費からその負担を行うという意味です。たとえば、介護保険の被保険者、生活保護受給者である原爆被爆者が、一般疾病医療として訪問看護を受ける場合、上位にある「原子爆弾被爆者に対する援護に関する法律」が優先適用となり、その法律で給付されない分が介護保険から給付されることになります。（介護給付費請求書等の記載要領について（平成13年11月老老発31））

保険優先公費の一覧（適用優先度順）

項番	制度	給付対象	法別番号	資格証明等	公費の給付率	負担割合	介護保険と関連する給付対象
1	感染症の予防及び感染症の患者に対する医療に関する法律（平成10年法律第114号）「一般患者に対する医療」	結核に関する治療・検査等省令で定めるもの	10	患者票	95	介護保険を優先し95％までを公費で負担する	医療機関の短期入所療養介護、医療機関の介護予防短期入所療養介護及び介護療養施設サービスにかかる特定診療費並びに介護老人保健施設の短期入所療養介護、介護老人保健施設の介護予防短期入所療養介護及び介護保健施設サービスにかかる特別療養費
2	障害者の日常生活及び社会生活を総合的に支援するための法律（平成17年法律第123号）「通院医療」	通院による精神障害の医療	21	受給者証	100	介護保険優先 利用者本人負担額がある	訪問看護、介護予防訪問看護
3	障害者の日常生活及び社会生活を総合的に支援するための法律「更生医療」	身体障害者に対する更生医療（リハビリテーション）	15	受給者証	100	介護保険優先 利用者本人負担額がある	訪問看護、介護予防訪問看護、医療機関の訪問リハビリテーション、医療機関の介護予防訪問リハビリテーション、医療機関の通所リハビリテーション、医療機関の介護予防通所リハビリテーション及び介護療養施設サービス
4	原子爆弾被爆者に対する援護に関する法律（平成6年法律第117号）「一般疾病医療費の給付」	健康保険と同様（医療全般）	19	被爆者手帳	100	介護保険優先 残りを全額公費（※）	介護保健施設サービス含め医療系サービス（介護予防サービスを含む）の全て
5	難病の患者に対する医療等に関する法律（平成26年法律第50号）「特定医療」	特定の疾患のみ	54	受給者証	100	介護保険優先 利用者本人負担額がある	訪問看護、介護予防訪問看護、医療機関の訪問リハビリテーション、医療機関の介護予防訪問リハビリテーション、居宅療養管理指導、介護予防居宅療養管理指導及び介護療養施設サービス
6	被爆体験者精神影響等調査研究事業の実施について（平成14年4月1日健発第0401007号）	被爆体験による精神的要因に基づく健康影響に関連する特定の精神疾患又は関連する身体化症状・心身症のみ	86	受給者証	100	介護保険優先 残りを全額公費（※）	訪問看護、介護予防訪問看護、訪問リハビリテーション、介護予防訪問リハビリテーション、居宅療養管理指導、介護予防居宅療養管理指導、通所リハビリテーション、介護予防通所リハビリテーション、短期入所療養介護、介護予防短期入所療養介護、介護保健施設サービス及び介護療養施設サービスの医療系サービスの全て
7	特定疾患治療研究事業について（昭和48年4月17日衛発第242号厚生省公衆衛生局長通知）「治療研究に係る医療の給付」	特定の疾患のみ	51	受給者証	100	同上	訪問看護、介護予防訪問看護、医療機関の訪問リハビリテーション、医療機関の介護予防訪問リハビリテーション、居宅療養管理指導、介護予防居宅療養管理指導及び介護療養施設サービス
8	先天性血液凝固因子障害等治療研究事業について（平成元年7月24日健医発第896号厚生省保健医療局長通知）「治療研究に係る医療の給付」	同上	51	受給者証	100	介護保険優先 利用者本人負担額がある（※）	同上
9	「水俣病総合対策費の国庫補助について」（平成4年4月30日環保業発第227号環境事務次官通知）「療養費及び研究治療費の支給」	水俣病発生地域において過去に通常のレベルを超えるメチル水銀の曝露を受けた可能性のある者における水俣病にもみられる症状に関する医療	88	医療手帳、保健手帳	100	介護保険優先 残りを全額公費（※）	介護保健施設サービス含め医療系サービス（介護予防サービスを含む）の全て（ただし、介護保健施設サービスにおいては所定疾患施設療養費に限る）
10	「メチル水銀の健康影響に係る調査研究事業について」（平成17年5月24日環企発第050524001号環境事務次官通知）「研究治療費の支給」	メチル水銀の曝露に起因するものでないことが明らかなものを除く疾病等の医療	88	医療手帳	100	介護保険優先 残りを全額公費（※）	介護保健施設サービス含め医療系サービス（介護予防サービスを含む）の全て（ただし、介護保健施設サービスにおいては所定疾患施設療養等に限る）
11	「茨城県神栖町における有機ヒ素化合物による環境汚染及び健康被害に係る緊急措置事業要綱」について（平成15年6月6日環保企発第030606004号環境事務次官通知）「医療費の支給」	茨城県神栖町におけるジフェニルアルシン酸の曝露に起因する疾病等の医療	87	医療手帳	100	介護保険優先 残りを全額公費（※）	介護保健施設サービス含め医療系サービス（介護予防サービスを含む）の全て（ただし、介護保健施設サービスにおいては所定疾患施設療養等に限る）
12	石綿による健康被害の救済に関する法律（平成18年法律第4号）「指定疾病に係る医療」	指定疾病に係る医療	66	石綿健康被害医療手帳	100	介護保険優先 残りを全額公費	介護保健施設サービス含め医療系サービス（介護予防サービスを含む）の全て（ただし、介護保健施設サービスにおいては所定疾患施設療養費に限る）
13	特別対策（障害者施策）「全額免除」	障害者施策利用者への支援措置	58	受給者証	100	介護保険優先 残りを全額公費	訪問介護、介護予防訪問介護、夜間対応型訪問介護、訪問型サービス（みなし）及び訪問型サービス（独自）
14	原爆被爆者の訪問介護利用者負担に対する助成事業について（平成12年3月17日健医発第475号厚生省保健医療局長通知）「介護の給付」	低所得者の被爆者に対する訪問介護、介護予防訪問介護、訪問型サービス（みなし）及び訪問型サービス（独自）	81	被爆者健康手帳	100	介護保険優先 残りを全額公費（※）	訪問介護、介護予防訪問介護、訪問型サービス（みなし）及び訪問型サービス（独自）
15	原爆被爆者の介護保険等利用者負担に対する助成事業について（平成12年3月17日健医発第476号厚生省保健医療局長通知）「介護の給付」	被爆者に対する介護福祉施設サービス等、地域密着型介護老人福祉施設入所者生活介護、通所介護、介護予防通所介護、短期入所生活介護、介護予防短期入所生活介護、認知症対応型通所介護、介護予防認知症対応型通所介護、小規模多機能型居宅介護、介護予防小規模多機能型居宅介護、定期巡回・随時対応型訪問介護看護、看護小規模多機能型居宅介護、通所型サービス（みなし）及び通所型サービス（独自）	81	被爆者健康手帳	100	介護保険優先 残りを全額公費（※）	介護福祉施設サービス、地域密着型介護老人福祉施設サービス、通所介護、介護予防通所介護、短期入所生活介護、介護予防短期入所生活介護、認知症対応型通所介護、介護予防認知症対応型通所介護、小規模多機能型居宅介護、介護予防小規模多機能型居宅介護、定期巡回・随時対応型訪問介護看護、看護小規模多機能型居宅介護、通所型サービス（みなし）及び通所型サービス（独自）
16	中国残留邦人等の円滑な帰国の促進並びに永住帰国した中国残留法人等及び特定配偶者の自立の支援に関する法律（平成6年法律第30号）「介護支援給付」	介護保険及び介護予防・日常生活支援総合事業（一般介護予防事業を除く）の給付対象サービス	25	介護券	100	介護保険優先 利用者本人負担額がある	介護保険及び介護予防・日常生活支援総合事業（一般介護予防事業を除く）の給付対象と同様
17	生活保護法の「介護扶助」	介護保険及び介護予防・日常生活支援総合事業（一般介護予防事業を除く）の給付対象サービス	12	介護券	100	介護保険優先 利用者本人負担額がある	介護保険及び介護予防・日常生活支援総合事業（一般介護予防事業を除く）の給付対象と同様

基礎知識 Q&A

Q 申請月に認定結果がでなかった場合の請求の取扱いについて教えてください。

A 認定の効果は申請日にさかのぼりますが、結果が出るまでは、暫定ケアプランを作成し、サービスを利用するのが一般的でしょう。ところが、認定結果が当該月にわからない場合には、給付管理票の作成ができないので、報酬の請求は行えません。これは、要介護認定がされていない段階で請求しても、市町村に受給者情報がなく、突合ができないためです。

したがって、認定結果が下りた後に、請求できなかった月分とあわせて2か月分を請求することになります。

Q 特別地域加算のように、支給限度管理外の扱いになる加算の扱い方がよくわかりません。

A 訪問介護等の特別地域加算と訪問看護のターミナルケア加算は、どちらも限度管理外サービスとしてカウントできることになっていますが、特別地域加算の場合は、あくまで本体となるサービスに付随したもの（本体サービスの15％増）であるため、その取扱いについて注意を要する場合があります。

たとえば、特別地域加算の対象となるサービス1000単位が支給限度額外の扱いとなり、全額自己負担になると、それに付随して15％の加算（150単位）についても全額自己負担となってしまいます。したがって、特別地域加算があるサービスとないサービスが混在しており、支給限度額を超えるプランを作成する場合には、特別地域加算のないサービスを限度外の扱いにするほうが、利用者の自己負担は少なくなります。

サービスがすべて支給限度内に収まる場合	特別地域加算のあるサービスを一部限度外の扱いにした場合
1割（2割）の自己負担	**1割（2割）の自己負担**
特別地域加算のないサービス(A) ／ 特別地域加算のある訪問介護(B) ／ (B)×15％	特別地域加算のないサービス(A) ／ 特別地域加算のある訪問介護(B) ／ (B)×15％ 〔付随する15％も全額自己負担〕
特別地域加算のある訪問介護の単位が、すべて支給限度内に収まる場合は、訪問介護に付随する特別地域加算（15％）分についても自己負担は1割（2割）です。	特別地域加算のある訪問介護の単位が、支給限度内に収まらない場合（限度外となる場合）は、限度外となる訪問介護の単位だけでなく、それに付随する特別地域加算分も自己負担となります。

第5章 給付管理業務の実際

 給付管理票を間違えた場合はどうすればよいのですか。

 国保連に直接、修正済みの給付管理票を提出する必要があります。取り下げは不要です。

 返戻となった介護給付費明細書を再請求したいので取り下げたいのですが、どうしたらよいのですか。

 介護給付費明細書が返戻となった場合は、国保連では明細書を持っていない状態となっているので取り下げる必要はありません。そのまま再請求してください。

 転出した人がいるのですが、転居した月は、どちらの保険者番号等により国保連に請求することになるのですか。

 その月の末日の情報で国保連に請求することになります。

 4月3日に居宅サービス計画を市町村に提出しているのですが、4月10日に国保連に提出した給付管理票が「居宅計画未届出」として返戻となってしまいました。この場合の取扱いを教えてください。

 保険者（市町村）は、原則として毎月末までに行われた認定・届出の情報を翌月初に国保連に送ります。

具体例
- 市町村へ計画の届出　4月1日～30日の間
- 国保連への届出の情報送付　5月初め（5月審査時）

上記のとおり処理を行っているため、計画の届出を行った月（4月）に請求を行っても4月時点における国保連の情報は「未届出」の状態となっているため、当該請求は返戻の扱いとなります。
　この場合、請求は5月以降に行う必要があります。

 今月、国保連に請求を行ったものを取り下げたいのですが、いつから行えますか。

 請求を行った当月は、国保連において審査を行っていますので、過誤取り下げはできません。請求を行った翌月以降に取り下げを行う必要があります。

 取り下げが行われたかどうかは、どのように確認するのですか。

 取り下げ依頼書を提出した月の翌月3日頃までに国保連から取り下げた内容が記載された「過誤決定通知書」が送付されます。再請求の必要がある場合は、取り下げられたことを確認した後に行ってください。

④ 月途中での変更事項

（1）月の途中で居宅介護支援事業者が変更になった場合

> 居宅介護支援事業者（A）→居宅介護支援事業者（B）

①同一市町村（保険者）の場合

月末時点に市町村への届出対象となっている居宅介護支援事業者が、給付管理票を作成します。居宅介護支援費を請求できるのは、給付管理票を作成した居宅介護支援事業者に限られます。

なお、このとき利用者に、市町村に対して居宅サービス計画作成依頼の変更届を提出してもらう必要があります。

月の途中で解約となった場合、当初の居宅介護支援事業者（A）は、運営基準上サービス利用票等それまでの当月中の計画と実績に関する情報を、利用者に提供しなければなりません。また、当初の居宅サービス計画上実施予定のあるサービス事業者に対しては、以後の計画変更の可能性があることを連絡する必要があります。

②他の市町村（保険者）からの転居の場合

転居前と転居後のそれぞれについて「給付管理票」を作成し、両方の市町村に提出します。居宅介護支援等の介護報酬は、両方の市町村に請求することができます。また、区分支給限度額についても、転居前と転居後は別々に算定されます。

（2）月の途中で自己作成から居宅介護支援を受けることとなった場合

> 自己作成→居宅介護支援事業者

利用者の自己作成の居宅サービス計画（ケアプラン）を参考にして、居宅介護支援事業者が居宅サービス計画（ケアプラン）を作成し、それに基づいて、給付管理票等の作成を行います。

（3）月の途中で居宅介護支援を受けることをとりやめ、自己作成の居宅サービス計画に切り替えた場合

> 居宅介護支援事業者→自己作成

居宅介護支援をとりやめた日以降は、利用者自らが事業者とのサービス調整を行い、「サービス利用票」を作成して市町村に届け出る必要があります。給付管理票の作成は、市町村が行います。

（4）月の途中から、それまで償還払いによりサービスを受けていた者が新たに居宅介護支援を受ける場合

> 償還払い→居宅介護支援

居宅介護支援事業者は、利用者からサービス提供証明書、領収書等の提示を受け、当月中にすでに受けているサービス内容を確認したうえで、残月分の居宅サービス計画を作成し、その計画をもとに給付管理票の作成を行います。

（5）月の途中で、要介護度が変わった場合の限度額の変更

> 要介護1→要介護2

変更前後のいずれか高いほうの要介護状態区分の区分支給限度基準額を適用します。

第5章　給付管理業務の実際

(6) 月の途中で利用者が資格喪失した場合　※保険者の変更の場合を除く。

　　介護保険給付対象→資格喪失

　資格喪失日までの実績については法定代理受領の対象となるので、資格喪失日までの居宅サービス計画をもとに給付管理票を作成します。

(7) 月の途中で、小規模多機能型居宅介護と居宅の間の移動があった場合

　　小規模多機能型居宅介護←→居宅

　居宅介護支援事業者が、小規模多機能型居宅介護と他の居宅サービス利用を含めて給付管理票を作成します。

(8)「包括報酬」が設定されているサービスで日割り計算を行う場合

　以下のサービスについては、「日割り計算を行う事由」に該当する場合、「1月につき」ではなく「1日につき」と定められているサービスコードを記入し、請求を行います。

〈サービスの種類（日割計算用サービスコードがない加算は除く）〉
- 定期巡回・随時対応型訪問介護看護
- 複合型サービス（看護小規模多機能型居宅介護）
- 訪問看護（定期巡回・随時対応型訪問介護看護と連携する場合）
- 介護予防特定施設入居者生活介護における外部サービス利用型の「介護予防訪問介護」「介護予防通所介護」「介護予防通所リハビリテーション」
- 介護予防訪問介護
- 介護予防通所介護
- 介護予防通所リハビリテーション
- 夜間対応型訪問介護
- 小規模多機能型居宅介護（介護予防を含む）

〈日割り計算を行う事由〉
- 月途中に被保険者の資格の異動が生じた場合
　　要介護認定と要支援認定をまたがる区分変更認定[※1]、要介護1から要介護5の間、もしくは要支援1と2の間での区分変更[※1]、資格取得・喪失[※2]、転入・転出[※2]、認定有効期間の開始・終了[※2]
- 月途中にサービス事業者の資格の異動が生じた場合
　　事業開始・事業廃止、事業者指定更新制に伴う指定有効期間・効力停止期間の開始・終了
- 月の一部の期間が公費適用期間であった場合
- 月の途中で、サービス事業者の変更があった場合（同一市町村（保険者）に限る）
- 月の途中からサービス提供を開始した場合（前月以前から引き続きサービスを提供している場合を除く）[※2]
- 利用者との契約解除[※2]
- 月の一部の期間に利用者が介護予防短期入所生活介護、介護予防短期入所療養介護、短期入所生活介護、短期入所療養介護、特定施設入居者生活介護（短期利用）、認知症対応型共同生活介護（短期利用）、地域密着型特定施設入居者生活介護（短期利用）を利用した場合[※3]

・月の一部の期間に利用者が介護予防特定施設入居者生活介護、介護予防認知症対応型共同生活介護に入居、又は介護予防小規模多機能型居宅介護を利用した場合※4
・利用者が医療保険の給付対象となった場合（特別訪問看護指示書の場合を除く）※5
・利用者が医療保険の給付対象となった場合（特別訪問看護指示書の場合に限る）※6

※1 夜間対応型訪問介護以外に適用される。
※2 訪問看護（定期巡回・随時対応型訪問介護看護と連携して訪問看護を行う場合）、小規模多機能型居宅介護、介護予防小規模多機能型居宅介護、定期巡回・随時対応型訪問介護看護又は看護小規模多機能型居宅介護に適用される。
※3 介護予防訪問介護、介護予防通所介護、介護予防通所リハビリテーション、訪問看護（定期巡回・随時対応型訪問介護看護と連携して訪問看護を行う場合）、定期巡回・随時対応型訪問介護看護に適用される。
※4 介護予防訪問介護、介護予防通所介護及び介護予防通所リハビリテーションに適用される。
※5 訪問看護（定期巡回・随時対応型訪問介護看護と連携して訪問看護を行う場合）、定期巡回・随時対応型訪問介護看護（訪問看護サービスを行う場合）に適用される。
※6 定期巡回・随時対応型訪問介護看護（訪問看護サービスを行う場合）に限る。

⑤ 月単位にみる給付管理業務

1. 居宅サービス計画対象月の前月末までの作業

（1）居宅サービス計画原案の作成と支給限度額管理

○利用者によるサービス選択や、課題分析の結果に基づいて、「居宅サービス計画（ケアプラン）」の原案を作成します。

この際、市町村、居宅サービス事業者、居宅介護支援事業者間でのサービス調整や、サービスの標準的な利用例等を勘案し、適切な作成が行われなければなりません。

○「居宅サービス計画」の原案の作成と、支給限度額管理・利用者負担額計算は並行して行います。居宅サービス計画に位置づけたサービスについて、保険給付対象内と対象外のサービスの区分や、支給限度額を超えるサービスを計画する場合の支給限度内と限度外のサービスの区分を明らかにして、利用者負担額の計算を行います。

（2）利用者への説明と同意の確認

○「居宅サービス計画原案」について、利用者の同意を得るときは、「居宅サービス計画原案」に位置づけたサービスについて保険給付対象か否かの区分を行い、利用者またはその家族に対してサービスの内容、利用料その他の事項について説明を行わなければなりません。

○同意を得るときは、「サービス利用票」および「サービス利用票別表」を利用者に提示し、1か月分の居宅サービス計画の内容（サービスの内容および利用料）について説明します。「サービス利用票」は2部作成し、1部を利用者に交付します。

○「サービス利用票」および「サービス利用票別表」は、保険給付にかかる適切な実績管理の必要性から、保険給付対象分の記載を原則としています。ただし利用者には、利用者負担額等について総括的な説明を行うため、下記についても保険給付対象分とは区別して記載することを基本とします（または、「週間サービス計画表」等に記載します）。

①保険給付対象サービス提供に伴う保険給付外の費用等（通常の実施地域を越えた送迎費用等）
②他法による公費負担適用分（公費負担優先の医療の給付等）
③保険給付対象外サービス（配食サービス等）

「サービス利用票」記載事項以外で、その他説明を要する内容

①事前に居宅介護支援事業者を通じて調整を行わずに、居宅サービス計画外のサービスを受けた場合は、居宅介護支援事業者にその旨を連絡すること。

②計画対象期間中に、
- ・被保険者証の記載内容に変更が生じた場合
- ・要介護認定の申請を行った場合（更新申請、区分変更申請、サービスの種類指定変更申請の場合に限る）
- ・各種の利用者負担減免に関する決定等に変更等が生じた場合
- ・生活保護を開始または廃止する場合
- ・公費負担医療の受給資格を取得または喪失した場合

については、速やかに居宅介護支援事業者に連絡すること。

③居宅サービス計画と異なる事業者やサービスを利用する場合には、居宅介護支援事業者にその旨を連絡すること。

（例）「訪問看護」のターミナルケア加算等の適用があった場合
　　　「訪問看護」において主治の医師の特別な指示があり、医療保険適用となる場合　等

④居宅サービス計画に記載されていない短期入所生活介護の利用にあたっては、利用前に、居宅介護支援事業者にその旨を連絡すること。なお、やむを得ず連絡なしに利用した場合も、遅くとも月末までには連絡すること。

⑤居宅介護支援事業者への上記①～④の連絡を行わなかった場合は、法定代理受領（現物給付）の取扱いができずに利用者が費用を立て替えなければならなくなり、支払いまでに日時を要することになること。

○説明後、利用者の同意が得られたら、「サービス利用票」に利用者の確認（サインまたは押印）を受け、1部を「居宅介護支援事業者（控）」として保管します。

○「サービス提供票」はサービス提供にあたる事業所数分を作成（複写）します。「サービス提供票別表」は該当事業所にかかわる情報および他事業所分の合計行を記載し、該当する事業所に送付します。サービス提供事業者は「サービス提供票」に基づいてサービスを提供し、また「サービス提供票別表」により、保険給付限度範囲内と給付限度を超えるサービスを区分して、適切に利用料の徴収を行います。

2. 居宅サービス計画対象月の作業

計画対象期間中の実施状況把握と連絡調整

○居宅介護支援事業者は、「居宅サービス計画」の作成後も、継続的にサービスの実施状況を把握し、必要に応じて計画の変更や調整を行います。

○月途中においては、当初の計画に変更がないか確認を行い、利用者の意向をふまえ、翌月分の計画作成を行います。

○月の途中であっても、事業所ごと、サービスごとの給付額が増えて給付管理票に影響がある場合は、「サービス利用票」を変更して改めて利用者の同意を得なければなりません。

〈計画対象月間中の「サービス利用票・提供票」の再作成〉

　利用者の希望等により、当初の「居宅サービス計画」外のサービスの追加等を行った場合には、「サービス利用票」等を再作成し、利用者への提示および同意を得ることが必要です。また、「給付管理票」も、再作成した「サービス利用票（控）」に基づいて作成します。

　特に、「給付管理票」の記載内容に影響のある場合に、「サービス利用票」等の再作成およびその内容の「給付管理票」への反映が行われないと、サービス提供事業者、利用者とのトラブルの原因になるので十分注意が必要です。

・「サービス利用票」に記載された事業所ごとのサービス種類の額の合計が当初の計画額を上回る場合 ・事業者を変更する場合　等	「サービス利用票」等の再作成なし 「給付管理票」への反映なし　→	**事業者、利用者とのトラブル** ・サービス提供事業者の請求に対して報酬が支払われない ・利用者が当該サービスの総費用を請求される　等

〈作成手順〉

①変更後の「居宅サービス計画」に基づき、「サービス利用票」を再作成し、「サービス利用票別表」で、支給限度額の確認と利用者負担額の計算を改めて行います。

②再作成後の「サービス利用票」等を利用者に交付し、改めて、控に利用者の確認印を受けます。

③「サービス提供票」の内容も修正し、変更した計画内容に関係するサービス提供事業者に送付します。

3. 居宅サービス計画対象月の翌月初の作業

「給付管理票」の作成と提出

○「居宅サービス計画」上に位置づけられている指定事業者のサービスおよび基準該当サービスに関する情報を「給付管理票」に記載して、翌月10日までに、国保連または市町村に提出します。

※「給付管理票」の提出先は、市町村から国保連への審査支払事務の委託の有無により異なります。

「給付管理票」の提出先

記載対象サービス	市町村の審査支払委託状況		給付管理票提出先
	法定代理受領の審査支払	基準該当サービスの審査支払	
指定サービス事業者のみ	委託	―	国保連
	委託なし	―	市町村
基準該当サービス事業者のみ	―	委託	国保連
	―	委託なし	市町村
指定サービス事業者と基準該当サービス事業者	委託	委託	国保連
		委託なし	国保連・市町村の両方
	委託なし	委託なし	市町村

○国保連に対する「給付管理票」「居宅介護支援費の請求書類」等の提出方法は、コンピューターからの通信回線を通じた電送を原則とし、フロッピーディスク等の磁気媒体の送付でも可能です。なお、やむを得ない場合は、帳票によることも認められます。

○市町村から、介護保険法第23条（文書の提出等）に基づく請求があった場合には、請求事務とは別に、以下の書類を提出しなければなりません。

・「サービス利用票」および「サービス利用票別表」
・「給付管理票」

⑥ サービス利用票（第6表）・サービス利用票別表（第7表）の記載方法

■サービス利用票（第6表）とサービス利用票別表（第7表）の記載手順

1 基本項目の転記
p.212 サービス利用票作成①
被保険者証や資格者証から転記し、基本項目部分を作成。

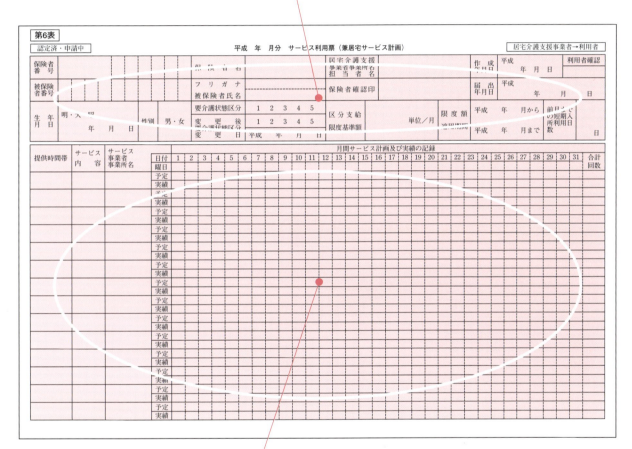

2 「月間サービス計画」の作成
p.213 サービス利用票作成②
原案に位置づけられた週単位のサービスをもとに、1か月分の「月間サービス計画」を作成。

「サービス利用票」および「サービス利用票別表」の様式について

（1）「サービス利用票」の「月間サービス計画及び実績の記録」欄、「サービス利用票別表」の「区分支給限度管理・利用者負担計算」欄の行数については、標準的なものが示されています。必要に応じて適宜変更を行って問題ありません。また、行数が増える場合等には、複数の帳票（ページ）にまたがっても問題ありません。
例：「サービス利用票別表」を、訪問通所サービス区分と短期入所サービス区分で分ける等。

（2）種類支給限度額が設定されていない地域では、「サービス利用票別表」の種類支給限度管理に関する欄等を省略しても問題ありません。

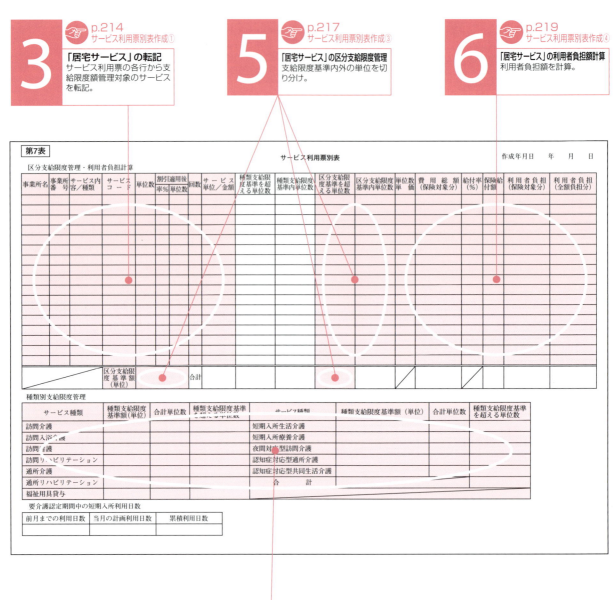

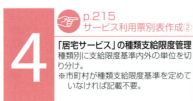

サービス提供票の作成について

「サービス提供票」は「サービス利用票」と同一の内容で、関係する事業者分作成します。
「サービス提供票別表」については、該当事業者にかかわる部分だけを記載して、「サービス提供票」に添付し、送付します。

サービスコード・介護給付費の額の確認

　記載に先立ち、サービスコード・サービス内容略称・単位数（算定項目をふまえた、1回当たりの合成単位数）の確認を行います。
　以下の点について確認したうえで、『介護給付費単位数等サービスコード表』（CD-ROMに収載）により特定します。

A　時間単位
　「訪問介護」等、サービスの平均的提供時間数によってサービスコード等が異なるサービスについては、当該サービスがどの時間区分にあてはまるかを確認します。

B　時間帯
　「訪問介護」の「早朝・夜間加算」等、早朝、夜間などの時間帯によってサービスコード等が異なるサービスについては、当該サービスのサービス提供の時間帯を確認します。介護給付費の異なる時間帯をまたがる場合は、計画上サービス提供を開始した時間区分のサービスコード等を適用します。

C　事業所の種類
　「訪問看護」の「訪問看護ステーション／病院または診療所の区分」等、事業所の種類によってサービスコード等が異なるサービスについては、介護サービス情報公表システム等により調べ、適用する介護給付費の区分を確認します。

D　事業所の体制・設備等
　「通所介護」の「個別機能訓練加算の有無」等、事業所の体制・設備等によってサービスコード等が異なるサービスについては、介護サービス情報公表システム等により調べ、適用する体制等の区分を確認します。

E　サービス担当者の資格等
　実際にサービス提供にあたる担当者の資格等により、サービスコード等が異なるサービスについては、当該サービス担当者の資格等を確認します。

F　事業所等の所在地
　「訪問介護」等、特別地域加算があるサービスについては、サービスを提供する事業所、またはその一部として使用する事務所の所在地が特別地域に該当するかについて、WAM NETの『介護報酬情報提供システム』や都道府県単位で運営される「介護サービス情報公表システム」により確認します。
　※サービスを提供する事業所の所在地以外の場所で事業の一部を行う場合（いわゆるサテライト方式）は、介護保険法施行規則第114条等による指定申請の際に、事業所の所在地とは別に、事務所の所在地を届け出ることとされています。

G　基準該当事業者の適用単価
　「基準該当居宅サービス」については、通常の介護給付費の額に市町村ごと、サービス種類ごとに定める額を適用するため、当該基準該当事業者（所）に対して設定される額について、WAM NETの『介護報酬情報提供システム』等により確認します。

H　加算に関連する付加的なサービス
　「訪問介護」の「2人訪問加算」等、加算に関連する付加的なサービスによってサービスコード等が異なるサービスについては、付加的なサービス実施の有無を確認します。なお、加算に関連する付加的なサービスを盛り込むかどうかは、利用者に付加的費用が必要となることを説明し、同意を得ておくことが必要となります。

I　料金割引
　事業所ごと、サービス種類ごとに料金割引を行っている場合は、割引率を考慮する必要があるため、料金割引の有無について、WAM NETの『介護報酬情報提供システム』等により確認します。

1 サービス利用票（第6表）作成①
基本項目の転記

○「被保険者証」「資格者証」からの転記等により、「基本項目」部分を作成します。

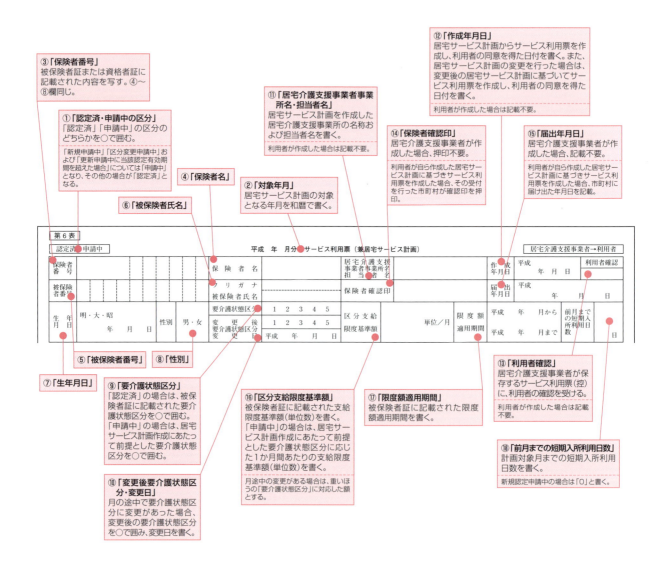

2 サービス利用票(第6表)作成②
「月間サービス計画」の作成

○「居宅サービス計画原案」に位置づけられたサービス(週単位)をもとに、1か月間分の「月間サービス計画」を作成します。
○サービス提供時間帯が決まっているものは、提供時間帯の早い順(0:00〜23:59)に記載します。

〈記載順序〉
　①訪問通所サービス(訪問介護、訪問入浴介護、訪問看護、訪問リハビリテーション、通所介護、通所リハビリテーション)
　②福祉用具貸与
　③短期入所サービス(短期入所生活介護、短期入所療養介護)
　④地域密着型サービス(定期巡回・随時対応型訪問介護看護、夜間対応型訪問介護、認知症対応型通所介護、小規模多機能型居宅介護、認知症対応型共同生活介護(短期利用)、看護小規模多機能型居宅介護)
　　※「居宅療養管理指導」「特定施設入居者生活介護(短期利用を除く)」「認知症対応型共同生活介護(短期利用を除く)」「地域密着型特定施設入居者生活介護(短期利用を除く)」「地域密着型介護老人福祉施設入所者生活介護」については、支給限度額の設定がないため、保険給付の算定上は「サービス利用票」への記載はいりません。利用者への説明の際には、記載したものを用います。

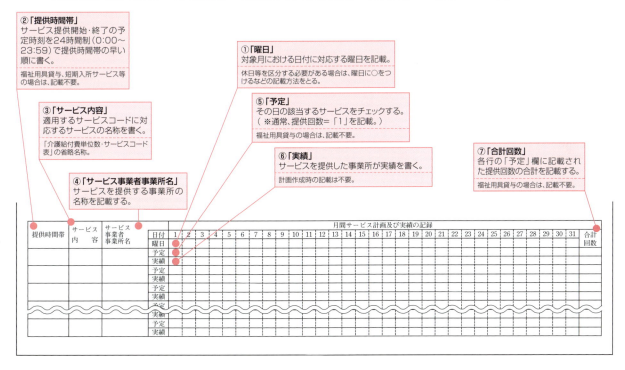

②「提供時間帯」
サービス提供開始・終了の予定時刻を24時間制(0:00〜23:59)で提供時間帯の早い順に書く。
福祉用具貸与、短期入所サービス等の場合は、記載不要。

③「サービス内容」
適用するサービスコードに対応するサービスの名称を書く。
「介護給付費単位数・サービスコード表」の省略名称。

④「サービス事業者事業所名」
サービスを提供する事業所の名称を記載する。

①「曜日」
対象月における日付に対応する曜日を記載。
休日等を区分する必要がある場合は、曜日に○をつけるなどの記載方法をとる。

⑤「予定」
その日の該当するサービスをチェックする。(※通常、提供回数=「1」を記載。)
福祉用具貸与の場合は、記載不要。

⑥「実績」
サービスを提供した事業所が実績を書く。
計画作成時の記載は不要。

⑦「合計回数」
各行の「予定」欄に記載された提供回数の合計を記載する。
福祉用具貸与の場合は、記載不要。

3 サービス利用票別表（第7表）作成①
「居宅サービス」の転記

○「サービス利用票」の各行から、支給限度管理の対象となるサービスをすべて写します。

〈記載順序〉
　①サービス提供事業所ごとに書きます。同一事業所での複数のサービスがある場合は、サービスコードごとに書きます。
　②事業所またはサービス種類（サービスコードの上2桁）が変わるごとに、1行ずつ集計のための行を挿入します。ただし、1つのサービス種類について1つしかサービスコードがない場合は、内容が同じになるため集計行はいりません。

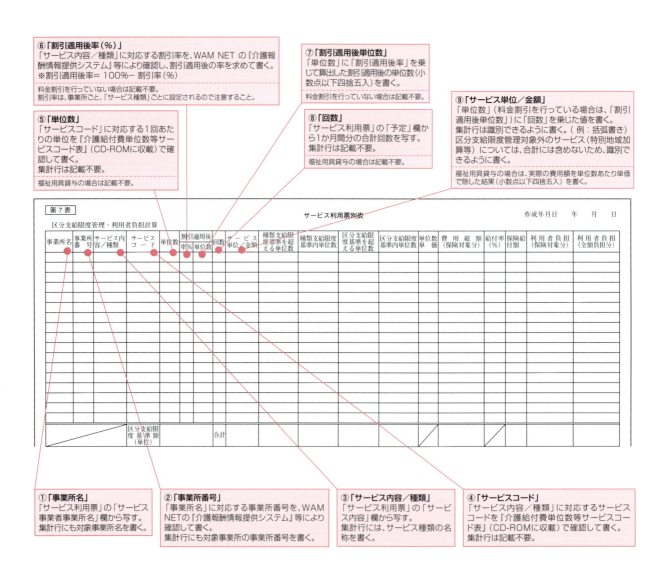

⑥「割引適用後率（%）」
「サービス内容／種類」に対応する割引率を、WAM NETの『介護報酬情報提供システム』等により確認し、割引適用後の率を求めて書く。
※割引適用後率＝100%−割引率（%）
料金割引を行っていない場合は記載不要。
割引率は、事業所ごと、「サービス種類」ごとに設定されるので注意すること。

⑦「割引適用後単位数」
「単位数」に「割引適用後率」を乗じて算出した割引適用後の単位数（小数点以下四捨五入）を書く。
料金割引を行っていない場合は記載不要。

⑤「単位数」
「サービスコード」に対応する1回あたりの単位を『介護給付費単位数等サービスコード表』（CD-ROMに収載）で確認して書く。
集計行は記載不要。
福祉用具貸与の場合は記載不要。

⑧「回数」
「サービス利用票」の「予定」欄から1か月間分の合計回数を写す。
集計行は記載不要。
福祉用具貸与の場合は記載不要。

⑨「サービス単位／金額」
「単位数」（料金割引を行っている場合は、「割引適用後単位数」）に「回数」を乗じた値を書く。
集計行は識別できるように書く。（例：括弧書き）
区分支給限度管理対象外のサービス（特別地域加算等）については、合計には含めないため、識別できるように書く。
福祉用具貸与の場合は、実際の費用額を単位数あたり単価で除した結果（小数点以下四捨五入）を書く。

①「事業所名」
「サービス利用票」の「サービス事業者事業所名」欄から写す。
集計行にも対象事業所名を書く。

②「事業所番号」
「事業所名」に対応する事業所番号を、WAM NETの『介護報酬情報提供システム』等により確認して書く。
集計行にも対象事業所の事業所番号を書く。

③「サービス内容／種類」
「サービス利用票」の「サービス内容」欄から写す。
集計行には、サービス種類の名称を書く。

④「サービスコード」
「サービス内容／種類」に対応するサービスコードを『介護給付費単位数等サービスコード表』（CD-ROMに収載）で確認して書く。
集計行は記載不要。

（注）通所介護等で、人員基準欠如に該当する場合の所定単位数の算定にあたり、所定単位数に100分の70を乗じる場合は、「割引適用後率（%）」および「割引適用後単位数」欄に所要の記載を行い算出すること。

第5章 給付管理業務の実際

4 サービス利用票別表（第7表）作成②
「居宅サービス」の種類支給限度管理

○市町村が、種類支給限度基準を定めていない場合は、記載不要です。
○種類別に支給限度基準内の単位と、限度基準を超える単位を切り分けます。

⑤「種類支給限度基準内単位数」
「サービス単位／金額」欄から、④で割り振られた単位数を差し引いた単位数を書く。

④「種類支給限度基準を超える単位数」
下記③「種類支給限度基準を超える単位数」の合計欄に等しくなるように単位数を種類別に割り振る。

①「種類支給限度基準額（単位）」
「被保険者証」から、種類別の支給限度基準額を写す。

②「合計単位数」
「サービス単位／金額」欄から、サービス種類別に単位数を合計し、書く。

③「種類支給限度基準を超える単位数」
「合計単位数」から「種類支給限度基準額（単位）」を差し引いて、種類別に支給限度基準を超える単位数を算出する。（②－①）

215

■ 種類支給限度基準額の算出方法

（事例は市区町村が種類支給限度額を次のとおり定めている場合）
○訪問介護：17,000単位
○福祉用具貸与：1,600単位

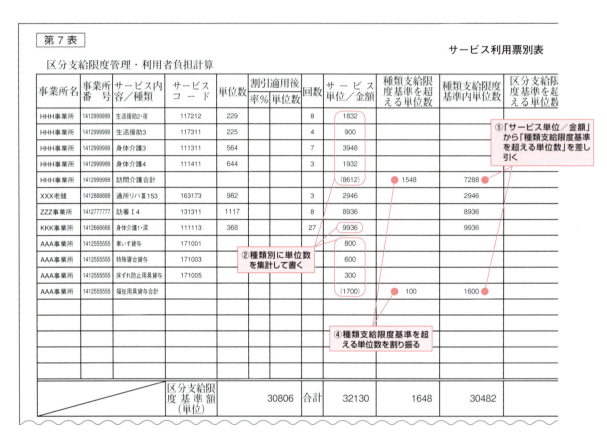

6 サービス利用票別表（第7表）作成④ 「居宅サービス」の利用者負担額計算

①「単位数単価」
各事業所の所在地でのサービス種類に対応する単位数あたりの単価を調べて書く。
事業所の所在地等に関する情報は、WAM NETや介護サービス情報公表システム等によって確認する。

②「費用総額（保険対象分）」
「区分支給限度基準内単位数」に「単位数単価」を乗じて算出した額（円未満切り捨て）を書く。

③「給付率（％）」
介護給付費の基準額のうち保険給付を行う率を百分率で書く（通常は90）。
利用者負担の減額対象者、保険給付額の減額対象者等は、被保険者証、減額証等を参考にして書く。

④「保険給付額」
「費用総額（保険対象分）」に「給付率」を乗じて算出した額（円未満切り捨て）を書く。

[第7表 サービス利用票別表]

⑤「利用者負担（保険対象分）」
「費用総額（保険対象分）」から「保険給付額」を差し引いて算出した額を書く。

端数処理の関係で、実際の事業者の徴収方法（毎回徴収するか、まとめて徴収するか）によっては利用者負担が異なる場合があるので注意する。
また、公費負担医療の適用によっても利用者負担が異なる場合があるので注意する。

⑥「利用者負担（全額負担分）」
「（種類・区分）支給限度基準を超える単位数」に「単位数単価」を乗じて算出した額（円未満切り捨て）を書く。

他法との公費調整を行っている場合等について

・他法との公費調整を行っている場合等、介護保険における保険給付外についても、別途、帳票の枠外等において利用者負担を算出し、利用者への提示を行うことを基本とします。

■「特別地域加算」の記載について

特別地域加算は、厚生労働大臣が定める離島等（p.401参照）に所在する指定居宅サービス事業者等がサービスを提供した場合に適用される加算です。訪問介護、訪問入浴介護、訪問看護、居宅介護支援、介護予防訪問介護、介護予防訪問入浴介護、介護予防訪問看護については、所定単位数の15％が加算され、福祉用具貸与、介護予防福祉用具貸与では、交通費、搬出入費が加算されます。

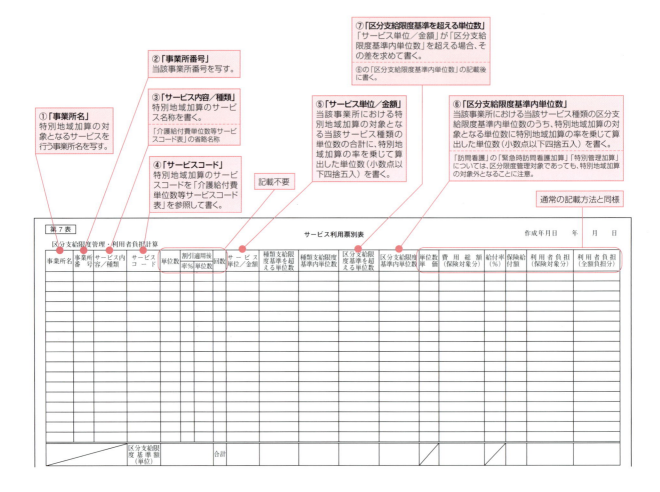

⑦ 給付管理票の記載方法

○月末時点の「サービス利用票（控）」から、「給付管理票」を作成します。
○「居宅サービス計画」の変更等があれば、その内容を反映して作成します。

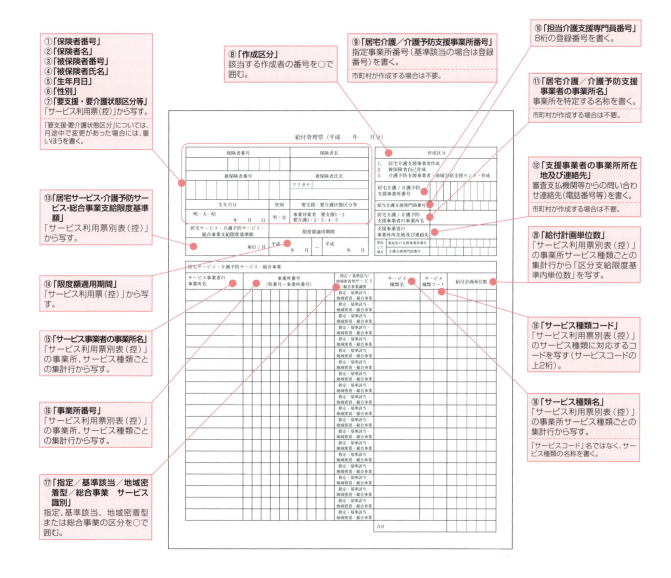

①「保険者番号」
②「保険者名」
③「被保険者番号」
④「被保険者氏名」
⑤「生年月日」
⑥「性別」
⑦「要支援・要介護状態区分等」
「サービス利用票（控）」から写す。
「要支援・要介護状態区分については、月途中で変更があった場合には、重いほうを書く。

⑧「作成区分」
該当する作成者の番号を○で囲む。

⑨「居宅介護／介護予防支援事業所番号」
指定事業所番号（基準該当の場合は登録番号）を書く。
市町村が作成する場合は不要。

⑩「担当介護支援専門員番号」
8桁の登録番号を書く。

⑪「居宅介護／介護予防支援事業者の事業所名」
事業所を特定する名称を書く。
市町村が作成する場合は不要。

⑫「支援事業者の事業所所在地及び連絡先」
審査支払機関等からの問い合わせ連絡先（電話番号等）を書く。
市町村が作成する場合は不要。

⑬「居宅サービス・介護予防サービス・総合事業支給限度基準額」
「サービス利用票別表（控）」から写す。

⑭「限度額適用期間」
「サービス利用票（控）」から写す。

⑮「サービス事業者の事業所名」
「サービス利用票別表（控）」の事業所、サービス種類ごとの集計行から写す。

⑯「事業所番号」
「サービス利用票別表（控）」の事業所、サービス種類ごとの集計行から写す。

⑰「指定／基準該当／地域密着型／総合事業 サービス識別」
指定、基準該当、地域密着型または総合事業の区分を○で囲む。

⑱「サービス種類名」
「サービス利用票別表（控）」の事業所サービス種類ごとの集計行から写す。
「サービスコード」名ではなく、サービス種類の名称を書く。

⑲「サービス種類コード」
「サービス利用票別表（控）」のサービス種類に対応するコードを写す（サービスコードの上2桁）。

⑳「給付計画単位数」
「サービス利用票別表（控）」の事業所サービス種類ごとの集計行から「区分支給限度基準内単位数」を写す。

221

8 給付管理票や請求書に間違いがあったとき

国保連に提出した給付管理票や請求書等に間違いがあった場合は、次のような手続きが必要になります。

(1) 給付管理票の再提出

給付管理票について、国保連における審査の結果、返戻となった場合、その内容について確認を行い、給付管理票を修正して翌月、再度国保連に提出します。

(2) 給付管理票（修正）の提出

国保連における審査の結果、正当と判断された給付管理票について修正を行う場合、修正した給付管理票を国保連に提出します。

(3) 返戻・再請求

国保連において審査を行った結果、返戻になった請求書等については、その内容について確認を行い、請求内容に誤りがある場合は修正し、翌月以降に再度国保連に提出します。

また、返戻の理由が保険者から国保連に送る台帳の誤りである場合は、保険者に対し台帳の修正を依頼し、国保連に再請求を行います。

(4) 過誤申し立ての依頼

国保連や保険者の審査において、一度決定済みの請求を取り下げる場合、保険者にその旨を連絡し、国保連に過誤申し立てを行うよう依頼します。

返戻扱いを防ぐチェック項目

(1) 介護給付費明細書

項目	内容
サービス提供年月	審査年月以前であるか。
保険者番号	保険者台帳に登録されているか。
公費負担者番号	公費負担者台帳に登録されているか。
事業所番号	事業所台帳に登録されているか。
被保険者番号 要介護状態区分 認定有効期間 居宅サービス計画	受給者台帳と照合し、一致することを確認する。
開始・中止年月日 入・退所年月日 入所実日数 外泊日数	日付の妥当性を確認する。
サービスコード 単位数 日数・回数	単位数表等に定められている内容と一致するかを確認する。
緊急時施設療養費 特定診療費 特別療養費	請求内容が適正であるかを確認する。

(2) 介護（予防）支援介護給付費明細書

項目	内容
サービス提供年月	審査年月以前であるか。
保険者番号	保険者台帳に登録されているか。
公費負担者番号	公費負担者台帳に登録されているか。
サービス事業所番号 担当介護支援専門員番号（居宅介護支援事業所の場合）	事業所台帳に登録されているか。
被保険者番号 公費負担者番号 認定有効期間	受給者台帳と照合し、一致することを確認する。
サービスコード 単位数	単位数表に定められている内容と確認する。

(3) 給付管理票

項目	内容
サービス提供年月	審査年月以前であるか。
保険者番号	保険者台帳に登録されているか。
被保険者番号 要介護状態区分 支給限度基準額 限度額適用期間	受給者台帳と照合し、一致することを確認する。
支援事業所等番号 担当介護支援専門員番号（居宅介護支援事業所の場合） サービス事業所番号 指定／基準該当サービス識別 サービス種類コード	事業所台帳と照合し、一致することを確認する。

資料：国民健康保険中央会『介護事業所のための介護給付費請求の手引き』p.31-32、2009年．

第5章 給付管理業務の実際

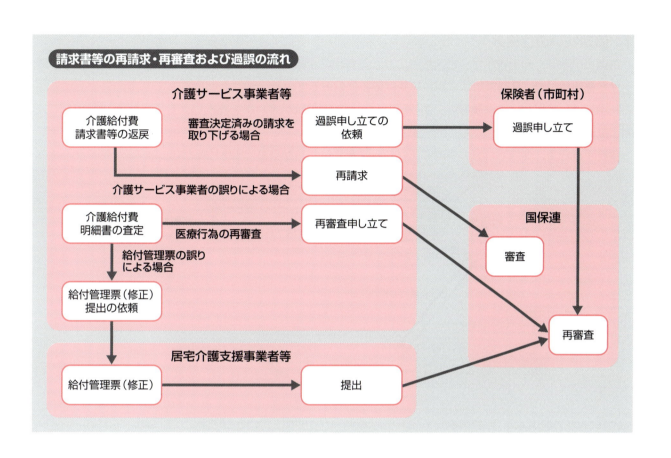

⑨ 償還払いの仕組みとサービス提供証明書

1. 償還払いの仕組み

償還払いとは、利用者がサービス提供にかかる費用の全額（10割）をサービス提供事業者に支払い、あとから保険給付分（8割または9割）を受け取る仕組みです。

利用者は、市町村に被保険者証、領収証（サービス提供証明書）等を提出し、支払った10割分のうち8割または9割分を保険給付として受けます。

事務手続き上、保険給付分の償還は、サービスを受けた月から2、3か月後となります。

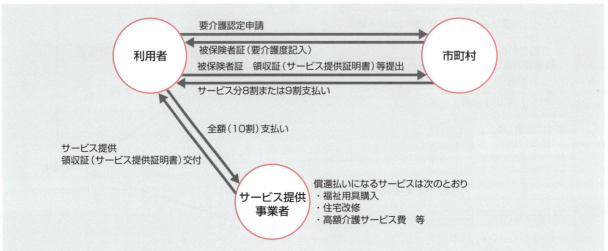

※2015(平成27)年8月より第1号被保険者のうちの合計所得金額が年間160万円以上の者は自己負担割合が2割（保険給付分は8割）となりました。

2. 償還払いのサービス

介護保険制度における償還払いのサービスは、次のとおりです。なお、利用の仕方により償還払いになるケースもあります。

①償還払いのサービス

　ア　居宅介護福祉用具購入費／介護予防福祉用具購入費
　イ　居宅介護住宅改修費／介護予防住宅改修費
　ウ　高額介護サービス費／高額介護予防サービス費
　エ　高額医療合算介護サービス費／高額医療合算介護予防サービス費

②利用の仕方により償還払いとなるケース

　ア　特例特定入所者介護サービス費／特例特定入所者介護予防サービス費（補足給付）
　イ　サービス計画未作成による特例居宅介護サービス計画費／特例介護予防サービス計画費
　ウ　特例介護サービス費／特例介護予防サービス費　等

利用者の手続きとしては、たとえば住宅改修では、以下の書類を用意して市町村に提出することになります。

①申請書　所定の様式
②所定の書類
　・領収証　工事費内訳書を含む
　・完成後の状態を確認できる書類（改修前後の写真等）
③住宅の所有者の承諾書

（平成12年3月8日・厚生省通知老企第42号より）

なお、施設サービス等を利用した際、サービス提供事業者に対して、負担限度額認定証を提示しないと、特定入所者は食費・居住費の全額を自己負担することになります。後日、補足給付分の払い戻しを受けることができるケースは次のとおりです。
①特定入所者が、負担限度額ではなく基準費用額（あるいはそれ以下）を支払っていた場合
②特定入所者が、基準費用額を超えて支払い済みだが、基準費用額を超過した分について事業者から払い戻しを受けられた場合

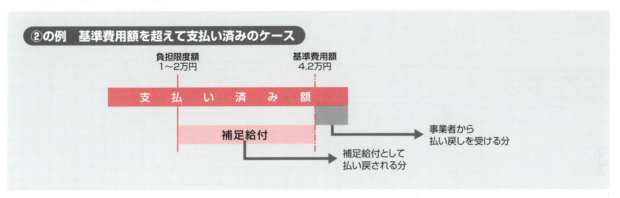

サービス提供証明書

住宅改修および福祉用具購入のほか、通常は１割または２割負担で利用できるサービスであっても、居宅サービス計画（ケアプラン）作成以前にサービスを利用したときや、保険料を滞納しているときなど、償還払いになる場合があります。

このとき、利用者から利用料の支払いを受けた事業者は、利用料の額などを記載した「サービス提供証明書」を利用者に交付する必要があります。様式は、基本的に介護給付費明細書と同じものを用います。サービス提供月ごとに作成し、事業所の代表者印を押印します。

> **運営基準第11条（保険給付の請求のための証明書の交付）**
>
> 指定居宅介護支援事業者は、提供した指定居宅介護支援について前条第１項の利用料の支払を受けた場合は、当該利用料の額等を記載した指定居宅介護支援提供証明書を利用者に対して交付しなければならない。

○居宅介護支援のサービス提供証明書

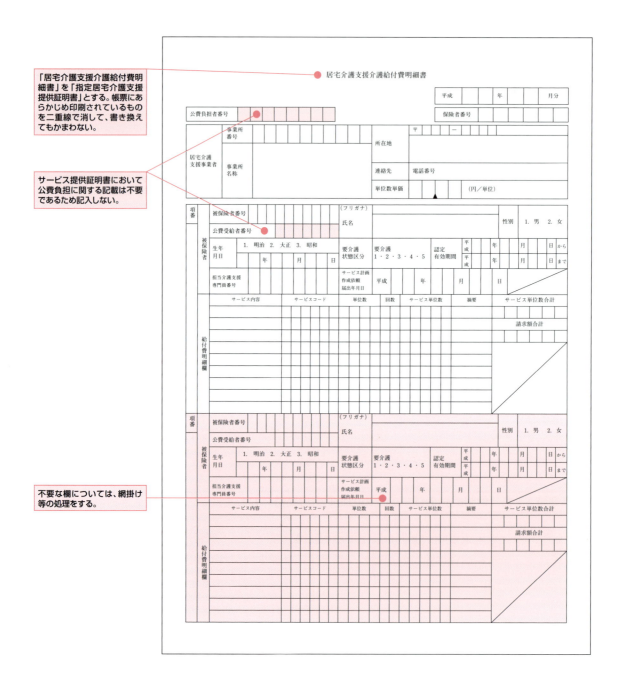

第6章

介護報酬と加算・減算

CONTENTS

1. 加算の概要 …………………………………………………………………… 228
2. 居宅介護支援の介護報酬単位数 …………………………………………… 234
3. 居宅サービスの介護報酬単位数 …………………………………………… 237
4. 地域密着型サービスの介護報酬単位数（居宅系サービス） …………… 308
5. 介護予防支援の介護報酬単位数 …………………………………………… 336
6. 介護予防サービスの介護報酬単位数 ……………………………………… 337
7. 地域密着型介護予防サービスの介護報酬単位数 ………………………… 388
8. 資料 …………………………………………………………………………… 398

① 加算の概要

1．介護報酬は単位数制

　介護報酬の表示は全国統一単価である診療報酬と異なり、地域保険を前提とする地域別単価となっており「単位」を採用しています。1単位の標準単価は10円ですが、人件費割合と地域により若干の違いがあります。平成27年度の介護報酬の改定により、次表のとおり変更されました。

2015（平成27）年3月末まで

上乗せ割合		1級地 18%	2級地 15%	3級地 12%	4級地 10%	5級地 6%	6級地 3%	その他 0%
人件費割合	70%	11.26円	11.05円	10.84円	10.70円	10.42円	10.21円	10円
	55%	10.99円	10.83円	10.66円	10.55円	10.33円	10.17円	10円
	45%	10.81円	10.68円	10.54円	10.45円	10.27円	10.14円	10円

2015（平成27）年4月1日以降

上乗せ割合		1級地 20%	2級地 16%	3級地 15%	4級地 12%	5級地 10%	6級地 6%	7級地 3%	その他 0%
人件費割合	70%	11.40円	11.12円	11.05円	10.84円	10.70円	10.42円	10.21円	10円
	55%	11.10円	10.88円	10.83円	10.66円	10.55円	10.33円	10.17円	10円
	45%	10.90円	10.72円	10.68円	10.54円	10.45円	10.27円	10.14円	10円

2015（平成27）年4月以降の人件費割合

70%	訪問介護／訪問入浴介護／訪問看護／夜間対応型訪問介護／居宅介護支援／定期巡回・随時対応型訪問介護看護
55%	訪問リハビリテーション／通所リハビリテーション／短期入所生活介護／認知症対応型通所介護／小規模多機能型居宅介護／複合型サービス
45%	通所介護／短期入所療養介護／特定施設入居者生活介護／認知症対応型共同生活介護／介護老人福祉施設／介護老人保健施設／介護療養型医療施設／地域密着型特定施設入居者生活介護／地域密着型介護老人福祉施設入所者生活介護

　要介護認定を受けると、その要介護状態区分により支給限度額が決められます。この限度額は、訪問・通所サービス、短期入所サービス、地域密着型サービスとも「単位」で管理されます。

　なお、単位数による限度額管理は、介護サービスが提供される地域にかかわらず、同じ要介護状態区分の利用者に対して、同じサービス量を保障するためのものです。

2．加算の考え方

　介護保険制度には、提供されるサービスの内容と報酬の関係を適正に評価する意味で、加算という考え方が導入されています。

　加算には、都道府県または市町村に届出を必要とするものと、届出を必要としないものがあります。介護報酬と加算情報は、国民健康保険団体連合会（国保連）が介護報酬の審査・支払をする際や、介護支援専門員（ケアマネジャー）が居宅サービス計画・介護予防サービス計画を作成する際に必要となるので、関係機関に情報提供されます。

【例】

具体的に、訪問介護を例にとって介護報酬を計算してみましょう。
横浜市に所在する指定訪問介護事業所が、夜間に1時間30分以上2時間未満の訪問介護（身体介護）を行った場合です。

・事業所の所在地　　　横浜市
・サービス提供時間帯　18：00〜20：00
・サービスの内容　　　身体介護（入浴介助、食事介助）
・サービス提供時間　　1時間30分以上2時間未満

横浜市は2級地なので、1単位の単価が11.12円となります。サービスの種類は、入浴や食事の介助の身体介護ですから、564＋80＝644単位になります。
また、サービス提供時間が午後6時から午後10時までの夜間帯に開始される場合は、所定単位の25％割り増しになり、これに介護職員処遇改善加算が加わります。

①加算を組み込んだ所定単位数を計算する
　　644単位（基準報酬単位）×1.25（夜間割増）＝805単位（四捨五入）
②所定単位数に介護職員処遇改善加算を加える
　　805（単位）×1.086（介護職員処遇改善加算(Ⅰ)）＝874単位（四捨五入）
③単位を円に換算し、総額を計算する
　　874（単位）×11.12円（地域加算）＝9,718円（1円未満切り捨て）
④総額から保険給付額を差し引いて利用者負担額を計算する（1割負担の場合）
　　9,718円－8,746円｛保険給付額｝＝972円

※単位を算出する場合の端数は、四捨五入して計算します。
※指定居宅サービスに要する費用（総額）や保険給付額を算出した場合において、その額に1円未満の端数があるときは、その端数金額は切り捨てて計算します。

3．加算の届出と情報提供の仕組み

（1）加算の届出に必要な書類

特定事業所加算やサービス提供体制強化加算など事前に届出が必要な加算を受けるには、都道府県または市町村に以下の書類の届出をする必要があります。届出をしないと、サービスを提供しても報酬は支払われません。届出時期は、開始月の前月の15日までとなります。

①介護給付費算定に係る体制等に関する届出書（加算届出書）
　届出者、事業所・施設の状況、届出を行う事業所・施設の種類等を記入します。
②介護給付費算定に係る体制等状況一覧表
　サービスごとに、加算内容、割引の有無等を記入します。
③添付書類
　サービスの種類および加算の分類によって必要な添付書類が異なります。

様式例を示しますので参考にしてください。各様式については都道府県のホームページ等から入手することができます。

様式例

介護給付費算定に係る体制等に関する届出書

神奈川県知事殿　　　　　　　　　　　　　　　　　平成　　　年　　　月　　　日

　　　　　　申請者　住所＿＿＿＿＿＿＿＿＿＿＿＿＿＿＿＿＿＿＿＿＿＿＿＿
　　　　　　　　　　　　　（法人にあっては名称及び代表者の職・氏名）
　　　　　　　　　　　氏名＿＿＿＿＿＿＿＿＿＿＿＿＿＿＿＿＿＿＿　㊞

このことについて、次に掲げる事項を遵守することを誓約し、次のとおり届け出ます。

【誓約事項】
1　指定居宅サービスに要する費用の額の算定に関する基準（平成12年厚告第19号）、指定介護予防サービスに要する費用の額の算定に関する基準（平成18年厚労告第127号）及び指定居宅介護支援に要する費用の額の算定に関する基準（平成12年厚告第20号）に定められた算定要件を満たすこと。

2　指定居宅サービスに要する費用の額の算定に関する基準（訪問通所サービス、居宅療養管理指導及び福祉用具貸与に係る部分）及び指定居宅介護支援に要する費用の額の算定に関する基準の制定に伴う実施上の留意事項について（平成12年3月1日老企第36号）に即したサービス提供を行うこと。

3　この届出を行った後、添付書類の不足がある場合には、所定の期限までに追加提出するとともに、算定要件を満たさないことが明らかになった場合には、速やかにこの届出の取下げを行うこと。

【届出事項】

事業所所在地市町村番号　※

事業所又は施設	フリガナ					
	名　称					
	介護保険事業者番号	1 4 □ □ □ □ □ □ □ □	介護保険事業者番号は、既に指定（許可）を受けている場合のみ記入してください。			
	所在地	〒□□□－□□□□				
	電話番号		FAX番号			

		同一所在地内において行う事業又は施設の種類	実施事業	指定（許可）年月日	異動等の区分	異動年月日
届出を行う事業所・施設の種類	指定居宅サービス	訪問介護			1新規　2変更　3終了	
		訪問入浴介護			1新規　2変更　3終了	
		訪問看護			1新規　2変更　3終了	
		訪問リハビリテーション			1新規　2変更　3終了	
		居宅療養管理指導			1新規　2変更　3終了	
		通所介護			1新規　2変更　3終了	
		通所リハビリテーション			1新規　2変更　3終了	
		福祉用具貸与			1新規　2変更　3終了	
		特定福祉用具販売			1新規　2変更　3終了	
	居宅介護支援事業				1新規　2変更　3終了	
	指定介護予防サービス	介護予防訪問介護			1新規　2変更　3終了	
		介護予防訪問入浴介護			1新規　2変更　3終了	
		介護予防訪問看護			1新規　2変更　3終了	
		介護予防訪問リハビリテーション			1新規　2変更　3終了	
		介護予防居宅療養管理指導			1新規　2変更　3終了	
		介護予防通所介護			1新規　2変更　3終了	
		介護予防通所リハビリテーション			1新規　2変更　3終了	
		介護予防福祉用具貸与			1新規　2変更　3終了	
		特定介護予防福祉用具販売			1新規　2変更　3終了	

第6章 介護報酬と加算・減算

介護給付費算定に係る体制等状況一覧表

記入担当者 職名及び氏名		印	事業所番号	1 1 4				
連絡先電話番号	( )		事業所名					

提供サービス	施設等の区分	人員配置区分	その他該当する体制等		割引
各サービス共通			地域区分	1 1級地　6 2級地　7 3級地 2 4級地　3 5級地　4 6級地 9 7級地　5 その他	―
11 訪問介護	1 身体介護 2 生活援助 3 通院等乗降介助		定期巡回・随時対応サービスに関する状況	1 定期巡回の指定を受けていない 2 定期巡回の指定を受けている 3 定期巡回の整備計画がある	1 なし　2 あり
			サービス提供責任者体制の減算	1 なし　2 あり	
			特定事業所加算	1 なし　2 加算Ⅰ　3 加算Ⅱ　4 加算Ⅲ 5 加算Ⅳ	
			特別地域加算	1 なし　2 あり	
			中山間地域等における小規模事業所加算（地域に関する状況）	1 非該当　2 該当	
			中山間地域等における小規模事業所加算（規模に関する状況）	1 非該当　2 該当	
			介護職員処遇改善加算	1 なし　5 加算Ⅰ　2 加算Ⅱ　3 加算Ⅲ 4 加算Ⅳ	
12 訪問入浴介護			特別地域加算	1 なし　2 あり	1 なし　2 あり
			中山間地域等における小規模事業所加算（地域に関する状況）	1 非該当　2 該当	
			中山間地域等における小規模事業所加算（規模に関する状況）	1 非該当　2 該当	
			サービス提供体制強化加算	1 なし　3 加算Ⅰイ　2 加算Ⅰロ	
			介護職員処遇改善加算	1 なし　5 加算Ⅰ　2 加算Ⅱ　3 加算Ⅲ 4 加算Ⅳ	
13 訪問看護	1 訪問看護ステーション 2 病院又は診療所 3 定期巡回・随時対応型サービス連携		特別地域加算	1 なし　2 あり	
			中山間地域等における小規模事業所加算（地域に関する状況）	1 非該当　2 該当	
			中山間地域等における小規模事業所加算（規模に関する状況）	1 非該当　2 該当	
			緊急時訪問看護加算	1 なし　2 あり	
			特別管理体制	1 対応不可　2 対応可	
			ターミナルケア体制	1 なし　2 あり	
			看護体制強化加算	1 なし　2 あり	
			サービス提供体制強化加算	1 なし　2 イ及びロの場合　3 ハの場合	
14 訪問リハビリテーション	1 病院又は診療所 2 介護老人保健施設		短期集中リハビリテーション実施加算	1 なし　2 あり	
			リハビリテーションマネジメント加算	1 なし　2 加算Ⅰ　3 加算Ⅱ	
			社会参加支援加算	1 なし　2 あり	
			サービス提供体制強化加算	1 なし　2 あり	
15 通所介護	3 小規模型事業所 4 通常規模型事業所 6 大規模型事業所（Ⅰ） 7 大規模型事業所（Ⅱ） 5 療養通所介護事業所		職員の欠員による減算の状況	1 なし　2 看護職員　3 介護職員	1 なし　2 あり
			時間延長サービス体制	1 対応不可　2 対応可	
			入浴介助体制	1 なし　2 あり	
			中重度者ケア体制加算	1 なし　2 あり	
			個別機能訓練体制	1 なし　3 加算Ⅰ　4 加算Ⅱ	
			認知症加算	1 なし　2 あり	
			若年性認知症利用者受入加算	1 なし　2 あり	
			栄養改善体制	1 なし　2 あり	
			口腔機能向上体制	1 なし　2 あり	
			個別送迎体制強化加算	1 なし　2 あり	
			入浴介助体制強化加算	1 なし　2 あり	
			サービス提供体制強化加算	1 なし　5 加算Ⅰイ　2 加算Ⅰロ 3 加算Ⅱ　4 加算Ⅲ	
			介護職員処遇改善加算	1 なし　5 加算Ⅰ　2 加算Ⅱ　3 加算Ⅲ 4 加算Ⅳ	
16 通所リハビリテーション	4 通常規模の事業所（病院・診療所） 7 通常規模の事業所（介護老人保健施設） 5 大規模の事業所（Ⅰ）（病院・診療所） 8 大規模の事業所（Ⅰ）（介護老人保健施設） 6 大規模の事業所（Ⅱ）（病院・診療所） 9 大規模の事業所（Ⅱ）（介護老人保健施設）		職員の欠員による減算の状況	1 なし　2 医師　3 看護職員　4 介護職員 5 理学療法士 6 作業療法士　7 言語聴覚士	
			時間延長サービス体制	1 対応不可　2 対応可	
			入浴介助体制	1 なし　2 あり	
			リハビリテーションマネジメント加算	1 なし　3 加算Ⅰ　4 加算Ⅱ	
			短期集中個別リハビリテーション実施加算	1 なし　2 あり	
			認知症短期集中リハビリテーション実施加算	1 なし　3 加算Ⅰ　4 加算Ⅱ	
			生活行為向上リハビリテーション実施加算	1 なし　2 あり	
			若年性認知症利用者受入加算	1 なし　2 あり	
			栄養改善体制	1 なし　2 あり	
			口腔機能向上体制	1 なし　2 あり	
			中重度者ケア体制加算	1 なし　2 あり	
			社会参加支援加算	1 なし　2 あり	
			サービス提供体制強化加算	1 なし　2 加算Ⅰイ　4 加算Ⅰロ 3 加算Ⅱ	
			介護職員処遇改善加算	1 なし　5 加算Ⅰ　2 加算Ⅱ　3 加算Ⅲ 4 加算Ⅳ	

(2) 加算の届出と情報提供の仕組み

サービス提供事業者による事業所ごとの加算については、利用者および居宅介護支援事業者等が居宅サービス計画・介護予防サービス計画を作成する際に必要となる情報ですので、事業者は、加算を適用する月の前月の15日（都道府県・市町村が設定した締切日）までに都道府県知事または市町村長に届出を行う必要があります。15日以降に届出された場合は、届出の翌々月から適用することになります。

「加算」の情報については、都道府県が運用するホームページや指定情報公表センター等が運営する「介護サービス情報公表システム」等により提供されています。提供のしくみは、次図のとおりです。

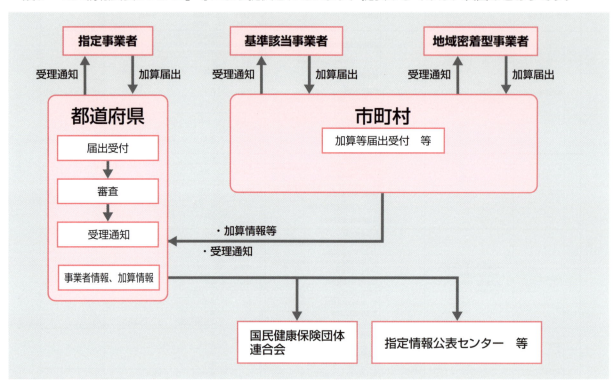

4. 介護報酬の割引
(1)「割引」の基本的な考え方

介護保険法においては、保険者は要介護認定等を受けた被保険者がサービス提供事業者等から介護サービス等を受けたときに、当該サービスに要した費用について、介護報酬を支払うこととしています。その際に、現に要した費用の額が、厚生労働大臣の定める基準により算定した額よりも低い場合は、「現に要した額」に対して9割又は8割に相当する額を支払うこととされています。

したがって、事業者等は厚生労働大臣の定める基準により算定した額より低い費用の額で介護サービスを提供すること（割引）が可能ですが、その場合は都道府県または市町村への届出が必要になります。

なお、訪問看護等の医療系サービスについては、全国統一単価である診療報酬との関係から価格差を設けないことになっています。

（2）「割引」の具体的な設定方法

　国が定める介護報酬の額より低い価格の設定については、事業者の裁量の範囲をできる限り広くする考えから、「事業所ごと、介護サービス等の種類ごとに「厚生労働大臣が定める基準」における単位に対する百分率による割引率（○○％）を設定する」方法となっています。

【例】

> 「厚生労働大臣が定める基準」で100単位の介護サービス等を提供する際に、5％の割引を行う場合（地域区分が「その他」の場合：1単位＝10円）
>
> 　事業所ごと、介護サービス等の種類ごとに定める割引率（5％）を100単位から割引いた95単位をもとに、保険請求額および利用者負担額が決定されます。
> 　報酬額　　　：100単位×0.95×10円／単位　　　　＝950円
> 　保険請求額　：100単位×0.95×10円／単位×0.9　＝855円
> 　利用者負担額：950円－855円　　　　　　　　　　＝　95円
> 　（1割負担の場合）
> ※利用者は、割引かれた5単位分を他の介護サービスに使用することができます。

　なお、「割引」の実施にあたっては、以下に掲げる要件を満たす必要があります。

> ①当該割引が合理的であること
> ②特定の者に対し不当な差別的取扱いをしたり、利用者のニーズに応じた選択を不当に歪めたりするものでないこと
> ③居宅介護支援事業所および介護予防支援事業所における給付管理を過度に複雑にしないこと

（3）割引率の届出・周知について

　サービス提供事業者による事業所ごとの割引率設定については、利用者および居宅介護支援事業者等が居宅サービス計画・介護予防サービス計画を作成する際に必要となる情報ですので、事業者は割引を適用する月の前月の15日（各都道府県・市町村が設定した締切日）までに都道府県知事または市町村長に届出を行う必要があります。16日以降になされた場合は、届出の翌々月から適用することになります。

　「割引」の実施にあたっては、「介護給付費算定に係る体制等状況一覧表」（p.231参照）の割引欄「2あり」に○をつけ、「指定居宅サービス事業者等による介護給付費の割引に係る割引率の設定について」および「地域密着型サービス事業者又は地域密着型介護予防サービス事業者による介護給付費の割引に係る割引率の設定について」を添付します。サービスごとに複数の割引率を設定する場合には、その適用条件を明確に示します。

　なお、割引の率等を変更した場合も、届け出る必要があります。

② 居宅介護支援の介護報酬単位数

居宅介護支援

利用者に対して居宅介護支援を行い、月末において、当該月の給付管理票等を市町村または国民健康保険団体連合会に提出した居宅介護支援事業者について所定の単位数が算定されます。

●注意事項

利用者が月を通じて特定施設入居者生活介護（短期利用を除く）、小規模多機能型居宅介護、認知症対応型共同生活介護（短期利用を除く）、地域密着型特定施設入居者生活介護（短期利用を除く）、複合型サービスを受けている場合は、居宅介護支援費は算定されません。

居宅介護支援費

	内容	単位数
基本部分	1. **居宅介護支援費（Ⅰ）** 居宅介護支援事業所において居宅介護支援を受ける1月あたりの利用者の数に、当該居宅介護支援事業所が、介護予防支援事業者から委託を受けて行う介護予防支援の提供を受ける利用者の数の2分の1の数を加えた数を、当該居宅介護支援事業所の介護支援専門員の数で割って得た数（以下、取扱い件数）が40未満である場合または40以上の場合において、40未満の部分について算定されます。	1か月につき 要介護1・2　　1042単位 要介護3・4・5　1353単位
	2. **居宅介護支援費（Ⅱ）** 取扱い件数が40以上である場合において、40以上60未満の部分について算定されます。	1か月につき 要介護1・2　　　521単位 要介護3・4・5　　677単位
	3. **居宅介護支援費（Ⅲ）** 取扱い件数が40以上である場合において、60以上の部分について算定されます。	1か月につき 要介護1・2　　　313単位 要介護3・4・5　　406単位
加算	1. **初回加算** 新規に居宅サービス計画を作成する利用者に対して、居宅介護支援を行った場合、その他の別に厚生労働大臣が定める基準に適合する場合に加算されます。 具体的には以下の場合に算定されます。 ①新規に居宅サービス計画を作成する場合 ②要支援者が要介護認定を受けた場合に居宅サービス計画を作成する場合 ③要介護状態区分が2区分以上変更された場合に居宅サービス計画を作成する場合	1か月につき　300単位を加算
	2. **特定事業所加算** 中重度者や支援困難ケースへの積極的な対応を行うほか、専門性の高い人材を確保し、質の高いケアマネジメントを実施している事業所を評価し、地域全体のケアマネジメントの質の向上に資するものとして、以下の基準を満たす場合に加算されます。 （1）**特定事業所加算（Ⅰ）** ①常勤かつ専従の主任介護支援専門員を2名以上配置していること ②常勤かつ専従の介護支援専門員を3名以上配置していること ③利用者に関する情報またはサービス提供にあたっての留意事項に係る伝達等を目的とした会議を定期的に開催すること ④24時間連絡体制を確保し、かつ、必要に応じて利用者等の相談に対応する体制を確保していること ⑤算定日が属する月の利用者の総数のうち、要介護3～要介護5である者の割合が4割以上であること ⑥介護支援専門員に対し、計画的に研修を実施していること ⑦地域包括支援センターから支援が困難な事例を紹介された場合においても、居宅介護支援を提供していること ⑧地域包括支援センター等が実施する事例検討会等に参加していること ⑨運営基準減算または特定事業所集中減算の適用を受けていないこと ⑩居宅介護支援の提供を受ける利用者数が介護支援専門員1人あたり40名未満であること ⑪介護支援専門員実務研修における科目「ケアマネジメントの基礎技術に関する実習」等に協力又は協力体制を確保していること。（平成28年度の介護支援専門員実務研修受講試験の合格発表の日から適用）	1か月につき　500単位を加算
	（2）**特定事業所加算（Ⅱ）** 特定事業所加算（Ⅰ）の②、③、④、⑥、⑦、⑨、⑩および⑪を満たすこと、常勤かつ専従の主任介護支援専門員を配置していること	1か月につき　400単位を加算
	（3）**特定事業所加算（Ⅲ）** 特定事業所加算（Ⅰ）の③、④、⑥、⑦、⑨、⑩および⑪を満たすこと、常勤かつ専従の主任介護支援専門員および介護支援専門員を2名以上配置していること	1か月につき　300単位を加算

居宅介護支援費

		内容	単位数
加算	3.	地域加算 （1）特別地域居宅介護支援加算 厚生労働大臣が定める地域（p.401）に所在する居宅介護支援事業所の介護支援専門員が居宅介護支援を行った場合に加算されます。	1か月につき 所定単位数の15％に相当する単位数を加算
		（2）中山間地域等小規模事業所加算 特別地域居宅介護支援加算対象地域以外の地域で、厚生労働大臣が定める地域（p.402）に所在し、かつ、厚生労働大臣が定める施設基準に適合する居宅介護支援事業所の介護支援専門員が居宅介護支援を行った場合に加算されます。	1か月につき 所定単位数の10％に相当する単位数を加算
		（3）中山間地域等居住者サービス提供加算 厚生労働大臣が定める地域（p.402）に居住している利用者に対して、通常の事業の実施地域を越えて、居宅介護支援を行った場合に加算されます。	1か月につき 所定単位数の5％に相当する単位数を加算
	4.	入院時情報連携加算 利用者が病院または診療所に入院するにあたって、病院または診療所の職員に対して、利用者の心身の状況や生活環境等の利用者に係る必要な情報を提供した場合に加算されます。 ただし、いずれかの加算を算定している場合は、その他の加算は算定されません。 （1）入院時情報連携加算（Ⅰ） 病院または診療所を訪問し、職員に対して利用者に係る必要な情報を提供している場合	利用者1人につき1か月に1回を限度として200単位を加算
		（2）入院時情報連携加算（Ⅱ） 上記（Ⅰ）以外の方法により、病院または診療所の職員に対して利用者に係る必要な情報を提供している場合	利用者1人につき1か月に1回を限度として100単位を加算
	5.	退院・退所加算 利用者が退院または退所し、居宅にて居宅サービスまたは地域密着型サービスを利用する場合において、病院や介護保険施設等の職員と面談を行い、利用者に関する必要な情報の提供を受けた上で、居宅サービス計画を作成し、サービスの利用に関する調整を行った場合に加算されます。 ただし、初回加算を算定する場合は、算定されません。	入院または入所期間中につき3回を限度として300単位を加算
	6.	小規模多機能型居宅介護事業所連携加算 居宅介護支援を受けていた利用者が居宅サービスから小規模多機能型居宅介護の利用へと移行する際に、利用者にかかる必要な情報を小規模多機能型居宅介護事業所に提供し、小規模多機能型居宅介護事業所における居宅サービス計画の作成等に協力した場合について加算されます。 ただし、利用開始日前6月以内において、本加算を算定していないことが要件です。	300単位を加算
	7.	看護小規模多機能型居宅介護事業所連携加算 利用者が複合型サービス（看護小規模多機能型居宅介護）の利用を開始する際に、利用者に係る必要な情報を、看護小規模多機能型居宅介護事業所に提供し、居宅サービス計画の作成等に協力した場合に加算されます。 ただし、利用開始日前6か月以内において、当該利用者による当該看護小規模多機能型居宅介護事業所の利用について、本加算を算定していないことが要件です。	300単位を加算
	8.	緊急時等居宅カンファレンス加算 病院または診療所の求めにより、医師または看護師等と共に利用者の居宅を訪問し、カンファレンスを行い、必要に応じて、利用者に必要な居宅サービスまたは地域密着型サービスの利用に関する調整を行った場合に加算されます。	利用者1人につき1か月に2回を限度として200単位を加算
減算	1.	運営基準減算 運営基準第13条第7号、第9～11号、第14号および第15号に定める規定に違反している場合に減算されます。 ①2か月未満の場合	1か月につき 所定単位数の50％に相当する単位数を減算
		②2か月以上継続している場合	算定しない
	2.	特定事業所集中減算 居宅介護支援事業所において、前6か月間に作成された居宅サービス計画に位置付けられたサービスの提供総数のうち、同一の事業者が占める割合が8割を超えた場合に減算されます。（平成27年9月1日から適用）ただし、①通常の事業の実施地域にある訪問介護サービス等が5事業所未満の少数である場合、②「特別地域居宅介護支援加算」を受けている事業者の場合、③1か月あたりの平均居宅サービス計画件数が20件以下である場合、④1月当たりの居宅サービス計画のうち、それぞれのサービスが位置付けられた計画件数が1月当たり平均10件以下であるなど、サービスの利用が少数である場合、⑤サービスの質が高いことによる利用者の希望を勘案した場合、⑥その他、正当な理由と都道府県知事が認めた場合などについては、減算されません。	1か月につき 所定単位数から200単位を減算

居宅介護支援費

算定構造

	基本部分			注 運営基準減算	注 特別地域居宅介護支援加算	注 中山間地域等における小規模事業所加算	注 中山間地域等に居住する者へのサービス提供加算	注 特定事業所集中減算
イ 居宅介護支援費 （1月につき）	(1)居宅介護支援費（Ⅰ） 要介護1・2(1,042単位) 要介護3・4・5(1,353単位)	(2)居宅介護支援費（Ⅱ） （※）	要介護1・2　（521単位）	（運営基準減算の場合） ×50／100 （運営基準減算が2月以上継続している場合） 算定しない	+15／100	+10／100	+5／100	1月につき −200単位
			要介護3・4・5(677単位)					
		(3)居宅介護支援費（Ⅲ） （※）	要介護1・2　（313単位）					
			要介護3・4・5(406単位)					
ロ 初回加算			（1月につき　+300単位）					
ハ 特定事業所加算		(1)　特定事業所加算（Ⅰ）	（1月につき　+500単位）					
		(2)　特定事業所加算（Ⅱ）	（1月につき　+400単位）					
		(3)　特定事業所加算（Ⅲ）	（1月につき　+300単位）					
ニ 入院時情報連携加算		(1)　入院時情報連携加算（Ⅰ）	（1月につき　+200単位）					
		(2)　入院時情報連携加算（Ⅱ）	（1月につき　+100単位）					
ホ 退院・退所加算			（入院または入所期間中3回を限度に　+300単位）					
ヘ 小規模多機能型居宅介護事業所連携加算			（+300単位）					
ト 看護小規模多機能型居宅介護事業所連携加算			（+300単位）					
チ 緊急時等居宅カンファレンス加算			（1月に2回を限度に　+200単位）					

※居宅介護支援費（Ⅱ）・（Ⅲ）については、介護支援専門員1人当たりの取扱件数が40件以上である場合、40件以上60件未満の部分については（Ⅱ）を、60件以上の部分については（Ⅲ）を算定する。

単位数算定記号の説明

+○○単位　⇒　所定単位数　+　○○単位
−○○単位　⇒　所定単位数　−　○○単位
×○○／100　⇒　所定単位数　×　○○／100
+○○／100　⇒　所定単位数　+　所定単位数×○○／100

③ 居宅サービスの介護報酬単位数

1. 訪問介護

①身体介護が中心である場合、②生活援助が中心である場合などのサービスの内容と、サービスを提供する時間によって算定されます。この場合、算定のもとになる時間は、現に要した時間ではなく、訪問介護計画に位置づけられたサービスを行うのに要する標準的な時間をいいます。サービス内容の詳細については、「訪問介護におけるサービス行為ごとの区分等」（p.403）を参照してください。

●注意事項

利用者が短期入所生活介護、短期入所療養介護、特定施設入居者生活介護、定期巡回・随時対応型訪問介護看護、小規模多機能型居宅介護、認知症対応型共同生活介護、地域密着型特定施設入居者生活介護、地域密着型介護老人福祉施設入所者生活介護、複合型サービスを受けている間は、訪問介護費は算定されません。ただし、定期巡回・随時対応型訪問介護看護を受けている利用者に対して、通院等乗降介助の提供を行った場合は、通院等乗降介助の所定単位数が算定されます。

訪問介護費

	内容	単位数
基本部分	**1. 身体介護** 身体介護が中心である訪問介護を行った場合に所定単位数が算定されます。 ただし、身体介護（20分未満）であって、次の場合には頻回の訪問（前回提供した訪問介護からおおむね2時間の間隔を空けずに提供するもの）が算定されます。 〈利用対象者〉 ・要介護1または要介護2の者であって認知症の者および要介護3から要介護5までの者であって、障害高齢者の日常生活自立度ランクBからCまでの者 ・当該利用者についてのサービス担当者会議が3か月に1回以上開催され、1週間に5日以上の頻回の訪問を含む20分未満の身体介護が必要であると認められた者 〈体制要件〉 ・常時、利用者等からの連絡に対応できる体制であること ・次のいずれかに該当すること 　ア　定期巡回・随時対応サービスの指定を併せて受け、一体的に事業を実施している 　イ　定期巡回・随時対応サービスの指定を受けていないが、実施の意思があり、実施に関する計画を策定している（要介護3から要介護5の者に限る。）	20分未満　　　　　165単位 20分以上30分未満　245単位 30分以上1時間未満　388単位 1時間以上　564単位に1時間から計算して30分を増すごとに80単位を加算
	2. 生活援助 ①単身の世帯に属する利用者、②家族もしくは親族と同居している利用者であって、その家族等の障害、持病等の理由により、利用者または家族等が家事を行うことが困難である者に対して、生活援助が中心である指定訪問介護を行った場合に算定されます。	20分以上45分未満　183単位 45分以上　　　　　225単位
	3. 通院等乗降介助 通院等のため、訪問介護事業所の訪問介護員等が、自らの運転する車両への乗車または降車の介助と乗車前、降車後の屋内外における移動等の介助または通院、外出先での受診等の手続き、移動等の介助を行った場合に算定されます。	1回につき　　　　　97単位
加算	**1. サービス内容加算** 身体介護が中心である訪問介護を行った後に、引き続き所要時間20分以上の生活援助が中心である訪問介護を行った場合に加算されます。	所要時間が20分から計算して25分を増すごとに、所定単位数に67単位を加算した単位数を算定 ※201単位の加算が上限
	2. 2人体制加算 2人の訪問介護員等により訪問介護を行うことについて、利用者またはその家族の同意を得ている場合であって、①利用者の身体的理由により1人の訪問介護員等による介護が困難と認められる場合、②暴力行為、著しい迷惑行為、器物破損行為等が認められる場合、③その他利用者の状況等から判断して、上記①②に準じると認められる場合に算定されます。	所定単位数の200％に相当する単位数を算定
	3. 夜間・早朝加算 夜間（午後6時～午後10時）または早朝（午前6時～午前8時）に訪問介護を行った場合に加算されます。	1回につき 所定単位数の25％に相当する単位数を加算
	4. 深夜加算 深夜（午後10時～午前6時）に訪問介護を行った場合に加算されます。	1回につき 所定単位数の50％に相当する単位数を加算

訪問介護費

	内容	単位数
加算	5. 特定事業所加算 （1）特定事業所加算（Ⅰ） 次にあげる体制要件、人材要件、重度要介護者等対応要件のいずれにも適合している場合に加算されます。 ＜体制要件＞ ①すべての訪問介護員等に対して個別の研修計画を作成し、研修を実施または実施を予定していること ②利用者に関する情報、サービス提供にあたっての留意事項の伝達または訪問介護員等の技術指導を目的とした会議を定期的に開催すること ③サービス提供責任者が、訪問介護員等に利用者に関する情報やサービス提供にあたっての留意事項を文書等の確実な方法により伝達してから開始し、終了後、適宜報告を受けていること ④すべての訪問介護員等に対し、健康診断等を定期的に実施していること ⑤緊急時等における対応方法が利用者に明示されていること ＜人材要件＞ ①訪問介護員等の総数のうち介護福祉士が30％以上、または介護福祉士・実務者研修修了者・介護職員基礎研修課程修了者・1級課程修了者の合計が50％以上であること ②すべてのサービス提供責任者が3年以上の実務経験を有する介護福祉士または5年以上の実務経験を有する実務者研修修了者、介護職員基礎研修課程修了者、1級課程修了者であること。ただし、居宅サービス基準上、1人を超えるサービス提供責任者を配置しなければならない事業所については、2人以上のサービス提供責任者が常勤であること ＜重度要介護者等対応要件＞ 前年度または前3か月の利用者のうち、要介護4～5・認知症日常生活自立度ランクⅢ以上・喀痰吸引等を必要とする利用者の総数が20％以上であること	1回につき 所定単位数の20％に相当する単位数を加算
	（2）特定事業所加算（Ⅱ） 上記体制要件、人材要件（①または②）のいずれにも適合している場合に加算されます。	1回につき 所定単位数の10％に相当する単位数を加算
	（3）特定事業所加算（Ⅲ） 上記体制要件、重度要介護者等対応要件のいずれにも適合している場合に加算されます。	1回につき 所定単位数の10％に相当する単位数を加算
	（4）特定事業所加算（Ⅳ） 次にあげる体制要件、人材要件、重度要介護者等対応要件のいずれにも適合している場合に加算されます。 ＜体制要件＞ ①上記体制要件（②～⑤）のいずれにも適合していること ②サービス提供責任者全員に、サービス提供責任者業務の質の向上に資する個別研修計画を作成し、研修を実施または予定していること ＜人材要件＞ 人員基準に基づき置かなければならない常勤のサービス提供責任者数を上回る数の常勤のサービス提供責任者を配置していること（利用者数が80人以下の事業所に限る） ＜重度要介護者等対応要件＞ 前年度または前3か月の利用者のうち、要介護3～5・認知症日常生活自立度ランクⅢ以上・喀痰吸引等を必要とする利用者の総数が60％以上であること	1回につき所定単位数の5％に相当する単位数を加算
	6. 地域加算 （1）特別地域訪問介護加算 厚生労働大臣が定める地域（p.401）に所在する訪問介護事業所または、その一部として使用される事務所の訪問介護員等が、訪問介護を行った場合に加算されます。	1回につき 所定単位数の15％に相当する単位数を加算
	（2）中山間地域等小規模事業所加算 特別地域訪問介護加算対象地域以外の地域で、厚生労働大臣が定める地域（p.402）に所在し、かつ、厚生労働大臣が定める施設基準に適合する訪問介護事業所または、その一部として使用される事務所の訪問介護員等が訪問介護を行った場合に加算されます。	1回につき 所定単位数の10％に相当する単位数を加算
	（3）中山間地域等居住者サービス提供加算 厚生労働大臣が定める地域（p.402）に居住している利用者に対して、通常の事業の実施地域を越えて、訪問介護を行った場合に加算されます。	1回につき 所定単位数の5％に相当する単位数を加算
	7. 緊急時訪問介護加算 利用者やその家族等からの要請を受けて、サービス提供責任者がケアマネジャーと連携を図り、ケアマネジャーが必要と認めたときに、サービス提供責任者またはその他の訪問介護員等が居宅サービス計画にない訪問介護を行った場合に加算されます。	1回につき　100単位を加算
	8. 初回加算 新規に訪問介護計画を作成した利用者に対して、初回に実施した訪問介護と同月内に、サービス提供責任者が、自ら訪問介護を行う場合または、他の訪問介護員等が訪問介護を行う際に同行訪問した場合に加算されます。	1か月につき　200単位を加算
	9. 生活機能向上連携加算 理学療法士等が訪問リハビリテーションまたは通所リハビリテーションの一環として利用者の居宅を訪問する際に、サービス提供責任者が同行し、理学療法士等と共同して利用者の身体の状況等の評価を行い、かつ、生活機能の向上を目的とした訪問介護計画を作成した場合に加算されます。	初回の訪問介護が行われた日の属する月以降3か月の間に限り、1か月につき100単位を加算

訪問介護費

	内容	単位数
加算	**10. 介護職員処遇改善加算** 以下の基準に適合している介護職員の賃金の改善等を実施しているとして都道府県知事に届け出た訪問介護事業所が訪問介護を行った場合、2018(平成30)年3月31日までの間加算されます。ただし、いずれかの加算を算定している場合は、その他の加算は算定されません。 **(1)介護職員処遇改善加算(Ⅰ)** 以下の基準のいずれにも適合すること ①賃金改善に関する計画を策定し、適切な措置を講じていること ②訪問介護の事業所において、①の賃金改善に関する計画、介護職員処遇改善計画書を作成し、すべての介護職員に周知し、都道府県知事に届け出ていること ③介護職員処遇改善加算の算定額に相当する賃金改善を実施すること ④事業年度ごとに介護職員の処遇改善に関する実績を都道府県知事に報告すること ⑤算定日が属する月の前12か月間において労働基準法等に違反し、罰金以上の刑に処せられていないこと ⑥労働保険料の納付が適正に行われていること ⑦次に掲げる基準のいずれにも適合すること 　ア　介護職員の任用の際の職責・職務内容等の要件を定め、書面をもって作成し、すべての介護職員に周知していること 　イ　介護職員の資質の向上の支援に関する計画を策定し、計画に係る研修を実施または研修の機会を確保し、すべての介護職員に周知していること ⑧2015(平成27)年4月から②の届出の日の属する月の前月までに実施した介護職員の処遇改善の内容および処遇改善に要した費用をすべての職員に周知していること	所定単位数(加算減算を加えた総単位数)の8.6%に相当する単位数を加算
	(2)介護職員処遇改善加算(Ⅱ) 以下の基準のいずれにも適合すること ①(1)の①から⑥までのいずれにも適合すること ②(1)の⑦のアもしくはイのいずれかに適合すること ③2008(平成20)年10月から(1)の②の届出の日の属する月の前月までに実施した介護職員の処遇改善の内容および処遇改善に要した費用をすべての職員に周知していること	所定単位数(加算減算を加えた総単位数)の4.8%に相当する単位数を加算
	(3)介護職員処遇改善加算(Ⅲ) (1)の①から⑥までのいずれにも適合し、かつ(2)の②または③に掲げる基準のいずれかに適合すること	(2)により算定した単位数の90%に相当する単位数を加算
	(4)介護職員処遇改善加算(Ⅳ) (1)の①から⑥までのいずれにも適合すること	(2)により算定した単位数の80%に相当する単位数を加算
減算	**1. 人員体制による減算** 介護職員初任者研修修了者をサービス提供責任者として配置している事業所が訪問介護を行った場合は減算されます。※	所定単位数の70%に相当する単位数を算定
	2. 同一建物等に対する減算 ①訪問介護事業所と同一の敷地内もしくは隣接する敷地内の建物(養護老人ホーム、軽費老人ホーム、有料老人ホーム、サービス付き高齢者向け住宅に限る)もしくは同一の建物に居住する利用者、②または①以外の建物で1か月あたりの利用者が20人以上居住する建物の利用者に訪問介護を行った場合は減算されます。	所定単位数の90%に相当する単位数を算定

※2015(平成27)年3月31日時点で、現に介護職員初任者研修修了者をサービス提供責任者として配置しており、2015(平成27)年4月1日以降も配置し、2018(平成30)年3月31日までに他の訪問介護事業所の出張所等となることが確実に見込まれる場合を除く。

訪問介護費

算定構造

		基本部分	注 身体介護の(2)〜(4)に引き続き生活援助を行った場合	注 介護職員初任者研修課程を修了したサービス提供責任者を配置している場合	注 事業所と同一建物の利用者又はこれ以外の同一建物の利用者20人以上にサービスを行う場合	注 2人の訪問介護員等による場合	注 夜間若しくは早朝の場合又は深夜の場合	注 特定事業所加算	注 特別地域訪問介護加算	注 中山間地域等における小規模事業所加算	注 中山間地域等に居住する者へのサービス提供加算	注 緊急時訪問介護加算
イ 身体介護	(1)20分未満 (165単位)											
	(2)20分以上30分未満 (245単位)		所要時間が20分から起算して25分を増すごとに+67単位(201単位を限度)					特定事業所加算(Ⅰ) +20/100				1回につき +100単位
	(3)30分以上1時間未満 (388単位)			×70/100	×90/100	×200/100	夜間又は早朝の場合 +25/100	特定事業所加算(Ⅱ) +10/100	+15/100	+10/100	+5/100	
	(4)1時間以上 (564単位に30分を増すごとに+80単位)						深夜の場合 +50/100	特定事業所加算(Ⅲ) +10/100				
ロ 生活援助	(1)20分以上45分未満 (183単位)							特定事業所加算(Ⅳ) +5/100				
	(2)45分以上 (225単位)											
ハ 通院等乗降介助 (1回につき 97単位)												
ニ 初回加算 (1月につき +200単位)												
ホ 生活機能向上連携加算 (1月につき +100単位)												
ヘ 介護職員処遇改善加算	(1)介護職員処遇改善加算(Ⅰ) (1月につき+所定単位×86/1000)		注 所定単位は、イからホまでにより算定した単位数の合計									
	(2)介護職員処遇改善加算(Ⅱ) (1月につき+所定単位×48/1000)											
	(3)介護職員処遇改善加算(Ⅲ) (1月につき(2)の90/100)											
	(4)介護職員処遇改善加算(Ⅳ) (1月につき(2)の80/100)											

☐:特別地域訪問介護加算、中山間地域等における小規模事業所加算、中山間地域等に居住する者へのサービス提供加算、介護職員処遇改善加算は、支給限度額管理の対象外の算定項目

※ 緊急時訪問介護加算の算定時に限り、身体介護の(1)20分未満に引き続き、生活援助を行うことも可能

2. 訪問入浴介護

　訪問入浴介護事業所の看護職員（看護師または准看護師）1人および介護職員2人が、浴槽設備等を備えた入浴車により利用者の居宅を訪問し、利用者の心身の状態を十分に配慮したうえで、利用者を介助し、入浴の機会を提供した場合に算定されます。

●注意事項
　利用者が短期入所生活介護、短期入所療養介護、特定施設入居者生活介護、小規模多機能型居宅介護、認知症対応型共同生活介護、地域密着型特定施設入居者生活介護、地域密着型介護老人福祉施設入所者生活介護、複合型サービスを受けている間は、訪問入浴介護費は算定されません。

訪問入浴介護費

区分	内容	単位数
基本部分	訪問入浴介護費	1回につき　1234単位
加算	1．地域加算 （1）特別地域訪問入浴介護加算 厚生労働大臣が定める地域（p.401）に所在する訪問入浴介護事業所の従業者が、訪問入浴介護を行った場合に加算されます。	1回につき 所定単位数の15％に相当する単位数を加算
	（2）中山間地域等小規模事業所加算 特別地域訪問入浴介護加算対象地域以外の地域で、厚生労働大臣が定める地域（P.402）に所在し、かつ、厚生労働大臣が定める施設基準に適合する訪問入浴介護事業所の従業者が訪問入浴介護を行った場合に加算されます。	1回につき 所定単位数の10％に相当する単位数を加算
	（3）中山間地域等居住者サービス提供加算 厚生労働大臣が定める地域（p.402）に居住している利用者に対して、通常の事業の実施地域を越えて、訪問入浴介護を行った場合に算定されます。	1回につき 所定単位数の5％に相当する単位数を加算
	2．サービス提供体制強化加算 以下の基準のいずれにも適合しているものとして都道府県知事に届け出た訪問入浴介護事業所が、訪問入浴介護を行った場合に加算されます。 ただし、いずれかの加算を算定している場合は、その他の加算は算定されません。 （1）サービス提供体制強化加算（Ⅰ）イ ①従業者ごとに研修計画を作成し、当該計画に従って研修を実施（または実施を予定）している ②利用者に関する情報もしくはサービス提供に当たっての留意事項の伝達または従業者の技術指導を目的とした会議を定期的に開催している ③事業所の全ての訪問入浴介護従業者に対し、健康診断等を定期的に実施している ④事業所の介護職員の総数のうち、介護福祉士の占める割合が40％以上または介護福祉士、実務者研修修了者及び介護職員基礎研修課程修了者の占める割合が60％以上である	1回につき　36単位を加算
	（2）サービス提供体制強化加算（Ⅰ）ロ ①（1）の①〜③のいずれにも適合すること ②事業所の介護職員の総数のうち、介護福祉士の占める割合が30％以上または介護福祉士、実務者研修修了者及び介護職員基礎研修課程修了者の占める割合が50％以上である	1回につき　24単位を加算
	3．介護職員処遇改善加算 以下の基準に適合している介護職員の賃金の改善等を実施しているとして都道府県知事に届け出た訪問入浴介護事業所が訪問入浴介護を行った場合、2018（平成30）年3月31日までの間加算されます。ただし、いずれかの加算を算定している場合は、その他の加算は算定されません。 （1）介護職員処遇改善加算（Ⅰ） 以下の基準のいずれにも適合すること ①賃金改善に関する計画を策定し、適切な措置を講じていること ②訪問入浴介護の事業所において、①の賃金改善に関する計画、介護職員処遇改善計画書を作成し、すべての介護職員に周知し、都道府県知事に届け出ていること ③介護職員処遇改善加算の算定額に相当する賃金改善を実施すること ④事業年度ごとに介護職員の処遇改善に関する実績を都道府県知事に報告すること ⑤算定日が属する月の前12か月間において労働基準法等に違反し、罰金以上の刑に処せられていないこと ⑥労働保険料の納付が適正に行われていること ⑦次に掲げる基準のいずれにも適合すること 　ア　介護職員の任用の際の職責・職務内容等の要件を定め、書面をもって作成し、すべての介護職員に周知していること 　イ　介護職員の資質の向上の支援に関する計画を策定し、計画に係る研修を実施または研修の機会を確保し、すべての介護職員に周知していること ⑧2015（平成27）年4月から②の届出の日の属する月の前月までに実施した介護職員の処遇改善の内容および処遇改善に要した費用をすべての職員に周知していること	所定単位数（加算減算を加えた総単位数）の3.4％に相当する単位数を加算

訪問入浴介護費

	内容	単位数
加算	(2)介護職員処遇改善加算(Ⅱ) 以下の基準のいずれにも適合すること ①(1)の①から⑥までのいずれにも適合すること ②(1)の⑦のアもしくはイのいずれかに適合すること ③2008(平成20)年10月から(1)の②の届出の日の属する月の前月までに実施した介護職員の処遇改善の内容および処遇改善に要した費用をすべての職員に周知していること	所定単位数(加算減算を加えた総単位数)の1.9%に相当する単位数を加算
	(3)介護職員処遇改善加算(Ⅲ) (1)の①から⑥までのいずれにも適合し、かつ(2)の②または③に掲げる基準のいずれかに適合すること	(2)により算定した単位数の90%に相当する単位数を加算
	(4)介護職員処遇改善加算(Ⅳ) (1)の①から⑥までのいずれにも適合すること	(2)により算定した単位数の80%に相当する単位数を加算
減算	1. 人員体制による減算 入浴により利用者の身体の状況等に支障を生じるおそれがないと認められる場合に、その主治医の意見を確認したうえで、訪問入浴介護事業所の介護職員3人により指定訪問入浴介護を行った場合に減算されます。	1回につき 所定単位数の95%に相当する単位数を算定
	2. サービス内容による減算 訪問時の利用者の心身の状況等から全身入浴が困難な場合であって、利用者の希望により清拭または部分浴(洗髪、陰部、足等の洗浄)を行った場合に減算されます。	1回につき 所定単位数の70%に相当する単位数を算定
	3. 同一建物等に対する減算 ①訪問入浴介護事業所と同一の敷地内もしくは隣接する敷地内の建物(養護老人ホーム、軽費老人ホーム、有料老人ホーム、サービス付き高齢者向け住宅に限る)もしくは同一の建物に居住する利用者、②または①以外の建物で1か月当たりの利用者が20人以上居住する建物の利用者に訪問入浴介護を行った場合は減算されます。	所定単位数の90%に相当する単位数を算定

算定構造

		基本部分	注 介護職員3人が行った場合	注 全身入浴が困難で、清拭又は部分浴を実施した場合	注 事業所と同一建物の利用者又はこれ以外の同一建物の利用者20人以上にサービスを行う場合	注 特別地域訪問入浴介護加算	注 中山間地域等における小規模事業所加算	注 中山間地域等に居住する者へのサービス提供加算
イ	訪問入浴介護費	(1回につき 1,234単位)	×95/100	×70/100	×90/100	+15/100	+10/100	+5/100
ロ サービス提供体制強化加算	(1)サービス提供体制強化加算(Ⅰ)イ	(1回につき +36単位)						
	(2)サービス提供体制強化加算(Ⅰ)ロ	(1回につき +24単位)						
ハ 介護職員処遇改善加算	(1)介護職員処遇改善加算(Ⅰ) (1月につき +所定単位×34/1000)		注 所定単位は、イからロまでにより算定した単位数の合計					
	(2)介護職員処遇改善加算(Ⅱ) (1月につき +所定単位×19/1000)							
	(3)介護職員処遇改善加算(Ⅲ) (1月につき +(2)の90/100)							
	(4)介護職員処遇改善加算(Ⅳ) (1月につき +(2)の80/100)							

☐ :特別地域訪問入浴介護加算、中山間地域等における小規模事業所加算、中山間地域等に居住する者へのサービス提供加算、サービス提供体制強化加算、介護職員処遇改善加算は、支給限度額管理の対象外の算定項目

3. 訪問看護

通院が困難な利用者に対して、主治医の指示および訪問看護計画に基づき、訪問看護事業所の保健師、看護師、准看護師または理学療法士、作業療法士、言語聴覚士（以下、看護師等）が、療養上の世話または必要な診療の補助を行った場合に算定されます。この場合、算定のもとになる時間は、現に要した時間ではなく、訪問看護計画に位置づけられた指定訪問看護を行うのに要する標準的な時間をいいます。

●注意事項

①がん末期または、以下の厚生労働大臣が定める疾病等の患者については、医療保険の給付の対象となるため、訪問看護費は算定されません。

> 多発性硬化症、重症筋無力症、スモン、筋萎縮性側索硬化症、脊髄小脳変性症、ハンチントン病、進行性筋ジストロフィー症、パーキンソン病関連疾患（進行性核上性麻痺、大脳皮質基底核変性症およびパーキンソン病（ホーエン・ヤールの重症度分類がステージ3以上であって生活機能障害度がⅡ度またはⅢ度のものに限る）をいう）、多系統萎縮症（線条体黒質変性症、オリーブ橋小脳萎縮症、シャイ・ドレーガー症候群をいう）、プリオン病、亜急性硬化性全脳炎、ライソゾーム病、副腎白質ジストロフィー、脊髄性筋萎縮症、球脊髄性筋萎縮症、慢性炎症性脱髄性多発神経炎、後天性免疫不全症候群、頸髄損傷および人工呼吸器を使用している状態

②訪問看護ステーション、病院または診療所について、利用者の主治医（介護老人保健施設の医師を除く）から、急性増悪等により一時的に頻回の訪問看護を行う必要がある旨の特別の指示を行った場合は、その指示の日から14日間に限っては、医療保険の給付対象となるため、訪問看護費は算定されません。

③利用者が短期入所生活介護、短期入所療養介護、特定施設入居者生活介護、定期巡回・随時対応型訪問介護看護、認知症対応型共同生活介護、地域密着型特定施設入居者生活介護、地域密着型介護老人福祉施設入所者生活介護、複合型サービスを受けている間は、訪問看護費は算定されません。

訪問看護費

	内容	単位数
基本部分	1. 訪問看護ステーションの場合 ただし、20分未満は①②のいずれにも適合する場合に算定されます。 ①利用者に対し、週に1回以上20分以上の訪問看護を実施していること ②利用者からの連絡に応じて、訪問看護を24時間行える体制であること	20分未満　　　　　　310単位 30分未満　　　　　　463単位 30分以上1時間未満　814単位 1時間以上1時間30分未満 　　　　　　　　　1117単位
	理学療法士、作業療法士または言語聴覚士による訪問看護の場合	1回につき　302単位 （1回あたり20分） ※1週間に6回を限度とする
	2. 病院または診療所の場合 ただし、20分未満は①②のいずれにも適合する場合に算定されます。 ①利用者に対し、週に1回以上20分以上の訪問看護を実施していること ②利用者からの連絡に応じて、訪問看護を24時間行える体制であること	20分未満　　　　　　262単位 30分未満　　　　　　392単位 30分以上1時間未満　567単位 1時間以上1時間30分未満 　　　　　　　　　835単位
	3. 定期巡回・随時対応型訪問介護看護事業所と連携して行う場合	1か月につき　2935単位

訪問看護費

	内容	単位数
加算	1. 重度要介護者加算（定期巡回・随時対応型訪問介護看護事業と連携して訪問看護を行う場合） 要介護状態区分が要介護5である者に対して、保健師、看護師、准看護師が訪問看護を行った場合に加算されます。	1か月につき　800点を加算
	2. 夜間・早朝加算（訪問看護ステーション、病院または診療所の場合） 夜間（午後6時〜午後10時）または早朝（午前6時〜午前8時）に指定訪問看護を行った場合に加算されます。	1回につき 所定単位数の25％に相当する単位数を加算
	3. 深夜加算（訪問看護ステーション、病院または診療所の場合） 深夜（午後10時〜午前6時）に指定訪問看護を行った場合に加算されます。	1回につき 所定単位数の50％に相当する単位数を加算
	4. 複数名訪問加算（訪問看護ステーション、病院または診療所の場合） 同時に複数の看護師等が、利用者や家族から同意を得て、以下①〜③のいずれかを満たす1人の利用者に対して訪問看護を行った場合に加算されます。 ①利用者の身体的理由により1人の看護師等による訪問看護が困難と認められる場合 ②暴力行為、著しい迷惑行為、器物破損行為等が認められる場合 ③その他利用者の状況から判断して、①または②に準ずると認められる場合	30分未満 1回につき254単位を加算 30分以上 1回につき402単位を加算
	5. 長時間訪問看護加算（訪問看護ステーション、病院または診療所の場合） 訪問看護について以下のいずれかの状態に該当する「特別な管理を必要とする利用者」に対して、1回の時間が1時間30分を越える訪問看護を行った場合に加算されます。 ①在宅悪性腫瘍患者指導管理、在宅気管切開患者指導管理を受けている状態または気管カニューレ、留置カテーテルを使用している状態 ②医科診療報酬点数表に掲げる在宅自己腹膜灌流指導管理、在宅血液透析指導管理、在宅酸素療法指導管理、在宅中心静脈栄養法指導管理、在宅成分栄養経管栄養法指導管理、在宅自己導尿指導管理、在宅持続陽圧呼吸療法指導管理、在宅自己疼痛管理指導管理、在宅肺高血圧症患者指導管理を受けている状態 ③人工肛門または人工膀胱を設置している状態 ④真皮を越える褥瘡の状態 ⑤点滴注射を週3日以上行う必要がある状態	1回につき 所定単位数に300単位を加算
	6. 地域加算 （1）特別地域訪問看護加算 厚生労働大臣が定める地域（p.401）に所在する訪問看護事業所または、その一部として使用される事務所の看護師等が、訪問看護を行った場合に加算されます。	訪問看護ステーション、病院または診療所の場合 1回につき 所定単位数の15％に相当する単位数を加算 定期巡回・随時対応型訪問介護看護事業所と連携して訪問介護を行う場合 1月につき 所定単位数の15％に相当する単位数を加算
	（2）中山間地域等小規模事業所加算 特別地域訪問看護加算対象地域以外の地域で、厚生労働大臣が定める地域（p.402）に所在し、かつ、別に厚生労働大臣が定める施設基準に適合する訪問看護事業所または、その一部として使用される事務所の看護師等が訪問看護を行った場合に加算されます。	訪問看護ステーション、病院または診療所の場合 1回につき 所定単位数の10％に相当する単位数を加算 定期巡回・随時対応型訪問介護看護事業所と連携して訪問介護を行う場合 1月につき 所定単位数の10％に相当する単位数を加算
	（3）中山間地域等居住者サービス提供加算 厚生労働大臣が定める地域（p.402）に居住している利用者に対して、通常の事業の実施地域を越えて、訪問看護を行った場合に加算されます。	訪問看護ステーション、病院または診療所の場合 1回につき 所定単位数の5％に相当する単位数を加算 定期巡回・随時対応型訪問介護看護事業所と連携して訪問介護を行う場合 1月につき 所定単位数の5％に相当する単位数を加算
	7. 緊急時訪問看護加算 （1）訪問看護ステーション、定期巡回・随時対応型訪問介護看護事業所と連携する場合 24時間体制で利用者またはその家族等からの相談に対応できる訪問看護ステーションが、利用者の同意を得て、計画的に訪問することになっていない緊急時訪問を必要に応じて行った場合に加算されます。また、特別管理加算（下記8.参照）を算定する状態の者に対する、1か月に2回目以降の緊急的訪問については、夜間・早朝・深夜の加算を算定することができます。	1か月につき　540単位を加算

訪問看護費

	内容	単位数
加算	(2) 病院または診療所、定期巡回・随時対応型訪問介護看護事業所と連携する場合 病院または診療所が、利用者の同意を得て、計画的に訪問することとなっていない緊急時訪問看護を必要に応じて行った場合に加算されます。また、特別管理加算(下記8.参照)を算定する状態の者に対する、1か月に2回目以降の緊急的訪問については、夜間・早朝・深夜の加算を算定することができます。	1か月につき　290単位を加算
	8. 特別管理加算 「特別な管理を必要とする利用者」(上記5.参照)に対して、訪問看護の実施に関する計画的な管理を行った場合に加算されます。医療保険において算定する場合は、算定できません。 (1) 特別管理加算(Ⅰ) 上記5.①の状態にある者に対して行う場合	1か月につき　500単位を加算
	(2) 特別管理加算(Ⅱ) 上記5.②〜⑤の状態にある者に対して行う場合	1か月につき　250単位を加算
	9. ターミナルケア加算 以下の基準に適合しているものとして都道府県知事に届け出た訪問看護事業所が、在宅で死亡した利用者について、その死亡日および死亡日前14日以内に2日以上(その間に、医療保険による訪問看護を受けている場合(末期がん等の状態に限る)は1日以上。ただし、医療保険においてターミナル加算を算定する場合は、算定不可)ターミナルケアを行った場合(ターミナルケアを行った後、24時間以内に在宅以外で死亡した場合を含む)に加算されます。 ①ターミナルケアを受ける利用者について24時間連絡できる体制を確保しており、かつ、必要に応じて、訪問看護を行うことができる体制を整備している ②主治の医師との連携の下に、指定訪問看護におけるターミナルケアに係る計画及び支援体制について利用者及びその家族等に対して説明を行い、同意を得てターミナルケアを行っている ③ターミナルケアの提供について、利用者の身体状況の変化等必要な事項が適切に記録されている	死亡月につき　2000単位を加算
	10. 初回加算 新規に訪問看護計画を作成した利用者に対して、初回もしくは初回の訪問看護を行った日の属する月に訪問看護を行った場合に加算されます。	1か月につき　300単位を加算
	11. 退院時共同指導加算 訪問看護ステーションの看護師等が、主治医等と共同して在宅での療養上必要な指導を行い、その内容を文書により提供して退院(退所)した後、初めての訪問看護を行った場合に加算されます。ただし、医療保険において算定される場合や、初回加算を算定する場合は算定できません。	1回に限り(特別な管理を必要とする利用者(上記5.参照)については2回) 600単位を加算
	12. 看護・介護職員連携強化加算 訪問介護事業所と連携し、痰の吸引等が必要な利用者への計画の作成や、訪問介護員に対して助言等の支援を行った場合に加算されます。	1か月に1回に限り 250単位を加算
	13. 看護体制強化加算(訪問看護ステーション、病院または診療所の場合) 以下の基準のいずれにも適合しているものとして都道府県知事に届け出た訪問看護事業所が、医療ニーズの高い利用者への訪問看護の提供体制を強化した場合に加算されます。 ①算定日が属する月の前3か月間において、事業所の利用者総数のうち、緊急時訪問看護加算を算定した利用者の占める割合が50%以上である ②算定日が属する月の前3か月間において、事業所の利用者総数のうち、特別管理加算を算定した利用者の占める割合が30%以上である ③算定日が属する月の前12か月間において、ターミナルケア加算を算定した利用者が1名以上である	1か月につき　300単位を加算
	14. サービス提供体制強化加算 すべての看護師等に対して、研修・健康診断等を実施し、技術指導を目的とした会議を定期的に開催しており、かつ3年以上勤続年数のある者が30%以上配置されている訪問看護事業所が、訪問看護を行った場合に加算されます。	訪問看護ステーション、病院または診療所の場合 1回につき　　6単位を加算 定期巡回・随時対応型訪問介護看護事業所と連携して行う場合 1か月につき　50単位を加算
減算	1. 回数による減算(訪問看護ステーションの理学療法士等による場合) 理学療法士、作業療法士または言語聴覚士が1日に2回を超えて訪問看護を行った場合に減算されます。	1回につき 所定単位数の90%に相当する単位数を算定
	2. 准看護師の訪問看護による減算 訪問看護ステーション、病院または診療所の場合	所定単位数の90%に相当する単位を算定
	定期巡回・随時対応型訪問介護看護事業所と連携して訪問看護を行う場合	所定単位数の98%に相当する単位を算定
	3. 同一建物等に対する減算(訪問看護ステーション、病院または診療所の場合) ①訪問看護事業所と同一の敷地内もしくは隣接する敷地内の建物(養護老人ホーム、軽費老人ホーム、有料老人ホーム、サービス付き高齢者向け住宅に限る)もしくは同一の建物に居住する利用者、②または①以外の建物で1か月当たりの利用者が20人以上居住する建物の利用者に訪問介護を行った場合は減算されます。	所定単位数の90%に相当する単位数を算定
	4. 急性増悪による訪問看護の減算 医療保険の訪問看護を利用している場合で、急性増悪等により、定期巡回・随時対応型訪問介護事業所と連携して、一時的に頻回の訪問看護を行う場合	1日につき所定単位数から97単位を減算

訪問看護費

算定構造

	基本部分	注 准看護師の場合	注 事業所と同一建物の利用者又はこれ以外の同一建物の利用者20人以上にサービスを行う場合	注 夜間又は早朝の場合、若しくは深夜の場合	注 2人以上による訪問看護を行う場合	注 1時間30分以上の訪問看護を行う場合	注 要介護5の者の場合	注 特別地域訪問看護加算	注 中山間地域等における小規模事業所加算	注 中山間地域等に居住する者へのサービス提供加算	注 緊急時訪問看護加算（※）	注 特別管理加算	注 ターミナルケア加算	注 医療保険の訪問看護が必要であるものとして主治医が発行する訪問看護指示の文書の訪問看護指示期間の日数につき減算（1日につき）
イ 指定訪問看護ステーションの場合	（1）20分未満 週に1回以上、20分以上の保健師又は看護師による訪問を行った場合算定可能 （310単位）	×90/100	×90/100	夜間又は早朝の場合 +25/100 深夜の場合 +50/100	30分未満の場合 +254単位 30分以上の場合 +402単位	+300単位		+15/100	+10/100	+5/100	1月につき +540単位	1月につき （Ⅰ）の場合 +500単位 又は （Ⅱ）の場合 +250単位	死亡日及び死亡日前14日以内に2日以上ターミナルケアを行った場合 +2000単位	
	（2）30分未満 （463単位）													
	（3）30分以上1時間未満 （814単位）													
	（4）1時間以上1時間30分未満 （1,117単位）													
	（5）理学療法士、作業療法士又は言語聴覚士の場合 （302単位） ※1日に2回を超えて実施する場合は90/100													
ロ 病院又は診療所の場合	（1）20分未満 週に1回以上、20分以上の保健師又は看護師による訪問を行った場合算定可能 （262単位）	×90/100				+300単位						1月につき +290単位		
	（2）30分未満 （392単位）													
	（3）30分以上1時間未満 （567単位）													
	（4）1時間以上1時間30分未満 （835単位）													
ハ 定期巡回・随時対応訪問介護看護事業所と連携する場合 （1月につき 2,920単位）		准看護師による訪問が1回でもある場合 ×98/100					+800単位				1月につき訪問看護ステーションの場合 +540単位 病院又は診療所の場合 +290			－96単位
ニ 初回加算 （1月につき +300単位）														
ホ 退院時共同指導加算 （1回につき +600単位）														
ヘ 看護・介護職員連携強化加算 （1月につき +250単位）														
ト 看護体制強化加算 （1月につき +300単位）														
チ サービス提供体制強化加算	イ及びロを算定する場合 （1回につき6単位を加算）													
	ハを算定する場合 （1月につき50単位を加算）													

□ ：特別地域訪問看護加算、中山間地域等における小規模事業所加算、中山間地域等に居住する者へのサービス提供加算、緊急時訪問看護加算、特別管理加算、ターミナルケア加算、サービス提供体制強化加算は、支給限度額管理の対象外の算定項目

※ 特別管理加算を算定する状態の者に対する1月以内の2回目以降の緊急時訪問については、早朝・夜間、深夜の訪問看護に係る加算を算定できるものとする。

4. 訪問リハビリテーション

通院が困難な利用者に対して、指定訪問リハビリテーション事業所の理学療法士、作業療法士、言語聴覚士（以下、理学療法士等）が、計画的な医学的管理を行っている医師の指示に基づき、指定訪問リハビリテーションを行った場合に算定されます。

● 注意事項

利用者が短期入所生活介護、短期入所療養介護、特定施設入居者生活介護、認知症対応型共同生活介護、地域密着型特定施設入居者生活介護、地域密着型介護老人福祉施設入所者生活介護を受けている間は、訪問リハビリテーション費は算定されません。また、訪問リハビリテーションを利用しようとする者の主治医が、急性増悪等により一時的に頻回の訪問リハビリテーションを行う必要がある旨の特別な指示を行った場合は、指示の日から14日間に限って訪問リハビリテーション費は算定できません。

訪問リハビリテーション費

区分	内容	単位数
基本部分	訪問リハビリテーション費	1回につき　302単位
加算	1. 中山間地域等居住者サービス提供加算 厚生労働大臣が定める地域（p.402）に居住している利用者に対して、通常の事業の実施地域を越えて、指定訪問リハビリテーションを行った場合に加算されます。	1回につき 所定単位数の5%に相当する単位数を加算
	2. 短期集中リハビリテーション実施加算 リハビリテーションマネジメント加算（Ⅰ）または（Ⅱ）を算定していることを都道府県知事に届け出た訪問リハビリテーション事業所が、利用者に対して、リハビリテーションを必要とする状態の原因となった疾患の治療のために入院（または入所）した病院等から退院（退所）した日、または要介護認定を受けた日から起算して3か月以内に、リハビリテーションを集中的に行った場合に加算されます。	1日につき　200単位を加算
	3. リハビリテーションマネジメント加算 以下の基準のいずれにも適合しているものとして都道府県知事に届け出た訪問リハビリテーション事業所の理学療法士、作業療法士、言語聴覚士その他の職種の者が協働し、継続的にリハビリテーションの質を管理した場合に加算されます。 ただし、いずれかの加算を算定している場合は、その他の加算は算定されません。 （1）リハビリテーションマネジメント加算（Ⅰ） ①訪問リハビリテーション計画の進捗状況を定期的に評価し、必要に応じて見直している ②事業所の理学療法士、作業療法士、または言語聴覚士が、介護支援専門員を通じて、訪問介護その他の指定居宅サービスに該当する事業の従業者に対し、リハビリテーションの観点から、日常生活上の留意点、介護の工夫等の情報を伝達している	1月につき　60単位を加算
	（2）リハビリテーションマネジメント加算（Ⅱ） ①リハビリテーション会議を開催し、リハビリテーションに関する専門的な見地から利用者の状況等に関する情報を構成員と共有し、その内容を記録している ②訪問リハビリテーション計画について、医師が利用者またはその家族に対して説明し、利用者の同意を得ている ③3か月に1回以上、リハビリテーション会議を開催し、利用者の状態の変化に応じ、訪問リハビリテーション計画を見直している ④事業所の理学療法士、作業療法士、または言語聴覚士が、介護支援専門員に対し、リハビリテーションに関する専門的な見地から、利用者の有する能力、自立のために必要な支援方法および日常生活上の留意点に関する情報提供を行っている ⑤以下のいずれかに適合すること 　ア　事業所の理学療法士、作業療法士、または言語聴覚士が、居宅サービス計画に位置付けた訪問介護その他の指定居宅サービスに該当する事業の従業者と訪問リハビリテーションの利用者の居宅を訪問し、従業者に対し、リハビリテーションに関する専門的な見地から、介護の工夫に関する指導および日常生活上の留意点に関する助言を行っている 　イ　事業所の理学療法士、作業療法士、または言語聴覚士が、利用者の居宅を訪問し、その家族に対し、リハビリテーションに関する専門的な見地から、介護の工夫に関する指導および日常生活上の留意点に関する助言を行っている ⑥①～⑤までに適合することを確認し、記録している	1月につき　150単位を加算

訪問リハビリテーション費

	内容	単位数
加算	4. 社会参加支援加算 以下の基準に適合しているものとして都道府県知事に届け出た訪問リハビリテーション事業所が、リハビリテーションを行い、利用者の社会参加等を支援した場合に、評価対象期間(社会参加支援加算を算定する年度の初日の属する年の前年の1月～12月までの期間)の末日が属する年度の次の年度内に限って加算されます。 ①次の基準のいずれにも適合すること 　ア　評価対象期間において訪問リハビリテーションの提供を終了した者のうち、通所介護、通所リハビリテーション、認知症対応型通所介護、第一号通所事業その他社会参加に資する取り組みを実施した者の占める割合が5%を超えている 　イ　評価対象期間中に訪問リハビリテーションの提供を終了した日から起算して14日以降44日以内に、事業所の理学療法士、作業療法士、または言語聴覚士が、訪問リハビリテーション終了者に対して、その居宅を訪問することまたは介護支援専門員から居宅サービス計画に関する情報提供を受けることにより通所介護等の実施が3か月以上継続する見込みであることを確認し、記録している ②12を事業所の利用者の平均利用月数で除して得た数が100分の25以上である	1日につき　17単位を加算
加算	5. サービス提供体制強化加算 理学療法士、作業療法士、言語聴覚士のうち、勤続年数3年以上の者がいるとして都道府県知事に届け出た訪問リハビリテーション事業所が、訪問リハビリテーションを行った場合に加算されます。	1回につき　6単位を加算
減算	同一建物等に対する減算 ①訪問リハビリテーション事業所と同一の敷地内もしくは隣接する敷地内の建物(養護老人ホーム、軽費老人ホーム、有料老人ホーム、サービス付き高齢者向け住宅に限る)もしくは同一の建物に居住する利用者、②または①以外の建物で1か月当たりの利用者が20人以上居住する建物の利用者に訪問リハビリテーションを行った場合は減算されます。	所定単位数の90%に相当する単位数を算定

算定構造

		基本部分	事業所と同一建物の利用者又はこれ以外の同一建物の利用者20人以上にサービスを行う場合 注	中山間地域等に居住する者へのサービス提供加算 注	短期集中リハビリテーション実施加算 注	リハビリテーションマネジメント加算(Ⅰ) 注	リハビリテーションマネジメント加算(Ⅱ) 注
イ 訪問リハビリテーション費	病院又は診療所の場合	1回につき　302単位	×90／100	＋5／100	1日につき＋200単位	1月につき＋60単位	1月につき＋150単位
	介護老人保健施設の場合						
ロ　社会参加支援加算		(1日につき　17単位を加算)					
ハ　サービス提供体制強化加算		(1回につき　＋6単位)					

　：中山間地域等に居住する者へのサービス提供加算、サービス提供体制強化加算は、支給限度額管理の対象外の算定項目

5. 居宅療養管理指導

(1) 医師が行う場合

通院が困難な在宅の利用者に対して、居宅療養管理指導事業所の医師が、利用者の居宅を訪問して行う計画的かつ継続的な医学的管理に基づき、介護支援専門員に対する居宅サービス計画の策定等に必要な情報提供並びに利用者・家族等に対する居宅サービスを利用するうえでの留意点、介護方法等について指導・助言を行った場合に、1か月に2回を限度として算定されます。

居宅療養管理指導費　(1)医師が行う場合

	内容	単位数	
基本部分	1. **居宅療養管理指導費(Ⅰ)** 居宅療養管理指導費(Ⅱ)以外の場合に算定されます。 (1)同一建物居住者以外の者に対して行う場合	1回につき	503単位
	(2)同一建物居住者に対して行う場合	1回につき	452単位
	2. **居宅療養管理指導費(Ⅱ)** 医科診療報酬点数表に掲げる在宅時医学総合管理料または特定施設入居時等医学総合管理料を算定する利用者に対して、医師が、当該利用者の居宅を訪問して行う計画的かつ継続的な医学的管理に基づき、介護支援専門員に対する居宅サービス計画の策定等に必要な情報提供を行った場合に算定されます。 (1)同一建物居住者以外の者に対して行う場合	1回につき	292単位
	(2)同一建物居住者に対して行う場合	1回につき	262単位

(2) 歯科医師が行う場合

通院が困難な在宅の利用者に対して、居宅療養管理指導事業所の歯科医師が、利用者の居宅を訪問して行う計画的かつ継続的な歯科医学的管理に基づき、介護支援専門員に対する居宅サービス計画の策定等に必要な情報提供並びに利用者・家族等に対する居宅サービスを利用するうえでの留意点、介護方法等について指導・助言を行った場合に、1か月に2回を限度として算定されます。

居宅療養管理指導費　(2)歯科医師が行う場合

	内容	単位数	
基本部分	1. 同一建物居住者以外の者に対して行う場合	1回につき	503単位
	2. 同一建物居住者に対して行う場合	1回につき	452単位

(3) 薬剤師が行う場合

通院が困難な在宅の利用者に対して、居宅療養管理指導事業所の薬剤師が、医師または歯科医師の指示または薬学的管理指導計画に基づき、利用者を訪問して、薬学的な管理指導を行い、介護支援専門員に対する居宅サービス計画の策定等に必要な情報提供を行った場合に、1か月に2回（薬局の薬剤師の場合は1か月に4回）を限度として算定されます。

居宅療養管理指導費 （3）薬剤師が行う場合

	内容		単位数
基本部分	1．病院または診療所の薬剤師が行う場合 （1）同一建物居住者以外の者に対して行う場合	1回につき	553単位
	（2）同一建物居住者に対して行う場合	1回につき	387単位
	2．薬局の薬剤師が行う場合 ※末期の悪性腫瘍の者および中心静脈栄養を受けている者に対する場合は、1週に2回、かつ、1月に8回を限度として算定可能 （1）同一建物居住者以外の者に対して行う場合	1回につき	503単位
	（2）同一建物居住者に対して行う場合	1回につき	352単位
加算	麻薬管理指導加算 疼痛緩和のために麻薬の投薬が行われている利用者に対して、当該薬剤の使用に関する必要な薬学的管理指導を行った場合に加算されます。	1回につき	100単位を加算

(4) 管理栄養士が行う場合

通院または通所が困難な在宅の利用者に対して、次に掲げるすべての基準を満たす居宅療養管理指導事業所の管理栄養士が、計画的な医学的管理を行っている医師の指示に基づき、利用者を訪問し、栄養管理に係る情報提供および指導または助言を行った場合に、1か月に2回を限度として算定されます。

①疾病治療の直接手段として、医師の発行する食事せんに基づき提供された適切な栄養量および内容を有する腎臓病食、肝臓病食、糖尿病食、胃潰瘍食、貧血食、膵臓病食、脂質異常症食、痛風食、嚥下困難者のための流動食、経管栄養のための濃厚流動食、特別な場合の検査食（単なる流動食および軟食を除く）を必要とする利用者または、低栄養状態にあると医師が判断した者に対して、医師、歯科医師、管理栄養士、看護師、薬剤師、その他の職種が共同して、利用者ごとの摂食・嚥下機能および食形態にも配慮した栄養ケア計画を作成していること。

②利用者ごとの栄養ケア計画に従い、栄養管理を行っているとともに、利用者またはその家族等に対して、栄養管理に係る情報提供、指導または助言を行い、利用者の栄養状態を定期的に記録していること。

③利用者ごとの栄養ケア計画の進捗状況を定期的に評価し、必要に応じて当該計画を見直していること。

居宅療養管理指導費 （4）管理栄養士が行う場合

	内容		単位数
基本部分	1．同一建物居住者以外の者に対して行う場合	1回につき	533単位
	2．同一建物居住者に対して行う場合	1回につき	452単位

(5) 歯科衛生士等が行う場合

通院または通所が困難な在宅の利用者に対して、次に掲げるすべての基準を満たす居宅療養管理指導事業所の歯科衛生士、保健師または看護職員が、訪問歯科診療を行った歯科医師の指示に基づき、利用者を訪問し、実地指導を行った場合に、1か月に4回を限度として算定されます。

①居宅療養管理指導が必要であると歯科医師が判断した者（その実施に同意する者に限る）に対して、歯科衛生士、保健師または看護職員が、当該利用者を訪問し、歯科医師、歯科衛生士その他の職種の者が共同して、利用者ごとの口腔衛生状態および摂食・嚥下機能に配慮した管理指導計画を作成していること。

②利用者ごとの管理指導計画に従い、療養上必要な指導として利用者の口腔内の清掃、有床義歯の清掃または摂食・嚥下機能に関する実地指導を行っているとともに、利用者またはその家族等に対して、実地指導に係る情報提供および指導または助言を行い、定期的に記録していること。

③利用者ごとの管理指導計画の進捗状況を定期的に評価し、必要に応じて当該計画を見直していること。

居宅療養管理指導費 （5）歯科衛生士等が行う場合

	内容	単位数	
基本部分	1. 同一建物居住者以外の者に対して行う場合	1回につき	352単位
	2. 同一建物居住者に対して行う場合	1回につき	302単位

(6) 看護職員が行う場合

通院が困難で、医師が看護職員による居宅療養管理指導が必要であると判断した利用者に対して、居宅療養管理指導事業所の看護職員が利用者を訪問し、療養上の相談および支援を行い、介護支援専門員に対する居宅サービス計画の策定等に必要な情報提供を行った場合は、居宅サービスの提供を開始してから6か月の間に2回を限度として算定されます。

● **注意事項**

利用者が定期的に通院したり訪問診療を受けている場合または、訪問看護、訪問リハビリテーション、短期入所生活介護、短期入所療養介護、特定施設入居者生活介護、定期巡回・随時対応型訪問介護看護、認知症対応型共同生活介護、地域密着型特定施設入居者生活介護、地域密着型介護老人福祉施設入所者生活介護、複合型サービスを受けている間は、算定されません。

居宅療養管理指導費 （6）看護職員が行う場合

基本部分	内容	単位数	
	1. 同一建物居住者以外の者に対して行う場合	1回につき	402単位
減算	2. 同一建物居住者に対して行う場合	1回につき	362単位
	准看護師による減算 准看護師が行った場合に減算されます。	1回につき	所定単位数の100分の90に相当する単位数を算定

居宅療養管理指導費

算定構造

	基本部分		
イ 医師が行う場合(月2回を限度)	(1)居宅療養管理指導費(Ⅰ)((2)以外)	(一)同一建物居住者以外の利用者に対して行う場合 (503単位)	
		(二)同一建物居住者に対して行う場合(同一日の訪問) (452単位)	
	(2)居宅療養管理指導費(Ⅱ) (在宅時医学総合管理料又は特定施設入居時等医学総合管理料を算定する場合)	(一)同一建物居住者以外の利用者に対して行う場合 (292単位)	
		(二)同一建物居住者に対して行う場合(同一日の訪問) (262単位)	
ロ 歯科医師が行う場合(月2回を限度)	(1)同一建物居住者以外の利用者に対して行う場合 (503単位)		
	(2)同一建物居住者に対して行う場合(同一日の訪問) (452単位)		
ハ 薬剤師が行う場合	(1)病院又は診療所の薬剤師が行う場合(月2回を限度)	(一) 同一建物居住者以外の利用者に対して行う場合 (553単位)	注 特別な薬剤の投薬が行われている在宅の利用者又は居住系施設入居者等に対して、当該薬剤の使用に関する必要な薬学的管理指導を行った場合 +100単位
		(二) 同一建物居住者に対して行う場合(同一日の訪問) (387単位)	
	(2)薬局の薬剤師の場合(月4回を限度)	(一) 同一建物居住者以外の利用者に対して行う場合 (503単位)	
		(二) 同一建物居住者に対して行う場合(同一日の訪問) (352単位)	
ニ 管理栄養士が行う場合(月2回を限度)	(1)同一建物居住者以外の利用者に対して行う場合 (533単位)		
	(2)同一建物居住者に対して行う場合(同一日の訪問) (452単位)		
ホ 歯科衛生士等が行う場合(月4回を限度)	(1)同一建物居住者以外の利用者に対して行う場合 (352単位)		
	(2)同一建物居住者に対して行う場合(同一日の訪問) (302単位)		
ヘ 保健師、看護師が行う場合	(1)同一建物居住者以外の利用者に対して行う場合 (402単位)		注 准看護師が行う場合 ×90／100
	(2)同一建物居住者に対して行う場合(同一日の訪問) (362単位)		

※ ハ(2)(一)(二)について、がん末期の患者及び中心静脈栄養患者については、週2回かつ月8回算定できる。

6. 通所介護費

通所介護事業所において、入浴、食事の提供、その他の日常生活上の世話や機能訓練を行った場合に、その施設の規模に従い、サービスを提供する時間および利用者の要介護状態区分に応じて算定されます。この場合、算定のもとになる時間は、現に要した時間ではなく、通所介護計画に位置づけられたサービスを行うのに要する標準的な時間をいいます。

● **注意事項**

利用者が短期入所生活介護、短期入所療養介護、特定施設入居者生活介護、小規模多機能型居宅介護、認知症対応型共同生活介護、地域密着型特定施設入居者生活介護、地域密着型介護老人福祉施設入所者生活介護、複合型サービスを受けている間は、通所介護費は算定されません。

通所介護費

	内容	単位数
基本部分	**1. 小規模型通所介護費(※)** 前年度の1か月あたりの平均利用延人数が300人以内の通所介護事業所の場合に算定されます。ただし、介護予防通所介護事業所もしくは第1号事業の指定または双方の指定を併せて受け、一体的に事業を実施している場合は、介護予防通所介護の1か月あたりの平均利用延人数を含みます。 (1) 3時間以上5時間未満	要介護1　426単位 要介護2　488単位 要介護3　552単位 要介護4　614単位 要介護5　678単位
	(2) 5時間以上7時間未満	要介護1　641単位 要介護2　757単位 要介護3　874単位 要介護4　990単位 要介護5　1107単位
	(3) 7時間以上9時間未満	要介護1　735単位 要介護2　868単位 要介護3　1006単位 要介護4　1144単位 要介護5　1281単位
	2. 通常規模型通所介護費 前年度の1か月あたりの平均利用延人数が301人〜750人以内の通所介護事業所の場合に算定されます。ただし、介護予防通所介護事業所の指定を併せて受け、一体的に事業を実施している場合は、介護予防通所介護の1か月あたりの平均利用延人数を含みます。 (1) 3時間以上5時間未満	要介護1　380単位 要介護2　436単位 要介護3　493単位 要介護4　548単位 要介護5　605単位
	(2) 5時間以上7時間未満	要介護1　572単位 要介護2　676単位 要介護3　780単位 要介護4　884単位 要介護5　988単位
	(3) 7時間以上9時間未満	要介護1　656単位 要介護2　775単位 要介護3　898単位 要介護4　1021単位 要介護5　1144単位
	3. 大規模型通所介護費(Ⅰ) 前年度の1か月あたりの平均利用延人数が751人〜900人以内の通所介護事業所の場合に算定されます。ただし、介護予防通所介護事業所の指定を併せて受け、一体的に事業を実施している場合は、介護予防通所介護の1か月あたりの平均利用延人数を含みます。 (1) 3時間以上5時間未満	要介護1　374単位 要介護2　429単位 要介護3　485単位 要介護4　539単位 要介護5　595単位
	(2) 5時間以上7時間未満	要介護1　562単位 要介護2　665単位 要介護3　767単位 要介護4　869単位 要介護5　971単位

(※)小規模型は、2016(平成28)年4月に地域密着型サービスに位置づけられる「地域密着型通所介護」等に移行する予定です。

通所介護費

	内容		単位数	
基本部分		(3) 7時間以上9時間未満	要介護1 要介護2 要介護3 要介護4 要介護5	645単位 762単位 883単位 1004単位 1125単位
	4. 大規模型通所介護費（Ⅱ） 前年度の1か月あたりの平均利用延人数が900人を超える通所介護事業所の場合に算定されます。ただし、指定介護予防通所介護事業所の指定を併せて受け、一体的に事業を実施している場合は、介護予防通所介護の1か月あたりの平均利用延人数を含みます。 　(1) 3時間以上5時間未満		要介護1 要介護2 要介護3 要介護4 要介護5	364単位 417単位 472単位 524単位 579単位
	(2) 5時間以上7時間未満		要介護1 要介護2 要介護3 要介護4 要介護5	547単位 647単位 746単位 846単位 946単位
	(3) 7時間以上9時間未満		要介護1 要介護2 要介護3 要介護4 要介護5	628単位 742単位 859単位 977単位 1095単位
	5. 療養通所介護費 療養通所介護事業所において、難病等を有する中重度要介護者またはがん末期の者であって、サービス提供にあたり常時看護師による観察が必要な者を対象として、療養通所介護計画書に基づき、入浴、排泄、食事等の介護、その他日常生活上の世話および機能訓練を行った場合に算定されます。 　(1) 3時間以上6時間未満		1007単位	
	(2) 6時間以上8時間未満		1511単位	
加算	1. サービス時間延長加算 通所介護事業所（療養通所介護を除く）において7時間以上9時間未満の通所介護の前後に日常生活上の世話を行った場合であって、通算した時間が9時間以上になる場合に加算されます。 　(1) 9時間以上10時間未満		50単位を加算	
	(2) 10時間以上11時間未満		100単位を加算	
	(3) 11時間以上12時間未満		150単位を加算	
	(4) 12時間以上13時間未満		200単位を加算	
	(5) 13時間以上14時間未満		250単位を加算	
	2. 中山間地域等居住者サービス提供加算 通所介護事業所または療養通所介護事業所の従業者が、厚生労働大臣が定める地域(p.402)に居住している利用者に対して、通常の事業の実施地域を越えて、通所介護または療養通所介護を提供した場合に加算されます。		1日につき 所定単位数の5％に相当する単位数を加算	
	3. 入浴介助加算 通所介護事業所において、入浴介助を適切に行うことができる人員および設備を有して入浴介助を行った場合に加算されます。		1日につき　　50単位を加算	
	4. 中重度者ケア体制加算 通所介護事業所（療養通所介護事業所を除く）において、以下の基準のいずれにも適合しているものとして都道府県知事に届け出た通所介護事業所が、中重度の要介護者を受け入れる体制を構築し、指定通所介護を行った場合に加算されます。 ①指定居宅サービス等基準第93条第1項第2号または第3号に規定する看護職員または介護職員の数に加え、看護職員または介護職員を常勤換算方法で2名以上確保している ②前年度または算定日が属する月の前3か月間の利用者総数のうち、要介護3〜5である者の割合が30％以上である ③指定通所介護を行う時間帯を通じて通所介護の提供に専従する看護職員を1名以上配置している		1日につき　　45単位を加算	

通所介護費

	内容		単位数	
加算	**5. 個別機能訓練加算** 機能訓練指導員の職務に専従する理学療法士、作業療法士、言語聴覚士、看護職員、柔道整復師またはあん摩マッサージ指圧師(以下、理学療法士等)が個別機能訓練計画に基づき、計画的に行った機能訓練(以下、個別機能訓練)について加算されます。算定はいずれか一方に限ります。			
	(1) 個別機能訓練加算(Ⅰ) 次の要件をすべて満たす場合に加算されます。 ①機能訓練指導員の職務に専従する理学療法士等を1名以上配置していること ②個別機能訓練計画の作成及び実施において利用者の自立の支援と日常生活の充実に資するよう複数の種類の機能訓練の項目を準備し、その項目の選択に当たっては、利用者の生活意欲が増進されるよう利用者を援助し、心身の状況に応じた機能訓練を適切に行っていること ③機能訓練指導員、看護職員、介護職員、生活相談員その他の職種の者が共同して、利用者ごとに個別機能訓練計画を作成し、当該計画に基づき、計画的に機能訓練を行っていること ④機能訓練指導員等が利用者の居宅を訪問したうえで、個別機能訓練計画を作成し、その後3か月ごとに1回以上、利用者の居宅を訪問したうえで、利用者またはその家族に対して、機能訓練の内容と個別機能訓練計画の進捗状況等を説明し、訓練内容の見直し等を行っていること		1日につき	46単位を加算
	(2) 個別機能訓練加算(Ⅱ) 次の要件をすべて満たす場合に加算されます。 ①機能訓練指導員の職務に従事する理学療法士等を1名以上配置していること。 ②機能訓練指導員、看護職員、介護職員、生活相談員その他の職種の者が共同して、利用者ごとの身体の状況を重視した、個別機能訓練計画を作成していること ③個別機能訓練計画に基づき、機能訓練の項目を準備し、理学療法士等が利用者の心身の状況に応じた機能訓練を適切に提供していること ④機能訓練指導員等が利用者の居宅を訪問したうえで、個別機能訓練計画を作成し、その後3か月ごとに1回以上、利用者の居宅を訪問したうえで、利用者またはその家族に対して、機能訓練の内容と個別機能訓練計画の進捗状況等を説明し、訓練内容の見直しを行っていること		1日につき	56単位を加算
	6. 認知症加算 通所介護事業所(療養通所介護事業所を除く)において、以下の基準のいずれにも適合しているものとして都道府県知事に届け出た通所介護事業所が、日常生活に支障を来すおそれのある症状または行動が認められることから介護を必要とする認知症の者に対して指定通所介護を行った場合に加算されます。 ①指定居宅サービス等基準第93条第1項第2号または第3号に規定する看護職員または介護職員の数に加え、看護職員または介護職員を常勤換算方法で2名以上確保している ②前年度または算定日が属する月の前3か月間の利用者総数のうち、日常生活に支障を来すおそれのある症状または行動が認められることから介護を必要とする認知症の者の割合が20%以上である ③指定通所介護を行う時間帯を通じて通所介護の提供に専従する認知症介護の指導に係る専門的な研修、認知症介護に係る専門的な研修、認知症介護に係る実践的な研修等を修了した者を1名以上配置している		1日につき	60単位を加算
	7. 若年性認知症利用者受入加算 通所介護事業所において、若年性認知症利用者に対して、利用者ごとに個別の担当者を定め、利用者の特性やニーズに応じたサービス提供が行われた場合に加算されます。ただし、認知症加算を算定している場合は算定されません。		1日につき	60単位を加算
	8. 栄養改善加算 以下に掲げるすべての基準を満たす通所介護事業所において、低栄養状態にあるかまたはそのおそれのある利用者に対して、その低栄養状態の改善等を目的として、個別的に実施される栄養食事相談等の栄養管理であって、利用者の心身の状態の維持または向上に資すると認められる「栄養改善サービス」を行った場合に、3か月以内の期間に限り、1か月に2回を限度として加算されます。ただし、栄養改善サービスの開始から3か月ごとの利用者の栄養状態の評価の結果、低栄養状態が改善せず、栄養改善サービスを引き続き行う必要性が認められる利用者については、引き続き算定することができます。 ①管理栄養士を1名以上配置していること ②利用者の栄養状態を利用開始時に把握し、管理栄養士、看護職員、介護職員、生活相談員その他の職種の者が共同して、利用者ごとの摂食・嚥下機能および食形態にも配慮した栄養ケア計画を作成していること ③利用者ごとの栄養ケア計画に従い、管理栄養士等が栄養改善サービスを行っているとともに、利用者の栄養状態を定期的に記録していること ④利用者ごとの栄養ケア計画の進捗状況を定期的に評価すること ⑤利用定員および従業員の員数に関する基準を満たしていること		1回につき	150単位を加算
	9. 口腔機能向上加算 以下に掲げるすべての基準を満たす通所介護事業所において、口腔機能が低下しているかまたはそのおそれのある利用者に対して、利用者の口腔機能の向上を目的として、個別的に実施される口腔清掃の指導や実施、摂食・嚥下機能に関する訓練の指導や実施であり、利用者の心身の状態の維持または向上に資すると認められる「口腔機能向上サービス」を行った場合に、3か月以内の期間に限り、1か月に2回を限度として算定されます。ただし、口腔機能向上サービスの開始から3か月ごとの利用者の口腔機能の評価の結果、口腔機能が向上せず、口腔機能向上サービスを引き続き行う必要性が認められる利用者については、引き続き算定することができます。 ①言語聴覚士、歯科衛生士または看護職員を1名以上配置していること ②利用者の口腔機能を利用開始時に把握し、言語聴覚士、歯科衛生士、看護職員、介護職員、生活相談員その他の職種の者が共同して、利用者ごとの口腔機能改善管理指導計画を作成していること ③利用者ごとの口腔機能改善管理指導計画に従い、言語聴覚士、歯科衛生士または看護職員が口腔機能向上サービスを行っているとともに、利用者の口腔機能を定期的に記録していること ④利用者ごとの口腔機能改善管理指導計画の進捗状況を定期的に評価すること ⑤利用定員および従業員の員数に関する基準を満たしていること		1回につき	150単位を加算

通所介護費

		内容	単位数
加算	10.	**個別送迎体制強化加算** 療養通所介護事業所において、以下の基準のいずれにも適合しているものとして都道府県知事に届け出て、当該基準による送迎を行った場合に加算されます。 ①2名以上の従事者により、個別に送迎を行っている ②従事者のうち1名は、看護師または准看護師である	1日につき　210単位を加算
	11.	**入浴介助体制強化加算** 療養通所介護事業所において、以下の基準のいずれにも適合しているものとして都道府県知事に届け出て、当該基準による入浴介助を行った場合に加算されます。 ①2名以上の従事者により、個別に入浴介助を行っている ②従事者のうち1名は、看護師または准看護師である	1日につき　60単位を加算
	12.	**サービス提供体制強化加算** (1)サービス提供体制強化加算（Ⅰ）イ 通所介護事業所の介護職員の総数のうち、介護福祉士の占める割合が50％以上で、通所介護の利用定員および従業者の員数に関する基準を満たしている事業所の場合に加算されます。	1回につき　18単位を加算
		(2)サービス提供体制強化加算（Ⅰ）ロ 通所介護事業所の介護職員の総数のうち、介護福祉士の占める割合が40％以上で、通所介護の利用定員および従業者の員数に関する基準を満たしている事業所の場合に加算されます。	1回につき　12単位を加算
		(3)サービス提供体制強化加算（Ⅱ） 通所介護を利用者に直接提供する職員の総数のうち、勤続年数3年以上の者の占める割合が30％以上で、通所介護の利用定員および従業員の員数に関する基準を満たしている事業所の場合に加算されます。	1回につき　6単位を加算
		(4)サービス提供体制強化加算（Ⅲ） 療養通所介護を利用者に直接提供する職員の総数のうち、勤続年数3年以上の者の占める割合が30％以上で、療養通所介護の利用定員および従業員の員数に関する基準を満たしている事業所の場合に加算されます。	1回につき　6単位を加算
	13.	**介護職員処遇改善加算** 以下の基準に適合している介護職員の賃金の改善等を実施しているとして都道府県知事に届け出た通所介護事業所が通所介護を行った場合、2018（平成30）年3月31日までの間に加算されます。ただし、いずれかの加算を算定している場合は、その他の加算は算定されません。 (1)介護職員処遇改善加算（Ⅰ） 以下の基準のいずれにも適合すること ①賃金改善に関する計画を策定し、適切な措置を講じていること ②通所介護の事業所において、①の賃金改善に関する計画、介護職員処遇改善計画書を作成し、すべての介護職員に周知し、都道府県知事に届け出ていること ③介護職員処遇改善加算の算定額に相当する賃金改善を実施すること ④事業年度ごとに介護職員の処遇改善に関する実績を都道府県知事に報告すること ⑤算定日が属する月の前12か月間において労働基準法等に違反し、罰金以上の刑に処せられていないこと ⑥労働保険料の納付が適正に行われていること ⑦次に掲げる基準のいずれにも適合すること 　ア　介護員の任用の際の職責・職務内容等の要件を定め、書面をもって作成し、すべての介護職員に周知していること 　イ　介護職員の資質の向上の支援に関する計画を策定し、計画に係る研修を実施または研修の機会を確保し、すべての介護職員に周知していること ⑧2015（平成27）年4月から②の届出の日の属する月の前月までに実施した介護職員の処遇改善の内容および処遇改善に要した費用をすべての職員に周知していること	所定単位数（加算減算を加えた総単位数）の4.0％に相当する単位数を加算
		(2)介護職員処遇改善加算（Ⅱ） 以下の基準のいずれにも適合すること ①(1)の①～⑥までのいずれにも適合すること ②(1)の⑦のアもしくはイのいずれかに適合すること ③2008（平成20）年10月から(1)の②の届出の日の属する月の前月までに実施した介護職員の処遇内容および処遇改善に要した費用をすべての職員に周知していること	所定単位数（加算減算を加えた総単位数）の2.2％に相当する単位数を加算
		(3)介護職員処遇改善加算（Ⅲ） (1)の①から⑥までのいずれにも適合し、かつ(2)の②または③に掲げる基準のいずれかに適合すること	(2)により算定した単位数の90％に相当する単位数を加算
		(4)介護職員処遇改善加算（Ⅳ） (1)の①から⑥までのいずれにも適合すること	(2)により算定した単位数の80％に相当する単位数を加算

通所介護費

		内容	単位数
減算	1.	**利用定員超過による減算** 通所介護の月平均の利用者の数（通所介護事業者が介護予防通所介護もしくは第1号通所事業の指定または双方の指定を併せて受け、同一の事業所において一体的に運営されている場合は、その合計数）が、運営規程に定められた利用定員を超えた場合に減算されます。	所定単位数の70％に相当する単位数を算定
	2.	**従業者欠員による減算** 看護職員および介護職員について、運営基準に定める員数が配置されていない場合に減算されます。	所定単位数の70％に相当する単位数を算定
	3.	**短時間サービスによる減算** 長時間のサービス利用が困難である場合や病後等で短時間の利用から始めて長時間利用に結びつけていく必要がある場合など、利用者側のやむを得ない事情により長時間のサービス利用が困難な利用者に対して、2時間以上3時間未満の通所介護を行った場合に算定されます。	3時間以上5時間未満の所定単位数の70％に相当する単位数を算定
	4.	**同一建物内に対する減算** 通所介護事業所と同一建物に居住する者または同一建物から通所介護事業所に通う者に対して通所介護を行った場合に減算されます。	1日につき　94単位を減算
	5.	**送迎を行わない場合の減算** 利用者の居宅と通所介護事業所との間の送迎を行わない場合に減算されます。	片道につき　47単位を減算

通所介護費

算定構造

		基本部分	注 利用者の数が利用定員を超える場合	注 看護・介護職員の員数が基準に満たない場合	注 2時間以上3時間未満の通所介護を行う場合	注 7時間以上9時間未満の通所前後の延長サービスを行う場合	注 中山間地域等に居住する者へのサービス提供加算	注 入浴介助を行った場合	注 中重度者ケア体制加算	注 個別機能訓練加算(I)	注 個別機能訓練加算(II)	注 認知症加算	注 若年性認知症利用者受入加算	注 栄養改善加算	注 口腔機能向上加算	注 個別送迎体制強化加算	注 入浴介助体制強化加算	注 事業所と同一建物に居住する者又は事業所と同一建物から利用する者に送迎を行う場合	注 事業所が送迎を行わない場合
イ 小規模型通所介護費	(1) 3時間以上5時間未満	要介護1 (426単位) 要介護2 (488単位) 要介護3 (552単位) 要介護4 (614単位) 要介護5 (678単位)			×70/100														
	(2) 5時間以上7時間未満	要介護1 (641単位) 要介護2 (757単位) 要介護3 (874単位) 要介護4 (990単位) 要介護5 (1,107単位)																	
	(3) 7時間以上9時間未満	要介護1 (735単位) 要介護2 (868単位) 要介護3 (1,006単位) 要介護4 (1,144単位) 要介護5 (1,281単位)				9時間以上10時間未満の場合+50単位 10時間以上11時間未満の場合+100単位 11時間以上12時間未満の場合+150単位 12時間以上13時間未満の場合+200単位 13時間以上14時間未満の場合+250単位													
ロ 通常規模型通所介護費	(1) 3時間以上5時間未満	要介護1 (380単位) 要介護2 (436単位) 要介護3 (493単位) 要介護4 (548単位) 要介護5 (605単位)			×70/100														
	(2) 5時間以上7時間未満	要介護1 (572単位) 要介護2 (676単位) 要介護3 (780単位) 要介護4 (884単位) 要介護5 (988単位)																	
	(3) 7時間以上9時間未満	要介護1 (656単位) 要介護2 (775単位) 要介護3 (898単位) 要介護4 (1,021単位) 要介護5 (1,144単位)				9時間以上10時間未満の場合+50単位 10時間以上11時間未満の場合+100単位 11時間以上12時間未満の場合+150単位 12時間以上13時間未満の場合+200単位 13時間以上14時間未満の場合+250単位													
ハ 大規模型通所介護費(I)	(1) 3時間以上5時間未満	要介護1 (374単位) 要介護2 (429単位) 要介護3 (485単位) 要介護4 (539単位) 要介護5 (595単位)	×70/100	×70/100	×70/100		+5/100	1日につき+50単位	1日につき+45単位	1日につき+46単位	1日につき+56単位	1日につき+60単位	1日につき+60単位	1回につき+150単位(月2回を限度)	1回につき+150単位(月2回を限度)			1日につき-94単位	片道につき-47単位
	(2) 5時間以上7時間未満	要介護1 (562単位) 要介護2 (665単位) 要介護3 (767単位) 要介護4 (869単位) 要介護5 (971単位)																	
	(3) 7時間以上9時間未満	要介護1 (645単位) 要介護2 (762単位) 要介護3 (883単位) 要介護4 (1,004単位) 要介護5 (1,125単位)				9時間以上10時間未満の場合+50単位 10時間以上11時間未満の場合+100単位 11時間以上12時間未満の場合+150単位 12時間以上13時間未満の場合+200単位 13時間以上14時間未満の場合+250単位													
ニ 大規模型通所介護費(II)	(1) 3時間以上5時間未満	要介護1 (364単位) 要介護2 (417単位) 要介護3 (472単位) 要介護4 (524単位) 要介護5 (579単位)			×70/100														
	(2) 5時間以上7時間未満	要介護1 (547単位) 要介護2 (647単位) 要介護3 (746単位) 要介護4 (846単位) 要介護5 (946単位)																	
	(3) 7時間以上9時間未満	要介護1 (628単位) 要介護2 (742単位) 要介護3 (859単位) 要介護4 (977単位) 要介護5 (1,095単位)				9時間以上10時間未満の場合+50単位 10時間以上11時間未満の場合+100単位 11時間以上12時間未満の場合+150単位 12時間以上13時間未満の場合+200単位 13時間以上14時間未満の場合+250単位													
ホ 療養通所介護費	(1) 3時間以上6時間未満 (1,007単位) (2) 6時間以上8時間未満 (1,511単位)															1日につき+210単位	1日につき+60単位		
ヘ サービス提供体制強化加算	(1)サービス提供体制強化加算(I)イ (1回につき 18単位を加算) (2)サービス提供体制強化加算(I)ロ (1回につき 12単位を加算) (3)サービス提供体制強化加算(II) (1回につき 6単位を加算) (4)サービス提供体制強化加算(III) (1回につき 6単位を加算)																		
ト 介護職員処遇改善加算	(1)介護職員処遇改善加算(I) (1月につき +所定単位×40/1000) (2)介護職員処遇改善加算(II) (1月につき +所定単位×22/1000) (3)介護職員処遇改善加算(III) (1月につき +(2)の90/100) (4)介護職員処遇改善加算(IV) (1月につき +(2)の80/100)	注 所定単位は、イからへまでにより算定した単位数の合計																	

□：中山間地域等に居住する者へのサービス提供加算、サービス提供体制強化加算、介護職員処遇改善加算は、支給限度額管理の対象外の算定項目

7. 通所リハビリテーション

通所リハビリテーション事業所において、利用者の心身の機能回復・維持を図り、日常生活の自立を助けるための理学療法、作業療法等を行った場合に、事業者の規模に従い、サービスを提供する時間と利用者の要介護状態区分に応じて算定されます。この場合、算定のもとになる時間は、現に要した時間ではなく、通所リハビリテーション計画に位置づけられたサービスを行うのに要する標準的な時間をいいます。

●注意事項

利用者が短期入所生活介護、短期入所療養介護、特定施設入居者生活介護、小規模多機能型居宅介護、認知症対応型共同生活介護、地域密着型特定施設入居者生活介護、地域密着型介護老人福祉施設入所者生活介護、複合型サービスを受けている間は、通所リハビリテーション費は算定されません。

通所リハビリテーション費

	内容	単位数	
基本部分	**1. 通常規模型リハビリテーション費** 前年度の1か月あたりの平均利用延人員数が750人以内の通所リハビリテーション事業所の場合に算定されます。ただし、介護予防通所リハビリテーション事業所の指定を併せて受け、一体的に事業を実施している場合は、介護予防通所リハビリテーションの平均利用延人員数を含みます。 (1) 1時間以上2時間未満	要介護1 要介護2 要介護3 要介護4 要介護5	329単位 358単位 388単位 417単位 448単位
	(2) 2時間以上3時間未満	要介護1 要介護2 要介護3 要介護4 要介護5	343単位 398単位 455単位 510単位 566単位
	(3) 3時間以上4時間未満	要介護1 要介護2 要介護3 要介護4 要介護5	444単位 520単位 596単位 673単位 749単位
	(4) 4時間以上6時間未満	要介護1 要介護2 要介護3 要介護4 要介護5	559単位 666単位 772単位 878単位 984単位
	(5) 6時間以上8時間未満	要介護1 要介護2 要介護3 要介護4 要介護5	726単位 875単位 1022単位 1173単位 1321単位
	2. 大規模型通所リハビリテーション費(Ⅰ) 前年度の1か月あたりの平均利用延人員数が751人～900人以内の通所リハビリテーション事業所の場合に算定されます。ただし、介護予防通所リハビリテーション事業所の指定を併せて受け、一体的に事業を実施している場合は、介護予防通所リハビリテーションの平均利用延人員数を含みます。 (1) 1時間以上2時間未満	要介護1 要介護2 要介護3 要介護4 要介護5	323単位 354単位 382単位 411単位 441単位
	(2) 2時間以上3時間未満	要介護1 要介護2 要介護3 要介護4 要介護5	337単位 392単位 448単位 502単位 558単位
	(3) 3時間以上4時間未満	要介護1 要介護2 要介護3 要介護4 要介護5	437単位 512単位 587単位 662単位 737単位

通所リハビリテーション費

	内容	単位数	
基本部分	(4)4時間以上6時間未満	要介護1 要介護2 要介護3 要介護4 要介護5	551単位 655単位 759単位 864単位 969単位
	(5)6時間以上8時間未満	要介護1 要介護2 要介護3 要介護4 要介護5	714単位 861単位 1007単位 1152単位 1299単位
	3. **大規模型通所リハビリテーション費（Ⅱ）** 前年度の1か月あたりの平均利用延人員数が900人を超える通所リハビリテーション事業所の場合に算定されます。ただし、介護予防通所リハビリテーション事業所の指定を併せて受け、一体的に事業を実施している場合は、介護予防通所リハビリテーションの平均利用延人員数を含みます。 (1)1時間以上2時間未満	要介護1 要介護2 要介護3 要介護4 要介護5	316単位 346単位 373単位 402単位 430単位
	(2)2時間以上3時間未満	要介護1 要介護2 要介護3 要介護4 要介護5	330単位 384単位 437単位 491単位 544単位
	(3)3時間以上4時間未満	要介護1 要介護2 要介護3 要介護4 要介護5	426単位 500単位 573単位 646単位 719単位
	(4)4時間以上6時間未満	要介護1 要介護2 要介護3 要介護4 要介護5	536単位 638単位 741単位 842単位 944単位
	(5)6時間以上8時間未満	要介護1 要介護2 要介護3 要介護4 要介護5	697単位 839単位 982単位 1124単位 1266単位
加算	1. **理学療法士等体制強化加算** 1時間以上2時間未満の通所リハビリテーションについて、専従する常勤の理学療法士、作業療法士または言語聴覚士を2名以上配置している事業所について加算されます。	1日につき	30単位を加算
	2. **サービス時間延長加算** 6時間以上8時間未満の通所リハビリテーションの前後に日常生活上の世話を行った場合であって、通算した時間が8時間以上になる場合に加算されます。 (1)8時間以上9時間未満	50単位を加算	
	(2)9時間以上10時間未満	100単位を加算	
	(3)10時間以上11時間未満の場合	150単位を加算	
	(4)11時間以上12時間未満の場合	200単位を加算	
	(5)12時間以上13時間未満の場合	250単位を加算	
	(6)13時間以上14時間未満の場合	300単位を加算	
	3. **中山間地域等居住者サービス提供加算** 通所リハビリテーション事業所の医師、理学療法士、作業療法士、言語聴覚士、看護職員もしくは介護職員が、厚生労働大臣が定める地域（p.402）に居住している利用者に対して、通常の事業の実施地域を越えて、通所リハビリテーションを提供した場合に加算されます。	1日につき 所定単位数の5%に相当する単位数を加算	
	4. **入浴加算** 通所リハビリテーション事業所において、入浴介助を適切に行うことができる人員および設備を有して入浴介助を行った場合に加算されます。	1日につき	50単位を加算

通所リハビリテーション費

	内容	単位数
加算	**5. リハビリテーションマネジメント加算** 以下の基準に適合しているものとして都道府県知事に届け出た通所リハビリテーション事業所の医師、理学療法士、作業療法士、言語聴覚士その他の職種の者が協働し、継続的にリハビリテーションの質を管理した場合に加算されます。ただし、いずれかの加算を算定している場合は、その他の加算は算定されません。 (1) リハビリテーションマネジメント加算(Ⅰ) 次の基準のいずれにも適合すること ①通所リハビリテーション計画の進捗状況を定期的に評価し、必要に応じて見直している ②事業所の理学療法士、作業療法士、または言語聴覚士が、介護支援専門員を通じて、指定訪問介護その他の指定居宅サービスに該当する事業の従業者に対し、リハビリテーションの観点から、日常生活上の留意点、介護の工夫等の情報を伝達している ③新規に通所リハビリテーション計画を作成した利用者に対して、事業所の医師または医師の指示を受けた理学療法士、作業療法士または言語聴覚士が、当該計画に従い、通所リハビリテーションの実施を開始した日から起算して1か月以内に、利用者の居宅を訪問し、診療、運動機能検査、作業能力検査等を行っている	1月につき 230単位を加算
	(2) リハビリテーションマネジメント加算(Ⅱ) 次の基準のいずれにも適合すること ①リハビリテーション会議を開催し、リハビリテーションに関する専門的な見地から利用者の状況等に関する情報を構成員と共有し、その内容を記録している ②通所リハビリテーション計画について、医師が利用者またはその家族に対して説明し、利用者の同意を得ている ③通所リハビリテーション計画の作成に当たって、当該計画の同意を得た日の属する月から起算して6か月以内の場合には1か月に1回以上、6か月を超えた場合には3か月に1回以上、リハビリテーション会議を開催し、利用者の状態の変化に応じ、訪問リハビリテーション計画を見直している ④事業所の理学療法士、作業療法士、または言語聴覚士が、介護支援専門員に対し、リハビリテーションに関する専門的な見地から、利用者の有する能力、自立のために必要な支援方法および日常生活上の留意点に関する情報提供を行っている ⑤以下のいずれかに適合すること 　ア　事業所の理学療法士、作業療法士、または言語聴覚士が、居宅サービス計画に位置付けた訪問介護その他の指定居宅サービスに該当する事業の従業者と通所リハビリテーションの利用者の居宅を訪問し、従業者に対し、リハビリテーションに関する専門的な見地から、介護の工夫に関する指導および日常生活上の留意点に関する助言を行っている 　イ　事業所の理学療法士、作業療法士、または言語聴覚士が、利用者の居宅を訪問し、その家族に対し、リハビリテーションに関する専門的な見地から、介護の工夫に関する指導および日常生活上の留意点に関する助言を行っている ⑥①～⑤までに適合することを確認し、記録している	通所リハビリテーション計画を利用者またはその家族に説明し、利用者の同意を得た日の属する月から起算して6か月以内の期間のリハビリテーションの質を管理した場合 1月につき 1020単位 当該日の属する月から起算して6か月を超えた期間のリハビリテーションの質を管理した場合 1月につき 700単位
	6. 短期集中個別リハビリテーション実施加算 リハビリテーションマネジメント加算(Ⅰ)または(Ⅱ)を算定していることを都道府県知事に届け出た通所リハビリテーション事業所の医師または医師の指示を受けた理学療法士、作業療法士または言語聴覚士が、利用者に対して、その退院(所)のまたは認定日から起算して3か月以内の期間に、個別リハビリテーションを集中的に行った場合に算定されます。ただし、認知症短期集中リハビリテーション実施加算または生活行為向上リハビリテーション実施加算を算定している場合は算定されません。	1日につき 110単位を加算
	7. 認知症短期集中リハビリテーション実施加算 以下の基準に適合し、かつリハビリテーションを担当する理学療法士、作業療法士または言語聴覚士が適切に配置されており、その数に対して利用者数が適切なものとなっていることを都道府県知事に届け出た通所リハビリテーション事業所において、医師または医師の指示を受けた理学療法士、作業療法士または言語聴覚士が、(1)についてはその退院(所)日または通所開始日から起算して3か月以内の期間に、(2)についてはその退院(所)日または通所開始日の属する月から起算して3か月以内の期間にリハビリテーションを集中的に行った場合に算定されます。ただし、いずれかの加算を算定している場合は、その他の加算は算定されません。また、短期集中個別リハビリテーション実施加算または生活行為向上リハビリテーション実施加算を算定している場合は算定されません。 (1) 認知症短期集中リハビリテーション実施加算(Ⅰ) 次の基準のいずれにも適合すること ①1週間に2回を限度として個別リハビリテーションを実施する ②通所リハビリテーション費におけるリハビリテーションマネジメント加算(Ⅰ)または(Ⅱ)を算定している	1日につき 240単位を加算
	(2) 認知症短期集中リハビリテーション実施加算(Ⅱ) 次の基準のいずれにも適合すること ①1か月に4回以上個別リハビリテーションを実施する ②リハビリテーションの実施頻度、実施場所及び実施時間等が記載された通所リハビリテーション計画を作成し、生活機能の向上に資するリハビリテーションを実施する ③通所リハビリテーション費におけるリハビリテーションマネジメント加算(Ⅰ)または(Ⅱ)を算定している	1月につき 1920単位を加算

通所リハビリテーション費

	内容	単位数
加算	**8. 生活行為向上リハビリテーション実施加算** 以下の基準のいずれにも適合し、かつリハビリテーションを行うに当たり、理学療法士、作業療法士または言語聴覚士の数に対して利用者の数が適切なものとなっていることを都道府県知事に届け出た通所リハビリテーション事業所において、生活行為の内容の充実を図るための目標とその目標を踏まえたリハビリテーションの実施内容等をリハビリテーション実施計画にあらかじめ定めて、利用者に対して、リハビリテーションを計画的に行い、利用者の有する能力の向上を支援した場合に算定されます。ただし、右に掲げるいずれかの加算を算定している場合においては、もう一方の加算は算定せず、短期集中個別リハビリテーション実施加算または認知症短期集中リハビリテーション実施加算を算定している場合においては、リハビリテーション会議により合意した場合を除いて、算定されません。 ①生活行為の内容の充実を図るための専門的な知識もしくは経験を有する作業療法士または生活行為の内容の充実を図るための研修を修了した理学療法士もしくは言語聴覚士が配置されている ②生活行為の内容の充実を図るための目標及び当該目標を踏まえたリハビリテーションの実施頻度、実施場所及び実施時間等が記載されたリハビリテーション実施計画をあらかじめ定めて、リハビリテーションを提供する ③当該計画で定めた指定通所リハビリテーションの実施期間中に指定通所リハビリテーションの提供を終了した日前1か月以内に、リハビリテーション会議を開催し、リハビリテーションの目標の達成状況を報告する ④通所リハビリテーション費におけるリハビリテーションマネジメント加算（Ⅱ）を算定している	リハビリテーション実施計画に基づく指定通所リハビリテーションの利用を開始した日の属する月から起算して3月以内の場合 1か月につき 2000単位 当該日の属する月から起算してから3月を超え、6月以内の場合 1か月につき 1000単位
	9. 若年性認知症利用者受入加算 通所リハビリテーション事業所において、若年性認知症利用者に対して、利用者ごとに個別の担当者を定め、利用者の特性やニーズに応じたサービス提供が行われた場合に加算されます。	1日につき 60単位を加算
	10. 栄養改善加算 以下に掲げるすべての基準を満たす通所リハビリテーション事業所において、低栄養状態にあるかまたはそのおそれのある利用者に対して、その利用者の低栄養状態の改善等を目的として、個別的に実施される栄養食事相談等の栄養管理であって、利用者の心身の状態の維持または向上に資すると認められる「栄養改善サービス」を行った場合に、3か月以内の期間に限り、1か月に2回を限度として、加算されます。ただし、栄養改善サービスの開始から3か月ごとの利用者の栄養状態の評価の結果、低栄養状態が改善せず、栄養改善サービスを引き続き行う必要性が認められる利用者については、引き続き算定することができます。 ①管理栄養士を1名以上配置していること ②利用者の栄養状態を利用開始時に把握し、医師、管理栄養士、理学療法士、作業療法士、言語聴覚士、看護職員、介護職員その他の職種の者が共同して、利用者ごとの摂食・嚥下機能および食形態にも配慮した栄養ケア計画を作成していること ③利用者ごとの栄養ケア計画に従い、管理栄養士等が栄養改善サービスを行っているとともに、利用者の栄養状態を定期的に記録していること ④利用者ごとの栄養ケア計画の進捗状況を定期的に評価すること ⑤通所介護費等算定方法第2号に規定する基準のいずれにも該当しないこと	1回につき 150単位を加算
	11. 口腔機能向上加算 以下に掲げるすべての基準を満たす通所リハビリテーション事業所において、口腔機能が低下しているかまたはそのおそれのある利用者に対して、利用者の口腔機能の向上を目的として、個別的に実施される口腔清掃の指導や実施、摂食・嚥下機能に関する訓練の指導や実施であり、利用者の心身の状態の維持または向上に資すると認められる「口腔機能向上サービス」を行った場合に、3か月以内の期間に限り、1か月に2回を限度として、加算されます。ただし、口腔機能向上サービスの開始から3か月ごとの利用者の口腔機能の評価の結果、口腔機能が向上せず、口腔機能向上サービスを引き続き行う必要性が認められる利用者については、引き続き算定することができます。 ①言語聴覚士、歯科衛生士または看護職員を1名以上配置していること ②利用者の口腔機能を利用開始時に把握し、医師、歯科医師、言語聴覚士、歯科衛生士、看護職員、介護職員その他の職種の者が共同して、利用者ごとの口腔機能改善管理指導計画を作成していること ③利用者ごとの口腔機能改善管理指導計画に従い、医師、医師もしくは歯科医師の指示を受けた言語聴覚士もしくは看護職員または歯科医師の指示を受けた歯科衛生士が口腔機能向上サービスを行っているとともに、利用者の口腔機能を定期的に記録していること ④利用者ごとの口腔機能改善管理指導計画の進捗状況を定期的に評価すること ⑤通所介護費等算定方法第2号に規定する基準のいずれにも該当しないこと	1回につき 150単位を加算
	12. 重度療養管理加算 以下に掲げる状態であって、要介護3、要介護4または要介護5である利用者に対して、計画的な医学的管理のもと、通所リハビリテーションを行った場合に加算されます。ただし、所要時間1時間以上2時間未満の通所リハビリテーション費を算定している場合は算定されません。 ①常時頻回の喀痰吸引を実施している状態 ②呼吸障害等により人工呼吸器を使用している状態 ③中心静脈注射を実施している状態 ④人工腎臓を実施しており、かつ、重篤な合併症を有する状態 ⑤重篤な心機能障害、呼吸障害等により常時モニター測定を実施している状態 ⑥膀胱または直腸の機能障害の程度が身体障害者障害程度等級表の4級以上に該当し、かつ、ストーマの処置を実施している状態 ⑦経鼻胃管や胃瘻等の経腸栄養が行われている状態 ⑧褥瘡に対する治療を実施している状態 ⑨気管切開が行われている状態	1日につき 100単位を加算

通所リハビリテーション費

	内容	単位数	
加算	**13. 中重度者ケア体制加算** 以下の基準のいずれにも適合しているものとして都道府県知事に届け出た通所リハビリテーション事業所が、中重度の要介護者を受け入れる体制を構築し、指定通所介護を行った場合に加算されます。 ①指定居宅サービス等基準第111条第1項第2号イまたは第2項第1号に規定する看護職員または介護職員の数に加え、看護職員または介護職員を常勤換算方法で1名以上確保している ②前年度または算定日が属する月の前3か月間の利用者総数のうち、要介護3〜5である者の割合が30%以上である ③指定通所リハビリテーションの提供に従事する看護職員を1名以上配置している	1日につき	20単位を加算
	14. 社会参加支援加算 以下の基準に適合しているものとして都道府県知事に届け出た通所リハビリテーション事業所が、リハビリテーションを行い、利用者の社会参加等を支援した場合に、評価対象期間(社会参加支援加算を算定する年度の初日の属する年の前年の1月〜12月までの期間)の末日が属する年度の次の年度内に限って加算されます。 ①次の基準のいずれにも適合すること 　ア　評価対象期間において通所リハビリテーションの提供を終了した者のうち、通所介護等(通所リハビリテーションを除く)を実施した者の占める割合が5%を超えている 　イ　評価対象期間中に通所リハビリテーションの提供を終了した日から起算して14日以降44日以内に、通所リハビリテーション従事者が、通所リハビリテーション終了者に対して、居宅訪問等により、通所リハビリテーション終了者の通所介護等の実施が、居宅訪問等をした日から起算して3か月以上継続する見込みであることを確認し、記録している ②12を事業所の利用者の平均利用月数で除して得た数が100分の25以上である	1日につき	12単位を加算
	15. サービス提供体制強化加算 (1)サービス提供体制強化加算(Ⅰ)イ 通所リハビリテーション事業所の介護職員の総数のうち、介護福祉士の占める割合が50%以上で、通所リハビリテーションの利用定員および従業員の員数に関する基準を満たしている事業所の場合に加算されます。	1回につき	18単位を加算
	(2)サービス提供体制強化加算(Ⅰ)ロ 通所リハビリテーション事業所の介護職員の総数のうち、介護福祉士の占める割合が40%以上で、通所リハビリテーションの利用定員および従業員の員数に関する基準を満たしている事業所の場合に加算されます。	1回につき	12単位を加算
	(3)サービス提供体制強化加算(Ⅱ) 通所リハビリテーションを利用者に直接提供する職員の総数のうち、勤続年数3年以上の者の占める割合が30%以上で、通所リハビリテーションの利用定員および従業員の員数に関する基準を満たしている事業所の場合に算定されます。	1回につき	6単位を加算
	16. 介護職員処遇改善加算 以下の基準に適合している介護職員の賃金の改善等を実施しているとして都道府県知事に届け出た通所リハビリテーション事業所が通所リハビリテーションを行った場合、2018(平成30)年3月31日までの間加算されます。ただし、いずれかの加算を算定している場合は、その他の加算は算定されません。 (1)介護職員処遇改善加算(Ⅰ) 以下の基準のいずれにも適合すること ①賃金改善に関する計画を策定し、適切な措置を講じていること ②通所リハビリテーションの事業所において、①の賃金改善に関する計画、介護職員処遇改善計画書を作成し、すべての介護職員に周知し、都道府県知事に届け出ていること ③介護職員処遇改善加算の算定額に相当する賃金改善を実施すること ④事業年度ごとに介護職員の処遇改善に関する実績を都道府県知事に報告すること ⑤算定日が属する月の前12か月間において労働基準法等に違反し、罰金以上の刑に処せられていないこと ⑥労働保険料の納付が適正に行われていること ⑦次に掲げる基準のいずれにも適合すること 　ア　介護職員の任用の際の職責・職務内容等の要件を定め、書面をもって作成し、すべての介護職員に周知していること 　イ　介護職員の資質の向上の支援に関する計画を策定し、計画に係る研修を実施または研修の機会を確保し、すべての介護職員に周知していること ⑧2015(平成27)年4月から②の届出の日の属する月の前月までに実施した介護職員の処遇改善の内容および処遇改善に要した費用をすべての職員に周知していること	所定単位数(加算減算を加えた総単位数)の3.4%に相当する単位数を加算	
	(2)介護職員処遇改善加算(Ⅱ) 以下の基準のいずれにも適合すること ①(1)の①〜⑥までのいずれにも適合すること ②(1)の⑦のアもしくはイのいずれかに適合すること ③2008(平成20)年10月から(1)の②の届出の日の属する月の前月までに実施した介護職員の処遇改善の内容および処遇改善に要した費用をすべての職員に周知していること	所定単位数(加算減算を加えた総単位数)の1.9%に相当する単位数を加算	
	(3)介護職員処遇改善加算(Ⅲ) (1)の①から⑥までのいずれにも適合し、かつ(2)の②または③に掲げる基準のいずれかに適合すること	(2)により算定した単位数の90%に相当する単位数を加算	
	(4)介護職員処遇改善加算(Ⅳ) (1)の①から⑥までのいずれにも適合すること	(2)により算定した単位数の80%に相当する単位数を加算	

通所リハビリテーション費

		内容	単位数
減算	1.	**利用定員超過による減算** 通所リハビリテーションの月平均の利用者の数（通所リハビリテーション事業者が介護予防の指定を併せて受け、同一の事業所において一体的に運営されている場合は、その合計数）が、運営規程に定められた利用定員を超えた場合に減算されます。	所定単位数の70％に相当する単位数を算定
	2.	**従業者欠員による減算** 医師、理学療法士、作業療法士、言語聴覚士、看護職員または介護職員について、運営基準に定める員数が配置されていない場合に減算されます。	所定単位数の70％に相当する単位数を算定
	3.	**生活行為向上リハビリテーションの実施後にリハビリテーションを継続した場合の減算** 生活行為向上リハビリテーション加算を算定し、当該加算を算定するために作成したリハビリテーション実施計画書で定めた通所リハビリテーションの実施期間中に通所リハビリテーションの提供を終了した月の属する月の翌月から6か月以内の期間に限り、同一の利用者に対して、通所リハビリテーションを実施した場合に減算されます。	1日につき 所定単位数の15％に相当する単位数を減算
	4.	**同一建物内に対する減算** 通所リハビリテーション事業所と同一建物に居住する者または同一建物から通所リハビリテーション事業所に通う者に対して通所リハビリテーションを行った場合に減算されます。	1日につき　94単位を減算
	5.	**送迎を行わない場合の減算** 利用者の居宅と通所リハビリテーション事業所との間の送迎を行わない場合に減算されます。	片道につき　47単位を減算

第6章 介護報酬と加算・減算

通所リハビリテーション費

算定構造

		基本部分	注 利用者の数が利用定員を超える場合	注 医師、理学療法士、作業療法士、言語聴覚士、看護・介護職員の員数が基準に満たない場合	注 理学療法士等体制強化加算	注 6時間以上8時間未満の通所リハビリテーションの前後に口腔生活上の世話を行う場合	注 中山間地域等に居住する者へのサービス提供加算	注 入浴介助を行った場合	注 リハビリテーションマネジメント加算(I)	注 リハビリテーションマネジメント加算(II)	注 短期集中個別リハビリテーション実施加算	注 認知症短期集中リハビリテーション実施加算(I)	注 認知症短期集中リハビリテーション実施加算(II)	注 生活行為向上リハビリテーション実施加算	注 告示為向上リハビリテーションの実施後に継続利用の場合	注 若年性認知症利用者受入加算	注 栄養改善加算	注 口腔機能向上加算	注 重度療養管理加算	注 中重度者ケア体制加算	注 事業所と同一建物に居住する利用者又は同一建物から通所リハビリテーションを受ける者	注 事業所が送迎を行わない場合
イ 通常規模の事業所の場合	病院又は診療所の場合	(1) 1時間以上2時間未満 要介護1 (329単位) 要介護2 (358単位) 要介護3 (388単位) 要介護4 (417単位) 要介護5 (448単位)			1日につき +30単位																
		(2) 2時間以上3時間未満 要介護1 (343単位) 要介護2 (398単位) 要介護3 (455単位) 要介護4 (510単位) 要介護5 (566単位)																				
		(3) 3時間以上4時間未満 要介護1 (444単位) 要介護2 (520単位) 要介護3 (596単位) 要介護4 (673単位) 要介護5 (749単位)																				
		(4) 4時間以上6時間未満 要介護1 (559単位) 要介護2 (666単位) 要介護3 (772単位) 要介護4 (878単位) 要介護5 (984単位)																	1日につき +100単位			
		(5) 6時間以上8時間未満 要介護1 (726単位) 要介護2 (875単位) 要介護3 (1,022単位) 要介護4 (1,173単位) 要介護5 (1,321単位)				8時間以上9時間未満の場合 +50単位 9時間以上10時間未満の場合 +100単位 10時間以上11時間未満の場合 +150単位 11時間以上12時間未満の場合 +200単位 12時間以上13時間未満の場合 +250単位 13時間以上14時間未満の場合 +300単位																
	介護老人保健施設の場合	(1) 1時間以上2時間未満 要介護1 (329単位) 要介護2 (358単位) 要介護3 (388単位) 要介護4 (417単位) 要介護5 (448単位)	×70/100	×70/100	1日につき +30単位		+5/100	1日につき +50単位	1日につき +230単位	1日につき +110単位	1日につき +240単位(週2日を限度)	1月につき +1920単位	利用開始日の属する月から6月以内(1月につき +2000単位) 利用開始日の属する月から6月超1月以内(1月につき +1000単位)	減算対象月から6月以内 ×85/100	1日につき +60単位	1回につき +150単位(月2回を限度)	1回につき +150単位(月2回を限度)	1日につき +100単位	1日につき +20単位	1日につき −94単位	片道につき −47単位
		(2) 2時間以上3時間未満 要介護1 (343単位) 要介護2 (398単位) 要介護3 (455単位) 要介護4 (510単位) 要介護5 (566単位)																				
		(3) 3時間以上4時間未満 要介護1 (444単位) 要介護2 (520単位) 要介護3 (596単位) 要介護4 (673単位) 要介護5 (749単位)																				
		(4) 4時間以上6時間未満 要介護1 (559単位) 要介護2 (666単位) 要介護3 (772単位) 要介護4 (878単位) 要介護5 (984単位)								同意日の属する月から6月以内1月につき +1020単位 同意日の属する月から6月超1月につき +700単位												
		(5) 6時間以上8時間未満 要介護1 (726単位) 要介護2 (875単位) 要介護3 (1,022単位) 要介護4 (1,173単位) 要介護5 (1,321単位)				8時間以上9時間未満の場合 +50単位 9時間以上10時間未満の場合 +100単位 10時間以上11時間未満の場合 +150単位 11時間以上12時間未満の場合 +200単位 12時間以上13時間未満の場合 +250単位 13時間以上14時間未満の場合 +300単位																
ロ 大規模の事業所(I)の場合	病院又は診療所の場合	(1) 1時間以上2時間未満 要介護1 (323単位) 要介護2 (354単位) 要介護3 (382単位) 要介護4 (411単位) 要介護5 (441単位)			1日につき +30単位																	
		(2) 2時間以上3時間未満 要介護1 (337単位) 要介護2 (392単位) 要介護3 (448単位) 要介護4 (502単位) 要介護5 (558単位)																				
		(3) 3時間以上4時間未満 要介護1 (437単位) 要介護2 (512単位) 要介護3 (587単位) 要介護4 (662単位) 要介護5 (737単位)																				
		(4) 4時間以上6時間未満 要介護1 (551単位) 要介護2 (655単位) 要介護3 (759単位) 要介護4 (864単位) 要介護5 (969単位)																	1日につき +100単位			
		(5) 6時間以上8時間未満 要介護1 (714単位) 要介護2 (861単位) 要介護3 (1,007単位) 要介護4 (1,152単位) 要介護5 (1,299単位)				8時間以上9時間未満の場合 +50単位 9時間以上10時間未満の場合 +100単位 10時間以上11時間未満の場合 +150単位 11時間以上12時間未満の場合 +200単位 12時間以上13時間未満の場合 +250単位 13時間以上14時間未満の場合 +300単位																
	介護老人保健施設の場合	(1) 1時間以上2時間未満 要介護1 (323単位) 要介護2 (354単位) 要介護3 (382単位) 要介護4 (411単位) 要介護5 (441単位)			1日につき +30単位																	

通所リハビリテーション費

算定構造

			基本部分	注 利用者の数が利用定員を超える場合	注 医師、理学療法士・作業療法士、看護・介護職員の員数が基準に満たない場合	注 理学療法士等体制強化加算	注 6時間以上8時間未満の通所リハビリテーションの前後に日常生活上の世話を行う場合	注 中山間地域等に居住する者へのサービス提供加算	注 入浴介助を行った場合	注 リハビリテーションマネジメント加算(Ⅰ)	注 リハビリテーションマネジメント加算(Ⅱ)	注 短期集中個別リハビリテーション実施加算	注 認知症短期集中リハビリテーション実施加算(Ⅰ)	注 認知症短期集中リハビリテーション実施加算(Ⅱ)	注 生活行為向上リハビリテーション実施加算	注 生活行為向上リハビリテーション実施後にリハビリテーションを継続した場合の減算	注 若年性認知症利用者受入加算	注 栄養改善加算	注 口腔機能向上加算	注 重度療養管理加算	注 中重度者ケア体制加算	注 事業所と同一の建物に居住する者又は同一の建物から利用する者に通所リハビリテーションを行う場合	注 事業所が送迎を行わない場合
ロ 大規模の事業所(Ⅰ)の場合 介護老人保健施設の場合	(2) 2時間以上3時間未満	要介護1	337単位																				
		要介護2	392単位																				
		要介護3	448単位																				
		要介護4	502単位																				
		要介護5	558単位																				
	(3) 3時間以上4時間未満	要介護1	437単位																				
		要介護2	512単位																				
		要介護3	587単位																				
		要介護4	662単位																				
		要介護5	737単位																				
	(4) 4時間以上6時間未満	要介護1	551単位																	1日につき +100単位			
		要介護2	655単位																				
		要介護3	759単位																				
		要介護4	864単位																				
		要介護5	969単位																				
	(5) 6時間以上8時間未満	要介護1	714単位				8時間以上9時間未満の場合 +50単位 / 9時間以上10時間未満の場合 +100単位 / 10時間以上11時間未満の場合 +150単位 / 11時間以上12時間未満の場合 +200単位 / 12時間以上13時間未満の場合 +250単位 / 13時間以上14時間未満の場合 +300単位																
		要介護2	861単位																				
		要介護3	1,007単位																				
		要介護4	1,152単位																				
		要介護5	1,299単位																				
ハ 大規模の事業所(Ⅱ)の場合 病院又は診療所の場合	(1) 1時間以上2時間未満	要介護1	316単位	×70/100	×70/100	1日につき +30単位		+5/100	1日につき +50単位	1月につき +230単位	1月につき +1020単位(同意日の属する月から6月以内) / 同意日の属する月から6月超1月につき +700単位	1日につき +110単位	1日につき +240単位(週2日を限度)	1月につき +1920単位	利用開始日の属する月から3月以内(1月につき) +2000単位 / 利用開始日の属する月から3月超6月以内(1月につき) +1000単位	減算対象月から6月以内 ×85/100	1日につき +60単位	1回につき +150単位(月2回を限度)	1回につき +150単位(月2回を限度)	1日につき +100単位	1日につき +20単位	1日につき -94単位	片道につき -47単位
		要介護2	346単位																				
		要介護3	373単位																				
		要介護4	402単位																				
		要介護5	430単位																				
	(2) 2時間以上3時間未満	要介護1	330単位																				
		要介護2	384単位																				
		要介護3	437単位																				
		要介護4	491単位																				
		要介護5	544単位																				
	(3) 3時間以上4時間未満	要介護1	426単位																				
		要介護2	500単位																				
		要介護3	573単位																				
		要介護4	646単位																				
		要介護5	719単位																				
	(4) 4時間以上6時間未満	要介護1	536単位																				
		要介護2	638単位																				
		要介護3	741単位																				
		要介護4	842単位																				
		要介護5	944単位																				
	(5) 6時間以上8時間未満	要介護1	697単位				8時間以上9時間未満の場合 +50単位 / 9時間以上10時間未満の場合 +100単位 / 10時間以上11時間未満の場合 +150単位 / 11時間以上12時間未満の場合 +200単位 / 12時間以上13時間未満の場合 +250単位 / 13時間以上14時間未満の場合 +300単位																
		要介護2	839単位																				
		要介護3	982単位																				
		要介護4	1,124単位																				
		要介護5	1,266単位																				
ハ 大規模の事業所(Ⅱ)の場合 介護老人保健施設の場合	(1) 1時間以上2時間未満	要介護1	316単位			1日につき +30単位																		
		要介護2	346単位																				
		要介護3	373単位																				
		要介護4	402単位																				
		要介護5	430単位																				
	(2) 2時間以上3時間未満	要介護1	330単位																				
		要介護2	384単位																				
		要介護3	437単位																				
		要介護4	491単位																				
		要介護5	544単位																				
	(3) 3時間以上4時間未満	要介護1	426単位																				
		要介護2	500単位																				
		要介護3	573単位																				
		要介護4	646単位																				
		要介護5	719単位																				
	(4) 4時間以上6時間未満	要介護1	536単位																		1日につき +100単位			
		要介護2	638単位																				
		要介護3	741単位																				
		要介護4	842単位																				
		要介護5	944単位																				
	(5) 6時間以上8時間未満	要介護1	697単位				8時間以上9時間未満の場合 +50単位 / 9時間以上10時間未満の場合 +100単位 / 10時間以上11時間未満の場合 +150単位 / 11時間以上12時間未満の場合 +200単位 / 12時間以上13時間未満の場合 +250単位 / 13時間以上14時間未満の場合 +300単位																
		要介護2	839単位																				
		要介護3	982単位																				
		要介護4	1,124単位																				
		要介護5	1,266単位																				

ニ 社会参加支援加算（1日につき 12単位を加算）

ホ サービス提供体制強化加算
- (1) サービス提供体制強化加算（Ⅰ）イ （1回につき 18単位を加算）
- (2) サービス提供体制強化加算（Ⅰ）ロ （1回につき 12単位を加算）
- (3) サービス提供体制強化加算（Ⅱ） （1回につき 6単位を加算）

ヘ 介護職員処遇改善加算
- (1) 介護職員処遇改善加算（Ⅰ） （1月につき +所定単位×34/1000）
- (2) 介護職員処遇改善加算（Ⅱ） （1月につき +所定単位×19/1000）
- (3) 介護職員処遇改善加算（Ⅲ） （1月につき (2)の90/100）
- (4) 介護職員処遇改善加算（Ⅳ） （1月につき (2)の80/100）

注 所定単位は、イからホまでにより算定した単位数の合計

:中山間地域等に居住する者へのサービス提供加算、介護職員処遇改善加算、サービス提供体制強化加算は、支給限度額管理の対象外の算定項目

※「生活行為向上リハビリテーションの実施後にリハビリテーションを継続した場合の減算」については、「生活行為向上リハビリテーション実施加算」と対をなす評価であるため、告示の順に表記。ただし、算定構造上では、「医師、理学療法士・作業療法士・言語聴覚士、看護・介護職員の員数が基準に満たない場合」と「理学療法士等体制強化加算」の間に注があるものとみなして単位数を算定する。

8. 短期入所生活介護

短期入所生活介護事業所において、利用者に対して入浴、排泄、食事等の介護、その他日常生活上の世話、機能訓練等を行った場合に、事業所や居室の区分、利用者の要介護状態区分に応じて算定されます。

●注意事項

①次のいずれかに該当する場合は、「単独型短期入所生活介護費（Ⅱ）」または「併設型短期入所生活介護費（Ⅱ）」を算定します。
　1）感染症等により、従来型個室の利用の必要があると医師が判断した者
　2）居室における利用者1人あたりの面積が、10.65平方メートル以下である従来型個室を利用する者
　3）著しい精神症状等により、同室の他の利用者の心身の状況に重大な影響を及ぼすおそれがあるとして、従来型個室の利用の必要があると医師が判断した者

②利用者が連続して30日を超えて短期入所生活介護を受けている場合において、30日を超える日以降に受けた短期入所生活介護については、短期入所生活介護費は算定されません。

短期入所生活介護費

	内容	単位数
基本部分	1. 短期入所生活介護費 (1) 単独型短期入所生活介護費 ①単独型短期入所生活介護費（Ⅰ） ［従来型個室］	1日につき 要介護1　620単位 要介護2　687単位 要介護3　755単位 要介護4　822単位 要介護5　887単位
	②単独型短期入所生活介護費（Ⅱ） ［多床室］	要介護1　640単位 要介護2　707単位 要介護3　775単位 要介護4　842単位 要介護5　907単位
	(2) 併設型短期入所生活介護費 ①併設型短期入所生活介護費（Ⅰ） ［従来型個室］	要介護1　579単位 要介護2　646単位 要介護3　714単位 要介護4　781単位 要介護5　846単位
	②併設型短期入所生活介護費（Ⅱ） ［多床室］	要介護1　599単位 要介護2　666単位 要介護3　734単位 要介護4　801単位 要介護5　866単位
	2. ユニット型短期入所生活介護費 (1) 単独型ユニット型短期入所生活介護費 ①単独型ユニット型短期入所生活介護費（Ⅰ） ［ユニット型個室］	1日につき 要介護1　718単位 要介護2　784単位 要介護3　855単位 要介護4　921単位 要介護5　987単位
	②単独型ユニット型短期入所生活介護費（Ⅱ） ［ユニット型準個室］	要介護1　718単位 要介護2　784単位 要介護3　855単位 要介護4　921単位 要介護5　987単位
	(2) 併設型ユニット型短期入所生活介護費 ①併設型ユニット型短期入所生活介護費（Ⅰ） ［ユニット型個室］	要介護1　677単位 要介護2　743単位 要介護3　814単位 要介護4　880単位 要介護5　946単位

短期入所生活介護費

		内容	単位数	
基本部分		②併設型ユニット型短期入所生活介護費（Ⅱ） 　［ユニット型準個室］	要介護1 要介護2 要介護3 要介護4 要介護5	677単位 743単位 814単位 880単位 946単位
加算	1.	機能訓練指導員配置加算 機能訓練指導にあたる理学療法士、作業療法士、言語聴覚士、看護職員、柔道整復師またはあん摩マッサージ指圧師（以下、理学療法士等）を1人以上配置している短期入所生活介護事業所（利用者の数が100を超える事業所はさらに1人以上を配置）について加算されます。なお、本体施設において基準を満たす旨の届出がなされている場合は、短期入所生活介護について行う必要はありません。	1日につき	12単位を加算
	2.	個別機能訓練加算 以下の基準のいずれにも適合しているものとして都道府県知事に届け出た指定短期入所生活介護の利用者に対して、機能訓練を行っている場合に加算されます。 ①機能訓練指導員の職務に専従する理学療法士等を1名以上配置している ②機能訓練指導員等が共同して、利用者の生活機能向上に資するよう利用者ごとの心身の状況を重視した個別機能訓練計画を作成している ③個別機能訓練計画に基づき、利用者の生活機能向上を目的とする機能訓練の項目を準備し、理学療法士等が、利用者の心身の状況に応じた機能訓練を適切に提供している ④機能訓練指導員等が利用者の居宅を訪問したうえで、個別機能訓練計画を作成し、その後3か月ごとに1回以上利用者の居宅を訪問したうえで、利用者またはその家族に対して、機能訓練の内容と個別機能訓練計画の進捗状況等を説明し、訓練内容の見直し等を行っている	1日につき	56単位を加算
	3.	看護体制加算 （1）看護体制加算（Ⅰ） 利用者および従業員の員数に関する基準を満たしており、短期入所生活介護事業所として常勤の看護師を1名以上配置している場合に加算されます。	1日につき	4単位を加算
		（2）看護体制加算（Ⅱ） 利用者および従業員の員数に関する基準を満たしており、①短期入所生活介護事業所の看護職員の数が、常勤換算方法で、利用者の数が25またはその端数を増すごとに1名以上配置されている場合で、②当該事業所の看護職員により、または病院・診療所・訪問看護ステーションの看護職員との連携により、24時間の連絡体制を確保している場合に加算されます。	1日につき	8単位を加算
	4.	医療連携強化加算 以下の基準のいずれにも適合しているものとして都道府県知事に届け出た指定短期入所生活介護事業所において、喀痰吸引を実施している状態などの別に厚生労働大臣が定める状態にある者に対して短期入所生活介護を行った場合に加算されます。ただし、在宅中重度者受入加算を算定している場合は算定できません。 ①看護体制加算（Ⅱ）を算定している ②利用者の急変の予測や早期発見等のため、看護職員による定期的な巡視を行っている ③主治の医師と連絡が取れない等の場合に備えて、あらかじめ協力医療機関を定め、緊急やむを得ない場合の対応に係る取り決めを行っている ④急変時の医療提供の方針について、利用者から合意を得ている	1日につき	58単位を加算
	5.	夜勤職員配置加算 夜勤を行う看護職員または介護職員の数が、最低基準を1人以上上回っている場合に加算されます。 （1）夜勤職員配置加算（Ⅰ）	1日につき	13単位を加算
		（2）夜勤職員配置加算（Ⅱ） 　［ユニット型］	1日につき	18単位を加算
	6.	認知症行動・心理症状緊急対応加算 医師が、認知症の行動・心理症状が認められるため、在宅での生活が困難であり、緊急に短期入所生活介護を利用することが適当であると判断した者に対し、短期入所生活介護を行った場合に、利用を開始した日から7日を限度として加算されます。	1日につき	200単位を加算
	7.	若年性認知症利用者受入加算 短期入所生活介護事業所において、若年性認知症利用者に対して、利用者ごとに個別の担当者を定め、利用者の特性やニーズに応じたサービス提供が行われた場合に加算されます。ただし、認知症行動・心理症状緊急対応加算を算定している場合は、算定されません。	1日につき	120単位を加算
	8.	送迎加算 利用者の心身の状態、家族等の事情等からみて送迎が必要と認められる利用者に対して、居宅と事業所との間の送迎を行った場合に加算されます。	片道につき	184単位を加算
	9.	緊急短期入所受入加算 利用者の状態や家族等の事情により、介護支援専門員が、緊急に短期入所生活介護を受けることが必要と認めた者に対し、居宅サービス計画において計画的に行うこととなっていない短期入所生活介護を緊急に行った場合、行った日から起算して7日（利用者の日常生活上の世話を行う家族の疾病等やむを得ない事情がある場合は14日）を限度として加算されます。ただし、認知症行動・心理症状緊急対応加算を算定している場合は算定できません。	1日につき	90単位を加算

短期入所生活介護費

	内容	単位数
加算	10. 療養食加算 利用者の定員、従業員の員数について基準を満たす短期入所生活介護事業所において、管理栄養士または栄養士の管理のもとで、利用者の年齢、心身の状況に応じて適切な栄養量および内容の療養食(糖尿病食、腎臓病食、肝臓病食、胃潰瘍食、貧血食、膵臓病食、脂質異常症食、痛風食、特別な場合の検査食)を提供した場合に加算されます。	1日につき 23単位を加算
	11. 在宅中重度者受入加算 訪問看護の提供を受けていた利用者が短期入所生活介護を利用する場合で、短期入所生活介護事業者が、当該利用者の利用していた訪問看護事業所から派遣された看護職員により利用者の健康上の管理等を行わせた場合に加算されます。 (1)看護体制加算(Ⅰ)を算定している場合 看護体制加算(Ⅱ)を算定していない場合に限ります。	1日につき 421単位を加算
	(2)看護体制加算(Ⅱ)を算定している場合 看護体制加算(Ⅰ)を算定していない場合に限ります。	1日につき 417単位を加算
	(3)看護体制加算(Ⅰ)および(Ⅱ)をいずれも算定している場合	1日につき 413単位を加算
	(4)看護体制加算を算定していない場合	1日につき 425単位を加算
	12. サービス提供体制強化加算 (1)サービス提供体制強化加算(Ⅰ)イ 介護職員の総数のうち、介護福祉士の占める割合が60%以上であり、短期入所生活介護事業所の利用定員および従業員の員数に関する基準を満たしている場合に加算されます。	1日につき 18単位を加算
	(2)サービス提供体制強化加算(Ⅰ)ロ 介護職員の総数のうち、介護福祉士の占める割合が50%以上であり、短期入所生活介護事業所の利用定員および従業員の員数に関する基準を満たしている場合に加算されます。	1日につき 12単位を加算
	(3)サービス提供体制強化加算(Ⅱ) 看護・介護職員の総数のうち、常勤職員の占める割合が75%以上であり、短期入所生活介護事業所の利用定員および従業員の員数に関する基準を満たしている場合に加算されます。	1日につき 6単位を加算
	(4)サービス提供体制強化加算(Ⅲ) 短期入所生活介護を利用者に直接提供する職員の総数のうち、勤続年数3年以上の者の占める割合が30%以上であり、利用定員および従業員の員数に関する基準を満たしている場合に加算されます。	1日につき 6単位を加算
	13. 介護職員処遇改善加算 以下の基準に適合している介護職員の賃金の改善等を実施しているとして都道府県知事に届け出た短期入所生活介護事業所が、短期入所生活介護を行った場合、2018(平成30)年3月31日までの間加算されます。ただし、いずれかの加算を算定している場合は、その他の加算は算定されません。 (1)介護職員処遇改善加算(Ⅰ) 以下の基準のいずれにも該当すること ①賃金改善に関する計画を策定し、適切な措置を講じていること ②短期入所生活介護の事業所において、①の賃金改善に関する計画、介護職員処遇改善計画書を作成し、すべての介護職員に周知し、都道府県知事に届け出ていること ③介護職員処遇改善加算の算定額に相当する賃金改善を実施すること ④事業年度ごとに介護職員の処遇改善に関する実績を都道府県知事に報告すること ⑤算定日が属する月の前12か月間において労働基準法等に違反し、罰金以上の刑に処せられていないこと ⑥労働保険料の納付が適正に行われていること ⑦次に掲げる基準のいずれにも適合すること 　ア　介護職員の任用の際の職責・職務内容等の要件を定め、書面をもって作成し、すべての介護職員に周知していること 　イ　介護職員の資質の向上の支援に関する計画を策定し、計画に係る研修を実施または研修の機会を確保し、すべての介護職員に周知していること ⑧2015(平成27)年4月から②の届出の日の属する月の前月までに実施した介護職員の処遇改善の内容および処遇改善に要した費用をすべての職員に周知していること	所定単位数(加算減算を加えた総単位数)の5.9%に相当する単位数を加算
	(2)介護職員処遇改善加算(Ⅱ) 以下の基準のいずれにも該当すること ①(1)の①〜⑥までのいずれにも適合すること ②(1)の⑦のアもしくはイのいずれかに適合すること ③2008(平成20)年10月から(1)の②の届出の日の属する月の前月までに実施した介護職員の処遇改善の内容および処遇改善に要した費用をすべての職員に周知していること	所定単位数(加算減算を加えた総単位数)の3.3%に相当する単位数を加算
	(3)介護職員処遇改善加算(Ⅲ) (1)の①から⑥までのいずれにも適合し、かつ(2)の②または③に掲げる基準のいずれかに適合すること	(2)により算定した単位数の90%に相当する単位数を加算
	(4)介護職員処遇改善加算(Ⅳ) (1)の①から⑥までのいずれにも適合すること	(2)により算定した単位数の80%に相当する単位数を加算

短期入所生活介護費

	内容	単位数
減算	1. **夜勤職員体制による減算** 次に掲げる夜勤を行う職員の勤務条件を満たさない場合に減算されます。 （1）単独型短期入所生活介護費・併設型短期入所生活介護費 | 利用（入所）者数	夜勤を行う看護職員または介護職員
---	---
①25人以下	1人以上
②26〜60人	2人以上
③61〜80人	3人以上
④81〜100人	4人以上
⑤101人以上	利用（入所）者数が25人またはその端数を増すごとに④に掲げる数に1人を追加した数以上 | （2）単独型ユニット型短期入所生活介護費・併設型ユニット型短期入所生活介護費 2つのユニットごとに夜勤を行う看護職員または介護職員の数が1人以上であること	1日につき 所定単位数の97％に相当する単位数を算定
	2. **利用定員超過による減算** 短期入所生活介護の月平均の利用者の数（短期入所生活介護事業者が介護予防の指定を併せて受け、同一の事業所において一体的に運営されている場合は、その合計数）が、運営規程に定められた利用定員を超えた場合に減算されます。	1日につき 所定単位数の70％に相当する単位数を算定
	3. **従業者欠員による減算** 短期入所生活介護事業所の介護職員または看護職員の数について、運営基準に定める員数が配置されていない場合に減算されます。	1日につき 所定単位数の70％に相当する単位数を算定
	4. **ユニット体制勤務条件による減算** ユニット型施設において、①日中、ユニットごとに常時1名以上の介護職員または看護職員を配置していない、②ユニットごとに常勤のユニットリーダーを配置していない場合、ユニットケアにおける体制が未整備な場合に減算されます。	1日につき 所定単位数の97％に相当する単位数を算定
	5. **長期利用者に対する減算** 連続して30日を超えて同一の指定短期入所生活介護事業所に入所（指定居宅サービス基準に掲げる設備及び備品を利用した指定短期入所生活介護以外のサービスによるものを含む）している場合であって、指定短期入所生活介護を受けている利用者に対して、指定短期入所生活介護を行った場合に減算されます。	1日につき　30単位を減算

第6章 介護報酬と加算・減算

短期入所生活介護費

算定構造

			基本部分	夜勤を行う職員の勤務条件基準を満たさない場合	利用者の数及び入所者の数の合計数が入所定員を超える場合	介護・看護職員の数が基準に満たない場合	常勤のユニットリーダーをユニット毎に配置していない等ユニットケアにおける体制が未整備である場合	専従の機能訓練指導員を配置している場合	個別機能訓練加算	看護体制加算(Ⅰ)	看護体制加算(Ⅱ)	医療連携強化加算	夜勤職員配置加算	認知症行動・心理症状緊急対応加算	若年性認知症利用者受入加算	利用者に対して送迎を行う場合	緊急短期入所受入加算	長期利用者に対して短期入所生活介護を提供する場合
イ 短期入所生活介護費(1日につき)	(1) 単独型短期入所生活介護費	(一) 単独型短期入所生活介護費(Ⅰ)<従来型個室>	要介護1 (620単位) 要介護2 (687単位) 要介護3 (755単位) 要介護4 (822単位) 要介護5 (887単位)															
		(二) 単独型短期入所生活介護費(Ⅱ)<多床室>	要介護1 (640単位) 要介護2 (707単位) 要介護3 (775単位) 要介護4 (842単位) 要介護5 (907単位)											+13単位				
	(2) 併設型短期入所生活介護費	(一) 併設型短期入所生活介護費(Ⅰ)<従来型個室>	要介護1 (579単位) 要介護2 (646単位) 要介護3 (714単位) 要介護4 (781単位) 要介護5 (846単位)															
		(二) 併設型短期入所生活介護費(Ⅱ)<多床室>	要介護1 (599単位) 要介護2 (666単位) 要介護3 (734単位) 要介護4 (801単位) 要介護5 (866単位)	×97/100	×70/100	×70/100		+12単位	1日につき +56単位	+4単位	+8単位	1日につき +58単位	+200単位(7日間を限度)	+120単位	片道につき +184単位	1日につき +90単位(7日間を限度)	1日につき −30単位
ロ ユニット型短期入所生活介護費(1日につき)	(1) 単独型ユニット型短期入所生活介護費	(一) 単独型ユニット型短期入所生活介護費(Ⅰ)<ユニット型個室>	要介護1 (718単位) 要介護2 (784単位) 要介護3 (855単位) 要介護4 (921単位) 要介護5 (987単位)															
		(二) 単独型ユニット型短期入所生活介護費(Ⅱ)<ユニット型準個室>	要介護1 (718単位) 要介護2 (784単位) 要介護3 (855単位) 要介護4 (921単位) 要介護5 (987単位)				×97/100						+18単位					
	(2) 併設型ユニット型短期入所生活介護費	(一) 併設型ユニット型短期入所生活介護費(Ⅰ)<ユニット型個室>	要介護1 (677単位) 要介護2 (743単位) 要介護3 (814単位) 要介護4 (880単位) 要介護5 (946単位)															
		(二) 併設型ユニット型短期入所生活介護費(Ⅱ)<ユニット型準個室>	要介護1 (677単位) 要介護2 (743単位) 要介護3 (814単位) 要介護4 (880単位) 要介護5 (946単位)															

ハ 療養食加算	(1日につき 23単位を加算)
ニ 在宅中重度者受入加算	(1)看護体制加算(Ⅰ)を算定している場合 (1日につき 421単位を加算)
	(2)看護体制加算(Ⅱ)を算定している場合 (1日につき 417単位を加算)
	(3)看護体制加算(Ⅰ)及び(Ⅱ)をいずれも算定している場合 (1日につき 413単位を加算)
	(4)看護体制加算を算定していない場合 (1日につき 425単位を加算)
ホ サービス提供体制強化加算	(1)サービス提供体制強化加算(Ⅰ)イ (1日につき 18単位を加算)
	(2)サービス提供体制強化加算(Ⅰ)ロ (1日につき 12単位を加算)
	(3)サービス提供体制強化加算(Ⅱ) (1日につき 6単位を加算)
	(4)サービス提供体制強化加算(Ⅲ) (1日につき 6単位を加算)
ヘ 介護職員処遇改善加算	(1)介護職員処遇改善加算(Ⅰ) (1月につき +所定単位×59/1000)
	(2)介護職員処遇改善加算(Ⅱ) (1月につき +所定単位×33/1000)
	(3)介護職員処遇改善加算(Ⅲ) (1月につき +(2)の90/100)
	(4)介護職員処遇改善加算(Ⅳ) (1月につき +(2)の80/100)

注 所定単位は、イからホまでにより算定した単位数の合計

:サービス提供体制強化加算、介護職員処遇改善加算は、支給限度額管理の対象外の算定項目

9. 短期入所療養介護

　短期入所療養介護とは、在宅の要介護者・要支援者に介護老人保健施設や療養病床を有する病院などに短期間入所してもらい、看護や医学的管理下における介護、機能訓練などの必要な医療、それに日常生活上の世話を提供するサービスです。

　短期入所療養介護は、介護者の負担を軽減し、介護者の身体的・精神的な休息のためのケアを与えるという役割もあります。

　短期入所療養介護を行う場所として、次の4つの施設があり、それぞれに介護報酬が定められています。
（1）介護老人保健施設における短期入所療養介護
（2）療養病床を有する病院における短期入所療養介護
（3）診療所における短期入所療養介護
（4）老人性認知症疾患療養病棟を有する病院における短期入所療養介護

（1）介護老人保健施設における短期入所療養介護費

　介護老人保健施設において、短期入所療養介護を行った場合に、施設区分および利用者の要介護状態の区分に応じて介護報酬が算定されます。「特定介護老人保健施設短期入所療養介護費」については、難病等を有する中重度者または末期の悪性腫瘍の利用者であって、サービスの提供にあたり常時看護師による観察を必要とする者に対して、日中のみの短期入所療養介護を行った場合に算定されます。

● 注意事項

①利用者が、次のいずれかに該当する場合は、「介護老人保健施設短期入所療養介護費」（Ⅰ）（Ⅱ）（Ⅲ）の（ⅲ）（ⅳ）を算定します。
　1）感染症等により、従来型個室の利用の必要があると医師が判断した者
　2）療養室における利用者1人あたりの面積が、8.0平方メートル以下である従来型個室を利用する者
　3）著しい精神症状等により、同室の他の利用者の心身の状況に重大な影響を及ぼすおそれがあるとして、従来型個室の利用の必要があると医師が判断した者

②利用者が連続して30日を超えて短期入所療養介護を受けている場合は、30日を超える日以降に受けた短期入所療養介護については、介護老人保険施設における短期入所療養介護費は算定されません。

③本体施設である介護老人保健施設において施設基準、人員基準および夜勤職員の基準を満たす旨の届け出、認知症ケア加算届け出が行われている場合は、短期入所療養介護について行う必要はありません。

短期入所療養介護費　(1)介護老人保健施設における短期入所療養介護費

	内容	単位数	
基本部分	1. 介護老人保健施設短期入所療養介護費 (1)介護老人保健施設短期入所療養介護費（Ⅰ） ①介護老人保健施設短期入所療養介護費(i) 　［従来型個室］（従来型）	1日につき 要介護1 要介護2 要介護3 要介護4 要介護5	750単位 795単位 856単位 908単位 959単位
	②介護老人保健施設短期入所療養介護費(ii) 　［従来型個室］（在宅強化型）	要介護1 要介護2 要介護3 要介護4 要介護5	788単位 859単位 921単位 977単位 1032単位
	③介護老人保健施設短期入所療養介護費(iii) 　［多床室］（従来型）	要介護1 要介護2 要介護3 要介護4 要介護5	823単位 871単位 932単位 983単位 1036単位
	④介護老人保健施設短期入所療養介護費(iv) 　［多床室］（在宅強化型）	要介護1 要介護2 要介護3 要介護4 要介護5	867単位 941単位 1003単位 1059単位 1114単位
	(2)介護老人保健施設短期入所療養介護費（Ⅱ） 2006(平成18)年7月1日から2018(平成30)年3月31日までの間に転換を行って開設した介護老人保健施設が提供する短期入所療養介護 ①介護老人保健施設短期入所療養介護費(i) 　［従来型個室］（療養型）	要介護1 要介護2 要介護3 要介護4 要介護5	778単位 859単位 972単位 1048単位 1122単位
	②介護老人保健施設短期入所療養介護費(ii) 　［従来型個室］（療養強化型）	要介護1 要介護2 要介護3 要介護4 要介護5	778単位 859単位 1041単位 1115単位 1190単位
	③介護老人保健施設短期入所療養介護費(iii) 　［多床室］（療養型）	要介護1 要介護2 要介護3 要介護4 要介護5	855単位 937単位 1051単位 1126単位 1200単位
	④介護老人保健施設短期入所療養介護費(iv) 　［多床室］（療養強化型）	要介護1 要介護2 要介護3 要介護4 要介護5	855単位 937単位 1118単位 1193単位 1268単位
	(3)介護老人保健施設短期入所療養介護費（Ⅲ） 2006(平成18)年7月1日から2018(平成30)年3月31日までの間に転換を行って開設した介護老人保健施設が提供する短期入所療養介護 ①介護老人保健施設短期入所療養介護費(i) 　［従来型個室］（療養型）	要介護1 要介護2 要介護3 要介護4 要介護5	778単位 853単位 946単位 1021単位 1095単位
	②介護老人保健施設短期入所療養介護費(ii) 　［従来型個室］（療養強化型）	要介護1 要介護2 要介護3 要介護4 要介護5	778単位 853単位 1014単位 1089単位 1164単位
	③介護老人保健施設短期入所療養介護費(iii) 　［多床室］（療養型）	要介護1 要介護2 要介護3 要介護4 要介護5	855単位 931単位 1024単位 1098単位 1173単位
	④介護老人保健施設短期入所療養介護費(iv) 　［多床室］（療養強化型）	要介護1 要介護2 要介護3 要介護4 要介護5	855単位 931単位 1092単位 1167単位 1241単位

短期入所療養介護費 （1）介護老人保健施設における短期入所療養介護費

	内容	単位数	
基本部分	2. ユニット型介護老人保健施設短期入所療養介護費 （1）ユニット型介護老人保健施設短期入所療養介護費（Ⅰ） ①ユニット型介護老人保健施設短期入所療養介護費(i) 　［ユニット型個室］（従来型）	1日につき 要介護1 要介護2 要介護3 要介護4 要介護5	829単位 874単位 936単位 989単位 1040単位
	②ユニット型介護老人保健施設短期入所療養介護費(ii) 　［ユニット型個室］（在宅強化型）	要介護1 要介護2 要介護3 要介護4 要介護5	871単位 945単位 1007単位 1063単位 1118単位
	③ユニット型介護老人保健施設短期入所療養介護費(iii) 　［ユニット型準個室］（従来型）	要介護1 要介護2 要介護3 要介護4 要介護5	829単位 874単位 936単位 989単位 1040単位
	④ユニット型介護老人保健施設短期入所療養介護費(iv) 　［ユニット型個室］（在宅強化型）	要介護1 要介護2 要介護3 要介護4 要介護5	871単位 945単位 1007単位 1063単位 1118単位
	（2）ユニット型介護老人保健施設短期入所療養介護費（Ⅱ） 2006(平成18)年7月1日から2018(平成30)年3月31日までの間に転換を行って開設した介護老人保健施設が提供する短期入所療養介護 ①ユニット型介護老人保健施設短期入所療養介護費(i) 　［ユニット型個室］（療養型）	要介護1 要介護2 要介護3 要介護4 要介護5	940単位 1021単位 1134単位 1210単位 1284単位
	②ユニット型介護老人保健施設短期入所療養介護費(ii) 　［ユニット型個室］（療養強化型）	要介護1 要介護2 要介護3 要介護4 要介護5	940単位 1021単位 1203単位 1277単位 1352単位
	③ユニット型介護老人保健施設短期入所療養介護費(iii) 　［ユニット型準個室］（療養型）	要介護1 要介護2 要介護3 要介護4 要介護5	940単位 1021単位 1134単位 1210単位 1284単位
	④ユニット型介護老人保健施設短期入所療養介護費(iv) 　［ユニット型準個室］（療養強化型）	要介護1 要介護2 要介護3 要介護4 要介護5	940単位 1021単位 1203単位 1277単位 1352単位
	（3）ユニット型介護老人保健施設短期入所療養介護費（Ⅲ） 2006(平成18)年7月1日から2018(平成30)年3月31日までの間に転換を行って開設した介護老人保健施設が提供する短期入所療養介護 ①ユニット型介護老人保健施設短期入所療養介護費(i) 　［ユニット型個室］療養型	要介護1 要介護2 要介護3 要介護4 要介護5	940単位 1015単位 1108単位 1183単位 1257単位
	②ユニット型介護老人保健施設短期入所療養介護費(ii) 　［ユニット型個室］（療養強化型）	要介護1 要介護2 要介護3 要介護4 要介護5	940単位 1015単位 1176単位 1251単位 1326単位
	③ユニット型介護老人保健施設短期入所療養介護費(iii) 　［ユニット型準個室］（療養型）	要介護1 要介護2 要介護3 要介護4 要介護5	940単位 1015単位 1108単位 1183単位 1257単位
	④ユニット型介護老人保健施設短期入所療養介護費(iv) 　［ユニット型準個室］（療養強化型）	要介護1 要介護2 要介護3 要介護4 要介護5	940単位 1015単位 1176単位 1251単位 1326単位
	3. 特定介護老人保健施設短期入所療養介護費 　（1）3時間以上4時間未満	1日につき	654単位

短期入所療養介護費　(1)介護老人保健施設における短期入所療養介護費

	内容	単位数	
基本部分	(2)4時間以上6時間未満	1日につき	905単位
	(3)6時間以上8時間未満	1日につき	1257単位
加算	1. 夜勤職員配置加算 夜勤を行う看護職員または介護職員の数が、次の基準を満たす場合に加算されます。 ①利用者等の数が41以上の介護老人保健施設にあっては、利用者等の数が20またはその端数を増すごとに1以上であり、かつ、2を超えていること ②利用者等の数が40以下の介護老人保健施設にあっては、利用者等の数が20またはその端数を増すごとに1以上であり、かつ、1を超えていること	1日につき	24単位を加算
	2. 個別リハビリテーション加算 事業所の医師、看護職員、理学療法士、作業療法士、言語聴覚士等が共同して利用者ごとに個別リハビリテーション計画を作成し、計画にもとづいて医師または医師の指示を受けた理学療法士、作業療法士、または言語聴覚士が1日20分以上の個別リハビリテーションを行った場合に加算されます。	1日につき	240単位を加算
	3. 認知症ケア加算 次の基準を満たす介護老人保健施設において、日常生活に支障をきたすおそれのある症状または行動が認められることから介護を必要とする認知症の利用者に対して短期入所療養介護を行った場合に加算されます。 ①日常生活に支障をきたすおそれのある症状または行動が認められることから介護を必要とする認知症の利用者と他の利用者とを区別していること ②他の利用者と区別して日常生活に支障をきたすおそれのある症状または行動が認められることから介護を必要とする認知症の利用者に対する短期入所療養介護を行うのに適当な次に掲げる基準に適合する施設及び設備を有していること (1)原則として、同一の建物または階において、他の短期入所療養介護の利用者に利用させ、または介護老人保健施設の入所者を入所させるものでないもの (2)(1)の施設の入所定員は、40人を標準とすること (3)(1)の施設に入所定員の1割以上の数の個室を設けていること (4)(1)の施設に療養室以外の生活の場として入所定員1人当たりの面積が2平方メートル以上のデイルームを設けていること (5)(1)の施設に介護を必要とする認知症の利用者の家族に対する介護方法に関する知識および技術の提供のために、30平方メートル以上の面積を有する施設を設けていること ③短期入所療養介護の単位ごとの利用者の数について、10人を標準とすること ④短期入所療養介護の単位ごとに固定した介護職員または看護職員を配置すること ⑤ユニット型短期入所療養介護事業所でないこと	1日につき	76単位を加算
	4. 認知症行動・心理症状緊急対応加算 医師が、認知症の行動・心理症状が認められるため、在宅での生活が困難であり、緊急に短期入所療養介護を利用することが適当であると判断した利用者に対し、短期入所療養介護を行った場合に、利用を開始した日から起算して7日を限度として、加算されます。	1日につき	200単位を加算
	5. 緊急短期入所受入加算 利用者の状態や家族等の事情により、介護支援専門員が必要と認めた利用者に対し、居宅サービス計画において計画的に行うこととなっていない短期入所療養介護を緊急に行った場合は、利用を開始した日から起算して7日を限度として加算されます。ただし、認知症行動・心理症状緊急対応加算を算定している場合には、算定されません。	1日につき	90単位を加算
	6. 若年性認知症利用者受入加算 短期入所療養介護事業所において、若年性認知症利用者に対して利用者ごとに個別に担当者を定め、利用者の特性やニーズに応じたサービス提供が行われた場合に加算されます。ただし、認知症行動・心理症状緊急対応加算を算定している場合は、算定されません。 (1)介護老人保健施設短期入所療養介護費、ユニット型介護老人保健施設短期入所療養介護費	1日につき	120単位を加算
	(2)特定介護老人保健施設短期入所療養介護費	1日につき	60単位を加算
	7. 重度療養管理加算 以下に掲げる状態であって、要介護4または要介護5である利用者に対して計画的な医学的管理を継続的に行い、短期入所療養介護を行った場合に加算されます。 ①常時頻回の喀痰吸引を行っている状態 ②呼吸障害等により人工呼吸器を使用している状態 ③中心静脈注射を実施している状態 ④人工腎臓を実施しており、かつ、重篤な合併症を有する状態 ⑤重篤な心機能障害、呼吸障害等により常時モニター測定を実施している状態 ⑥膀胱または直腸の機能障害の程度が身体障害者障害程度等級表の4級以上に該当し、かつ、ストーマの処置を実施している状態 ⑦経鼻胃管や胃瘻等の経腸栄養が行われている状態 ⑧褥瘡に対する治療を実施している状態 ⑨気管切開が行われている状態 (1)介護老人保健施設短期入所療養介護費(Ⅰ)、ユニット型介護老人保健施設短期入所療養介護費(Ⅰ)	1日につき	120単位を加算
	(2)特定介護老人保健施設短期入所療養介護費	1日につき	60単位を加算

短期入所療養介護費 （1）介護老人保健施設における短期入所療養介護費

	内容	単位数
加算	8. 送迎加算 利用者の心身の状態、家族等の事情等からみて送迎を行うことが必要と認められる利用者に対して、居宅と事業所との間の送迎を行った場合に加算されます。	片道につき　184単位を加算
	9. 療養体制維持特別加算 2006（平成18）年7月1日から2018（平成30）年3月31日までの間に病院が転換を行って開設した介護老人保健施設が提供する短期入所療養介護で、厚生労働大臣が定める施設基準に適合しているものとして都道府県知事に届け出た介護老人保健施設である短期入所療養介護事業所について加算されます。	1日につき　27単位を加算
	10. 療養食加算 利用者の定員、従業員の員数に関する基準を満たす短期入所療養介護事業所において、管理栄養士または栄養士の管理のもとで、利用者の年齢、心身の状況に応じて適切な栄養量および内容の療養食（糖尿病食、腎臓病食、肝臓病食、胃潰瘍食、貧血食、膵臓病食、脂質異常症食、痛風食、特別な場合の検査食）を提供した場合に加算されます。	1日につき　23単位を加算
	11. サービス提供体制強化加算 （1）サービス提供体制強化加算（Ⅰ）イ 介護職員の総数のうち、介護福祉士の占める割合が60％以上であり、短期入所療養介護事業所の利用定員および従業員の員数に関する基準を満たしている場合に加算されます。	1日につき　18単位を加算
	（2）サービス提供体制強化加算（Ⅰ）ロ 介護職員の総数のうち、介護福祉士の占める割合が50％以上であり、短期入所療養介護事業所の利用定員および従業員の員数に関する基準を満たしている場合に加算されます。	1日につき　12単位を加算
	（3）サービス提供体制強化加算（Ⅱ） 看護・介護職員の総数のうち、常勤職員の占める割合が75％以上であり、短期入所療養介護事業所の利用定員および従業員の員数に関する基準を満たしている場合に加算されます。	1日につき　6単位を加算
	（4）サービス提供体制強化加算（Ⅲ） 短期入所療養介護を利用者に直接提供する職員の総数のうち、勤続年数3年以上の者の占める割合が30％以上であり、利用定員および従業員の員数に関する基準を満たしている場合に加算されます。	1日につき　6単位を加算
	12. 介護職員処遇改善加算 以下の基準に適合している介護職員の賃金の改善等を実施しているとして都道府県知事に届け出た短期入所療養介護事業所が、短期入所療養介護を行った場合、2018（平成30）年3月31日までの間加算されます。ただし、いずれかの加算を算定している場合は、その他の加算は算定されません。 （1）介護職員処遇改善加算（Ⅰ） 以下の基準のいずれにも該当すること ①賃金改善に関する計画を策定し、適切な措置を講じていること ②短期入所療養介護の事業所において、①の賃金改善に関する計画、介護職員処遇改善計画書を作成し、すべての介護職員に周知し、都道府県知事に届け出ていること ③介護職員処遇改善加算の算定額に相当する賃金改善を実施すること ④事業年度ごとに介護職員の処遇改善に関する実績を都道府県知事に報告すること ⑤算定日が属する月の前12か月間において労働基準法等に違反し、罰金以上の刑に処せられていないこと ⑥労働保険料の納付が適正に行われていること ⑦次に掲げる基準のいずれにも適合すること 　ア　介護職員の任用の際の職責・職務内容等の要件を定め、書面をもって作成し、すべての介護職員に周知していること 　イ　介護職員の資質の向上の支援に関する計画を策定し、計画に係る研修を実施または研修の機会を確保し、すべての介護職員に周知していること ⑧2015（平成27）年4月から②の届出の日の属する月の前月までに実施した介護職員の処遇改善の内容および処遇改善に要した費用をすべての職員に周知していること	所定単位数（加算減算を加えた総単位数）の2.7％に相当する単位数を加算
	（2）介護職員処遇改善加算（Ⅱ） 以下の基準のいずれにも該当すること ①（1）の①～⑥のいずれにも適合すること ②（1）の⑦のアもしくはイのいずれかに適合すること ③2008（平成20）年10月から（1）の②の届出の日の属する月の前月までに実施した介護職員の処遇改善の内容および処遇改善に要した費用をすべての職員に周知していること	所定単位数（加算減算を加えた総単位数）の1.5％に相当する単位数を加算
	（3）介護職員処遇改善加算（Ⅲ） （1）の①から⑥までのいずれにも適合し、かつ（2）の②または③に掲げる基準のいずれかに適合すること	（2）により算定した単位数の90％に相当する単位数を加算
	（4）介護職員処遇改善加算（Ⅳ） （1）の①から⑥までのいずれにも適合すること	（2）により算定した単位数の80％に相当する単位数を加算
	緊急時施設療養費 利用者の病状が著しく変化した場合に、緊急その他やむを得ない事情により行われる医療行為について算定されます。 （1）緊急時治療管理 利用者の病状が重篤となり救命救急医療が必要となる場合に、緊急的な治療管理として投薬、検査、注射、処置等を行った場合に、1月に1回、連続する3日間を限度として算定されます。	1日につき　511単位を加算

短期入所療養介護費　(1)介護老人保健施設における短期入所療養介護費

	内容	単位数
加算	(2)特定治療 医科診療報酬点数表第1章および第2章において、高齢者の医療の確保に関する法律第57条第3項に規定する保険医療機関等が行った場合に点数が算定されるリハビリテーション、処置、手術、麻酔または放射線治療(別に厚生労働大臣が定めるものを除く)を行った場合に算定されます。	医科診療報酬点数表の点数に10円をかけた額を算定
減算	1. 夜勤職員体制による減算 以下に掲げる夜勤を行う職員の勤務条件を満たさない場合に減算されます。 (1)介護老人保健施設短期入所療養介護費(Ⅰ) 夜勤を行う看護職員または介護職員数が2人以上であること。ただし、短期入所療養介護の利用者と介護老人保健施設の入所者の数の合計が40人以下であって、常時、緊急時の連絡体制を整備している場合は、1人以上であること。 (2)介護老人保健施設短期入所療養介護費(Ⅱ) ①夜勤を行う看護職員または介護職員数が2人以上であること。ただし、短期入所療養介護の利用者と介護老人保健施設の入所者の数の合計が40人以下であって、常時、緊急時の連絡体制を整備している場合は、1人以上であること ②病院の一部を転換して開設した介護老人保健施設で、病院または夜勤を行う看護職員等が1人以上配置されている診療所に併設しており、併設する病院または診療所入院患者、介護老人保健施設の入所者および短期入所療養介護の利用者の数の合計が、120人以下である場合は、1人以上であること ③夜勤を行う看護職員の数が利用者等の数を41で除して得た数以上であること (3)介護老人保健施設短期入所療養介護費(Ⅲ) ①夜勤を行う看護職員または介護職員の数が2人以上であること。ただし、常時、緊急時の連絡体制を整備しているものにあっては、1人以上であること ②看護職員により、または病院、診療所もしくは訪問看護ステーションとの連携により、夜勤時間帯を通じて連絡体制を整備し、かつ、必要に応じて診療の補助を行う体制を整備していること ③病院の一部を転換して開設した介護老人保健施設で、併設する病院の入院患者、介護老人保健施設の入所者および短期入所療養介護の利用者の数の合計が、120人以下である場合は、夜勤を行う看護職員または介護職員を配置しないことができる ④診療所の一部を転換して開設した介護老人保健施設で、併設する診療所に夜勤を行う看護職員または介護職員1人以上配置されており、診療所の入院患者、介護老人保健施設の入所者及び短期入所療養介護の利用者の数の合計が、19人以下である場合は、夜勤を行う看護職員または介護職員を配置しないことができる (4)ユニット型介護老人保健施設短期入所療養介護費(Ⅰ) 2つのユニットごとに夜勤を行う看護職員または介護職員の数が1以上であること (5)ユニット型介護老人保健施設短期入所療養介護費(Ⅱ) ①2つのユニットごとに夜勤を行う看護職員または介護職員の数が1以上であること ②夜勤を行う看護職員の数が利用者等の数を41で除して得た数以上であること (6)ユニット型介護老人保健施設短期入所療養介護費(Ⅲ) ①2つのユニットごとに夜勤を行う看護職員または介護職員の数が1以上であること ②看護職員により、または病院、診療所もしくは訪問看護ステーションとの連携により、夜勤時間帯を通じて連絡体制を整備し、かつ、必要に応じて診療の補助を行う体制を整備していること (7)特定介護老人保健施設短期入所療養介護費 上記(1)〜(6)参照	1日につき 所定単位数の97%に相当する単位数を算定
	2. 利用定員超過による減算 短期入所療養介護の月平均の利用者の数(短期入所療養介護事業者が介護予防の指定を併せて受け、同一の事業所において一体的に運営されている場合は、その合計数)が、運営規程に定められた利用定員を超えた場合に減算されます。	1日につき 所定単位数の70%に相当する単位数を算定
	3. 従業者欠員による減算 短期入所療養介護事業所の医師、看護職員、介護職員、理学療法士、作業療法士、または言語聴覚士の数について、運営基準に定める員数が配置されていない場合に減算されます。	1日につき 所定単位数の70%に相当する単位数を算定
	4. ユニット体制勤務条件による減算 ユニット型施設において、①日中、ユニットごとに常時1名以上の介護職員または看護職員を配置していない、②ユニットごとに常勤のユニットリーダーを配置していない場合、ユニットケアにおける体制が未整備な場合に減算されます。	1日につき 所定単位数の97%に相当する単位数を算定
	特別療養費 2006(平成18)年7月1日から2018(平成30)年3月31日までの間に病院が転換を行って開設した介護老人保健施設が提供する短期入所療養介護で、利用者に対して、指導管理等のうち日常的に必要な医療行為を行った場合に算定されます。	厚生労働大臣が定める特別療養費に係る指導管理等および単位数に10円をかけた額を算定

短期入所療養介護費 （1）介護老人保健施設における短期入所療養介護費

算定構造

		基本部分		注 夜勤を行う職員の勤務条件基準を満たさない場合	注 利用者の数及び入所者の数の合計数が入所定員を超える場合	注 医師、看護職員、介護職員、理学療法士、作業療法士又は言語聴覚士の員数が基準に満たない場合	注 常勤のユニットリーダーをユニット毎に配置していない等ユニットケアにおける体制が未整備である場合	注 夜勤職員配置加算	注 個別リハビリテーション実施加算	注 認知症ケア加算	注 認知症行動・心理症状緊急対応加算	注 緊急短期入所受入加算	注 若年性認知症利用者受入加算	注 重度療養管理加算	注 利用者に対して送迎を行う場合
(1) 介護老人保健施設短期入所療養介護費（1日につき）	（一）介護老人保健施設短期入所療養介護費（Ⅰ）	a 介護老人保健施設短期入所療養介護費(i) <従来型個室>【従来型】	要介護1 750単位 要介護2 795単位 要介護3 856単位 要介護4 908単位 要介護5 959単位												
		b 介護老人保健施設短期入所療養介護費(ii) <従来型個室>【在宅強化型】	要介護1 788単位 要介護2 859単位 要介護3 921単位 要介護4 977単位 要介護5 1,032単位											1日につき+120単位（要介護4・5に限る）	
		c 介護老人保健施設短期入所療養介護費(iii) <多床室>【従来型】	要介護1 823単位 要介護2 871単位 要介護3 932単位 要介護4 983単位 要介護5 1,036単位												
		d 介護老人保健施設短期入所療養介護費(iv) <多床室>【在宅強化型】	要介護1 867単位 要介護2 941単位 要介護3 1,003単位 要介護4 1,059単位 要介護5 1,114単位												
	（二）介護老人保健施設短期入所療養介護費（Ⅱ）<療養型老健：看護職員を配置>	a 介護老人保健施設短期入所療養介護費(i) <従来型個室>【療養型】	要介護1 778単位 要介護2 859単位 要介護3 972単位 要介護4 1,048単位 要介護5 1,122単位												
		b 介護老人保健施設短期入所療養介護費(ii) <従来型個室>【療養強化型】	要介護1 778単位 要介護2 859単位 要介護3 1,041単位 要介護4 1,115単位 要介護5 1,190単位	×97/100	×70/100	×70/100		+24単位	+240単位	+76単位	+200単位（7日間を限度）	+90単位（7日間を限度）	+120単位		片道につき+184単位
		c 介護老人保健施設短期入所療養介護費(iii) <多床室>【療養型】	要介護1 855単位 要介護2 937単位 要介護3 1,051単位 要介護4 1,126単位 要介護5 1,200単位												
		d 介護老人保健施設短期入所療養介護費(iv) <多床室>【療養強化型】	要介護1 855単位 要介護2 937単位 要介護3 1,118単位 要介護4 1,193単位 要介護5 1,268単位												
	（三）介護老人保健施設短期入所療養介護費（Ⅲ）<療養型老健：看護オンコール体制>	a 介護老人保健施設短期入所療養介護費(i) <従来型個室>【療養型】	要介護1 778単位 要介護2 853単位 要介護3 946単位 要介護4 1,021単位 要介護5 1,095単位												
		b 介護老人保健施設短期入所療養介護費(ii) <従来型個室>【療養強化型】	要介護1 778単位 要介護2 853単位 要介護3 1,014単位 要介護4 1,089単位 要介護5 1,164単位												
		c 介護老人保健施設短期入所療養介護費(iii) <多床室>【療養型】	要介護1 855単位 要介護2 931単位 要介護3 1,024単位 要介護4 1,098単位 要介護5 1,173単位												
		d 介護老人保健施設短期入所療養介護費(iv) <多床室>【療養強化型】	要介護1 855単位 要介護2 931単位 要介護3 1,092単位 要介護4 1,167単位 要介護5 1,241単位												
(2) ユニット型介護老人保健施設短期入所療養介護費（1日につき）	（一）ユニット型介護老人保健施設短期入所療養介護費（Ⅰ）	a ユニット型介護老人保健施設短期入所療養介護費(i) <ユニット型個室>【従来型】	要介護1 829単位 要介護2 874単位 要介護3 936単位 要介護4 989単位 要介護5 1,040単位												
		b ユニット型介護老人保健施設短期入所療養介護費(ii) <ユニット型個室>【在宅強化型】	要介護1 871単位 要介護2 945単位 要介護3 1,007単位 要介護4 1,063単位 要介護5 1,118単位				×97/100							1日につき+120単位（要介護4・5に限る）	
		c ユニット型介護老人保健施設短期入所療養介護費(iii) <ユニット型準個室>【従来型】	要介護1 829単位 要介護2 874単位 要介護3 936単位 要介護4 989単位 要介護5 1,040単位												
		d ユニット型介護老人保健施設短期入所療養介護費(iv) <ユニット型準個室>【在宅強化型】	要介護1 871単位 要介護2 945単位 要介護3 1,007単位 要介護4 1,063単位 要介護5 1,118単位												

第6章 介護報酬と加算・減算

短期入所療養介護費 (1)介護老人保健施設における短期入所療養介護費

算定構造

基本部分				注 夜勤を行う職員の勤務条件基準を満たさない場合	注 利用者の数及び入所者の数の合計数が入所定員を超える場合	注 医師、看護職員、介護職員、理学療法士、作業療法士又は言語聴覚士の員数が基準に満たない場合	注 常勤のユニットリーダーをユニット毎に配置していない等ユニットケアにおける体制が未整備である場合	注 夜勤職員配置加算	注 個別リハビリテーション実施加算	注 認知症ケア加算	注 認知症行動・心理症状緊急対応加算	注 緊急短期入所受入加算	注 若年性認知症利用者受入加算	注 重度療養管理加算	注 利用者に対して送迎を行う場合
(2) ユニット型介護老人保健施設短期入所療養介護費(1日につき)	(二) ユニット型介護老人保健施設短期入所療養介護費(Ⅱ)	a ユニット型介護老人保健施設短期入所療養介護費(i)<ユニット型個室>【療養型】	要介護1 (940単位) 要介護2 (1,021単位) 要介護3 (1,134単位) 要介護4 (1,210単位) 要介護5 (1,284単位)	×97/100	×70/100	×70/100	×97/100	+24単位	+240単位		+200単位(7日間を限度)	+90単位(7日間を限度)	+120単位		片道につき+184単位
		b ユニット型介護老人保健施設短期入所療養介護費(ii)<ユニット型個室>【療養強化型】	要介護1 (940単位) 要介護2 (1,021単位) 要介護3 (1,203単位) 要介護4 (1,277単位) 要介護5 (1,352単位)												
		c ユニット型介護老人保健施設短期入所療養介護費(iii)<ユニット型準個室>【療養型】	要介護1 (940単位) 要介護2 (1,021単位) 要介護3 (1,134単位) 要介護4 (1,210単位) 要介護5 (1,284単位)												
		d ユニット型介護老人保健施設短期入所療養介護費(iv)<ユニット型準個室>【療養強化型】	要介護1 (940単位) 要介護2 (1,021単位) 要介護3 (1,203単位) 要介護4 (1,277単位) 要介護5 (1,352単位)												
	(三) ユニット型介護老人保健施設短期入所療養介護費(Ⅲ)<療養型老健:看護オンコール体制>	a ユニット型介護老人保健施設短期入所療養介護費(i)<ユニット型個室>【療養型】	要介護1 (940単位) 要介護2 (1,015単位) 要介護3 (1,108単位) 要介護4 (1,183単位) 要介護5 (1,257単位)												
		b ユニット型介護老人保健施設短期入所療養介護費(ii)<ユニット型個室>【療養強化型】	要介護1 (940単位) 要介護2 (1,015単位) 要介護3 (1,176単位) 要介護4 (1,251単位) 要介護5 (1,326単位)												
		c ユニット型介護老人保健施設短期入所療養介護費(iii)<ユニット型準個室>【療養型】	要介護1 (940単位) 要介護2 (1,015単位) 要介護3 (1,108単位) 要介護4 (1,183単位) 要介護5 (1,257単位)												
		d ユニット型介護老人保健施設短期入所療養介護費(iv)<ユニット型準個室>【療養強化型】	要介護1 (940単位) 要介護2 (1,015単位) 要介護3 (1,176単位) 要介護4 (1,251単位) 要介護5 (1,326単位)												
(3) 特定介護老人保健施設短期入所療養介護費	(一) 3時間以上4時間未満		(654単位)										+60単位	+60単位(要介護4・5に限る)	
	(二) 4時間以上6時間未満		(905単位)												
	(三) 6時間以上8時間未満		(1,257単位)												

注 特別療養費	
注 療養体制維持特別加算	(1日につき 27単位を加算)
(4) 療養食加算	(1日につき 23単位を加算)

(5) 緊急時施設療養費	(一) 緊急時治療管理	療養型老健以外の場合(1月に1回3日を限度に、1日につき511単位を算定) 療養型老健の場合(1月に1回3日を限度に、1日につき511単位を算定)
	(二) 特定治療	

(6) サービス提供体制強化加算	(1) サービス提供体制強化加算(Ⅰ)イ (1日につき 18単位を加算)
	(2) サービス提供体制強化加算(Ⅰ)ロ (1日につき 12単位を加算)
	(3) サービス提供体制強化加算(Ⅱ) (1日につき 6単位を加算)
	(4) サービス提供体制強化加算(Ⅲ) (1日につき 6単位を加算)

(7) 介護職員処遇改善加算	(1) 介護職員処遇改善加算(Ⅰ) (1月につき +所定単位×27/1000)	注 所定単位は、(1)から(6)までにより算定した単位数の合計
	(2) 介護職員処遇改善加算(Ⅱ) (1月につき +所定単位×15/1000)	
	(3) 介護職員処遇改善加算(Ⅲ) (1月につき +(2)の90/100)	
	(4) 介護職員処遇改善加算(Ⅳ) (1月につき +(2)の80/100)	

☐:特別療養費と緊急時施設療養費、サービス提供体制強化加算、介護職員処遇改善加算は、支給限度額管理の対象外の算定項目
※ PT・OT・STによる人員配置減算を適用する場合には、リハビリ機能強化加算を適用しない。

（2）療養病床を有する病院における短期入所療養介護費

療養病床を有する病院において、短期入所療養介護を行った場合に、施設区分および利用者の要介護状態の区分に応じて介護報酬が算定されます。「特定病院療養病床短期入所療養介護費」については、難病等を有する中重度者または末期の悪性腫瘍の利用者であって、サービスの提供にあたり常時看護師による観察を必要とする者に対して、日中のみの短期入所療養介護を行った場合に算定されます。

●注意事項

①利用者が、次のいずれかに該当する場合は、「病院療養病床短期入所療養介護費」（Ⅰ）の（iv）（v）もしくは（vi）、（Ⅱ）の（iii）もしくは（iv）、（Ⅲ）の（ii）または「病院療養病床経過型短期入所療養介護費」（Ⅰ）の（ii）もしくは（Ⅱ）の（ii）を算定します。
　1）感染症等により、従来型個室の利用の必要があると医師が判断した者
　2）病室における利用者1人あたりの面積が、6.4平方メートル以下である従来型個室を利用する者
　3）著しい精神症状等により、同室の他の利用者の心身の状況に重大な影響を及ぼすおそれがあるとして、従来型個室の利用の必要があると医師が判断した者

②利用者が連続して30日を超えて短期入所療養介護を受けている場合においては、30日を超える日以降に受けた短期入所療養介護については、算定されません。

③本体施設において施設基準、人員基準および夜勤職員の基準を満たす旨の届け出が行われている場合は、短期入所療養介護について行う必要はありません。

短期入所療養介護費　（2）療養病床を有する病院における短期入所療養介護費

	内容	単位数
基本部分	1. 病院療養病床短期入所療養介護費 （1）病院療養病床短期入所療養介護費（Ⅰ） 〈看護6：1以上／介護4：1以上〉 ①病院療養病床短期入所療養介護費(i) ［従来型個室］	1日につき 要介護1　　691単位 要介護2　　794単位 要介護3　1017単位 要介護4　1112単位 要介護5　1197単位
	②病院療養病床短期入所療養介護費(ii) ［療養機能強化型A］［従来型個室］	要介護1　　719単位 要介護2　　827単位 要介護3　1060単位 要介護4　1159単位 要介護5　1248単位
	③病院療養病床短期入所療養介護費(iii) ［療養機能強化型B］［従来型個室］	要介護1　　709単位 要介護2　　815単位 要介護3　1045単位 要介護4　1142単位 要介護5　1230単位
	④病院療養病床短期入所療養介護費(iv) ［多床室］	要介護1　　795単位 要介護2　　898単位 要介護3　1121単位 要介護4　1216単位 要介護5　1301単位
	⑤病院療養病床短期入所療養介護費(v) ［療養機能強化型A］［多床室］	要介護1　　828単位 要介護2　　936単位 要介護3　1169単位 要介護4　1268単位 要介護5　1357単位
	⑥病院療養病床短期入所療養介護費(vi) ［療養機能強化型B］［多床室］	要介護1　　816単位 要介護2　　923単位 要介護3　1152単位 要介護4　1249単位 要介護5　1337単位

短期入所療養介護費　（2）療養病床を有する病院における短期入所療養介護費

	内容	単位数	
基本部分	(2)病院療養病床短期入所療養介護費（Ⅱ） 〈看護6：1以上／介護5：1以上〉 ①病院療養病床短期入所療養介護費(i) ［従来型個室］	要介護1 要介護2 要介護3 要介護4 要介護5	636単位 739単位 891単位 1037単位 1077単位
	②病院療養病床短期入所療養介護費(ii) ［療養機能強化型］［従来型個室］	要介護1 要介護2 要介護3 要介護4 要介護5	651単位 757単位 912単位 1062単位 1103単位
	③病院療養病床短期入所療養介護費(iii) ［多床室］	要介護1 要介護2 要介護3 要介護4 要介護5	741単位 844単位 995単位 1142単位 1181単位
	④病院療養病床短期入所療養介護費(iv) ［療養機能強化型］［多床室］	要介護1 要介護2 要介護3 要介護4 要介護5	759単位 864単位 1019単位 1169単位 1209単位
	(3)病院療養病床短期入所療養介護費（Ⅲ） 〈看護6：1以上／介護6：1以上〉 ①病院療養病床短期入所療養介護費(i) ［従来型個室］	要介護1 要介護2 要介護3 要介護4 要介護5	614単位 720単位 863単位 1012単位 1051単位
	②病院療養病床短期入所療養介護費(ii) ［多床室］	要介護1 要介護2 要介護3 要介護4 要介護5	720単位 825単位 969単位 1118単位 1157単位
	2．病院療養病床経過型短期入所療養介護費 (1)病院療養病床経過型短期入所療養介護費（Ⅰ） 〈看護6：1以上／介護4：1以上〉 ①病院療養病床経過型短期入所療養介護費(i) ［従来型個室］	1日につき 要介護1 要介護2 要介護3 要介護4 要介護5	 700単位 804単位 947単位 1033単位 1120単位
	②病院療養病床経過型短期入所療養介護費(ii) ［多床室］	要介護1 要介護2 要介護3 要介護4 要介護5	805単位 910単位 1052単位 1139単位 1225単位
	(2)病院療養病床経過型短期入所療養介護費（Ⅱ） 〈看護8：1以上／介護4：1以上〉 ①病院療養病床経過型短期入所療養介護費(i) ［従来型個室］	要介護1 要介護2 要介護3 要介護4 要介護5	700単位 804単位 907単位 994単位 1080単位
	②病院療養病床経過型短期入所療養介護費(ii) ［多床室］	要介護1 要介護2 要介護3 要介護4 要介護5	805単位 910単位 1012単位 1098単位 1186単位
	3．ユニット型病院療養病床短期入所療養介護費 (1)ユニット型病院療養病床短期入所療養介護費（Ⅰ） ［ユニット型個室］	1日につき 要介護1 要介護2 要介護3 要介護4 要介護5	 817単位 920単位 1143単位 1238単位 1323単位
	(2)ユニット型病院療養病床短期入所療養介護費（Ⅱ） ［機能強化型A］［ユニット型個室］	要介護1 要介護2 要介護3 要介護4 要介護5	845単位 953単位 1186単位 1285単位 1374単位

短期入所療養介護費　(2)療養病床を有する病院における短期入所療養介護費

		内容	単位数	
基本部分		(3)ユニット型病院療養病床短期入所療養介護費(Ⅲ) ［機能強化型B］［ユニット型個室］	要介護1 要介護2 要介護3 要介護4 要介護5	835単位 941単位 1171単位 1268単位 1356単位
		(4)ユニット型病院療養病床短期入所療養介護費(Ⅳ) ［ユニット型準個室］	要介護1 要介護2 要介護3 要介護4 要介護5	817単位 920単位 1143単位 1238単位 1323単位
		(5)ユニット型病院療養病床短期入所療養介護費(Ⅴ) ［機能強化型A］［ユニット型準個室］	要介護1 要介護2 要介護3 要介護4 要介護5	845単位 953単位 1186単位 1285単位 1374単位
		(6)ユニット型病院療養病床短期入所療養介護費(Ⅵ) ［機能強化型B］［ユニット型準個室］	要介護1 要介護2 要介護3 要介護4 要介護5	835単位 941単位 1171単位 1268単位 1356単位
	4. ユニット型病院療養病床経過型短期入所療養介護費 (1)ユニット型病院療養病床経過型短期入所療養介護費(Ⅰ) ［ユニット型個室］		1日につき 要介護1 要介護2 要介護3 要介護4 要介護5	817単位 920単位 1056単位 1141単位 1226単位
		(2)ユニット型病院療養病床経過型短期入所療養介護費(Ⅱ) ［ユニット型準個室］	要介護1 要介護2 要介護3 要介護4 要介護5	817単位 920単位 1056単位 1141単位 1226単位
	5. 特定病院療養病床短期入所療養介護費 (1)3時間以上4時間未満		1日につき	654単位
		(2)4時間以上6時間未満		905単位
		(3)6時間以上8時間未満		1257単位
加算	1. 夜勤職員配置加算 夜勤を行う看護職員または介護職員の数が、次の基準を満たす場合に加算されます。 (1)夜間勤務等看護(Ⅰ) ①看護職員15：1(最低2人) ②看護職員の月平均夜勤時間数が72時間以下		1日につき	23単位を加算
	(2)夜間勤務等看護(Ⅱ) ①看護職員20：1(最低2人) ②看護職員の月平均夜勤時間数が72時間以下		1日につき	14単位を加算
	(3)夜間勤務等看護(Ⅲ) ①看護職員または介護職員15：1(最低2人、うち1人は看護職員) ②看護職員の月平均夜勤時間数が72時間以下		1日につき	14単位を加算
	(4)夜間勤務等看護(Ⅳ) ①看護職員または介護職員20：1(最低2人、うち1人は看護職員) ②看護職員の月平均夜勤時間数が72時間以下		1日につき	7単位を加算
	2. 認知症行動・心理症状緊急対応加算 医師が、認知症の行動・心理症状が認められるため、在宅での生活が困難であり、緊急に短期入所療養介護を利用することが適当であると判断した利用者に対し、短期入所療養介護を行った場合に、利用を開始した日から起算して7日を限度として加算されます。		1日につき	200単位を加算
	3. 緊急短期入所受入加算 利用者の状態や家族等の事情により、介護支援専門員が必要と認めた利用者に対し、居宅サービス計画において計画的に行うこととなっていない短期入所療養介護を緊急に行った場合は、利用を開始した日から起算して7日を限度として加算されます。ただし、認知症行動・心理症状緊急対応加算を算定している場合には、算定されません。		1日につき	90単位を加算

短期入所療養介護費　(2)療養病床を有する病院における短期入所療養介護費

	内容	単位数
加算	4. 若年性認知症利用者受入加算 短期入所療養介護事業所において、若年性認知症利用者に対して利用者ごとに個別に担当者を定め、利用者の特性やニーズに応じたサービス提供が行われた場合に加算されます。ただし、認知症行動・心理症状緊急対応加算を算定している場合は、算定されません。 (1)病院療養病床短期入所療養介護費、病院療養病床経過型短期入所療養介護費、ユニット型病院療養病床短期入所療養介護費、ユニット型病院療養病床経過型短期入所療養介護費	1日につき　　120単位を加算
	(2)特定病院療養病床短期入所療養介護費	1日につき　　60単位を加算
	5. 送迎加算 利用者の心身の状態、家族等の事情等からみて送迎を行うことが必要と認められる利用者に対して、居宅と事業所との間の送迎を行った場合に加算されます。	片道につき　　184単位を加算
	6. 療養食加算 利用者の定員、従業員の員数に関する基準を満たす短期入所療養介護事業所において、管理栄養士または栄養士の管理のもとで、利用者の年齢、心身の状況に応じて適切な栄養量および内容の療養食(糖尿病食、腎臓病食、肝臓病食、胃潰瘍食、貧血食、膵臓病食、脂質異常症食、痛風食、特別な場合の検査食)を提供した場合に加算されます。	1日につき 所定単位数に23単位を加算
	7. サービス提供体制強化加算 (1)サービス提供体制強化加算(Ⅰ)イ 介護職員の総数のうち、介護福祉士の占める割合が60%以上であり、短期入所療養介護事業所の利用定員および従業員の員数に関する基準を満たしている場合に加算されます。	1日につき　　18単位を加算
	(2)サービス提供体制強化加算(Ⅰ)ロ 介護職員の総数のうち、介護福祉士の占める割合が50%以上であり、短期入所療養介護事業所の利用定員および従業員の員数に関する基準を満たしている場合に加算されます。	1日につき　　12単位を加算
	(3)サービス提供体制強化加算(Ⅱ) 看護・介護職員の総数のうち、常勤職員の占める割合が75%以上であり、短期入所療養介護事業所の利用定員および従業員の員数に関する基準を満たしている場合に加算されます。	1日につき　　6単位を加算
	(4)サービス提供体制強化加算(Ⅲ) 短期入所療養介護を利用者に直接提供する職員の総数のうち、勤続年数3年以上の者の占める割合が30%以上であり、利用定員および従業員の員数に関する基準を満たしている場合に加算されます。	1日につき　　6単位を加算
	8. 介護職員処遇改善加算 以下の基準に適合している介護職員の賃金の改善等を実施しているとして都道府県知事に届け出た短期入所療養介護事業所が短期入所療養介護を行った場合、2018(平成30)年3月31日までの間加算されます。ただし、いずれかの加算を算定している場合は、その他の加算は算定されません。 (1)介護職員処遇改善加算(Ⅰ) 以下の基準のいずれにも適合すること ①賃金改善に関する計画を策定し、適切な措置を講じていること ②短期入所療養介護事業所において、①の賃金改善に関する計画、介護職員処遇改善計画書を作成し、すべての介護職員に周知し、都道府県知事に届け出ていること ③介護職員処遇改善加算の算定額に相当する賃金改善を実施すること ④事業年度ごとに介護職員の処遇改善に関する実績を都道府県知事に報告すること ⑤算定日が属する月の前12か月間において労働基準法等に違反し、罰金以上の刑に処せられていないこと ⑥労働保険料の納付が適正に行われていること ⑦次に掲げる基準のいずれにも適合すること 　ア　介護職員の任用の際の職責・職務内容等の要件を定め、書面をもって作成し、すべての介護職員に周知していること 　イ　介護職員の資質の向上の支援に関する計画を策定し、計画に係る研修を実施または研修の機会を確保し、すべての介護職員に周知していること ⑧2015(平成27)年4月から②の届出の日の属する月の前月までに実施した介護職員の処遇改善の内容および処遇改善に要した費用をすべての職員に周知していること	所定単位数(加算減算を加えた総単位数)の2.0%に相当する単位数を加算
	(2)介護職員処遇改善加算(Ⅱ) 以下の基準のいずれにも該当すること ①(1)の①～⑥のいずれにも適合すること ②(1)の⑦のアもしくはイのいずれかに適合すること ③2008(平成20)年10月から(1)の②の届出の日の属する月の前月までに実施した介護職員の処遇改善の内容および処遇改善に要した費用をすべての職員に周知していること	所定単位数(加算減算を加えた総単位数)の1.1%に相当する単位数を加算
	(3)介護職員処遇改善加算(Ⅲ) (1)の①から⑥までのいずれにも適合し、かつ(2)の②または③に掲げる基準のいずれかに適合すること	(2)により算定した単位数の90%に相当する単位数を加算
	(4)介護職員処遇改善加算(Ⅳ) (1)の①から⑥までのいずれにも適合すること	(2)により算定した単位数の80%に相当する単位数を加算

短期入所療養介護費　(2)療養病床を有する病院における短期入所療養介護費

	内容	単位数
減算	1. **夜勤職員体制による減算** 以下に掲げる夜勤を行う職員の勤務条件を満たさない場合に減算されます。 (1)病院療養病床短期入所療養介護費・病院療養病床経過型短期入所療養介護費 ①看護職員または介護職員30：1以上(最低2人、うち1人は看護職員) ②看護職員または介護職員の月平均夜勤時間数が64時間以下	1日につき　25単位を減算
	(2)ユニット型病院療養病床(経過型)短期入所療養介護費の基準 2つのユニットごとに夜勤を行う看護職員または介護職員が1人以上	1日につき　25単位を減算
	(3)特定病院療養病床短期入所療養介護費 上記(1)、(2)参照	1日につき　25単位を減算
	2. **利用定員超過による減算** 短期入所療養介護の月平均の利用者の数(短期入所療養介護事業者が介護予防の指定を併せて受け、同一の事業所において一体的に運営されている場合は、その合計数)が、運営規程に定められた利用定員を超えた場合に減算されます。	1日につき 所定単位数の70％に相当する単位数を算定
	3. **従業者欠員による減算** (1)短期入所療養介護の事業所の看護職員または介護職員の数について、運営基準に定める員数が配置されていない場合	1日につき 所定単位数の70％に相当する単位数を算定
	(2)看護職員のうち、看護師の占める割合が20％未満の場合	1日につき 所定単位数の90％に相当する単位数を算定
	(3)医師の員数が基準に達していない場合 医師の確保に関する計画を届け出た僻地の病院で、医師の数が基準の60％未満の場合	1日につき 所定単位数から12単位に相当する単位数を算定
	(4)医師の員数が配置基準を満たしていない場合 医師の確保に関する計画を届け出た僻地の病院以外の病院で、医師の数が基準の60％未満の場合	1日につき 所定単位数の90％に相当する単位数を算定
	4. **ユニット体制勤務条件による減算** ユニット型施設において、①日中、ユニットごとに常時1名以上の介護職員または看護職員を配置していない、②ユニットごとに常勤のユニットリーダーを配置していない場合、ユニットケアにおける体制が未整備な場合に減算されます。	1日につき 所定単位数の97％に相当する単位数を算定
	5. **病院療養病床療養環境減算** 病室に隣接する廊下幅(内法)が1.8メートル(両側が病室の場合は2.7メートル)未満の場合、減算されます。	1日につき　25単位を減算
	6. **医師の配置による減算** 医師の配置について、医療法施行規則第49条の規定が適用されている病院について減算されます。	1日につき　12単位を減算
特定診療費	利用者に対して、指導管理、リハビリテーション等のうち日常的に必要な医療行為として厚生労働大臣が定めるもの(p.408)を行った場合に算定されます。	特定診療費の項目として定められた所定単位数(p.408)に10円をかけて得た額を算定

第6章 介護報酬と加算・減算

短期入所療養介護費 (2)療養病床を有する病院における短期入所療養介護費

算定構造

基本部分				夜勤を行う職員の勤務条件基準を満たさない場合	利用者の数及び入院患者数の合計数が入院患者の定員を超える場合	注 看護・介護職員の員数が基準に満たない場合	注 看護師が基準に定められた看護職員の員数に20/100を乗じて得た数未満の場合	僻地の医師確保計画を届出たもので、医師の数が基準に定められた医師の員数に60/100を乗じて得た数未満である場合	僻地の医師確保計画を届出たもの以外で、医師の数が基準に定められた医師の員数に60/100を乗じて得た数未満である場合	注 常勤のユニットリーダーをユニット毎に配置していない等ユニットケアにおける体制が未整備である場合	注 廊下幅が設備基準を満たさない場合	注 医師の配置について医療法施行規則第49条の規定が適用されている場合	注 夜勤を行う職員の勤務条件に関する基準の区分による加算	注 認知症行動・心理症状緊急対応加算	注 緊急短期入所受入加算	注 若年性認知症利用者受入加算	注 利用者に対して送迎を行う場合
(1) 病院療養病床短期入所療養介護費 (1日につき)	(一) 病院療養病床短期入所療養介護費(I) 看護〈6:1〉介護〈4:1〉	a.病院療養病床短期入所療養介護費(ⅰ)〈従来型個室〉	要介護1 (691単位) 要介護2 (794単位) 要介護3 (1,017単位) 要介護4 (1,112単位) 要介護5 (1,197単位)	−25単位		×70/100		−12単位		病院療養病床療養環境減算 −25単位		−12単位		+200単位(7日間を限度)	+90単位(7日間を限度)	+120単位	片道につき +184単位
		b.病院療養病床短期入所療養介護費(ⅱ)(入所療養介護)〈従来型個室〉	要介護1 (719単位) 要介護2 (827単位) 要介護3 (1,060単位) 要介護4 (1,159単位) 要介護5 (1,248単位)														
		c.病院療養病床短期入所療養介護費(ⅲ)(療養機能強化型B)〈従来型個室〉	要介護1 (709単位) 要介護2 (815単位) 要介護3 (1,045単位) 要介護4 (1,142単位) 要介護5 (1,230単位)														
		d.病院療養病床短期入所療養介護費(ⅳ)〈多床室〉	要介護1 (795単位) 要介護2 (898単位) 要介護3 (1,121単位) 要介護4 (1,216単位) 要介護5 (1,301単位)														
		e.病院療養病床短期入所療養介護費(ⅴ)(療養機能強化型A)〈多床室〉	要介護1 (828単位) 要介護2 (936単位) 要介護3 (1,169単位) 要介護4 (1,268単位) 要介護5 (1,357単位)														
		f.病院療養病床短期入所療養介護費(ⅵ)(療養機能強化型B)〈多床室〉	要介護1 (816単位) 要介護2 (923単位) 要介護3 (1,152単位) 要介護4 (1,249単位) 要介護5 (1,337単位)														
	(二) 病院療養病床短期入所療養介護費(Ⅱ) 看護〈6:1〉介護〈5:1〉	a.病院療養病床短期入所療養介護費(ⅰ)〈従来型個室〉	要介護1 (636単位) 要介護2 (739単位) 要介護3 (891単位) 要介護4 (1,037単位) 要介護5 (1,077単位)										夜間勤務等看護(Ⅰ) +23単位 夜間勤務等看護(Ⅱ) +14単位 夜間勤務等看護(Ⅲ) +14単位 夜間勤務等看護(Ⅳ) +7単位				
		b.病院療養病床短期入所療養介護費(ⅱ)(療養機能強化型)〈従来型個室〉	要介護1 (651単位) 要介護2 (757単位) 要介護3 (912単位) 要介護4 (1,062単位) 要介護5 (1,103単位)														
		c.病院療養病床短期入所療養介護費(ⅲ)〈多床室〉	要介護1 (741単位) 要介護2 (844単位) 要介護3 (995単位) 要介護4 (1,142単位) 要介護5 (1,181単位)														
		d.病院療養病床短期入所療養介護費(ⅳ)(療養機能強化型)〈多床室〉	要介護1 (759単位) 要介護2 (864単位) 要介護3 (1,019単位) 要介護4 (1,169単位) 要介護5 (1,209単位)														
	(三) 病院療養病床短期入所療養介護費(Ⅲ) 看護〈6:1〉介護〈6:1〉	a.病院療養病床短期入所療養介護費(ⅰ)〈従来型個室〉	要介護1 (614単位) 要介護2 (720単位) 要介護3 (863単位) 要介護4 (1,012単位) 要介護5 (1,051単位)			×70/100	×90/100		×90/100								
		b.病院療養病床短期入所療養介護費(ⅱ)〈多床室〉	要介護1 (720単位) 要介護2 (825単位) 要介護3 (969単位) 要介護4 (1,118単位) 要介護5 (1,157単位)														
(2) 病院療養病床経過型短期入所療養介護費 (1日につき)	(一) 病院療養病床経過型短期入所療養介護費(Ⅰ) 看護〈6:1〉介護〈4:1〉	a.病院療養病床経過型短期入所療養介護費(ⅰ)〈従来型個室〉	要介護1 (700単位) 要介護2 (804単位) 要介護3 (947単位) 要介護4 (1,033単位) 要介護5 (1,120単位)														
		b.病院療養病床経過型短期入所療養介護費(ⅱ)〈多床室〉	要介護1 (805単位) 要介護2 (910単位) 要介護3 (1,052単位) 要介護4 (1,139単位) 要介護5 (1,225単位)														
	(二) 病院療養病床経過型短期入所療養介護費(Ⅱ) 看護〈8:1〉介護〈4:1〉	a.病院療養病床経過型短期入所療養介護費(ⅰ)〈従来型個室〉	要介護1 (700単位) 要介護2 (804単位) 要介護3 (907単位) 要介護4 (994単位) 要介護5 (1,080単位)			×70/100	×90/100		×90/100								
		b.病院療養病床経過型短期入所療養介護費(ⅱ)〈多床室〉	要介護1 (805単位) 要介護2 (910単位) 要介護3 (1,012単位) 要介護4 (1,098単位) 要介護5 (1,186単位)														

短期入所療養介護費 （2）療養病床を有する病院における短期入所療養介護費

算定構造

基本部分				夜勤を行う職員の勤務条件基準を満たさない場合	利用者の数及び入院患者の数の合計数が入院患者の定員を超える場合	看護・介護職員の員数が基準に満たない場合	看護師が基準に定められた看護職員の員数に20/100を乗じて得た数未満の場合	最他の医師確保計画を届出たもので、医師の数が基準に定められた医師の員数に60/100を乗じて得た数未満である場合	最他の医師確保計画を届出ない医師の数が基準に定められた医師の員数に60/100を乗じて得た数未満である場合	常勤のユニットリーダーをユニット毎に配置していない等ユニットケアにおける体制が未整備である場合	廊下幅が設備基準を満たさない場合	医師の配置について医療法施行規則第49条の規定が適用されている場合	夜勤を行う職員の勤務条件に関する基準の区分による加算	認知症行動・心理症状緊急対応加算	緊急短期入所受入加算	若年性認知症利用者受入加算	利用者に対して送迎を行う場合
(3) ユニット型病院療養病床短期入所療養介護費（1日につき）	（一）ユニット型病院療養病床短期入所療養介護費(Ⅰ)〈ユニット型個室〉	要介護1	(817単位)	-25単位	×70/100	×70/100	×20/100	×90/100	-12単位	×90/100	×97/100	病院療養病床療養環境減算 -25単位	-12単位	夜間勤務等看護(Ⅰ) +23単位 / 夜間勤務等看護(Ⅱ) +14単位 / 夜間勤務等看護(Ⅲ) +14単位 / 夜間勤務等看護(Ⅳ) +7単位	+200単位（7日間を限度）	+90単位（7日間を限度）	+120単位	片道につき +184単位
		要介護2	(920単位)															
		要介護3	(1,143単位)															
		要介護4	(1,238単位)															
		要介護5	(1,323単位)															
	（二）ユニット型病院療養病床短期入所療養介護費(Ⅱ)〈療養機能強化型A〉〈ユニット型個室〉	要介護1	(845単位)															
		要介護2	(953単位)															
		要介護3	(1,186単位)															
		要介護4	(1,285単位)															
		要介護5	(1,374単位)															
	（三）ユニット型病院療養病床短期入所療養介護費(Ⅲ)〈療養機能強化型B〉〈ユニット型個室〉	要介護1	(835単位)															
		要介護2	(941単位)															
		要介護3	(1,171単位)															
		要介護4	(1,268単位)															
		要介護5	(1,356単位)															
	（四）ユニット型病院療養病床短期入所療養介護費(Ⅳ)〈ユニット型準個室〉	要介護1	(817単位)															
		要介護2	(920単位)															
		要介護3	(1,143単位)															
		要介護4	(1,238単位)															
		要介護5	(1,323単位)															
	（五）ユニット型病院療養病床短期入所療養介護費(Ⅴ)〈療養機能強化型A〉〈ユニット型準個室〉	要介護1	(845単位)															
		要介護2	(953単位)															
		要介護3	(1,186単位)															
		要介護4	(1,285単位)															
		要介護5	(1,374単位)															
	（六）ユニット型病院療養病床短期入所療養介護費(Ⅵ)〈療養機能強化型B〉〈ユニット型準個室〉	要介護1	(835単位)															
		要介護2	(941単位)															
		要介護3	(1,171単位)															
		要介護4	(1,268単位)															
		要介護5	(1,356単位)															
(4) ユニット型病院療養病床経過型短期入所療養介護費（1日につき）	（一）ユニット型病院療養病床経過型短期入所療養介護費(Ⅰ)〈ユニット型個室〉	要介護1	(817単位)															
		要介護2	(920単位)															
		要介護3	(1,056単位)															
		要介護4	(1,141単位)															
		要介護5	(1,226単位)															
	（二）ユニット型病院療養病床経過型短期入所療養介護費(Ⅱ)〈ユニット型準個室〉	要介護1	(817単位)															
		要介護2	(920単位)															
		要介護3	(1,056単位)															
		要介護4	(1,141単位)															
		要介護5	(1,226単位)															
(5) 特定病院療養病床短期入所療養介護費	（一）3時間以上4時間未満		654単位														+60単位	
	（二）4時間以上6時間未満		905単位															
	（三）6時間以上8時間未満		1,257単位															
(6) 療養食加算	（1日につき 23単位を加算）																	
(7) 特定診療費																		
(8) サービス提供体制強化加算	(1) サービス提供体制強化加算(Ⅰ)イ （1日につき 18単位を加算）																	
	(2) サービス提供体制強化加算(Ⅰ)ロ （1日につき 12単位を加算）																	
	(3) サービス提供体制強化加算(Ⅱ) （1日につき 6単位を加算）																	
	(4) サービス提供体制強化加算(Ⅲ) （1日につき 6単位を加算）																	
(9) 介護職員処遇改善加算	(1) 介護職員処遇改善加算(Ⅰ) （1月につき +所定単位×20/1000）			注 所定単位は、(1)から(8)までにより算定した単位数の合計															
	(2) 介護職員処遇改善加算(Ⅱ) （1月につき +所定単位×11/1000）																	
	(3) 介護職員処遇改善加算(Ⅲ) （1月につき +(2)の90/100）																	
	(4) 介護職員処遇改善加算(Ⅳ) （1月につき +(2)の80/100）																	

☐：特定診療費、サービス提供体制強化加算、介護職員処遇改善加算は、支給限度額管理の対象外の算定項目
※ 医師の人員配置減算を適用する場合には、医師経過措置減算を適用しない。
※ 夜勤勤務条件減算を適用する場合には、夜間勤務等看護加算を適用しない。

（3）診療所における短期入所療養介護費

病床を有する診療所において、短期入所療養介護を行った場合に、施設区分および利用者の要介護状態の区分に応じて介護報酬が算定されます。「特定診療所短期入所療養介護費」については、難病等を有する中重度者または末期の悪性腫瘍の利用者であって、サービスの提供にあたり常時看護師による観察を必要とする者に対して、日中のみの短期入所療養介護を行った場合に算定されます。

●注意事項

①利用者が、次のいずれかに該当する場合は、「診療所短期入所療養介護費」（Ⅰ）の（ⅳ）（ⅴ）もしくは（ⅵ）または（Ⅱ）の（ⅱ）を算定します。
　1）感染症等により、従来型個室の利用の必要があると医師が判断した者
　2）病室における利用者1人あたりの面積が、6.4平方メートル以下である従来型個室を利用する者
　3）著しい精神症状等により、同室の他の利用者の心身の状況に重大な影響を及ぼすおそれがあるとして、従来型個室の利用の必要があると医師が判断した者

②利用者が連続して30日を超えて短期入所療養介護を受けている場合においては、30日を超える日以降に受けた短期入所療養介護については、算定されません。

③本体施設において施設基準、人員基準および夜勤職員の基準を満たす旨の届け出が行われている場合は、短期入所療養介護について行う必要はありません。

短期入所療養介護費 （3）病床を有する診療所における短期入所療養介護費

	内容	単位数
基本部分	1. 診療所短期入所療養介護費 （1）診療所短期入所療養介護費（Ⅰ） ＜看護6：1以上／介護6：1以上＞ ①診療所短期入所療養介護費(ⅰ) ［従来型個室］	1日につき 要介護1　　673単位 要介護2　　722単位 要介護3　　770単位 要介護4　　818単位 要介護5　　867単位
	②診療所短期入所療養介護費(ⅱ) ［療養機能強化型A］［従来型個室］	要介護1　　700単位 要介護2　　752単位 要介護3　　802単位 要介護4　　852単位 要介護5　　903単位
	③診療所短期入所療養介護費(ⅲ) ［療養機能強化型B］［従来型個室］	要介護1　　691単位 要介護2　　741単位 要介護3　　791単位 要介護4　　840単位 要介護5　　890単位
	④診療所短期入所療養介護費(ⅳ) ［多床室］	要介護1　　777単位 要介護2　　825単位 要介護3　　875単位 要介護4　　922単位 要介護5　　971単位
	⑤診療所短期入所療養介護費(ⅴ) ［療養機能強化型A］［多床室］	要介護1　　809単位 要介護2　　860単位 要介護3　　911単位 要介護4　　961単位 要介護5　1012単位
	⑥診療所短期入所療養介護費(ⅵ) ［療養機能強化型B］［多床室］	要介護1　　798単位 要介護2　　848単位 要介護3　　898単位 要介護4　　947単位 要介護5　　998単位

短期入所療養介護費　（3）病床を有する診療所における短期入所療養介護費

		内容	単位数	
基本部分		(2)診療所短期入所療養介護費(Ⅱ) ＜看護または介護3：1以上＞ ①診療所短期入所療養介護費(i) ［従来型個室］	要介護1 要介護2 要介護3 要介護4 要介護5	596単位 640単位 683単位 728単位 771単位
		②診療所短期入所療養介護費(ii) ［多床室］	要介護1 要介護2 要介護3 要介護4 要介護5	702単位 745単位 789単位 832単位 876単位
	2.	ユニット型診療所短期入所療養介護費 (1)ユニット型診療所短期入所療養介護費(Ⅰ) ［ユニット型個室］	1日につき 要介護1 要介護2 要介護3 要介護4 要介護5	 798単位 847単位 895単位 943単位 992単位
		(2)ユニット型診療所短期入所療養介護費(Ⅱ) ［療養機能強化型A］［ユニット型個室］	要介護1 要介護2 要介護3 要介護4 要介護5	825単位 877単位 927単位 977単位 1028単位
		(3)ユニット型診療所短期入所療養介護費(Ⅲ) ［療養機能強化型B］［ユニット型個室］	要介護1 要介護2 要介護3 要介護4 要介護5	816単位 866単位 916単位 965単位 1015単位
		(4)ユニット型診療所短期入所療養介護費(Ⅳ) ［ユニット型準個室］	要介護1 要介護2 要介護3 要介護4 要介護5	798単位 847単位 895単位 943単位 992単位
		(5)ユニット型診療所短期入所療養介護費(Ⅴ) ［療養機能強化型A］［ユニット型準個室］	要介護1 要介護2 要介護3 要介護4 要介護5	825単位 877単位 927単位 977単位 1028単位
		(6)ユニット型診療所短期入所療養介護費(Ⅵ) ［療養機能強化型B］［ユニット型準個室］	要介護1 要介護2 要介護3 要介護4 要介護5	816単位 866単位 916単位 965単位 1015単位
	3.	特定診療所短期入所療養介護費 (1)3時間以上4時間未満	1日につき	654単位
		(2)4時間以上6時間未満		905単位
		(3)6時間以上8時間未満		1257単位
加算	1.	認知症行動・心理症状緊急対応加算 医師が、認知症の行動・心理症状が認められるため、在宅での生活が困難であり、緊急に短期入所療養介護を利用することが適当であると判断した利用者に対し、短期入所療養介護を行った場合に、利用を開始した日から起算して7日を限度として加算されます。	1日につき	200単位を加算
	2.	緊急短期入所受入加算 利用者の状態や家族等の事情により、介護支援専門員が必要と認めた利用者に対し、居宅サービス計画において計画的に行うこととなっていない短期入所療養介護を緊急に行った場合は、利用を開始した日から起算して7日を限度として加算されます。ただし、認知症行動・心理症状緊急対応加算を算定している場合には、算定されません。	1日につき	90単位を加算
	3.	若年性認知症利用者受入加算 短期入所療養介護事業所において、若年性認知症利用者に対して利用者ごとに個別に担当者を定め、利用者の特性やニーズに応じたサービス提供が行われた場合に加算されます。ただし、認知症行動・心理症状緊急対応加算を算定している場合は、算定されません。 (1)診療所短期入所療養介護費、ユニット型診療所短期入所療養介護費	1日につき	120単位を加算
		(2)特定診療所短期入所療養介護費	1日につき	60単位を加算

短期入所療養介護費　(3)病床を有する診療所における短期入所療養介護費

		内容	単位数
加算	4.	**送迎加算** 利用者の心身の状態、家族等の事情等からみて送迎を行うことが必要と認められる利用者に対して、居宅と事業所との間の送迎を行った場合に加算されます。	片道につき　184単位を加算
	5.	**療養食加算** 利用者の定員、従業員の員数に関する基準を満たす短期入所療養介護事業所において、管理栄養士または栄養士の管理のもとで、利用者の年齢、心身の状況に応じて適切な栄養量および内容の療養食(糖尿病食、腎臓病食、肝臓病食、胃潰瘍食、貧血食、膵臓病食、脂質異常症食、痛風食、特別な場合の検査食)を提供した場合に加算されます。	1日につき　23単位を加算
	6.	**サービス提供体制強化加算** (1)サービス提供体制強化加算(Ⅰ)イ 介護職員の総数のうち、介護福祉士の占める割合が60%以上であり、短期入所療養介護事業所の利用定員および従業員の員数に関する基準を満たしている場合に加算されます。	1日につき　18単位を加算
		(2)サービス提供体制強化加算(Ⅰ)ロ 介護職員の総数のうち、介護福祉士の占める割合が50%以上であり、短期入所療養介護事業所の利用定員および従業員の員数に関する基準を満たしている場合に加算されます。	1日につき　12単位を加算
		(3)サービス提供体制強化加算(Ⅱ) 看護・介護職員の総数のうち、常勤職員の占める割合が75%以上であり、短期入所療養介護事業所の利用定員および従業員の員数に関する基準を満たしている場合に加算されます。	1日につき　6単位を加算
		(4)サービス提供体制強化加算(Ⅲ) 短期入所療養介護を利用者に直接提供する職員の総数のうち、勤続年数3年以上の者の占める割合が30%以上であり、利用定員および従業員の員数に関する基準を満たしている場合に加算されます。	1日につき　6単位を加算
	7.	**介護職員処遇改善加算** 以下の基準に適合している介護職員の賃金の改善等を実施しているとして都道府県知事に届け出た短期入所療養介護事業所が、短期入所療養介護を行った場合、2018(平成30)年3月31日までの間加算されます。ただし、いずれかの加算を算定している場合は、その他の加算は算定されません。 (1)介護職員処遇改善加算(Ⅰ) 以下の基準のいずれにも該当すること ①賃金改善に関する計画を策定し、適切な措置を講じていること ②短期入所療養介護事業所において、①の賃金改善に関する計画、介護職員処遇改善計画書を作成し、すべての介護職員に周知し、都道府県知事に届け出ていること ③介護職員処遇改善加算の算定額に相当する賃金改善を実施すること ④事業年度ごとに介護職員の処遇改善に関する実績を都道府県知事に報告すること ⑤算定日が属する月の前12か月間において労働基準法等に違反し、罰金以上の刑に処せられていないこと ⑥労働保険料の納付が適正に行われていること ⑦次に掲げる基準のいずれにも適合すること 　ア　介護職員の任用の際の職責・職務内容等の要件を定め、書面をもって作成し、すべての介護職員に周知していること 　イ　介護職員の資質の向上の支援に関する計画を策定し、計画に係る研修を実施または研修の機会を確保し、すべての介護職員に周知していること ⑧2015(平成27)年4月から②の届出の日の属する月の前月までに実施した介護職員の処遇改善の内容および処遇改善に要した費用をすべての職員に周知していること	所定単位数(加算減算を加えた総単位数)の2.0%に相当する単位数を加算
		(2)介護職員処遇改善加算(Ⅱ) 以下の基準のいずれにも該当すること ①(1)の①～⑥のいずれにも適合すること ②(1)の⑦のアもしくはイのいずれかに適合すること ③2008(平成20)年10月から(1)の②の届出の日の属する月の前月までに実施した介護職員の処遇改善の内容および処遇改善に要した費用をすべての職員に周知していること	所定単位数(加算減算を加えた総単位数)の1.1%に相当する単位数を加算
		(3)介護職員処遇改善加算(Ⅲ) (1)の①から⑥までのいずれにも適合し、かつ(2)の②または③に掲げる基準のいずれかに適合すること	(2)により算定した単位数の90%に相当する単位数を加算
		(4)介護職員処遇改善加算(Ⅳ) (1)の①から⑥までのいずれにも適合すること	(2)により算定した単位数の80%に相当する単位数を加算
減算	1.	**利用定員超過による減算** 短期入所療養介護の月平均の利用者の数(短期入所療養介護事業者が介護予防の指定を併せて受け、同一の事業所において一体的に運営されている場合は、その合計数)が、運営規程に定められた利用定員を超えた場合に減算されます。	1日につき 所定単位数の70%に相当する単位数を算定
	2.	**ユニット体制勤務条件による減算** ユニット型施設において、①日中、ユニットごとに常時1名以上の介護職員または看護職員を配置していない、②ユニットごとに常勤のユニットリーダーを配置していないなど、ユニットケアにおける体制が未整備な場合に減算されます。	1日につき 所定単位数の97%に相当する単位数を算定

短期入所療養介護費 （3）病床を有する診療所における短期入所療養介護費

	内容	単位数
減算	3. 診療所設備基準減算 病室に隣接する廊下幅（内法）が1.8メートル（両側が病室の場合は2.7メートル）未満等の場合、減算されます。	1日につき　60単位を減算
	特定診療費 利用者に対して、指導管理、リハビリテーション等のうち日常的に必要な医療行為として厚生労働大臣が定めるもの（p.408）を行った場合に算定されます。	特定診療費の項目として定められた所定単位数（p.408）に10円をかけて得た額を算定

第6章 介護報酬と加算・減算

短期入所療養介護費 (3)病床を有する診療所における短期入所療養介護費

算定構造

基本部分				注 利用者の数及び入院患者の数の合計数が入院患者の定員を超える場合	注 常勤のユニットリーダーをユニット毎に配置していない等ユニットケアにおける体制が未整備である場合	注 廊下幅が設備基準を満たさない場合	注 認知症行動・心理症状緊急対応加算	注 緊急短期入所受入加算	注 若年性認知症利用者受入加算	注 利用者に対して送迎を行う場合
(1) 診療所短期入所療養介護費（1日につき）	(一) 診療所短期入所療養介護費（Ⅰ） 看護〈6:1〉 介護〈6:1〉	a.診療所短期入所療養介護費（ⅰ） 〈従来型個室〉	要介護1 (673単位)	×70/100		診療所設備基準減算 -60単位	+200単位 (7日間を限度)	+90単位 (7日間を限度)	+120単位	片道につき +184単位
			要介護2 (722単位)							
			要介護3 (770単位)							
			要介護4 (818単位)							
			要介護5 (867単位)							
		b.診療所短期入所療養介護費（ⅱ） 〈療養機能強化型A〉 〈従来型個室〉	要介護1 (700単位)							
			要介護2 (752単位)							
			要介護3 (802単位)							
			要介護4 (852単位)							
			要介護5 (903単位)							
		c.診療所短期入所療養介護費（ⅲ） 〈療養機能強化型B〉 〈従来型個室〉	要介護1 (691単位)							
			要介護2 (741単位)							
			要介護3 (791単位)							
			要介護4 (840単位)							
			要介護5 (890単位)							
		d.診療所短期入所療養介護費（ⅳ） 〈多床室〉	要介護1 (777単位)							
			要介護2 (825単位)							
			要介護3 (875単位)							
			要介護4 (922単位)							
			要介護5 (971単位)							
		e.診療所短期入所療養介護費（ⅴ） 〈療養機能強化型A〉 〈多床室〉	要介護1 (809単位)							
			要介護2 (860単位)							
			要介護3 (911単位)							
			要介護4 (961単位)							
			要介護5 (1,012単位)							
		f.診療所短期入所療養介護費（ⅵ） 〈療養機能強化型B〉 〈多床室〉	要介護1 (798単位)							
			要介護2 (848単位)							
			要介護3 (898単位)							
			要介護4 (947単位)							
			要介護5 (998単位)							
	(二) 診療所短期入所療養介護費（Ⅱ） 看護・介護〈3:1〉	a.診療所短期入所療養介護費（ⅰ） 〈従来型個室〉	要介護1 (596単位)							
			要介護2 (640単位)							
			要介護3 (683単位)							
			要介護4 (728単位)							
			要介護5 (771単位)							
		b.診療所短期入所療養介護費（ⅱ） 〈多床室〉	要介護1 (702単位)							
			要介護2 (745単位)							
			要介護3 (789単位)							
			要介護4 (832単位)							
			要介護5 (876単位)							

短期入所療養介護費 (3)病床を有する診療所における短期入所療養介護費

算定構造

				基本部分	注 利用者の数及び入院患者の数の合計数が入院患者の定員を超える場合	注 常勤のユニットリーダーをユニット毎に配置していない等ユニットケアにおける体制が未整備である場合	注 廊下幅が設備基準を満たさない場合	注 認知症行動・心理症状緊急対応加算	注 緊急短期入所受入加算	注 若年性認知症利用者受入加算	注 利用者に対して送迎を行う場合
(2) ユニット型診療所短期入所療養介護費 (1日につき)	(一) ユニット型診療所短期入所療養介護費(Ⅰ) 〈ユニット型個室〉		要介護1	(798単位)	×70/100	×97/100	診療所設備基準減算 −60単位	+200単位(7日間を限度)	+90単位(7日間を限度)	+120単位	片道につき +184単位
			要介護2	(847単位)							
			要介護3	(895単位)							
			要介護4	(943単位)							
			要介護5	(992単位)							
	(二) ユニット型診療所短期入所療養介護費(Ⅱ) 〈療養機能強化型A〉〈ユニット型個室〉		要介護1	(825単位)							
			要介護2	(877単位)							
			要介護3	(927単位)							
			要介護4	(977単位)							
			要介護5	(1,028単位)							
	(三) ユニット型診療所短期入所療養介護費(Ⅲ) 〈療養機能強化型B〉〈ユニット型個室〉		要介護1	(816単位)							
			要介護2	(866単位)							
			要介護3	(916単位)							
			要介護4	(965単位)							
			要介護5	(1,015単位)							
	(四) ユニット型診療所短期入所療養介護費(Ⅳ) 〈ユニット型準個室〉		要介護1	(798単位)							
			要介護2	(847単位)							
			要介護3	(895単位)							
			要介護4	(943単位)							
			要介護5	(992単位)							
	(五) ユニット型診療所短期入所療養介護費(Ⅴ) 〈療養機能強化型A〉〈ユニット型準個室〉		要介護1	(825単位)							
			要介護2	(877単位)							
			要介護3	(927単位)							
			要介護4	(977単位)							
			要介護5	(1,028単位)							
	(六) ユニット型診療所短期入所療養介護費(Ⅵ) 〈療養機能強化型B〉〈ユニット型準個室〉		要介護1	(816単位)							
			要介護2	(866単位)							
			要介護3	(916単位)							
			要介護4	(965単位)							
			要介護5	(1,015単位)							
(3) 特定診療所短期入所療養介護費	(一) 3時間以上4時間未満			(654単位)						+60単位	
	(二) 4時間以上6時間未満			(905単位)							
	(三) 6時間以上8時間未満			(1,257単位)							
(4) 療養食加算	(1日につき 23単位を加算)										
(5) 特定診療費											
(6) サービス提供体制強化加算	(1) サービス提供体制強化加算(Ⅰ)イ (1日につき 18単位を加算)										
	(2) サービス提供体制強化加算(Ⅰ)ロ (1日につき 12単位を加算)										
	(3) サービス提供体制強化加算(Ⅱ) (1日につき 6単位を加算)										
	(4) サービス提供体制強化加算(Ⅲ) (1日につき 6単位を加算)										
(7) 介護職員処遇改善加算	(1) 介護職員処遇改善加算(Ⅰ) (1月につき +所定単位×20/1000)										
	(2) 介護職員処遇改善加算(Ⅱ) (1月につき +所定単位×11/1000)				注 所定単位は、(1)から(6)までにより算定した単位数の合計						
	(3) 介護職員処遇改善加算(Ⅲ) (1月につき +(2)の90/100)										
	(4) 介護職員処遇改善加算(Ⅳ) (1月につき +(2)の80/100)										

：特定診療費、サービス提供体制強化加算、介護職員処遇改善加算は、支給限度額管理の対象外の算定項目

（4）老人性認知症疾患療養病床を有する病院における短期入所療養介護費

老人性認知症疾患療養病床を有する病院において、短期入所療養介護を行った場合に、施設区分および利用者の要介護状態の区分に応じて介護報酬が算定されます。「特定認知症疾患型短期入所療養介護費」については、難病等を有する中重度者または末期の悪性腫瘍の利用者であって、サービスの提供にあたり常時看護師による観察を必要とする者に対して、日中のみの短期入所療養介護を行った場合に算定されます。

● **注意事項**

①利用者が、次のいずれかに該当する場合は、「認知症疾患型短期入所療養介護費」（Ⅰ）（Ⅱ）（Ⅲ）（Ⅳ）（Ⅴ）の（ⅱ）または「認知症疾患型経過型短期入所療養介護費」（Ⅱ）を算定します。
　1）感染症等により、従来型個室の利用の必要があると医師が判断した者
　2）病室における利用者1人あたりの面積が、6.4平方メートル以下である従来型個室を利用する者
　3）著しい精神症状等により、同室の他の利用者の心身の状況に重大な影響を及ぼすおそれがあるとして、従来型個室の利用の必要があると医師が判断した者

②利用者が連続して30日を超えて短期入所療養介護を受けている場合においては、30日を超える日以降に受けた短期入所療養介護については、算定されません。

③本体施設において施設基準、人員基準および夜勤職員の基準を満たす旨の届け出が行われている場合は、短期入所療養介護について行う必要はありません。

短期入所療養介護費　（4）老人性認知症疾患療養病棟を有する病院における短期入所療養介護費

	内容	単位数
基本部分	1. 認知症疾患型短期入所療養介護費 （1）認知症疾患型短期入所療養介護費（Ⅰ） ＜看護3：1以上／介護6：1以上＞ ①認知症疾患型短期入所療養介護費（ⅰ） ［従来型個室］	1日につき 要介護1　1017単位 要介護2　1081単位 要介護3　1145単位 要介護4　1209単位 要介護5　1273単位
	②認知症疾患型短期入所療養介護費（ⅱ） ［多床室］	要介護1　1122単位 要介護2　1187単位 要介護3　1250単位 要介護4　1315単位 要介護5　1378単位
	（2）認知症疾患型短期入所療養介護費（Ⅱ） ＜看護4：1以上／介護4：1以上＞ ①認知症疾患型短期入所療養介護費（ⅰ） ［従来型個室］	要介護1　962単位 要介護2　1029単位 要介護3　1097単位 要介護4　1164単位 要介護5　1230単位
	②認知症疾患型短期入所療養介護費（ⅱ） ［多床室］	要介護1　1068単位 要介護2　1135単位 要介護3　1201単位 要介護4　1270単位 要介護5　1336単位
	（3）認知症疾患型短期入所療養介護費（Ⅲ） ＜看護4：1以上／介護5：1以上＞ ①認知症疾患型短期入所療養介護費（ⅰ） ［従来型個室］	要介護1　934単位 要介護2　1000単位 要介護3　1065単位 要介護4　1130単位 要介護5　1195単位
	②認知症疾患型短期入所療養介護費（ⅱ） ［多床室］	要介護1　1040単位 要介護2　1105単位 要介護3　1171単位 要介護4　1236単位 要介護5　1300単位

短期入所療養介護費　(4)老人性認知症疾患療養病棟を有する病院における短期入所療養介護費

内容	単位数	
(4)認知症疾患型短期入所療養介護費(Ⅳ) ＜看護4：1以上／介護6：1以上＞ ①認知症疾患型短期入所療養介護費(i) 　［従来型個室］	要介護1 要介護2 要介護3 要介護4 要介護5	919単位 983単位 1047単位 1111単位 1175単位
②認知症疾患型短期入所療養介護費(ii) 　［多床室］	要介護1 要介護2 要介護3 要介護4 要介護5	1024単位 1089単位 1152単位 1217単位 1280単位
(5)認知症疾患型短期入所療養介護費(Ⅴ) ＜看護4：1以上／介護6：1以上＞(経過措置型) ※看護職員のうち、利用者の数の5％にあたる数までは、介護職員とすることができる。 ①認知症疾患型短期入所療養介護費(i) 　［従来型個室］	要介護1 要介護2 要介護3 要介護4 要介護5	860単位 924単位 988単位 1052単位 1116単位
②認知症疾患型短期入所療養介護費(ii) 　［多床室］	要介護1 要介護2 要介護3 要介護4 要介護5	966単位 1029単位 1094単位 1158単位 1221単位
2.　認知症疾患型経過型短期入所療養介護費 　(1)認知症疾患型経過型短期入所療養介護費(Ⅰ) 　　［従来型個室］	1日につき 要介護1 要介護2 要介護3 要介護4 要介護5	 767単位 830単位 895単位 959単位 1023単位
(2)認知症疾患型経過型短期入所療養介護費(Ⅱ) 　　［多床室］	要介護1 要介護2 要介護3 要介護4 要介護5	873単位 936単位 1000単位 1065単位 1128単位
3.　ユニット型認知症疾患型短期入所療養介護費 　(1)ユニット型認知症疾患型短期入所療養介護費(Ⅰ) 　　①ユニット型認知症疾患型短期入所療養介護費(i) 　　　［ユニット型個室］	1日につき 要介護1 要介護2 要介護3 要介護4 要介護5	 1143単位 1207単位 1271単位 1335単位 1399単位
②ユニット型認知症疾患型短期入所療養介護費(ii) 　　　［ユニット型準個室］	要介護1 要介護2 要介護3 要介護4 要介護5	1143単位 1207単位 1271単位 1335単位 1399単位
(2)ユニット型認知症疾患型短期入所療養介護費(Ⅱ) 　　①ユニット型認知症疾患型短期入所療養介護費(i) 　　　［ユニット型個室］	要介護1 要介護2 要介護3 要介護4 要介護5	1088単位 1155単位 1223単位 1290単位 1356単位
②ユニット型認知症疾患型短期入所療養介護費(ii) 　　　［ユニット型準個室］	要介護1 要介護2 要介護3 要介護4 要介護5	1088単位 1155単位 1223単位 1290単位 1356単位
4.　特定認知症疾患型短期入所療養介護費 　(1)3時間以上4時間未満	1日につき	654単位
(2)4時間以上6時間未満		905単位
(3)6時間以上8時間未満		1257単位

（基本部分）

短期入所療養介護費　（4）老人性認知症疾患療養病棟を有する病院における短期入所療養介護費

	内容	単位数
加算	**1. 緊急短期入所受入加算** 利用者の状態や家族等の事情により、介護支援専門員が必要と認めた利用者に対し、居宅サービス計画において計画的に行うこととなっていない短期入所療養介護を緊急に行った場合は、利用を開始した日から起算して7日を限度として加算されます。	1日につき　90単位を加算
	2. 送迎加算 利用者の心身の状態、家族等の事情等からみて送迎を行うことが必要と認められる利用者に対して、居宅と事業所との間の送迎を行った場合に加算されます。	片道につき　184単位を加算
	3. 療養食加算 利用者の定員、従業員の員数に関する基準を満たす短期入所療養介護事業所において、管理栄養士または栄養士の管理のもとで、利用者の年齢、心身の状況に応じて適切な栄養量および内容の療養食(糖尿病食、腎臓病食、肝臓病食、胃潰瘍食、貧血食、膵臓病食、脂質異常症食、痛風食、特別な場合の検査食)を提供した場合に加算されます。	1日につき　23単位を加算
	4. サービス提供体制強化加算 (1)サービス提供体制強化加算（Ⅰ）イ 介護職員の総数のうち、介護福祉士の占める割合が60％以上であり、短期入所療養介護事業所の利用定員および従業員の員数に関する基準を満たしている場合に加算されます。	1日につき　18単位を加算
	(2)サービス提供体制強化加算（Ⅰ）ロ 介護職員の総数のうち、介護福祉士の占める割合が50％以上であり、短期入所療養介護事業所の利用定員および従業員の員数に関する基準を満たしている場合に加算されます。	1日につき　12単位を加算
	(3)サービス提供体制強化加算（Ⅱ） 看護・介護職員の総数のうち、常勤職員の占める割合が75％以上であり、短期入所療養介護事業所の利用定員および従業員の員数に関する基準を満たしている場合に加算されます。	1日につき　6単位を加算
	(4)サービス提供体制強化加算（Ⅲ） 短期入所療養介護を利用者に直接提供する職員の総数のうち、勤続年数3年以上の者の占める割合が30％以上であり、利用定員および従業員の員数に関する基準を満たしている場合に加算されます。	1日につき　6単位を加算
	5. 介護職員処遇改善加算 以下の基準に適合している介護職員の賃金の改善等を実施しているとして都道府県知事に届け出た短期入所療養介護事業所が、短期入所療養介護を行った場合、2018(平成30)年3月31日までの間加算されます。ただし、いずれかの加算を算定している場合は、その他の加算は算定されません。 (1)介護職員処遇改善加算（Ⅰ） 以下の基準のいずれにも該当すること ①賃金改善に関する計画を策定し、適切な措置を講じていること ②短期入所療養介護の事業所において、①の賃金改善に関する計画、介護職員処遇改善計画書を作成し、すべての介護職員に周知し、都道府県知事に届け出ていること ③介護職員処遇改善加算の算定額に相当する賃金改善を実施すること ④事業年度ごとに介護職員の処遇改善に関する実績を都道府県知事に報告すること ⑤算定日が属する月の前12か月間において労働基準法等に違反し、罰金以上の刑に処せられていないこと ⑥労働保険料の納付が適正に行われていること ⑦次に掲げる基準のいずれにも適合すること 　ア　介護職員の任用の際の職責・職務内容等の要件を定め、書面をもって作成し、すべての介護職員に周知していること 　イ　介護職員の資質の向上の支援に関する計画を策定し、計画に係る研修を実施または研修の機会を確保し、すべての介護職員に周知していること ⑧2015(平成27)年4月から②の届出の日の属する月の前月までに実施した介護職員の処遇改善の内容および処遇改善に要した費用をすべての職員に周知していること	所定単位数(加算減算を加えた総単位数)の2.0％に相当する単位数を加算
	(2)介護職員処遇改善加算（Ⅱ） 以下の基準のいずれにも該当すること ①(1)の①～⑥のいずれにも適合すること ②(1)の⑦のアもしくはイのいずれかに適合すること ③2008(平成20)年10月から(1)の②の届出の日の属する月の前月までに実施した介護職員の処遇改善の内容および処遇改善に要した費用をすべての職員に周知していること	所定単位数(加算減算を加えた総単位数)の1.1％に相当する単位数を加算
	(3)介護職員処遇改善加算（Ⅲ） (1)の①から⑥までのいずれにも適合し、かつ(2)の②または③に掲げる基準のいずれかに適合すること	(2)により算定した単位数の90％に相当する単位数を加算
	(4)介護職員処遇改善加算（Ⅳ） (1)の①から⑥までのいずれにも適合すること	(2)により算定した単位数の80％に相当する単位数を加算

短期入所療養介護費 (4)老人性認知症疾患療養病棟を有する病院における短期入所療養介護費

		内容	単位数
減算	1.	**利用定員超過による減算** 短期入所療養介護の月平均の利用者の数(短期入所療養介護事業者が介護予防の指定を併せて受け、同一の事業所において一体的に運営されている場合は、その合計数)が、運営規程に定められた利用定員を超えた場合に減算されます。	1日につき 所定単位数の70%に相当する単位数を算定
	2.	**従業者欠員による減算** (1)短期入所療養介護の事業所の看護職員または介護職員の数について、運営基準に定める員数が配置されていない場合	1日につき 所定単位数の70%に相当する単位数を算定
		(2)看護職員のうち、看護師の占める割合が20%未満の場合	1日につき 所定単位数の90%に相当する単位数を算定
		(3)医師の確保に関する計画を届け出た僻地の病院で、医師の数が基準の60%未満の場合	1日につき　　12単位を減算
		(4)医師の確保に関する計画を届け出た僻地の病院以外の病院で、医師の数が基準の60%未満の場合	1日につき 所定単位数の90%に相当する単位数を算定
	3.	**ユニット体制勤務条件による減算** ユニット型施設において、①日中、ユニットごとに常時1名以上の介護職員または看護職員を配置していない、②ユニットごとに常勤のユニットリーダーを配置していないなど、ユニットケアにおける体制が未整備な場合に減算されます。	1日につき 所定単位数の97%に相当する単位数を算定
特定診療費		利用者に対して、精神科専門療法等のうち日常的に必要な医療行為として厚生労働大臣が定めるもの(p.408)を行った場合に算定されます。	特定診療費の項目として定められた所定単位数(p.408)に10円をかけて得た額を算定

第6章 介護報酬と加算・減算

短期入所療養介護費 （4）老人性認知症疾患療養病棟を有する病院における短期入所療養介護費

算定構造

	基本部分			利用者の数及び入院患者の数の合計数が入院患者の定員を超える場合	看護・介護職員の員数が基準に満たない場合 または	看護師が基準に定められた看護職員の員数に20/100を乗じて得た数未満の場合	僻地の医師確保計画を届出たもので、医師の数が基準に定められた医師の員数に60/100を乗じて得た数未満である場合	僻地の医師確保計画を届出たもの以外に定められた医師の員数に60/100を乗じて得た数未満である場合	常勤のユニットリーダーをユニット毎に配置していない等ユニットケアにおける体制が未整備である場合	緊急短期入所受入加算	利用者に対して送迎を行う場合
(1) 認知症疾患型短期入所療養介護費（1日につき）	大学病院 認知症疾患型短期入所療養介護費（Ⅰ）看護<3:1>介護<6:1>	（一）認知症疾患型短期入所療養介護費（Ⅰ）	a.認知症疾患型短期入所療養介護費（ⅰ）<従来型個室>	要介護1 (1,017単位) 要介護2 (1,081単位) 要介護3 (1,145単位) 要介護4 (1,209単位) 要介護5 (1,273単位)		×70/100	×90/100		×90/100		+90単位（7日間を限度）	片道につき +184単位
			b.認知症疾患型短期入所療養介護費（ⅱ）<多床室>	要介護1 (1,122単位) 要介護2 (1,187単位) 要介護3 (1,250単位) 要介護4 (1,315単位) 要介護5 (1,378単位)								
	一般病棟	（二）認知症疾患型短期入所療養介護費（Ⅱ）看護<4:1>介護<4:1>	a.認知症疾患型短期入所療養介護費（ⅰ）<従来型個室>	要介護1 (962単位) 要介護2 (1,029単位) 要介護3 (1,097単位) 要介護4 (1,164単位) 要介護5 (1,230単位)	×70/100			−12単位				
			b.認知症疾患型短期入所療養介護費（ⅱ）<多床室>	要介護1 (1,068単位) 要介護2 (1,135単位) 要介護3 (1,201単位) 要介護4 (1,270単位) 要介護5 (1,336単位)								
		（三）認知症疾患型短期入所療養介護費（Ⅲ）看護<4:1>介護<5:1>	a.認知症疾患型短期入所療養介護費（ⅰ）<従来型個室>	要介護1 (934単位) 要介護2 (1,000単位) 要介護3 (1,065単位) 要介護4 (1,130単位) 要介護5 (1,195単位)								
			b.認知症疾患型短期入所療養介護費（ⅱ）<多床室>	要介護1 (1,040単位) 要介護2 (1,105単位) 要介護3 (1,171単位) 要介護4 (1,236単位) 要介護5 (1,300単位)								
		（四）認知症疾患型短期入所療養介護費（Ⅳ）看護<4:1>介護<6:1>	a.認知症疾患型短期入所療養介護費（ⅰ）<従来型個室>	要介護1 (919単位) 要介護2 (983単位) 要介護3 (1,047単位) 要介護4 (1,111単位) 要介護5 (1,175単位)								
			b.認知症疾患型短期入所療養介護費（ⅱ）<多床室>	要介護1 (1,024単位) 要介護2 (1,089単位) 要介護3 (1,152単位) 要介護4 (1,217単位) 要介護5 (1,280単位)								
		（五）認知症疾患型短期入所療養介護費（Ⅴ）経過措置型	a.認知症疾患型短期入所療養介護費（ⅰ）<従来型個室>	要介護1 (860単位) 要介護2 (924単位) 要介護3 (988単位) 要介護4 (1,052単位) 要介護5 (1,116単位)								
			b.認知症疾患型短期入所療養介護費（ⅱ）<多床室>	要介護1 (966単位) 要介護2 (1,029単位) 要介護3 (1,094単位) 要介護4 (1,158単位) 要介護5 (1,221単位)								
(2) 認知症疾患型経過型短期入所療養介護費（1日につき）		（一）認知症疾患型経過型短期入所療養介護費（Ⅰ）<従来型個室>		要介護1 (767単位) 要介護2 (830単位) 要介護3 (895単位) 要介護4 (959単位) 要介護5 (1,023単位)		×70/100	×90/100		×90/100			
		（二）認知症疾患型経過型短期入所療養介護費（Ⅱ）<多床室>		要介護1 (873単位) 要介護2 (936単位) 要介護3 (1,000単位) 要介護4 (1,065単位) 要介護5 (1,128単位)								
(3) ユニット型認知症疾患型短期入所療養介護費（1日につき）	大学病院 ユニット型認知症疾患型短期入所療養介護費（Ⅰ）	（一）ユニット型認知症疾患型短期入所療養介護費（Ⅰ）	a.ユニット型認知症疾患型短期入所療養介護費（ⅰ）<ユニット型個室>	要介護1 (1,143単位) 要介護2 (1,207単位) 要介護3 (1,271単位) 要介護4 (1,335単位) 要介護5 (1,399単位)						×97/100		
			b.ユニット型認知症疾患型短期入所療養介護費（ⅱ）<ユニット型準個室>	要介護1 (1,143単位) 要介護2 (1,207単位) 要介護3 (1,271単位) 要介護4 (1,335単位) 要介護5 (1,399単位)								
	一般病棟	（二）ユニット型認知症疾患型短期入所療養介護費（Ⅱ）	a.ユニット型認知症疾患型短期入所療養介護費（ⅰ）<ユニット型個室>	要介護1 (1,088単位) 要介護2 (1,155単位) 要介護3 (1,223単位) 要介護4 (1,290単位) 要介護5 (1,356単位)								
			b.ユニット型認知症疾患型短期入所療養介護費（ⅱ）<ユニット型準個室>	要介護1 (1,088単位) 要介護2 (1,155単位) 要介護3 (1,223単位) 要介護4 (1,290単位) 要介護5 (1,356単位)								
(4) 特定認知症疾患型短期入所療養介護費		（一）3時間以上4時間未満		654単位								
		（二）4時間以上6時間未満		905単位								
		（三）6時間以上8時間未満		1,257単位								
(5) 療養食加算				(1日につき 23単位を加算)								
(6) 特定診療費												
(7) サービス提供体制強化加算		（一）サービス提供体制強化加算（Ⅰ）イ		(1日につき 18単位を加算)								
		（二）サービス提供体制強化加算（Ⅰ）ロ		(1日につき 12単位を加算)								
		（三）サービス提供体制強化加算（Ⅱ）		(1日につき 6単位を加算)								
		（四）サービス提供体制強化加算（Ⅲ）		(1日につき 6単位を加算)								
(8) 介護職員処遇改善加算		（一）介護職員処遇改善加算（Ⅰ）		(1月につき +所定単位×20／1000)	注 所定単位は、(1)から(7)までにより算定した単位数の合計							
		（二）介護職員処遇改善加算（Ⅱ）		(1月につき +所定単位×11／100)								
		（三）介護職員処遇改善加算（Ⅲ）		(1月につき +(二)の90／100)								
		（四）介護職員処遇改善加算（Ⅳ）		(1月につき +(二)の80／100)								

■：特定診療費、サービス提供体制強化加算、介護職員処遇改善加算は、支給限度額管理の対象外の算定項目

10. 特定施設入居者生活介護

　特定施設入居者生活介護は、要介護者に対して特定施設サービス計画書に基づき、入浴、排泄、食事等の介護、生活等に関する相談、助言等の日常生活上の世話や機能訓練、療養上の世話を提供するものです。介護報酬は、1日あたりで設定される「特定施設入居者生活介護費」と機能訓練を評価する「加算」で構成されています。また、外部サービス利用型特定施設入居者生活介護費は、サービスの種類および利用者の要介護状態区分に応じて一定の範囲内で算定されます。なお、一定の要件を満たす特定施設については、家族介護者支援を促進する観点から、特定施設の空室における短期利用を可能にするよう見直しがなされました。

特定施設入居者生活介護費　(1)特定施設入居者生活介護費

	内容	単位数
基本部分	特定施設入居者生活介護費	1日につき 要介護1　　533単位 要介護2　　597単位 要介護3　　666単位 要介護4　　730単位 要介護5　　798単位
加算	1. 個別機能訓練加算 機能訓練指導員にあたる常勤の理学療法士等を1人以上配置（利用者数が100人を超える事業所は、さらに1人以上を配置）する事業所において、機能訓練指導員、看護職員、介護職員等が共同して、個別機能訓練計画を作成し、その計画に基づく計画的な機能訓練を行った場合に加算されます。	1日につき　12単位を加算
	2. 夜間看護体制加算 以下に掲げる基準を満たす特定施設において、特定施設入居者生活介護を行った場合に加算されます。 ①常勤の看護師を1人以上配置し、看護にかかる責任者を定めていること ②看護職員により、または病院、診療所、訪問看護ステーションとの連携により、利用者に対して24時間連絡がとれる体制を確保し、必要に応じて健康上の管理等を行う体制があること ③重度化した場合における対応にかかる指針を定め、入居の際に、利用者またはその家族に対して、その指針の内容を説明し、同意を得ていること	1日につき　10単位を加算
	3. 医療機関連携加算 看護職員が、利用者ごとに健康の状況を継続的に記録しており、協力医療機関または主治医に対して、利用者の健康状況を月に1回以上情報提供した場合に加算されます。	1か月につき　80単位を加算
	4. 看取り介護加算 以下の基準のいずれにも適合しているものとして都道府県知事に届け出た特定施設において、要件を満たす利用者（①医師が一般に認められている知見にもとづき回復の見込みがないと判断した者、②医師、看護職員、介護支援専門員その他の職種の者が協働で作成した利用者の介護に係る計画について、医師等のうちその内容に応じた適当な者から説明を受け、計画に同意している者（その家族等が説明を受けて同意している者も含む）、③看取りに関する指針にもとづき、利用者の状態または家族等の求め等に応じ随時、医師等の相互の連携のもと、介護記録等利用者に関する記録を活用して行われる介護についての説明を受け、同意したうえで介護を受けている者（その家族等が説明を受け、同意したうえで介護を受けている者を含む））に看取り介護を行った場合に加算されます。ただし、夜間看護体制加算を算定していない場合は算定できません。 ①看取りに関する指針を定め、入居の際に、利用者またはその家族等に対して指針の内容を説明し、同意を得ている ②医師、看護職員、介護職員、介護支援専門員その他の職種の者による協議のうえ、施設における看取りの実績等をふまえ、適宜看取りに関する指針の見直しを行う ③看取りに関する職員研修を行っている 　(1)死亡日前4日以上30日以下 　(2)死亡日の前日および前々日 　(3)死亡日	 1日につき　144単位を加算 1日につき　680単位を加算 1日につき　1280単位を加算
	5. 認知症専門ケア加算 以下の基準のいずれにも適合しているものとして都道府県知事に届け出た特定施設が、日常生活に支障を来すおそれのある症状または行動が認められることから介護を必要とする認知症の者に対し、専門的な認知症ケアを行った場合に加算されます。ただし、いずれかの加算を算定している場合においては、その他の加算は算定できません。 (1)認知症専門ケア加算（Ⅰ） ①事業所（施設）における利用者、入所者（入院患者）の総数のうち、日常生活に支障を来すおそれのある症状若しくは行動が認められることから介護を必要とする認知症の者の占める割合が50％以上である ②認知症介護に係る専門的な研修を修了している者（特定施設入居者生活介護を提供する場合にあっては、別に厚生労働大臣が定める者を含む）を、対象者の数が20人未満である場合は1人以上、対象者の数が20人以上である場合は、1に、対象者の数が19を超えて10またはその端数を増すごとに1を加えて得た数以上配置し、チームとして専門的な認知症ケアを実施している ③事業所（施設）の従業者に対して、認知症ケアに関する留意事項の伝達または技術的指導に係る会議を定期的に開催している	1日につき　3単位

特定施設入居者生活介護費　（1）特定施設入居者生活介護費

	内容	単位数	
加算	**(2)認知症専門ケア加算（Ⅱ）** ①(1)の基準のいずれにも適合すること ②認知症介護の指導に係る専門的な研修を修了している者（特定施設入居者生活介護を提供する場合にあっては、別に厚生労働大臣が定める者を含む）を1名以上配置し、事業所または施設全体の認知症ケアの指導等を実施している ③事業所（施設）における介護職員、看護職員ごとの認知症ケアに関する研修計画を作成し、当該計画に従い、研修を実施または実施を予定している	1日につき	4単位
	6. サービス提供体制強化加算 **(1)サービス提供体制強化加算（Ⅰ）イ** 介護職員の総数のうち、介護福祉士の占める割合が60％以上であり、特定施設入居者生活介護事業者が、従業者の員数に関する基準を満たしている場合に加算されます。なお、介護職員の総数の算定は、特定施設入居者生活介護を提供する職員と介護予防特定施設入居者生活介護を提供する職員の合計数によるものとされます。	1日につき	18単位を加算
	(2)サービス提供体制強化加算（Ⅰ）ロ 介護職員の総数のうち、介護福祉士の占める割合が50％以上であり、特定施設入居者生活介護事業者が、従業者の員数に関する基準を満たしている場合に加算されます。なお、介護職員の総数の算定は、特定施設入居者生活介護を提供する職員と介護予防特定施設入居者生活介護を提供する職員の合計数によるものとされます。	1日につき	12単位を加算
	(3)サービス提供体制強化加算（Ⅱ） 看護・介護職員の総数のうち、常勤職員の占める割合が75％以上であり、特定施設入居者生活介護事業者が、従業者の員数に関する基準を満たしている場合に加算されます。なお、看護・介護職員の総数の算定は、特定施設入居者生活介護を提供する職員と介護予防特定施設入居者生活介護を提供する職員の合計数によるものとされます。	1日につき	6単位を加算
	(4)サービス提供体制強化加算（Ⅲ） 特定施設入居者生活介護を提供する職員の総数のうち、勤続年数3年以上の者の占める割合が30％以上であり、特定施設入居者生活介護事業者が、従業者の員数に関する基準を満たしている場合に加算されます。なお、看護・介護職員の総数の算定は、特定施設入居者生活介護を提供する職員と介護予防特定施設入居者生活介護を提供する職員の合計数によるものとされます。	1日につき	6単位を加算
	7. 介護職員処遇改善加算 以下の基準に適合している介護職員の賃金の改善等を実施しているとして都道府県知事に届け出た特定施設が特定施設入居者生活介護を行った場合、2018(平成30)年3月31日までの間加算されます。ただし、いずれかの加算を算定している場合は、その他の加算は算定されません。 **(1)介護職員処遇改善加算（Ⅰ）** 以下の基準のいずれにも適合すること ①賃金改善に関する計画を策定し、適切な措置を講じていること ②特定施設において、①の賃金改善に関する計画、介護職員処遇改善計画書を作成し、すべての介護職員に周知し、都道府県知事に届け出ていること ③介護職員処遇改善加算の算定額に相当する賃金改善を実施すること ④事業年度ごとに介護職員の処遇改善に関する実績を都道府県知事に報告すること ⑤算定日が属する月の前12か月間において労働基準法等に違反し、罰金以上の刑に処せられていないこと ⑥労働保険料の納付が適正に行われていること ⑦次に掲げる基準のいずれにも適合すること 　ア　介護職員の任用の際の職責・職務内容等の要件を定め、書面をもって作成し、すべての介護職員に周知していること 　イ　介護職員の資質の向上の支援に関する計画を策定し、計画に係る研修を実施または研修の機会を確保し、すべての介護職員に周知していること ⑧2015(平成27)年4月から②の届出の日の属する月の前月までに実施した介護職員の処遇改善の内容および処遇改善に要した費用をすべての職員に周知していること	所定単位数（加算減算を加えた総単位数）の6.1％に相当する単位数を加算	
	(2)介護職員処遇改善加算（Ⅱ） 以下のいずれにも適合すること ①(1)の①～⑥のいずれにも適合すること ②(1)の⑦のアもしくはイのいずれかに適合すること ③2008(平成20)年10月から(1)の②の届出の日の属する月の前月までに実施した介護職員の処遇改善の内容および処遇改善に要した費用をすべての職員に周知していること	所定単位数（加算減算を加えた総単位数）の3.4％に相当する単位数を加算	
	(3)介護職員処遇改善加算（Ⅲ） (1)の①から⑥までのいずれにも適合し、かつ(2)の②または③に掲げる基準のいずれかに適合すること	(2)により算定した単位数の90％に相当する単位数を加算	
	(4)介護職員処遇改善加算（Ⅳ） (1)の①から⑥までのいずれにも適合すること	(2)により算定した単位数の80％に相当する単位数を加算	
減算	**従業者欠員による減算** 特定施設の介護職員または看護職員の数について、運営基準に定める員数が配置されていない場合に減算されます。	1日につき 所定単位数の70％に相当する単位数を算定	

特定施設入居者生活介護費　(2)外部サービス利用型特定施設入居者生活介護費

		内容	単位数
基本部分		**外部サービス利用型特定施設入居者生活介護費** 外部サービス利用型特定施設入居者生活介護については、「基本部分」と「サービス部分」を合わせて、支給限度基準額の範囲内で利用することができます。 基本サービス部分は、1日につき82単位ですが、各サービス部分については、特定施設サービス計画に基づき受託居宅サービス事業者が各利用者に提供したサービスの実績に応じて算定されます。 なお、外部サービス利用型特定施設が受託居宅サービス事業者に支払う委託料は、個々の委託契約に基づきます。	1日につき　　82単位
各サービス部分		**1. 訪問介護** (1)身体介護が中心である場合 ①所要時間15分未満の場合	95単位
		②所要時間15分以上30分未満の場合	191単位
		③所要時間30分以上1時間30分未満の場合	260単位に所要時間30分から計算して所要時間が15分増すごとに86単位を加算した単位数
		④所要時間1時間30分以上の場合	557単位に所要時間1時間30分から計算して所要時間15分を増すごとに36単位を加算した単位数
		(2)生活援助が中心である場合 ①所要時間15分未満の場合	48単位
		②所要時間15分以上1時間未満の場合	95単位に所要時間15分から計算して所要時間が15分増すごとに48単位を加算した単位数
		③所要時間1時間以上1時間15分未満の場合	217単位
		④所要時間1時間15分以上の場合	260単位
		(3)通院等のための乗車または降車の介助が中心である場合	86単位
		2. その他のサービス 訪問入浴介護、訪問看護、訪問リハビリテーション、通所介護、通所リハビリテーション、認知症対応型通所介護について	各介護サービスの90%に相当する単位数を算定
		※1　訪問看護について ①所要時間が20分未満については、訪問看護が24時間行える体制を整えており、居宅サービス計画または訪問看護計画書に20分以上の訪問看護が週1回以上含まれている場合に限り算定されます。	
		②訪問看護ステーションの理学療法士、作業療法士または言語聴覚士が1日に2回を超えて行った場合	1回につき介護サービス費の81%に相当する単位数を算定
		※2　通所介護について 2時間以上3時間未満の場合	介護サービス費の63%に相当する単位数を算定
		※3　認知症対応型通所介護について 2時間以上3時間未満の場合	介護サービス費の57%に相当する単位数を算定
		3. 福祉用具貸与	通常の福祉用具貸与と同様
加算		**1. 障害者等支援加算** 養護老人ホームである指定特定施設において、知的障害または精神障害を有する利用者に基本サービスを行った場合に加算されます。	1日につき　　20単位を加算
		2. サービス提供体制強化加算 (1)サービス提供体制強化加算（Ⅰ）イ 介護職員の総数のうち、介護福祉士の占める割合が60%以上であり、特定施設入居者生活介護事業者が、従業者の員数に関する基準を満たしている場合に加算されます。なお、介護職員の総数の算定は、特定施設入居者生活介護を提供する職員と介護予防特定施設入居者生活介護を提供する職員の合計数によるものとされます。	1日につき　　18単位を加算
		(2)サービス提供体制強化加算（Ⅰ）ロ 介護職員の総数のうち、介護福祉士の占める割合が50%以上であり、特定施設入居者生活介護事業者が、従業者の員数に関する基準を満たしている場合に加算されます。なお、介護職員の総数の算定は、特定施設入居者生活介護を提供する職員と介護予防特定施設入居者生活介護を提供する職員の合計数によるものとされます。	1日につき　　12単位を加算

特定施設入居者生活介護費　（2）外部サービス利用型特定施設入居者生活介護費

		内容	単位数
加算		(3)サービス提供体制強化加算（Ⅱ） 看護・介護職員の総数のうち、常勤職員の占める割合が75％以上であり、特定施設入居者生活介護事業者が、従業者の員数に関する基準を満たしている場合に加算されます。なお、看護・介護職員の総数の算定は、特定施設入居者生活介護を提供する職員と介護予防特定施設入居者生活介護を提供する職員の合計数によるものとされます。	1日につき　　6単位を加算
		(4)サービス提供体制強化加算（Ⅲ） 特定施設入居者生活介護を提供する職員の総数のうち、勤続年数3年以上の者の占める割合が30％以上であり、特定施設入居者生活介護事業者が、従業者の員数に関する基準を満たしている場合に加算されます。なお、看護・介護職員の総数の算定は、特定施設入居者生活介護を提供する職員と介護予防特定施設入居者生活介護を提供する職員の合計数によるものとされます。	1日につき　　6単位を加算
		3. 介護職員処遇改善加算 以下の基準に適合している介護職員の賃金の改善等を実施しているとして都道府県知事に届け出た特定施設が特定施設入居者生活介護を行った場合、2018（平成30）年3月31日までの間加算されます。ただし、いずれかの加算を算定している場合は、その他の加算は算定されません。 (1)介護職員処遇改善加算（Ⅰ） 以下の基準のいずれにも該当すること ①賃金改善に関する計画を策定し、適切な措置を講じていること ②特定施設において、①の賃金改善に関する計画、介護職員処遇改善計画書を作成し、すべての介護職員に周知し、都道府県知事に届け出ていること ③介護職員処遇改善加算の算定額に相当する賃金改善を実施すること ④事業年度ごとに介護職員の処遇改善に関する実績を都道府県知事に報告すること ⑤算定日が属する月の前12か月間において労働基準法等に違反し、罰金以上の刑に処せられていないこと ⑥労働保険料の納付が適正に行われていること ⑦次に掲げる基準のいずれにも適合すること 　ア　介護職員の任用の際の職責・職務内容等の要件を定め、書面をもって作成し、すべての介護職員に周知していること 　イ　介護職員の資質の向上の支援に関する計画を策定し、計画に係る研修を実施または研修の機会を確保し、すべての介護職員に周知していること ⑧2015（平成27）年4月から②の届出の日の属する月の前月までに実施した介護職員の処遇改善の内容および処遇改善に要した費用をすべての職員に周知していること	所定単位数（加算減算を加えた総単位数）の6.1％に相当する単位数を加算
		(2)介護職員処遇改善加算（Ⅱ） 以下の基準のいずれにも該当すること ①(1)の①～⑥のいずれにも適合すること ②(1)の⑦のアもしくはイのいずれかに適合すること ③2008（平成20）年10月から(1)の②の届出の日の属する月の前月までに実施した介護職員の処遇改善の内容および処遇改善に要した費用をすべての職員に周知していること	所定単位数（加算減算を加えた総単位数）の3.4％に相当する単位数を加算
		(3)介護職員処遇改善加算（Ⅲ） (1)の①から⑥までのいずれにも適合し、かつ(2)の②または③に掲げる基準のいずれかに適合すること	(2)により算定した単位数の90％に相当する単位数を加算
		(4)介護職員処遇改善加算（Ⅳ） (1)の①から⑥までのいずれにも適合すること	(2)により算定した単位数の80％に相当する単位数を加算
減算		従業者欠員による減算 従業者の員数について、運営基準に定められた員数が配置されていない場合に減算されます。 ※「基本サービス費」に対してのみ適用	1日につき 所定単位数の70％に相当する単位数を算定
		支給限度基準額 外部サービス利用型特定施設入居者生活介護は、「基本部分」と「各サービス部分」をあわせて支給限度基準額の範囲内で利用することができます。	要介護1　　16203単位 要介護2　　18149単位 要介護3　　20246単位 要介護4　　22192単位 要介護5　　24259単位

特定施設入居者生活介護費 （3）短期利用特定施設入居者生活介護費

	内容	単位数	
基本部分	**短期利用特定施設入居者生活介護費** 以下に掲げる要件を満たす場合に算定されます。 ①特定施設入居者生活介護事業所が初めて指定を受けた日から起算して3年以上経過していること ②入居定員の範囲内で空室の居室（定員が1人であるものに限る。）を利用すること 　ただし、短期利用の利用者は、入居定員の10％以下であること ③利用の開始に当たって、あらかじめ30日以内の利用期間を定めること ④短期利用の利用者を除く入居者が、入居定員の80％以上であること ⑤権利金その他の金品を受領しないこと ⑥介護保険法等の規定による勧告等を受けた日から起算して5年以上であること	1日につき 要介護1　　　533単位 要介護2　　　597単位 要介護3　　　666単位 要介護4　　　730単位 要介護5　　　798単位	
加算	**1. 夜間看護体制加算** 以下に掲げる基準を満たす特定施設において、特定施設入居者生活介護を行った場合に加算されます。 ①常勤の看護師を1人以上配置し、看護にかかる責任者を定めていること ②看護職員により、または病院、診療所、訪問看護ステーションとの連携により、利用者に対して24時間連絡がとれる体制を確保し、必要に応じて健康上の管理等を行う体制があること ③重度化した場合における対応にかかる指針を定め、入居の際に、利用者またはその家族に対して、その指針の内容を説明し、同意を得ていること	1日につき　　10単位を加算	
	2. サービス提供体制強化加算 **(1)サービス提供体制強化加算（Ⅰ）イ** 介護職員の総数のうち、介護福祉士の占める割合が60％以上であり、特定施設入居者生活介護事業者が、従業者の員数に関する基準を満たしている場合に加算されます。なお、介護職員の総数の算定は、特定施設入居者生活介護を提供する職員と介護予防特定施設入居者生活介護を提供する職員の合計数によるものとされます。	1日につき　　18単位を加算	
	(2)サービス提供体制強化加算（Ⅰ）ロ 介護職員の総数のうち、介護福祉士の占める割合が50％以上であり、特定施設入居者生活介護事業者が、従業者の員数に関する基準を満たしている場合に加算されます。なお、介護職員の総数の算定は、特定施設入居者生活介護を提供する職員と介護予防特定施設入居者生活介護を提供する職員の合計数によるものとされます。	1日につき　　12単位を加算	
	(3)サービス提供体制強化加算（Ⅱ） 看護・介護職員の総数のうち、常勤職員の占める割合が75％以上であり、特定施設入居者生活介護事業者が、従業者の員数に関する基準を満たしている場合に加算されます。なお、看護・介護職員の総数の算定は、特定施設入居者生活介護を提供する職員と介護予防特定施設入居者生活介護を提供する職員の合計数によるものとされます。	1日につき　　6単位を加算	
	(4)サービス提供体制強化加算（Ⅲ） 特定施設入居者生活介護を提供する職員の総数のうち、勤続年数3年以上の者の占める割合が30％以上であり、特定施設入居者生活介護事業者が、従業者の員数に関する基準を満たしている場合に加算されます。なお、看護・介護職員の総数の算定は、特定施設入居者生活介護を提供する職員と介護予防特定施設入居者生活介護を提供する職員の合計数によるものとされます。	1日につき　　6単位を加算	
	3. 介護職員処遇改善加算 以下の基準に適合している介護職員の賃金の改善等を実施しているとして都道府県知事に届け出た特定施設が特定施設入居者生活介護を行った場合、2018（平成30）年3月31日までの間加算されます。ただし、いずれかの加算を算定している場合は、その他の加算は算定されません。 **(1)介護職員処遇改善加算（Ⅰ）** 以下の基準のいずれにも該当すること ①賃金改善に関する計画を策定し、適切な措置を講じていること ②特定施設において、①の賃金改善に関する計画、介護職員処遇改善計画書を作成し、すべての介護職員に周知し、都道府県知事に届け出ていること ③介護職員処遇改善加算の算定額に相当する賃金改善を実施すること ④事業年度ごとに介護職員の処遇改善に関する実績を都道府県知事に報告すること ⑤算定日が属する月の前12か月間において労働基準法等に違反し、罰金以上の刑に処せられていないこと ⑥労働保険料の納付が適正に行われていること ⑦次に掲げる基準のいずれにも適合すること 　ア　介護職員の任用の際の職責・職務内容等の要件を定め、書面をもって作成し、すべての介護職員に周知していること 　イ　介護職員の資質の向上の支援に関する計画を策定し、計画に係る研修を実施または研修の機会を確保し、すべての介護職員に周知していること ⑧2015（平成27）年10月から②の届出の日の属する月の前月までに実施した介護職員の処遇改善の内容および処遇改善に要した費用をすべての職員に周知していること	所定単位数（加算減算を加えた総単位数）の6.1％に相当する単位数を加算	
	(2)介護職員処遇改善加算（Ⅱ） 以下の基準のいずれにも該当すること ①(1)の①～⑥のいずれにも適合すること ②(1)の⑦のアもしくはイのいずれかに適合すること ③2008（平成20）年10月から(1)の②の届出の日の属する月の前月までに実施した介護職員の処遇改善の内容および処遇改善に要した費用をすべての職員に周知していること	所定単位数（加算減算を加えた総単位数）の3.4％に相当する単位数を加算	

特定施設入居者生活介護費　（3）短期利用特定施設入居者生活介護費

	内容	単位数
加算	(3)介護職員処遇改善加算(Ⅲ) (1)の①から⑥までのいずれにも適合し、かつ(2)の②または③に掲げる基準のいずれかに適合すること	(2)により算定した単位数の90%に相当する単位数を加算
加算	(4)介護職員処遇改善加算(Ⅳ) (1)の①から⑥までのいずれにも適合すること	(2)により算定した単位数の80%に相当する単位数を加算
減算	従業者欠員による減算 特定施設の介護職員または看護職員の数について、運営基準に定める員数が配置されていない場合に減算されます。	1日につき 所定単位数の70%に相当する単位数を算定

特定施設入居者生活介護費

算定構造

基本部分			注 看護・介護職員の員数が基準に満たない場合	注 介護職員の員数が基準に満たない場合	注 個別機能訓練加算	注 夜間看護体制加算	注 医療機関連携加算	注 障害者等支援加算	注 委託先である指定居宅サービス事業者により居宅サービスが行われる場合
イ 特定施設入居者生活介護費 （1日につき）	要介護1	（533単位）	×70/100		1日につき +12単位	1日につき +10単位	1月につき +80単位		
	要介護2	（597単位）							
	要介護3	（666単位）							
	要介護4	（730単位）							
	要介護5	（798単位）							
ロ 外部サービス利用型特定施設入居者生活介護費 （1日につき　82単位）				×70/100				1日につき +20単位	・訪問介護 　・身体介護 　　所要時間15分未満の場合　95単位 　　所要時間15分以上30分未満の場合　191単位 　　所要時間30分以上1時間30分未満の場合　260単位に所要時間30分から計算して所要時間が15分増すごとに86単位を加算した単位数 　　所要時間1時間30分以上の場合　557単位に所要時間1時間30分から計算して所要時間が15分増すごとに36単位を加算した単位数 　・生活援助 　　所要時間15分未満の場合　48単位 　　所要時間15分以上1時間未満の場合　95単位に所要時間15分から計算して所要時間が15分増すごとに48単位を加算した単位数 　　所要時間1時間以上1時間15分未満の場合　217単位 　　所要時間1時間15分以上の場合　260単位 　・通院等乗降介助　1回につき　86単位 ・他の訪問系サービス及び通所系サービス 　　通常の各サービスの基本部分の報酬単位の　90/100 ・福祉用具貸与 　　通常の福祉用具貸与と同様 ※　ただし、基本部分も含めて要介護度別に定める限度を上限とする。
ハ 短期利用特定施設入居者生活介護費 （1日につき）※3	要介護1	（533単位）	×70/100			1日につき +10単位			
	要介護2	（597単位）							
	要介護3	（666単位）							
	要介護4	（730単位）							
	要介護5	（798単位）							
ニ 看取り介護加算 （イを算定する場合のみ算定）	(1) 死亡日以前4日以上30日以下 　　（1日につき　144単位を加算）								
	(2) 死亡日以前2日又は3日 　　（1日につき　680単位を加算）								
	(3) 死亡日 　　（1日につき　1,280単位を加算）								
ホ 認知症専門ケア加算 （イを算定する場合のみ算定）	(1) 認知症専門ケア加算（Ⅰ） 　　（1日につき　3単位を加算）								
	(2) 認知症専門ケア加算（Ⅱ） 　　（1日につき　4単位を加算）								
ヘ サービス提供体制強化加算	(1) サービス提供体制強化加算（Ⅰ）イ 　　（1日につき　18単位を加算）								
	(2) サービス提供体制強化加算（Ⅰ）ロ 　　（1日につき　12単位を加算）								
	(3) サービス提供体制強化加算（Ⅱ） 　　（1日につき　6単位を加算）								
	(4) サービス提供体制強化加算（Ⅲ） 　　（1日につき　6単位を加算）								
ト 介護職員処遇改善加算	(1) 介護職員処遇改善加算（Ⅰ） 　　（1月につき　+所定単位×61／1000）		注 所定単位は、イからヘまでにより算定した単位数の合計						
	(2) 介護職員処遇改善加算（Ⅱ） 　　（1月につき　+所定単位×34／1000）								
	(3) 介護職員処遇改善加算（Ⅲ） 　　（1月につき　+(2)の90／100）								
	(4) 介護職員処遇改善加算（Ⅳ） 　　（1月につき　+(2)の80／100）								

※　限度額　要介護1　16,203単位
　　　　　　要介護2　18,149単位
　　　　　　要介護3　20,246単位
　　　　　　要介護4　22,192単位
　　　　　　要介護5　24,259単位

※　短期利用特定施設入居者生活介護は、区分支給限度基準額に含まれる。

11. 福祉用具貸与

福祉用具貸与事業者が、要介護者に対して以下に掲げる福祉用具を貸与した場合に算定されます。

福祉用具貸与の種目

1	車いす	自走用標準型車いす、普通型電動車いす、介助用標準型車いす
2	車いす付属品	クッション、電動補助装置等であって車いすと一体的に使用されるもの
3	特殊寝台	サイドレールが取り付けてあるものまたは取り付けることが可能なものであって、①または②の機能があるもの ①背部または脚部の傾斜角度が調整できる機能 ②床板の高さが無段階に調整できる機能
4	特殊寝台付属品	マットレス、サイドレール等であって、特殊寝台と一体的に使用されるもの
5	床ずれ防止用具	送風装置または空気圧調整装置を備えた空気マット、水等によって減圧による体圧分散効果をもつ全身用のマット
6	体位変換器	空気パッド等を身体の下に挿入することにより、居宅要介護者等の体位を容易に変換できる機能をもつもの(体位の保持のみを目的とするものは除く)
7	手すり	取り付けに際して工事を伴わないもの
8	スロープ	段差解消のためのものであって、取り付けに際して工事を伴わないもの
9	歩行器	歩行が困難な者の歩行機能を補う機能を有し、移動時に体重を支える構造をもつものであって、①または②に該当するもの ①車輪のあるものについては、体の前および左右を囲む把手等を有するもの ②四脚のあるものについては、上肢で保持して移動させることが可能なもの
10	歩行補助つえ	松葉づえ、カナディアン・クラッチ、ロフストランド・クラッチ、プラットホームクラッチ、多点つえ
11	認知症老人徘徊感知機器	認知症である老人が屋外へ出ようとした時等、センサーにより感知し、家族、隣人等へ通報するもの
12	移動用リフト（つり具の部分を除く）	床走行式、固定式または据置式であって、かつ、身体をつり上げまたは体重を支える構造を有するものであって、その構造により、自力での移動が困難な者の移動を補助する機能をもつもの(取り付けに住宅の改修を伴うものを除く)
13	自動排泄処理装置	尿又は便が自動的に吸引されるものであり、かつ、尿や便の経路となる部分を分割することが可能な構造を有するものであって、居宅要介護者等又はその介護を行う者が容易に使用できるもの(交換可能部品(レシーバー、チューブ、タンク等のうち、尿や便の経路となるものであって、居宅要介護者等又はその介護を行う者が容易に交換できるものをいう)を除く)

● 注意事項

①利用者が特定施設入居者生活介護（短期利用を除く）または認知症対応型共同生活介護（短期利用を除く）、地域密着型特定施設入居者生活介護（短期利用を除く）、地域密着型介護老人福祉施設入所者生活介護を受けている間は、福祉用具貸与費は算定されません。

②要介護状態区分が「要介護1」である者は、「車いす」「車いす付属品」「特殊寝台」「特殊寝台付属品」「床ずれ防止用具」「体位変換器」「認知症老人徘徊感知機器」「移動用リフト」について福祉用具貸与費は算定されません。また、「自動排泄処理装置（尿のみを自動的に吸引する機能のものを除く）」は「要介護1～3」である者について福祉用具貸与費は算定されません。ただし、次の表に該当する場合は除かれます。

対象品目	例外的に認められる場合
車いす・車いす付属品 ※いずれかに該当	①日常的に歩行が困難な者 ②日常生活範囲において移動の支援が特に必要と認められる者
特殊寝台・特殊寝台付属品 ※いずれかに該当	①日常的に起き上がりが困難な者 ②日常的に寝返りが困難な者
床ずれ防止用具・体位変換器	日常的に寝返りが困難な者
認知症老人徘徊感知機器 ※すべてに該当	①意思の伝達、介護者への反応、記憶または理解に支障がある者 ②移動において全介助を必要としない者
移動用リフト(つり具の部分を除く) ※いずれかに該当	①日常的に立ち上がりが困難な者 ②移乗に一部介助または全介助を必要とする者 ③生活環境において段差の解消が必要と認められる者
自動排泄処理装置 ※すべてに該当	①排便において全介助を必要とする者 ②移乗において全介助を必要とする者

福祉用具貸与費

	内容	単位数
基本部分	**福祉用具貸与費** 福祉用具貸与事業者が、福祉用具の種類ごとに定めた福祉用具貸与にかかる費用(レンタル料)をその事業所の所在地に適用される1単位の単価で割って得た単位数が算定されます。1単位未満の端数は、四捨五入します。	1か月につき所定の単位数を算定
加算	1. **特別地域加算(交通費加算)** 福祉用具貸与事業所が、厚生労働大臣が定める地域(p.401)に所在する場合は、交通費に相当する額について加算されます。	個々の福祉用具につき 福祉用具貸与費の100%に相当する額を限度に加算
	2. **中山間地域等小規模事業所加算** 特別地域加算対象地域以外の地域で、厚生労働大臣が定める地域(p.402)に所在し、かつ、別に厚生労働大臣が定める施設基準に適合する福祉用具貸与事業所が福祉用具貸与を行った場合に加算されます。	個々の福祉用具につき 交通費に相当する額の3分の2に相当する額を加算 ※福祉用具貸与費の3分の2に相当する額を限度
	3. **中山間地域等居住者サービス提供加算** 厚生労働大臣が定める地域(p.402)に居住している利用者に対して、通常の事業の実施地域を越えて指定福祉用具貸与を行った場合に加算されます。	個々の福祉用具につき 交通費に相当する額の3分の1に相当する額を加算 ※福祉用具貸与費の3分の1に相当する額を限度

算定構造

基本部分		特別地域福祉用具貸与加算(注)	中山間地域等における小規模事業所加算(注)	中山間地域等に居住する者へのサービス提供加算(注)
福祉用具貸与費 (現に指定福祉用具貸与に要した費用の額を当該事業所の所在地に適用される1単位の単価で除して得た単位数)	車いす	交通費に相当する額を事業所の所在地に適用される1単位の単価で除して得た単位数を加算 (個々の用具ごとに貸与費の100/100を限度)	交通費に相当する額の2/3に相当する額を事業所の所在地に適用される1単位の単価で除して得た単位数を加算 (個々の用具ごとに貸与費の2/3を限度)	交通費に相当する額の1/3に相当する額を事業所の所在地に適用される1単位の単価で除して得た単位数を加算 (個々の用具ごとに貸与費の1/3を限度)
	車いす付属品			
	特殊寝台			
	特殊寝台付属品			
	床ずれ防止用具			
	体位変換器			
	手すり			
	スロープ			
	歩行器			
	歩行補助つえ			
	認知症老人徘徊感知機器			
	移動用リフト			
	自動排泄処理装置			

:特別地域福祉用具貸与加算、中山間地域等における小規模事業所加算、中山間地域等に居住する者へのサービス提供加算は、支給限度額管理の対象外の算定項目

※ 要介護1の者については、車いす、車いす付属品、特殊寝台、特殊寝台付属品、床ずれ防止用具、体位変換器、認知症老人徘徊感知機器、移動用リフトを算定しない。自動排泄処理装置については要介護1から要介護3の者については算定しない。(ただし、別に厚生労働大臣が定める状態にある者を除く。)

12. 福祉用具購入

利用者が指定福祉用具販売事業者から次に掲げる特定福祉用具を購入した場合、償還払い方式により「居宅介護福祉用具購入費」が支給されます。

特定福祉用具販売の種目

1	腰掛便座	和式便器の上に置いて腰掛式に変換するもの、洋式便器の上に置いて高さを補うもの、電動式またはスプリング式で便座から立ち上がる際に補助できる機能をもつもの、便座、バケツ等からなり、移動可能である便器（居室において利用可能であるものに限る）
2	自動排泄処理装置の交換可能部品	レシーバー、チューブ、タンク等のうち、尿や便の経路となるものであって、居宅要介護者等又はその介護を行う者が容易に交換できるもの
3	入浴補助用具	座位の保持、浴槽への出入り等の入浴に際しての補助を目的とする用具であって、①〜⑥のいずれかに該当するもの ①入浴用椅子 ②浴槽用手すり ③浴槽内椅子 ④入浴台（浴槽の縁にかけて利用する台であって、浴槽への出入りのためのもの） ⑤浴室内すのこ ⑥浴槽内すのこ ⑦入浴用介助ベルト
4	簡易浴槽	空気式または折りたたみ式等で容易に移動できるものであって、取水または排水のために工事を伴わないもの
5	移動用リフトのつり具の部分	身体に適合するもので、移動用リフトに連結可能なもの

居宅介護福祉用具購入費

支給限度基準額	4月1日からの12か月を支給限度額管理期間として　10万円

13. 住宅改修

住宅改修については、事業者の指定はありません。利用者が以下に掲げる内容の改修を行うことについて市町村が認めた場合に、償還払い方式により「居宅介護住宅改修費」が支給されます。

1	手すりの取り付け
2	段差の解消
3	滑りの防止および移動の円滑化等のための床または通路面の材料の変更
4	引き戸等への扉の取り替え
5	洋式便器等への便器の取り替え
6	その他、上記の住宅改修に付帯して必要となる住宅改修

居宅介護住宅改修費

支給限度基準額	20万円

※利用者の「介護の必要度」が著しく高くなった場合および転居した場合は、再度、支給限度額まで支給されます。

④ 地域密着型サービスの介護報酬単位数（居宅系サービス）

1. 定期巡回・随時対応型訪問介護看護

利用者に対して、定期巡回・随時対応型訪問介護看護事業所の従業者が、定期的な巡回訪問または随時の通報により、①訪問介護と訪問看護のサービスを一体的に、または②訪問看護事業所と連携して、定期巡回・随時対応型訪問介護看護を行った場合に、利用者の要介護状態区分に応じて所定の単位数が算定されます。

● 注意事項

利用者が短期入所生活介護、短期入所療養介護、特定施設入居者生活介護、夜間対応型訪問介護、小規模多機能型居宅介護、認知症対応型共同生活介護、地域密着型特定施設入居者生活介護、地域密着型介護老人福祉施設入所者生活介護、複合型サービスを受けている間は、定期巡回・随時対応型訪問介護看護費は算定されません。

定期巡回・随時対応型訪問介護看護費

	内容	単位数
基本部分	1. 定期巡回・随時対応型訪問介護看護費（Ⅰ）［一体型］ （1）訪問看護サービスを行わない場合	1か月につき 要介護1　　　5658単位 要介護2　　　10100単位 要介護3　　　16769単位 要介護4　　　21212単位 要介護5　　　25654単位
	（2）訪問看護サービスを行う場合	要介護1　　　8255単位 要介護2　　　12897単位 要介護3　　　19686単位 要介護4　　　24268単位 要介護5　　　29399単位
	2. 定期巡回・随時対応型訪問介護看護費（Ⅱ）［連携型］	1か月につき 要介護1　　　5658単位 要介護2　　　10100単位 要介護3　　　16769単位 要介護4　　　21212単位 要介護5　　　25654単位
加算	1. 地域加算 （1）特別地域定期巡回・随時対応型訪問介護看護加算 厚生労働大臣が定める地域（p.401）に所在する定期巡回・随時対応型訪問介護看護事業所またはその一部として使用される事務所の定期巡回・随時対応型訪問介護看護従業者が定期巡回・随時対応型訪問介護看護を行った場合に加算されます。	1か月につき 所定単位数の15％に相当する単位数を加算
	（2）中山間地域等小規模事業所加算 特別地域定期巡回・随時対応型訪問介護看護加算対象地域以外の地域で、厚生労働大臣が定める地域（p.402）に所在し、かつ、厚生労働大臣が定める施設基準に適合する定期巡回・随時対応型訪問介護看護事業所またはその一部として使用される事務所の定期巡回・随時対応型訪問介護看護従業者が定期巡回・随時対応型訪問介護看護を行った場合に加算されます。	1か月につき 所定単位数の10％に相当する単位数を加算
	（3）中山間地域等居住者サービス提供加算 厚生労働大臣が定める地域（p.402）に居住している利用者に対して、通常の事業の実施地域を越えて、定期巡回・随時対応型訪問介護看護を行った場合に加算されます。	1か月につき 所定単位数の5％に相当する単位数を加算
	2. 緊急時訪問看護加算 定期巡回・随時対応型訪問介護看護費（Ⅰ）(2)について、利用者の同意を得て、計画的に訪問することとなっていない緊急時訪問を必要に応じて行う場合加算されます。	1か月につき　290単位を加算

定期巡回・随時対応型訪問介護看護費

	内容	単位数
加算	3. **特別管理加算** 定期巡回・随時対応型訪問介護看護費（Ⅰ）（2）の訪問看護サービスに関し以下のいずれかの状態に該当する「特別な管理を必要とする利用者」に対して、訪問看護サービスの実施に関する計画的な管理を行った場合に加算されます。 ①医科診療報酬点数表に掲げる在宅悪性腫瘍患者指導管理、在宅気管切開患者指導管理を受けている状態または気管カニューレ、留置カテーテルを使用している状態 ②医科診療報酬点数表に掲げる在宅自己腹膜灌流指導管理、在宅血液透析指導管理、在宅酸素療法指導管理、在宅中心静脈栄養指導管理、在宅成分栄養経管栄養法指導管理、在宅自己導尿指導管理、在宅持続陽圧呼吸療法指導管理、在宅自己疼痛管理指導管理、在宅肺高血圧症患者指導管理を受けている状態 ③人工肛門または人工膀胱を設置している状態 ④真皮を越える褥瘡の状態 ⑤点滴注射を週3日以上行う必要があると認められる状態 (1)**特別管理加算（Ⅰ）** 上記①の状態にある者に対して行う場合	1か月につき 500単位を加算
	(2)**特別管理加算（Ⅱ）** 上記②〜⑤の状態にある者に対して行う場合	1か月につき 250単位を加算
	4. **ターミナルケア加算** 定期巡回・随時対応型訪問介護看護費（Ⅰ）（2）について、以下の基準に適合しているものとして市町村長に届け出た一体型指定定期巡回・随時対応型訪問介護看護事業所が、その死亡日および死亡日前14日以内に2日（死亡日及び死亡日前14日以内に当該利用者に訪問看護を行っている場合は1日）以上ターミナルケアを行った場合（ターミナルケアを行った後、24時間以内に在宅以外で死亡した場合を含む）に加算されます。 ①ターミナルケアを受ける利用者のために、24時間連絡がとれる体制を確保しかつ、必要に応じて、訪問看護を行うことができる体制を整備している ②主治医との連携の下に、訪問看護におけるターミナルに係る計画及び支援体制について利用者及びその家族等に対して説明を行い、同意を得ている ③ターミナルケアの提供について、利用者の身体状況の変化等必要な事項が適切に記録されている	死亡月につき2000単位を加算
	5. **初期加算** 利用を開始した日から起算して30日以内の期間について加算されます（30日を超える入院後に指定定期巡回・随時対応型訪問介護看護の利用を再び開始した場合も同様）。	1日につき 30単位を加算
	6. **退院時共同指導加算** 病院、診療所又は介護老人保健施設に入院中又は入所中の者が退院又は退所するに当たり、主治医師等と共同し、在宅での療養上必要な指導を行い、その内容を文書により提供した後、退院又は退所後に初回の訪問看護サービスを行った場合に、1回（特別な管理を必要とする利用者については2回）に限り加算されます。	1回につき 600単位を加算
	7. **総合マネジメント体制強化加算** 以下の基準のいずれにも基準に適合しているものとして市町村長に届け出た指定定期巡回・随時対応型訪問介護看護事業所が、定期巡回・随時対応型訪問介護看護の質を継続的に管理した場合に加算されます。 ①利用者の心身の状況またはその家族等を取り巻く環境の変化に応じ、随時、計画作成責任者、看護師、准看護師、介護職員その他の関係者が共同し、定期巡回・随時対応型訪問介護看護計画の見直しを行っている ②地域の病院、診療所、介護老人保健施設その他の関係施設に対し、事業所が提供することのできる指定定期巡回・随時対応型訪問介護看護の具体的な内容に関する情報提供を行っていること	1か月につき 1000単位を加算
	8. **サービス提供体制強化加算** 以下の基準に適合しているものとして市町村長に届け出た指定定期巡回・随時対応型訪問介護看護事業所が、利用者に対し、指定定期巡回・随時対応型訪問介護看護を行った場合に加算されます。 (1)**サービス提供体制強化加算（Ⅰ）イ　いずれにも該当すること** ①全ての定期巡回・随時対応型訪問介護看護従業者ごとに研修計画を作成し、研修を実施又は実施を予定していること ②利用者に関する情報や留意事項の伝達又は定期巡回・随時対応型訪問介護看護従業者の技術指導を目的とした会議を定期的に開催していること ③全ての定期巡回・随時対応型訪問介護看護従業者に対し、健康診断等を定期的に実施すること ④訪問介護員等の総数のうち、介護福祉士の割合が40％以上又は介護福祉士、実務者研修修了者及び介護職員基礎研修課程修了者の割合が60％以上であること	1か月につき 640単位を加算
	(2)**サービス提供体制強化加算（Ⅰ）ロ　いずれにも適合すること** ①(1)の①〜③のいずれにも適合すること ②訪問介護等の総数のうち、介護福祉士の占める割合が30％以上または介護福祉士、実務者研修修了者および介護職員基礎研修課程修了者の占める割合が50％以上である	1か月につき 500単位を加算
	(3)**サービス提供体制強化加算（Ⅱ）　いずれにも適合すること** ①定期巡回・随時対応型訪問介護看護従業者の総数のうち、常勤職員の占める割合が60％以上であること ②上記(1)①から③のいずれにも適合すること	1か月につき 350単位を加算

定期巡回・随時対応型訪問介護看護費

	内容	単位数
加算	(4)サービス提供体制強化加算(Ⅲ) いずれにも適合すること ①定期巡回・随時対応型訪問介護看護従業者の総数のうち、勤続年数3年以上の者の占める割合が30%以上であること ②上記(1)①から③のいずれにも適合すること	1か月につき 350単位を加算
	9. 介護職員処遇改善加算 以下の基準に適合している介護職員の賃金の改善等を実施しているものとして市町村長に届け出た指定定期巡回・随時対応型訪問介護看護事業所が、利用者に対し、指定定期巡回・随時対応型訪問介護看護を行った場合に2018(平成30)年3月31日までの間加算されます。 (1)介護職員処遇改善加算(Ⅰ) いずれにも適合すること ①賃金改善に関する計画を策定し、適切な措置を講じていること ②指定定期巡回・随時対応型訪問介護看護事業所において、①の賃金改善に関する計画、介護職員処遇改善計画書を作成し、すべての介護職員に周知し、市町村長に届け出ていること ③介護職員処遇改善加算の算定額に相当する賃金改善を実施すること ④事業年度ごとに介護職員の処遇改善に関する実績を都道府県知事に報告すること ⑤算定日が属する月の前12か月間において労働基準法等に違反し、罰金以上の刑に処せられていないこと ⑥労働保険料の納付が適正に行われていること ⑦次に掲げる基準のいずれにも適合すること 　ア　介護職員の任用の際の職責・職務内容等の要件を定め、書面をもって作成し、すべての介護職員に周知していること 　イ　介護職員の資質の向上の支援に関する計画を策定し、計画に係る研修を実施または研修の機会を確保し、すべての介護職員に周知していること ⑧2015(平成27)年4月から②の届出の日の属する月の前月までに実施した介護職員の処遇改善の内容および処遇改善に要した費用をすべての職員に周知していること	所定単位数(加算減算を加えた総単位数)の8.6%に相当する単位数を加算
	(2)介護職員処遇改善加算(Ⅱ) いずれにも適合すること ①(1)の①~⑥のいずれにも適合すること ②(1)の⑦のアもしくはイのいずれかに適合すること ③2008(平成20)年10月から(1)の②の届出の日の属する月の前月までに実施した介護職員の処遇改善の内容および処遇改善に要した費用をすべての職員に周知していること	所定単位数(加算減算を加えた総単位数)の4.8%に相当する単位数を加算
	(3)介護職員処遇改善加算(Ⅲ) (1)の①から⑥までのいずれにも適合し、かつ(2)の②または③に掲げる基準のいずれかに適合すること	(2)により算定した単位数の90%に相当する単位数を加算
	(4)介護職員処遇改善加算(Ⅳ) (1)の①から⑥までのいずれにも適合すること	(2)により算定した単位数の80%に相当する単位数を加算
減算	1. 人員体制による減算 定期巡回・随時対応型訪問介護看護費(Ⅰ)(2)訪問看護サービスを准看護師が行う場合に減算されます。	1か月につき 所定単位数の98%に相当する単位数を算定
	2. 通所介護、通所リハビリテーション又は認知症対応型通所介護を受けている利用者に対して行った場合は、通所介護等を利用した日数につき1日当たり所定単位数から減算されます。 (1)定期巡回・随時対応型訪問介護看護費(Ⅰ)(1)または定期巡回・随時対応型訪問介護看護費(Ⅱ)の所定単位数を算定する場合	1日につき 要介護1　　　62単位 要介護2　　　111単位 要介護3　　　184単位 要介護4　　　233単位 要介護5　　　281単位
	(2)定期巡回・随時対応型訪問介護看護費(Ⅰ)(2)の所定単位数を算定する場合	1日につき 要介護1　　　91単位 要介護2　　　141単位 要介護3　　　216単位 要介護4　　　266単位 要介護5　　　322単位
	3. 同一建物等に対する減算 定期巡回・訪問介護看護事業所と同一の敷地内もしくは隣接する敷地内の建物(養護老人ホーム、軽費老人ホーム、有料老人ホーム、サービス付き高齢者向け住宅に限る)もしくは同一の建物に居住する利用者に定期巡回・随時対応型訪問介護看護を行った場合は減額されます。	1か月につき 600単位を減算

第6章 介護報酬と加算・減算

定期巡回・随時対応型訪問介護看護費

算定構造

基本部分			注 准看護師によりサービス提供が行われる場合	注 通所サービス利用時の調整（1日につき）	注 事業所と同一建物の利用者にサービスを行う場合	注 特別地域定期巡回・随時対応型訪問介護看護加算	注 中山間地域等における小規模事業所加算	注 中山間地域等に居住する者へのサービス提供加算	注 緊急時訪問看護加算	注 特別管理加算	注 ターミナルケア加算
イ 定期巡回・随時対応型訪問介護看護費（Ⅰ）(1月につき)	(1)訪問看護サービスを行わない場合	要介護1 （5,658単位）		－62単位							
		要介護2 （10,100単位）		－111単位							
		要介護3 （16,769単位）		－184単位							
		要介護4 （21,212単位）		－233単位							
		要介護5 （25,654単位）		－281単位							
	(2)訪問看護サービスを行う場合	要介護1 （8,255単位）	×98/100	－91単位	1月につき －600単位	+15/100	+10/100	+5/100	1月につき +290単位	1月につき （Ⅰ）の場合 +500単位 又は（Ⅱ）の場合 +250単位	死亡日及び死亡日前14日以内に2日以上ターミナルケアを行った場合 +2,000単位
		要介護2 （12,897単位）		－141単位							
		要介護3 （19,686単位）		－216単位							
		要介護4 （24,268単位）		－266単位							
		要介護5 （29,399単位）		－322単位							
ロ 定期巡回・随時対応型訪問介護看護費（Ⅱ）(1月につき)		要介護1 （5,658単位）		－62単位							
		要介護2 （10,100単位）		－111単位							
		要介護3 （16,769単位）		－184単位							
		要介護4 （21,212単位）		－233単位							
		要介護5 （25,654単位）		－281単位							

ハ 初期加算	（1日につき　+30単位）
ニ 退院時共同指導加算 一体型定期巡回・随時対応型訪問介護看護事業所であって訪問看護サービスが必要な者のみ算定可能	（1回につき　+600単位）
ホ 総合マネジメント体制強化加算	（1月につき　1000単位を加算）

ヘ サービス提供体制強化加算	(1) サービス提供体制強化加算（Ⅰ）イ （1月につき +640単位）
	(2) サービス提供体制強化加算（Ⅰ）ロ （1月につき +500単位）
	(3) サービス提供体制強化加算（Ⅱ） （1月につき +350単位）
	(4) サービス提供体制強化加算（Ⅲ） （1月につき +350単位）

ト 介護職員処遇改善加算	(1) 介護職員処遇改善加算（Ⅰ） （1月につき +所定単位×86／1000）	注 所定単位は、イからへまでにより算定した単位数の合計
	(2) 介護職員処遇改善加算（Ⅱ） （1月につき +所定単位×48／1000）	
	(3) 介護職員処遇改善加算（Ⅲ） （1月につき +(2)の90／100）	
	(4) 介護職員処遇改善加算（Ⅳ） （1月につき +(2)の80／100）	

　：特別地域定期巡回・随時対応型訪問介護看護加算、中山間地域等における小規模事業所加算、中山間地域等に居住する者へのサービス提供加算、緊急時訪問看護加算、特別管理加算、ターミナルケア加算、総合マネジメント体制強化加算、サービス提供体制強化加算、介護職員処遇改善加算については、支給限度額管理の対象外の算定項目

2. 夜間対応型訪問介護

利用者に対して、夜間対応型訪問介護事業所の従事者が、夜間において、定期的な巡回または通報により利用者の居宅を訪問し、排泄の介護、日常生活上の緊急対応などの夜間対応型訪問介護を行った場合に、施設基準の区分に応じて所定の単位数が算定されます。

●注意事項

①利用者が短期入所生活介護、短期入所療養介護、特定施設入居者生活介護、小規模多機能型居宅介護、認知症対応型共同生活介護、地域密着型特定施設入居者生活介護、地域密着型介護老人福祉施設入所者生活介護、複合型サービス（看護小規模多機能型居宅介護）を受けている間は、夜間対応型訪問介護費は算定されません。

②利用者が1つの夜間対応型訪問介護事業所において、夜間対応型訪問介護を受けている間は、当該夜間対応型訪問介護事業所以外の夜間対応型訪問介護事業所が夜間対応型訪問介護を行った場合に、夜間対応型訪問介護費は算定されません。

夜間対応型訪問介護費

	内容	単位数	
基本部分	1. 夜間対応型訪問介護費（Ⅰ） ［オペレーションセンターサービス設置］ オペレーションセンターサービスに相当する部分は「基本夜間対応型訪問介護費」として1か月あたりの定額で、定期巡回サービスおよび随時訪問サービスについては、出来高で算定されます。 （1）基本夜間対応型訪問介護費	1か月につき	981単位
	（2）定期巡回サービス費	1回につき	368単位
	（3）随時訪問サービス費（Ⅰ）	1回につき	560単位
	（4）随時訪問サービス費（Ⅱ） 以下のいずれかに該当する場合に、利用者・家族の同意を得て、1人の利用者に対して2人の夜間対応型訪問介護事業所の訪問介護員等により随時訪問サービスを行った場合に算定されます。 ①利用者の身体的理由により1人の訪問介護員等による介護が困難と認められる場合 ②暴力行為、著しい迷惑行為、器物破損行為等が認められる場合 ③長期間にわたり定期巡回サービスまたは随時訪問サービスを受けていない利用者からの通報を受けて、随時訪問サービスを行う場合 ④その他、利用者の状況等から判断して、上記①〜③までのいずれかに準ずると認められる場合	1回につき	754単位
	2. 夜間対応型訪問介護費（Ⅱ） ［オペレーションセンターサービス未設置］ 定期巡回サービス、オペレーションセンターサービス、随時訪問サービスをすべて包摂して1か月あたりの定額が算定されます。 ※オペレーションセンターサービスを設置している事業所であっても、「夜間対応型訪問介護費（Ⅱ）」を算定することができます。	1か月につき	2667単位
加算	1. 24時間通報対応加算 オペレーションセンターサービスを日中（8時から18時までの時間帯を含む、当該事業所の営業時間以外の時間帯）において行う場合に算定されます。 ※夜間対応型訪問介護を利用している者であって、日中においてもオペレーションセンターサービスの利用を希望するものについて算定されます。	1か月につき	610単位を加算
	2. サービス提供体制強化加算 以下の基準のいずれにも適合しているものとして市町村長に届け出た夜間対応型訪問介護事業所が夜間対応型訪問介護を行った場合、算定されます。ただし、いずれかの加算を算定している場合は、その他の加算は算定されません。 （1）サービス提供体制強化加算（Ⅰ）イ ①夜間対応型訪問介護費（Ⅰ）を算定している ②事業所のすべての訪問介護員等に対し、訪問介護員等ごとに研修計画を作成し、当該計画に従って研修を実施（または実施を予定）している ③利用者に関する情報もしくはサービス提供に当たっての留意事項の伝達または訪問介護員等の技術指導を目的とした会議を定期的に開催している ④事業所の全ての訪問介護員等に対し、健康診断等を定期的に実施している ⑤事業所の訪問介護員等の総数のうち、介護福祉士の占める割合が40％以上または介護福祉士、実務者研修修了者および介護職員基礎研修課程修了者の占める割合が60％以上である	1回につき	18単位を加算

夜間対応型訪問介護費

	内容	単位数
加算	(2)サービス提供体制強化加算（Ⅰ）ロ ①(1)の①～④のいずれにも適合すること ②事業所の訪問介護員等の総数のうち、介護福祉士の占める割合が30％以上または介護福祉士、実務者研修修了者及び介護職員基礎研修課程修了者の占める割合が50％以上である	1回につき　12単位を加算
	(3)サービス提供体制強化加算（Ⅱ）イ ①夜間対応型訪問介護費（Ⅱ）を算定している ②(1)の②～⑤のいずれにも適合すること	1か月につき　126単位を加算
	(4)サービス提供体制強化加算（Ⅱ）ロ ①夜間対応型訪問介護費（Ⅱ）を算定している ②(1)の①～④、(2)の②のいずれにも適合すること	1か月につき　84単位を加算
	3.　介護職員処遇改善加算 以下の基準に適合している介護職員の賃金の改善等を実施しているとして市町村長に届け出た夜間対応型訪問介護事業所が夜間対応型訪問介護を行った場合、2018(平成30)年3月31日までの間加算されます。ただし、いずれかの加算を算定している場合は、その他の加算は算定されません。 (1)介護職員処遇改善加算（Ⅰ）　いずれにも適合すること ①賃金改善に関する計画を策定し、適切な措置を講じていること ②夜間対応型訪問介護の事業所において、①の賃金改善に関する計画、介護職員処遇改善計画書を作成し、すべての介護職員に周知し、市町村長に届け出ていること ③介護職員処遇改善加算の算定額に相当する賃金改善を実施すること ④事業年度ごとに介護職員の処遇改善に関する実績を市町村長に報告すること ⑤算定日が属する月の前12か月間において労働基準法等に違反し、罰金以上の刑に処せられていないこと ⑥労働保険料の納付が適正に行われていること ⑦次に掲げる基準のいずれにも適合すること 　ア　介護職員の任用の際の職責・職務内容等の要件を定め、書面をもって作成し、すべての介護職員に周知していること 　イ　介護職員の資質の向上の支援に関する計画を策定し、計画に係る研修を実施または研修の機会を確保し、すべての介護職員に周知していること ⑧2015(平成27)年4月から②の届出の日の属する月の前月までに実施した介護職員の処遇改善の内容および処遇改善に要した費用をすべての職員に周知していること	所定単位数(加算減算を加えた総単位数)の8.6％に相当する単位数を加算
	(2)介護職員処遇改善加算（Ⅱ） 以下の基準のいずれにも適合すること ①(1)の①～⑥のいずれにも適合すること ②(1)の⑦のアもしくはイのいずれかに適合すること ③2008(平成20)年10月から(1)の②の届出の日の属する月の前月までに実施した介護職員の処遇改善の内容および処遇改善に要した費用をすべての職員に周知していること	所定単位数(加算減算を加えた総単位数)の4.8％に相当する単位数を加算
	(3)介護職員処遇改善加算（Ⅲ） (1)の①から⑥までのいずれにも適合し、かつ(2)の②または③に掲げる基準のいずれかに適合すること	(2)により算定した単位数の90％に相当する単位数を加算
	(4)介護職員処遇改善加算（Ⅳ） (1)の①から⑥までのいずれにも適合すること	(2)により算定した単位数の80％に相当する単位数を加算
減算	同一建物等に対する減算 ①夜間対応型訪問介護事業所と同一の敷地内もしくは隣接する敷地内の建物（養護老人ホーム、軽費老人ホーム、有料老人ホーム、サービス付き高齢者向け住宅に限る）もしくは同一の建物に居住する利用者、②または①以外の建物で1か月当たりの利用者が20人以上居住する建物の利用者に定期巡回・随時対応型訪問介護看護を行った場合は減額されます。	所定単位数の90％に相当する単位数を算定

夜間対応型訪問介護費

算定構造

基本部分			注 事業所と同一建物の利用者又はこれ以外の同一建物の利用者20人以上にサービスを行う場合	注 24時間通報対応加算
イ 夜間対応型訪問介護費（Ⅰ）	基本夜間対応型訪問介護費	（1月につき 981単位）	×90/100	1月につき 610単位
	定期巡回サービス費	（1回につき 368単位）		
	随時訪問サービス費（Ⅰ）	（1回につき 560単位）		
	随時訪問サービス費（Ⅱ）	（1回につき 754単位）		
ロ 夜間対応型訪問介護費（Ⅱ）		（1月につき 2,667単位）		
ハ サービス提供体制強化加算	(1) サービス提供体制強化加算（Ⅰ）イ	（1回につき 18単位を加算）		
	(2) サービス提供体制強化加算（Ⅰ）ロ	（1回につき 12単位を加算）		
	(3) サービス提供体制強化加算（Ⅱ）イ	（1月につき 126単位を加算）		
	(4) サービス提供体制強化加算（Ⅱ）ロ	（1月につき 84単位を加算）		
ニ 介護職員処遇改善加算	(1) 介護職員処遇改善加算（Ⅰ）	（1月につき ＋所定単位×86／1000）	注 所定単位は、イからハまでにより算定した単位数の合計	
	(2) 介護職員処遇改善加算（Ⅱ）	（1月につき ＋所定単位×48／1000）		
	(3) 介護職員処遇改善加算（Ⅲ）	（1月につき ＋(2)の90／100）		
	(4) 介護職員処遇改善加算（Ⅳ）	（1月につき ＋(2)の80／100）		

☐：サービス提供体制強化加算、介護職員処遇改善加算は、支給限度額管理の対象外の算定項目

3. 認知症対応型通所介護

単独型・併設型認知症対応型通所介護事業所または、共用型認知症対応型通所介護事業所において、認知症対応型通所介護を行った場合に、施設基準の区分、利用者の要介護状態区分に応じて算定されます。この場合、算定のもとになる時間は、実際に要した時間ではなく、認知症対応型通所介護計画に位置づけられたサービスを行うのに要する標準的な時間をいいます。

●注意事項

利用者が、短期入所生活介護、短期入所療養介護、特定施設入居者生活介護、小規模多機能型居宅介護、認知症対応型共同生活介護、地域密着型特定施設入居者生活介護、地域密着型介護老人福祉施設入所者生活介護、複合型サービス（看護小規模多機能型居宅介護）を受けている間は、認知症対応型通所介護費は算定されません。

認知症対応型通所介護費

	内容	単位数	
基本部分	1. 認知症対応型通所介護費（Ⅰ） （1）認知症対応型通所介護費(i) ［単独型］ ①3時間以上5時間未満	要介護1 要介護2 要介護3 要介護4 要介護5	564単位 620単位 678単位 735単位 792単位
	②5時間以上7時間未満	要介護1 要介護2 要介護3 要介護4 要介護5	865単位 958単位 1050単位 1143単位 1236単位
	③7時間以上9時間未満	要介護1 要介護2 要介護3 要介護4 要介護5	985単位 1092単位 1199単位 1307単位 1414単位
	（2）認知症対応型通所介護費(ii) ［併設型］ ①3時間以上5時間未満	要介護1 要介護2 要介護3 要介護4 要介護5	510単位 561単位 612単位 663単位 714単位
	②5時間以上7時間未満	要介護1 要介護2 要介護3 要介護4 要介護5	778単位 861単位 944単位 1026単位 1109単位
	③7時間以上9時間未満	要介護1 要介護2 要介護3 要介護4 要介護5	885単位 980単位 1076単位 1172単位 1267単位
	2. 認知症対応型通所介護費（Ⅱ） ［共用型］ （1）3時間以上5時間未満	要介護1 要介護2 要介護3 要介護4 要介護5	270単位 280単位 289単位 299単位 309単位
	（2）5時間以上7時間未満	要介護1 要介護2 要介護3 要介護4 要介護5	439単位 454単位 470単位 486単位 502単位
	（3）7時間以上9時間未満	要介護1 要介護2 要介護3 要介護4 要介護5	506単位 524単位 542単位 560単位 579単位

認知症対応型通所介護費

	内容	単位数
加算	1. サービス時間延長加算 7時間以上9時間未満の認知症対応型通所介護の前後に日常生活上の世話を行った場合であって、通算した時間が9時間以上になる場合に加算されます。 (1) 9時間以上10時間未満	50単位を加算
	(2) 10時間以上11時間未満	100単位を加算
	(3) 11時間以上12時間未満	150単位を加算
	(4) 12時間以上13時間未満	200単位を加算
	(5) 13時間以上14時間未満	250単位を加算
	2. 入浴介助加算 認知症対応型通所介護事業所において、入浴介助を適切に行うことができる人員および設備を有して入浴介助を行った場合に加算されます。	1日につき 50単位を加算
	3. 個別機能訓練加算 認知症対応型通所介護を行う時間帯に1日120分以上、機能訓練指導員の職務に専従する理学療法士、作業療法士、言語聴覚士、看護職員、柔道整復師、あん摩マッサージ指圧師(以下、理学療法士等)を1人以上配置している認知症対応型通所介護事業所において、利用者に対して、機能訓練指導員、看護職員、介護職員、生活相談員その他の職種の者が共同して、利用者ごとに個別機能訓練計画を作成し、その計画に基づき、計画的な機能訓練を行っている場合に加算されます。	1日につき 27単位を加算
	4. 若年性認知症利用者受入加算 認知症対応型通所介護事業所において、若年性認知症利用者に対して、利用者ごとに個別の担当者を定め、利用者の特性やニーズに応じたサービス提供が行われた場合に加算されます。	1日につき 60単位を加算
	5. 栄養改善加算 以下に掲げるすべての基準を満たす認知症対応型通所介護事業所において、低栄養状態にあるかまたはそのおそれのある利用者に対して、低栄養状態の改善等を目的として、個別的に実施される栄養食事相談等の栄養管理であって、利用者の心身の状態の維持または向上に資すると認められる「栄養改善サービス」を行った場合に、3か月以内の期間に限り、1か月に2回を限度として加算されます。ただし、栄養改善サービスの開始から3か月ごとの利用者の栄養状態の評価の結果、低栄養状態が改善せず、栄養改善サービスを引き続き行う必要性が認められる利用者については、引き続き算定することができます。 ①管理栄養士を1名以上配置していること ②利用者の栄養状態を利用開始時に把握し、管理栄養士、看護職員、介護職員、生活相談員その他の職種の者が共同して、利用者ごとの摂食・嚥下機能および食形態にも配慮した栄養ケア計画を作成していること ③利用者ごとの栄養ケア計画に従い、管理栄養士等が栄養改善サービスを行っているとともに、利用者の栄養状態を定期的に記録していること ④利用者ごとの栄養ケア計画の進捗状況を定期的に評価すること ⑤利用定員および従業員の員数に関する基準を満たしていること	1回につき 150単位を加算
	6. 口腔機能向上加算 以下に掲げるすべての基準を満たす認知症対応型通所介護事業所において、口腔機能が低下しているかまたはそのおそれのある利用者に対して、利用者の口腔機能の向上を目的として、個別的に実施される口腔清掃の指導や実施、摂食・嚥下機能に関する訓練の指導や実施であり、利用者の心身の状態の維持または向上に資すると認められる「口腔機能向上サービス」を行った場合に、3か月以内の期間に限り、1か月に2回を限度として算定されます。ただし、口腔機能向上サービスの開始から3か月ごとの利用者の口腔機能の評価の結果、口腔機能が向上せず、口腔機能向上サービスを引き続き行う必要性が認められる利用者については、引き続き算定することができます。 ①言語聴覚士、歯科衛生士または看護職員を1名以上配置していること ②利用者の口腔機能を利用開始時に把握し、言語聴覚士、歯科衛生士、看護職員、介護職員、生活相談員その他の職種の者が共同して、利用者ごとの口腔機能改善管理指導計画を作成していること ③利用者ごとの口腔機能改善管理指導計画に従い、言語聴覚士、歯科衛生士または看護職員が口腔機能向上サービスを行っているとともに、利用者の口腔機能を定期的に記録していること ④利用者ごとの口腔機能改善管理指導計画の進捗状況を定期的に評価すること ⑤利用定員および従業員の員数に関する基準を満たしていること	1回につき 150単位を加算
	7. サービス提供体制強化加算 以下の基準のいずれにも適合しているものとして市町村長に届け出た認知症対応型通所介護事業所が認知症対応型通所介護を行った場合、算定されます。ただし、いずれかの加算を算定している場合は、その他の加算は算定されません。 (1) サービス提供体制強化加算(Ⅰ)イ ①事業所の介護職員の総数のうち、介護福祉士の占める割合が50%以上である ②認知症対応型通所介護事業所の利用定員および従業員の員数に関する基準を満たしている	1回につき 18単位を加算
	(2) サービス提供体制強化加算(Ⅰ)ロ ①事業所の介護職員の総数のうち、介護福祉士の占める割合が40%以上である ②(1)の②に該当している	1回につき 12単位を加算

認知症対応型通所介護費

	内容	単位数
加算	(3) サービス提供体制強化加算（Ⅱ） ①認知症対応型通所介護を利用者に直接提供する職員のうち、勤続3年以上の者の占める割合が30％以上である ②(1)の②に該当している	1回につき　6単位を加算
	8. 介護職員処遇改善加算 以下の基準に適合している介護職員の賃金の改善等を実施しているとして市町村長に届け出た認知症対応型通所介護事業所が認知症対応型通所介護を行った場合、2018（平成30）年3月31日までの間加算されます。ただし、いずれかの加算を算定している場合は、その他の加算は算定されません。	
	(1) 介護職員処遇改善加算（Ⅰ）　いずれにも適合すること ①賃金改善に関する計画を策定し、適切な措置を講じていること ②認知症対応型通所介護の事業所において、①の賃金改善に関する計画、介護職員処遇改善計画書を作成し、すべての介護職員に周知し、市町村長に届け出ていること ③介護職員処遇改善加算の算定額に相当する賃金改善を実施すること ④事業年度ごとに介護職員の処遇改善に関する実績を市町村長に報告すること ⑤算定日が属する月の前12か月間において労働基準法等に違反し、罰金以上の刑に処せられていないこと ⑥労働保険料の納付が適正に行われていること ⑦次に掲げる基準のいずれにも適合すること 　ア　介護職員の任用の際の職責・職務内容等の要件を定め、書面をもって作成し、すべての介護職員に周知していること 　イ　介護職員の資質の向上の支援に関する計画を策定し、計画に係る研修を実施または研修の機会を確保し、すべての介護職員に周知していること ⑧2015（平成27）年4月から②の届出の日の属する月の前月までに実施した介護職員の処遇改善の内容および処遇改善に要した費用をすべての職員に周知していること	所定単位数（加算減算を加えた総単位数）の6.8％に相当する単位数を加算
	(2) 介護職員処遇改善加算（Ⅱ） 以下の基準のいずれにも適合すること ①(1)の①～⑥のいずれにも適合すること ②(1)の⑦のアもしくはイのいずれかに適合すること ③2008（平成20）年10月から(1)の②の届出の日の属する月の前月までに実施した介護職員の処遇改善の内容および処遇改善に要した費用をすべての職員に周知していること	所定単位数（加算減算を加えた総単位数）の3.8％に相当する単位数を加算
	(3) 介護職員処遇改善加算（Ⅲ） (1)の①から⑥までのいずれにも適合し、かつ(2)の②または③に掲げる基準のいずれかに適合すること	(2)により算定した単位数の90％に相当する単位数を加算
	(4) 介護職員処遇改善加算（Ⅳ） (1)の①から⑥までのいずれにも適合すること	(2)により算定した単位数の80％に相当する単位数を加算
減算	1. 利用定員超過による減算 認知症対応型通所介護の月平均利用者の数（介護予防認知症対応型通所介護の事業を同一の事業所において一体的に運営している場合はその合計数）が、運営規程に定められている利用定員を超えた場合に減算されます。	所定単位数の70％に相当する単位数を算定
	2. 従業者欠員による減算 認知症対応型通所介護事業所の看護職員または介護職員の数について、運営基準に定める員数が配置されていない場合に減算されます。	所定単位数の70％に相当する単位数を算定
	3. 短時間サービスによる減算 心身の状況その他の利用者のやむを得ない事情により、長時間のサービス利用が困難である利用者に対して、2時間以上3時間未満の認知症対応型通所介護を行った場合に算定されます。	3時間以上5時間未満の所定単位数の63％に相当する単位数を算定
	4. 同一建物内に対する減算 認知症対応型通所介護事業所と同一建物に居住する利用者または同一建物から認知症対応型通所介護事業所に通う利用者に対して認知症対応型通所介護を行った場合に減算されます。	1日につき　94単位を減算
	5. 事業所が送迎を行わない場合の減算 利用者の居宅と事業所との間の送迎を行わない場合に減算されます。	片道につき　47単位を減算

認知症対応型通所介護費

算定構造

基本部分				注 利用者の利用定員を超える場合	注 看護・介護職員の員数が基準に満たない場合	注 2時間以上3時間未満の認知症対応型通所介護を行う場合	注 7時間以上9時間未満の認知症対応型通所介護の前後に日常生活上の世話を行う場合	注 入浴介助を行った場合	注 個別機能訓練加算	注 若年性認知症利用者受入加算	注 栄養改善加算	注 口腔機能向上加算	注 事業所と同一建物に居住する者又は同一建物から利用する者に認知症対応型通所介護を行う場合	注 事業所が送迎を行わない場合
イ 認知症対応型通所介護費（Ⅰ）	(1) 認知症対応型通所介護費（ⅰ）	（一）3時間以上5時間未満	要介護1 （ 564単位）	×70/100	×70/100		×63/100	1日につき +50単位	1日につき +27単位	1日につき +60単位	1回につき +150単位 （月2回を限度）	1回につき +150単位 （月2回を限度）	1日につき -94単位	片道につき -47単位
			要介護2 （ 620単位）											
			要介護3 （ 678単位）											
			要介護4 （ 735単位）											
			要介護5 （ 792単位）											
		（二）5時間以上7時間未満	要介護1 （ 865単位）											
			要介護2 （ 958単位）											
			要介護3 （1,050単位）											
			要介護4 （1,143単位）											
			要介護5 （1,236単位）											
		（三）7時間以上9時間未満	要介護1 （ 985単位）				9時間以上10時間未満の場合 +50単位 10時間以上11時間未満の場合 +100単位 11時間以上12時間未満の場合 +150単位 12時間以上13時間未満の場合 +200単位 13時間以上14時間未満の場合 +250単位							
			要介護2 （1,092単位）											
			要介護3 （1,199単位）											
			要介護4 （1,307単位）											
			要介護5 （1,414単位）											
	(2) 認知症対応型通所介護費（ⅱ）	（一）3時間以上5時間未満	要介護1 （ 510単位）				×63/100							
			要介護2 （ 561単位）											
			要介護3 （ 612単位）											
			要介護4 （ 663単位）											
			要介護5 （ 714単位）											
		（二）5時間以上7時間未満	要介護1 （ 778単位）											
			要介護2 （ 861単位）											
			要介護3 （ 944単位）											
			要介護4 （1,026単位）											
			要介護5 （1,109単位）											
		（三）7時間以上9時間未満	要介護1 （ 885単位）				9時間以上10時間未満の場合 +50単位 10時間以上11時間未満の場合 +100単位 11時間以上12時間未満の場合 +150単位 12時間以上13時間未満の場合 +200単位 13時間以上14時間未満の場合 +250単位							
			要介護2 （ 980単位）											
			要介護3 （1,076単位）											
			要介護4 （1,172単位）											
			要介護5 （1,267単位）											

第6章 介護報酬と加算・減算

認知症対応型通所介護費

算定構造

基本部分				注 利用者の利用数が定員を超える場合	注 看護・介護職員の員数が基準に満たない場合	注 2時間以上3時間未満の認知症対応型通所介護を行う場合	注 7時間以上9時間未満の認知症対応型通所介護の前後に日常生活上の世話を行う場合	注 入浴介助を行った場合	注 個別機能訓練加算	注 若年性認知症利用者受入加算	注 栄養改善加算	注 口腔機能向上加算	注 事業所と同一建物に居住する者又は同一建物から利用する者に認知症対応型通所介護を行う場合	注 事業所が送迎を行わない場合
ロ 認知症対応型通所介護費(Ⅱ)	(1) 3時間以上5時間未満	要介護1 (270単位)					×63/100							
		要介護2 (280単位)												
		要介護3 (289単位)												
		要介護4 (299単位)												
		要介護5 (309単位)												
	(2) 5時間以上7時間未満	要介護1 (439単位)		×70/100	×70/100			1日につき +50単位	1日につき +27単位	1日につき +60単位	1回につき +150単位 (月2回を限度)	1回につき +150単位 (月2回を限度)	1日につき −94単位	片道につき −47単位
		要介護2 (454単位)												
		要介護3 (470単位)												
		要介護4 (486単位)												
		要介護5 (502単位)												
	(3) 7時間以上9時間未満	要介護1 (506単位)					9時間以上10時間未満の場合 +50単位							
		要介護2 (524単位)					10時間以上11時間未満の場合 +100単位							
		要介護3 (542単位)					11時間以上12時間未満の場合 +150単位							
		要介護4 (560単位)					12時間以上13時間未満の場合 +200単位							
		要介護5 (579単位)					13時間以上14時間未満の場合 +250単位							
ハ サービス提供体制強化加算	(1) サービス提供体制強化加算(Ⅰ)イ (1回につき 18単位を加算)													
	(2) サービス提供体制強化加算(Ⅰ)ロ (1回につき 12単位を加算)													
	(3) サービス提供体制強化加算(Ⅱ) (1回につき 6単位を加算)													
ニ 介護職員処遇改善加算	(1) 介護職員処遇改善加算(Ⅰ) (1月につき +所定単位×68/1000)			注 所定単位は、イからハまでにより算定した単位数の合計										
	(2) 介護職員処遇改善加算(Ⅱ) (1月につき +所定単位×38/1000)													
	(3) 介護職員処遇改善加算(Ⅲ) (1月につき +(2)の90/100)													
	(4) 介護職員処遇改善加算(Ⅳ) (1月につき +(2)の80/100)													

☐：サービス提供体制強化加算、介護職員処遇改善加算は、支給限度額管理の対象外の算定項目

4. 小規模多機能型居宅介護

　小規模多機能型居宅介護事業所に登録した利用者に対して、居宅への訪問、サービス拠点への通所、短期間の宿泊等を提供する等の小規模多機能型居宅介護を行った場合に、登録者の要介護状態区分に応じて算定されます。

●注意事項

①登録者が短期入所生活介護、短期入所療養介護、特定施設入居者生活介護、認知症対応型共同生活介護、地域密着型特定施設入居者生活介護、地域密着型介護老人福祉施設入所者生活介護、複合型サービス（看護小規模多機能型居宅介護）を受けている間は、小規模多機能型居宅介護費は算定されません。

②登録者が1つの事業所において、小規模多機能型居宅介護を受けている間は、その他の小規模多機能型居宅介護事業所より提供されたサービスに対する小規模多機能型居宅介護費は算定されません。

小規模多機能型居宅介護費

	内容	単位数
基本部分	1. 小規模多機能型居宅介護費 (1)同一建物に居住する者以外の者に対して行う場合	1か月につき 要介護1　　10320単位 要介護2　　15167単位 要介護3　　22062単位 要介護4　　24350単位 要介護5　　26849単位
	(2)同一建物に居住する者に対して行う場合	要介護1　　 9298単位 要介護2　　13665単位 要介護3　　19878単位 要介護4　　21939単位 要介護5　　24191単位
	2. 短期利用居宅介護費	1日につき 要介護1　　　565単位 要介護2　　　632単位 要介護3　　　700単位 要介護4　　　767単位 要介護5　　　832単位
加算	1. 中山間地域等居住者サービス提供加算 小規模多機能型居宅介護費については、厚生労働大臣が定める地域（p.402）に居住している登録者に対して、通常の事業の実施地域を越えて小規模多機能型居宅介護を行った場合に加算されます。	1か月につき 所定単位数の5％に相当する単位数を加算
	2. 初期加算 小規模多機能型居宅介護費については、利用者が小規模多機能型居宅介護事業所に登録した日から起算して30日以内については、初期加算として所定の単位数が算定されます。30日を超えて病院または診療所に入院した後に、小規模多機能型居宅介護の利用を再び開始した場合にも加算されます。	1日につき　　30単位を加算
	3. 認知症加算 (1)認知症加算（Ⅰ） 小規模多機能型居宅介護費については、日常生活に支障をきたすおそれのある症状または行動が認められることから介護を必要とする認知症の者（認知症日常生活自立度Ⅲ以上）に対し、小規模多機能型居宅介護を提供した場合に加算されます。	1か月につき　800単位を加算
	(2)認知症加算（Ⅱ） 小規模多機能型居宅介護費については、要介護2に該当し、周囲の者による日常生活に対する注意を必要とする認知症の登録者（認知症日常生活自立度Ⅱ）に対し、小規模多機能型居宅介護を提供した場合に加算されます。	1か月につき　500単位を加算
	4. 看護職員配置加算 小規模多機能型居宅介護費については、以下の基準に適合しているものとして市町村長に届け出た指定小規模多機能型居宅介護事業所について加算されます。ただし、いずれかの加算を算定している場合は、その他の加算は算定されません。 (1)看護職員配置加算（Ⅰ） ①専ら当該指定小規模多機能型居宅介護事業所の職務に従事する常勤の看護師を1名以上配置していること ②登録定員および従業員の員数に関する基準を満たしていること	1か月につき　　　900単位

小規模多機能型居宅介護費

	内容	単位数
加算	(2) 看護職員配置加算（Ⅱ） ①専ら当該指定小規模多機能型居宅介護事業所の職務に従事する常勤の准看護師を1名以上配置していること ②登録定員および従業員の員数に関する基準を満たしていること	1か月につき　　700単位
	(3) 看護職員配置加算（Ⅲ） ①看護師を常勤換算方法で1名以上配置していること ②登録定員および従業員の員数に関する基準を満たしていること	1か月につき　　480単位
	5. 看取り連携体制加算 小規模多機能型居宅介護費については、以下の基準に適合しているものとして市町村長に届け出た小規模多機能型居宅介護事業所において、①医師が一般に認められている医学的知見にもとづき回復の見込みがないと診断した者、②看取り期における対応方針にもとづき、登録者の状態または家族等の求め等に応じ、介護職員、看護職員等から介護記録等入所者に関する記録を活用し行われるサービスについての説明を受け、同意したうえで介護を受けている者（その家族等が説明を受け、同意したうえで介護を受けている者を含む）について看取り期におけるサービス提供を行った場合に加算されます。ただし、看護職員配置加算（Ⅰ）を算定していない場合は算定されません。 ①看護師により24時間連絡できる体制を確保していること ②看取り期における対応方針を定め、利用開始の際に、登録者またはその家族等に対して、当該対応方針の内容を説明し、同意を得ていること	死亡日および死亡日以前30日以下 1日につき　　　64単位
	6. 訪問体制強化加算 小規模多機能型居宅介護費については、以下の基準のいずれにも適合しているものとして市町村長に届け出た小規模多機能型居宅介護事業所において、登録者の居宅における生活を継続するための小規模多機能型居宅介護の提供体制を強化した場合に加算されます。 ①訪問サービスの提供に当たる常勤の従業者を2名以上配置していること ②算定日が属する月における提供回数について、当該事業所における延べ訪問回数が1か月当たり200回以上であること。ただし、事業所と同一の建物に集合住宅（養護老人ホーム、軽費老人ホーム、有料老人ホーム、サービス付き高齢者向け住宅）を併設する場合は、登録者の総数のうち小規模多機能型居宅介護費の(1)を算定する者の占める割合が50％以上であって、かつ、小規模多機能型居宅介護費の(1)を算定する登録者に対する延べ訪問回数が1か月当たり200回以上であること	1か月につき　　1000単位
	7. 総合マネジメント体制強化加算 小規模多機能型居宅介護費については、以下の基準のいずれにも適合しているものとして市町村長に届け出た小規模多機能型居宅介護事業所が、小規模多機能型居宅介護の質を継続的に管理した場合に加算されます。 ①利用者の心身の状況またはその家族等を取り巻く環境の変化に応じ、随時、介護支援専門員、看護師、准看護師、介護職員その他の関係者が共同し、小規模多機能型居宅介護計画の見直しを行っている ②利用者の地域における多様な活動が確保されるよう、日常的に地域住民等との交流を図り、利用者の状態に応じて、地域の行事や活動等に積極的に参加している	1か月につき　1000単位を加算
	8. サービス提供体制強化加算 以下の基準のいずれにも適合しているものとして市町村長に届け出た小規模多機能型居宅介護事業所が、登録者に対し小規模多機能型居宅介護を行った場合、算定されます。ただし、いずれかの加算を算定している場合は、その他の加算は算定されません。 (1) サービス提供体制強化加算（Ⅰ）イ ①事業所のすべての従業者に対し、従業者ごとに研修計画を作成し、研修（外部における研修を含む）を実施又は実施を予定している ②利用者に関する情報や留意事項の伝達または従業者の技術指導を目的とした会議を定期的に開催している ③当該事業所の従業者（看護師または准看護師を除く）の総数のうち、介護福祉士の占める割合が50％以上である ④登録定員および従業員の員数に関する基準を満たしている	小規模多機能型居宅介護費を算定する場合 1か月につき　　640単位 短期利用居宅介護費を算定する場合 1日につき　　21単位を加算
	(2) サービス提供体制強化加算（Ⅰ）ロ ①当該事業所の従業者（看護師または准看護師を除く）の総数のうち、介護福祉士の占める割合が40％以上である ②(1)の①②④に該当している	小規模多機能型居宅介護費を算定する場合 1か月につき　　500単位 短期利用居宅介護費を算定する場合 1日につき　　16単位を加算
	(3) サービス提供体制強化加算（Ⅱ） ①当該事業所の従業者の総数のうち、常勤職員の占める割合が60％以上である ②(1)の①②④に該当している	小規模多機能型居宅介護費を算定する場合 1か月につき　　350単位 短期利用居宅介護費を算定する場合 1日につき　　12単位を加算
	(4) サービス提供体制強化加算（Ⅲ） ①当該事業所の従業者の総数のうち、勤続年数3年以上の者の占める割合が30％以上である ②(1)の①②④に該当している	小規模多機能型居宅介護費を算定する場合 1か月につき　　350単位 短期利用居宅介護費を算定する場合 1日につき　　12単位を加算

小規模多機能型居宅介護費

	内容	単位数
加算	9. 介護職員処遇改善加算 以下の基準に適合している介護職員の賃金の改善等を実施しているとして市町村長に届け出た小規模多機能型居宅介護事業所が小規模多機能型居宅介護を行った場合、2018(平成30)年3月31日までの間加算されます。ただし、いずれかの加算を算定している場合は、その他の加算は算定されません。 (1)介護職員処遇改善加算(Ⅰ)　いずれにも適合すること ①賃金改善に関する計画を策定し、適切な措置を講じていること ②小規模多機能型居宅介護の事業所において、①の賃金改善に関する計画、介護職員処遇改善計画書を作成し、すべての介護職員に周知し、市町村長に届け出ていること ③介護職員処遇改善加算の算定額に相当する賃金改善を実施すること ④事業年度ごとに介護職員の処遇改善に関する実績を市町村長に報告すること ⑤算定日が属する月の前12か月間において労働基準法等に違反し、罰金以上の刑に処せられていないこと ⑥労働保険料の納付が適正に行われていること ⑦次に掲げる基準のいずれにも適合すること 　ア　介護職員の任用の際の職責・職務内容等の要件を定め、書面をもって作成し、すべての介護職員に周知していること 　イ　介護職員の資質の向上の支援に関する計画を策定し、計画に係る研修を実施または研修の機会を確保し、すべての介護職員に周知していること ⑧2015(平成27)年4月から②の届出の日の属する月の前月までに実施した介護職員の処遇改善の内容および処遇改善に要した費用をすべての職員に周知していること	所定単位数(加算減算を加えた総単位数)の7.6%に相当する単位数を加算
	(2)介護職員処遇改善加算(Ⅱ) 以下の基準のいずれにも適合すること ①(1)の①～⑥のいずれにも適合すること ②(1)の⑦のアもしくはイのいずれかに適合すること ③2008(平成20)年10月から(1)の②の届出の日の属する月の前月までに実施した介護職員の処遇改善の内容および処遇改善に要した費用をすべての職員に周知していること	所定単位数(加算減算を加えた総単位数)の4.2%に相当する単位数を加算
	(3)介護職員処遇改善加算(Ⅲ) (1)の①から⑥までのいずれにも適合し、かつ(2)の②または③に掲げる基準のいずれかに適合すること	(2)により算定した単位数の90%に相当する単位数を加算
	(4)介護職員処遇改善加算(Ⅳ) (1)の①から⑥までのいずれにも適合すること	(2)により算定した単位数の80%に相当する単位数を加算
減算	1. 登録定員超過による減算 小規模多機能型居宅介護の登録者の数(介護予防小規模多機能型居宅介護の事業を同一の事業所において一体的に運営している場合はその合計数)が、運営規程に定められている登録定員を超えた場合に減算されます。	1か月につき 所定単位数の70%に相当する単位数を算定
	2. 従業者欠員による減算 小規模多機能型居宅介護事業所の従業者の数について、運営基準に定める員数が配置されていない場合に減算されます。	1か月につき 所定単位数の70%に相当する単位数を算定
	3. 過少サービスに対する減算 小規模多機能型居宅介護事業所が提供する通いサービス、訪問サービス、宿泊サービスの算定月における提供回数について、登録者(短期入所居宅介護費を算定する者を除く)1人あたりの平均回数が週4回に満たない場合に減算されます。	1か月につき 所定単位数の70%に相当する単位数を算定

第6章 介護報酬と加算・減算

小規模多機能型居宅介護費

算定構造

基本部分			注 登録者数が登録定員を超える場合	注 従業者の員数が基準に満たない場合	注 過少サービスに対する減算	注 中山間地域等に居住する者へのサービス提供加算
イ 小規模多機能型居宅介護費（1月につき）	(1) 同一建物に居住する者以外の者に対して行う場合	要介護1　（10,320単位）	×70/100	×70/100	×70/100	+5/100
		要介護2　（15,167単位）				
		要介護3　（22,062単位）				
		要介護4　（24,350単位）				
		要介護5　（26,849単位）				
	(2) 同一建物に居住する者に対して行う場合	要介護1　（ 9,298単位）				
		要介護2　（13,665単位）				
		要介護3　（19,878単位）				
		要介護4　（21,939単位）				
		要介護5　（24,191単位）				
ロ 短期利用居宅介護費（1日につき）		要介護1　（　565単位）				
		要介護2　（　632単位）				
		要介護3　（　700単位）				
		要介護4　（　767単位）				
		要介護5　（　832単位）				
ハ 初期加算（イを算定する場合のみ算定）		（1日につき　30単位を加算）				
ニ 認知症加算（イを算定する場合のみ算定）	(1) 認知症加算（Ⅰ）	（1月につき　800単位を加算）				
	(2) 認知症加算（Ⅱ）	（1月につき　500単位を加算）				
ホ 看護職員配置加算（イを算定する場合のみ算定）	(1) 看護職員配置加算（Ⅰ）	（1月につき　900単位を加算）				
	(2) 看護職員配置加算（Ⅱ）	（1月につき　700単位を加算）				
	(3) 看護職員配置加算（Ⅲ）	（1月につき　480単位を加算）				
ヘ 看取り連携体制加算（イを算定する場合のみ算定）		（1日につき　64単位を加算）				
ト 訪問体制強化加算（イを算定する場合のみ算定）		（1月につき　1,000単位を加算）				
チ 総合マネジメント体制強化加算（イを算定する場合のみ算定）		（1月につき　1,000単位を加算）				
リ サービス提供体制強化加算	(1) イを算定している場合					
	（一）サービス提供体制強化加算（Ⅰ）イ	（1月につき　640単位を加算）				
	（二）サービス提供体制強化加算（Ⅰ）ロ	（1月につき　500単位を加算）				
	（三）サービス提供体制強化加算（Ⅱ）	（1月につき　350単位を加算）				
	（四）サービス提供体制強化加算（Ⅲ）	（1月につき　350単位を加算）				
	(2) ロを算定している場合					
	（一）サービス提供体制強化加算（Ⅰ）イ	（1日につき　21単位を加算）				
	（二）サービス提供体制強化加算（Ⅰ）ロ	（1日につき　16単位を加算）				
	（三）サービス提供体制強化加算（Ⅱ）	（1日につき　12単位を加算）				
	（四）サービス提供体制強化加算（Ⅲ）	（1日につき　12単位を加算）				
ヌ 介護職員処遇改善加算	(1) 介護職員処遇改善加算（Ⅰ）	（1月につき　＋所定単位×76／1000）	注 所定単位は、イからリまでにより算定した単位数の合計			
	(2) 介護職員処遇改善加算（Ⅱ）	（1月につき　＋所定単位×42／1000）				
	(3) 介護職員処遇改善加算（Ⅲ）	（1月につき　＋(2)の90／100）				
	(4) 介護職員処遇改善加算（Ⅳ）	（1月につき　＋(2)の80／100）				

　：サービス提供体制強化加算、介護職員処遇改善加算、中山間地域等に居住する者へのサービス提供加算、訪問体制強化加算、総合マネジメント体制強化加算は、支給限度額管理の対象外の算定項目

5. 認知症対応型共同生活介護

認知症対応型共同生活介護事業所において、入浴、排泄、食事の介護等を行うなど、認知症対応型共同生活介護を行った場合に、施設の区分、利用者の要介護状態区分に応じて所定単位数が算定されます。

認知症対応型共同生活介護費

		内容	単位数	
基本部分	1.	認知症対応型共同生活介護費 (1)認知症対応型共同生活介護費(Ⅰ) 以下に掲げる基準を満たす施設において算定されます。 ①認知症対応型共同生活介護事業所を構成する共同生活住居の数が1であること ②従業者について、運営基準に定められた員数を配置していること	1日につき 要介護1 要介護2 要介護3 要介護4 要介護5	759単位 795単位 818単位 835単位 852単位
		(2)認知症対応型共同生活介護費(Ⅱ) 以下に掲げる基準を満たす施設において算定されます。 ①認知症対応型共同生活介護事業所を構成する共同生活住居の数が2以上であること ②従業者について、運営基準に定められた員数を配置していること	1日につき 要介護1 要介護2 要介護3 要介護4 要介護5	747単位 782単位 806単位 822単位 838単位
	2.	短期利用認知症対応型共同生活介護費 (1)短期利用認知症対応型共同生活介護費(Ⅰ) 以下に掲げる基準を満たす施設において算定されます。 ①認知症対応型共同生活介護事業所を構成する共同生活住居の数が1であること ②認知症対応型共同生活介護の事業を行う者が、居宅サービス、地域密着型サービス、居宅介護支援、介護予防サービス、地域密着型介護予防サービスもしくは介護予防支援の事業または介護保険施設もしくは介護療養型医療施設の運営について3年以上の経験を有すること ③認知症対応型共同生活介護事業所の共同生活住居の定員の範囲内で、空いている居室等を利用するものであること。ただし、1つの共同生活住居において、短期利用認知症対応型共同生活介護費を算定すべき認知症対応型共同生活介護を受ける利用者の数は1人とすること ④利用の開始にあたって、あらかじめ30日以内の利用期間を定めること ⑤短期利用認知症対応型共同生活介護を行うにあたって、十分な知識を有する従業者が確保されていること ⑥従業者について、運営基準に定められた員数を配置していること	1日につき 要介護1 要介護2 要介護3 要介護4 要介護5	787単位 823単位 847単位 863単位 880単位
		(2)短期利用認知症対応型共同生活介護費(Ⅱ) ①認知症対応型共同生活介護事業所を構成する共同生活住居の数が2以上であること ②短期利用認知症対応型共同生活介護費(Ⅰ)の②～⑥を満たしていること	1日につき 要介護1 要介護2 要介護3 要介護4 要介護5	775単位 811単位 835単位 851単位 867単位
加算	1.	夜間支援体制加算 (1)夜間支援体制加算(Ⅰ) 以下の基準に適合しているものとして市町村長に届け出た指定認知症対応型共同生活介護事業所について加算されます。 ①利用定員および従業員の員数に関する基準を満たしていること ②認知症対応型共同生活介護費(Ⅰ)又は短期利用認知症対応型共同生活介護費(Ⅰ)を算定していること ③夜勤を行う介護従業者および宿直勤務に当たる者の合計数が、2以上であること	1日につき	50単位を加算
		(2)夜間支援体制加算(Ⅱ) 以下の基準に適合しているものとして市町村長に届け出た指定認知症対応型共同生活介護事業所について加算されます。 ①利用定員および従業員の員数に関する基準を満たしていること ②認知症対応型共同生活介護費(Ⅱ)又は短期利用認知症対応型共同生活介護費(Ⅱ)を算定していること ③夜勤を行う介護従業者および宿直勤務に当たる者の合計数が、認知症対応型共同生活介護事業所を構成する共同生活住居の数に1を加えた数以上であること	1日につき	25単位を加算
	2.	認知症行動・心理症状緊急対応加算 「短期利用認知症対応型共同生活介護費」について、医師が、認知症の行動・心理症状が認められるため、在宅での生活が困難であり、緊急に認知症対応型共同生活介護を利用することが適当であると判断した者に対し、認知症対応型共同生活介護を行った場合に、入居を開始した日から起算して7日を限度として加算されます。	1日につき	200単位を加算
	3.	若年性認知症利用者受入加算 認知症対応型共同生活介護事業所において、若年性認知症利用者に対して利用者ごとに個別に担当者を定め、利用者の特性やニーズに応じたサービス提供が行われた場合に加算されます。ただし、認知症行動・心理症状緊急対応加算を算定している場合は、算定されません。	1日につき	120単位を加算

認知症対応型共同生活介護費

	内容	単位数
加算	**4. 看取り介護加算** 以下の基準に適合しているものとして市町村長に届け出た認知症対応型共同生活介護事業所が、①医師が一般に認められている医学的知見にもとづき回復の見込みがないと診断した者、②医師、看護職員(指定認知症対応型共同生活介護事業所の職員または当該事業所と密接な連携を確保できる範囲内の距離にある病院、診療所、指定訪問看護ステーションの職員に限る)、介護支援専門員その他の職種の者が共同で作成した利用者の介護に係る計画について、その内容に応じた適当な者から説明を受け、当該計画に同意している者(その家族等が説明を受けたうえで同意している者を含む)、③看取りに関する指針にもとづき、利用者の状態または家族の求め等に応じ随時、医師等の相互の連携のもと、介護記録等利用者に関する記録を活用し行われる介護についての説明を受け、同意したうえで介護を受けている者(その家族等が説明を受け、同意したうえで介護を受けている者を含む)に対して認知症対応型共同生活介護を行った場合に加算があります。ただし、退居した日の翌日から死亡日までの間または医療連携体制加算を算定していない場合は算定されません。 ①看取りに関する指針を定め、入居の際に、利用者又はその家族等に対して、当該指針の内容を説明し、同意を得ている ②医師、看護職員(指定認知症対応型共同生活介護事業所の職員または当該事業所と密接な連携を確保できる範囲内の距離にある病院、診療所、指定訪問看護ステーションの職員に限る)、介護職員、介護支援専門員その他の職種の者による協議のうえ、当該指定認知症対応型共同生活介護事業所における看取りの実績等をふまえ、適宜、看取りに関する指針の見直しを行う ③看取りに関する職員研修を行っている (1)死亡日以前4日以上30日以下 (2)死亡日の前日および前々日 (3)死亡日	 1日につき　　144単位を加算 1日につき　　680単位を加算 1日につき　1280単位を加算
	5. 初期加算 「認知症対応型共同生活介護費」について、利用者が入居した日から起算して30日以内について加算されます。	1日につき　　30単位を加算
	6. 医療連携体制加算 以下に掲げる基準を満たす認知症対応型共同生活介護事業所において、認知症対応型共同生活介護を行った場合に加算されます。 ①認知症対応型共同生活介護事業所の職員として、または病院、診療所、訪問看護ステーションとの連携により、看護師を1人以上確保していること ②看護師により24時間連絡体制を確保していること ③重度化した場合の対応に係る指針を定め、入居の際に、利用者またはその家族等に対して、その指針の内容を説明し、同意を得ていること	1日につき　　　39単位
	7. 退居時相談援助加算 利用期間が1か月以上の利用者が退居し、居宅において居宅サービスまたは地域密着型サービスを利用する場合に、利用者の退居時にその利用者および家族等に対して、退居後の居宅サービス、地域密着型サービス、保健医療サービス、福祉サービスについて相談援助を行い、利用者の同意を得て、退居の日から2週間以内に利用者の退居後の居宅地となる市町村、老人介護支援センターまたは地域包括支援センターに対して、利用者の介護状況の情報を提供した場合に利用者1人につき1回を限度として加算されます。	所定単位数に400単位を加算
	8. 認知症専門ケア加算 「認知症対応型共同生活介護費」については、日常生活に支障をきたすおそれのある症状または行動が認められることから介護を必要とする認知症の利用者に対して、専門的な認知症ケアを行った場合に加算されます。 (1)認知症専門ケア加算(Ⅰ) 以下に掲げるすべての基準を満たしている場合に加算されます。 ①利用者の総数のうち、日常生活に支障をきたすおそれのある症状もしくは行動が認められることから介護を必要とする認知症の利用者(認知症日常生活自立度Ⅲ以上)(以下、対象者)の占める割合が2分の1以上であること ②認知症介護に係る専門的な研修(認知症介護実践リーダー研修)を修了している者を、対象者の数が20人未満の場合は1人以上配置し、20人以上の場合は、1人に加え、19を超えて10またはその端数を増すごとに1人以上配置し、チームとして専門的な認知症ケアを実施していること ③事業所において、認知症ケアに関する留意事項の伝達または技術的指導に係る会議を定期的に開催していること	1日につき　　　3単位を加算
	(2)認知症専門ケア加算(Ⅱ) 以下に掲げている基準を満たしている場合に加算されます。 ①認知症専門ケア加算(Ⅰ)を満たしていること ②認知症介護の指導に係る専門的な研修(認知症介護指導者研修)を修了している者を1人以上配置し、事業所全体の認知症ケアの指導等を実施していること ③事業所における介護職員、看護職員ごとの認知症ケアに関する研修計画を作成し、計画に従い、研修を実施または実施を予定していること	1日につき　　　4単位を加算
	9. サービス提供体制強化加算 以下の基準のいずれにも適合しているものとして市町村長に届け出た認知症対応型共同生活介護事業所が認知症対応型共同生活介護を行った場合、算定されます。ただし、いずれかの加算を算定している場合は、その他の加算は算定されません。 (1)サービス提供体制強化加算(Ⅰ)イ ①事業所の介護職員の総数のうち、介護福祉士の占める割合が60%以上である ②認知症対応型共同生活介護事業所の利用定員および従業員の員数に関する基準を満たしている	1日につき　　　18単位を加算

認知症対応型共同生活介護費

	内容	単位数
加算	(2)サービス提供体制強化加算（Ⅰ）ロ ①事業所の介護職員の総数のうち、介護福祉士の占める割合が50％以上である ②(1)の②に該当している	1日につき　　12単位を加算
	(3)サービス提供体制強化加算（Ⅱ） ①事業所の看護・介護職員の総数のうち、常勤職員の占める割合が75％以上である ②(1)の②に該当している	1日につき　　6単位を加算
	(4)サービス提供体制強化加算（Ⅲ） ①認知症対応型共同生活介護を直接提供する職員の総数のうち、勤続年数3年以上の者の占める割合が30％以上である ②(1)の②に該当している	1日につき　　6単位を加算
	10. 介護職員処遇改善加算 以下の基準に適合している介護職員の賃金の改善等を実施しているとして市町村長に届け出た認知症対応型共同生活介護事業所が認知症対応型共同生活介護を行った場合、2018(平成30)年3月31日までの間加算されます。ただし、いずれかの加算を算定している場合は、その他の加算は算定されません。 (1)介護職員処遇改善加算（Ⅰ）　いずれにも適合すること ①賃金改善に関する計画を策定し、適切な措置を講じていること ②認知症対応型共同生活介護の事業所において、①の賃金改善に関する計画、介護職員処遇改善計画書を作成し、すべての介護職員に周知し、市町村長に届け出ていること ③介護職員処遇改善加算の算定額に相当する賃金改善を実施すること ④事業年度ごとに介護職員の処遇改善に関する実績を市町村長に報告すること ⑤算定日が属する月の前12か月間において労働基準法等に違反し、罰金以上の刑に処せられていないこと ⑥労働保険料の納付が適正に行われていること ⑦次に掲げる基準のいずれにも適合すること 　ア　介護職員の任用の際の職責・職務内容等の要件を定め、書面をもって作成し、すべての介護職員に周知していること 　イ　介護職員の資質の向上の支援に関する計画を策定し、計画に係る研修を実施または研修の機会を確保し、すべての介護職員に周知していること ⑧2015(平成27)年4月から②の届出の日の属する月の前月までに実施した介護職員の処遇改善の内容および処遇改善に要した費用をすべての職員に周知していること	所定単位数(加算減算を加えた総単位数)の8.3％に相当する単位数を加算
	(2)介護職員処遇改善加算（Ⅱ） 以下の基準のいずれにも適合すること ①(1)の①～⑥のいずれにも適合すること ②(1)の⑦のアもしくはイのいずれかに適合すること ③2008(平成20)年10月から(1)の②の届出の日の属する月の前月までに実施した介護職員の処遇改善の内容および処遇改善に要した費用をすべての職員に周知していること	所定単位数(加算減算を加えた総単位数)の4.6％に相当する単位数を加算
	(3)介護職員処遇改善加算（Ⅲ） (1)の①から⑥までのいずれにも適合し、かつ(2)の②または③に掲げる基準のいずれかに適合すること	(2)により算定した単位数の90％に相当する単位数を加算
	(4)介護職員処遇改善加算（Ⅳ） (1)の①から⑥までのいずれにも適合すること	(2)により算定した単位数の80％に相当する単位数を加算
減算	1. 夜勤勤務条件による減算 認知症対応型共同生活介護事業所ごとに、夜勤を行う介護従業者の数が、共同生活住居ごとに1人以上置いていない場合に減算されます。	1日につき 所定単位数の97％に相当する単位数を算定
	2. 利用者定員超過による減算 認知症対応型共同生活介護の利用者の数(介護予防認知症対応型共同生活介護の事業を同一の事業所において一体的に運営している場合はその合計数)が、運営規程に定められている利用定員を超えた場合に減算されます。	1日につき 所定単位数の70％に相当する単位数を算定
	3. 従業者欠員による減算 認知症対応型共同生活介護事業所の従業者の数について、運営基準に定める員数が配置されていない場合に減算されます。	1日につき 所定単位数の70％に相当する単位数を算定

第6章 介護報酬と加算・減算

認知症対応型共同生活介護費

算定構造

基本部分			注 夜勤を行う職員の勤務条件基準を満たさない場合	注 利用者の数が利用定員を超える場合	注 介護従業者の員数が基準に満たない場合	注 夜間支援体制加算（Ⅰ）	注 夜間支援体制加算（Ⅱ）	注 認知症行動・心理症状緊急対応加算	注 若年性認知症利用者受入加算
イ 認知症対応型共同生活介護費 （1日につき）	(1)認知症対応型共同生活介護費（Ⅰ）	要介護1 （759単位） 要介護2 （795単位） 要介護3 （818単位） 要介護4 （835単位） 要介護5 （852単位）	×97/100	×70/100	×70/100	1日につき +50単位			1日につき +120単位
	(2)認知症対応型共同生活介護費（Ⅱ）	要介護1 （747単位） 要介護2 （782単位） 要介護3 （806単位） 要介護4 （822単位） 要介護5 （838単位）					1日につき +25単位		
ロ 短期利用認知症対応型共同生活介護費 （1日につき）※	(1)短期利用認知症対応型共同生活介護費（Ⅰ）	要介護1 （787単位） 要介護2 （823単位） 要介護3 （847単位） 要介護4 （863単位） 要介護5 （880単位）				1日につき +50単位		1日につき +200単位 （7日間を限度）	
	(2)短期利用認知症対応型共同生活介護費（Ⅱ）	要介護1 （775単位） 要介護2 （811単位） 要介護3 （835単位） 要介護4 （851単位） 要介護5 （867単位）					1日につき +25単位		

注 看取り介護加算 （イを算定する場合のみ算定）	(1) 死亡日以前4日以上30日以下	（1日につき 144単位を加算）
	(2) 死亡日以前2日又は3日	（1日につき 680単位を加算）
	(3) 死亡日	（1日につき 1,280単位を加算）
ハ 初期加算		（1日につき 30単位を加算）
ニ 医療連携体制加算		（1日につき 39単位を加算）
ホ 退居時相談援助加算		（400単位を加算（利用者1人につき1回を限度））
ヘ 認知症専門ケア加算 （イを算定する場合のみ算定）	(1) 認知症専門ケア加算（Ⅰ）	（1日につき 3単位を加算）
	(2) 認知症専門ケア加算（Ⅱ）	（1日につき 4単位を加算）
ト サービス提供体制強化加算	(1) サービス提供体制強化加算（Ⅰ）イ	（1日につき 18単位を加算）
	(2) サービス提供体制強化加算（Ⅰ）ロ	（1日につき 12単位を加算）
	(3) サービス提供体制強化加算（Ⅱ）	（1日につき 6単位を加算）
	(4) サービス提供体制強化加算（Ⅲ）	（1日につき 6単位を加算）
チ 介護職員処遇改善加算	(1) 介護職員処遇改善加算（Ⅰ）	（1月につき ＋所定単位×83／1000）
	(2) 介護職員処遇改善加算（Ⅱ）	（1月につき ＋所定単位×46／1000）
	(3) 介護職員処遇改善加算（Ⅲ）	（1月につき ＋(2)の90／100）
	(4) 介護職員処遇改善加算（Ⅳ）	（1月につき ＋(2)の80／100）

注 所定単位は、イからトまでにより算定した単位数の合計

※ 短期利用認知症対応型共同生活介護費は、区分支給限度基準額に含まれる。

6. 地域密着型特定施設入居者生活介護

　地域密着型特定施設において、地域密着型特定施設サービス計画に基づき、入浴、排泄、食事の介助等を行うなど、地域密着型特定施設入居者生活介護を行った場合に、入居者の要介護状態区分に応じて所定単位数が算定されます。

地域密着型特定施設入居者生活介護費

		内容	単位数
基本部分	1.	地域密着型特定施設入居者生活介護費	1日につき 要介護1　　533単位 要介護2　　597単位 要介護3　　666単位 要介護4　　730単位 要介護5　　798単位
	2.	短期利用地域密着型特定施設入居者生活介護費 以下に掲げる基準を満たす施設において算定されます。 ①指定地域密着型特定施設入居者生活介護の事業を行う者が、居宅サービス、地域密着型サービス、居宅介護支援、介護予防サービス、地域密着型介護予防サービスもしくは介護予防支援の事業または介護保険施設もしくは介護療養型医療施設の運営について3年以上の経験を有すること ②当該地域密着型特定施設の入居定員の範囲内で、空いている居室等(定員が1人であるものに限る。)を利用するものであること。この場合において、短期利用地域密着型特定施設入居者生活介護の提供を受ける入居者の数は、当該地域密着型特定施設の入居定員の10％以下とすること ③利用の開始に当たって、あらかじめ30日以内の利用期間を定めること ④家賃、敷金および介護等その他の日常生活上必要な便宜の供与の対価として受領する費用を除くほか、権利金その他の金品を受領しないこと ⑤勧告、命令、指示を受けたことがある場合にあっては、当該勧告等を受けた日から起算して5年以上の期間が経過していること	1日につき 要介護1　　533単位 要介護2　　597単位 要介護3　　666単位 要介護4　　730単位 要介護5　　798単位
加算	1.	個別機能訓練加算 「1　地域密着型特定施設入居者生活介護費」については、機能訓練指導にあたる常勤・専従の理学療法士等を1名以上配置する事業所において、機能訓練指導員、看護職員、介護職員、生活相談員その他の職種の者が共同して利用者ごとに個別機能訓練計画を作成し、それに基づく計画的な機能訓練を行っている場合に加算されます。	1日につき　　12単位を加算
	2.	夜間看護体制加算 以下の基準を満たす地域密着型特定施設において、利用者に対して、地域密着型特定施設入居者生活介護を行った場合に加算されます。 ①常勤の看護師を1人以上配置し、看護に係る責任者を定めていること ②看護職員により、または病院、診療所、訪問看護ステーションとの連携により、利用者に対して24時間連絡が取れる体制を確保し、かつ、必要に応じて健康上の管理等を行う体制を確保していること ③重度化した場合の対応に係る指針を定め、入居の際に、利用者またはその家族等に対して、その指針の内容を説明し、同意を得ていること	1日につき　　10単位を加算
	3.	医療機関連携加算 「1　地域密着型特定施設入居者生活介護費」については、看護職員が利用者ごとに健康状態を継続的に記録しており、協力医療機関または主治医に対して、利用者の健康状況を月に1回以上情報提供した場合に加算されます。	1か月につき　　80単位を加算
	4.	看取り介護加算 「1　地域密着型特定施設入居者生活介護費」については、以下の基準に適合しているものとして市町村長に届け出た地域密着型特定施設入居者生活介護事業所が、①医師が一般に認められている医学的知見にもとづき回復の見込みがないと診断した者、②医師、看護職員、介護支援専門員その他の職種の者が共同で作成した利用者の介護に係る計画について、その内容に応じた適当な者から説明を受け、当該計画に同意している者(その家族等が説明を受けて同意している者を含む)、③看取りに関する指針にもとづき、利用者の状態または家族の求め等に応じ随時、医師等の相互の連携のもと、介護記録等利用者に関する記録を活用し行われる介護についての説明を受け、同意したうえで介護を受けている者(その家族等が説明を受け、同意したうえで介護を受けている者を含む)に対して地域密着型特定施設入居者生活介護を行った場合に加算されます。ただし、退所した日の翌日から死亡日までの間または夜間看護体制加算を算定していない場合は算定されません。 ①看取りに関する指針を定め、入居の際に、利用者又はその家族等に対して、当該指針の内容を説明し、同意を得ている ②医師、看護職員、介護職員、介護支援専門員その他の職種の者による協議のうえ、当該地域密着型特定施設における看取りの実績等をふまえ、適宜、看取りに関する指針の見直しを行う ③看取りに関する職員研修を行っている (1)死亡日以前4日以上30日以下 (2)死亡日の前日および前々日 (3)死亡日	 1日につき　　144単位を加算 1日につき　　680単位を加算 1日につき　1280単位を加算

地域密着型特定施設入居者生活介護費

	内容	単位数
加算	5. 認知症専門ケア加算 「1　地域密着型特定施設入居者生活介護費」については、以下の基準のいずれにも適合しているものとして市町村長に届け出た地域密着型特定施設が、日常生活に支障を来すおそれのある症状または行動が認められることから介護を必要とする認知症の者に対し、専門的な認知症ケアを行った場合に加算されます。ただし、いずれかの加算を算定している場合においては、その他の加算は算定できません。 (1)認知症専門ケア加算(Ⅰ) ①事業所(施設)における利用者、入所者(入院患者)の総数のうち、日常生活に支障を来すおそれのある症状若しくは行動が認められることから介護を必要とする認知症の者の占める割合が50％以上である ②認知症介護に係る専門的な研修を修了している者(地域密着型特定施設入居者生活介護を提供する場合にあっては、別に厚生労働大臣が定める者を含む)を、対象者の数が20人未満である場合は1人以上、対象者の数が20人以上である場合は、1に、対象者の数が19を超えて10またはその端数を増すごとに1を加えて得た数以上配置し、チームとして専門的な認知症ケアを実施している ③事業所(施設)の従業者に対して、認知症ケアに関する留意事項の伝達または技術的指導に係る会議を定期的に開催している	1日につき　3単位
	(2)認知症専門ケア加算(Ⅱ) ①(1)の基準のいずれにも適合すること ②認知症介護の指導に係る専門的な研修を修了している者(地域密着型特定施設入居者生活介護を提供する場合にあっては、別に厚生労働大臣が定める者を含む)を1名以上配置し、事業所または施設全体の認知症ケアの指導等を実施している ③事業所(施設)における介護職員、看護職員ごとの認知症ケアに関する研修計画を作成し、当該計画に従い、研修を実施または実施を予定している	1日につき　4単位
	6. サービス提供体制強化加算 以下の基準のいずれにも適合しているものとして市町村長に届け出た地域密着型特定施設が地域密着型特定施設入居者生活介護を行った場合、算定されます。ただし、いずれかの加算を算定している場合は、その他の加算は算定されません。 (1)サービス提供体制強化加算(Ⅰ)イ ①事業所の介護職員の総数のうち、介護福祉士の占める割合が60％以上である ②地域密着型特定施設の利用定員および従業員の員数に関する基準を満たしている	1日につき　18単位を加算
	(2)サービス提供体制強化加算(Ⅰ)ロ ①事業所の介護職員の総数のうち、介護福祉士の占める割合が50％以上である ②(1)の②に該当している	1日につき　12単位を加算
	(3)サービス提供体制強化加算(Ⅱ) ①事業所の看護・介護職員の総数のうち、常勤職員の占める割合が75％以上である ②(1)の②に該当している	1日につき　6単位を加算
	(4)サービス提供体制強化加算(Ⅲ) ①地域密着型特定施設入居者生活介護を直接提供する職員の総数のうち、勤続年数3年以上の者の占める割合が30％以上である ②(1)の②に該当している	1日につき　6単位を加算
	7. 介護職員処遇改善加算 以下の基準に適合している介護職員の賃金の改善等を実施しているとして市町村長に届け出た地域密着型特定施設が地域密着型特定施設入居者生活介護を行った場合、2018(平成30)年3月31日までの間加算されます。ただし、いずれかの加算を算定している場合は、その他の加算は算定されません。 (1)介護職員処遇改善加算(Ⅰ)　いずれにも適合すること ①賃金改善に関する計画を策定し、適切な措置を講じていること ②地域密着型特定施設において、①の賃金改善に関する計画、介護職員処遇改善計画書を作成し、すべての介護職員に周知し、市町村長に届け出ていること ③介護職員処遇改善加算の算定額に相当する賃金改善を実施すること ④事業年度ごとに介護職員の処遇改善に関する実績を市町村長に報告すること ⑤算定日が属する月の前12か月間において労働基準法等に違反し、罰金以上の刑に処せられていないこと ⑥労働保険料の納付が適正に行われていること ⑦次に掲げる基準のいずれにも適合すること 　ア　介護職員の任用の際の職責・職務内容等の要件を定め、書面をもって作成し、すべての介護職員に周知していること 　イ　介護職員の資質の向上の支援に関する計画を策定し、計画に係る研修を実施または研修の機会を確保し、すべての介護職員に周知していること ⑧2015(平成27)年4月から②の届出の日の属する月の前月までに実施した介護職員の処遇改善の内容および処遇改善に要した費用をすべての職員に周知していること	所定単位数(加算減算を加えた総単位数)の6.1％に相当する単位数を加算

地域密着型特定施設入居者生活介護費

	内容	単位数
加算	(2)介護職員処遇改善加算(Ⅱ) 以下の基準のいずれにも適合すること ①(1)の①～⑥のいずれにも適合すること ②(1)の⑦のアもしくはイのいずれかに適合すること ③2008(平成20)年10月から(1)の②の届出の日の属する月の前月までに実施した介護員の処遇改善の内容および処遇改善に要した費用をすべての職員に周知していること	所定単位数(加算減算を加えた総単位数)の3.4%に相当する単位数を加算
	(3)介護職員処遇改善加算(Ⅲ) (1)の①から⑥までのいずれにも適合し、かつ(2)の②または③に掲げる基準のいずれかに適合すること	(2)により算定した単位数の90%に相当する単位数を加算
	(4)介護職員処遇改善加算(Ⅳ) (1)の①から⑥までのいずれにも適合すること	(2)により算定した単位数の80%に相当する単位数を加算
減算	従業者欠員による減算 地域密着型特定施設の看護職員または介護職員の数について、運営基準に定める員数が配置されていない場合に減算されます。	1日につき 所定単位数の70%に相当する単位数を算定

算定構造

基本部分			注 看護・介護職員の員数が基準に満たない場合	注 個別機能訓練加算	注 医療機関連携加算	注 夜間看護体制加算
イ 地域密着型特定施設入居者生活介護費(1日につき)		要介護1 (533単位)	×70/100	1日につき +12単位	1月につき +80単位	1日につき +10単位
		要介護2 (597単位)				
		要介護3 (666単位)				
		要介護4 (730単位)				
		要介護5 (798単位)				
ロ 短期利用地域密着型特定施設入居者生活介護費(1日につき)※2		要介護1 (533単位)	×70/100			1日につき +10単位
		要介護2 (597単位)				
		要介護3 (666単位)				
		要介護4 (730単位)				
		要介護5 (798単位)				
ハ 看取り介護加算 (イを算定する場合のみ算定)	(1) 死亡日以前4日以上30日以下	(1日につき 144単位を加算)				
	(2) 死亡日以前2日又は3日	(1日につき 680単位を加算)				
	(3) 死亡日	(1日につき 1,280単位を加算)				
ニ 認知症専門ケア加算 (イを算定する場合のみ算定)	(1) 認知症専門ケア加算(Ⅰ)	(1日につき 3単位を加算)				
	(2) 認知症専門ケア加算(Ⅱ)	(1日につき 4単位を加算)				
ホ サービス提供体制強化加算	(1) サービス提供体制強化加算(Ⅰ)イ	(1日につき 18単位を加算)				
	(2) サービス提供体制強化加算(Ⅰ)ロ	(1日につき 12単位を加算)				
	(3) サービス提供体制強化加算(Ⅱ)	(1日につき 6単位を加算)				
	(4) サービス提供体制強化加算(Ⅲ)	(1日につき 6単位を加算)				
ヘ 介護職員処遇改善加算	(1) 介護職員処遇改善加算(Ⅰ)	(1月につき +所定単位×61/1000)	注 所定単位は、イからホまでにより算定した単位数の合計			
	(2) 介護職員処遇改善加算(Ⅱ)	(1月につき +所定単位×34/1000)				
	(3) 介護職員処遇改善加算(Ⅲ)	(1月につき +(2)の90/100)				
	(4) 介護職員処遇改善加算(Ⅳ)	(1月につき +(2)の80/100)				

※ 短期利用地域密着型特定施設入居者生活介護費は、区分支給限度基準額に含まれる。

7. 複合型サービス（看護小規模多機能型居宅介護）

複合型サービス事業所の登録者について、当該登録者の要介護状態区分に応じて、登録している期間1月につき所定単位数が算定されます。

● **注意事項**

①登録者が短期入所生活介護、短期入所療養介護、特定施設入居者生活介護または認知症対応型共同生活介護、地域密着型特定施設入居者生活介護もしくは地域密着型介護老人福祉施設入所者生活介護を受けている間は、複合型サービス費は算定されません。

②登録者が一の指定看護小規模多機能型居宅介護事業所において、指定看護小規模多機能型居宅介護を受けている間は、当該指定看護小規模多機能型居宅介護事業所以外の指定看護小規模多機能型居宅介護事業所が指定看護小規模多機能型居宅介護を行った場合に、複合型サービス費は、算定されません。

看護小規模多機能型居宅介護費

		内容	単位数
基本部分	1.	看護小規模多機能型居宅介護費 (1)同一建物に居住する者以外の者に対して行う場合	1か月につき 要介護1　　12341単位 要介護2　　17268単位 要介護3　　24274単位 要介護4　　27531単位 要介護5　　31141単位
		(2)同一建物に居住する者に対して行う場合	1か月につき 要介護1　　11119単位 要介護2　　15558単位 要介護3　　21871単位 要介護4　　24805単位 要介護5　　28058単位
	2.	短期利用居宅介護費	1日につき 要介護1　　　565単位 要介護2　　　632単位 要介護3　　　700単位 要介護4　　　767単位 要介護5　　　832単位
加算	1.	初期加算 看護小規模多機能型居宅介護費については、登録した日から起算して30日以内の期間について加算されます。（30日を超える病院又は診療所への入院後に看護小規模多機能型居宅介護の利用を再び開始した場合も同様）	1日につき　　30単位を加算
	2.	認知症加算 （1）認知症加算（Ⅰ） 看護小規模多機能型居宅介護費については、日常生活に支障をきたすおそれのある症状または行動が認められることから介護を必要とする認知症の登録者（認知症日常生活自立度Ⅲ以上）に対し、看護小規模多機能型居宅介護を提供した場合に加算されます。	1か月につき　800単位を加算
		（2）認知症加算（Ⅱ） 看護小規模多機能型居宅介護費については、要介護2に該当し、周囲の者による日常生活に対する注意を必要とする認知症の登録者（認知症日常生活自立度Ⅱ）に対し、看護小規模多機能型居宅介護を提供した場合に加算されます。	1か月につき　500単位を加算
	3.	退院時共同指導加算 看護小規模多機能型居宅介護費については、以下のいずれかに該当する状態であり、病院、診療所又は介護老人保健施設に入院中又は入所中の者が退院又は退所するに当たり、保健師等が退院時共同指導を行った後、初回の訪問看護サービスを行った場合に、当該退院又は退所につき1回（特別な管理を必要とする利用者については2回）に限り加算されます。 ①医科診療報酬点数表に掲げる在宅悪性腫瘍患者指導管理若しくは在宅気管切開患者指導管理を受けている状態又は気管カニューレ若しくは留置カテーテルを使用している状態 ②医科診療報酬点数表に掲げる在宅自己腹膜灌流指導管理、在宅血液透析指導管理、在宅酸素療法指導管理、在宅中心静脈栄養法指導管理、在宅成分栄養経管栄養法指導管理、在宅自己導尿指導管理、在宅持続陽圧呼吸療法指導管理、在宅自己疼痛管理指導又は在宅肺高血圧症患者指導管理を受けている状態 ③人工肛門又は人工膀胱を設置している状態 ④真皮を越える褥瘡の状態 ⑤点滴注射を週3日以上行う必要があると認められる状態	1回につき　　600単位を加算

看護小規模多機能型居宅介護費

		内容	単位数
加算	4. 事業開始時支援加算 看護小規模多機能型居宅介護費については、事業開始後1年未満の看護小規模多機能型居宅介護事業所であって、算定月までの間、登録者の数が登録定員の70％に満たない看護小規模多機能型居宅介護事業所について加算されます。 ※2018(平成30)年3月31日まで		1か月につき　500単位を加算
	5. 緊急時訪問看護加算 看護小規模多機能型居宅介護費については、24時間体制で利用者またはその家族等から電話等により看護に関する意見を求められた場合に常時対応できる看護小規模多機能型居宅介護事業所が、利用者の同意を得て、利用者又はその家族等に対して当該基準により24時間連絡できる体制にあって、かつ、計画的に訪問することとなっていない緊急時における訪問を必要に応じて行う場合（訪問看護サービスを行う場合に限る。）に加算されます。		1か月につき　540単位を加算
	6. 特別管理加算 看護小規模多機能型居宅介護費については、「特別な管理を必要とする利用者」（前記3.参照）に対して、看護小規模多機能型居宅介護（看護サービスに限る）の実施に関する計画的な管理を行った場合に加算されます。 （1）特別管理加算（Ⅰ） 　前記3.①の状態にある者に対して行う場合		1か月につき　500単位を加算
	（2）特別管理加算（Ⅱ） 　前記3.②～⑤の状態にある者に対して行う場合		1か月につき　250単位を加算
	7. ターミナルケア加算 看護小規模多機能型居宅介護費については、以下の基準に適合しているものとして市町村長に届け出た看護小規模多機能型居宅介護事業所が、在宅または看護小規模多機能型居宅介護事業所で死亡した利用者について、その死亡日および死亡日前14日以内に2日以上（その間に、医療保険による訪問看護を受けている場合（末期がん等の状態に限る）は1日以上。ただし、医療保険においてターミナル加算を算定する場合は、算定不可）ターミナルケアを行った場合（ターミナルケアを行った後、24時間以内に在宅または看護小規模多機能型居宅介護事業所以外で死亡した場合を含む）に加算されます。 ①ターミナルケアを受ける利用者について24時間連絡できる体制を確保しており、かつ、必要に応じて、訪問看護を行うことができる体制を整備している ②主治の医師との連携の下に、指定訪問看護におけるターミナルケアに係る計画及び支援体制について利用者及びその家族等に対して説明を行い、同意を得てターミナルケアを行っている ③ターミナルケアの提供について、利用者の身体状況の変化等必要な事項が適切に記録されている		死亡月につき2000単位を加算
	8. 訪問看護体制強化加算 看護小規模多機能型居宅介護費については、以下の基準のいずれにも適合しているものとして市町村長に届け出た看護小規模多機能型居宅介護事業所が、医療ニーズの高い利用者への指定看護小規模多機能型居宅介護の提供体制を強化した場合に加算されます。 ①算定日が属する月の前3か月において、指定看護小規模多機能型居宅介護事業所における利用者の総数のうち、主治の医師の指示に基づく看護サービスを提供した利用者の占める割合が80％以上である ②算定日が属する月の前3か月において、看護小規模多機能型居宅介護事業所における利用者の総数のうち、緊急時訪問看護加算を算定した利用者の占める割合が50％以上である ③算定日が属する月の前3か月において、看護小規模多機能型居宅介護事業所における利用者の総数のうち、特別管理加算を算定した利用者の占める割合が20％以上である		1か月につき　　2500単位
	9. 総合マネジメント体制強化加算 看護小規模多機能型居宅介護費については、以下の基準のいずれにも適合しているものとして市町村長に届け出た看護小規模多機能型居宅介護事業所が、看護小規模多機能型居宅介護の質を継続的に管理した場合に加算されます。 ①利用者の心身の状況又はその家族等を取り巻く環境の変化に応じ、随時、介護支援専門員、看護師、准看護師、介護職員その他の関係者が共同し、看護小規模多機能型居宅介護計画の見直しを行っている ②地域の病院、診療所、介護老人保健施設その他の関係施設に対し、看護小規模多機能型居宅介護事業所が提供することのできる看護小規模多機能型居宅介護の具体的な内容に関する情報提供を行っている ③利用者の地域における多様な活動が確保されるよう、日常的に地域住民等との交流を図り、利用者の状態に応じて、地域の行事や活動等に積極的に参加している		1か月につき　　1000単位
	10. サービス提供体制強化加算 以下の基準のいずれにも適合しているものとして市町村長に届け出た看護小規模多機能型居宅介護事業所が、登録者に対し看護小規模多機能型居宅介護を行った場合、算定されます。ただし、いずれかの加算を算定している場合は、その他の加算は算定されません。 （1）サービス提供体制強化加算（Ⅰ）イ ①事業所のすべての従業者に対し、従業者ごとに研修計画を作成し、研修（外部における研修を含む）を実施又は実施を予定している ②利用者に関する情報や留意事項の伝達または従業者の技術指導を目的とした会議を定期的に開催している ③当該事業所の従業者（保健師、看護師または准看護師を除く）の総数のうち、介護福祉士の占める割合が50％以上である ④登録定員および従業員の員数に関する基準を満たしている		看護小規模多機能型居宅介護費を算定する場合 1か月につき　　　640単位 短期利用居宅介護費を算定する場合 1日につき　　21単位を加算

看護小規模多機能型居宅介護費

	内容	単位数
加算	(2)サービス提供体制強化加算（Ⅰ）ロ ①当該事業所の従業者（保健師、看護師または准看護師を除く）の総数のうち、介護福祉士の占める割合が40％以上である ②(1)の①②④に該当している	看護小規模多機能型居宅介護費を算定する場合 1か月につき　　　500単位 短期利用居宅介護費を算定する場合 1日につき　　　16単位を加算
	(3)サービス提供体制強化加算（Ⅱ） ①当該事業所の従業者の総数のうち、常勤職員の占める割合が60％以上である ②(1)の①②④に該当している	看護小規模多機能型居宅介護費を算定する場合 1か月につき　　　350単位 短期利用居宅介護費を算定する場合 1日につき　　　12単位を加算
	(4)サービス提供体制強化加算（Ⅲ） ①当該事業所の従業者の総数のうち、勤続年数3年以上の者の占める割合が30％以上である ②(1)の①②④に該当している	看護小規模多機能型居宅介護費を算定する場合 1か月につき　　　350単位 短期利用居宅介護費を算定する場合 1日につき　　　12単位を加算
	11．介護職員処遇改善加算 以下の基準に適合している介護職員の賃金の改善等を実施しているものとして市町村長に届け出た看護小規模多機能型居宅介護事業所が、利用者に対し、看護小規模多機能型居宅介護を行った場合に2018（平成30）年3月31日までの間加算されます。ただし、いずれかの加算を算定している場合は、その他の加算は算定されません。 (1)介護職員処遇改善加算（Ⅰ）　いずれにも適合すること ①賃金改善に関する計画を策定し、適切な措置を講じていること ②看護小規模多機能型居宅介護事業所において、①の賃金改善に関する計画、介護職員処遇改善計画書を作成し、すべての介護職員に周知し、市町村長に届け出ていること ③介護職員処遇改善加算の算定額に相当する賃金改善を実施すること ④事業年度ごとに介護職員の処遇改善に関する実績を市町村長に報告すること ⑤算定日が属する月の前12か月間において労働基準法等に違反し、罰金以上の刑に処せられていないこと ⑥労働保険料の納付が適正に行われていること ⑦次に掲げる基準のいずれにも適合すること 　ア　介護職員の任用の際の職責・職務内容等の要件を定め、書面をもって作成し、すべての介護職員に周知していること 　イ　介護職員の資質の向上の支援に関する計画を策定し、計画に係る研修を実施または研修の機会を確保し、すべての介護職員に周知していること ⑧2015（平成27）年4月から②の届出の日の属する月の前月までに実施した介護職員の処遇改善の内容および処遇改善に要した費用をすべての職員に周知していること	所定単位数（加算減算を加えた総単位数）の7.6％に相当する単位数を加算
	(2)介護職員処遇改善加算（Ⅱ） 以下の基準のいずれにも適合すること ①(1)の①～⑥のいずれにも適合すること ②(1)の⑦のアもしくはイのいずれかに適合すること ③2008（平成20）年10月から(1)の②の届出の日の属する月の前月までに実施した介護職員の処遇改善の内容および処遇改善に要した費用をすべての職員に周知していること	所定単位数（加算減算を加えた総単位数）の4.2％に相当する単位数を加算
	(3)介護職員処遇改善加算（Ⅲ） (1)の①から⑥までのいずれにも適合し、かつ(2)の②または③に掲げる基準のいずれかに適合すること	(2)により算定した単位数の90％に相当する単位数を加算
	(4)介護職員処遇改善加算（Ⅳ） (1)の①から⑥までのいずれにも適合すること	(2)により算定した単位数の80％に相当する単位数を加算
減算	1．登録定員超過による減算 看護小規模多機能型居宅介護の登録者の数が市町村長に提出した運営規程に定められている登録定員を超えた場合に減算されます。	1か月につき 所定単位数の70％に相当する単位数を算定
	2．従業者欠員による減算 看護小規模多機能型居宅介護事業所の従業者について、運営基準に定める員数が配置されていない場合に減算されます。	1か月につき 所定単位数の70％に相当する単位数を算定
	3．過少サービスによる減算 看護小規模多機能型居宅介護費については、看護小規模多機能型居宅介護事業所が提供する通いサービス、訪問サービスおよび宿泊サービスの算定月における提供回数について、登録者（短期利用居宅介護費を算定する者を除く）1人当たり平均回数が、週4回に満たない場合に減算されます。	所定単位数の70％に相当する単位数を算定

看護小規模多機能型居宅介護費

	内容	単位数
減算	4. **訪問看護体制減算** 看護小規模多機能型居宅介護費については、以下の基準のいずれにも適合している場合に減算されます。 ①算定日が属する月の前3か月において、看護小規模多機能型居宅介護事業所における利用者（短期利用居宅介護費を算定する者を除く）の総数のうち、主治の医師の指示に基づく看護サービスを提供した利用者の占める割合が30％未満である ②算定日が属する月の前3か月において、指定看護小規模多機能型居宅介護事業所における利用者（短期利用居宅介護費を算定する者を除く）の総数のうち、緊急時訪問看護加算を算定した利用者の占める割合が30％未満である ③算定日が属する月の前3か月において、指定看護小規模多機能型居宅介護事業所における利用者の総数のうち、特別管理加算を算定した利用者の占める割合が5％未満である	1か月につき 要介護1　　925単位 要介護2　　925単位 要介護3　　925単位 要介護4　1850単位 要介護5　2914単位
	5. **末期の悪性腫瘍等により医療保険の訪問看護が行われる場合による減算** 看護小規模多機能型居宅介護費については、主治医が、末期の悪性腫瘍または以下の疾病等により訪問看護を行う必要がある旨の指示を行った場合に減算されます。 多発性硬化症、重症筋無力症、スモン、筋萎縮性側索硬化症、脊髄小脳変性症、ハンチントン病、進行性筋ジストロフィー症、パーキンソン病関連疾患（進行性核上性麻痺、大脳皮質基底核変性症およびパーキンソン病（ホーエン・ヤールの重症度分類がステージ3以上であって生活機能障害度がⅡ度またはⅢ度のものに限る）をいう）、多系統萎縮症（線条体黒質変性症、オリーブ橋小脳萎縮症、シャイ・ドレーガー症候群をいう）、プリオン病、亜急性硬化性全脳炎、ライソゾーム病、副腎白質ジストロフィー、脊髄性筋萎縮症、球脊髄性筋萎縮症、慢性炎症性脱髄性多発神経炎、後天性免疫不全症候群、頸髄損傷および人工呼吸器を使用している状態	1か月につき 要介護1　　925単位 要介護2　　925単位 要介護3　　925単位 要介護4　1850単位 要介護5　2914単位
	6. **特別の指示により頻回に医療保険の訪問看護が行われる場合による減算** 看護小規模多機能型居宅介護費については、主治医が、当該者が急性増悪等により一時的に頻回の訪問看護を行う必要がある旨の特別の指示を行った場合に減算されます。	1日につき 要介護1　　30単位 要介護2　　30単位 要介護3　　30単位 要介護4　　60単位 要介護5　　95単位

第6章 介護報酬と加算・減算

看護小規模多機能型居宅介護費

算定構造

基本部分				注 登録者数が登録定員を超える場合	注 従業者の員数が基準に満たない場合	注 過少サービスに対する減算	注 訪問看護体制減算 (1月につき)	注 末期の悪性腫瘍等により医療保険の訪問看護が行われる場合の減算 (1月につき)	注 特別の指示により頻回に医療保険の訪問看護が行われる場合の減算 (1日につき)
イ 看護小規模多機能型居宅介護費(1月につき)	(1) 同一建物に居住する者以外の者に対して行う場合	要介護1	(12,341単位)	×70/100	又は ×70/100	×70/100	−925単位	−925単位	−30単位
		要介護2	(17,268単位)				−925単位	−925単位	−30単位
		要介護3	(24,274単位)				−925単位	−925単位	−30単位
		要介護4	(27,531単位)				−1,850単位	−1,850単位	−60単位
		要介護5	(31,141単位)				−2,914単位	−2,914単位	−95単位
	(2) 同一建物に居住する者に対して行う場合	要介護1	(11,119単位)				−925単位	−925単位	−30単位
		要介護2	(15,558単位)				−925単位	−925単位	−30単位
		要介護3	(21,871単位)				−925単位	−925単位	−30単位
		要介護4	(24,805単位)				−1,850単位	−1,850単位	−60単位
		要介護5	(28,058単位)				−2,914単位	−2,914単位	−95単位
ロ 短期利用居宅介護費 (1日につき)		要介護1	(565単位)						
		要介護2	(632単位)						
		要介護3	(700単位)						
		要介護4	(767単位)						
		要介護5	(832単位)						

ハ 初期加算 (イを算定する場合のみ算定)	(1日につき 30単位を加算)	
ニ 認知症加算 (イを算定する場合のみ算定)	(1) 認知症加算(Ⅰ) (1月につき 800単位を加算)	
	(2) 認知症加算(Ⅱ) (1月につき 500単位を加算)	
ホ 退院時共同指導加算 (イを算定する場合のみ算定)	(1回につき 600単位を加算)	
ヘ 事業開始時支援加算 (イを算定する場合のみ算定)	(1月につき 500単位を加算)	
ト 緊急時訪問看護加算 (イを算定する場合のみ算定)	(1月につき 540単位を加算)	
チ 特別管理加算 (イを算定する場合のみ算定)	(1) 特別管理加算(Ⅰ) (1月につき 500単位を加算)	
	(2) 特別管理加算(Ⅱ) (1月につき 250単位を加算)	
リ ターミナルケア加算 (イを算定する場合のみ算定)	(1月につき 2,000単位を加算)	注 死亡日及び死亡日前14日以内に2日以上ターミナルケアを行った場合
ヌ 訪問看護体制強化加算 (イを算定する場合のみ算定)	(1月につき 2,500単位を加算)	
ル 総合マネジメント体制強化加算 (イを算定する場合のみ算定)	(1月につき 1,000単位を加算)	
ヲ サービス提供体制強化加算	(1) イを算定している場合	
	(一) サービス提供体制強化加算(Ⅰ)イ (1月につき 640単位を加算)	
	(二) サービス提供体制強化加算(Ⅰ)ロ (1月につき 500単位を加算)	
	(三) サービス提供体制強化加算(Ⅱ) (1月につき 350単位を加算)	
	(四) サービス提供体制強化加算(Ⅲ) (1月につき 350単位を加算)	
	(2) ロを算定している場合	
	(一) サービス提供体制強化加算(Ⅰ)イ (1日につき 21単位を加算)	
	(二) サービス提供体制強化加算(Ⅰ)ロ (1日につき 16単位を加算)	
	(三) サービス提供体制強化加算(Ⅱ) (1日につき 12単位を加算)	
	(四) サービス提供体制強化加算(Ⅲ) (1日につき 12単位を加算)	
ワ 介護職員処遇改善加算	(1) 介護職員処遇改善加算(Ⅰ) (1月につき +所定単位×76／1000)	注 所定単位は、イからヲまでにより算定した単位数の合計
	(2) 介護職員処遇改善加算(Ⅱ) (1月につき +所定単位×42／1000)	
	(3) 介護職員処遇改善加算(Ⅲ) (1月につき +(2)×90／100)	
	(4) 介護職員処遇改善加算(Ⅳ) (1月につき +(2)×80／100)	

:事業開始時支援加算、緊急時訪問看護加算、特別管理加算、ターミナルケア加算、訪問看護体制強化加算、総合マネジメント体制強化加算、サービス提供体制強化加算、介護職員処遇改善加算は、支給限度額管理の対象外の算定項目

⑤ 介護予防支援の介護報酬単位数

1. 介護予防支援

利用者に対して介護予防支援を行い、月末において、当該月の給付管理票等を市町村または国民健康保険団体連合会に提出した介護予防支援事業者について所定の単位数が算定されます。

● 注意事項

利用者が月を通じて介護予防特定施設入居者生活介護、介護予防小規模多機能型居宅介護、介護予防認知症対応型共同生活介護（短期利用を除く）を受けている場合は、介護予防支援費は算定されません。

介護予防支援費

部分		内容	単位数
基本部分		介護予防支援費	1か月につき　430単位
加算	1. 初回加算 新規に介護予防サービス計画を作成する利用者に対して介護予防支援を行った場合に加算されます。		1か月につき　300単位を加算
	2. 介護予防小規模多機能型居宅介護事業所連携加算 居宅介護支援を受けていた利用者が介護予防小規模多機能型居宅介護の利用へと移行する際に、利用者にかかる必要な情報を介護予防小規模多機能型居宅介護事業所に提供し、介護予防小規模多機能型居宅介護事業所における指定介護予防サービス等の利用にかかる計画の作成等に協力した場合に加算されます。 ただし、利用開始前6か月以内において、本加算を算定している場合は算定されません。		300単位を加算

算定構造

基本部分
- イ　介護予防支援費（1月につき）　（430単位）
- ロ　初回加算　（+300単位）
- ハ　介護予防小規模多機能型居宅介護事業所連携加算　（+300単位）

⑥ 介護予防サービスの介護報酬単位数

1. 介護予防訪問介護

居宅サービスの訪問介護における身体介護と生活介護が一本化されるとともに、時間別の単位ではなく月ごとに単位数が算定されます。

なお、対象となるサービスの範囲については、訪問介護と同じ取扱いとなります。訪問介護におけるサービスの詳細については、「訪問介護におけるサービス行為ごとの区分等」（p.403）を参照してください。また、通院等乗降介助については、報酬上の評価はありません。

●注意事項

①利用者が介護予防特定施設入居者生活介護、介護予防小規模多機能型居宅介護、介護予防認知症対応型共同生活介護を受けている間は、算定されません。

②利用者が1つの指定介護予防訪問介護事業所において指定介護予防訪問介護を受けている間は、他の事業所が行ったサービスに対する介護予防訪問介護費は算定されません。

介護予防訪問介護費

	内容	単位数
基本部分	1. 介護予防訪問介護費（Ⅰ） ［1回程度／週］	1か月につき　1168単位
	2. 介護予防訪問介護費（Ⅱ） ［2回程度／週］	1か月につき　2335単位
	3. 介護予防訪問介護費（Ⅲ） ［2回以上／週］ ※要支援2の場合にのみ算定	1か月につき　3704単位
加算	1. 地域加算 （1）特別地域介護予防訪問介護加算 厚生労働大臣が定める地域（p.401）に所在する介護予防訪問介護事業所または、その一部として使用される事務所の訪問介護員等が、介護予防訪問介護を行った場合に加算されます。	1か月につき 所定単位数の15％に相当する単位数を加算
	（2）中山間地域等小規模事業所加算 特別地域介護予防訪問介護加算対象地域以外の地域で、厚生労働大臣が定める地域（p.402）に所在し、かつ、厚生労働大臣が定める施設基準に適合する介護予防訪問介護事業所または、その一部として使用される事務所の訪問介護員等が介護予防訪問介護を行った場合に加算されます。	1か月につき 所定単位数の10％に相当する単位数を加算
	（3）中山間地域等居住者サービス提供加算 厚生労働大臣が定める地域（p.402）に居住している利用者に対して、通常の事業の実施地域を越えて、介護予防訪問介護を行った場合に加算されます。	1か月につき 所定単位数の5％に相当する単位数を加算
	2. 初回加算 新規に介護予防訪問介護計画を作成した利用者に対して、初回に実施した介護予防訪問介護と同月内に、サービス提供責任者が、自ら介護予防訪問介護を行う場合または、他の訪問介護員等が介護を行う際に同行した場合に加算されます。	1か月につき　200単位を加算
	3. 生活機能向上連携加算 理学療法士等が介護予防訪問リハビリテーションまたは通所リハビリテーションの一環として利用者の居宅を訪問する際に、サービス提供責任者が同行し、理学療法士等と共同して利用者の身体の状況等の評価を行い、かつ、生活機能の向上を目的とした介護予防訪問介護計画を作成した場合に加算されます。	初回の介護予防訪問介護が行われた日の属する月以降3か月の間に限り、1か月につき100単位を加算
	4. 介護職員処遇改善加算 以下の基準に適合している介護職員の賃金の改善等を実施しているとして都道府県知事に届け出た介護予防訪問介護事業所が介護予防訪問介護を行った場合、2018（平成30）年3月31日までの間加算されます。ただし、いずれかの加算を算定している場合は、その他の加算は算定されません。	

介護予防訪問介護費

	内容	単位数
加算	**(1)介護職員処遇改善加算(Ⅰ)** 以下の基準のいずれにも適合すること ①賃金改善に関する計画を策定し、適切な措置を講じていること ②介護予防訪問介護事業所において、①の賃金改善に関する計画、介護職員処遇改善計画書を作成し、すべての介護職員に周知し、都道府県知事に届け出ていること ③介護職員処遇改善加算の算定額に相当する賃金改善を実施すること ④事業年度ごとに介護職員の処遇改善に関する実績を都道府県知事に報告すること ⑤算定日が属する月の前12か月間において労働基準法等に違反し、罰金以上の刑に処せられていないこと ⑥労働保険料の納付が適正に行われていること ⑦次に掲げる基準のいずれにも適合すること 　ア　介護職員の任用の際の職責・職務内容等の要件を定め、書面をもって作成し、すべての介護職員に周知していること 　イ　介護職員の資質の向上の支援に関する計画を策定し、計画に係る研修を実施または研修の機会を確保し、すべての介護職員に周知していること ⑧2015(平成27)年4月から②の届出の日の属する月の前月までに実施した介護職員の処遇改善の内容および処遇改善に要した費用をすべての職員に周知していること	所定単位数(加算減算を加えた総単位数)の8.6%に相当する単位数を加算
加算	**(2)介護職員処遇改善加算(Ⅱ)** 以下の基準のいずれにも適合すること ①(1)の①から⑥までのいずれにも適合すること ②(1)の⑦のアもしくはイのいずれかに適合すること ③2008(平成20)年10月から(1)の②の届出の日の属する月の前月までに実施した介護職員の処遇改善の内容および処遇改善に要した費用をすべての職員に周知していること	所定単位数(加算減算を加えた総単位数)の4.8%に相当する単位数を加算
加算	**(3)介護職員処遇改善加算(Ⅲ)** (1)の①から⑥までのいずれにも適合し、かつ(2)の②または③に掲げる基準のいずれかに適合すること	(2)により算定した単位数の90%に相当する単位数を加算
加算	**(4)介護職員処遇改善加算(Ⅳ)** (1)の①から⑥までのいずれにも適合すること	(2)により算定した単位数の80%に相当する単位数を加算
減算	**人員体制による減算** 介護職員初任者研修修了者をサービス提供責任者として配置している事業所が介護予防訪問介護を行った場合は減算されます。	所定単位数の70%に相当する単位数を算定
減算	**同一建物等に対する減算** ①介護予防訪問介護事業所と同一の敷地内もしくは隣接する敷地内の建物(養護老人ホーム、軽費老人ホーム、有料老人ホーム、サービス付き高齢者向け住宅に限る)もしくは同一の建物に居住する利用者、②または①以外の建物で1か月あたりの利用者が20人以上居住する建物の利用者に介護予防訪問介護を行った場合は減算されます。	所定単位数の90%に相当する単位数を算定

算定構造

		基本部分	注 2級サービス提供責任者を配置している場合(※)	注 事業所と同一建物の利用者またはこれ以外の同一建物の利用者20人以上にサービスを行う場合	注 特別地域介護予防訪問介護加算	注 中山間地域等における小規模事業所加算	注 中山間地域等に居住する者へのサービス提供加算
イ	介護予防訪問介護費(Ⅰ)	要支援1・2 週1回程度の介護予防訪問介護が必要とされた者 (1月につき　1,168単位)	×70/100	×90/100	+15/100	+10/100	+5/100
ロ	介護予防訪問介護費(Ⅱ)	要支援1・2 週2回程度の介護予防訪問介護が必要とされた者 (1月につき　2,335単位)					
ハ	介護予防訪問介護費(Ⅲ)	要支援2 週2回を超える程度の介護予防訪問介護が必要とされた者 (1月につき　3,704単位)					
ニ	初回加算	(1月につき　+200単位)					
ホ	生活機能向上連携加算	(1月につき　+100単位)					
ヘ	介護職員処遇改善加算	(1)介護職員処遇改善加算(Ⅰ) 　(1月につき　+所定単位×86/1000)	注 所定単位は、イからホまでにより算定した単位数の合計				
		(2)介護職員処遇改善加算(Ⅱ) 　(1月につき　+所定単位×48/1000)					
		(3)介護職員処遇改善加算(Ⅲ) 　(1月につき　+(2)の90/100)					
		(4)介護職員処遇改善加算(Ⅳ) 　(1月につき　+(2)の80/100)					

▨：特別地域介護予防訪問介護加算、中山間地域等における小規模事業所加算、中山間地域等に居住する者へのサービス提供加算、介護職員処遇改善加算は、支給限度額管理の対象外の算定項目

2. 介護予防訪問入浴介護

　介護予防訪問入浴介護事業所の看護職員（看護師または准看護師）1人および介護職員1人が、浴槽設備等を備えた入浴車により利用者の居宅を訪問し利用者の心身の状態を十分に配慮したうえで、介護予防訪問入浴介護を行った場合に算定されます。

● **注意事項**

　利用者が介護予防短期入所生活介護、介護予防短期入所療養介護、介護予防特定施設入居者生活介護、介護予防小規模多機能型居宅介護、介護予防認知症対応型共同生活介護を受けている間は介護予防訪問入浴介護費は算定されません。

介護予防訪問入浴介護費

区分		内容	単位数
基本部分	介護予防訪問入浴介護費		1回につき　834単位
加算	1. 地域加算 (1)特別地域介護予防訪問入浴介護加算 　厚生労働大臣が定める地域(p.401)に所在する介護予防訪問入浴介護事業所の従業者が、介護予防訪問入浴介護を行った場合に加算されます。		1回につき 所定単位数の15％に相当する単位数を加算
	(2)中山間地域等小規模事業所加算 　特別地域介護予防訪問入浴介護加算対象地域以外の地域で、厚生労働大臣が定める地域(p.402)に所在し、かつ、厚生労働大臣が定める施設基準に適合する介護予防訪問入浴介護事業所の従業者が介護予防訪問入浴介護を行った場合に加算されます。		1回につき 所定単位数の10％に相当する単位数を加算
	(3)中山間地域等居住者サービス提供加算 　厚生労働大臣が定める地域(p.402)に居住している利用者に対して、通常の事業の実施地域を越えて、介護予防訪問入浴介護を行った場合に加算されます。		1回につき 所定単位数の5％に相当する単位数を加算
	2. サービス提供体制強化加算 　以下の基準のいずれにも適合しているものとして都道府県知事に届け出た介護予防訪問入浴介護事業所が、介護予防訪問入浴介護を行った場合に加算されます。 　ただし、いずれかの加算を算定している場合は、その他の加算は算定されません。 (1)サービス提供体制強化加算（Ⅰ）イ ①従業者ごとに研修計画を作成し、当該計画に従って研修を実施（または実施を予定）している ②利用者に関する情報もしくはサービス提供に当たっての留意事項の伝達または従業者の技術指導を目的とした会議を定期的に開催している ③事業所の全ての訪問入浴介護従業者に対し、健康診断等を定期的に実施している ④事業所の介護職員の総数のうち、介護福祉士の占める割合が40％以上または介護福祉士、実務者研修修了者及び介護職員基礎研修課程修了者の占める割合が60％以上である		1回につき　36単位を加算
	(2)サービス提供体制強化加算（Ⅰ）ロ ①(1)の①〜③のいずれにも適合すること ②事業所の介護職員の総数のうち、介護福祉士の占める割合が30％以上または介護福祉士、実務者研修修了者及び介護職員基礎研修課程修了者の占める割合が50％以上である		1回につき　24単位を加算
	3. 介護職員処遇改善加算 　以下の基準に適合している介護職員の賃金の改善等を実施しているとして都道府県知事に届け出た介護予防訪問入浴介護事業所が介護予防訪問入浴介護を行った場合、2018（平成30）年3月31日までの間加算されます。ただし、いずれかの加算を算定している場合は、その他の加算は算定されません。 (1)介護職員処遇改善加算（Ⅰ） 以下の基準のいずれにも適合すること ①賃金改善に関する計画を策定し、適切な措置を講じていること ②介護予防訪問入浴介護の事業所において、①の賃金改善に関する計画、介護職員処遇改善計画書を作成し、すべての介護職員に周知し、都道府県知事に届け出ていること ③介護職員処遇改善加算の算定額に相当する賃金改善を実施すること ④事業年度ごとに介護職員の処遇改善に関する実績を都道府県知事に報告すること ⑤算定日が属する月の前12か月間において労働基準法等に違反し、罰金以上の刑に処せられていないこと ⑥労働保険料の納付が適正に行われていること ⑦次に掲げる基準のいずれにも適合すること 　ア　介護職員の任用の際の職責・職務内容等の要件を定め、書面をもって作成し、すべての介護職員に周知していること 　イ　介護職員の資質の向上の支援に関する計画を策定し、計画に係る研修を実施または研修の機会を確保し、すべての介護職員に周知していること ⑧2015（平成27）年4月から②の届出の日の属する月の前月までに実施した介護職員の処遇改善の内容および処遇改善に要した費用をすべての職員に周知していること		所定単位数（加算減算を加えた総単位数）の3.4％に相当する単位数を加算

介護予防訪問入浴介護費

		内容	単位数
加算		（2）介護職員処遇改善加算（Ⅱ） 以下の基準のいずれにも該当すること ①（1）の①〜⑥のいずれにも適合すること ②（1）の⑦のアもしくはイのいずれかに適合すること ③2008（平成20）年10月から（1）の②の届出の日の属する月の前月までに実施した介護職員の処遇改善の内容および処遇改善に要した費用をすべての職員に周知していること	所定単位数（加算減算を加えた総単位数）の1.9％に相当する単位数を加算
加算		（3）介護職員処遇改善加算（Ⅲ） （1）の①から⑥までのいずれにも適合し、かつ（2）の②または③に掲げる基準のいずれかに適合すること	（2）により算定した単位数の90％に相当する単位数を加算
加算		（4）介護職員処遇改善加算（Ⅳ） （1）の①から⑥までのいずれにも適合すること	（2）により算定した単位数の80％に相当する単位数を加算
減算	1.	人員体制による減算 入浴により利用者の身体の状況等に支障を生ずるおそれがないと認められる場合に、その主治医の意見を確認したうえで、介護予防訪問入浴介護事業所の介護職員2人により介護予防訪問入浴介護を行った場合に減算されます。	所定単位数の95％に相当する単位数を算定
減算	2.	サービス内容による減算 訪問時の利用者の心身の状況等から全身入浴が困難な場合であって、利用者の希望により清拭または部分浴（洗髪、陰部、足部等の洗浄をいう。）を行った場合に減算されます。	所定単位数の70％に相当する単位数を算定
減算	3.	同一建物等に対する減算 ①介護予防訪問入浴介護事業所と同一の敷地内もしくは隣接する敷地内の建物（養護老人ホーム、軽費老人ホーム、有料老人ホーム、サービス付き高齢者向け住宅に限る）もしくは同一の建物に居住する利用者、②または①以外の建物で1か月当たりの利用者が20人以上居住する建物の利用者に介護予防訪問入浴介護を行った場合は減算されます。	所定単位数の90％に相当する単位数を算定

算定構造

		基本部分		注 介護職員2人が行った場合	注 全身入浴が困難で、清拭又は部分浴を実施した場合	注 事業所と同一建物の利用者またはこれ以外の同一建物の利用者20人以上にサービスを行う場合	注 特別地域介護予防訪問入浴介護加算	注 中山間地域等における小規模事業所加算	注 中山間地域等に居住する者へのサービス提供加算
イ	介護予防訪問入浴介護費		（1回につき　834単位）	×95/100	×70/100	×90/100	+15/100	+10/100	+5/100
ロ	サービス提供体制強化加算	（1）	サービス提供体制強化加算（Ⅰ）イ （1回につき　+36単位）						
ロ	サービス提供体制強化加算	（2）	サービス提供体制強化加算（Ⅰ）ロ （1回につき　+24単位）						
ハ	介護職員処遇改善加算	（1）	介護職員処遇改善加算（Ⅰ） （1月につき　+所定単位×34／1000）	注 所定単位は、イからロまでにより算定した単位数の合計					
ハ	介護職員処遇改善加算	（2）	介護職員処遇改善加算（Ⅱ） （1月につき　+所定単位×19／1000）						
ハ	介護職員処遇改善加算	（3）	介護職員処遇改善加算（Ⅲ） （1月につき　+（2）の90／100）						
ハ	介護職員処遇改善加算	（4）	介護職員処遇改善加算（Ⅳ） （1月につき　+（2）の80／100）						

□：特別地域介護予防訪問入浴介護加算、中山間地域等における小規模事業所加算、中山間地域等に居住する者へのサービス提供加算、サービス提供体制強化加算、介護職員処遇改善加算は、支給限度額管理の対象外の算定項目

3. 介護予防訪問看護

通院が困難な利用者に対して、主治医の指示および介護予防訪問看護計画書に基づき、介護予防訪問看護事業所の保健師、看護師、准看護師または理学療法士、作業療法士、言語聴覚士（以下、看護師等）が、療養上の世話または必要な診療の補助を行った場合に算定されます。この場合、算定のもとになる時間は、現に要した時間ではなく、介護予防訪問看護計画書に位置づけられたサービスを行うのに要する標準的な時間をいいます。

● **注意事項**

①がん末期その他厚生労働大臣が定める疾病等の患者（p.243参照）については、医療保険の給付の対象となるため、介護予防訪問看護費は算定されません。

②利用者の主治医（介護老人保健施設の医師を除く）から、急性増悪等により一時的に頻回の介護予防訪問看護を行う必要がある旨の特別の指示を行った場合は、その指示の日から14日間に限っては、医療保険の給付対象となるため、介護予防訪問看護費は算定されません。

③利用者が介護予防短期入所生活介護、介護予防短期入所療養介護、介護予防特定施設入居者生活介護、介護予防認知症対応型共同生活介護を受けている間は、介護予防訪問看護費は算定されません。

介護予防訪問看護費

		内容	単位数
基本部分	1.	介護予防訪問看護ステーションの場合 ただし、20分未満は①②のいずれにも適合する場合に算定されます。 ①利用者に対し、週に1回以上20分以上の介護予防訪問看護を実施していること ②利用者からの連絡に応じて、介護予防訪問看護を24時間行える体制であること	20分未満　　　　　　310単位 30分未満　　　　　　463単位 30分以上1時間未満 　　　　　　　　　　814単位 1時間以上1時間30分未満 　　　　　　　　　　1117単位
		理学療法士、作業療法士または言語聴覚士による場合	1回につき　　　　302単位 （1回あたり20分） ※1週間に6回を限度とする
	2.	病院または診療所の場合 ただし、20分未満は①②のいずれにも適合する場合に算定されます。 ①利用者に対し、週に1回以上20分以上の介護予防訪問看護を実施していること ②利用者からの連絡に応じて、介護予防訪問看護を24時間行える体制であること	20分未満　　　　　　262単位 30分未満　　　　　　392単位 30分以上1時間未満 　　　　　　　　　　567単位 1時間以上1時間30分未満 　　　　　　　　　　835単位
加算	1.	夜間・早朝加算 夜間（午後6時〜午後10時）、早朝（午前6時〜午前8時）に介護予防訪問看護を行った場合に加算されます。	1回につき 所定の単位数の25％に相当する単位数を加算
	2.	深夜加算 深夜（午後10時〜午前6時）に介護予防訪問看護を行った場合に加算されます。	1回につき 所定の単位数の50％に相当する単位数を加算
	3.	複数名訪問加算 同時に複数の看護師等が、利用者や家族から同意を得て、以下①〜③のいずれかを満たす1人の利用者に対して介護予防訪問看護を行った場合に加算されます。 ①利用者の身体的理由により1人の看護師等による介護予防訪問看護が困難と認められる場合 ②暴力行為、著しい迷惑行為、器物破損行為等が認められる場合 ③その他利用者の状況から判断して、①または②に準ずると認められる場合	30分未満 1回につき254単位を加算 30分以上 1回につき402単位を加算
	4.	長時間訪問看護加算 介護予防訪問看護について以下のいずれかの状態に該当する「特別な管理を必要とする利用者」に対して、1回の時間が1時間30分を越える介護予防訪問看護を行った場合に加算されます。 ①在宅悪性腫瘍患者指導管理、在宅気管切開患者指導管理を受けている状態または気管カニューレ、留置カテーテルを使用している状態 ②医科診療報酬点数表に掲げる在宅自己腹膜灌流指導管理、在宅血液透析指導管理、在宅酸素療法指導管理、在宅中心静脈栄養法指導管理、在宅成分栄養経管栄養法指導管理、在宅自己導尿指導管理、在宅持続陽圧呼吸療法指導管理、在宅自己疼痛管理指導管理、在宅肺高血圧症患者指導管理を受けている状態 ③人工肛門または人工膀胱を設置している状態 ④真皮を越える褥瘡の状態 ⑤点滴注射を週3日以上行う必要があると認められる状態	1回につき　　　300単位を加算

介護予防訪問看護費

		内容	単位数
加算	5.	地域加算 （1）特別地域介護予防訪問看護加算 厚生労働大臣が定める地域(p.401)に所在する介護予防訪問看護事業所または、その一部として使用される事務所の看護師等が、介護予防訪問看護を行った場合に加算されます。	1回につき 所定単位数の15%に相当する単位数を加算
		（2）中山間地域等小規模事業所加算 特別地域介護予防訪問看護加算対象地域以外の地域で、厚生労働大臣が定める地域(p.402)に所在し、かつ、厚生労働大臣が定める施設基準に適合する介護予防訪問看護事業所または、その一部として使用される事務所の看護師等が介護予防訪問看護を行った場合に加算されます。	1回につき 所定単位数の10%に相当する単位数を加算
		（3）中山間地域等居住者サービス提供加算 厚生労働大臣が定める地域(p.402)に居住している利用者に対して、通常の事業の実施地域を越えて、介護予防訪問看護を行った場合に加算されます。	1回につき 所定単位数の5%に相当する単位数を加算
	6.	緊急時介護予防訪問看護加算 （1）介護予防訪問看護ステーション 24時間体制で利用者またはその家族からの相談に対応できる介護予防訪問看護ステーションが、利用者の同意を得て、計画的に訪問することになっていない緊急時訪問を行った場合に加算されます。また、特別管理加算（下記7.参照）を算定する状態の者に対する、1か月に2回目以降の緊急的訪問については、夜間・早朝・深夜の加算を算定することができます。	1か月につき　540単位を加算
		（2）病院または診療所 病院または診療所が利用者の同意を得て、計画的に訪問することになっていない緊急時訪問を行った場合に加算されます。また、特別管理加算（下記7.参照）を算定する状態の者に対する、1か月に2回目以降の緊急的訪問については、夜間・早朝・深夜の加算を算定することができます。	1か月につき　290単位を加算
	7.	特別管理加算 「特別な管理を必要とする利用者」（上記4.参照）に対して、介護予防訪問看護の実施に関する計画的な管理を行った場合に加算されます。 （1）特別管理加算（Ⅰ） 上記4.①の状態にある者に対して行う場合	1か月につき　500単位を加算
		（2）特別管理加算（Ⅱ） 上記4.②～⑤の状態にある者に対して行う場合	1か月につき　250単位を加算
	8.	初回加算 新規に介護予防訪問看護計画を作成した利用者に対して、初回もしくは初回の介護予防訪問看護を行った日の属する月に介護予防訪問看護を行った場合に加算されます。	1か月につき　300単位を加算
	9.	退院時共同指導加算 介護予防訪問看護ステーションの看護師等が、主治医等と共同して在宅での療養上必要な指導を行い、その内容を文書により提供して退院（退所）した後、初めての介護予防訪問看護を行った場合に加算されます。ただし、医療保険において算定される場合や、初回加算を算定する場合は算定できません。	1回に限り（特別な管理を必要とする利用者（上記4.参照）については2回） 600単位を加算
	10.	看護体制強化加算（介護予防訪問看護ステーション、病院または診療所の場合） 以下の基準のいずれにも適合しているものとして都道府県知事に届け出た介護予防訪問看護事業所が、医療ニーズの高い利用者への介護予防訪問看護の提供体制を強化した場合に加算されます。 ①算定日が属する月の前3か月間において、事業所の利用者総数のうち、緊急時介護予防訪問看護加算を算定した利用者の占める割合が50%以上である ②算定日が属する月の前3か月間において、事業所の利用者総数のうち、特別管理加算を算定した利用者の占める割合が30%以上である	1か月につき　300単位を加算
	11.	サービス提供体制強化加算 すべての看護師等に対して研修・健康診断等を実施し、技術指導を目的とした会議を定期的に開催しており、かつ3年以上勤続年数のある者が30%以上配置されている介護予防訪問看護事業所が、介護予防訪問看護を行った場合に加算されます。	1回につき　6単位を加算
減算	1.	回数による減算（訪問看護ステーションの理学療法士、作業療法士または言語聴覚士による場合） 理学療法士、作業療法士または言語聴覚士が1日に2回を超えて介護予防訪問看護を行った場合に減算されます。	1回につき 所定単位数の90%に相当する単位数を算定
	2.	准看護師の訪問看護による減算	所定単位数の90%に相当する単位数を算定
	3.	同一建物等に対する減算 ①介護予防訪問介護事業所と同一の敷地内もしくは隣接する敷地内の建物（養護老人ホーム、軽費老人ホーム、有料老人ホーム、サービス付き高齢者向け住宅に限る）もしくは同一の建物に居住する利用者、②または①以外の建物で1か月あたりの利用者が20人以上居住する建物の利用者に介護予防訪問看護を行った場合は減算されます。	所定単位数の90%に相当する単位数を算定

第6章 介護報酬と加算・減算

介護予防訪問看護費

算定構造

	基本部分		注 准看護師の場合	注 事業所と同一建物の利用者又はこれ以外の同一建物の利用者20人以上にサービスを行う場合	注 夜間若しくは早朝の場合又は深夜の場合	注 2人以上による介護予防訪問看護を行う場合	注 1時間30分以上の介護予防訪問看護を行う場合	注 特別地域介護予防訪問看護加算	注 中山間地域等における小規模事業所加算	注 中山間地域等に居住する者へのサービス提供加算	注 緊急時介護予防訪問看護加算(※)	注 特別管理加算
イ 指定介護予防訪問看護ステーションの場合	(1) 20分未満 週に1回以上、20分以上の保健師又は看護師による訪問を行った場合算定可能 (310単位)		×90/100	×90/100	夜間又は早朝の場合 +25/100 深夜の場合 +50/100	30分未満の場合 +254単位 30分以上の場合 +402単位	+300単位	+15/100	+10/100	+5/100	1月につき +540単位 1月につき (Ⅰ)の場合 +500単位 又は (Ⅱ)の場合 +250単位 1月につき +290単位	
	(2) 30分未満 (463単位)											
	(3) 30分以上1時間未満 (814単位)											
	(4) 1時間以上1時間30分未満 (1,117単位)											
	(5) 理学療法士、作業療法士又は言語聴覚士の場合 (302単位) ※ 1日に2回を超えて実施する場合は 90/100											
ロ 病院又は診療所の場合	(1) 20分未満 週に1回以上、20分以上の保健師又は看護師による訪問を行った場合算定可能 (262単位)		×90/100									
	(2) 30分未満 (392単位)											
	(3) 30分以上1時間未満 (567単位)											
	(4) 1時間以上1時間30分未満 (835単位)						+300単位					
ハ 初回加算 (1月につき +300単位)												
ニ 退院時共同指導加算 (1回につき +600単位)												
ホ 看護体制強化加算 (1月につき +300単位)												
ヘ サービス提供体制強化加算 (1回につき +6単位)												

☐ :特別地域訪問看護加算、中山間地域等における小規模事業所加算、中山間地域等に居住する者へのサービス提供加算、緊急時訪問看護加算、特別管理加算、サービス提供体制強化加算は、支給限度額管理の対象外の算定項目

※ 特別管理加算を算定する状態の者に対する1月以内の2回目以降の緊急的訪問については、早朝・夜間、深夜の訪問看護に係る加算を算定できるものとする。

4. 介護予防訪問リハビリテーション

　通院が困難な利用者に対して、介護予防訪問リハビリテーション事業所の理学療法士、作業療法士、言語聴覚士が計画的な医学的管理を行っている医師の指示に基づき、介護予防訪問リハビリテーションを行った場合に算定されます。

● **注意事項**

　利用者が介護予防短期入所生活介護、介護予防短期入所療養介護、介護予防特定施設入居者生活介護、介護予防認知症対応型共同生活介護を受けている間は、介護予防訪問リハビリテーション費は算定されません。また、介護予防訪問リハビリテーションを利用しようとする者の主治医が、急性増悪等により一時的に頻回の訪問リハビリテーションを行う必要がある旨の特別な指示を行った場合は、指示の日から14日間に限って介護予防訪問リハビリテーション費は算定できません。

介護予防訪問リハビリテーション費

	内容	単位数
基本部分	**介護予防訪問リハビリテーション費**	1回につき　　302単位
加算	1. **中山間地域等居住者サービス提供加算** 厚生労働大臣が定める地域（p.402）に居住している利用者に対して、通常の事業の実施地域を越えて、介護予防訪問リハビリテーションを行った場合に加算されます。	1回につき 所定単位数の5%に相当する単位数を加算
	2. **短期集中リハビリテーション実施加算** リハビリテーションを必要とする状態の原因となった疾患等の治療等のために入院（または入所）した病院等または介護保険施設から退院（退所）した日、または要支援認定を受けた日から起算して3か月以内に、集中的に介護予防訪問リハビリテーションを行った場合に加算されます。	1日につき　　200単位を加算
	3. **介護予防訪問介護事業所との連携加算** 理学療法士、作業療法士または言語聴覚士と介護予防訪問介護事業所のサービス提供責任者が共に利用者宅を訪問し、利用者の身体の状況等の評価を共同して行い、サービス提供責任者が介護予防訪問介護計画を作成する上で必要な指導および助言を行った場合に加算されます。	1回につき　　300単位を加算 ※3か月に1回の算定を限度とする
	4. **サービス提供体制強化加算** 理学療法士、作業療法士、言語聴覚士のうち、勤続年数3年以上の者がいるとして都道府県知事に届け出た介護予防訪問リハビリテーション事業所が、介護予防訪問リハビリテーションを行った場合に加算されます。	1回につき　　6単位を加算
減算	**同一建物等に対する減算** ①介護予防訪問リハビリテーション事業所と同一の敷地内もしくは隣接する敷地内の建物（養護老人ホーム、軽費老人ホーム、有料老人ホーム、サービス付き高齢者向け住宅に限る）もしくは同一の建物に居住する利用者、②または①以外の建物で1か月あたりの利用者が20人以上居住する建物の利用者に介護予防訪問リハビリテーションを行った場合は減算されます。	所定単位数の90%に相当する単位数を算定

算定構造

	基本部分		注 事業所と同一建物の利用者又はこれ以外の同一建物の利用者20人以上にサービスを行う場合	注 中山間地域等に居住する者へのサービス提供加算	注 短期集中リハビリテーション実施加算	注 訪問介護計画を作成する上での必要な指導及び助言を行った場合
イ　介護予防訪問リハビリテーション費	病院又は診療所の場合	1回につき　302単位	×90/100	+5/100	1日につき +200単位	1回につき +300単位 （3月に1回を限度）
	介護老人保健施設の場合					
ロ　サービス提供体制強化加算	（1回につき　+6単位）					

　■：中山間地域等に居住する者へのサービス提供加算、サービス提供体制強化加算は、支給限度額管理の対象外の算定項目

5. 介護予防居宅療養管理指導

(1) 医師が行う場合

通院が困難な在宅の利用者に対して、介護予防居宅療養管理指導事業所の医師が、利用者の居宅を訪問して行う計画的かつ継続的な医学的管理に基づき、介護支援専門員等に対する介護予防サービス計画の策定等に必要な情報提供を行った場合、また、利用者・家族等に対する介護予防サービスを利用するうえでの留意点、介護方法等についての指導・助言を行った場合に、1か月に2回を限度として算定されます。

介護予防居宅療養管理指導費（1）医師が行う場合

	内容	単位数	
基本部分	1. 介護予防居宅療養管理指導費（Ⅰ） 介護予防居宅療養管理指導費（Ⅱ）以外の場合に算定されます。 (1)同一建物居住者以外の者に対して行う場合	1回につき	503単位
	(2)同一建物居住者に対して行う場合	1回につき	452単位
	2. 介護予防居宅療養管理指導費（Ⅱ） 医科診療報酬点数表に掲げる在宅時医学総合管理料または特定施設入居時等医学総合管理料を算定する利用者に対して、医師が、当該利用者の居宅を訪問して行う計画的かつ継続的な医学的管理に基づき、介護支援専門員等に対する介護予防サービス計画の策定等に必要な情報提供を行った場合に算定されます。 (1)同一建物居住者以外の者に対して行う場合	1回につき	292単位
	(2)同一建物居住者に対して行う場合	1回につき	262単位

(2) 歯科医師が行う場合

通院が困難な在宅の利用者に対して、介護予防居宅療養管理指導事業所の歯科医師が、利用者の居宅を訪問して行う計画的かつ継続的な歯科医学的管理に基づき、介護支援専門員等に対する介護予防サービス計画の策定等に必要な情報提供を行った場合、また、利用者・家族等に対する介護予防サービスを利用するうえでの留意点、介護方法等についての指導・助言を行った場合に、1か月に2回を限度として算定されます。

介護予防居宅療養管理指導費（2）歯科医師が行う場合

	内容	単位数	
基本部分	1. 同一建物居住者以外の者に対して行う場合	1回につき	503単位
	2. 同一建物居住者に対して行う場合	1回につき	452単位

(3) 薬剤師が行う場合

通院が困難な在宅の利用者に対して、介護予防居宅療養管理指導事業所の薬剤師が、医師または歯科医師の指示または薬学的管理指導計画に基づき、利用者を訪問して、薬学的な管理指導を行い、介護支援専門員等に対する介護予防サービス計画の策定時に必要な情報提供を行った場合に、1か月に2回（薬局の薬剤師の場合は1か月に4回）を限度として算定されます。

介護予防居宅療養管理指導費 (3)薬剤師が行う場合

	内容		単位数
基本部分	1. 病院または診療所の薬剤師が行う場合 (1)同一建物居住者以外の者に対して行う場合	1回につき	553単位
	(2)同一建物居住者に対して行う場合	1回につき	387単位
	2. 薬局の薬剤師が行う場合 ※末期の悪性腫瘍の者および中心静脈栄養を受けている者に対する場合は、1週間に2回、かつ、1か月に8回を限度として算定可能。 (1)同一建物居住者以外の者に対して行う場合	1回につき	503単位
	(2)同一建物居住者に対して行う場合	1回につき	352単位
加算	麻薬管理指導加算 疼痛緩和のために麻薬の投薬が行われている利用者に対して、当該薬剤の使用に関する必要な薬学的管理指導を行った場合に加算されます。	1回につき	100単位を加算

(4) 管理栄養士が行う場合

　　通院または通所が困難な在宅の利用者に対して、以下に掲げるすべての基準を満たす介護予防居宅療養管理指導事業所の管理栄養士が、計画的な医学的管理を行っている医師の指示に基づき、利用者を訪問し、栄養管理に係る情報提供および指導または助言を行った場合に、1か月に2回を限度として算定されます。

①疾病治療の直接手段として、医師の発行する食事せんに基づき提供された適切な栄養量および内容を有する腎臓病食、肝臓病食、糖尿病食、胃潰瘍食、貧血食、膵臓病食、脂質異常症食、痛風食、嚥下困難者のための流動食、経管栄養のための濃厚流動食、特別な場合の検査食（単なる流動食および軟食を除く）を必要とする利用者または、低栄養状態にあると医師が判断した者に対して、医師、歯科医師、管理栄養士、看護師、薬剤師その他の職種が共同して、利用者ごとの摂食・嚥下機能および食形態にも配慮した栄養ケア計画を作成していること。

②利用者ごとの栄養ケア計画に従い、栄養管理を行っているとともに、利用者またはその家族等に対して、栄養管理に係る情報提供、指導または助言を行い、利用者の栄養状態を定期的に記録していること。

③利用者ごとの栄養ケア計画の進捗状況を定期的に評価し、必要に応じて当該計画を見直していること。

介護予防居宅療養管理指導費 (4)管理栄養士が行う場合

	内容		単位数
基本部分	1. 同一建物居住者以外の者に対して行う場合	1回につき	533単位
	2. 同一建物居住者に対して行う場合	1回につき	452単位

(5) 歯科衛生士等が行う場合

　　通院または通所が困難な在宅の利用者に対して、次に掲げるすべての基準を満たす介護予防居宅療養管理指導事業所の歯科衛生士、保健師または看護職員が、訪問歯科診療を行った歯科医師の指示に基づき、利用者を訪問し、実地指導を行った場合に、1月に4回を限度として算定されます。

①介護予防居宅療養管理指導が必要であると歯科医師が判断した者（その実施に同意する者に限る）に対して、歯科衛生士、保健師または看護職員が、当該利用者を訪問し、歯科医師、歯科衛生士その他の職種が共同して、利用者ごとの口腔衛生状態および摂食・嚥下機能に配慮した管理指導計画を作成

していること。
②利用者ごとの管理指導計画に従い、療養上必要な指導として利用者の口腔内の清掃、有床義歯の清掃または摂食・嚥下機能に関する実地指導を行っているとともに、利用者またはその家族等に対して、実地指導に係る情報提供および指導または助言を行い、定期的に記録していること。
③利用者ごとの管理指導計画の進捗状況を定期的に評価し、必要に応じて当該計画を見直していること。

介護予防居宅療養管理指導費（5）歯科衛生士等が行う場合

	内容	単位数
基本部分	1. 同一建物居住者以外の者に対して行う場合	1回につき 352単位
	2. 同一建物居住者に対して行う場合	1回につき 302単位

（6）看護職員が行う場合

通院が困難で、医師が看護職員による介護予防居宅療養管理指導が必要であると判断した利用者に対して、介護予防居宅療養管理指導事業所の看護職員が利用者を訪問し、療養上の相談および支援を行い、介護支援専門員等に対する介護予防サービス計画の策定等に必要な情報提供を行った場合に、介護予防サービスの提供を開始してから6か月の間に2回を限度として算定されます。

● 注意事項

利用者が定期的に通院したり訪問診療を受けている場合または、介護予防訪問看護、介護予防訪問リハビリテーション、介護予防短期入所生活介護、介護予防短期入所療養介護、介護予防特定施設入居者生活介護、介護予防認知症対応型共同生活介護を受けている間は、算定されません。

介護予防居宅療養管理指導費（6）看護職員が行う場合

	内容	単位数
基本部分	1. 同一建物居住者以外の者に対して行う場合	1回につき 402単位
	2. 同一建物居住者に対して行う場合	1回につき 362単位
減算	人員体制による減算 准看護師が行った場合に減算されます。	1回につき 所定単位数の90％に相当する単位数を算定

介護予防居宅療養管理指導費

算定構造

	基本部分		注
イ 医師が行う場合 （月2回を限度）	(1) 介護予防居宅療養管理指導費（Ⅰ） （(2)以外）	(一) 同一建物居住者以外の利用者に対して行う場合　(503単位)	
		(二) 同一建物居住者に対して行う場合（同一日の訪問）　(452単位)	
	(2) 介護予防居宅療養管理指導費（Ⅱ） （在宅時医学総合管理料又は特定施設入居時等医学総合管理料を算定する場合）	(一) 同一建物居住者以外の利用者に対して行う場合　(292単位)	
		(二) 同一建物居住者に対して行う場合（同一日の訪問）　(261単位)	
ロ 歯科医師が行う場合 （月2回を限度）	(1) 同一建物居住者以外の利用者に対して行う場合　(503単位)		
	(2) 同一建物居住者に対して行う場合（同一日の訪問）　(452単位)		
ハ 薬剤師が行う場合	(1) 病院又は診療所の薬剤師が行う場合 （月2回を限度）	(一) 同一建物居住者以外の利用者に対して行う場合　(553単位)	注 特別な薬剤の投薬が行われている在宅の利用者又は居住系施設入居者等に対して、当該薬剤の使用に関する必要な薬学的管理指導を行った場合 ＋100単位
		(二) 同一建物居住者に対して行う場合（同一日の訪問）　(387単位)	
	(2) 薬局の薬剤師の場合 （月4回を限度）	(一) 同一建物居住者以外の利用者に対して行う場合　(503単位)	
		(二) 同一建物居住者に対して行う場合（同一日の訪問）　(352単位)	
ニ 管理栄養士が行う場合 （月2回を限度）	(1) 同一建物居住者以外の利用者に対して行う場合　(533単位)		
	(2) 同一建物居住者に対して行う場合（同一日の訪問）　(452単位)		
ホ 歯科衛生士等が行う場合 （月4回を限度）	(1) 同一建物居住者以外の利用者に対して行う場合　(352単位)		
	(2) 同一建物居住者に対して行う場合（同一日の訪問）　(302単位)		
ヘ 保健師、看護師が行う場合	(1) 同一建物居住者以外の利用者に対して行う場合　(402単位)		注 准看護師が行う場合 ×90/100
	(2) 同一建物居住者に対して行う場合（同一日の訪問）　(362単位)		

※ ハ(2)(一)(二)について、がん末期の患者及び中心静脈栄養患者については、週2回かつ月8回算定できる。

6. 介護予防通所介護

介護予防通所介護事業所において介護予防通所介護を行った場合に、利用者の要支援状態区分に応じて算定されます。

●注意事項

①利用者が介護予防短期入所生活介護、介護予防短期入所療養介護、介護予防特定施設入居者生活介護、介護予防小規模多機能型居宅介護、介護予防認知症対応型共同生活介護を受けている間は、介護予防通所介護費は、算定されません。

②利用者が1つの介護予防通所介護事業所において介護予防通所介護を受けている間は、他の事業所が行ったサービスに対する介護予防通所介護費は、算定されません。

介護予防通所介護費

区分	内容	単位数
基本部分	介護予防通所介護費	1か月につき 要支援1　　1647単位 要支援2　　3377単位
加算	1. 中山間地域等居住者サービス提供加算 厚生労働大臣が定める地域(p.402)に居住している利用者に対して、通常の事業の実施地域を越えて、介護予防通所介護を行った場合に加算されます。	1か月につき 所定単位数の5％に相当する単位数を加算
	2. 若年性認知症利用者受入加算 介護予防通所介護事業所において、若年性認知症利用者に対して、利用者ごとに個別の担当者を定め、利用者の特性やニーズに応じたサービス提供が行われた場合に加算されます。	1か月につき　240単位を加算
	3. 生活機能向上グループ活動加算 次に掲げるいずれの基準にも適合しているものとして都道府県知事に届け出て、利用者の生活機能の向上を目的として共通の課題を有する複数の利用者からなるグループに対して実施される日常生活上の支援のための活動(生活機能向上グループ活動サービス)を行った場合に加算されます。ただし、同月中に運動器機能向上加算、栄養改善加算、口腔機能向上加算または選択的サービス複数実施加算のいずれかを算定している場合は算定されません。 ①生活相談員、看護職員、介護職員、機能訓練指導員その他指定介護予防通所介護事業所の介護予防通所介護従業者が共同して、利用者ごとに生活機能の向上の目標を設定した介護予防通所介護計画を作成していること ②介護予防通所介護計画の作成及び実施において利用者の生活機能の向上に資するよう複数の種類の生活機能向上グループ活動サービスの項目を準備し、その項目の選択に当たっては、利用者の生活意欲が増進されるよう利用者を援助し、利用者の心身の状況に応じた生活機能向上グループ活動サービスが適切に提供されていること ③利用者に対し、生活機能向上グループ活動サービスを1週につき1回以上行っていること	1か月につき　100単位を加算
	4. 運動器機能向上加算 以下に掲げるすべての基準を満たす介護予防通所介護事業所において、利用者の運動器の機能向上を目的として個別的に実施される「運動器機能向上サービス」を行った場合に加算されます。 ①機能訓練指導員の職務に専従する理学療法士、作業療法士、言語聴覚士、看護職員、柔道整復師またはあん摩マッサージ指圧師(以下、理学療法士等)を1名以上配置していること ②利用者の運動器の機能を利用開始時に把握し、理学療法士等、介護職員、生活相談員その他の職種の者が共同して、運動器機能向上計画を作成していること ③利用者ごとの運動器機能向上計画に従い理学療法士等、介護職員その他の職種の者が運動器機能向上サービスを行っているとともに、利用者の運動器の機能を定期的に記録していること ④利用者ごとの運動器機能向上計画の進捗状況を定期的に評価すること ⑤利用定員および従業員の員数に関する基準を満たしていること	1か月につき　225単位を加算
	5. 栄養改善加算 以下に掲げるすべての基準を満たす介護予防通所介護事業所において、低栄養状態にあるかまたはそのおそれのある利用者に対して、低栄養状態の改善等を目的として、個別的に実施される栄養食事相談等の「栄養改善サービス」を行った場合に加算されます。 ①管理栄養士を1名以上配置していること ②利用者の栄養状態を利用開始時に把握し、管理栄養士、看護職員、介護職員、生活相談員その他の職種の者が共同して、利用者ごとの摂食・嚥下機能および食形態にも配慮した栄養ケア計画を作成していること ③利用者ごとの栄養ケア計画に従い、管理栄養士等が栄養改善サービスを行っているとともに、利用者の栄養状態を定期的に記録していること ④利用者ごとの栄養ケア計画の進捗状況を定期的に評価すること ⑤利用定員および従業員の員数に関する基準を満たしていること	1か月につき　150単位を加算

介護予防通所介護費

	内容	単位数
加算	**6. 口腔機能向上加算** 以下に掲げるすべての基準を満たす介護予防通所介護事業所において、口腔機能が低下しているかまたはそのおそれのある利用者に対して、利用者の口腔機能の向上を目的として、個別的に行われる口腔清掃の指導や実施、摂食・嚥下機能に関する訓練の指導や実施であり、利用者の心身の状態の維持または向上に資すると認められる「口腔機能向上サービス」を行った場合に算定されます。 ①言語聴覚士、歯科衛生士または看護職員を1名以上配置していること ②利用者の口腔機能を利用開始時に把握し、言語聴覚士、歯科衛生士、看護職員、介護職員、生活相談員その他の職種の者が共同して、利用者ごとの口腔機能改善管理指導計画を作成していること ③利用者ごとの口腔機能改善管理指導計画に従い、言語聴覚士、歯科衛生士または看護職員が口腔機能向上サービスを行っているとともに、利用者の口腔機能を定期的に記録していること ④利用者ごとの口腔機能改善管理指導計画の進捗状況を定期的に評価すること ⑤利用定員および従業員の員数に関する基準を満たしていること	1か月につき　150単位を加算
	7. 選択的サービス複数実施加算 利用者に対し、運動器機能向上サービス、栄養改善サービスまたは口腔機能向上サービス(選択的サービス)のうち複数のサービスを実施した場合に算定されます。ただし、運動器機能向上加算、栄養改善加算または口腔機能向上加算を算定している場合は算定されません。 (1)選択的サービス複数実施加算(Ⅰ) ①利用者が介護予防通所介護の提供を受けた日に必ずいずれかの選択的サービスを行っていること ②選択的サービスのうちいずれかのサービスを1月につき2回以上行っていること ③選択的サービスのうち2種類実施していること	1か月につき　480単位を加算
	(2)選択的サービス複数実施加算(Ⅱ) ①利用者が介護予防通所介護の提供を受けた日に必ずいずれかの選択的サービスを行っていること ②選択的サービスのうちいずれかのサービスを1月につき2回以上行っていること ③選択的サービスのうち3種類実施していること	1か月につき　700単位を加算
	8. 事業所評価加算 介護予防通所介護事業所において、以下の基準を満たす場合、評価対象期間の満了日の属する年度の次の年度内に限り1か月につき所定の単位数が加算されます。 ① $\dfrac{\text{評価対象期間内に選択的サービスを利用した者の数}}{\text{評価対象期間内に介護予防通所介護または介護予防通所リハビリテーションをそれぞれ利用した者}} \geq 0.6$ ② $\dfrac{\text{要支援状態区分の維持者数＋改善者数×2}}{\text{評価対象期間内に運動器機能向上サービス、栄養改善サービスまたは口腔機能向上サービスを3か月以上利用し、その後に更新・変更認定を受けた者の数}} \geq 0.7$	1か月につき　120単位を加算
	9. サービス提供体制強化加算 (1)サービス提供体制強化加算(Ⅰ)イ 介護職員の総数のうち、介護福祉士の占める割合が50％以上で、介護予防通所介護の利用定員および従業員の員数に関する基準を満たしている事業所の場合に加算されます。	1か月につき 要支援1　　72単位を加算 要支援2　144単位を加算
	(2)サービス提供体制強化加算(Ⅰ)ロ 介護職員の総数のうち、介護福祉士の占める割合が40％以上で、介護予防通所介護の利用定員および従業員の員数に関する基準を満たしている事業所の場合に加算されます。	1か月につき 要支援1　　48単位を加算 要支援2　　96単位を加算
	(3)サービス提供体制強化加算(Ⅱ) 介護予防通所介護を利用者に直接提供する職員の総数のうち、勤続年数3年以上の者の占める割合が30％以上で、介護予防通所介護の利用定員および従業員の員数に関する基準を満たしている事業所の場合に加算されます。	1か月につき 要支援1　　24単位を加算 要支援2　　48単位を加算
	10. 介護職員処遇改善加算 以下の基準に適合している介護職員の賃金の改善等を実施しているとして都道府県知事に届け出た介護予防通所介護事業所が介護予防通所介護を行った場合、2018(平成30)年3月31日までの間加算されます。ただし、いずれかの加算を算定している場合は、その他の加算は算定されません。 (1)介護職員処遇改善加算(Ⅰ) 以下の基準のいずれにも適合すること ①賃金改善に関する計画を策定し、適切な措置を講じていること ②介護予防通所介護の事業所において、①の賃金改善に関する計画、介護職員処遇改善計画書を作成し、すべての介護職員に周知し、都道府県知事に届け出ていること ③介護職員処遇改善加算の算定額に相当する賃金改善を実施すること ④事業年度ごとに介護職員の処遇改善に関する実績を都道府県知事に報告すること ⑤算定日が属する月の前12か月間において労働基準法等に違反し、罰金以上の刑に処せられていないこと ⑥労働保険料の納付が適正に行われていること ⑦次に掲げる基準のいずれにも適合すること 　ア　介護職員の任用の際の職責・職務内容等の要件を定め、書面をもって作成し、すべての介護職員に周知していること 　イ　介護職員の資質の向上の支援に関する計画を策定し、計画に係る研修を実施または研修の機会を確保し、すべての介護職員に周知していること ⑧2015(平成27)年4月から②の届出の日の属する月の前月までに実施した介護職員の処遇改善の内容および処遇改善に要した費用をすべての職員に周知していること	所定単位数(加算減算を加えた総単位数)の4.0％に相当する単位数を加算

介護予防通所介護費

		内容	単位数
加算		(2)介護職員処遇改善加算(Ⅱ) 以下の基準のいずれにも適合すること ①(1)の①～⑥までのいずれにも適合すること ②(1)の⑦のアもしくはイのいずれかに適合すること ③2008(平成20)年10月から(1)の②の届出の日の属する月の前月までに実施した介護職員の処遇改善の内容および処遇改善に要した費用をすべての職員に周知していること	所定単位数(加算減算を加えた総単位数)の2.2%に相当する単位数を加算
		(3)介護職員処遇改善加算(Ⅲ) (1)の①から⑥までのいずれにも適合し、かつ(2)の②または③に掲げる基準のいずれかに適合すること	(2)により算定した単位数の90%に相当する単位数を加算
		(4)介護職員処遇改善加算(Ⅳ) (1)の①から⑥までのいずれにも適合すること	(2)により算定した単位数の80%に相当する単位数を加算
減算	1.	利用定員超過による減算 介護予防通所介護の月平均の利用者の数(通所介護もしくは第1号通所事業の指定または双方の指定を受け、同一の事業所において一体的に運営している場合はその合計数)が運営規程に定められた利用定員を超えた場合に減算されます。	1か月につき 所定単位数の70%に相当する単位数を算定
	2.	従事者欠員による減算 介護予防通所介護事業所の看護職員または介護職員について、運営基準に定める員数が配置されていない場合に減算されます。	1か月につき 所定単位数の70%に相当する単位数を算定
	3.	同一建物内に対する減算 介護予防通所介護事業所と同一建物に居住する者または同一建物から介護予防通所介護事業所に通う者に対して介護予防通所介護を行った場合に減算されます。ただし、傷病により一時的に送迎が必要であると認められる利用者その他やむを得ない事情により送迎が必要であると認められる利用者に対して送迎を行った場合はこの限りではありません。	1か月につき 要支援1　376単位を減算 要支援2　752単位を減算

算定構造

	基本部分			注 利用者の数が利用定員を超える場合	注 看護・介護職員の員数が基準に満たない場合	注 中山間地域等に居住する者へのサービス提供加算	注 若年性認知症利用者受入加算	注 事業所と同一建物に居住する者又は同一建物から利用する者に介護予防通所介護を行う場合
イ	介護予防通所介護費		要支援1　(1月につき　1,647単位)	×70/100	×70/100	+5/100	1月につき +240単位	−376単位
			要支援2　(1月につき　3,377単位)					−752単位
ロ	生活機能向上グループ活動加算		(1月につき　100単位を加算)					
ハ	運動器機能向上加算		(1月につき　225単位を加算)					
ニ	栄養改善加算		(1月につき　150単位を加算)					
ホ	口腔機能向上加算		(1月につき　150単位を加算)					
ヘ	選択的サービス複数実施加算	(1) 選択的サービス複数実施加算(Ⅰ)	運動器機能向上及び栄養改善 (1月につき　480単位を加算)					
			運動器機能向上及び口腔機能向上 (1月につき　480単位を加算)					
			栄養改善及び口腔機能向上 (1月につき　480単位を加算)					
		(2) 選択的サービス複数実施加算(Ⅱ)	運動器機能向上、栄養改善及び口腔機能向上 (1月につき　700単位を加算)					
ト	事業所評価加算		(1月につき　120単位を加算)					
チ	サービス提供体制強化加算	(1) サービス提供体制強化加算(Ⅰ)イ	要支援1　(1月につき　72単位を加算)					
			要支援2　(1月につき　144単位を加算)					
		(2) サービス提供体制強化加算(Ⅰ)ロ	要支援1　(1月につき　48単位を加算)					
			要支援2　(1月につき　96単位を加算)					
		(3) サービス提供体制強化加算(Ⅱ)	要支援1　(1月につき　24単位を加算)					
			要支援2　(1月につき　48単位を加算)					
リ	介護職員処遇改善加算	(1) 介護職員処遇改善加算(Ⅰ)	(1月につき　+所定単位×40/1000)					
		(2) 介護職員処遇改善加算(Ⅱ)	(1月につき　+所定単位×22/1000)	注 所定単位は、イからチまでにより算定した単位数の合計				
		(3) 介護職員処遇改善加算(Ⅲ)	(1月につき　+(2)の90/100)					
		(4) 介護職員処遇改善加算(Ⅳ)	(1月につき　+(2)の80/100)					

□：中山間地域等に居住する者へのサービス提供加算、サービス提供体制強化加算、介護職員処遇改善加算は、支給限度額管理の対象外の算定項目

7. 介護予防通所リハビリテーション

介護予防通所リハビリテーション事業所において、介護予防通所リハビリテーションを行った場合に、利用者の要支援状態区分に応じて算定されます。

●注意事項

①利用者が介護予防短期入所生活介護、介護予防短期入所療養介護、介護予防特定施設入居者生活介護、介護予防小規模多機能型居宅介護、介護予防認知症対応型共同生活介護を受けている間は、介護予防通所リハビリテーション費は算定されません。

②利用者が1つの介護予防通所リハビリテーション事業所において介護予防通所リハビリテーションを受けている間は、他の事業所が行ったサービスに対する介護予防通所リハビリテーション費は算定されません。

介護予防通所リハビリテーション費

	内容	単位数
基本部分	介護予防通所リハビリテーション費	1か月につき 要支援1　　　1812単位 要支援2　　　3715単位
加算	1. 中山間地域等居住者サービス提供加算 厚生労働大臣が定める地域(p.402)に居住している利用者に対して、通常の事業の実施地域を越えて、介護予防通所リハビリテーションを行った場合に加算されます。	1か月につき 所定単位数の5%に相当する単位数を加算
	2. 若年性認知症利用者受入加算 介護予防通所リハビリテーション事業所において、若年性認知症利用者に対して、利用者ごとに個別の担当者を定め、利用者の特性やニーズに応じたサービス提供が行われた場合に加算されます。	1か月につき　240単位を加算
	3. 運動器機能向上加算 以下に掲げるすべての基準を満たす介護予防通所リハビリテーション事業所において、利用者の運動器の機能向上を目的として個別的に実施される「運動器機能向上サービス」を行った場合に加算されます。 ①理学療法士、作業療法士または言語聴覚士を1名以上配置していること ②利用者の運動器の機能を利用開始時に把握し、医師、理学療法士、作業療法士、言語聴覚士、看護職員、介護職員その他の職種の者が共同して、運動器機能向上計画を作成していること ③利用者ごとの運動器機能向上計画に従い医師または医師の指示を受けた理学療法士、作業療法士または言語聴覚士もしくは看護職員が運動器機能向上サービスを行っているとともに、利用者の運動器の機能を定期的に記録していること ④利用者ごとの運動器機能向上計画の進捗状況を定期的に評価すること ⑤利用定員および従業員の員数に関する基準を満たしていること	1か月につき　225単位を加算
	4. 栄養改善加算 以下に掲げるすべての基準を満たす介護予防通所リハビリテーション事業所において、低栄養状態にあるかまたはそのおそれのある利用者に対して、利用者の低栄養状態の改善等を目的として、個別的に実施される栄養食事相談等の「栄養改善サービス」を行った場合に加算されます。 ①管理栄養士を1名以上配置していること ②利用者の栄養状態を利用開始時に把握し、医師、管理栄養士、理学療法士、作業療法士、言語聴覚士、看護職員、介護職員その他の職種の者が共同して、利用者ごとの摂食・嚥下機能および食形態にも配慮した栄養ケア計画を作成していること ③利用者ごとの栄養ケア計画に従い管理栄養士等が栄養改善サービスを行っているとともに、利用者の栄養状態を定期的に記録していること ④利用者ごとの栄養ケア計画の進捗状況を定期的に評価すること ⑤利用定員および従業員の員数に関する基準を満たしていること	1か月につき　150単位を加算

介護予防通所リハビリテーション費

	内容	単位数
加算	**5. 口腔機能向上加算** 以下に掲げるすべての基準を満たす介護予防通所リハビリテーション事業所において、口腔機能が低下している利用者またはそのおそれのある利用者に対して、利用者の口腔機能の向上を目的として、個別的に実施される口腔清掃の指導や実施、摂食・嚥下機能に関する訓練の指導や実施であり、利用者の心身の状態の維持または向上に資すると認められる「口腔機能向上サービス」を行った場合に加算されます。 ①言語聴覚士、歯科衛生士、看護職員を1名以上配置していること ②利用者の口腔機能を利用開始時に把握し、医師、歯科医師、言語聴覚士、歯科衛生士、看護職員、介護職員その他の職種の者が共同して、利用者ごとの口腔機能改善管理指導計画を作成していること ③利用者ごとの口腔機能改善管理指導計画に従い、医師、医師もしくは歯科医師の指示を受けた言語聴覚士もしくは看護職員、歯科医師の指示を受けた歯科衛生士が口腔機能向上サービスを行っているとともに、利用者の口腔機能を定期的に記録していること ④利用者ごとの口腔機能改善管理指導計画の進捗状況を定期的に評価すること ⑤利用定員および従業員の員数に関する基準を満たしていること	1か月につき　150単位を加算
	6. 選択的サービス複数実施加算 利用者に対し、運動器機能向上サービス、栄養改善サービスまたは口腔機能向上サービス(選択的サービス)のうち複数のサービスを実施した場合に算定されます。ただし、運動器機能向上加算、栄養改善加算または口腔機能向上加算を算定している場合は算定されません。 **(1)選択的サービス複数実施加算(Ⅰ)** ①利用者が介護予防通所リハビリテーションの提供を受けた日に必ずいずれかの選択的サービスを行っていること ②選択的サービスのうちいずれかのサービスを1月につき2回以上行っていること ③選択的サービスのうち2種類実施していること	1か月につき　480単位を加算
	(2)選択的サービス複数実施加算(Ⅱ) ①利用者が介護予防通所リハビリテーションの提供を受けた日に必ずいずれかの選択的サービスを行っていること ②選択的サービスのうちいずれかのサービスを1月につき2回以上行っていること ③選択的サービスのうち3種類実施していること	1か月につき　700単位を加算
	7. 事業所評価加算 介護予防通所リハビリテーション事業所において、以下の基準を満たす場合、評価対象期間の満了日の属する年度の次の年度内に限り1か月につき所定の単位数が加算されます。 ① $\dfrac{\text{評価対象期間内に選択的サービスを利用した者の評価}}{\text{評価対象期間内に介護予防通所介護}\\\text{または介護予防通所リハビリテーションをそれぞれ利用した者の数}} \geq 0.6$ ② $\dfrac{\text{要支援状態区分の維持者数}+\text{改善者数}\times 2}{\text{評価対象期間内に運動器機能向上サービス、栄養改善サービス}\\\text{または口腔機能向上サービスを3か月以上利用し、その後に}\\\text{更新・変更認定を受けた者の数}} \geq 0.7$	1か月につき　120単位を加算
	8. サービス提供体制強化加算 **(1)サービス提供体制強化加算(Ⅰ)イ** 介護職員の総数のうち、介護福祉士の占める割合が50%以上で、介護予防通所リハビリテーションの利用定員および従業員の員数に関する基準を満たしている事業所の場合に加算されます。	1か月につき 要支援1　　72単位を加算 要支援2　　144単位を加算
	(2)サービス提供体制強化加算(Ⅰ)ロ 介護職員の総数のうち、介護福祉士の占める割合が40%以上で、介護予防通所リハビリテーションの利用定員および従業員の員数に関する基準を満たしている事業所の場合に加算されます。	1か月につき 要支援1　　48単位 要支援2　　96単位
	(3)サービス提供体制強化加算(Ⅱ) 介護予防通所リハビリテーションを利用者に直接提供する職員の総数のうち、勤続年数3年以上の者の占める割合が30%以上で、介護予防通所リハビリテーションの利用定員および従業員の員数に関する基準を満たしている事業所の場合に加算されます。	1か月につき 要支援1　　24単位 要支援2　　48単位

介護予防通所リハビリテーション費

	内容	単位数
加算	9. 介護職員処遇改善加算 以下の基準に適合している介護職員の賃金の改善等を実施しているとして都道府県知事に届け出た介護予防通所リハビリテーション事業所が介護予防通所リハビリテーションを行った場合、2018（平成30）年3月31日までの間加算されます。ただし、いずれかの加算を算定している場合は、その他の加算は算定されません。 (1)介護職員処遇改善加算（Ⅰ） 以下の基準のいずれにも適合すること ①賃金改善に関する計画を策定し、適切な措置を講じていること ②介護予防通所リハビリテーションの事業所において、①の賃金改善に関する計画、介護職員処遇改善計画書を作成し、すべての介護職員に周知し、都道府県知事に届け出ていること ③介護職員処遇改善加算の算定額に相当する賃金改善を実施すること ④事業年度ごとに介護職員の処遇改善に関する実績を都道府県知事に報告すること ⑤算定日が属する月の前12か月間において労働基準法等に違反し、罰金以上の刑に処せられていないこと ⑥労働保険料の納付が適正に行われていること ⑦次に掲げる基準のいずれにも適合すること 　ア　介護職員の任用の際の職責・職務内容等の要件を定め、書面をもって作成し、すべての介護職員に周知していること 　イ　介護職員の資質の向上の支援に関する計画を策定し、計画に係る研修を実施または研修の機会を確保し、すべての介護職員に周知していること ⑧2015（平成27）年4月から②の届出の日の属する月の前月までに実施した介護職員の処遇改善の内容および処遇改善に要した費用をすべての職員に周知していること	所定単位数（加算減算を加えた総単位数）の3.4％に相当する単位数を加算
	(2)介護職員処遇改善加算（Ⅱ） 以下の基準のいずれにも適合すること ①(1)の①～⑥までのいずれにも適合すること ②(1)の⑦のアもしくはイのいずれかに適合すること ③2008（平成20）年10月から(1)の②の届出の日の属する月の前月までに実施した介護職員の処遇改善の内容および処遇改善に要した費用をすべての職員に周知していること	所定単位数（加算減算を加えた総単位数）の1.9％に相当する単位数を加算
	(3)介護職員処遇改善加算（Ⅲ） (1)の①から⑥までのいずれにも適合し、かつ(2)の②または③に掲げる基準のいずれかに適合すること	(2)により算定した単位数の90％に相当する単位数を加算
	(4)介護職員処遇改善加算（Ⅳ） (1)の①から⑥までのいずれにも適合すること	(2)により算定した単位数の80％に相当する単位数を加算
減算	1. 利用定員超過による減算 介護予防通所リハビリテーションの月平均の利用者の数（通所リハビリテーションの事業を同一の事業所において一体的に運営している場合はその合計数）が運営規程に定められた利用定員を超えた場合に減算されます。	1か月につき 所定単位数の70％に相当する単位数を算定
	2. 従事者欠員による減算 介護予防通所リハビリテーション事業所の医師、理学療法士、作業療法士、言語聴覚士、看護職員または介護職員について、運営基準に定める員数が配置されていない場合に減算されます。	1か月につき 所定単位数の70％に相当する単位数を算定
	3. 同一建物内に対する減算 介護予防通所リハビリテーション事業所と同一建物に居住する者または同一建物から介護予防通所リハビリテーション事業所に通う者に対して介護予防通所リハビリテーションを行った場合に減算されます。ただし、傷病により一時的に送迎が必要であると認められる利用者その他やむを得ない事情により送迎が必要であると認められる利用者に対して送迎を行った場合はこの限りではありません。	1か月につき 要支援1　　376単位を減算 要支援2　　752単位を減算

第6章 介護報酬と加算・減算

介護予防通所リハビリテーション費

算定構造

				注 利用者の数が利用定員を超える場合	注 医師、理学療法士・作業療法士・言語聴覚士、看護・介護職員の員数が基準に満たない場合	注 中山間地域等に居住する者へのサービス提供加算	注 若年性認知症利用者受入加算	注 事業所と同一建物に居住する者又は同一建物から利用する者に介護予防通所リハビリテーションを行う場合
	基本部分							
イ 介護予防通所リハビリテーション費	病院又は診療所の場合	要支援1	（1月につき 1,812単位）	×70/100	×70/100	+5/100	1月につき +240単位	−376単位
		要支援2	（1月につき 3,715単位）					−752単位
	介護老人保健施設の場合	要支援1	（1月につき 1,812単位）					−376単位
		要支援2	（1月につき 3,715単位）					−752単位
ロ 運動器機能向上加算			（1月につき 225単位を加算）					
ハ 栄養改善加算			（1月につき 150単位を加算）					
ニ 口腔機能向上加算			（1月につき 150単位を加算）					
ホ 選択的サービス複数実施加算	(1) 選択的サービス複数実施加算（Ⅰ）		運動器機能向上及び栄養改善（1月につき 480単位を加算）					
			運動器機能向上及び口腔機能向上（1月につき 480単位を加算）					
			栄養改善及び口腔機能向上（1月につき 480単位を加算）					
	(2) 選択的サービス複数実施加算（Ⅱ）		運動器機能向上、栄養改善及び口腔機能向上（1月につき 700単位を加算）					
ヘ 事業所評価加算			（1月につき 120単位を加算）					
ト サービス提供体制強化加算	(1) サービス提供体制強化加算（Ⅰ）イ	要支援1	（1月につき 72単位を加算）					
		要支援2	（1月につき 144単位を加算）					
	(2) サービス提供体制強化加算（Ⅰ）ロ	要支援1	（1月につき 48単位を加算）					
		要支援2	（1月につき 96単位を加算）					
	(3) サービス提供体制強化加算（Ⅱ）	要支援1	（1月につき 24単位を加算）					
		要支援2	（1月につき 48単位を加算）					
チ 介護職員処遇改善加算	(1) 介護職員処遇改善加算（Ⅰ）		（1月につき ＋所定単位×34/1000）	注 所定単位は、イからトまでにより算定した単位数の合計				
	(2) 介護職員処遇改善加算（Ⅱ）		（1月につき ＋所定単位×19/1000）					
	(3) 介護職員処遇改善加算（Ⅲ）		（1月につき ＋(2)の90/100）					
	(4) 介護職員処遇改善加算（Ⅳ）		（1月につき ＋(2)の80/100）					

　：中山間地域等に居住する者へのサービス提供加算、サービス提供体制強化加算、介護職員処遇改善加算は、支給限度額管理の対象外の算定項目

8. 介護予防短期入所生活介護

介護予防短期入所生活介護事業所において、介護予防短期入所生活介護を行った場合に、事業所や居室の区分、利用者の要支援状態区分に応じて所定単位数が算定されます。

●注意事項

①利用者が次のいずれかに該当する場合は、「単独型介護予防短期入所生活介護費（Ⅱ）」または「併設型介護予防短期入所生活介護費（Ⅱ）」を算定します。

　1）感染症等により、従来型個室の利用の必要があると医師が判断した者
　2）居室における利用者1人あたりの面積が、10.65平方メートル以下である従来型個室を利用する者
　3）著しい精神症状等により、同室の他の利用者の心身の状況に重大な影響を及ぼすおそれがあるとして、従来型個室の利用の必要があると医師が判断した者

②利用者が連続して30日を超えて介護予防短期入所生活介護を受けている場合は、30日を超える日以降に受けた介護予防短期入所生活介護については、介護予防短期入所生活介護費は算定されません。

介護予防短期入所生活介護費

	内容	単位数
基本部分	1. 介護予防短期入所生活介護費 (1) 単独型介護予防短期入所生活介護費 ①単独型介護予防短期入所生活介護費（Ⅰ） ［従来型個室］	1日につき 要支援1　　　461単位 要支援2　　　572単位
	②単独型介護予防短期入所生活介護費（Ⅱ） ［多床室］	1日につき 要支援1　　　460単位 要支援2　　　573単位
	(2) 併設型介護予防短期入所生活介護費 ①併設型介護予防短期入所生活介護費（Ⅰ） ［従来型個室］	1日につき 要支援1　　　433単位 要支援2　　　538単位
	②併設型介護予防短期入所生活介護費（Ⅱ） ［多床室］	1日につき 要支援1　　　438単位 要支援2　　　539単位
	2. ユニット型介護予防短期入所生活介護費 (1) 単独型ユニット型介護予防短期入所生活介護費 ①単独型ユニット型介護予防短期入所生活介護費（Ⅰ） ［ユニット型個室］	1日につき 要支援1　　　539単位 要支援2　　　655単位
	②単独型ユニット型介護予防短期入所生活介護費（Ⅱ） ［ユニット型準個室］	1日につき 要支援1　　　539単位 要支援2　　　655単位
	(2) 併設型ユニット型介護予防短期入所生活介護費 ①併設型ユニット型介護予防短期入所生活介護費（Ⅰ） ［ユニット型個室］	1日につき 要支援1　　　508単位 要支援2　　　631単位
	②併設型ユニット型介護予防短期入所生活介護費（Ⅱ） ［ユニット型準個室］	1日につき 要支援1　　　508単位 要支援2　　　631単位
加算	1. 機能訓練体制加算 機能訓練指導にあたる理学療法士、作業療法士、言語聴覚士、看護職員、柔道整復師またはあん摩マッサージ指圧師（以下、理学療法士等）を1名以上配置している介護予防短期入所生活介護事業所（利用者の数が100を超える事業所はさらに1人以上を配置）について加算されます。なお、本体施設において基準を満たす旨の届出がなされていれば、介護予防短期入所生活介護について行う必要はありません。	1日につき　　12単位を加算

介護予防短期入所生活介護費

	内容		単位数
加算	2. 個別機能訓練加算 以下の基準のいずれにも適合しているものとして都道府県知事に届け出た指定介護予防短期入所生活介護の利用者に対して、機能訓練を行っている場合に加算されます。 ①機能訓練指導員の職務に専従する理学療法士等を1名以上配置している ②機能訓練指導員等が共同して、利用者の生活機能向上に資するよう利用者ごとの心身の状況を重視した個別機能訓練計画を作成している ③個別機能訓練計画に基づき、利用者の生活機能向上を目的とする機能訓練の項目を準備し、理学療法士等が、利用者の心身の状況に応じた機能訓練を適切に提供している ④機能訓練指導員等が利用者の居宅を訪問したうえで、個別機能訓練計画を作成し、その後3か月ごとに1回以上利用者の居宅を訪問したうえで、利用者またはその家族に対して、機能訓練の内容と個別機能訓練計画の進捗状況等を説明し、訓練内容の見直し等を行っている	1日につき	56単位を加算
	3. 認知症行動・心理症状緊急対応加算 医師が、認知症の行動・心理症状が認められるため、在宅での生活が困難であり、緊急に介護予防短期入所生活介護を利用することが適当であると判断した者に対し、介護予防短期入所生活介護を行った場合に、利用を開始した日から起算して7日を限度として加算されます。	1日につき	200単位を加算
	4. 若年性認知症利用者受入加算 介護予防短期入所生活介護事業所において、若年性認知症利用者に対して、利用者ごとに個別の担当者を定め、利用者の特性やニーズに応じたサービス提供が行われた場合に加算されます。ただし、認知症行動・心理症状緊急対応加算を算定している場合は、算定されません。	1日につき	120単位を加算
	5. 送迎加算 利用者の心身の状態、家族等の事情等からみて送迎が必要と認められる利用者に対して、居宅と事業所との間の送迎を行った場合に加算されます。	片道につき	184単位を加算
	6. 療養食加算 利用者の定員、従業員の員数に関する基準を満たす介護予防短期入所生活介護事業所において、管理栄養士または栄養士の管理のもとで、利用者の年齢、心身の状況に応じて適切な栄養量および内容の療養食(糖尿病食、腎臓病食、肝臓病食、胃潰瘍食、貧血食、膵臓病食、脂質異常症食、痛風食、特別な場合の検査食)を提供した場合に加算されます。	1日につき	23単位を加算
	7. サービス提供体制強化加算 (1)サービス提供体制強化加算(Ⅰ)イ 介護職員の総数のうち、介護福祉士の占める割合が60%以上であり、介護予防短期入所生活介護事業所の利用定員および従業員の員数に関する基準を満たしている場合に加算されます。	1日につき	18単位を加算
	(2)サービス提供体制強化加算(Ⅰ)ロ 介護職員の総数のうち、介護福祉士の占める割合が50%以上であり、介護予防短期入所生活介護事業所の利用定員および従業員の員数に関する基準を満たしている場合に加算されます。	1日につき	12単位を加算
	(3)サービス提供体制強化加算(Ⅱ) 看護・介護職員の総数のうち、常勤職員の占める割合が75%以上であり、介護予防短期入所生活介護事業所の利用定員および従業員の員数に関する基準を満たしている場合に加算されます。	1日につき	6単位を加算
	(4)サービス提供体制強化加算(Ⅲ) 介護予防短期入所生活介護を利用者に直接提供する職員の総数のうち、勤続年数3年以上の者の占める割合が30%以上で、利用定員および従業員の員数に関する基準を満たしている場合に加算されます。	1日につき	6単位を加算
	8. 介護職員処遇改善加算 以下の基準に適合している介護職員の賃金の改善等を実施しているとして都道府県知事に届け出た介護予防短期入所生活介護事業所が、介護予防短期入所生活介護を行った場合、2018(平成30)年3月31日までの間加算されます。ただし、いずれかの加算を算定している場合は、その他の加算は算定されません。 (1)介護職員処遇改善加算(Ⅰ) 以下の基準のいずれにも該当すること ①賃金改善に関する計画を策定し、適切な措置を講じていること ②介護予防短期入所生活介護の事業所において、①の賃金改善に関する計画、介護職員処遇改善計画書を作成し、すべての介護職員に周知し、都道府県知事に届け出ていること ③介護職員処遇改善加算の算定額に相当する賃金改善を実施すること ④事業年度ごとに介護職員の処遇改善に関する実績を都道府県知事に報告すること ⑤算定日が属する月の前12か月間において労働基準法等に違反し、罰金以上の刑に処せられていないこと ⑥労働保険料の納付が適正に行われていること ⑦次に掲げる基準のいずれにも適合すること 　ア　介護職員の任用の際の職責・職務内容等の要件を定め、書面をもって作成し、すべての介護職員に周知していること 　イ　介護職員の資質の向上の支援に関する計画を策定し、計画に係る研修を実施または研修の機会を確保し、すべての介護職員に周知していること ⑧2015(平成27)年4月から②の届出の日の属する月の前月までに実施した介護職員の処遇改善の内容および処遇改善に要した費用をすべての職員に周知していること		所定単位数(加算減算を加えた総単位数)の5.9%に相当する単位数を加算

介護予防短期入所生活介護費

	内容	単位数
加算	(2) 介護職員処遇改善加算(Ⅱ) 以下の基準のいずれにも該当すること ①(1)の①～⑥までのいずれにも適合すること ②(1)の⑦のアもしくはイのいずれかに適合すること ③2008(平成20)年10月から(1)の②の届出の日の属する月の前月までに実施した介護員の処遇改善の内容および処遇改善に要した費用をすべての職員に周知していること	所定単位数(加算減算を加えた総単位数)の3.3%に相当する単位数を加算
	(3) 介護職員処遇改善加算(Ⅲ) (1)の①から⑥までのいずれにも適合し、かつ(2)の②または③に掲げる基準のいずれかに適合すること	(2)により算定した単位数の90%に相当する単位数を加算
	(4) 介護職員処遇改善加算(Ⅳ) (1)の①から⑥までのいずれにも適合すること	(2)により算定した単位数の80%に相当する単位数を加算
減算	1. 夜勤職員体制による減算 以下に掲げる夜勤を行う職員の勤務条件を満たさない場合に減算されます。 (1) 単独型介護予防短期入所生活介護費・併設型介護予防短期入所生活介護費 | 利用(入所)者数	夜勤を行う看護職員または介護職員の数
---	---
①25人以下	1人以上
②26～60人	2人以上
③61～80人	3人以上
④81～100人	4人以上
⑤101人以上	利用(入所)者数が25人またはその端数を増すごとに④に掲げる数に1人を追加した数以上 | (2) 単独型ユニット型介護予防短期入所生活介護費・併設型ユニット型介護予防短期入所生活介護費 2つのユニットごとに夜勤を行う看護職員または介護職員の数が1人以上であること	1日につき 所定単位数の97%に相当する単位数を算定
	2. 利用定員超過による減算 介護予防短期入所生活介護の月平均の利用者の数(短期入所生活介護の事業を同一の事業所において一体的に運営している場合は、その合計数)が、運営規程に定められた利用定員を超えた場合に減算されます。	1日につき 所定単位数の70%に相当する単位数を算定
	3. 従事者欠員による減算 介護予防短期入所生活介護事業所の介護職員または看護職員の数について、運営基準に定める員数が配置されていない場合に減算されます。	1日につき 所定単位数の70%に相当する単位数を算定
	4. ユニット体制勤務条件による減算 ユニット型施設において、①日中、ユニットごとに常時1名以上の介護職員または看護職員を配置していない、②ユニットごとに常勤のユニットリーダーを配置していない場合、ユニットケアにおける体制が未整備な場合に減算されます。	1日につき 所定単位数の97%に相当する単位数を算定

第6章 介護報酬と加算・減算

介護予防短期入所生活介護費

算定構造

基本部分				夜勤を行う職員の勤務条件基準を満たさない場合（注）	利用者の数及び介護・看護職員の数の合計数が入所定員を超える場合（注）	介護・看護職員数が基準に満たない場合（注）	常勤のユニットリーダーをユニット毎に配置していない等ユニットケアにおける体制が未整備である場合（注）	機能訓練体制加算（注）	個別機能訓練加算（注）	認知症行動・心理症状緊急対応加算（注）	若年性認知症利用者受入加算（注）	利用者に対して送迎を行う場合（注）
イ 介護予防短期入所生活介護費（1日につき）	(1) 単独型介護予防短期入所生活介護費	(一) 単独型介護予防短期入所生活介護費（Ⅰ）<従来型個室>	要支援1 （461単位）	×97/100	×70/100	×70/100		1日につき+12単位	1日につき+56単位	1日につき+200単位（7日間を限度）	1日につき+120単位	片道につき+184単位
			要支援2 （572単位）									
		(二) 単独型介護予防短期入所生活介護費（Ⅱ）<多床室>	要支援1 （460単位）									
			要支援2 （573単位）									
	(2) 併設型介護予防短期入所生活介護費	(一) 併設型介護予防短期入所生活介護費（Ⅰ）<従来型個室>	要支援1 （433単位）									
			要支援2 （538単位）									
		(二) 併設型介護予防短期入所生活介護費（Ⅱ）<多床室>	要支援1 （438単位）									
			要支援2 （539単位）									
ロ ユニット型介護予防短期入所生活介護費（1日につき）	(1) 単独型ユニット型介護予防短期入所生活介護費	(一) 単独型ユニット型介護予防短期入所生活介護費（Ⅰ）<ユニット型個室>	要支援1 （539単位）				×97/100					
			要支援2 （655単位）									
		(二) 単独型ユニット型介護予防短期入所生活介護費（Ⅱ）<ユニット型準個室>	要支援1 （539単位）									
			要支援2 （655単位）									
	(2) 併設型ユニット型介護予防短期入所生活介護費	(一) 併設型ユニット型介護予防短期入所生活介護費（Ⅰ）<ユニット型個室>	要支援1 （508単位）									
			要支援2 （631単位）									
		(二) 併設型ユニット型介護予防短期入所生活介護費（Ⅱ）<ユニット型準個室>	要支援1 （508単位）									
			要支援2 （631単位）									
ハ 療養食加算	（1日につき 23単位を加算）											
ニ サービス提供体制強化加算	(1) サービス提供体制強化加算（Ⅰ）イ （1日につき 18単位を加算）											
	(2) サービス提供体制強化加算（Ⅰ）ロ （1日につき 12単位を加算）											
	(3) サービス提供体制強化加算（Ⅱ） （1日につき 6単位を加算）											
	(4) サービス提供体制強化加算（Ⅲ） （1日につき 6単位を加算）											
ホ 介護職員処遇改善加算	(1) 介護職員処遇改善加算（Ⅰ） （1月につき +所定単位×59/1000）			注 所定単位は、イからニまでにより算定した単位数の合計								
	(2) 介護職員処遇改善加算（Ⅱ） （1月につき +所定単位×33/1000）											
	(3) 介護職員処遇改善加算（Ⅲ） （1月につき +(2)の90/100）											
	(4) 介護職員処遇改善加算（Ⅳ） （1月につき +(2)の80/100）											

□：サービス提供体制強化加算、介護職員処遇改善加算は、支給限度額管理の対象外の算定項目

9. 介護予防短期入所療養介護

(1) 介護老人保健施設における介護予防短期入所療養介護費

介護老人保健施設において、介護予防短期入所療養介護を行った場合に、施設区分および利用者の要支援状態区分に応じて算定されます。

● **注意事項**

① 利用者が次のいずれかに該当する場合は、「介護老人保健施設介護予防短期入所療養介護費」（Ⅰ）（Ⅱ）（Ⅲ）の（iii）（iv）を算定します。
　1) 感染症等により、従来型個室の利用の必要があると医師が判断した者
　2) 療養室における利用者1人あたりの面積が、8.0平方メートル以下である従来型個室を利用する者
　3) 著しい精神症状等により、同室の他の利用者の心身の状況に重大な影響を及ぼすおそれがあるとして、従来型個室の利用の必要があると医師が判断した者

② 利用者が連続して30日を超えて介護予防短期入所療養介護を受けている場合は、30日を超える日以降に受けた介護予防短期入所療養介護については、介護老人保健施設における介護予防短期入所療養介護費は算定されません。

③ 本体施設において施設基準、人員基準および夜勤職員の基準を満たす旨の届出が行われている場合は、介護予防短期入所療養介護について行う必要はありません。

介護予防短期入所療養介護費　(1) 介護老人保健施設における介護予防短期入所療養介護費

	内容	単位数
基本部分	1. 介護老人保健施設介護予防短期入所療養介護費 (1) 介護老人保健施設介護予防短期入所療養介護費（Ⅰ） ①介護老人保健施設介護予防短期入所療養介護費(i) ［従来型個室］（従来型）	1日につき 要支援1　　575単位 要支援2　　716単位
	②介護老人保健施設介護予防短期入所療養介護費(ii) ［従来型個室］（在宅強化型）	要支援1　　613単位 要支援2　　753単位
	③介護老人保健施設介護予防短期入所療養介護費(iii) ［多床室］（従来型）	要支援1　　608単位 要支援2　　762単位
	④介護老人保健施設介護予防短期入所療養介護費(iv) ［多床室］（在宅強化型）	要支援1　　652単位 要支援2　　807単位
	(2) 介護老人保健施設介護予防短期入所療養介護費（Ⅱ） 2006（平成18）年7月1日から2018（平成30）年3月31日までの間に転換を行って開設した介護老人保健施設が提供する介護予防短期入所療養介護 ①介護老人保健施設介護予防短期入所療養介護費(i) ［従来型個室］（療養型）	要支援1　　582単位 要支援2　　723単位
	②介護老人保健施設介護予防短期入所療養介護費(ii) ［従来型個室］（療養強化型）	要支援1　　582単位 要支援2　　723単位
	③介護老人保健施設介護予防短期入所療養介護費(iii) ［多床室］（療養型）	要支援1　　619単位 要支援2　　774単位
	④介護老人保健施設介護予防短期入所療養介護費(iv) ［多床室］（療養強化型）	要支援1　　619単位 要支援2　　774単位

介護予防短期入所療養介護費　(1)介護老人保健施設における介護予防短期入所療養介護費

	内容	単位数	
基本部分	(3)介護老人保健施設介護予防短期入所療養介護費(Ⅲ) 2006(平成18)年7月1日から2018(平成30)年3月31日までの間に転換を行って開設した介護老人保健施設が提供する介護予防短期入所療養介護 ①介護老人保健施設介護予防短期入所療養介護費(i) [従来型個室]（療養型）	要支援1 要支援2	582単位 723単位
	②介護老人保健施設介護予防短期入所療養介護費(ii) [従来型個室]（療養強化型）	要支援1 要支援2	582単位 723単位
	③介護老人保健施設介護予防短期入所療養介護費(iii) [多床室]（療養型）	要支援1 要支援2	619単位 774単位
	④介護老人保健施設介護予防短期入所療養介護費(iv) [多床室]（療養強化型）	要支援1 要支援2	619単位 774単位
	2. ユニット型介護老人保健施設介護予防短期入所療養介護費 (1)ユニット型介護老人保健施設介護予防短期入所療養介護費(Ⅰ) ①ユニット型介護老人保健施設介護予防短期入所療養介護費(i) [ユニット型個室]（従来型）	1日につき 要支援1 要支援2	 618単位 775単位
	②ユニット型介護老人保健施設介護予防短期入所療養介護費(ii) [ユニット型個室]（在宅強化型）	要支援1 要支援2	660単位 817単位
	③ユニット型介護老人保健施設介護予防短期入所療養介護費(iii) [ユニット型準個室]（従来型）	要支援1 要支援2	618単位 775単位
	④ユニット型介護老人保健施設介護予防短期入所療養介護費(iv) [ユニット型準個室]（在宅強化型）	要支援1 要支援2	660単位 817単位
	(2)ユニット型介護老人保健施設介護予防短期入所療養介護費(Ⅱ) 2006(平成18)年7月1日から2018(平成30)年3月31日までの間に転換を行って開設した介護老人保健施設が提供する介護予防短期入所療養介護 ①ユニット型介護老人保健施設介護予防短期入所療養介護費(i) [ユニット型個室]（療養型）	要支援1 要支援2	649単位 806単位
	②ユニット型介護老人保健施設介護予防短期入所療養介護費(ii) [ユニット型個室]（療養強化型）	要支援1 要支援2	649単位 806単位
	③ユニット型介護老人保健施設介護予防短期入所療養介護費(iii) [ユニット型準個室]（療養型）	要支援1 要支援2	649単位 806単位
	④ユニット型介護老人保健施設介護予防短期入所療養介護費(iv) [ユニット型準個室]（療養強化型）	要支援1 要支援2	649単位 806単位
	(3)ユニット型介護老人保健施設介護予防短期入所療養介護費(Ⅲ) 2006(平成18)年7月1日から2018(平成30)年3月31日までの間に転換を行って開設した介護老人保健施設が提供する介護予防短期入所療養介護 ①ユニット型介護老人保健施設介護予防短期入所療養介護費(i) [ユニット型個室]（療養型）	要支援1 要支援2	649単位 806単位
	②ユニット型介護老人保健施設短期入所療養介護費(ii) [ユニット型個室]（療養強化型）	要支援1 要支援2	649単位 806単位
	③ユニット型介護老人保健施設介護予防短期入所療養介護費(iii) [ユニット型準個室]（療養型）	要支援1 要支援2	649単位 806単位
	④ユニット型介護老人保健施設介護予防短期入所療養介護費(iv) [ユニット型準個室]（療養強化型）	要支援1 要支援2	649単位 806単位

介護予防短期入所療養介護費　(1)介護老人保健施設における介護予防短期入所療養介護費

		内容	単位数	
加算	1.	**夜勤職員配置加算** 夜勤を行う看護職員または介護職員の数が、次の基準を満たす場合に加算されます。 ①利用者等の数が41以上の介護老人保健施設にあっては、利用者等の数が20またはその端数を増すごとに1以上であり、かつ、2を超えていること ②利用者等の数が40以下の介護老人保健施設にあっては、利用者等の数が20またはその端数を増すごとに1以上であり、かつ、1を超えていること	1日につき	24単位を加算
	2.	**個別リハビリテーション実施加算** 事業所の医師、看護職員、理学療法士、作業療法士、言語聴覚士等が共同して利用者ごとに個別リハビリテーション計画を作成し、計画にもとづいて医師または医師の指示を受けた理学療法士、作業療法士、または言語聴覚士が、1日20分以上の個別リハビリテーションを行った場合に加算されます。	1日につき	240単位を加算
	3.	**認知症行動・心理症状緊急対応加算** 医師が、認知症の行動・心理症状が認められるため、在宅での生活が困難であり、緊急に介護予防短期入所療養介護を利用することが適当であると判断した者に対し、介護予防短期入所療養介護を行った場合に、利用を開始した日から起算して7日を限度として加算されます。	1日につき	200単位を加算
	4.	**若年性認知症利用者受入加算** 介護予防短期入所療養介護事業所において、若年性認知症利用者に対して利用者ごとに個別の担当者を定め、利用者の特性やニーズに応じたサービス提供が行われた場合に加算されます。ただし、認知症行動・心理症状緊急対応加算を算定している場合は、算定されません。	1日につき	120単位を加算
	5.	**送迎加算** 利用者の心身の状態、家族等の事情等からみて送迎が必要と認められる利用者に対して、居宅と事業所との間の送迎を行った場合に加算されます。	片道につき	184単位を加算
	6.	**療養体制維持特別加算** 2006(平成18)年7月1日から2018(平成30)年3月31日までの間に病院が転換を行って開設した介護老人保健施設が提供する介護予防短期入所療養介護で、厚生労働大臣が定める施設基準に適合しているものとして都道府県知事に届け出た介護老人保健施設である介護予防短期入所療養介護事業所について加算されます。	1日につき	27単位を加算
	7.	**療養食加算** 利用者の定員、従業員の員数に関する基準を満たす介護予防短期入所療養介護事業所において、管理栄養士または栄養士の管理のもとで、利用者の年齢、心身の状況に応じて適切な栄養量および内容の療養食(糖尿病食、腎臓病食、肝臓病食、胃潰瘍食、貧血食、膵臓病食、脂質異常症食、痛風食、特別な場合の検査食)を提供した場合に加算されます。	1日につき	23単位を加算
	8.	**サービス提供体制強化加算** (1)サービス提供体制強化加算(Ⅰ)イ 介護職員の総数のうち、介護福祉士の占める割合が60%以上であり、介護予防短期入所療養介護事業所の利用定員および従業員の員数に関する基準を満たしている場合に加算されます。	1日につき	18単位を加算
		(2)サービス提供体制強化加算(Ⅰ)ロ 介護職員の総数のうち、介護福祉士の占める割合が50%以上であり、介護予防短期入所療養介護事業所の利用定員および従業員の員数に関する基準を満たしている場合に加算されます。	1日につき	12単位を加算
		(3)サービス提供体制強化加算(Ⅱ) 看護・介護職員の総数のうち、常勤職員の占める割合が75%以上であり、介護予防短期入所療養介護事業所の利用定員および従業員の員数に関する基準を満たしている場合に加算されます。	1日につき	6単位を加算
		(4)サービス提供体制強化加算(Ⅲ) 介護予防短期入所療養介護を利用者に直接提供する職員の総数のうち、勤続年数3年以上の者の占める割合が30%以上で、利用定員および従業員の員数に関する基準を満たしている場合に加算されます。	1日につき	6単位を加算

介護予防短期入所療養介護費　(1)介護老人保健施設における介護予防短期入所療養介護費

	内容	単位数
加算	**9. 介護職員処遇改善加算** 以下の基準に適合している介護職員の賃金の改善等を実施しているとして都道府県知事に届け出た介護予防短期入所療養介護事業所が、介護予防短期入所療養介護を行った場合、2018(平成30)年3月31日までの間加算されます。ただし、いずれかの加算を算定している場合は、その他の加算は算定されません。 (1)介護職員処遇改善加算(Ⅰ) 以下の基準のいずれにも適合すること ①賃金改善に関する計画を策定し、適切な措置を講じていること ②介護予防短期入所療養介護の事業所において、①の賃金改善に関する計画、介護員処遇改善計画書を作成し、すべての介護職員に周知し、都道府県知事に届け出ていること ③介護職員処遇改善加算の算定額に相当する賃金改善を実施すること ④事業年度ごとに介護職員の処遇改善に関する実績を都道府県知事に報告すること ⑤算定日が属する月の前12か月間において労働基準法等に違反し、罰金以上の刑に処せられていないこと ⑥労働保険料の納付が適正に行われていること ⑦次に掲げる基準のいずれにも適合すること 　ア　介護職員の任用の際の職責・職務内容等の要件を定め、書面をもって作成し、すべての介護職員に周知していること 　イ　介護職員の資質の向上の支援に関する計画を策定し、計画に係る研修を実施または研修の機会を確保し、すべての介護職員に周知していること ⑧2015(平成27)年4月から②の届出の日の属する月の前月までに実施した介護職員の処遇改善の内容および処遇改善に要した費用をすべての職員に周知していること	所定単位数(加算減算を加えた総単位数)の2.7%に相当する単位数を加算
	(2)介護職員処遇改善加算(Ⅱ) 以下の基準のいずれにも適合すること ①(1)の①～⑥のいずれにも適合すること ②(1)の⑦のアもしくはイのいずれかに適合すること ③2008(平成20)年10月から(1)の②の届出の日の属する月の前月までに実施した介護職員の処遇改善の内容および処遇改善に要した費用をすべての職員に周知していること	所定単位数(加算減算を加えた総単位数)の1.5%に相当する単位数を加算
	(3)介護職員処遇改善加算(Ⅲ) (1)の①から⑥までのいずれにも適合し、かつ(2)の②または③に掲げる基準のいずれかに適合すること	(2)により算定した単位数の90%に相当する単位数を加算
	(4)介護職員処遇改善加算(Ⅳ) (1)の①から⑥までのいずれにも適合すること	(2)により算定した単位数の80%に相当する単位数を加算
減算	**1. 夜勤職員体制による減算** 以下に掲げる夜勤を行う職員の勤務条件を満たさない場合に減算されます。 (1)介護老人保健施設介護予防短期入所療養介護費(Ⅰ) 夜勤を行う看護職員または介護職員数が2人以上であること。ただし、介護予防短期入所療養介護の利用者と介護老人保健施設の入所者の数の合計が40人以下であって、常時、緊急時の連絡体制を整備している場合は、1人以上であること。	1日につき　所定単位数の97%に相当する単位数を算定
	(2)介護老人保健施設介護予防短期入所療養介護費(Ⅱ) ①夜勤を行う看護職員または介護職員数が2人以上であること。ただし、介護予防短期入所療養介護の利用者と介護老人保健施設の入所者の数の合計が40人以下であって、常時、緊急時の連絡体制を整備している場合は、1人以上であること。 ②病院の一部を転換して開設した介護老人保健施設で、病院または夜勤を行う看護職員等が1人以上配置されている診療所に併設しており、併設する病院または診療所入院患者、介護老人保健施設の入所者および介護予防短期入所療養介護の利用者の数の合計が、120人以下である場合は、1人以上であること。 ③夜勤を行う看護職員の数が利用者等の数を41で除して得た数以上であること。	
	(3)介護老人保健施設介護予防短期入所療養介護費(Ⅲ) ①夜勤を行う看護職員または介護職員の数が2人以上であること。ただし、常時、緊急時の連絡体制を整備しているものにあっては、1人以上であること。 ②看護職員により、または病院、診療所もしくは訪問看護ステーションとの連携により、夜勤時間帯を通じて連絡体制を整備し、かつ、必要に応じて診療の補助を行う体制を整備していること。 ③病院の一部を転換して開設した介護老人保健施設で、併設する病院の入院患者、介護老人保健施設の入所者および介護予防短期入所療養介護の利用者の数の合計が、120人以下である場合は、夜勤を行う看護職員または介護職員を配置しないことができる。 ④診療所の一部を転換して開設した介護老人保健施設で、併設する診療所に夜勤を行う看護職員または介護職員1人以上配置されており、診療所の入院患者、介護老人保健施設の入所者及び介護予防短期入所療養介護の利用者の数の合計が、19人以下である場合は、夜勤を行う看護職員または介護職員を配置しないことができる。	
	(4)ユニット型介護老人保健施設介護予防短期入所療養介護費(Ⅰ) 2つのユニットごとに夜勤を行う看護職員または介護職員の数が1以上であること。	
	(5)ユニット型介護老人保健施設介護予防短期入所療養介護費(Ⅱ) ①2つのユニットごとに夜勤を行う看護職員または介護職員の数が1以上であること。 ②夜勤を行う看護職員の数が利用者等の数を41で除して得た数以上であること。	

介護予防短期入所療養介護費　（1）介護老人保健施設における介護予防短期入所療養介護費

	内容	単位数
減算	（6）ユニット型介護老人保健施設介護予防短期入所療養介護費（Ⅲ） ①2つのユニットごとに夜勤を行う看護職員または介護職員の数が1以上であること。 ②看護職員により、または病院、診療所もしくは訪問看護ステーションとの連携により、夜勤時間帯を通じて連絡体制を整備し、かつ、必要に応じて診療の補助を行う体制を整備していること。	
減算	2．利用定員超過による減算 介護予防短期入所療養介護の月平均の利用者の数（短期入所療養介護の事業を同一の事業所において一体的に運営している場合はその合計数）が運営規程に定められた利用定員を超えた場合に減算されます。	1日につき　所定単位数の70％に相当する単位数を算定
減算	3．従事者欠員による減算 介護予防短期入所療養介護事業所の医師、看護職員、介護職員、理学療法士、作業療法士、または言語聴覚士の数について、運営基準に定められた員数が配置されていない場合に減算されます。	1日につき　所定単位数の70％に相当する単位数を算定
減算	4．ユニット体制勤務条件による減算 ユニット型施設において、①日中、ユニットごとに常時1人以上の介護職員または看護職員を配置していない、②ユニットごとに常勤のユニットリーダーを配置していない場合、ユニットケアにおける体制が未整備な場合に減算されます。	1日につき　所定単位数の97％に相当する単位数を算定
	特別療養費 2006（平成18）年7月1日から2018（平成30）年3月31日までの間に病院が転換を行って開設した介護老人保健施設が提供する介護予防短期入所療養介護で、利用者に対して、指導管理等のうち日常的に必要な医療行為を行った場合に算定されます。	厚生労働大臣が定める特別療養費に係る指導管理等および単位数に10円をかけた額を算定
	緊急時施設療養費 利用者の病状が著しく変化した場合に、緊急その他やむを得ない事情により行われる医療行為について算定されます。 （1）緊急時治療管理 利用者の病状が重篤となり救命救急医療が必要となる場合に、緊急的な治療管理として投薬、検査、注射、処置等を行った場合に、1か月に1回、連続する3日間を限度として算定されます。	1日につき　　　511単位
	（2）特定治療 医科診療報酬点数表第1章・第2章において、高齢者の医療の確保に関する法律第57条第3項に規定する保険医療機関等が行った場合に点数が算定されるリハビリテーション、処置、手術、麻酔または放射線治療（別に厚生労働大臣が定めるものを除く）を行った場合に算定されます。	医科診療報酬点数表の点数に10円をかけた額を算定

介護予防短期入所療養介護費 （1）介護老人保健施設における介護予防短期入所療養介護費

算定構造

		基本部分			注 夜勤を行う職員の勤務条件基準を満たさない場合	注 利用者の数及び入所者の数の合計数が入所定員を超える場合	注 医師、看護職員、介護職員、理学療法士、作業療法士又は言語聴覚士の員数が基準に満たない場合	注 常勤のユニットリーダーをユニット毎に配置していない等ユニットケアにおける体制が未整備である場合	注 夜勤職員配置加算	注 個別リハビリテーション実施加算	注 認知症行動・心理症状緊急対応加算	注 若年性認知症利用者受入加算	注 利用者に対して送迎を行う場合
(1) 介護老人保健施設介護予防短期入所療養介護費（1日につき）	（一）介護老人保健施設介護予防短期入所療養介護費（Ⅰ）	a 介護老人保健施設介護予防短期入所療養介護費(ⅰ)<従来型個室>【従来型】	要支援1	(575単位)									
			要支援2	(716単位)									
		b 介護老人保健施設介護予防短期入所療養介護費(ⅱ)<従来型個室>【在宅強化型】	要支援1	(613単位)									
			要支援2	(753単位)									
		c 介護老人保健施設介護予防短期入所療養介護費(ⅲ)<多床室>【従来型】	要支援1	(608単位)									
			要支援2	(762単位)									
		d 介護老人保健施設介護予防短期入所療養介護費(ⅳ)<多床室>【在宅強化型】	要支援1	(652単位)									
			要支援2	(807単位)									
	（二）介護老人保健施設介護予防短期入所療養介護費（Ⅱ）<療養型老健：看護職員を配置>	a 介護老人保健施設介護予防短期入所療養介護費(ⅰ)<従来型個室>【療養型】	要支援1	(582単位)									
			要支援2	(723単位)									
		b 介護老人保健施設介護予防短期入所療養介護費(ⅱ)<従来型個室>【療養強化型】	要支援1	(582単位)									
			要支援2	(723単位)									
		c 介護老人保健施設介護予防短期入所療養介護費(ⅲ)<多床室>【療養型】	要支援1	(619単位)									
			要支援2	(774単位)									
		d 介護老人保健施設介護予防短期入所療養介護費(ⅳ)<多床室>【療養強化型】	要支援1	(619単位)									
			要支援2	(774単位)									
	（三）介護老人保健施設介護予防短期入所療養介護費（Ⅲ）<療養型老健：看護オンコール体制>	a 介護老人保健施設介護予防短期入所療養介護費(ⅰ)<従来型個室>【療養型】	要支援1	(582単位)									
			要支援2	(723単位)									
		b 介護老人保健施設介護予防短期入所療養介護費(ⅱ)<従来型個室>【療養強化型】	要支援1	(582単位)									
			要支援2	(723単位)									
		c 介護老人保健施設介護予防短期入所療養介護費(ⅲ)<多床室>【療養型】	要支援1	(619単位)									
			要支援2	(774単位)									
		d 介護老人保健施設介護予防短期入所療養介護費(ⅳ)<多床室>【療養強化型】	要支援1	(619単位)	×97/100	×70/100	×70/100		1日につき+24単位	1日につき+240単位	1日につき+200単位（7日間を限度）	1日につき+120単位	片道につき+184単位
			要支援2	(774単位)									
(2) ユニット型介護老人保健施設介護予防短期入所療養介護費（1日につき）	（一）ユニット型介護老人保健施設介護予防短期入所療養介護費（Ⅰ）	a ユニット型介護老人保健施設介護予防短期入所療養介護費(ⅰ)<ユニット型個室>【従来型】	要支援1	(618単位)									
			要支援2	(775単位)									
		b ユニット型介護老人保健施設介護予防短期入所療養介護費(ⅱ)<ユニット型個室>【在宅強化型】	要支援1	(660単位)									
			要支援2	(817単位)									
		c ユニット型介護老人保健施設介護予防短期入所療養介護費(ⅲ)<ユニット型準個室>【従来型】	要支援1	(618単位)									
			要支援2	(775単位)									
		d ユニット型介護老人保健施設介護予防短期入所療養介護費(ⅳ)<ユニット型準個室>【在宅強化型】	要支援1	(660単位)									
			要支援2	(817単位)									
	（二）ユニット型介護老人保健施設介護予防短期入所療養介護費（Ⅱ）<療養型老健：看護職員を配置>	a ユニット型介護老人保健施設介護予防短期入所療養介護費(ⅰ)<ユニット型個室>【療養型】	要支援1	(649単位)									
			要支援2	(806単位)									
		b ユニット型介護老人保健施設介護予防短期入所療養介護費(ⅱ)<ユニット型個室>【療養強化型】	要支援1	(649単位)									
			要支援2	(806単位)									
		c ユニット型介護老人保健施設介護予防短期入所療養介護費(ⅲ)<ユニット型準個室>【療養型】	要支援1	(649単位)				×97/100					
			要支援2	(806単位)									
		d ユニット型介護老人保健施設介護予防短期入所療養介護費(ⅳ)<ユニット型準個室>【療養強化型】	要支援1	(649単位)									
			要支援2	(806単位)									
	（三）ユニット型介護老人保健施設介護予防短期入所療養介護費（Ⅲ）<療養型老健：看護オンコール体制>	a ユニット型介護老人保健施設介護予防短期入所療養介護費(ⅰ)<ユニット型個室>【療養型】	要支援1	(649単位)									
			要支援2	(806単位)									
		b ユニット型介護老人保健施設介護予防短期入所療養介護費(ⅱ)<ユニット型個室>【療養強化型】	要支援1	(649単位)									
			要支援2	(806単位)									
		c ユニット型介護老人保健施設介護予防短期入所療養介護費(ⅲ)<ユニット型個室>【療養型】	要支援1	(649単位)									
			要支援2	(806単位)									
		d ユニット型介護老人保健施設介護予防短期入所療養介護費(ⅳ)<ユニット型準個室>【療養強化型】	要支援1	(649単位)									
			要支援2	(806単位)									

介護予防短期入所療養介護費　(1)介護老人保健施設における介護予防短期入所療養介護費

算定構造

	基本部分	注 夜勤を行う職員の勤務条件基準を満たさない場合	注 利用者の数及び入所者の数の合計数が入所定員を超える場合	注 医師、看護職員、介護職員、理学療法士、作業療法士又は言語聴覚士の員数が基準に満たない場合	注 常勤のユニットリーダーをユニット毎に配置していない等ユニットケアにおける体制が未整備である場合	注 夜勤職員配置加算	注 個別リハビリテーション実施加算	注 認知症行動・心理症状緊急対応加算	注 若年性認知症利用者受入加算	注 利用者に対して送迎を行う場合
注 特別療養費				または						
注 療養体制維持特別加算 （1日につき　27単位を加算）										
(3) 療養食加算 （1日につき　23単位を加算）										
(4) 緊急時施設療養費　(一) 緊急時治療管理　療養型老健以外の場合（1月に1回3日を限度に、1日につき500単位を算定）										
療養型老健の場合（1月に1回3日を限度に、1日につき500単位を算定）										
(二) 特定治療										
(5) サービス提供体制強化加算　(一) サービス提供体制強化加算(Ⅰ)イ（1日につき　18単位を加算）										
(二) サービス提供体制強化加算(Ⅰ)ロ（1日につき　12単位を加算）										
(三) サービス提供体制強化加算(Ⅱ)（1日につき　6単位を加算）										
(四) サービス提供体制強化加算(Ⅲ)（1日につき　6単位を加算）										
(6) 介護職員処遇改善加算　(一) 介護職員処遇改善加算(Ⅰ)（1月につき　＋所定単位×27／1000）	注 所定単位は、(1)から(5)までにより算定した単位数の合計									
(二) 介護職員処遇改善加算(Ⅱ)（1月につき　＋所定単位×15／1000）										
(三) 介護職員処遇改善加算(Ⅲ)（1月につき　＋(二)の90／100）										
(四) 介護職員処遇改善加算(Ⅳ)（1月につき　＋(二)の80／100）										

□：特別療養費と緊急時施設療養費、サービス提供体制強化加算、介護職員処遇改善加算は、支給限度額管理の対象外の算定項目

(2) 療養病床を有する病院における介護予防短期入所療養介護費

療養病床を有する病院において、介護予防短期入所療養介護を行った場合に、施設区分および利用者の要支援状態区分に応じて算定されます。

●注意事項

①利用者が次のいずれかに該当する場合は、「病院療養病床介護予防短期入所療養介護費」(Ⅰ)の(ⅳ)(ⅴ)もしくは(ⅵ)、(Ⅱ)の(ⅲ)もしくは(ⅳ)、(Ⅲ)の(ⅱ)または「病院療養病床経過型介護予防短期入所療養介護費」(Ⅰ)の(ⅱ)もしくは(Ⅱ)の(ⅱ)を算定します。

　1）感染症等により、従来型個室の利用の必要があると医師が判断した者

　2）病室における利用者1人あたりの面積が、6.4平方メートル以下である従来型個室を利用する者

　3）著しい精神症状等により、同室の他の利用者の心身の状況に重大な影響を及ぼすおそれがあるため、従来型個室の利用の必要があると医師が判断した者

②利用者が連続して30日を超えて介護予防短期入所療養介護を受けている場合は、30日を超える日以降に受けた介護予防短期入所療養介護については、療養病棟を有する病院における介護予防短期入所療養介護費は算定されません。

③本体施設において施設基準、人員基準および夜勤職員の基準を満たす旨の届出が行われている場合は、介護予防短期入所療養介護について行う必要はありません。

介護予防短期入所療養介護費　（2）療養病床を有する病院における介護予防短期入所療養介護費

	内容	単位数	
基本部分	1. 病院療養病床介護予防短期入所療養介護費 （1）病院療養病床介護予防短期入所療養介護費（Ⅰ） 〈看護6：1以上／介護4：1以上〉 ①病院療養病床介護予防短期入所療養介護費(ⅰ) ［従来型個室］	1日につき 要支援1 要支援2	523単位 657単位
	②　病院療養病床介護予防短期入所療養介護費(ⅱ) ［療養機能強化型A］［従来型個室］	要支援1 要支援2	551単位 685単位
	③　病院療養病床介護予防短期入所療養介護費(ⅲ) ［療養機能強化型B］［従来型個室］	要支援1 要支援2	541単位 675単位
	④病院療養病床介護予防短期入所療養介護費(ⅳ) ［多床室］	要支援1 要支援2	579単位 734単位
	⑤　病院療養病床介護予防短期入所療養介護費(ⅴ) ［療養機能強化型A］［多床室］	要支援1 要支援2	612単位 767単位
	⑥　病院療養病床介護予防短期入所療養介護費(ⅵ) ［療養機能強化型B］［多床室］	要支援1 要支援2	600単位 755単位
	（2）病院療養病床介護予防短期入所療養介護費（Ⅱ） 〈看護6：1以上／介護5：1以上〉 ①病院療養病床介護予防短期入所療養介護費(ⅰ) ［従来型個室］	要支援1 要支援2	492単位 617単位
	②　病院療養病床介護予防短期入所療養介護費(ⅱ) ［療養機能強化型］［従来型個室］	要支援1 要支援2	507単位 632単位
	③病院療養病床介護予防短期入所療養介護費(ⅲ) ［多床室］	要支援1 要支援2	550単位 696単位
	④　病院療養病床介護予防短期入所療養介護費(ⅳ) ［療養機能強化型］［多床室］	要支援1 要支援2	568単位 714単位
	（3）病院療養病床介護予防短期入所療養介護費（Ⅲ） 〈看護6：1以上／介護6：1以上〉 ①病院療養病床介護予防短期入所療養介護費(ⅰ) ［従来型個室］	要支援1 要支援2	476単位 594単位
	②病院療養病床介護予防短期入所療養介護費(ⅱ) ［多床室］	要支援1 要支援2	534単位 674単位
	2. 病院療養病床経過型介護予防短期入所療養介護費 （1）病院療養病床経過型介護予防短期入所療養介護費（Ⅰ） 〈看護6：1以上／介護4：1以上〉 ①病院療養病床経過型介護予防短期入所療養介護費(ⅰ) ［従来型個室］	1日につき 要支援1 要支援2	532単位 666単位
	②病院療養病床経過型介護予防短期入所療養介護費(ⅱ) ［多床室］	要支援1 要支援2	589単位 744単位
	（2）病院療養病床経過型介護予防短期入所療養介護費（Ⅱ） 〈看護8：1以上／介護4：1以上〉 ①病院療養病床経過型介護予防短期入所療養介護費(ⅰ) ［従来型個室］	要支援1 要支援2	532単位 666単位
	②病院療養病床経過型介護予防短期入所療養介護費(ⅱ) ［多床室］	要支援1 要支援2	589単位 744単位
	3. ユニット型病院療養病床介護予防短期入所療養介護費 （1）ユニット型病院療養病床介護予防短期入所療養介護費（Ⅰ） ［ユニット型個室］	1日につき 要支援1 要支援2	605単位 762単位
	（2）ユニット型病院療養病床介護予防短期入所療養介護費（Ⅱ） ［機能強化型A］［ユニット型個室］	要支援1 要支援2	633単位 790単位
	（3）ユニット型病院療養病床介護予防短期入所療養介護費（Ⅲ） ［機能強化型B］［ユニット型個室］	要支援1 要支援2	623単位 780単位
	（4）ユニット型病院療養病床介護予防短期入所療養介護費（Ⅳ） ［ユニット型準個室］	要支援1 要支援2	605単位 762単位
	（5）ユニット型病院療養病床介護予防短期入所療養介護費（Ⅴ） ［機能強化型A］［ユニット型準個室］	要支援1 要支援2	633単位 790単位

介護予防短期入所療養介護費　(2)療養病床を有する病院における介護予防短期入所療養介護費

	内容	単位数	
基本部分	(6)ユニット型病院療養病床介護予防短期入所療養介護費(Ⅵ) ［機能強化型B］［ユニット型準個室］	要支援1 要支援2	623単位 780単位
基本部分	4．ユニット型病院療養病床経過型介護予防短期入所療養介護費 　(1)ユニット型病院療養病床経過型介護予防短期入所療養介護費(Ⅰ) 　　［ユニット型個室］	1日につき 要支援1 要支援2	 605単位 762単位
基本部分	(2)ユニット型病院療養病床経過型介護予防短期入所療養介護費(Ⅱ) 　　［ユニット型準個室］	要支援1 要支援2	605単位 762単位
加算	1．夜勤勤務体制に関する加算 夜勤を行う看護職員等の数が、次の基準を満たす場合に加算されます。 (1)夜間勤務等看護(Ⅰ) ①看護職員15：1以上(最低2人) ②看護職員の月平均夜勤時間が72時間以下	1日につき	23単位を加算
加算	(2)夜間勤務等看護(Ⅱ) ①看護職員20：1以上(最低2人) ②看護職員の月平均夜勤時間が72時間以下	1日につき	14単位を加算
加算	(3)夜間勤務等看護(Ⅲ) ①看護職員または介護職員15：1以上(最低2人、うち1人は看護職員) ②看護職員または介護職員の月平均夜勤時間が72時間以下	1日につき	14単位を加算
加算	(4)夜間勤務等看護(Ⅳ) ①看護職員または介護職員20：1以上(最低2人、うち1人は看護職員) ②看護職員または介護職員の月平均夜勤時間が72時間以下	1日につき	7単位を加算
加算	2．認知症行動・心理症状緊急対応加算 医師が、認知症の行動・心理症状が認められるため、在宅での生活が困難であり、緊急に介護予防短期入所療養介護を利用することが適当であると判断した者に対し、介護予防短期入所療養介護を行った場合に、利用を開始した日から起算して7日を限度として加算されます。	1日につき	200単位を加算
加算	3．若年性認知症利用者受入加算 介護予防短期入所療養介護事業所において、若年性認知症利用者に対して利用者ごとに個別の担当者を定め、利用者の特性やニーズに応じたサービス提供が行われた場合に加算されます。ただし、認知症行動・心理症状緊急対応加算を算定している場合は、算定されません。	1日につき	120単位を加算
加算	4．送迎加算 利用者の心身の状態、家族等の事情等からみて送迎が必要と認められる利用者に対して、居宅と事業所との間の送迎を行った場合に加算されます。	片道につき	184単位を加算
加算	5．療養食加算 利用者の定員、従業員の員数に関する基準を満たす介護予防短期入所療養介護事業所において、管理栄養士または栄養士の管理のもとで、利用者の年齢、心身の状況に応じて適切な栄養量および内容の療養食(糖尿病食、腎臓病食、肝臓病食、胃潰瘍食、貧血食、膵臓病食、脂質異常症食、痛風食、特別な場合の検査食)を提供した場合に加算されます。	1日につき	23単位を加算
加算	6．サービス提供体制強化加算 (1)サービス提供体制強化加算(Ⅰ)イ 介護職員の総数のうち、介護福祉士の占める割合が60％以上であり、介護予防短期入所療養介護事業所の利用定員および従業員の員数に関する基準を満たしている場合に加算されます。	1日につき	18単位を加算
加算	(2)サービス提供体制強化加算(Ⅰ)ロ 介護職員の総数のうち、介護福祉士の占める割合が50％以上であり、介護予防短期入所療養介護事業所の利用定員および従業員の員数に関する基準を満たしている場合に加算されます。	1日につき	12単位を加算
加算	(3)サービス提供体制強化加算(Ⅱ) 看護・介護職員の総数のうち、常勤職員の占める割合が75％以上であり、介護予防短期入所療養介護事業所の利用定員および従業員の員数に関する基準を満たしている場合に加算されます。	1日につき	6単位を加算
加算	(4)サービス提供体制強化加算(Ⅲ) 介護予防短期入所療養介護を利用者に直接提供する職員の総数のうち、勤続年数3年以上の者の占める割合が30％以上で、利用定員および従業員の員数に関する基準を満たしている場合に加算されます。	1日につき	6単位を加算

介護予防短期入所療養介護費　(2)療養病床を有する病院における介護予防短期入所療養介護費

		内容	単位数
加算	7.	介護職員処遇改善加算 以下の基準に適合している介護職員の賃金の改善等を実施しているとして都道府県知事に届け出た介護予防短期入所療養介護事業所が、介護予防短期入所療養介護を行った場合、2018(平成30)年3月31日までの間加算されます。 ただし、いずれかの加算を算定している場合は、その他の加算は算定されません。 (1)介護職員処遇改善加算(Ⅰ) 以下の基準のいずれにも適合すること ①賃金改善に関する計画を策定し、適切な措置を講じていること ②介護予防短期入所療養介護の事業所において、①の賃金改善に関する計画、介護職員処遇改善計画書を作成し、すべての介護職員に周知し、都道府県知事に届け出ていること ③介護職員処遇改善加算の算定額に相当する賃金改善を実施すること ④事業年度ごとに介護職員の処遇改善に関する実績を都道府県知事に報告すること ⑤算定日が属する月の前12か月間において労働基準法等に違反し、罰金以上の刑に処せられていないこと ⑥労働保険料の納付が適正に行われていること ⑦次に掲げる基準のいずれにも適合すること 　ア　介護職員の任用の際の職責・職務内容等の要件を定め、書面をもって作成し、すべての介護職員に周知していること 　イ　介護職員の資質の向上の支援に関する計画を策定し、計画に係る研修を実施または研修の機会を確保し、すべての介護職員に周知していること ⑧2015(平成27)年4月から②の届出の日の属する月の前月までに実施した介護職員の処遇改善の内容および処遇改善に要した費用をすべての職員に周知していること	所定単位数(加算減算を加えた総単位数)の2.0%に相当する単位数を加算
		(2)介護職員処遇改善加算(Ⅱ) 以下の基準のいずれにも該当すること ①(1)の①～⑥のいずれにも適合すること ②(1)の⑦のアもしくはイのいずれかに適合すること ③2008(平成20)年10月から(1)の②の届出の日の属する月の前月までに実施した介護職員の処遇改善の内容および処遇改善に要した費用をすべての職員に周知していること	所定単位数(加算減算を加えた総単位数)の1.1%に相当する単位数を加算
		(3)介護職員処遇改善加算(Ⅲ) (1)の①から⑥までのいずれにも適合し、かつ(2)の②または③に掲げる基準のいずれかに適合すること	(2)により算定した単位数の90%に相当する単位数を加算
		(4)介護職員処遇改善加算(Ⅳ) (1)の①から⑥までのいずれにも適合すること	(2)により算定した単位数の80%に相当する単位数を加算
減算	1.	夜間勤務条件による減算 以下に掲げる夜勤を行う職員の勤務条件を満たさない場合に減算されます。 (1)病院療養病床介護予防短期入所療養介護費・病院療養病床経過型介護予防短期入所療養介護費 ①看護職員または介護職員30：1以上(最低2人、うち1人は看護職員) ②看護職員または介護職員の月平均夜勤時間が64時間以下	1日につき　25単位を減算
		(2)ユニット型病院療養病床介護予防短期入所療養介護費・ユニット型病院療養病床経過型介護予防短期入所療養介護費 2つのユニットごとに夜勤を行う看護職員または介護職員の数が1人以上	1日につき　25単位を減算
	2.	利用定員超過による減算 介護予防短期入所療養介護の月平均の利用者の数(短期入所療養介護の事業を同一の事業所において一体的に運営している場合はその合計数)が運営規程に定められている利用定員を超えた場合に減算されます。	1日につき 所定単位数の70%に相当する単位数を算定
	3.	従事者欠員による減算 (1)介護予防短期入所療養介護事業所の看護職員または介護職員の数について、運営基準に定める員数が配置されていない場合	1日につき 所定単位数の70%に相当する単位数を算定
		(2)看護職員のうち、看護師の占める割合が20%未満の場合	1日につき 所定単位数の90%に相当する単位数を算定
		(3)医師の確保に関する計画を届け出た僻地の病院で、医師の数が基準の60%未満の場合	1日につき　12単位を減算
		(4)医師の確保に関する計画を届け出た僻地の病院以外の病院で、医師の数が基準の60%未満の場合	1日につき 所定単位数の90%に相当する単位数を算定
	4.	ユニット体制勤務条件による減算 ユニット型施設において、①日中、ユニットごとに常時1名以上の介護職員または看護職員を配置していない、②ユニットごとに常勤のユニットリーダーを配置していない場合、ユニットケアにおける体制が未整備な場合に減算されます。	1日につき 所定単位数の97%に相当する単位数を算定
	5.	病院療養病床療養環境減算 病室に隣接する廊下幅(内法)が1.8メートル(両側が病室の場合は2.7メートル)未満の場合、減算されます。	1日につき　25単位を減算
	6.	医師の配置による減算 医師の配置について、医療法施行規則第49条の規定が適用されている病院について減算されます。	1日につき　12単位を減算
	特定診療費	利用者に対して、指導管理、リハビリテーション等のうち日常的に必要な医療行為として厚生労働大臣が定めるもの(p.367)を行った場合に算定されます。	特定診療費の項目として定められた所定単位数(p.367)に10円をかけて得た額を算定

介護予防短期入所療養介護費 （2）療養病床を有する病院における介護予防短期入所療養介護費

算定構造

				基本部分	注 夜勤を行う職員の勤務条件基準を満たさない場合	注 利用者の数及び入院患者の数の合計数が入院患者の定員を超える場合	注 看護・介護職員の員数が基準に満たない場合	注 看護師が基準に定められた看護職員の員数に20/100を乗じて得た数未満の場合	注 看護師が基準に定められた看護職員の員数に60/100を乗じて得た数未満である場合	注 療地の医師確保計画を届出たもので、医師の数が基準に定められた医師の員数に60/100を乗じて得た数未満である場合	注 療地の医師確保計画を届出たもの以外で、医師の数が基準に定められた医師の員数に60/100を乗じて得た数未満である場合	注 常勤のユニットリーダーをユニット毎に配置していない等ユニットケアにおける体制が未整備である場合	注 廊下幅が設備基準を満たさない場合	注 医師の配置について医療法施行規則第49条の規定が適用されている場合	注 夜勤を行う職員の勤務条件に関する基準の区分による加算	注 認知症行動・心理症状緊急対応加算	注 若年性認知症利用者受入加算	注 利用者に対して送迎を行う場合
(1) 病院療養病床介護予防短期入所療養介護費 (1日につき)	(一) 病院療養病床介護予防短期入所療養介護費(Ⅰ) 看護<6:1> 介護<4:1>	a.病院療養病床介護予防短期入所療養介護費(ⅰ) <従来型個室>	要支援1	(523単位)														
			要支援2	(657単位)														
		b.病院療養病床介護予防短期入所療養介護費(ⅱ) <療養機能強化型A> <従来型個室>	要支援1	(551単位)														
			要支援2	(685単位)														
		c.病院療養病床介護予防短期入所療養介護費(ⅲ) <療養機能強化型B> <従来型個室>	要支援1	(541単位)														
			要支援2	(675単位)														
		d.病院療養病床介護予防短期入所療養介護費(ⅳ) <多床室>	要支援1	(579単位)														
			要支援2	(734単位)														
		e.病院療養病床介護予防短期入所療養介護費(ⅴ) <療養機能強化型A> <多床室>	要支援1	(612単位)														
			要支援2	(767単位)														
		f.病院療養病床介護予防短期入所療養介護費(ⅵ) <療養機能強化型B> <多床室>	要支援1	(600単位)														
			要支援2	(755単位)														
	(二) 病院療養病床介護予防短期入所療養介護費(Ⅱ) 看護<6:1> 介護<5:1>	a.病院療養病床介護予防短期入所療養介護費(ⅰ) <従来型個室>	要支援1	(492単位)														
			要支援2	(617単位)														
		b.病院療養病床介護予防短期入所療養介護費(ⅱ) <療養機能強化型> <従来型個室>	要支援1	(507単位)														
			要支援2	(632単位)														
		c.病院療養病床介護予防短期入所療養介護費(ⅲ) <多床室>	要支援1	(550単位)	−25単位	×70/100				−12単位		病院療養病床療養環境減算 −25単位		−12単位	夜間勤務等看護(Ⅰ) +23単位 夜間勤務等看護(Ⅱ) +14単位 夜間勤務等看護(Ⅲ) +14単位 夜間勤務等看護(Ⅳ) +7単位	1日につき +200単位 (7日間を限度)	1日につき +120単位	片道につき +184単位
			要支援2	(696単位)														
		d.病院療養病床介護予防短期入所療養介護費(ⅳ) <療養機能強化型> <多床室>	要支援1	(568単位)														
			要支援2	(714単位)				×70/100	×90/100		×90/100							
	(三) 病院療養病床介護予防短期入所療養介護費(Ⅲ) 看護<6:1> 介護<6:1>	a.病院療養病床介護予防短期入所療養介護費(ⅰ) <従来型個室>	要支援1	(476単位)														
			要支援2	(594単位)														
		b.病院療養病床介護予防短期入所療養介護費(ⅱ) <多床室>	要支援1	(534単位)														
			要支援2	(674単位)														
(2) 病院療養病床経過型介護予防短期入所療養介護費 (1日につき)	(一) 病院療養病床経過型介護予防短期入所療養介護費(Ⅰ) 看護<6:1> 介護<4:1>	a.病院療養病床経過型介護予防短期入所療養介護費(ⅰ) <従来型個室>	要支援1	(532単位)														
			要支援2	(666単位)														
		b.病院療養病床経過型介護予防短期入所療養介護費(ⅱ) <多床室>	要支援1	(589単位)														
			要支援2	(744単位)														
	(二) 病院療養病床経過型介護予防短期入所療養介護費(Ⅱ) 看護<8:1> 介護<4:1>	a.病院療養病床経過型介護予防短期入所療養介護費(ⅰ) <従来型個室>	要支援1	(532単位)														
			要支援2	(666単位)														
		b.病院療養病床経過型介護予防短期入所療養介護費(ⅱ) <多床室>	要支援1	(589単位)														
			要支援2	(744単位)														
(3) ユニット型病院療養病床介護予防短期入所療養介護費 (1日につき)	(一) ユニット型病院療養病床介護予防短期入所療養介護費(Ⅰ) <ユニット型個室>		要支援1	(605単位)				×70/100	×90/100		×90/100							
			要支援2	(762単位)														
	(二) ユニット型病院療養病床介護予防短期入所療養介護費(Ⅱ) <療養機能強化型A> <ユニット型個室>		要支援1	(633単位)								×97/100						
			要支援2	(790単位)														
	(三) ユニット型病院療養病床介護予防短期入所療養介護費(Ⅲ) <療養機能強化型B> <ユニット型個室>		要支援1	(623単位)														
			要支援2	(780単位)														

第6章 介護報酬と加算・減算

			基本部分	夜勤を行う職員の勤務条件基準を満たさない場合	利用者の数及び入院患者の数の合計数が入院患者の定員を超える場合	注 看護・介護職員の員数が基準に満たない場合	注 看護師が基準に定められた看護職員の員数の20/100を乗じて得た数未満の場合	注 又は	注 僻地の医師確保計画を届出たもので、医師の数が基準に定められた医師の員数に60/100を乗じて得た数未満である場合	注 僻地の医師確保計画を届出たもの以外で、医師の員数が基準に定められた医師の員数に60/100を乗じて得た数未満である場合	注 常勤のユニットリーダーをユニット毎に配置していない等ユニットケアにおける体制が未整備である場合	注 廊下幅が設備基準を満たさない場合	注 医師の配置について医療法施行規則第49条の規定が適用されている場合	注 夜勤を行う職員の勤務条件に関する基準の区分による加算	注 認知症行動・心理症状緊急対応加算	注 若年性認知症利用者受入加算	注 利用者に対して送迎を行う場合
(3) ユニット型病院療養病床介護予防短期入所療養介護費(1日につき)	(四) ユニット型病院療養病床介護予防短期入所療養介護費(Ⅳ)<ユニット型準個室>	要支援1	(605単位)	−25単位	×70/100	×70/100又は×90/100			−12単位		×90/100	×97/100	病院療養病床療養環境減算 −25単位	−12単位	夜間勤務等看護(Ⅰ)+23単位 夜間勤務等看護(Ⅱ)+14単位 夜間勤務等看護(Ⅲ)+14単位 夜間勤務等看護(Ⅳ)+7単位	1日につき+200単位(7日間を限度)	1日につき+120単位	片道につき+184単位
		要支援2	(762単位)															
	(五) ユニット型病院療養病床介護予防短期入所療養介護費(Ⅴ)<療養機能強化型A><ユニット型準個室>	要支援1	(633単位)															
		要支援2	(790単位)															
	(六) ユニット型病院療養病床介護予防短期入所療養介護費(Ⅵ)<療養機能強化型B><ユニット型準個室>	要支援1	(623単位)															
		要支援2	(780単位)															
(4) ユニット型病院療養病床経過型介護予防短期入所療養介護費(1日につき)	(一) ユニット型病院療養病床経過型介護予防短期入所療養介護費(Ⅰ)<ユニット型個室>	要支援1	(605単位)															
		要支援2	(762単位)															
	(二) ユニット型病院療養病床経過型介護予防短期入所療養介護費(Ⅱ)<ユニット型準個室>	要支援1	(605単位)															
		要支援2	(762単位)															

(5) 療養食加算	(1日につき 23単位を加算)
(6) 特定診療費	
(7) サービス提供体制強化加算	(一) サービス提供体制強化加算(Ⅰ)イ (1日につき 18単位を加算)
	(二) サービス提供体制強化加算(Ⅰ)ロ (1日につき 12単位を加算)
	(三) サービス提供体制強化加算(Ⅱ) (1日につき 6単位を加算)
	(四) サービス提供体制強化加算(Ⅲ) (1日につき 6単位を加算)
(8) 介護職員処遇改善加算	(一) 介護職員処遇改善加算(Ⅰ) (1月につき +所定単位×20/1000)
	(二) 介護職員処遇改善加算(Ⅱ) (1月につき +所定単位×11/1000)
	(三) 介護職員処遇改善加算(Ⅲ) (1月につき +(二)の90/100)
	(四) 介護職員処遇改善加算(Ⅳ) (1月につき +(二)の80/100)

注 所定単位は、(1)から(7)までにより算定した単位数の合計

☐ ：特定診療費、サービス提供体制強化加算、介護職員処遇改善加算は、支給限度額管理の対象外の算定項目

※ 医師の人員配置減算を適用する場合には、医師経過措置減算を適用しない。

※ 夜勤勤務条件減算を適用する場合には、夜間勤務等看護加算を適用しない。

(3) 診療所における介護予防短期入所療養介護費

病床を有する診療所において、介護予防短期入所療養介護を行った場合に、施設区分および利用者の要支援状態区分に応じて算定されます。

● **注意事項**

①利用者が次のいずれかに該当する場合は、「診療所介護予防短期入所療養介護費」（Ⅰ）の（ⅳ）（ⅴ）もしくは（ⅵ）または（Ⅱ）の（ⅱ）を算定します。

　1）感染症等により、従来型個室の利用の必要があると医師が判断した者
　2）病室における利用者1人あたりの面積が、6.4平方メートル以下である従来型個室を利用する者
　3）著しい精神症状等により、同室の他の利用者の心身の状況に重大な影響を及ぼすおそれがあるため、従来型個室の利用の必要があると医師が判断した者

②利用者が連続して30日を超えて介護予防短期入所療養介護を受けている場合は、30日を超える日以降に受けた介護予防短期入所療養介護については、診療所における介護予防短期入所療養介護費は算定されません。

③本体施設において施設基準、人員基準および夜勤職員の基準を満たす旨の届出が行われている場合は、介護予防短期入所療養介護について行う必要はありません。

介護予防短期入所療養介護費 （3）病床を有する診療所における介護予防短期入所療養介護費

	内容	単位数
基本部分	1. 診療所介護予防短期入所療養介護費 （1）診療所介護予防短期入所療養介護費（Ⅰ） ＜看護6：1以上／介護6：1以上＞ ①診療所介護予防短期入所療養介護費（ⅰ） ［従来型個室］	1日につき 要支援1　　507単位 要支援2　　637単位
	②診療所介護予防短期入所療養介護費（ⅱ） ［療養機能強化型A］［従来型個室］	要支援1　　534単位 要支援2　　664単位
	③診療所介護予防短期入所療養介護費（ⅲ） ［療養機能強化型B］［従来型個室］	要支援1　　525単位 要支援2　　655単位
	④診療所介護予防短期入所療養介護費（ⅳ） ［多床室］	要支援1　　564単位 要支援2　　715単位
	⑤診療所介護予防短期入所療養介護費（ⅴ） ［療養機能強化型A］［多床室］	要支援1　　596単位 要支援2　　747単位
	⑥診療所介護予防短期入所療養介護費（ⅵ） ［療養機能強化型B］［多床室］	要支援1　　585単位 要支援2　　736単位
	（2）診療所介護予防短期入所療養介護費（Ⅱ） ＜看護または介護3：1以上＞ ①診療所介護予防短期入所療養介護費（ⅰ） ［従来型個室］	要支援1　　451単位 要支援2　　563単位
	②診療所介護予防短期入所療養介護費（ⅱ） ［多床室］	要支援1　　514単位 要支援2　　649単位
	2. ユニット型診療所介護予防短期入所療養介護費 （1）ユニット型診療所介護予防短期入所療養介護費（Ⅰ） ［ユニット型個室］	1日につき 要支援1　　589単位 要支援2　　742単位
	（2）ユニット型診療所介護予防短期入所療養介護費（Ⅱ） ［療養機能強化型A］［ユニット型個室］	要支援1　　616単位 要支援2　　769単位
	（3）ユニット型診療所介護予防短期入所療養介護費（Ⅲ） ［療養機能強化型B］［ユニット型個室］	要支援1　　607単位 要支援2　　760単位
	（4）ユニット型診療所介護予防短期入所療養介護費（Ⅳ） ［ユニット型準個室］	要支援1　　589単位 要支援2　　742単位

介護予防短期入所療養介護費 （3）病床を有する診療所における介護予防短期入所療養介護費

	内容	単位数	
基本部分	(5)ユニット型診療所介護予防短期入所療養介護費(Ⅴ) ［療養機能強化型A］［ユニット型準個室］	要支援1 要支援2	616単位 769単位
基本部分	(6)ユニット型診療所介護予防短期入所療養介護費(Ⅵ) ［療養機能強化型B］［ユニット型準個室］	要支援1 要支援2	607単位 760単位
加算	1. 認知症行動・心理症状緊急対応加算 医師が、認知症の行動・心理症状が認められるため、在宅での生活が困難であり、緊急に介護予防短期入所療養介護を利用することが適当であると判断した者に対し、介護予防短期入所療養介護を行った場合に、利用を開始した日から起算して7日を限度として加算されます。	1日につき	200単位を加算
加算	2. 若年性認知症利用者受入加算 介護予防短期入所療養介護事業所において、若年性認知症利用者に対して利用者ごとに個別の担当者を定め、利用者の特性やニーズに応じたサービス提供が行われた場合に加算されます。ただし、認知症行動・心理症状緊急対応加算を算定している場合は、算定されません。	1日につき	120単位を加算
加算	3. 送迎加算 利用者の心身の状態、家族等の事情等からみて送迎が必要と認められる利用者に対して、居宅と事業所との間の送迎を行った場合に加算されます。	片道につき	184単位を加算
加算	4. 療養食加算 利用者の定員、従業員の員数に関する基準を満たす介護予防短期入所療養介護事業所において、管理栄養士または栄養士の管理のもとで、利用者の年齢、心身の状況に応じて適切な栄養量および内容の療養食（糖尿病食、腎臓病食、肝臓病食、胃潰瘍食、貧血食、膵臓病食、脂質異常症食、痛風食、特別な場合の検査食）を提供した場合に加算されます。	1日につき	23単位を加算
加算	5. サービス提供体制強化加算 (1)サービス提供体制強化加算（Ⅰ）イ 介護職員の総数のうち、介護福祉士の占める割合が60％以上であり、介護予防短期入所療養介護事業所の利用定員および従業員の員数に関する基準を満たしている場合に加算されます。	1日につき	18単位を加算
加算	(2)サービス提供体制強化加算（Ⅰ）ロ 介護職員の総数のうち、介護福祉士の占める割合が50％以上であり、介護予防短期入所療養介護事業所の利用定員および従業員の員数に関する基準を満たしている場合に加算されます。	1日につき	12単位を加算
加算	(3)サービス提供体制強化加算（Ⅱ） 看護・介護職員の総数のうち、常勤職員の占める割合が75％以上であり、介護予防短期入所療養介護事業所の利用定員および従業員の員数に関する基準を満たしている場合に加算されます。	1日につき	6単位を加算
加算	(4)サービス提供体制強化加算（Ⅲ） 介護予防短期入所療養介護を利用者に直接提供する職員の総数のうち、勤続年数3年以上の者の占める割合が30％以上で、利用定員および従業員の員数に関する基準を満たしている場合に加算されます。	1日につき	6単位を加算
加算	6. 介護職員処遇改善加算 以下の基準に適合している介護職員の賃金の改善等を実施しているとして都道府県知事に届け出た介護予防短期入所療養介護事業所が、介護予防短期入所療養介護を行った場合、2018（平成30）年3月31日までの間加算されます。 ただし、いずれかの加算を算定している場合は、その他の加算は算定されません。 (1)介護職員処遇改善加算（Ⅰ） 以下の基準のいずれにも適合すること。 ①賃金改善に関する計画を策定し、適切な措置を講じていること ②介護予防短期入所療養介護の事業所において、①の賃金改善に関する計画、介護職員処遇改善計画書を作成し、すべての介護職員に周知し、都道府県知事に届け出ていること ③介護職員処遇改善加算の算定額に相当する賃金改善を実施すること ④事業年度ごとに介護職員の処遇改善に関する実績を都道府県知事に報告すること ⑤算定日が属する月の前12か月間において労働基準法等に違反し、罰金以上の刑に処せられていないこと ⑥労働保険料の納付が適正に行われていること ⑦次に掲げる基準のいずれにも適合すること 　ア　介護職員の任用の際の職責・職務内容等の要件を定め、書面をもって作成し、すべての介護職員に周知していること 　イ　介護職員の資質の向上の支援に関する計画を策定し、計画に係る研修を実施または研修の機会を確保し、すべての介護職員に周知していること ⑧2015（平成27）年4月から②の届出の日の属する月の前月までに実施した介護職員の処遇改善の内容および処遇改善に要した費用をすべての職員に周知していること	所定単位数(加算減算を加えた総単位数)の2.0％に相当する単位数を加算	
加算	(2)介護職員処遇改善加算（Ⅱ） 以下の基準のいずれにも該当すること ①(1)の①～⑥のいずれにも適合すること ②(1)の⑦のアもしくはイのいずれかに適合すること ③2008（平成20）年10月から(1)の②の届出の日の属する月の前月までに実施した介護職員の処遇改善の内容および処遇改善に要した費用をすべての職員に周知していること	所定単位数(加算減算を加えた総単位数)の1.1％に相当する単位数を加算	

介護予防短期入所療養介護費 （3）病床を有する診療所における介護予防短期入所療養介護費

	内容	単位数
加算	（3）介護職員処遇改善加算（Ⅲ） （1）の①から⑥までのいずれにも適合し、かつ（2）の②または③に掲げる基準のいずれかに適合すること	（2）により算定した単位数の90％に相当する単位数を加算
加算	（4）介護職員処遇改善加算（Ⅳ） （1）の①から⑥までのいずれにも適合すること	（2）により算定した単位数の80％に相当する単位数を加算
減算	1. **利用定員超過による減算** 介護予防短期入所療養介護の月平均の利用者の数（短期入所療養介護の事業を同一の事業所において一体的に運営している場合はその合計数）が運営規程に定められている利用定員を超えた場合に減算されます。	1日につき 所定単位数の70％に相当する単位数を算定
減算	2. **ユニット体制勤務条件による減算** ユニット型施設において、①日中、ユニットごとに常時1名以上の介護職員または看護職員を配置していない、②ユニットごとに常勤のユニットリーダーを配置していないなど、ユニットケアにおける体制が未整備な場合に減算されます。	1日につき 所定単位数の97％に相当する単位数を算定
減算	3. **診療所設備基準減算** 病室に隣接する廊下幅（内法）が1.8メートル（両側が病室の場合は2.7メートル）未満等の場合、減算されます。	1日につき　　60単位を減算
	特定診療費 利用者に対して、指導管理、リハビリテーション等のうち日常的に必要な医療行為として厚生労働大臣が定めるもの（p.408）を行った場合に算定されます。	特定診療費の項目として定められた所定単位数（p.408）に10円をかけて得た額を算定

第6章 介護報酬と加算・減算

介護予防短期入所療養介護費 (3)病床を有する診療所における介護予防短期入所療養介護費

算定構造

			基本部分		注 利用者の数及び入院患者の数の合計数が入院患者の定員を超える場合	注 常勤のユニットリーダーをユニット毎に配置していない等ユニットケアにおける体制が未整備である場合	注 廊下幅が設備基準を満たさない場合	注 認知症行動・心理症状緊急対応加算	注 若年性認知症利用者受入加算	注 利用者に対して送迎を行う場合
(1) 診療所介護予防短期入所療養介護費 (1日につき)	(一) 診療所介護予防短期入所療養介護費(Ⅰ) 看護<6:1> 介護<6:1>	a.診療所介護予防短期入所療養介護費(ⅰ) <従来型個室>	要支援1	(507単位)	×70/100		診療所設備基準減算 -60単位	1日につき +200単位 (7日間を限度)	1日につき +120単位	片道につき +184単位
			要支援2	(637単位)						
		b.診療所介護予防短期入所療養介護費(ⅱ) <療養機能強化型A> <従来型個室>	要支援1	(534単位)						
			要支援2	(664単位)						
		c.診療所介護予防短期入所療養介護費(ⅲ) <療養機能強化型B> <従来型個室>	要支援1	(525単位)						
			要支援2	(655単位)						
		d.診療所介護予防短期入所療養介護費(ⅳ) <多床室>	要支援1	(564単位)						
			要支援2	(715単位)						
		e.診療所介護予防短期入所療養介護費(ⅴ) <療養機能強化型A> <多床室>	要支援1	(596単位)						
			要支援2	(747単位)						
		f.診療所介護予防短期入所療養介護費(ⅵ) <療養機能強化型B> <多床室>	要支援1	(585単位)						
			要支援2	(736単位)						
	(二) 診療所介護予防短期入所療養介護費(Ⅱ) 看護・介護<3:1>	a.診療所介護予防短期入所療養介護費(ⅰ) <従来型個室>	要支援1	(451単位)						
			要支援2	(563単位)						
		b.診療所介護予防短期入所療養介護費(ⅱ) <多床室>	要支援1	(514単位)						
			要支援2	(649単位)						
(2) ユニット型診療所介護予防短期入所療養介護費 (1日につき)	(一) ユニット型診療所介護予防短期入所療養介護費(Ⅰ) <ユニット型個室>		要支援1	(589単位)		×97/100				
			要支援2	(742単位)						
	(二) ユニット型診療所介護予防短期入所療養介護費(Ⅱ) <療養機能強化型A> <ユニット型個室>		要支援1	(616単位)						
			要支援2	(769単位)						
	(三) ユニット型診療所介護予防短期入所療養介護費(Ⅲ) <療養機能強化型B> <ユニット型個室>		要支援1	(607単位)						
			要支援2	(760単位)						
	(四) ユニット型診療所介護予防短期入所療養介護費(Ⅳ) <ユニット型準個室>		要支援1	(589単位)						
			要支援2	(742単位)						
	(五) ユニット型診療所介護予防短期入所療養介護費(Ⅴ) <療養機能強化型A> <ユニット型準個室>		要支援1	(616単位)						
			要支援2	(769単位)						
	(六) ユニット型診療所介護予防短期入所療養介護費(Ⅵ) <療養機能強化型B> <ユニット型準個室>		要支援1	(607単位)						
			要支援2	(760単位)						
(3) 療養食加算			(1日につき 23単位を加算)							
(4) 特定診療費										
(5) サービス提供体制強化加算	(一) サービス提供体制強化加算(Ⅰ)イ (1日につき 18単位を加算)									
	(二) サービス提供体制強化加算(Ⅰ)ロ (1日につき 12単位を加算)									
	(三) サービス提供体制強化加算(Ⅱ) (1日につき 6単位を加算)									
	(四) サービス提供体制強化加算(Ⅲ) (1日につき 6単位を加算)									
(6) 介護職員処遇改善加算	(一) 介護職員処遇改善加算(Ⅰ) (1月につき +所定単位×20/1000)				注 所定単位は、(1)から(5)までにより算定した単位数の合計					
	(二) 介護職員処遇改善加算(Ⅱ) (1月につき +所定単位×11/1000)									
	(三) 介護職員処遇改善加算(Ⅲ) (1月につき +(二)の90/100)									
	(四) 介護職員処遇改善加算(Ⅳ) (1月につき +(二)の80/100)									

:特定診療費、サービス提供体制強化加算、介護職員処遇改善加算は、支給限度額管理の対象外の算定項目

(4) 老人性認知症疾患療養病棟を有する病院における介護予防短期入所療養介護費

老人性認知症疾患療養病棟を有する病院において、介護予防短期入所療養介護を行った場合に、施設区分および利用者の要支援状態区分に応じて算定されます。

●注意事項

①利用者が次のいずれかに該当する場合は、「認知症疾患型介護予防短期入所療養介護費」（Ⅰ）（Ⅱ）（Ⅲ）（Ⅳ）（Ⅴ）の（ii）または「認知症疾患型経過型介護予防短期入所療養介護費」（Ⅱ）を算定します。
　1）感染症等により、従来型個室の利用の必要があると医師が判断した者
　2）病室における利用者1人あたりの面積が、6.4平方メートル以下である従来型個室を利用する者
　3）著しい精神症状等により、同室の他の利用者の心身の状況に重大な影響を及ぼすおそれがあるため、従来型個室の利用の必要があると医師が判断した者

②利用者が連続して30日を超えて介護予防短期入所療養介護を受けている場合は、30日を超える日以降に受けた介護予防短期入所療養介護については、老人性認知症疾患療養病棟を有する病院における介護予防短期入所療養介護費は算定されません。

③本体施設において施設基準、人員基準および夜勤職員の基準を満たす旨の届出が行われている場合は、介護予防短期入所療養介護について行う必要はありません。

介護予防短期入所療養介護費 （4）老人性認知症疾患療養病棟を有する病院における介護予防短期入所療養介護費

	内容	単位数
基本部分	1. 認知症疾患型介護予防短期入所療養介護費 　(1) 認知症疾患型介護予防短期入所療養介護費（Ⅰ） 　　＜看護3：1以上／介護6：1以上＞ 　　①認知症疾患型介護予防短期入所療養介護費(i) 　　　［従来型個室］	1日につき 要支援1　　813単位 要支援2　　974単位
	②認知症疾患型介護予防短期入所療養介護費(ii) 　　　［多床室］	要支援1　　919単位 要支援2　1074単位
	(2) 認知症疾患型介護予防短期入所療養介護費（Ⅱ） 　　＜看護4：1以上／介護4：1以上＞ 　　①認知症疾患型介護予防短期入所療養介護費(i) 　　　［従来型個室］	要支援1　　750単位 要支援2　　919単位
	②認知症疾患型介護予防短期入所療養介護費(ii) 　　　［多床室］	要支援1　　808単位 要支援2　　998単位
	(3) 認知症疾患型介護予防短期入所療養介護費（Ⅲ） 　　＜看護4：1以上／介護5：1以上＞ 　　①認知症疾患型介護予防短期入所療養介護費(i) 　　　［従来型個室］	要支援1　　728単位 要支援2　　892単位
	②認知症疾患型介護予防短期入所療養介護費(ii) 　　　［多床室］	要支援1　　786単位 要支援2　　971単位
	(4) 認知症疾患型介護予防短期入所療養介護費（Ⅳ） 　　＜看護4：1以上／介護6：1以上＞ 　　①認知症疾患型介護予防短期入所療養介護費(i) 　　　［従来型個室］	要支援1　　716単位 要支援2　　876単位
	②認知症疾患型介護予防短期入所療養介護費(ii) 　　　［多床室］	要支援1　　773単位 要支援2　　955単位
	(5) 認知症疾患型介護予防短期入所療養介護費（Ⅴ） 　　＜看護4：1以上／介護6：1以上＞（経過措置型） 　　※看護職員のうち、利用者の数の5％にあたる数までは、介護職員とすることができる。 　　①認知症疾患型介護予防短期入所療養介護費(i) 　　　［従来型個室］	要支援1　　656単位 要支援2　　817単位

介護予防短期入所療養介護費　（4）老人性認知症疾患療養病棟を有する病院における介護予防短期入所療養介護費

	内容	単位数	
基本部分	②認知症疾患型介護予防短期入所療養介護費（ii） ［多床室］	要支援1 要支援2	763単位 918単位
	2. 認知症疾患型経過型介護予防短期入所療養介護費 　（1）認知症疾患型経過型介護予防短期入所療養介護費（Ⅰ）	1日につき 要支援1 要支援2	 564単位 725単位
	（2）認知症疾患型経過型介護予防短期入所療養介護費（Ⅱ）	要支援1 要支援2	622単位 804単位
	3. ユニット型認知症疾患型介護予防短期入所療養介護費 　（1）ユニット型認知症疾患型介護予防短期入所療養介護費（Ⅰ） 　　①ユニット型認知症疾患型介護予防短期入所療養介護費（i） 　　　［ユニット型個室］	1日につき 要支援1 要支援2	 939単位 1095単位
	②ユニット型認知症疾患型介護予防短期入所療養介護費（ii） 　　　［ユニット型準個室］	要支援1 要支援2	939単位 1095単位
	（2）ユニット型認知症疾患型介護予防短期入所療養介護費（Ⅱ） 　　①ユニット型認知症疾患型介護予防短期入所療養介護費（i） 　　　［ユニット型個室］	要支援1 要支援2	832単位 1024単位
	②ユニット型認知症疾患型介護予防短期入所療養介護費（ii） 　　　［ユニット型準個室］	要支援1 要支援2	832単位 1024単位
加算	1. 送迎加算 　利用者の心身の状態、家族等の事情等からみて送迎が必要と認められる利用者に対して、居宅と事業所との間の送迎を行った場合に加算されます。	片道につき	184単位を加算
	2. 療養食加算 　利用者の定員、従業員の員数に関する基準を満たす介護予防短期入所療養介護事業所において、管理栄養士または栄養士の管理のもとで、利用者の年齢、心身の状況に応じて適切な栄養量および内容の療養食（糖尿病食、腎臓病食、肝臓病食、胃潰瘍食、貧血食、膵臓病食、脂質異常症食、痛風食、特別な場合の検査食）を提供した場合に加算されます。	1日につき	23単位を加算
	3. サービス提供体制強化加算 　（1）サービス提供体制強化加算（Ⅰ）イ 　介護職員の総数のうち、介護福祉士の占める割合が60％以上であり、介護予防短期入所療養介護事業所の利用定員および従業員の員数に関する基準を満たしている場合に加算されます。	1日につき	18単位を加算
	（2）サービス提供体制強化加算（Ⅰ）ロ 　介護職員の総数のうち、介護福祉士の占める割合が50％以上であり、介護予防短期入所療養介護事業所の利用定員および従業員の員数に関する基準を満たしている場合に加算されます。	1日につき	12単位を加算
	（3）サービス提供体制強化加算（Ⅱ） 　看護・介護職員の総数のうち、常勤職員の占める割合が75％以上であり、介護予防短期入所療養介護事業所の利用定員および従業員の員数に関する基準を満たしている場合に加算されます。	1日につき	6単位を加算
	（4）サービス提供体制強化加算（Ⅲ） 　介護予防短期入所療養介護を利用者に直接提供する職員の総数のうち、勤続年数3年以上の者の占める割合が30％以上で、利用定員および従業員の員数に関する基準を満たしている場合に加算されます。	1日につき	6単位を加算
	4. 介護職員処遇改善加算 　以下の基準に適合している介護職員の賃金の改善等を実施しているとして都道府県知事に届け出た介護予防短期入所療養介護事業所が、介護予防短期入所療養介護を行った場合、2018（平成30）年3月31日までの間加算されます。ただし、いずれかの加算を算定している場合は、その他の加算は算定されません。 　（1）介護職員処遇改善加算（Ⅰ） 　以下の基準のいずれにも適合すること 　①賃金改善に関する計画を策定し、適切な措置を講じていること 　②介護予防短期入所療養介護の事業所において、①の賃金改善に関する計画、介護職員処遇改善計画書を作成し、すべての介護職員に周知し、都道府県知事に届け出ていること 　③介護職員処遇改善加算の算定額に相当する賃金改善を実施すること 　④事業年度ごとに介護職員の処遇改善に関する実績を都道府県知事に報告すること 　⑤算定日が属する月の前12か月間において労働基準法等に違反し、罰金以上の刑に処せられていないこと 　⑥労働保険料の納付が適正に行われていること 　⑦次に掲げる基準のいずれにも適合すること 　　ア　介護職員の任用の際の職責・職務内容等の要件を定め、書面をもって作成し、すべての介護職員に周知していること 　　イ　介護職員の資質の向上の支援に関する計画を策定し、計画に係る研修を実施または研修の機会を確保し、すべての介護職員に周知していること 　⑧2015（平成27）年4月から②の届出の日の属する月の前月までに実施した介護職員の処遇改善の内容および処遇改善に要した費用をすべての職員に周知していること	所定単位数（加算減算を加えた総単位数）の2.0％に相当する単位数を加算	

介護予防短期入所療養介護費　(4)老人性認知症疾患療養病棟を有する病院における介護予防短期入所療養介護費

	内容	単位数
加算	(2)介護職員処遇改善加算(Ⅱ) 以下の基準のいずれにも適合すること ①(1)の①〜⑥のいずれにも適合すること ②(1)の⑦のアもしくはイのいずれかに適合すること ③2008(平成20)年10月から(1)の②の届出の日の属する月の前月までに実施した介護職員の処遇改善の内容および処遇改善に要した費用をすべての職員に周知していること	所定単位数(加算減算を加えた総単位数)の1.1%に相当する単位数を加算
	(3)介護職員処遇改善加算(Ⅲ) (1)の①から⑥までのいずれにも適合し、かつ(2)の②または③に掲げる基準のいずれかに適合すること	(2)により算定した単位数の90%に相当する単位数を加算
	(4)介護職員処遇改善加算(Ⅳ) (1)の①から⑥までのいずれにも適合すること	(2)により算定した単位数の80%に相当する単位数を加算
減算	1. 利用定員超過による減算 　介護予防短期入所療養介護の月平均の利用者の数(短期入所療養介護の事業を同一の事業所において一体的に運営している場合はその合計数)が運営規程に定められている利用定員を超えた場合に減算されます。	1日につき 所定単位数の70%に相当する単位数を算定
	2. 従事者欠員による減算 (1)介護予防短期入所療養介護事業所の看護職員または介護職員の数について、運営基準に定める員数が配置されていない場合	1日につき 所定単位数の70%に相当する単位数を算定
	(2)看護職員のうち、看護師の占める割合が20%未満の場合	1日につき 所定単位数の90%に相当する単位数を算定
	(3)医師の確保に関する計画を届け出た僻地の病院で、医師の数が基準の60%未満の場合	1日につき　　12単位を減算
	(4)医師の確保に関する計画を届け出た僻地の病院以外の病院で、医師の数が基準の60%未満の場合	1日につき 所定単位数の90%に相当する単位数を算定
	3. ユニット体制勤務条件による減算 　ユニット型施設において、①日中、ユニットごとに常時1名以上の介護職員または看護職員を配置していない、②ユニットごとに常勤のユニットリーダーを配置していないなど、ユニットケアにおける体制が未整備な場合に減算されます。	1日につき 所定単位数の97%に相当する単位数を算定
特定診療費	利用者に対して、精神科専門療法等のうち日常的に必要な医療行為として厚生労働大臣が定めるもの(p.408)を行った場合に算定されます。	特定診療費の項目として定められた所定単位数(p.408)に10円をかけて得た額を算定

介護予防短期入所療養介護費　(4) 老人性認知症疾患療養病棟を有する病院における介護予防短期入所療養介護費

算定構造

基本部分					利用者の数及び入院患者の数の合計数が入院患者の定員を超える場合	注 看護・介護職員の員数が基準に満たない場合	注 看護師が基準に定められた看護職員の員数に20/100を乗じて得た数未満の場合	又は 磐地の医師確保計画を届出たもので、医師の数が基準に定められた医師の員数に60/100を乗じて得た数未満である場合	又は 磐地の医師確保計画が基準に定められた医師の員数に60/100を乗じて得た数未満である場合	注 常勤のユニットリーダーをユニット毎に配置していない等ユニットケアにおける体制が未整備である場合	注 利用者に対して送迎を行う場合
(1) 認知症疾患型介護予防短期入所療養介護費(1日につき)	大学病院	(一) 認知症疾患型介護予防短期入所療養介護費(Ⅰ) 看護<3:1> 介護<6:1>	a.認知症疾患型介護予防短期入所療養介護費(i)<従来型個室>	要支援1 (813単位)	×70/100		×70/100	×90/100	×90/100		片道につき +184単位
				要支援2 (974単位)							
			b.認知症疾患型介護予防短期入所療養介護費(ii)<多床室>	要支援1 (919単位)							
				要支援2 (1,074単位)							
		(二) 認知症疾患型介護予防短期入所療養介護費(Ⅱ) 看護<4:1> 介護<4:1>	a.認知症疾患型介護予防短期入所療養介護費(i)<従来型個室>	要支援1 (750単位)							
				要支援2 (919単位)							
			b.認知症疾患型介護予防短期入所療養介護費(ii)<多床室>	要支援1 (808単位)							
				要支援2 (998単位)							
	一般病院	(三) 認知症疾患型介護予防短期入所療養介護費(Ⅲ) 看護<4:1> 介護<5:1>	a.認知症疾患型介護予防短期入所療養介護費(i)<従来型個室>	要支援1 (729単位)							
				要支援2 (892単位)							
			b.認知症疾患型介護予防短期入所療養介護費(ii)<多床室>	要支援1 (786単位)							
				要支援2 (971単位)							
		(四) 認知症疾患型介護予防短期入所療養介護費(Ⅳ) 看護<4:1> 介護<6:1>	a.認知症疾患型介護予防短期入所療養介護費(i)<従来型個室>	要支援1 (716単位)				−12単位			
				要支援2 (876単位)							
			b.認知症疾患型介護予防短期入所療養介護費(ii)<多床室>	要支援1 (773単位)							
				要支援2 (955単位)							
		(五) 認知症疾患型介護予防短期入所療養介護費(Ⅴ) 経過措置型	a.認知症疾患型介護予防短期入所療養介護費(i)<従来型個室>	要支援1 (656単位)							
				要支援2 (817単位)							
			b.認知症疾患型介護予防短期入所療養介護費(ii)<多床室>	要支援1 (763単位)							
				要支援2 (918単位)							
(2) 認知症疾患型経過型介護予防短期入所療養介護費(1日につき)		(一) 認知症疾患型経過型介護予防短期入所療養介護費(Ⅰ)<従来型個室>		要支援1 (564単位)		×70/100	×70/100	×90/100	×90/100		
				要支援2 (725単位)							
		(二) 認知症疾患型経過型介護予防短期入所療養介護費(Ⅱ)<多床室>		要支援1 (622単位)							
				要支援2 (804単位)							
(3) ユニット型認知症疾患型介護予防短期入所療養介護費(1日につき)	大学病院	(一) ユニット型認知症疾患型介護予防短期入所療養介護費(Ⅰ)	a.ユニット型認知症疾患型介護予防短期入所療養介護費(i)<ユニット型個室>	要支援1 (939単位)						×97/100	
				要支援2 (1,095単位)							
			b.ユニット型認知症疾患型介護予防短期入所療養介護費(ii)<ユニット型準個室>	要支援1 (939単位)							
				要支援2 (1,095単位)							
	一般病院	(二) ユニット型認知症疾患型介護予防短期入所療養介護費(Ⅱ)	a.ユニット型認知症疾患型介護予防短期入所療養介護費(i)<ユニット型個室>	要支援1 (832単位)							
				要支援2 (1,024単位)							
			b.ユニット型認知症疾患型介護予防短期入所療養介護費(ii)<ユニット型準個室>	要支援1 (832単位)							
				要支援2 (1,024単位)							
(4) 療養食加算		(1日につき　23単位を加算)									
(5) 特定診療費											
(6) サービス提供体制強化加算		(一) サービス提供体制強化加算(Ⅰ)イ (1日につき　18単位を加算)									
		(二) サービス提供体制強化加算(Ⅰ)ロ (1日につき　12単位を加算)									
		(三) サービス提供体制強化加算(Ⅱ) (1日につき　6単位を加算)									
		(四) サービス提供体制強化加算(Ⅲ) (1日につき　6単位を加算)									
(7) 介護職員処遇改善加算		(一) 介護職員処遇改善加算(Ⅰ) (1月につき　+所定単位×20/1000)			注 所定単位は、(1)から(6)までにより算定した単位数の合計						
		(二) 介護職員処遇改善加算(Ⅱ) (1月につき　+所定単位×11/1000)									
		(三) 介護職員処遇改善加算(Ⅲ) (1月につき　+(二)の90/100)									
		(四) 介護職員処遇改善加算(Ⅳ) (1月につき　+(二)の80/100)									

：特定診療費、サービス提供体制強化加算、介護職員処遇改善加算は、支給限度額管理の対象外の算定項目

10. 介護予防特定施設入居者生活介護

要支援者に対して、介護予防特定施設サービス計画書に基づき、入浴、排泄、食事等の介助、生活等に関する相談・助言等の日常生活上の世話や機能訓練、療養上の世話を提供するものです。介護報酬は、1日あたりで算定される「介護予防特定施設入居者生活介護費」と機能訓練を評価する「加算」で構成されています。また、外部サービス利用型介護予防特定施設入居者生活介護費は、サービスの種類および利用者の要支援状態区分に応じて一定の範囲で算定されます。

介護予防特定施設入居者生活介護費 （1）介護予防特定施設入居者生活介護費

	内容	単位数
基本部分	介護予防特定施設入居者生活介護費	1日につき 要支援1　179単位 要支援2　308単位
加算	1. 個別機能訓練加算 機能訓練指導にあたる常勤専従の理学療法士等を1人以上配置（利用者数が100人を超える事業所は、さらに1人以上を配置）する事業所において、機能訓練指導員、看護職員、介護職員等が共同して、個別機能訓練計画を作成し、その計画に基づく計画的な機能訓練を行っている場合に加算されます。	1日につき　12単位を加算
	2. 医療機関連携加算 看護職員が、利用者ごとに健康状態を継続的に記録しており、協力医療機関または主治医に対して、利用者の健康状況を月に1回以上情報提供した場合に加算されます。	1か月につき　80単位を加算
	3. 認知症専門ケア加算 以下の基準のいずれにも適合しているものとして都道府県知事に届け出た介護予防特定施設が、日常生活に支障を来すおそれのある症状または行動が認められることから介護を必要とする認知症の者に対し、専門的な認知症ケアを行った場合に加算されます。ただし、いずれかの加算を算定している場合においては、その他の加算は算定できません。 （1）認知症専門ケア加算（Ⅰ） ①事業所（施設）における利用者、入所者（入院患者）の総数のうち、日常生活に支障を来すおそれのある症状若しくは行動が認められることから介護を必要とする認知症の者の占める割合が50％以上である ②認知症介護に係る専門的な研修を修了している者（介護予防特定施設入居者生活介護を提供する場合にあっては、別に厚生労働大臣が定める者を含む）を、対象者の数が20人未満である場合は1人以上、対象者の数が20人以上である場合は、1に、対象者の数が19を超えて10またはその端数を増すごとに1を加えて得た数以上配置し、チームとして専門的な認知症ケアを実施している ③事業所（施設）の従業者に対して、認知症ケアに関する留意事項の伝達または技術的指導に係る会議を定期的に開催している	1日につき　3単位
	（2）認知症専門ケア加算（Ⅱ） ①（1）の基準のいずれにも適合すること。 ②認知症介護の指導に係る専門的な研修を修了している者（介護予防特定施設入居者生活介護を提供する場合にあっては、別に厚生労働大臣が定める者を含む）を1名以上配置し、事業所または施設全体の認知症ケアの指導等を実施している ③事業所（施設）における介護職員、看護職員ごとの認知症ケアに関する研修計画を作成し、当該計画に従い、研修を実施または実施を予定している	1日につき　4単位
	4. サービス提供体制強化加算 （1）サービス提供体制強化加算（Ⅰ）イ 介護職員の総数のうち、介護福祉士の占める割合が60％以上であり、介護予防特定施設入居者生活介護事業者が、従業者の員数に関する基準を満たしている場合に加算されます。なお、介護職員の総数の算定は、特定施設入居者生活介護を提供する職員と介護予防特定施設入居者生活介護を提供する職員の合計数によるものとされます。	1日につき　18単位を加算
	（2）サービス提供体制強化加算（Ⅰ）ロ 介護職員の総数のうち、介護福祉士の占める割合が50％以上であり、介護予防特定施設入居者生活介護事業者が、従業者の員数に関する基準を満たしている場合に加算されます。なお、介護職員の総数の算定は、特定施設入居者生活介護を提供する職員と介護予防特定施設入居者生活介護を提供する職員の合計数によるものとされます。	1日につき　12単位を加算
	（3）サービス提供体制強化加算（Ⅱ） 看護・介護職員の総数のうち、常勤職員の占める割合が75％以上であり、介護予防特定施設入居者生活介護事業者が、従業者の員数に関する基準を満たしている場合に加算されます。なお、看護・介護職員の総数の算定は、特定施設入居者生活介護を提供する職員と介護予防特定施設入居者生活介護を提供する職員の合計数によるものとされます。	1日につき　6単位を加算

介護予防特定施設入居者生活介護費　（1）介護予防特定施設入居者生活介護費

	内容	単位数
加算	**（4）サービス提供体制強化加算（Ⅲ）** 介護予防特定施設入居者生活介護を提供する職員の総数のうち、勤続年数3年以上の者の占める割合が30％以上であり、介護予防特定施設入居者生活介護事業者が、従業者の員数に関する基準を満たしている場合に加算されます。なお、看護・介護職員の総数の算定は、特定施設入居者生活介護を提供する職員と介護予防特定施設入居者生活介護を提供する職員の合計数によるものとされます。	1日につき　　　6単位を加算
	5．介護職員処遇改善加算 以下の基準に適合している介護職員の賃金の改善等を実施しているとして都道府県知事に届け出た介護予防特定施設が、介護予防特定施設入居者生活介護を行った場合、2018（平成30）年3月31日までの間加算されます。 ただし、いずれかの加算を算定している場合は、その他の加算は算定されません。 **（1）介護職員処遇改善加算（Ⅰ）** 以下の基準のいずれにも適合すること ①賃金改善に関する計画を策定し、適切な措置を講じていること ②介護予防特定施設において、①の賃金改善に関する計画、介護職員処遇改善計画書を作成し、すべての介護職員に周知し、都道府県知事に届け出ていること ③介護職員処遇改善加算の算定額に相当する賃金改善を実施すること ④事業年度ごとに介護職員の処遇改善に関する実績を都道府県知事に報告すること ⑤算定日が属する月の前12か月間において労働基準法等に違反し、罰金以上の刑に処せられていないこと ⑥労働保険料の納付が適正に行われていること ⑦次に掲げる基準のいずれにも適合すること 　ア　介護職員の任用の際の職責・職務内容等の要件を定め、書面をもって作成し、すべての介護職員に周知していること 　イ　介護職員の資質の向上の支援に関する計画を策定し、計画に係る研修を実施または研修の機会を確保し、すべての介護職員に周知していること ⑧2015（平成27）年4月から②の届出の日の属する月の前月までに実施した介護職員の処遇改善の内容および処遇改善に要した費用をすべての職員に周知していること	所定単位数（加算減算を加えた総単位数）の6.1％に相当する単位数を加算
	（2）介護職員処遇改善加算（Ⅱ） 以下の基準のいずれにも該当すること ①（1）の①～⑥のいずれにも適合すること ②（1）の⑦のアもしくはイのいずれかに適合すること ③2008（平成20）年10月から（1）の②の届出の日の属する月の前月までに実施した介護職員の処遇改善の内容および処遇改善に要した費用をすべての職員に周知していること	所定単位数（加算減算を加えた総単位数）の3.4％に相当する単位数を加算
	（3）介護職員処遇改善加算（Ⅲ） （1）の①から⑥までのいずれにも適合し、かつ（2）の②または③に掲げる基準のいずれかに適合すること	（2）により算定した単位数の90％に相当する単位数を加算
	（4）介護職員処遇改善加算（Ⅳ） （1）の①から⑥までのいずれにも適合すること	（2）により算定した単位数の80％に相当する単位数を加算
減算	**従業者欠員による減算** 介護予防特定施設入居者生活介護事業所の看護職員または介護職員について、運営基準に定める員数が配置されていない場合に減算されます。	1日につき 所定単位数の70％に相当する単位数を算定

介護予防特定施設入居者生活介護費　(2)外部サービス利用型介護予防特定施設入居者生活介護費

		内容	単位数
基本部分		**外部サービス利用型介護予防特定施設入居者生活介護費** 外部サービス利用型介護予防特定施設入居者生活介護については、「基本部分」と「サービス部分」を合わせて、支給限度基準額の範囲内で利用することができます。 基本サービス部分は、1日につき55単位ですが、各サービス部分については、介護予防特定施設サービス計画に基づき受託介護予防サービス事業者が各利用者に提供したサービスの実績に応じて算定されます。 なお、外部サービス利用型介護予防特定施設が受託介護予防サービス事業者に支払う委託料は、個々の委託契約に基づきます。	1日につき　　　55単位
各サービス部分	1.	介護予防訪問系サービスおよび介護予防通所系サービス	各介護予防サービスの90%に相当する単位数を算定
		※1　介護予防訪問看護について ①所要時間が20分未満については、介護予防訪問看護が24時間行える体制を整えており、居宅サービス計画または訪問看護計画書のなかに20分以上の介護予防訪問看護が週1回以上含まれている場合に限り算定されます。	
		②准看護師が行った場合	81%に相当する単位数を算定
		③訪問看護ステーションの理学療法士、作業療法士または言語聴覚士が1日に2回を超えて行った場合	1回につき 81%に相当する単位数を算定
		※2　介護予防通所介護・介護予防通所リハビリテーションについて ①運動器機能向上加算	1か月につき　203単位を加算
		②栄養改善加算	1か月につき　135単位を加算
		③口腔機能向上加算	1か月につき　135単位を加算
		④選択的サービス複数実施加算 　選択的サービス複数実施加算（Ⅰ） 　　上記①〜③のうち2種類のサービスを利用者に実施した場合	1か月につき　432単位を加算
		選択的サービス複数実施加算（Ⅱ） 　　上記①〜③のうち3種類のサービスを利用者に実施した場合	1か月につき　630単位を加算
		※3　介護予防認知症対応型通所介護について ①2時間以上3時間未満の場合	介護予防サービスの57%に相当する単位数を算定
		②個別機能訓練加算	1日につき　　24単位を加算
		③栄養改善加算	1日につき　135単位を加算
		④口腔機能向上加算	1日につき　135単位を加算
	2.	介護予防福祉用具貸与	通常の介護予防福祉用具貸与と同様
加算	1.	**障害者等支援加算** 養護老人ホームである介護予防特定施設において、知的障害または精神障害を有する利用者に基本サービスを行った場合に加算されます。	1日につき　　20単位を加算
	2.	**サービス提供体制強化加算** (1)サービス提供体制強化加算（Ⅰ）イ 介護職員の総数のうち、介護福祉士の占める割合が60%以上であり、特定施設入居者生活介護事業者が、従業者の員数に関する基準を満たしている場合に加算されます。なお、介護職員の総数の算定は、特定施設入居者生活介護を提供する職員と介護予防特定施設入居者生活介護を提供する職員の合計数によるものとされます。	1日につき　　18単位を加算
		(2)サービス提供体制強化加算（Ⅰ）ロ 介護職員の総数のうち、介護福祉士の占める割合が50%以上であり、特定施設入居者生活介護事業者が、従業者の員数に関する基準を満たしている場合に加算されます。なお、介護職員の総数の算定は、特定施設入居者生活介護を提供する職員と介護予防特定施設入居者生活介護を提供する職員の合計数によるものとされます。	1日につき　　12単位を加算
		(3)サービス提供体制強化加算（Ⅱ） 看護・介護職員の総数のうち、常勤職員の占める割合が75%以上であり、特定施設入居者生活介護事業者が、従業者の員数に関する基準を満たしている場合に加算されます。なお、看護・介護職員の総数の算定は、特定施設入居者生活介護を提供する職員と介護予防特定施設入居者生活介護を提供する職員の合計数によるものとされます。	1日につき　　　6単位を加算
		(4)サービス提供体制強化加算（Ⅲ） 特定施設入居者生活介護を提供する職員の総数のうち、勤続年数3年以上の者の占める割合が30%以上であり、特定施設入居者生活介護事業者が、従業者の員数に関する基準を満たしている場合に加算されます。なお、看護・介護職員の総数の算定は、特定施設入居者生活介護を提供する職員と介護予防特定施設入居者生活介護を提供する職員の合計数によるものとされます。	1日につき　　　6単位を加算

介護予防特定施設入居者生活介護費　(2)外部サービス利用型介護予防特定施設入居者生活介護費

	内容	単位数
加算	**3. 介護職員処遇改善加算** 以下の基準に適合している介護職員の賃金の改善等を実施しているとして都道府県知事に届け出た介護予防特定施設が、介護予防特定施設入居者生活介護を行った場合、2018(平成30)年3月31日までの間加算されます。 ただし、いずれかの加算を算定している場合は、その他の加算は算定されません。 **(1)介護職員処遇改善加算(Ⅰ)** 以下の基準のいずれにも該当すること ①賃金改善に関する計画を策定し、適切な措置を講じていること ②介護予防特定施設において、①の賃金改善に関する計画、介護職員処遇改善計画書を作成し、すべての介護職員に周知し、都道府県知事に届け出ていること ③介護職員処遇改善加算の算定額に相当する賃金改善を実施すること ④事業年度ごとに介護職員の処遇改善に関する実績を都道府県知事に報告すること ⑤算定日が属する月の前12か月間において労働基準法等に違反し、罰金以上の刑に処せられていないこと ⑥労働保険料の納付が適正に行われていること ⑦次に掲げる基準のいずれにも適合すること 　ア　介護職員の任用の際の職責・職務内容等の要件を定め、書面をもって作成し、すべての介護職員に周知していること 　イ　介護職員の資質の向上の支援に関する計画を策定し、計画に係る研修を実施または研修の機会を確保し、すべての介護職員に周知していること ⑧2015(平成27)年4月から②の届出の日の属する月の前月までに実施した介護職員の処遇改善の内容および処遇改善に要した費用をすべての職員に周知していること	所定単位数(加算減算を加えた総単位数)の6.1%に相当する単位数を加算
	(2)介護職員処遇改善加算(Ⅱ) 以下の基準のいずれにも該当すること ①(1)の①～⑥のいずれにも適合すること ②(1)の⑦のアもしくはイのいずれかに適合すること ③2008(平成20)年10月から(1)の②の届出の日の属する月の前月までに実施した介護職員の処遇改善の内容および処遇改善に要した費用をすべての職員に周知していること	所定単位数(加算減算を加えた総単位数)の3.4%に相当する単位数を加算
	(3)介護職員処遇改善加算(Ⅲ) (1)の①から⑥までのいずれにも適合し、かつ(2)の②または③に掲げる基準のいずれかに適合すること	(2)により算定した単位数の90%に相当する単位数を加算
	(4)介護職員処遇改善加算(Ⅳ) (1)の①から⑥までのいずれにも適合すること	(2)により算定した単位数の80%に相当する単位数を加算
減算	**従業者欠員による減算** 従業者の員数について、運営基準に定められた員数が配置されていない場合に減算されます。 ※「基本サービス費」に対してのみ適用	1日につき 所定単位数の70%に相当する単位数を算定
	支給限度基準額 外部サービス利用型介護予防特定施設入居者生活介護は、「基本部分」と「各サービス部分」をあわせて支給限度基準額の範囲内で利用することができます。	要支援1　　5003単位 要支援2　 10473単位

介護予防特定施設入居者生活介護費　(2)外部サービス利用型介護予防特定施設入居者生活介護費

算定構造

基本部分			注 看護・介護職員の員数が基準に満たない場合	注 介護職員の員数が基準に満たない場合	注 個別機能訓練加算	注 医療機関連携加算	注 障害者等支援加算	注 委託先である指定介護予防サービス事業者により介護予防サービスが行われる場合
イ　介護予防特定施設入居者生活介護費 （1日につき）	要支援1　（179単位）		×70/100		1日につき +12単位	1月につき +80単位		
	要支援2　（308単位）							
ロ　外部サービス利用型介護予防特定施設入居者生活介護費 （1日につき　55単位）			×70/100				1日につき +20単位	・介護予防訪問系及び介護予防通所系サービス 　通常の各サービスの基本部分の報酬 　単位の　90/100 　（介護予防通所介護等の選択的サービス 　（運動器機能向上、栄養改善、口腔 　機能向上）の加算が可能） ・介護予防福祉用具貸与 　介護予防の福祉用具貸与と同様 ※ただし、基本部分も含めて介護予防サービスの区分 支給限度額を限度とする。 ※訪問介護系サービスについては、「指定訪問介護」によるもの、「総合事業（「指定介護予防訪問介護」又は「指定第一号訪問事業」）によるもの」がある。 ※通所系サービスについては、「指定通所介護」によるもの、「総合事業（「指定介護予防通所介護」又は「指定第一号通所事業」）によるもの」がある。
ハ　認知症専門ケア加算 （イを算定する場合のみ算定）	（1）認知症専門ケア加算（Ⅰ） （1日につき　3単位を加算）							
	（2）認知症専門ケア加算（Ⅱ） （1日につき　4単位を加算）							
ニ　サービス提供体制強化加算	（1）サービス提供体制強化加算（Ⅰ）イ （1日につき　18単位を加算）							
	（2）サービス提供体制強化加算（Ⅰ）ロ （1日につき　12単位を加算）							
	（3）サービス提供体制強化加算（Ⅱ） （1日につき　6単位を加算）							
	（4）サービス提供体制強化加算（Ⅲ） （1日につき　6単位を加算）							
ホ　介護職員処遇改善加算	（1）介護職員処遇改善加算（Ⅰ） （1月につき　+所定単位×61／1000）		注 所定単位は、イからニまでにより算定した単位数の合計					
	（2）介護職員処遇改善加算（Ⅱ） （1月につき　+所定単位×34／1000）							
	（3）介護職員処遇改善加算（Ⅲ） （1月につき　+(2)の90/100）							
	（4）介護職員処遇改善加算（Ⅳ） （1月につき　+(2)の80/100）							

※　限度額　要支援1　5,003単位
　　　　　　要支援2　10,473単位

11. 介護予防福祉用具貸与

介護予防福祉用具貸与事業者が、要支援者に対して以下に掲げる福祉用具を貸与した場合に算定されます。

福祉用具貸与の種目

1	車いす	自走用標準型車いす、普通型電動車いす、介助用標準型車いす
2	車いす付属品	クッション、電動補助装置等であって車いすと一体的に使用されるもの
3	特殊寝台	サイドレールが取り付けてあるものまたは取り付けることが可能なものであって、①または②の機能があるもの ①背部または脚部の傾斜角度が調整できる機能 ②床板の高さが無段階に調整できる機能
4	特殊寝台付属品	マットレス、サイドレール等であって、特殊寝台と一体的に使用されるもの
5	床ずれ防止用具	送風装置または空気圧調整装置を備えた空気マット、水等によって減圧による体圧分散効果をもつ全身用のマット
6	体位変換器	空気パッド等を身体の下に挿入することにより、居宅要介護者等の体位を容易に変換できる機能をもつもの(体位の保持のみを目的とするものは除く)
7	手すり	取り付けに際して工事を伴わないもの
8	スロープ	段差解消のためのものであって、取り付けに際して工事を伴わないもの
9	歩行器	歩行が困難な者の歩行機能を補う機能を有し、移動時に体重を支える構造をもつものであって、①または②に該当するもの ①車輪のあるものについては、体の前および左右を囲む把手等を有するもの ②四脚のあるものについては、上肢で保持して移動させることが可能なもの
10	歩行補助つえ	松葉づえ、カナディアン・クラッチ、ロフストランド・クラッチ、プラットホームクラッチ、多点つえ
11	認知症老人徘徊感知機器	認知症である老人が屋外へ出ようとした時等、センサーにより感知し、家族、隣人等へ通報するもの
12	移動用リフト(つり具の部分を除く)	床走行式、固定式または据置式であって、かつ、身体をつり上げまたは体重を支える構造を有するものであって、その構造により、自力での移動が困難な者の移動を補助する機能をもつもの(取り付けに住宅の改修を伴うものを除く)
13	自動排泄処理装置	尿又は便が自動的に吸引されるものであり、かつ、尿や便の経路となる部分を分割することが可能な構造を有するものであって、居宅要介護者等又はその介護を行う者が容易に使用できるもの(交換可能部品(レシーバー、チューブ、タンク等のうち、尿や便の経路となるものであって、居宅要支援者等又はその介護を行う者が容易に交換できるものをいう)を除く)

● **注意事項**

①利用者が介護予防特定施設入居者生活介護(短期利用を除く)、介護予防認知症対応型共同生活介護(短期利用を除く)を受けている間は、介護予防福祉用具貸与費は、算定されません。

②要支援者には、次の表の基準に該当する場合を除いて「車いす」「車いす付属品」「特殊寝台」「特殊寝台付属品」「床ずれ防止用具」「体位変換器」「認知症老人徘徊感知機器」「移動用リフト」「自動排泄処理装置(尿のみを自動的に吸引する機能のものを除く)」について介護予防福祉用具貸与費は算定されません。

対象外品目	例外的に貸与が認められる場合
車いす・車いす付属品 ※いずれかに該当	①日常的に歩行が困難な者 ②日常生活範囲において移動の支援が特に必要と認められる者
特殊寝台・特殊寝台付属品 ※いずれかに該当	①日常的に起き上がりが困難な者 ②日常的に寝返りが困難な者
床ずれ防止用具・体位変換器	日常的に寝返りが困難な者
認知症老人徘徊感知機器 ※すべてに該当	①意思の伝達、介護者への反応、記憶または理解に支障がある者 ②移動において全介助を必要としない者
移動用リフト(つり具の部分を除く) ※いずれかに該当	①日常的に立ち上がりが困難な者 ②移乗に一部介助または全介助を必要とする者 ③生活環境において段差の解消が必要と認められる者
自動排泄処理装置 ※すべてに該当	①排便において全介助を必要とする者 ②移乗において全介助を必要とする者

介護予防福祉用具貸与費

	内容	単位数
基本部分	介護予防福祉用具貸与費 介護予防福祉用具貸与事業者が福祉用具の種類ごとに定めた福祉用具貸与にかかる費用(レンタル料)をその事業所の所在地に適用される1単位の単価で割って得た単位数が算定されます。1単位未満の端数は、四捨五入します。	1か月につき所定の単位数を算定
加算	1. 特別地域加算(交通費加算) 介護予防福祉用具貸与事業所が、厚生労働大臣が定める地域(p.401)に所在する場合は、交通費に相当する額について加算されます。	個々の福祉用具につき 介護予防福祉用具貸与費の100%に相当する額を限度に加算
	2. 中山間地域等小規模事業所加算 特別地域加算対象地域以外の地域で、厚生労働大臣が定める地域(p.402)に所在し、かつ、別に厚生労働大臣が定める施設基準に適合する介護予防福祉用具貸与事業所が介護予防福祉用具貸与を行った場合に加算されます。	個々の福祉用具につき 交通費に相当する額の3分の2に相当する額を加算 ※福祉用具貸与費の3分の2に相当する額を限度
	3. 中山間地域等居住者サービス提供加算 厚生労働大臣が定める地域(p.402)に居住している利用者に対して、通常の事業の実施地域を越えて介護予防福祉用具貸与を行った場合に加算されます。	個々の福祉用具につき 交通費に相当する額の3分の1に相当する額を加算 ※福祉用具貸与費の3分の1に相当する額を限度

算定構造

		基本部分	注 特別地域介護予防福祉用具貸与加算	注 中山間地域等における小規模事業所加算	注 中山間地域等に居住する者へのサービス提供加算
介護予防福祉用具貸与費 (現に指定介護予防福祉用具貸与に要した費用の額を当該事業所の所在地に適用される1単位の単価で除して得た単位数)	車いす 車いす付属品 特殊寝台 特殊寝台付属品 床ずれ防止用具 体位変換器 手すり スロープ 歩行器 歩行補助つえ 認知症老人徘徊感知機器 移動用リフト 自動排泄処理装置		交通費に相当する額を事業所の所在地に適用される1単位の単価で除して得た単位数を加算 (個々の用具ごとに貸与費の100/100を限度)	交通費に相当する額の2/3に相当する額を事業所の所在地に適用される1単位の単価で除して得た単位数を加算 (個々の用具ごとに貸与費の2/3を限度)	交通費に相当する額の1/3に相当する額を事業所の所在地に適用される1単位の単価で除して得た単位数を加算 (個々の用具ごとに貸与費の1/3を限度)

注　　：特別地域介護予防福祉用具貸与加算、中山間地域等における小規模事業所加算、中山間地域等に居住する者へのサービス提供加算は、支給限度額管理の対象外となる算定項目

※　要支援1又は要支援2の者については、車いす、車いす付属品、特殊寝台、特殊寝台付属品、床ずれ防止用具、体位変換器、認知症老人徘徊感知機器、移動用リフト、自動排泄処理装置を算定しない。
(ただし、別に厚生労働大臣が定める状態にある者を除く。)

12. 福祉用具購入

利用者が指定福祉用具販売事業者から次に掲げる特定福祉用具を購入した場合、償還払い方式により「介護予防福祉用具購入費」が支給されます。

	特定福祉用具販売の種目	
1	腰掛便座	和式便器の上に置いて腰掛式に変換するもの、洋式便器の上に置いて高さを補うもの、電動式またはスプリング式で便座から立ち上がる際に補助できる機能をもつもの、便座、バケツ等からなり、移動可能である便器（居室において利用可能であるものに限る）
2	自動排泄処理装置の交換可能部品	レシーバー、チューブ、タンク等のうち、尿や便の経路となるものであって、居宅要介護者等又はその介護を行う者が容易に交換できるもの
3	入浴補助用具	座位の保持、浴槽への出入り等の入浴に際しての補助を目的とする用具であって、①〜⑦のいずれかに該当するもの ①入浴用椅子 ②浴槽用手すり ③浴槽内椅子 ④入浴台（浴槽の縁にかけて利用する台であって、浴槽への出入りのためのもの） ⑤浴室内すのこ ⑥浴槽内すのこ ⑦入浴用介助ベルト
4	簡易浴槽	空気式または折りたたみ式等で容易に移動できるものであって、取水または排水のために工事を伴わないもの
5	移動用リフトのつり具の部分	身体に適合するもので、移動用リフトに連結可能なもの

介護予防福祉用具購入費

支給限度基準額	4月1日からの12か月を支給限度額管理期間として　10万円

13. 住宅改修

住宅改修については、事業者の指定はありません。利用者が以下に掲げる内容の改修を行うことについて市町村が認めた場合に、償還払い方式により「介護予防住宅改修費」が支給されます。

1	手すりの取り付け
2	段差の解消
3	滑りの防止および移動の円滑化等のための床または通路面の材料の変更
4	引き戸等への扉の取り替え
5	洋式便器等への便器の取り替え
6	その他、上記の住宅改修に付帯して必要となる住宅改修

介護予防住宅改修費

支給限度基準額	20万円

※利用者の「介護の必要度」が著しく高くなった場合および転居した場合は、再度、支給限度基準額まで支給されます。

⑦ 地域密着型介護予防サービスの介護報酬単位数

1. 介護予防認知症対応型通所介護

　単独型・併設型介護予防認知症対応型通所介護事業所または、共用型介護予防認知症対応型通所介護事業所において介護予防認知症対応型通所介護を行った場合に、施設基準の区分、利用者の要支援状態区分に応じて算定されます。この場合、算定のもとになる時間は、実際に要した時間ではなく、介護予防認知症対応型通所介護計画に位置づけられたサービスを行うのに要する標準的な時間をいいます。

●注意事項

　利用者が、介護予防短期入所生活介護、介護予防短期入所療養介護、介護予防特定施設入居者生活介護、介護予防小規模多機能型居宅介護、介護予防認知症対応型共同生活介護を受けている間は、介護予防認知症対応型通所介護費は算定されません。

介護予防認知症対応型通所介護費

	内容	単位数
基本部分	1. 介護予防認知症対応型通所介護費（Ⅰ） （1）介護予防認知症対応型通所介護費(i) ［単独型］ ①3時間以上5時間未満	要支援1　　493単位 要支援2　　546単位
	②5時間以上7時間未満	要支援1　　749単位 要支援2　　836単位
	③7時間以上9時間未満	要支援1　　852単位 要支援2　　952単位
	（2）介護予防認知症対応型通所介護費(ii) ［併設型］ ①3時間以上5時間未満	要支援1　　445単位 要支援2　　494単位
	②5時間以上7時間未満	要支援1　　673単位 要支援2　　751単位
	③7時間以上9時間未満	要支援1　　766単位 要支援2　　855単位
	2. 介護予防認知症対応型通所介護費（Ⅱ） ［共用型］ ①3時間以上5時間未満	要支援1　　251単位 要支援2　　265単位
	②5時間以上7時間未満	要支援1　　407単位 要支援2　　430単位
	③7時間以上9時間未満	要支援1　　469単位 要支援2　　496単位
加算	1. サービス時間延長加算 7時間以上9時間未満の介護予防認知症対応型通所介護の前後に日常生活上の世話を行った場合であって、通算した時間が9時間以上になる場合に加算されます。 （1）9時間以上10時間未満	50単位を加算
	（2）10時間以上11時間未満の場合	100単位を加算
	（3）11時間以上12時間未満の場合	150単位を加算
	（4）12時間以上13時間未満の場合	200単位を加算
	（5）13時間以上14時間未満の場合	250単位を加算
	2. 入浴介助加算 介護予防認知症対応型通所介護事業所において、入浴介助を適切に行うことができる人員および設備を有して入浴介助を行った場合に加算されます。	1日につき　　50単位を加算

介護予防認知症対応型通所介護費

	内容	単位数
加算	3. 個別機能訓練加算 介護予防認知症対応型通所介護を行う時間帯に1日120分以上、機能訓練指導員の職務に専従する理学療法士、作業療法士、言語聴覚士、看護職員、柔道整復師、あん摩マッサージ指圧師(以下、理学療法士等)を1人以上配置している介護予防認知症対応型通所介護事業所において、利用者に対して、機能訓練指導員、看護職員、介護職員、生活相談員その他の職種の者が共同して、利用者ごとに個別機能訓練計画を作成し、その計画に基づき、計画的な機能訓練を行っている場合に加算されます。	所定単位数に27単位を加算
	4. 若年性認知症利用者受入加算 介護予防認知症対応型通所介護事業所において、若年性認知症利用者に対して、利用者ごとに個別の担当者を定め、利用者の特性やニーズに応じたサービス提供が行われた場合に加算されます。	1日につき　60単位を加算
	5. 栄養改善加算 以下に掲げるすべての基準を満たす介護予防認知症対応型通所介護事業所において、低栄養状態にあるかまたはそのおそれのある利用者に対して、低栄養状態の改善等を目的として、個別的に実施される栄養食事相談等の栄養管理であって、利用者の心身の状態の維持または向上に資すると認められる「栄養改善サービス」を行った場合に加算されます。 ①管理栄養士を1人以上配置していること ②利用者の栄養状態を利用開始時に把握し、管理栄養士、看護職員、介護職員、生活相談員その他の職種の者が共同して、利用者ごとの摂食・嚥下機能および食形態にも配慮した栄養ケア計画を作成していること ③利用者ごとの栄養ケア計画に従い、管理栄養士等が栄養改善サービスを行っているとともに、利用者の栄養状態を定期的に記録していること ④利用者ごとの栄養ケア計画の進捗状況を定期的に評価すること ⑤利用定員および従業員の員数に関する基準を満たしていること	1か月につき　150単位を加算
	6. 口腔機能向上加算 以下に掲げるすべての基準を満たす介護予防認知症対応型通所介護事業所において、口腔機能が低下しているかまたはそのおそれのある利用者に対して、利用者の口腔機能の向上を目的として、個別的に実施される口腔清掃の指導や実施、摂食・嚥下機能に関する訓練の指導や実施であり、利用者の心身の状態の維持または向上に資すると認められる「口腔機能向上サービス」を行った場合に算定されます。 ①言語聴覚士、歯科衛生士または看護職員を1人以上配置していること ②利用者の口腔機能を利用開始時に把握し、言語聴覚士、歯科衛生士、看護職員、介護職員、生活相談員その他の職種の者が共同して、利用者ごとの口腔機能改善管理指導計画を作成していること ③利用者ごとの口腔機能改善管理指導計画に従い、言語聴覚士、歯科衛生士または看護職員が口腔機能向上サービスを行っているとともに、利用者の口腔機能を定期的に記録していること ④利用者ごとの口腔機能改善管理指導計画の進捗状況を定期的に評価すること ⑤利用定員および従業員の員数に関する基準を満たしていること	1か月につき　150単位を加算
	7. サービス提供体制強化加算 以下の基準のいずれにも適合しているものとして市町村長に届け出た介護予防認知症対応型通所介護事業所が介護予防認知症対応型通所介護を行った場合、算定されます。ただし、いずれかの加算を算定している場合は、その他の加算は算定されません。 (1)サービス提供体制強化加算(Ⅰ)イ ①事業所の介護職員の総数のうち、介護福祉士の占める割合が50%以上である ②介護予防認知症対応型通所介護事業所の利用定員および従業員の員数に関する基準を満たしている	1回につき　18単位を加算
	(2)サービス提供体制強化加算(Ⅰ)ロ ①事業所の介護職員の総数のうち、介護福祉士の占める割合が40%以上である ②(1)の②に該当している	1回につき　12単位を加算
	(3)サービス提供体制強化加算(Ⅱ) ①介護予防認知症対応型通所介護を利用者に直接提供する職員のうち、勤続年数3年以上の者の占める割合が30%以上である ②(1)の②に該当している	1回につき　6単位を加算

介護予防認知症対応型通所介護費

	内容	単位数
加算	8. 介護職員処遇改善加算 以下の基準に適合している介護職員の賃金の改善等を実施しているとして市町村長に届け出た単独型・併設型介護予防認知症対応型通所介護事業所または共用型介護予防認知症対応型通所介護事業所が、介護予防認知症対応型通所介護を行った場合、2018（平成30）年3月31日までの間加算されます。ただし、いずれかの加算を算定している場合は、その他の加算は算定されません。 (1)介護職員処遇改善加算（Ⅰ）　いずれにも適合すること ①賃金改善に関する計画を策定し、適切な措置を講じていること ②単独型・併設型介護予防認知症対応型通所介護事業所または共用型介護予防認知症対応型通所介護事業所において、①の賃金改善に関する計画、介護職員処遇改善計画書を作成し、すべての介護職員に周知し、市町村長に届け出ていること ③介護職員処遇改善加算の算定額に相当する賃金改善を実施すること ④事業年度ごとに介護職員の処遇改善に関する実績を市町村長に報告すること ⑤算定日が属する月の前12か月間において労働基準法等に違反し、罰金以上の刑に処せられていないこと ⑥労働保険料の納付が適正に行われていること ⑦次に掲げる基準のいずれにも適合すること 　ア　介護職員の任用の際の職責・職務内容等の要件を定め、書面をもって作成し、すべての介護職員に周知していること 　イ　介護職員の資質の向上の支援に関する計画を策定し、計画に係る研修を実施または研修の機会を確保し、すべての介護職員に周知していること ⑧2015（平成27）年4月から②の届出の日の属する月の前月までに実施した介護職員の処遇改善の内容および処遇改善に要した費用をすべての職員に周知していること	所定単位数（加算減算を加えた総単位数）の6.8％に相当する単位数を加算
	(2)介護職員処遇改善加算（Ⅱ） 以下の基準のいずれにも適合すること ①(1)の①〜⑥のいずれにも適合すること ②(1)の⑦のアもしくはイのいずれかに適合すること ③2008（平成20）年10月から(1)の②の届出の日の属する月の前月までに実施した介護職員の処遇改善の内容および処遇改善に要した費用をすべての職員に周知していること	所定単位数（加算減算を加えた総単位数）の3.8％に相当する単位数を加算
	(3)介護職員処遇改善加算（Ⅲ） (1)の①から⑥までのいずれにも適合し、かつ(2)の②または③に掲げる基準のいずれかに適合すること	(2)により算定した単位数の90％に相当する単位数を加算
	(4)介護職員処遇改善加算（Ⅳ） (1)の①から⑥までのいずれにも適合すること	(2)により算定した単位数の80％に相当する単位数を加算
減算	1. 利用定員超過による減算 介護予防認知症対応型通所介護の月平均利用者の数（認知症対応型通所介護の事業を同一の事業所において一体的に運営している場合はその合計数）が、運営規程に定められている利用定員を超えた場合に減算されます。	所定単位数の70％に相当する単位数を算定
	2. 従業者欠員による減算 介護予防認知症対応型通所介護事業所の看護職員または介護職員の数について、運営基準に定める員数が配置されていない場合に減算されます。	所定単位数の70％に相当する単位数を算定
	3. 短時間サービスによる減算 心身の状況その他の利用者のやむを得ない事情により、長時間のサービス利用が困難である利用者に対して、2時間以上3時間未満の介護予防認知症対応型通所介護を行った場合に算定されます。	3時間以上5時間未満の所定単位数の63％に相当する単位数を算定
	4. 同一建物内に対する減算 単独型・併設型介護予防認知症対応型通所介護事業所もしくは共用型介護予防認知症対応型通所介護事業所と同一建物に居住する者または同一建物から単独型・併設型介護予防認知症対応型通所介護事業所もしくは共用型介護予防認知症対応型通所介護事業所に通う者に対して介護予防認知症対応型通所介護を行った場合に減算されます。	1日につき　94単位を減算
	5. 事業所が送迎を行わない場合の減算 利用者の居宅と事業所との間の送迎を行わない場合に減算されます。	片道につき　47単位を減算

第6章 介護報酬と加算・減算

介護予防認知症対応型通所介護費

算定構造

				基本部分	注 利用者の数が利用定員を超える場合	又は	注 看護・介護職員の員数が基準に満たない場合	注 2時間以上3時間未満の介護予防認知症対応型通所介護を行う場合	注 7時間以上9時間未満の介護予防認知症対応型通所介護の前後に日常生活上の世話を行う場合	注 入浴介助を行った場合	注 個別機能訓練加算	注 若年性認知症利用者受入加算	注 栄養改善加算	注 口腔機能向上加算	注 事業所と同一建物に居住する者または同一建物から利用する者に介護予防認知症対応型通所介護を行う場合	注 事業所が送迎を行わない場合
イ 介護予防認知症対応型通所介護費（Ⅰ）	(1) 介護予防認知症対応型通所介護費(ⅰ)（旧単独型）	(一) 3時間以上5時間未満	要支援1 （493単位）													
			要支援2 （546単位）		×70/100		×70/100	×63/100		1日につき +50単位	+27単位	1日につき +60単位	1月につき +150単位	1月につき +150単位	1日につき −94単位	片道につき −47単位
		(二) 5時間以上7時間未満	要支援1 （749単位）													
			要支援2 （836単位）													
		(三) 7時間以上9時間未満	要支援1 （852単位）						9時間以上10時間未満の場合 +50単位 10時間以上11時間未満の場合 +100単位 11時間以上12時間未満の場合 +150単位 12時間以上13時間未満の場合 +200単位 13時間以上14時間未満の場合 +250単位							
			要支援2 （952単位）													
	(2) 介護予防認知症対応型通所介護費(ⅱ)（旧併設型）	(一) 3時間以上5時間未満	要支援1 （445単位）													
			要支援2 （494単位）													
		(二) 5時間以上7時間未満	要支援1 （673単位）													
			要支援2 （751単位）													
		(三) 7時間以上9時間未満	要支援1 （766単位）						9時間以上10時間未満の場合 +50単位 10時間以上11時間未満の場合 +100単位 11時間以上12時間未満の場合 +150単位 12時間以上13時間未満の場合 +200単位 13時間以上14時間未満の場合 +250単位							
			要支援2 （855単位）													
ロ 介護予防認知症対応型通所介護費（Ⅱ）	(1) 3時間以上5時間未満		要支援1 （251単位）					×63/100								
			要支援2 （265単位）													
	(2) 5時間以上7時間未満		要支援1 （407単位）													
			要支援2 （430単位）													
	(3) 7時間以上9時間未満		要支援1 （469単位）						9時間以上10時間未満の場合 +50単位 10時間以上11時間未満の場合 +100単位 11時間以上12時間未満の場合 +150単位 12時間以上13時間未満の場合 +200単位 13時間以上14時間未満の場合 +250単位							
			要支援2 （496単位）													
ハ サービス提供体制強化加算	(1) サービス提供体制強化加算（Ⅰ）イ（1回につき 18単位を加算）															
	(2) サービス提供体制強化加算（Ⅰ）ロ（1回につき 12単位を加算）															
	(3) サービス提供体制強化加算（Ⅱ）（1回につき 6単位を加算）															
ニ 介護職員処遇改善加算	(1) 介護職員処遇改善加算（Ⅰ）（1月につき ＋所定単位×68／1000）															
	(2) 介護職員処遇改善加算（Ⅱ）（1月につき ＋所定単位×38／1000）			注 所定単位は、イからハまでにより算定した単位数の合計													
	(3) 介護職員処遇改善加算（Ⅲ）（1月につき ＋(2)の90／100）															
	(4) 介護職員処遇改善加算（Ⅳ）（1月につき ＋(2)の80／100）															

：サービス提供体制強化加算、介護職員処遇改善加算は、支給限度額管理の対象外の算定項目

2. 介護予防小規模多機能型居宅介護

　介護予防小規模多機能型居宅介護事業所に登録した利用者に対して、居宅への訪問、サービス拠点への通所、短期間の宿泊等を提供する等の介護予防小規模多機能型居宅介護を行った場合に、登録者の要支援状態区分に応じて算定されます。

●注意事項
①登録者が介護予防短期入所生活介護、介護予防短期入所療養介護、介護予防特定施設入居者生活介護、介護予防認知症対応型共同生活介護を受けている間は、介護予防小規模多機能型居宅介護費は算定されません。

②登録者が1つの事業所において、介護予防小規模多機能型居宅介護を受けている間は、その他の介護予防小規模多機能型居宅介護事業所より提供されたサービスに対する介護予防小規模多機能型居宅介護費は算定されません。

介護予防小規模多機能型居宅介護費

		内容	単位数
基本部分	1.	介護予防小規模多機能型居宅介護費 （1）同一建物に居住する者以外の者に対して行う場合	1か月につき 要支援1　　3403単位 要支援2　　6877単位
		（2）同一建物に居住する者に対して行う場合	要支援1　　3066単位 要支援2　　6196単位
	2.	短期利用介護予防居宅介護費	1日につき 要支援1　　419単位 要支援2　　524単位
加算	1.	中山間地域等居住者サービス提供加算 介護予防小規模多機能型居宅介護費については、厚生労働大臣が定める地域（p.402）に居住している登録者に対して、通常の事業の実施地域を越えて介護予防小規模多機能型居宅介護を行った場合に加算されます。	1か月につき 所定単位数の5％に相当する単位数を加算
	2.	初期加算 介護予防小規模多機能型居宅介護費については、利用者が介護予防小規模多機能型居宅介護事業所に登録した日から起算して30日以内については、初期加算として所定の単位数が算定されます。30日を超えて病院または診療所に入院した後に、介護予防小規模多機能型居宅介護の利用を再び開始した場合にも加算されます。	1日につき　　30単位を加算
	3.	総合マネジメント体制強化加算 介護予防小規模多機能型居宅介護費については、以下の基準のいずれにも適合しているものとして市町村長に届け出た介護予防小規模多機能型居宅介護事業所が、介護予防小規模多機能型居宅介護の質を継続的に管理した場合に加算されます。 ①利用者の心身の状況またはその家族等を取り巻く環境の変化に応じ、随時、介護支援専門員、看護師、准看護師、介護職員その他の関係者が共同し、介護予防小規模多機能型居宅介護計画の見直しを行っている ②利用者の地域における多様な活動が確保されるよう、日常的に地域住民等との交流を図り、利用者の状態に応じて、地域の行事や活動等に積極的に参加している	1か月につき1000単位を加算
	4.	サービス提供体制強化加算 以下の基準のいずれにも適合しているものとして市町村長に届け出た介護予防小規模多機能型居宅介護事業所が、登録者に対し介護予防小規模多機能型居宅介護を行った場合に算定されます。ただし、いずれかの加算を算定している場合は、その他の加算は算定されません。 （1）サービス提供体制強化加算（Ⅰ）イ ①事業所のすべての従業者に対し、従業者ごとに研修計画を作成し、研修（外部における研修を含む）を実施または実施を予定している ②利用者に関する情報や留意事項の伝達または従業者の技術指導を目的とした会議を定期的に開催している ③当該事業所の従業者（看護師または准看護師を除く）の総数のうち、介護福祉士の占める割合が50％以上である ④登録定員および従業員の員数に関する基準を満たしている	介護予防小規模多機能型居宅介護費を算定する場合 1か月につき　　640単位 短期利用介護予防居宅介護費を算定する場合 1日につき　　21単位を加算

介護予防小規模多機能型居宅介護費

	内容	単位数
加算	(2)サービス提供体制強化加算(Ⅰ)ロ ①当該事業所の従業者(看護師または准看護師を除く)の総数のうち、介護福祉士の占める割合が40%以上である ②(1)の①②④に該当している	介護予防小規模多機能型居宅介護費を算定する場合 1か月につき　　500単位 短期利用介護予防居宅介護費を算定する場合 1日につき　　16単位を加算
	(3)サービス提供体制強化加算(Ⅱ) ①当該事業所の従業者の総数のうち、常勤職員の占める割合が60%以上である ②(1)の①②④に該当している	介護予防小規模多機能型居宅介護費を算定する場合 1か月につき　　350単位 短期利用介護予防居宅介護費を算定する場合 1日につき　　12単位を加算
	(4)サービス提供体制強化加算(Ⅲ) ①当該事業所の従業者の総数のうち、勤続年数3年以上の者の占める割合が30%以上である ②(1)の①②④に該当している	介護予防小規模多機能型居宅介護費を算定する場合 1か月につき　　350単位 短期利用介護予防居宅介護費を算定する場合 1日につき　　12単位を加算
	5. 介護職員処遇改善加算 以下の基準に適合している介護職員の賃金の改善等を実施しているとして市町村長に届け出た介護予防小規模多機能型居宅介護事業所が介護予防小規模多機能型居宅介護を行った場合、2018(平成30)年3月31日までの間加算されます。ただし、いずれかの加算を算定している場合は、その他の加算は算定されません。 (1)介護職員処遇改善加算(Ⅰ)　いずれにも適合すること ①賃金改善に関する計画を策定し、適切な措置を講じていること ②介護予防小規模多機能型居宅介護の事業所において、①の賃金改善に関する計画、介護職員処遇改善計画書を作成し、すべての介護職員に周知し、市町村長に届け出ていること ③介護職員処遇改善加算の算定額に相当する賃金改善を実施すること ④事業年度ごとに介護職員の処遇改善に関する実績を市町村長に報告すること ⑤算定日が属する月の前12か月間において労働基準法等に違反し、罰金以上の刑に処せられていないこと ⑥労働保険料の納付が適正に行われていること ⑦次に掲げる基準のいずれにも適合すること 　ア　介護職員の任用の際の職責・職務内容等の要件を定め、書面をもって作成し、すべての介護職員に周知していること 　イ　介護職員の資質の向上の支援に関する計画を策定し、計画に係る研修を実施または研修の機会を確保し、すべての介護職員に周知していること ⑧2015(平成27)年4月から②の届出の日の属する月の前月までに実施した介護職員の処遇改善の内容および処遇改善に要した費用をすべての職員に周知していること	所定単位数(加算減算を加えた総単位数)の7.6%に相当する単位数を加算
	(2)介護職員処遇改善加算(Ⅱ) 以下の基準のいずれにも適合すること ①(1)の①～⑥のいずれにも適合すること ②(1)の⑦のアもしくはイのいずれかに適合すること ③2008(平成20)年10月から(1)の②の届出の日の属する月の前月までに実施した介護職員の処遇改善の内容および処遇改善に要した費用をすべての職員に周知していること	所定単位数(加算減算を加えた総単位数)の4.2%に相当する単位数を加算
	(3)介護職員処遇改善加算(Ⅲ) (1)の①から⑥までのいずれにも適合し、かつ(2)の②または③に掲げる基準のいずれかに適合すること	(2)により算定した単位数の90%に相当する単位数を加算
	(4)介護職員処遇改善加算(Ⅳ) (1)の①から⑥までのいずれにも適合すること	(2)により算定した単位数の80%に相当する単位数を加算
減算	1. 登録定員超過による減算 介護予防小規模多機能型居宅介護の登録者の数(小規模多機能型居宅介護の事業を同一の事業所において一体的に運営している場合はその合計数)が、運営規程に定められている登録定員を超えた場合に減算されます。	1か月につき 所定単位数の70%に相当する単位数を算定
	2. 従業者欠員による減算 介護予防小規模多機能型居宅介護事業所の従業者の数について、運営基準に定める員数が配置されていない場合に減算されます。	1か月につき 所定単位数の70%に相当する単位数を算定
	3. 過少サービスに対する減算 介護予防小規模多機能型居宅介護事業所が提供する通いサービス、訪問サービス、宿泊サービスの算定月における提供回数について、登録者(短期利用介護予防居宅介護費を算定する者を除く)1人あたりの平均回数が週4回に満たない場合に減算されます。	1か月につき 所定単位数の70%に相当する単位数を算定

介護予防小規模多機能型居宅介護費

算定構造

基本部分			注 登録者数が登録定員を超える場合	注 従業者の員数が基準に満たない場合	注 過少サービスに対する減算	注 中山間地域等に居住する者へのサービス提供加算
イ 介護予防小規模多機能型居宅介護費(1月につき)	(1) 同一建物に居住する者以外の者に対して行う場合	要支援1 (3,403単位)	×70/100	又は ×70/100	×70/100	+5/100
		要支援2 (6,877単位)				
	(2) 同一建物に居住する者に対して行う場合	要支援1 (3,066単位)				
		要支援2 (6,196単位)				
ロ 短期利用介護予防居宅介護費(1日につき)		要支援1 (419単位)				
		要支援2 (524単位)				
ハ 初期加算 (イを算定する場合のみ算定)	(1月につき 30単位を加算)					
ニ 総合マネジメント体制強化加算 (イを算定する場合のみ算定)	(1月につき 1,000単位を加算)					
ホ サービス提供体制強化加算	(1) イを算定している場合					
	(一) サービス提供体制強化加算(Ⅰ)イ (1月につき 640単位を加算)					
	(二) サービス提供体制強化加算(Ⅰ)ロ (1月につき 500単位を加算)					
	(三) サービス提供体制強化加算(Ⅱ) (1月につき 350単位を加算)					
	(四) サービス提供体制強化加算(Ⅲ) (1月につき 350単位を加算)					
	(2) ロを算定している場合					
	(一) サービス提供体制強化加算(Ⅰ)イ (1日につき 21単位を加算)					
	(二) サービス提供体制強化加算(Ⅰ)ロ (1日につき 16単位を加算)					
	(三) サービス提供体制強化加算(Ⅱ) (1日につき 12単位を加算)					
	(四) サービス提供体制強化加算(Ⅲ) (1日につき 12単位を加算)					
ヘ 介護職員処遇改善加算	(1) 介護職員処遇改善加算(Ⅰ) (1月につき +所定単位×76／1000)		注 所定単位は、イからホまでにより算定した単位数の合計			
	(2) 介護職員処遇改善加算(Ⅱ) (1月につき +所定単位×42／1000)					
	(3) 介護職員処遇改善加算(Ⅲ) (1月につき +(2)の90／100)					
	(4) 介護職員処遇改善加算(Ⅳ) (1月につき +(2)の80／100)					

　　　：総合マネジメント体制強化加算、サービス提供体制強化加算、介護職員処遇改善加算、中山間地域等に居住する者へのサービス提供加算は、支給限度基準額管理の対象外の算定項目

3. 介護予防認知症対応型共同生活介護

「要支援2」に認定された利用者に対して、介護予防認知症対応型共同生活介護事業所において、入浴、排泄、食事の介助を行うなど、介護予防認知症対応型共同生活介護を行った場合に、施設の区分に応じて所定単位数が算定されます。

介護予防認知症対応型共同生活介護費

	内容		単位数
基本部分	1. 介護予防認知症対応型共同生活介護費 （1）介護予防認知症対応型共同生活介護費（Ⅰ） 以下の基準を満たしている場合に算定されます。 ①介護予防認知症対応型共同生活介護事業所を構成する共同生活住居の数が1であること ②従業者について、運営基準に定められた員数を配置していること	1日につき	755単位
	（2）介護予防認知症対応型共同生活介護費（Ⅱ） 以下の基準を満たしている場合に算定されます。 ①介護予防認知症対応型共同生活介護事業所を構成する共同生活住居の数が2以上であること ②従業者について、運営基準に定められた員数を配置していること	1日につき	743単位
	2. 介護予防短期利用認知症対応型共同生活介護費 （1）介護予防短期利用認知症対応型共同生活介護費（Ⅰ） 以下に掲げる基準を満たす施設において算定されます。 ①介護予防認知症対応型共同生活介護事業所を構成する共同生活住居の数が1であること ②介護予防認知症対応型共同生活介護の事業を行う者が、居宅サービス、地域密着型サービス、居宅介護支援、介護予防サービス、地域密着型介護予防サービスもしくは介護予防支援の事業または介護保険施設もしくは介護療養型医療施設の運営について3年以上の経験を有すること ③介護予防認知症対応型共同生活介護事業所の共同生活住居の定員の範囲内で、空いている居室等を利用するものであること。ただし、1つの共同生活住居において介護予防短期利用認知症対応型共同生活介護を受ける利用者の数は1人とすること ④利用の開始にあたって、あらかじめ30日以内の利用期間を定めること ⑤十分な知識を有する従業者が確保されていること ⑥従業者について、運営基準に定められた員数を配置していること	1日につき	783単位
	（2）介護予防短期利用認知症対応型共同生活介護費（Ⅱ） ①介護予防認知症対応型共同生活介護事業所を構成する共同生活住居の数が2以上であること ②介護予防短期利用認知症対応型共同生活介護費（Ⅰ）の②〜⑥を満たしていること	1日につき	771単位
加算	1. 夜間支援体制加算 （1）夜間支援体制加算（Ⅰ） 以下の基準に適合しているものとして市町村長に届け出た指定介護予防認知症対応型共同生活介護事業所について加算されます。 ①利用定員および従業員の員数に関する基準を満たしていること ②介護予防認知症対応型共同生活介護費（Ⅰ）または介護予防短期利用認知症対応型共同生活介護費（Ⅰ）を算定していること ③夜勤を行う介護従業者および宿直勤務に当たる者の合計数が、2以上であること	1日につき	50単位を加算
	（2）夜間支援体制加算（Ⅱ） 以下の基準に適合しているものとして市町村長に届け出た指定介護予防認知症対応型共同生活介護事業所について加算されます。 ①利用定員および従業員の員数に関する基準を満たしていること。 ②介護予防認知症対応型共同生活介護費（Ⅱ）又は介護予防短期利用認知症対応型共同生活介護費（Ⅱ）を算定していること ③夜勤を行う介護従業者および宿直勤務に当たる者の合計数が、介護予防認知症対応型共同生活介護事業所を構成する共同生活住居の数に1を加えた数以上であること	1日につき	25単位を加算
	2. 認知症行動・心理状態緊急対応加算 「介護予防短期利用認知症対応型共同生活介護費」について、医師が、認知症の行動・心理症状が認められるため、在宅での生活が困難であり、緊急に介護予防認知症対応型共同生活介護を利用することが適当であると判断した者に対し、介護予防認知症対応型共同生活介護を行った場合に、入居を開始した日から起算して7日を限度として加算されます。	1日につき	200単位を加算
	3. 若年性認知症利用者受入加算 介護予防認知症対応型共同生活介護事業所において、若年性認知症利用者に対して、利用者ごとに個別に担当者を定め、利用者の特性やニーズに応じたサービス提供が行われた場合に加算されます。ただし、認知症行動・心理症状緊急対応加算を算定している場合は、算定されません。	1日につき	120単位を加算
	4. 初期加算 「介護予防認知症対応型共同生活介護費」について、利用者が入居した日から起算して30日以内について加算されます。	1日につき	30単位を加算

介護予防認知症対応型共同生活介護費

	内容	単位数
加算	5. 退居時相談援助加算 利用期間が1か月以上の利用者が退居し、居宅において介護予防サービスまたは地域密着型介護予防サービスを利用する場合に、利用者の退居時にその利用者および家族等に対して、退居後の介護予防サービス、地域密着型介護予防サービス、保健医療サービス、福祉サービスについて相談援助を行い、利用者の同意を得て、退居の日から2週間以内に利用者の退居後の居宅地となる市町村、老人介護支援センターまたは地域包括支援センターに対して、利用者の介護状況の情報を提供した場合に、利用者1人につき1回を限度として加算されます。	所定単位数に400単位を加算
	6. 認知症専門ケア加算 日常生活に支障をきたすおそれのある症状もしくは行動が認められることから介護を必要とする認知症の利用者に対して、専門的な認知症ケアを行った場合に加算されます。ただし、介護予防認知症対応型共同生活介護費を算定する場合のみ (1)認知症専門ケア加算（Ⅰ） 以下に掲げるすべての基準を満たしている場合に加算されます。 ①利用者の総数のうち、日常生活に支障をきたすおそれのある症状もしくは行動が認められることから介護を必要とする認知症の利用者（認知症日常生活自立度Ⅲ以上）（以下、対象者）の占める割合が2分の1以上であること ②認知症介護に係る専門的な研修（認知症介護実践リーダー研修）を修了している者を、対象者の数が20人未満の場合は1人以上配置し、20人以上の場合は、1人に加え、19を超えて10またはその端数を増すごとに1人以上配置し、チームとして専門的な認知症ケアを実施していること ③事業所において、認知症ケアに関する留意事項の伝達または技術的指導に係る会議を定期的に開催していること	1日につき　　3単位を加算
	(2)認知症専門ケア加算（Ⅱ） 以下に掲げている基準を満たしている場合に加算されます。 ①認知症専門ケア加算（Ⅰ）を満たしていること ②認知症介護の指導に係る専門的な研修（認知症介護指導者研修）を修了している者を1人以上配置し、事業所全体の認知症ケアの指導等を実施していること ③事業所における介護職員、看護職員ごとの認知症ケアに関する研修計画を作成し、計画に従い、研修を実施または実施を予定していること	1日につき　　4単位を加算
	7. サービス提供体制強化加算 以下の基準のいずれにも適合しているものとして市町村長に届け出た介護予防認知症対応型共同生活介護事業所が介護予防認知症対応型共同生活介護を行った場合、算定されます。ただし、いずれかの加算を算定している場合は、その他の加算は算定されません。 (1)サービス提供体制強化加算（Ⅰ）イ ①事業所の介護職員の総数のうち、介護福祉士の占める割合が60％以上である ②介護予防認知症対応型共同生活介護事業所の利用定員および従業員の員数に関する基準を満たしている	1日につき　　18単位を加算
	(2)サービス提供体制強化加算（Ⅰ）ロ ①事業所の介護職員の総数のうち、介護福祉士の占める割合が50％以上である ②(1)の②に該当している	1日につき　　12単位を加算
	(3)サービス提供体制強化加算（Ⅱ） ①事業所の看護・介護職員の総数のうち、常勤職員の占める割合が75％以上である ②(1)の②に該当している	1日につき　　6単位を加算
	(4)サービス提供体制強化加算（Ⅲ） ①介護予防認知症対応型共同生活介護を直接提供する職員の総数のうち、勤続年数3年以上の者の占める割合が30％以上である ②(1)の②に該当している	1日につき　　6単位を加算
	8. 介護職員処遇改善加算 以下の基準に適合している介護職員の賃金の改善等を実施しているとして市町村長に届け出た介護予防認知症対応型共同生活介護事業所が介護予防認知症対応型共同生活介護を行った場合、2018（平成30）年3月31日までの間加算されます。ただし、いずれかの加算を算定している場合は、その他の加算は算定されません。 (1)介護職員処遇改善加算（Ⅰ）　いずれにも適合すること ①賃金改善に関する計画を策定し、適切な措置を講じていること ②介護予防認知症対応型共同生活介護の事業所において、①の賃金改善に関する計画、介護職員処遇改善計画書を作成し、すべての介護職員に周知し、市町村長に届け出ていること ③介護職員処遇改善加算の算定額に相当する賃金改善を実施すること ④事業年度ごとに介護職員の処遇改善に関する実績を市町村長に報告すること ⑤算定日が属する月の前12か月間において労働基準法等に違反し、罰金以上の刑に処せられていないこと ⑥労働保険料の納付が適正に行われていること ⑦次に掲げる基準のいずれにも適合すること 　ア　介護職員の任用の際の職責・職務内容等の要件を定め、書面をもって作成し、すべての介護職員に周知していること 　イ　介護職員の資質の向上の支援に関する計画を策定し、計画に係る研修を実施または研修の機会を確保し、すべての介護職員に周知していること ⑧2015（平成27）年4月から②の届出の日の属する月の前月までに実施した介護職員の処遇改善の内容および処遇改善に要した費用をすべての職員に周知していること	所定単位数（加算減算を加えた総単位数）の8.3％に相当する単位数を加算

介護予防認知症対応型共同生活介護費

	内容	単位数
加算	(2) 介護職員処遇改善加算(Ⅱ) 以下の基準のいずれにも適合すること ①(1)の①〜⑥のいずれにも適合すること ②(1)の⑦のアもしくはイのいずれかに適合すること ③2008(平成20)年10月から(1)の②の届出の日の属する月の前月までに実施した介護職員の処遇改善の内容および処遇改善に要した費用をすべての職員に周知していること	所定単位数(加算減算を加えた総単位数)の4.6%に相当する単位数を加算
	(3) 介護職員処遇改善加算(Ⅲ) (1)の①から⑥までのいずれにも適合し、かつ(2)の②または③に掲げる基準のいずれかに適合すること	(2)により算定した単位数の90%に相当する単位数を加算
	(4) 介護職員処遇改善加算(Ⅳ) (1)の①から⑥までのいずれにも適合すること	(2)により算定した単位数の80%に相当する単位数を加算
減算	1. 夜勤勤務条件による減算 介護予防認知症対応型共同生活介護事業所ごとに、夜勤を行う介護従業者の数が、共同生活住居ごとに1人以上置いていない場合に減算されます。	1日につき 所定単位数の97%に相当する単位数を算定
	2. 利用者定員超過による減算 介護予防認知症対応型共同生活介護の利用者の数(認知症対応型共同生活介護の事業を同一の事業所において一体的に運営している場合はその合計数)が、運営規程に定められている利用定員を超えた場合に減算されます。	1日につき 所定単位数の70%に相当する単位数を算定
	3. 従業者欠員による減算 介護予防認知症対応型共同生活介護事業所の従業者の数について、運営基準に定める員数が配置されていない場合に減算されます。	1日につき 所定単位数の70%に相当する単位数を算定

算定構造

	基本部分		注 夜勤を行う職員の勤務条件基準を満たさない場合	注 利用者の数が利用定員を超える場合	注 介護従業者の員数が基準に満たない場合	注 夜間支援体制加算(Ⅰ)	注 夜間支援体制加算(Ⅱ)	注 認知症行動・心理状況緊急対応加算	注 若年性認知症利用者受入加算
イ 介護予防認知症対応型共同生活介護費	(1) 介護予防認知症対応型共同生活介護費(Ⅰ)	要支援2 (755単位)	×97/100	×70/100	×70/100	1日につき +50単位			1日につき +120単位
	(2) 介護予防認知症対応型共同生活介護費(Ⅱ)	要支援2 (743単位)					1日につき +25単位		
ロ 介護予防短期利用認知症対応型共同生活介護費※	(1) 介護予防短期利用認知症対応型共同生活介護費(Ⅰ)	要支援2 (783単位)				1日につき +50単位		1日につき +200単位 (7日間を限度)	
	(2) 介護予防短期利用認知症対応型共同生活介護費(Ⅱ)	要支援2 (771単位)					1日につき +25単位		
ハ 初期加算	(1日につき 30単位を加算)								
ニ 退居時相談援助加算	(400単位を加算(利用者1人につき1回を限度))								
ホ 認知症専門ケア加算 (イを算定する場合のみ算定)	(1)認知症専門ケア加算(Ⅰ) (1日につき 3単位を加算)								
	(2)認知症専門ケア加算(Ⅱ) (1日につき 4単位を加算)								
ヘ サービス提供体制強化加算	(1) サービス提供体制強化加算(Ⅰ)イ (1日につき 18単位を加算)								
	(2) サービス提供体制強化加算(Ⅰ)ロ (1日につき 12単位を加算)								
	(3) サービス提供体制強化加算(Ⅱ) (1日につき 6単位を加算)								
	(4) サービス提供体制強化加算(Ⅲ) (1日につき 6単位を加算)								
ト 介護職員処遇改善加算	(1) 介護職員処遇改善加算(Ⅰ) (1月につき +所定単位×83/1000)		注 所定単位は、イからへまでにより算定した単位数の合計						
	(2) 介護職員処遇改善加算(Ⅱ) (1月につき +所定単位×46/1000)								
	(3) 介護職員処遇改善加算(Ⅲ) (1月につき +(2)の90/100)								
	(4) 介護職員処遇改善加算(Ⅳ) (1月につき +(2)の80/100)								

※ 介護予防短期利用認知症対応型共同生活介護費は、区分支給限度基準額に含まれる。

8 資料

地域加算を算定する地域区分
（平成27年3月23日　厚生労働省告示第93号より）

地域区分	都道府県	地　　　　域
一級地	東京都	特別区
二級地	東京都	狛江市、多摩市
	神奈川県	横浜市、川崎市
	大阪府	大阪市
三級地	千葉県	千葉市
	東京都	八王子市、武蔵野市、府中市、調布市、町田市、小金井市、小平市、日野市、国分寺市、稲城市、西東京市
	神奈川県	鎌倉市
	愛知県	名古屋市
	大阪府	守口市、大東市、門真市、四條畷市
	兵庫県	西宮市、芦屋市、宝塚市
四級地	埼玉県	さいたま市
	千葉県	船橋市、浦安市
	東京都	立川市、昭島市、東村山市、国立市、東大和市
	神奈川県	相模原市、藤沢市、厚木市
	大阪府	豊中市、池田市、吹田市、高槻市、寝屋川市、箕面市
	兵庫県	神戸市
五級地	茨城県	龍ヶ崎市、取手市、牛久市、つくば市、守谷市
	埼玉県	朝霞市、志木市、和光市、新座市
	千葉県	成田市、佐倉市、習志野市、市原市、四街道市
	東京都	三鷹市、青梅市、清瀬市、東久留米市、あきる野市、西多摩郡日の出町
	神奈川県	横須賀市、平塚市、小田原市、茅ヶ崎市、逗子市、大和市、伊勢原市、座間市、高座郡寒川町
	滋賀県	大津市、草津市
	京都府	京都市
	大阪府	堺市、枚方市、茨木市、八尾市、松原市、摂津市、高石市、東大阪市、交野市
	兵庫県	尼崎市、伊丹市、川西市、三田市
	広島県	広島市
	福岡県	福岡市
六級地	宮城県	仙台市
	茨城県	水戸市、日立市、土浦市、古河市、北相馬郡利根町
	栃木県	宇都宮市、下野市、下都賀郡野木町
	群馬県	高崎市
	埼玉県	川越市、川口市、行田市、所沢市、加須市、東松山市、春日部市、狭山市、羽生市、鴻巣市、上尾市、草加市、越谷市、蕨市、戸田市、入間市、桶川市、久喜市、北本市、八潮市、富士見市、三郷市、蓮田市、坂戸市、幸手市、鶴ヶ島市、吉川市、ふじみ野市、白岡市、北足立郡伊奈町、入間郡三芳町、南埼玉郡宮代町、北葛飾郡杉戸町、北葛飾郡松伏町
	千葉県	市川市、松戸市、柏市、八千代市、袖ヶ浦市、印旛郡酒々井町、印旛郡栄町
	東京都	福生市、武蔵村山市、羽村市、西多摩郡奥多摩町
	神奈川県	三浦市、秦野市、海老名市、綾瀬市、三浦郡葉山町、中郡大磯町、中郡二宮町、愛甲郡愛川町、愛甲郡清川村
	岐阜県	岐阜市
	静岡県	静岡市
	愛知県	岡崎市、春日井市、津島市、碧南市、刈谷市、豊田市、安城市、西尾市、稲沢市、知立市、愛西市、北名古屋市、弥富市、みよし市、あま市、海部郡大治町、海部郡蟹江町
	三重県	津市、四日市市、桑名市、鈴鹿市、亀山市
	滋賀県	彦根市、守山市、栗東市、甲賀市
	京都府	宇治市、亀岡市、向日市、長岡京市、八幡市、京田辺市、木津川市、相楽郡精華町

地域区分	都道府県	地域
六級地	大阪府	岸和田市、泉大津市、貝塚市、泉佐野市、富田林市、河内長野市、和泉市、柏原市、羽曳野市、藤井寺市、泉南市、大阪狭山市、阪南市、三島郡島本町、豊能郡豊能町、豊能郡能勢町、泉北郡忠岡町、泉南郡熊取町、泉南郡田尻町
	兵庫県	明石市、川辺郡猪名川町
	奈良県	奈良市、大和高田市、大和郡山市、生駒市
	和歌山県	和歌山市、橋本市
	広島県	安芸郡府中町
	福岡県	春日市、大野城市、太宰府市、福津市、糸島市、筑紫郡那珂川町、糟屋郡粕屋町
七級地	北海道	札幌市
	茨城県	結城市、下妻市、常総市、笠間市、ひたちなか市、那珂市、筑西市、坂東市、稲敷市、つくばみらい市、東茨城郡大洗町、稲敷郡阿見町、稲敷郡河内町、結城郡八千代町、猿島郡五霞町、猿島郡境町
	栃木県	栃木市、鹿沼市、日光市、小山市、真岡市、大田原市、さくら市、下都賀郡壬生町
	群馬県	前橋市、伊勢崎市、太田市、渋川市、佐波郡玉村町
	埼玉県	熊谷市、飯能市、深谷市、日高市、入間郡毛呂山町、入間郡越生町、比企郡滑川町、比企郡川島町、比企郡吉見町、比企郡鳩山町、大里郡寄居町
	千葉県	木更津市、野田市、茂原市、東金市、流山市、我孫子市、鎌ケ谷市、君津市、八街市、印西市、白井市、山武市、大網白里市、長生郡長柄町、長生郡長南町
	東京都	西多摩郡瑞穂町、西多摩郡檜原村
	神奈川県	足柄下郡箱根町
	新潟県	新潟市
	富山県	富山市
	石川県	金沢市
	福井県	福井市
	山梨県	甲府市
	長野県	長野市、松本市、塩尻市
	岐阜県	大垣市
	静岡県	浜松市、沼津市、三島市、富士宮市、島田市、富士市、磐田市、焼津市、掛川市、藤枝市、御殿場市、袋井市、裾野市、田方郡函南町、駿東郡清水町、駿東郡長泉町、駿東郡小山町、榛原郡川根本町、周智郡森町
	愛知県	豊橋市、一宮市、瀬戸市、半田市、豊川市、蒲郡市、犬山市、常滑市、江南市、小牧市、新城市、東海市、大府市、知多市、尾張旭市、高浜市、岩倉市、豊明市、日進市、田原市、清須市、長久手市、愛知郡東郷町、西春日井郡豊山町、丹羽郡大口町、丹羽郡扶桑町、海部郡飛島村、知多郡阿久比町、知多郡東浦町、額田郡幸田町
	三重県	名張市、いなべ市、伊賀市、桑名郡木曽岬町、員弁郡東員町、三重郡朝日町、三重郡川越町
	滋賀県	長浜市、野洲市、湖南市、東近江市
	京都府	城陽市、乙訓郡大山崎町、久世郡久御山町
	大阪府	泉南郡岬町、南河内郡太子町、南河内郡河南町、南河内郡千早赤阪村
	兵庫県	姫路市、加古川市、三木市、高砂市、加古郡稲美町、加古郡播磨町
	奈良県	天理市、橿原市、桜井市、御所市、香芝市、葛城市、宇陀市、山辺郡山添村、生駒郡平群町、生駒郡三郷町、生駒郡斑鳩町、生駒郡安堵町、磯城郡川西町、磯城郡三宅町、磯城郡田原本町、宇陀郡曽爾村、高市郡明日香村、北葛城郡上牧町、北葛城郡王寺町、北葛城郡広陵町、北葛城郡河合町
	岡山県	岡山市
	広島県	東広島市、廿日市市、安芸郡海田町、安芸郡坂町
	山口県	周南市
	香川県	高松市
	福岡県	北九州市、飯塚市、筑紫野市、古賀市
	長崎県	長崎市
その他	全ての都道府県	その他の地域

備考　この表の右欄に掲げる地域は、平成27年4月1日において当該地域に係る名称によって示された区域をいい、その後における当該名称又は当該区域の変更によって影響されるものではない。

	居宅療養管理指導 福祉用具貸与 介護予防居宅療養管理指導 介護予防福祉用具貸与	通所介護 短期入所療養介護 特定施設入居者生活介護 認知症対応型共同生活介護 地域密着型特定施設入居者生活介護 地域密着型介護老人福祉施設入所者生活介護 介護福祉施設サービス 介護保健施設サービス 介護療養施設サービス 介護予防通所介護 介護予防短期入所療養介護 介護予防特定施設入居者生活介護 介護予防認知症対応型共同生活介護	訪問リハビリテーション 通所リハビリテーション 短期入所生活介護 認知症対応型通所介護 小規模多機能型居宅介護 看護小規模多機能型居宅介護 介護予防訪問リハビリテーション 介護予防通所リハビリテーション 介護予防短期入所生活介護 介護予防認知症対応型通所介護 介護予防小規模多機能型居宅介護	訪問介護 訪問入浴介護 訪問看護 定期巡回・随時対応型訪問介護看護 夜間対応型訪問介護 居宅介護支援 介護予防訪問介護 介護予防訪問入浴介護 介護予防訪問看護 介護予防支援
一級地	$\dfrac{1000}{1000}$	$\dfrac{1090}{1000}$	$\dfrac{1110}{1000}$	$\dfrac{1140}{1000}$
二級地	$\dfrac{1000}{1000}$	$\dfrac{1072}{1000}$	$\dfrac{1088}{1000}$	$\dfrac{1112}{1000}$
三級地	$\dfrac{1000}{1000}$	$\dfrac{1068}{1000}$	$\dfrac{1083}{1000}$	$\dfrac{1105}{1000}$
四級地	$\dfrac{1000}{1000}$	$\dfrac{1054}{1000}$	$\dfrac{1066}{1000}$	$\dfrac{1084}{1000}$
五級地	$\dfrac{1000}{1000}$	$\dfrac{1045}{1000}$	$\dfrac{1055}{1000}$	$\dfrac{1070}{1000}$
六級地	$\dfrac{1000}{1000}$	$\dfrac{1027}{1000}$	$\dfrac{1033}{1000}$	$\dfrac{1042}{1000}$
七級地	$\dfrac{1000}{1000}$	$\dfrac{1014}{1000}$	$\dfrac{1017}{1000}$	$\dfrac{1021}{1000}$
その他	$\dfrac{1000}{1000}$			

厚生労働大臣が定める地域
（平成24年3月13日　厚生労働省告示第120号より）

特別地域加算を算定する地域

1　離島振興法（昭和28年法律第72号）第2条第1項の規定により指定された離島振興対策実施地域
2　奄美群島振興開発特別措置法（昭和29年法律第189号）第1条に規定する奄美群島
3　山村振興法（昭和40年法律第64号）第7条第1項の規定により指定された振興山村
4　小笠原諸島振興開発特別措置法（昭和44年法律第79号）第4条第1項に規定する小笠原諸島
5　沖縄振興特別措置法（平成14年法律第14号）第3条第3号に規定する離島
6　豪雪地帯対策特別措置法（昭和37年法律第73号）第2条第1項の規定により指定された豪雪地帯及び同条第2項の規定により指定された特別豪雪地帯、辺地に係る公共的施設の総合整備のための財政上の特別措置等に関する法律（昭和37年法律第88号）第2条第1項に規定する辺地、過疎地域自立促進特別措置法（平成12年法律第15号）第2条第1項に規定する過疎地域その他の地域のうち、人口密度が希薄であること、交通が不便であること等の理由により、介護保険法（平成9年法律第123号）第41条第1項に規定する指定居宅サービス及び同法第42条第1項第2号に規定する基準該当居宅サービス並びに同法第46条第1項に規定する指定居宅介護支援及び同法第47条第1項第1号に規定する基準該当居宅介護支援並びに同法第53条第1項に規定する指定介護予防サービス及び同法第54条第1項第2号に規定する基準該当介護予防サービスの確保が著しく困難であると認められる地域であって、厚生労働大臣が別に定めるもの

厚生労働大臣が定める中山間地域等の地域
（平成21年3月13日　厚生労働省告示第83号より）

中山間地域等小規模事業所加算を算定する地域
1 　豪雪地帯対策特別措置法（昭和37年法律第73号）第2条第1項の規定により指定された豪雪地帯及び同条第2項の規定により指定された特別豪雪地帯
2 　辺地に係る公共的施設の総合整備のための財政上の特別措置等に関する法律（昭和37年法律第88号）第2条第1項に規定する辺地
3 　半島振興法（昭和60年法律第63号）第2条第1項の規定により指定された半島振興対策実施地域
4 　特定農山村地域における農林業等の活性化のための基盤整備の促進に関する法律（平成5年法律第72号）第2条第1項に規定する特定農山村地域
5 　過疎地域自立促進特別措置法（平成12年法律第15号）第2条第1項に規定する過疎地域

中山間地域等居住者サービス提供加算を算定する地域
1 　離島振興法（昭和28年法律第72号）第2条第1項の規定により指定された離島振興対策実施地域
2 　奄美群島振興開発特別措置法（昭和29年法律第189号）第1条に規定する奄美群島
3 　豪雪地帯対策特別措置法（昭和37年法律第73号）第2条第1項に規定する豪雪地帯及び同条第2項の規定により指定された特別豪雪地帯
4 　辺地に係る公共的施設の総合整備のための財政上の特別措置等に関する法律（昭和37年法律第88号）第2条第1項に規定する辺地
5 　山村振興法（昭和40年法律第64号）第7条第1項の規定により指定された振興山村
6 　小笠原諸島振興開発特別措置法（昭和44年法律第79号）第4条第1項に規定する小笠原諸島
7 　半島振興法（昭和60年法律第63号）第2条第1項の規定により指定された半島振興対策実施地域
8 　特定農山村地域における農林業等の活性化のための基盤整備の促進に関する法律（平成5年法律第72号）第2条第1項に規定する特定農山村地域
9 　過疎地域自立促進特別措置法（平成12年法律第15号）第2条第1項に規定する過疎地域
10 　沖縄振興特別措置法（平成14年法律第14号）第3条第3号に規定する離島

訪問介護におけるサービス行為ごとの区分等
（平成12年3月17日　厚生省老人保健福祉局老人福祉計画課長通知より）

　訪問介護におけるサービス行為ごとの区分および個々のサービス行為の一連の流れが、厚生労働省から例示されています。居宅サービス計画を作成する際の参考として活用してください。

　なお、「サービス準備・記録」は、あくまでも身体介護または生活援助サービスを提供する際の事前準備等として行う行為です。サービスに要する費用の額の算定にあたっては、この行為だけで「身体介護」または「生活援助」の一つの単独行為として取り扱わないようにしてください。

　また、これらの個々のサービス行為の一連の流れは、あくまで例示です。実際に利用者にサービスを提供する際には、利用者個々人の身体状況や生活実態等に即した取扱いが求められます。

1．身体介護

> 身体介護とは、①利用者の身体に直接接触して行う介助サービス（そのために必要となる準備、後かたづけ等の一連の行為を含む）、②利用者の日常生活動作能力（ADL）や意欲の向上のために利用者と共に行う自立支援のためのサービス、③その他専門的知識・技術（介護を要する状態となった要因である心身の障害や疾病等に伴って必要となる特段の専門的配慮）をもって行う利用者の日常生活上・社会生活上のためのサービスをいう。（仮に、介護等を要する状態が解消されたならば不要※となる行為であるということができる。）
>
> ※たとえば入浴や整容などの行為そのものは、たとえ介護を要する状態等が解消されても日常生活上必要な行為であるが、要介護状態が解消された場合、これらを「介助」する行為は不要となる。同様に、「特段の専門的配慮をもって行う調理」についても、調理そのものは必要な行為であるが、この場合も要介護状態が解消されたならば、流動食等の「特段の専門的配慮」は不要となる。

0．サービス準備・記録等

　サービス準備は、身体介護サービスを提供する際の事前準備等として行う行為であり、状況に応じて以下のようなサービスを行うものである。

　　①健康チェック
　　　利用者の安否確認、顔色・発汗・体温等の健康状態のチェック
　　②環境整備
　　　換気、室温・日あたりの調整、ベッドまわりの簡単な整頓等
　　③相談援助、情報収集・提供
　　④サービス提供後の記録等

1．排泄・食事介助

　　①排泄介助

　　トイレ利用　　　　　　○トイレまでの安全確認→声かけ・説明→トイレへの移動（見守りを含む）→脱衣→排便・排尿→後始末→着衣→利用者の清潔介助→居室への移動→ヘルパー自身の清潔動作

　　　　　　　　　　　　　○（場合により）失禁・失敗への対応（汚れた衣服の処理、陰部・臀部

		の清潔介助、便器等の簡単な清掃を含む）
	ポータブルトイレ利用	○安全確認→声かけ・説明→環境整備（防水シートを敷く、衝立を立てる、ポータブルトイレを適切な位置に置くなど）→立位をとり脱衣（失禁の確認）→ポータブルトイレへの移乗→排便・排尿→後始末→立位をとり着衣→利用者の清潔介助→元の場所に戻り、安楽な姿勢の確保→ポータブルトイレの後始末→ヘルパー自身の清潔動作
		○（場合により）失禁・失敗への対応（汚れた衣服の処理、陰部・臀部の清潔介助）
	おむつ交換	○声かけ・説明→物品準備（湯・タオル・ティッシュペーパー等）→新しいおむつの準備→脱衣（おむつを開く→尿パッドをとる）→陰部・臀部洗浄（皮膚の状態などの観察、パッティング、乾燥）→おむつの装着→おむつの具合の確認→着衣→汚れたおむつの後始末→使用物品の後始末→ヘルパー自身の清潔動作
		○（場合により）おむつから漏れて汚れたリネン等の交換
		○（必要に応じ）水分補給

②食事介助

○声かけ・説明（覚醒確認）→安全確認（誤飲兆候の観察）→ヘルパー自身の清潔動作→準備（利用者の手洗い、排泄、エプロン・タオル・おしぼりなどの物品準備）→食事場所の環境整備→食事姿勢の確保（ベッド上での座位保持を含む）→配膳→メニュー・材料の説明→摂食介助（おかずをきざむ・つぶす、吸い口で水分を補給するなどを含む）→服薬介助→安楽な姿勢の確保→気分の確認→食べこぼしの処理→後始末（エプロン・タオルなどの後始末、下膳、残滓の処理、食器洗い）→ヘルパー自身の清潔動作

③特段の専門的配慮をもって行う調理

○嚥下困難者のための流動食等の調理

2. 清拭・入浴、身体整容

①清拭（全身清拭）

○ヘルパー自身の身支度→物品準備（湯・タオル・着替えなど）→声かけ・説明→顔・首の清拭→上半身脱衣→上半身の皮膚等の観察→上肢の清拭→胸・腹の清拭→背の清拭→上半身着衣→下肢脱衣→下肢の皮膚等の観察→下肢の清拭→陰部・臀部の清拭→下肢着衣→身体状況の点検・確認→水分補給→使用物品の後始末→汚れた衣服の処理→ヘルパー自身の清潔動作

②部分浴

手浴および足浴	○ヘルパー自身の身支度→物品準備（湯・タオルなど）→声かけ・説明→適切な体位の確保→脱衣→皮膚等の観察→手浴・足浴→身体を拭く・乾かす→着衣→安楽な姿勢の確保→水分補給→身体状況の点検・確認→使用物品の後始末→ヘルパー自身の清潔動作
洗髪	○ヘルパー自身の身支度→物品準備（湯・タオルなど）→声かけ・説明→適切な体位の確保→洗髪→髪を拭く・乾かす→安楽な姿勢の確保→水分補給→身体状況の点検・確認→使用物品の後始末→ヘルパー自身の清潔動作

③全身浴
　　○安全確認（浴室での安全）→声かけ・説明→浴槽の清掃→湯はり→物品準備（タオル・着替えなど）→ヘルパー自身の身支度→排泄の確認→脱衣室の温度確認→脱衣→皮膚等の観察→浴室への移動→湯温の確認→入湯→洗体・すすぎ→洗髪・すすぎ→入湯→体を拭く→着衣→身体状況の点検・確認→髪の乾燥、整髪→浴室から居室への移動→水分補給→汚れた衣服の処理→浴槽の簡単な後始末→使用物品の後始末→ヘルパー自身の身支度、清潔動作

④洗面等
　　○洗面所までの安全確認→声かけ・説明→洗面所への移動→座位確保→物品準備（歯ブラシ、歯磨き粉、ガーゼなど）→洗面用具準備→洗面（タオルで顔を拭く、歯磨き見守り・介助、うがい見守り・介助）→居室への移動（見守りを含む）→使用物品の後始末→ヘルパー自身の清潔動作

⑤身体整容（日常的な行為としての身体整容）
　　○声かけ・説明→鏡台等への移動（見守りを含む）→座位確保→物品の準備→整容（手足の爪きり、耳そうじ、髭の手入れ、髪の手入れ、簡単な化粧）→使用物品の後始末→ヘルパー自身の清潔動作

⑥更衣介助
　　○声かけ・説明→着替えの準備（寝間着・下着・外出着・靴下等）→上半身脱衣→上半身着衣→下半身脱衣→下半身着衣→靴下を脱がせる→靴下を履かせる→着替えた衣類を洗濯物置き場に運ぶ→スリッパや靴を履かせる

3. 体位変換、移動・移乗介助、外出介助

①体位変換
　　○声かけ・説明→体位変換（仰臥位から側臥位、側臥位から仰臥位）→良肢位の確保（腰・肩をひく等）→安楽な姿勢の保持（座布団・パッドなどあて物をする等）→確認（安楽なのか、めまいはないのかなど）

②移乗・移動介助
　　移乗　　○車いすの準備→声かけ・説明→ブレーキ・タイヤ等の確認→ベッドサイドで端座位の保持→立位→車いすに座らせる→座位の確保（後ろにひく、ずれを防ぐためあて物をするなど）→フットレストを下げて片方ずつ足を乗せる→気分の確認
　　　　　　○その他の補装具（歩行器、杖）の準備→声かけ・説明→移乗→気分の確認
　　移動　　○安全移動のための通路の確保（廊下・居室内等）→声かけ・説明→移動（車いすを押す、歩行器に手をかける、手を引くなど）→気分の確認

③通院・外出介助
　　○声かけ・説明→目的地（病院等）に行くための準備→バス等の交通機関への乗降→気分の確認→受診等の手続き
　　○（場合により）院内の移動等の介助

4. 起床および就寝介助

①起床・就寝介助
　　起床介助　○声かけ・説明（覚醒確認）→ベッドサイドでの端座位の確保→ベッドサイドでの起きあがり→ベッドからの移動（両手を引いて介助）→気分の確認

　　　　　　○（場合により）布団をたたみ押入に入れる
　　②就寝介助
　　　○声かけ・説明→準備（シーツのしわをのばし食べかすやほこりをはらう、布団やベッド上のものを片づける等）→ベッドへの移動（両手を引いて介助）→ベッドサイドでの端座位の確保→ベッド上での仰臥位または側臥位の確保→リネンの快適さの確認（掛け物を気温によって調整する等）→気分の確認
　　　○（場合により）布団を敷く
5. 服薬介助
　　○水の準備→配剤された薬をテーブルの上に出し、確認（飲み忘れないようにする）→本人が薬を飲むのを手伝う→後片づけ、確認
6. 自立生活支援のための見守り的援助（自立支援、ADL向上の観点から安全を確保しつつ常時介助できる状態で行う見守り等）
　　○利用者と一緒に手助けしながら行う調理（安全確認の声かけ、疲労の確認を含む）
　　○入浴、更衣等の見守り（必要に応じて行う介助、転倒予防のための声かけ、気分の確認などを含む）
　　○ベッドの出入り時など自立を促すための声かけ（声かけや見守り中心で必要な時だけ介助）
　　○移動時、転倒しないように側について歩く（介護は必要時だけで、事故がないように常に見守る）
　　○車いすでの移動介助を行って店に行き、本人が自ら品物を選べるよう援助
　　○洗濯物をいっしょに干したりたたんだりすることにより自立支援を促すとともに、転倒予防等のための見守り・声かけを行う
　　○認知症の高齢者の方といっしょに冷蔵庫のなかの整理等を行うことにより、生活歴の喚起を促す

2. 生活援助

生活援助とは、身体介護以外の訪問介護であって、掃除、洗濯、調理などの日常生活の援助（そのために必要な一連の行為を含む）であり、利用者が単身、家族が障害・疾病などのため、本人や家族が家事を行うことが困難な場合に行われるものをいう。（生活援助は、本人の代行的なサービスとして位置づけることができ、仮に、介護等を要する状態が解消されたとしたならば、本人が自身で行うことが基本となる行為であるということができる。）
※次のような行為は生活援助の内容に含まれないものであるので留意すること。
　①商品の販売・農作業等生業の援助的な行為
　②直接、本人の日常生活の援助に属しないと判断される行為

0. サービス準備等
　　サービス準備は、生活援助サービスを提供する際の事前準備等として行う行為であり、状況に応じて以下のようなサービスを行うものである。
　　①健康チェック
　　　利用者の安否確認、顔色等のチェック
　　②環境整備
　　　換気、室温・日あたりの調整等

③相談援助、情報収集・提供
④サービスの提供後の記録等

1. 掃除
   ○居室内やトイレ、卓上等の清掃
   ○ゴミ出し
   ○準備・後片づけ

2. 洗濯
   ○洗濯機または手洗いによる洗濯
   ○洗濯物の乾燥（物干し）
   ○洗濯物の取り入れと収納
   ○アイロンがけ

3. ベッドメイク
   ○利用者不在のベッドでのシーツ交換、布団カバーの交換等

4. 衣類の整理・被服の補修
   ○衣類の整理（夏・冬物等の入れ替え等）
   ○被服の補修（ボタン付け、破れの補修等）

5. 一般的な調理、配下膳
   ○配膳、後片づけのみ
   ○一般的な調理

6. 買い物・薬の受け取り
   ○日常品等の買い物（内容の確認、品物・釣り銭の確認を含む）
   ○薬の受け取り

厚生労働大臣が定める特定診療費に係る指導管理等および単位数

（平成12年2月10日　厚生省告示第30号より）

	特定診療費項目名	報酬額	内　容
1	感染対策指導管理	1日につき5単位	常時、感染防止対策を行う場合に算定されます。
2	褥瘡対策指導管理	1日につき5単位	常時、褥瘡対策を行う場合に算定されます。
3	初期入院診療管理	250単位	入院に際して、医師が必要な診察、検査等を行い、診療方針を定めて文書で説明を行った場合に原則として入院中1回を限度として算定されます。
4	重度療養管理	1日につき123単位	要介護4または要介護5に該当する者で、以下のいずれかに該当する状態にある者に対して、計画的な医学的管理を継続して行い、かつ療養上必要な処置を行った場合に算定されます。 ①常時頻回の喀痰吸引を実施している状態 ②呼吸障害等により人工呼吸器を使用している状態 ③中心静脈注射を実施しており、かつ、強心薬等の薬剤を投与している状態 ④人工腎臓を実施しており、かつ、重篤な合併症を有する状態 ⑤重篤な心機能障害、呼吸障害等により常時モニター測定を実施している状態 ⑥膀胱または直腸の機能障害の程度が身体障害者障害程度等級表の4級以上に該当し、かつ、ストーマの処置を実施している状態
5	特定施設管理	1日につき250単位	後天性免疫不全症候群の病原体に感染している者に対して、サービスを提供する場合に算定されます。 個室または2人部屋において、サービスを提供する場合は、さらに次の単位が加算されます。 　個室の場合　　　1日につき300単位 　2人部屋の場合　1日につき150単位
6	重症皮膚潰瘍管理指導	1日につき18単位	重症皮膚潰瘍を有している者に対して、計画的な医学的管理を継続して行い、かつ療養上必要な指導を行った場合に算定されます。
7	薬剤管理指導	350単位	利用者または入院患者に対して投薬または注射および薬学的管理指導を行った場合に、週1回に限り、月4回を限度として算定されます。 疼痛緩和のために麻薬の投薬または注射が行われている利用者に対して、薬剤の使用に関する必要な薬学的管理指導を行っている場合は、1回につき50単位を加算します。
8	医学情報提供	イ　医学情報提供（Ⅰ） 　　　220単位 ロ　医学情報提供（Ⅱ） 　　　290単位	別の診療所や病院での診療の必要を認め、利用者の同意を得て、利用者の診療状況を示す文書を添えて紹介を行った場合に算定されます。
9	理学療法	イ　理学療法（Ⅰ） 　1回につき123単位 ロ　理学療法（Ⅱ） 　1回につき73単位	利用者または入院患者に対して、理学療法を個別に行った場合に、施設基準に掲げる区分に従って算定されます。 理学療法は、利用者または患者1人につき1日に3回に限り、月に11回を限度として算定されます。利用開始から4か月を超えた期間における11回目以降のものは、100分の70に相当する単位数が算定されます。 また、以下の加算があります。 　①理学療法リハビリ計画加算　　　480単位 　②理学療法日常動作訓練指導加算　300単位 　③理学療法リハビリ体制強化加算　35単位
10	作業療法	1回につき123単位	利用者または入院患者に対して、作業療法を個別に行った場合に算定されます。 作業療法は、利用者または患者1人につき1日に3回に限り、月に11回を限度として算定されます。利用開始から4か月を超えた期間における11回目以降のものは、100分の70に相当する単位数が算定されます。 また、以下の加算があります。 　①作業療法リハビリ計画加算　　　480単位 　②作業療法日常動作訓練指導加算　300単位 　③作業療法リハビリ体制強化加算　35単位
11	言語聴覚療法	1回につき203単位	利用者または入院患者に対して、言語聴覚療法を個別に行った場合に算定されます。 言語聴覚療法は、利用者または患者1人につき1日に3回に限り、月に11回を限度として算定されます。利用開始から4か月を超えた期間における11回目以降のものは、100分の70に相当する単位数が算定されます。 また、以下の加算があります。 　言語聴覚療法リハビリ体制強化加算　35単位

	特定診療費項目名	報酬額	内容
12	集団コミュニケーション療法	1回につき50単位	利用者または入院患者に対して、集団コミュニケーション療法を行った場合に、利用者または入院患者1人につき1日に3回に限り算定されます。
13	摂食機能療法	1日につき208単位	摂食機能障害を有する者に対して、摂食機能療法を30分以上行った場合に1か月に4回を限度として算定されます。
14	短期集中リハビリテーション	1日につき240単位	入院患者に対して、医師または医師の指示を受けた理学療法士、作業療法士または言語聴覚士が、入院した日から起算して3か月以内に、集中的に理学療法、作業療法、言語聴覚療法または摂食機能療法を行った場合に算定されます。ただし、理学療法、作業療法、言語聴覚療法または摂食機能療法を算定している場合は算定されません。
15	認知症短期集中リハビリテーション	1日につき240単位	認知症であると医師が判断し、リハビリテーションによって生活機能の改善が見込まれると判断された入院患者に対して、医師または医師の指示を受けた理学療法士、作業療法士もしくは言語聴覚士が、入院した日から起算して3か月以内の期間に集中的なリハビリテーションを個別に行った場合に、1週間に3日を限度として算定されます。
16	精神科作業療法	1日につき220単位	利用者または入院患者に対して、精神科作業療法を行った場合に算定されます。
17	認知症老人入院精神療法	1週間につき330単位	利用者または入院患者に対して、認知症老人入院精神療法を行った場合に算定されます。

第7章

参考資料

CONTENTS

- 指定居宅介護支援等の事業の人員及び運営に関する基準 ……………………………… **412**
- 指定居宅介護支援等の事業の人員及び運営に関する基準について ………………… **417**
- 指定介護予防支援等の事業の人員及び運営並びに指定介護予防支援等に
  係る介護予防のための効果的な支援の方法に関する基準 ………………………… **426**
- 指定介護予防支援等の事業の人員及び運営並びに指定介護予防支援等に
  係る介護予防のための効果的な支援の方法に関する基準について ………… **432**

CD-ROM

関係法令・通知／サービスコード表等　CD-ROMのご利用について

指定居宅介護支援等の事業の人員及び運営に関する基準

平成11年3月31日厚生省令第38号
注　平成27年1月22日厚生労働省令第10号改正現在

目次
　第1章　趣旨及び基本方針（第1条・第1条の2）
　第2章　人員に関する基準（第2条・第3条）
　第3章　運営に関する基準（第4条—第29条）
　第4章　基準該当居宅介護支援に関する基準（第30条）
　附則

第1章　趣旨及び基本方針

（趣旨）
第1条　基準該当居宅介護支援（介護保険法（平成9年法律第123号。以下「法」という。）第47条第1項第1号に規定する基準該当居宅介護支援をいう。以下同じ。）の事業に係る法第47条第2項の厚生労働省令で定める基準及び指定居宅介護支援（法第46条第1項に規定する指定居宅介護支援をいう。以下同じ。）の事業に係る法第81条第3項の厚生労働省令で定める基準は、次の各号に掲げる基準に応じ、それぞれ当該各号に定める規定による基準とする。

　一　法第47条第1項第1号の規定により、同条第2項第1号に掲げる事項について都道府県（地方自治法（昭和22年法律第67号）第252条の19第1項の指定都市（以下「指定都市」という。）及び同法第252条の22第1項の中核市（以下「中核市」という。）にあっては、指定都市又は中核市。以下この条において同じ。）が条例を定めるに当たって従うべき基準　第2条（第30条において準用する場合に限る。）及び第3条（第30条において準用する場合に限る。）の規定による基準

　二　法第47条第1項第1号の規定により、同条第2項第2号に掲げる事項について都道府県が条例を定めるに当たって従うべき基準　第4条第1項及び第2項（第30条において準用する場合に限る。）、第5条（第30条において準用する場合に限る。）、第13条第1項第7号、第9号から第11号まで、第14号、第16号及び第26号（第30条において準用する場合に限る。）、第23条（第30条において準用する場合に限る。）並びに第27条（第30条において準用する場合に限る。）の規定による基準

　三　法第81条第1項の規定により、同条第3項第1号に掲げる事項について都道府県が条例を定めるに当たって従うべき基準　第2条及び第3条の規定による基準

　四　法第81条第2項の規定により、同条第3項第2号に掲げる事項について都道府県が条例を定めるに当たって従うべき基準　第4条第1項及び第2項、第5条、第13条第1項第7号、第9号から第11号まで、第14号、第16号及び第26号、第23条並びに第27条の規定による基準

　五　法第47条第1項第1号又は第81条第1項若しくは第2項の規定により、法第47条第2項第1号及び第2号並びに第81条第3項第1号及び第2号に掲げる事項以外の事項について、都道府県が条例を定めるに当たって参酌すべき基準　この省令で定める基準のうち、前各号に定める規定による基準以外のもの

（基本方針）
第1条の2　指定居宅介護支援の事業は、要介護状態となった場合においても、その利用者が可能な限りその居宅において、その有する能力に応じ自立した日常生活を営むことができるように配慮して行われるものでなければならない。

2　指定居宅介護支援の事業は、利用者の心身の状況、その置かれている環境等に応じて、利用者の選択に基づき、適切な保健医療サービス及び福祉サービスが、多様な事業者から、総合的かつ効率的に提供されるよう配慮して行われるものでなければならない。

3　指定居宅介護支援事業者（法第46条第1項に規定する指定居宅介護支援事業者をいう。以下同じ。）は、指定居宅介護支援の提供に当たっては、利用者の意思及び人格を尊重し、常に利用者の立場に立って、利用者に提供される指定居宅サービス等（法第8条第23項に規定する指定居宅サービス等をいう。以下同じ。）が特定の種類又は特定の居宅サービス事業者に不当に偏することのないよう、公正中立に行われなければならない。

4　指定居宅介護支援事業者は、事業の運営に当たっては、市町村（特別区を含む。以下同じ。）、法第115条の46第1項に規定する地域包括支援センター、老人福祉法（昭和38年法律第133号）第20条の7の2に規定する老人介護支援センター、他の指定居宅介護支援事業者、指定介護予防支援事業者（法第58条第1項に規定する指定介護予防支援事業者をいう。以下同じ。）、介護保険施設等との連携に努めなければならない。

第2章　人員に関する基準

（従業者の員数）
第2条　指定居宅介護支援事業者は、当該指定に係る事業所（以下「指定居宅介護支援事業所」という。）ごとに1以上の員数の指定居宅介護支援の提供に当たる介護支援専門員であって常勤であるもの（以下第3条第2項を除き、単に「介護支援専門員」という。）を置かなければならない。

2　前項に規定する員数の基準は、利用者の数が35又はその端数を増すごとに1とする。

（管理者）
第3条　指定居宅介護支援事業者は、指定居宅介護支援事業所ごとに常勤の管理者を置かなければならない。

2　前項に規定する管理者は、介護支援専門員でなければならない。

3　第1項に規定する管理者は、専らその職務に従事する者でなければならない。ただし、次に掲げる場合は、この限りでない。

　一　管理者がその管理する指定居宅介護支援事業所の介護支援専門員の職務に従事する場合

　二　管理者が同一敷地内にある他の事業所の職務に従事する場合（その管理する指定居宅介護支援事業所の管理に支障がない場合に限る。）

第3章　運営に関する基準

（内容及び手続の説明及び同意）
第4条　指定居宅介護支援事業者は、指定居宅介護支援の提供の開始に際し、あらかじめ、利用申込者又はその家族に対し、第18条に規定する運営規程の概要その他の利用申込者のサービスの選択に資すると認められる重要事項を記した文書を交付して説明を行い、当該提供の開始について利用申込者の同意を得なければならない。

2　指定居宅介護支援事業者は、指定居宅介護支援の提供の開始に際し、あらかじめ、居宅サービス計画が第1条の2に規定する基本方針及び利用者の希望に基づき作成されるものであること等につき説明を行い、理解を得なければならない。

3　指定居宅介護支援事業者は、利用申込者又はその家族からの申出があった場合には、第1項の規定による

文書の交付に代えて、第6項で定めるところにより、当該利用申込者又はその家族の承諾を得て、当該文書に記すべき重要事項を電子情報処理組織を使用する方法その他の情報通信の技術を利用する方法であって次に掲げるもの（以下この条において「電磁的方法」という。）により提供することができる。この場合において、当該指定居宅介護支援事業者は、当該文書を交付したものとみなす。
一 電子情報処理組織を使用する方法のうちイ又はロに掲げるもの
　イ 指定居宅介護支援事業者の使用に係る電子計算機と利用申込者又はその家族の使用に係る電子計算機とを接続する電気通信回線を通じて送信し、受信者の使用に係る電子計算機に備えられたファイルに記録する方法
　ロ 指定居宅介護支援事業者の使用に係る電子計算機に備えられたファイルに記録された第一項に規定する重要事項を電気通信回線を通じて利用申込者又はその家族の閲覧に供し、当該利用申込者又はその家族の使用に係る電子計算機に備えられたファイルに当該重要事項を記録する方法（電磁的方法による提供を受ける旨の承諾又は受けない旨の申出をする場合にあっては、指定居宅介護支援事業者の使用に係る電子計算機に備えられたファイルにその旨を記録する方法）
二 磁気ディスク、シー・ディー・ロムその他これらに準ずる方法により一定の事項を確実に記録しておくことができる物をもって調製するファイルに第1項に規定する重要事項を記録したものを交付する方法
4 前項に掲げる方法は、利用申込者又はその家族がファイルへの記録を出力することによる文書を作成することができるものでなければならない。
5 第3項第1号の「電子情報処理組織」とは、指定居宅介護支援事業者の使用に係る電子計算機と、利用申込者又はその家族の使用に係る電子計算機とを電気通信回線で接続した電子情報処理組織をいう。
6 指定居宅介護支援事業者は、第3項の規定により第1項に規定する重要事項を提供しようとするときは、あらかじめ、当該利用申込者又はその家族に対し、その用いる次に掲げる電磁的方法の種類及び内容を示し、文書又は電磁的方法による承諾を得なければならない。
一 第3項各号に規定する方法のうち指定居宅介護支援事業者が使用するもの
二 ファイルへの記録の方式
7 前項の規定による承諾を得た指定居宅介護支援事業者は、当該利用申込者又はその家族から文書又は電磁的方法により電磁的方法による提供を受けない旨の申出があったときは、当該利用申込者又はその家族に対し、第1項に規定する重要事項の提供を電磁的方法によってしてはならない。ただし、当該利用申込者又はその家族が再び前項の規定による承諾をした場合は、この限りでない。

（提供拒否の禁止）
第5条　指定居宅介護支援事業者は、正当な理由なく指定居宅介護支援の提供を拒んではならない。
（サービス提供困難時の対応）
第6条　指定居宅介護支援事業者は、当該事業所の通常の事業の実施地域（当該指定居宅介護支援事業所が通常時に指定居宅介護支援を提供する地域をいう。以下同じ。）等を勘案し、利用申込者に対し自ら適切な指定居宅介護支援を提供することが困難であると認めた場合は、他の指定居宅介護支援事業者の紹介その他の必要な措置を講じなければならない。
（受給資格等の確認）
第7条　指定居宅介護支援事業者は、指定居宅介護支援の提供を求められた場合には、その者の提示する被保険者証によって、被保険者資格、要介護認定の有無及び要介護認定の有効期間を確かめるものとする。
（要介護認定の申請に係る援助）
第8条　指定居宅介護支援事業者は、被保険者の要介護認定に係る申請について、利用申込者の意思を踏まえ、必要な協力を行わなければならない。
2　指定居宅介護支援事業者は、指定居宅介護支援の提供の開始に際し、要介護認定を受けていない利用申込者については、要介護認定の申請が既に行われているかどうかを確認し、申請が行われていない場合は、当該利用申込者の意思を踏まえて速やかに当該申請が行われるよう必要な援助を行わなければならない。
3　指定居宅介護支援事業者は、要介護認定の更新の申請が、遅くとも当該利用者が受けている要介護認定の有効期間の満了日の30日前には行われるよう、必要な援助を行わなければならない。
（身分を証する書類の携行）
第9条　指定居宅介護支援事業者は、当該指定居宅介護支援事業所の介護支援専門員に身分を証する書類を携行させ、初回訪問時及び利用者又はその家族から求められたときは、これを提示すべき旨を指導しなければならない。
（利用料等の受領）
第10条　指定居宅介護支援事業者は、指定居宅介護支援（法第46条第4項の規定に基づき居宅介護サービス計画費（法第46条第2項に規定する居宅介護サービス計画費をいう。以下同じ。）が当該指定居宅介護支援事業者に支払われる場合に係るものを除く。）を提供した際にその利用者から支払を受ける利用料（居宅介護サービス計画費の支給の対象となる費用に係る対価をいう。以下同じ。）と、居宅介護サービス計画費の額との間に、不合理な差額が生じないようにしなければならない。
2　指定居宅介護支援事業者は、前項の利用料のほか、利用者の選定により通常の事業の実施地域以外の地域の居宅を訪問して指定居宅介護支援を行う場合には、それに要した交通費の支払を利用者から受けることができる。
3　指定居宅介護支援事業者は、前項に規定する費用の額に係るサービスの提供に当たっては、あらかじめ、利用者又はその家族に対し、当該サービスの内容及び費用について説明を行い、利用者の同意を得なければならない。
（保険給付の請求のための証明書の交付）
第11条　指定居宅介護支援事業者は、提供した指定居宅介護支援について前条第1項の利用料の支払を受けた場合は、当該利用料の額等を記載した指定居宅介護支援提供証明書を利用者に対して交付しなければならない。
（指定居宅介護支援の基本取扱方針）
第12条　指定居宅介護支援は、要介護状態の軽減又は悪化の防止に資するよう行われるとともに、医療サービスとの連携に十分配慮して行われなければならない。
2　指定居宅介護支援事業者は、自らその提供する指定居宅介護支援の質の評価を行い、常にその改善を図らなければならない。
（指定居宅介護支援の具体的取扱方針）
第13条　指定居宅介護支援の方針は、第1条の2に規定する基本方針及び前条に規定する基本取扱方針に基づき、次に掲げるところによるものとする。
一 指定居宅介護支援事業所の管理者は、介護支援専門員に居宅サービス計画の作成に関する業務を担当させるものとする。
二 指定居宅介護支援の提供に当たっては、懇切丁寧

に行うことを旨とし、利用者又はその家族に対し、サービスの提供方法等について、理解しやすいように説明を行う。

三　介護支援専門員は、居宅サービス計画の作成に当たっては、利用者の自立した日常生活の支援を効果的に行うため、利用者の心身又は家族の状況等に応じ、継続的かつ計画的に指定居宅サービス等の利用が行われるようにしなければならない。

四　介護支援専門員は、居宅サービス計画の作成に当たっては、利用者の日常生活全般を支援する観点から、介護給付等対象サービス（法第24条第2項に規定する介護給付等対象サービスをいう。以下同じ。）以外の保健医療サービス又は福祉サービス、当該地域の住民による自発的な活動によるサービス等の利用も含めて居宅サービス計画上に位置付けるよう努めなければならない。

五　介護支援専門員は、居宅サービス計画の作成の開始に当たっては、利用者によるサービスの選択に資するよう、当該地域における指定居宅サービス事業者等に関するサービスの内容、利用料等の情報を適正に利用者又はその家族に対して提供するものとする。

六　介護支援専門員は、居宅サービス計画の作成に当たっては、適切な方法により、利用者について、その有する能力、既に提供を受けている指定居宅サービス等のその置かれている環境等の評価を通じて利用者が現に抱える問題点を明らかにし、利用者が自立した日常生活を営むことができるように支援する上で解決すべき課題を把握しなければならない。

七　介護支援専門員は、前号に規定する解決すべき課題の把握（以下「アセスメント」という。）に当たっては、利用者の居宅を訪問し、利用者及びその家族に面接して行わなければならない。この場合において、介護支援専門員は、面接の趣旨を利用者及びその家族に対して十分に説明し、理解を得なければならない。

八　介護支援専門員は、利用者の希望及び利用者についてのアセスメントの結果に基づき、利用者の家族の希望及び当該地域における指定居宅サービス等が提供される体制を勘案して、当該アセスメントにより把握された解決すべき課題に対応するための最も適切なサービスの組合せについて検討し、利用者及びその家族の生活に対する意向、総合的な援助の方針、生活全般の解決すべき課題、提供されるサービスの目標及びその達成時期、サービスの種類、内容及び利用料並びにサービスを提供する上での留意事項等を記載した居宅サービス計画の原案を作成しなければならない。

九　介護支援専門員は、サービス担当者会議（介護支援専門員が居宅サービス計画の作成のために、利用者及びその家族の参加を基本としつつ、居宅サービス計画の原案に位置付けた指定居宅サービス等の担当者（以下この条において「担当者」という。）を召集して行う会議をいう。以下同じ。）の開催により、利用者の状況等に関する情報を担当者と共有するとともに、当該居宅サービス計画の原案の内容について、担当者から、専門的な見地からの意見を求めるものとする。ただし、やむを得ない理由がある場合については、担当者に対する照会等により意見を求めることができるものとする。

十　介護支援専門員は、居宅サービス計画の原案に位置付けた指定居宅サービス等について、保険給付の対象となるかどうかを区分した上で、当該居宅サービス計画の原案の内容について利用者又はその家族に対して説明し、文書により利用者の同意を得なければならない。

十一　介護支援専門員は、居宅サービス計画を作成した際には、当該居宅サービス計画を利用者及び担当者に交付しなければならない。

十二　介護支援専門員は、居宅サービス計画に位置付けた指定居宅サービス事業者等に対して、訪問介護計画（指定居宅サービス等の事業の人員、設備及び運営に関する基準（平成11年厚生省令第37号。以下「指定居宅サービス等基準」という。）第24条第1項に規定する訪問介護計画をいう。）等指定居宅サービス等基準において位置付けられている計画の提出を求めるものとする。

十三　介護支援専門員は、居宅サービス計画の作成後、居宅サービス計画の実施状況の把握（利用者についての継続的なアセスメントを含む。）を行い、必要に応じて居宅サービス計画の変更、指定居宅サービス事業者等との連絡調整その他の便宜の提供を行うものとする。

十四　介護支援専門員は、前号に規定する実施状況の把握（以下「モニタリング」という。）に当たっては、利用者及びその家族、指定居宅サービス事業者等との連絡を継続的に行うこととし、特段の事情のない限り、次に定めるところにより行わなければならない。

　イ　少なくとも1月に1回、利用者の居宅を訪問し、利用者に面接すること。

　ロ　少なくとも1月に1回、モニタリングの結果を記録すること。

十五　介護支援専門員は、次に掲げる場合においては、サービス担当者会議の開催により、居宅サービス計画の変更の必要性について、担当者から、専門的な見地からの意見を求めるものとする。ただし、やむを得ない理由がある場合については、担当者に対する照会等により意見を求めることができるものとする。

　イ　要介護認定を受けている利用者が法第28条第2項に規定する要介護更新認定を受けた場合

　ロ　要介護認定を受けている利用者が法第29条第1項に規定する要介護状態区分の変更の認定を受けた場合

十六　第3号から第12号までの規定は、第13号に規定する居宅サービス計画の変更について準用する。

十七　介護支援専門員は、適切な保健医療サービス及び福祉サービスが総合的かつ効率的に提供された場合においても、利用者がその居宅において日常生活を営むことが困難となったと認める場合又は利用者が介護保険施設への入院又は入所を希望する場合には、介護保険施設への紹介その他の便宜の提供を行うものとする。

十八　介護支援専門員は、介護保険施設等から退院又は退所しようとする要介護者から依頼があった場合には、居宅における生活へ円滑に移行できるよう、あらかじめ、居宅サービス計画の作成等の援助を行うものとする。

十九　介護支援専門員は、利用者が訪問看護、通所リハビリテーション等の医療サービスの利用を希望している場合その他必要な場合には、利用者の同意を得て主治の医師又は歯科医師（以下「主治の医師等」という。）の意見を求めなければならない。

二十　介護支援専門員は、居宅サービス計画に訪問看護、通所リハビリテーション等の医療サービスを位置付ける場合にあっては、当該医療サービスに係る主治の医師等の指示がある場合に限りこれを行うものとし、医療サービス以外の指定居宅サービス等を位置付ける場合にあっては、当該指定居宅サービス

等に係る主治の医師等の医学的観点からの留意事項が示されているときは、当該留意点を尊重してこれを行うものとする。
二十一　介護支援専門員は、居宅サービス計画に短期入所生活介護又は短期入所療養介護を位置付ける場合にあっては、利用者の居宅における自立した日常生活の維持に十分に留意するものとし、利用者の心身の状況等を勘案して特に必要と認められる場合を除き、短期入所生活介護及び短期入所療養介護を利用する日数が要介護認定の有効期間のおおむね半数を超えないようにしなければならない。
二十二　介護支援専門員は、居宅サービス計画に福祉用具貸与を位置付ける場合にあっては、その利用の妥当性を検討し、当該計画に福祉用具貸与が必要な理由を記載するとともに、必要に応じて随時サービス担当者会議を開催し、継続して福祉用具貸与を受ける必要性について検証をした上で、継続して福祉用具貸与を受ける必要がある場合にはその理由を居宅サービス計画に記載しなければならない。
二十三　介護支援専門員は、居宅サービス計画に特定福祉用具販売を位置付ける場合にあっては、その利用の妥当性を検討し、当該計画に特定福祉用具販売が必要な理由を記載しなければならない。
二十四　介護支援専門員は、利用者が提示する被保険者証に、法第73条第2項に規定する認定審査会意見又は法第37条第1項の規定による指定に係る居宅サービス若しくは地域密着型サービスの種類についての記載がある場合には、利用者にその趣旨（同条第1項の規定による指定に係る居宅サービス若しくは地域密着型サービスの種類については、その変更の申請ができることを含む。）を説明し、理解を得た上で、その内容に沿って居宅サービス計画を作成しなければならない。
二十五　介護支援専門員は、要介護認定を受けている利用者が要支援認定を受けた場合には、指定介護予防支援事業者と当該利用者に係る必要な情報を提供する等の連携を図るものとする。
二十六　指定居宅介護支援事業者は、法第115条の23第3項の規定に基づき、指定介護予防支援事業者から指定介護予防支援の業務の委託を受けるに当たっては、その業務量等を勘案し、当該指定居宅介護支援事業者が行う指定居宅介護支援の業務が適正に実施できるよう配慮しなければならない。
二十七　指定居宅介護支援事業者は、法第115条の48第4項の規定に基づき、同条第1項に規定する会議から、同条第2項の検討を行うための資料又は情報の提供、意見の開陳その他必要な協力の求めがあった場合には、これに協力するよう努めなければならない。

（法定代理受領サービスに係る報告）
第14条　指定居宅介護支援事業者は、毎月、市町村（法第41条第10項の規定により同条第9項の規定による審査及び支払に関する事務を国民健康保険団体連合会（国民健康保険法（昭和33年法律第192号）第45条第5項に規定する国民健康保険団体連合会をいう。以下同じ。）に委託している場合にあっては、当該国民健康保険団体連合会）に対し、居宅サービス計画において位置付けられている指定居宅サービス等のうち法定代理受領サービス（法第41条第6項の規定により居宅介護サービス費が利用者に代わり当該指定居宅サービス事業者に支払われる場合の当該居宅介護サービス費に係る指定居宅サービスをいう。）として位置付けたものに関する情報を記載した文書を提出しなければならない。
2　指定居宅介護支援事業者は、居宅サービス計画に位置付けられている基準該当居宅サービスに係る特例居宅介護サービス費の支給に係る事務に必要な情報を記載した文書を、市町村（当該事務を国民健康保険団体連合会に委託している場合にあっては、当該国民健康保険団体連合会）に対して提出しなければならない。

（利用者に対する居宅サービス計画等の書類の交付）
第15条　指定居宅介護支援事業者は、利用者が他の居宅介護支援事業者の利用を希望する場合、要介護認定を受けている利用者が要支援認定を受けた場合その他利用者からの申出があった場合には、当該利用者に対し、直近の居宅サービス計画及びその実施状況に関する書類を交付しなければならない。

（利用者に関する市町村への通知）
第16条　指定居宅介護支援事業者は、指定居宅介護支援を受けている利用者が次のいずれかに該当する場合は、遅滞なく、意見を付してその旨を市町村に通知しなければならない。
一　正当な理由なしに介護給付等対象サービスの利用に関する指示に従わないこと等により、要介護状態の程度を増進させたと認められるとき。
二　偽りその他不正の行為によって保険給付の支給を受け、又は受けようとしたとき。

（管理者の責務）
第17条　指定居宅介護支援事業所の管理者は、当該指定居宅介護支援事業所の介護支援専門員その他の従業者の管理、指定居宅介護支援の利用の申込みに係る調整、業務の実施状況の把握その他の管理を一元的に行わなければならない。
2　指定居宅介護支援事業所の管理者は、当該指定居宅介護支援事業所の介護支援専門員その他の従業者にこの章の規定を遵守させるため必要な指揮命令を行うものとする。

（運営規程）
第18条　指定居宅介護支援事業者は、指定居宅介護支援事業所ごとに、次に掲げる事業の運営についての重要事項に関する規程（以下「運営規程」という。）として次に掲げる事項を定めるものとする。
一　事業の目的及び運営の方針
二　職員の職種、員数及び職務内容
三　営業日及び営業時間
四　指定居宅介護支援の提供方法、内容及び利用料その他の費用の額
五　通常の事業の実施地域
六　その他運営に関する重要事項

（勤務体制の確保）
第19条　指定居宅介護支援事業者は、利用者に対し適切な指定居宅介護支援を提供できるよう、指定居宅介護支援事業所ごとに介護支援専門員その他の従業者の勤務の体制を定めておかなければならない。
2　指定居宅介護支援事業者は、指定居宅介護支援事業所ごとに、当該指定居宅介護支援事業所の介護支援専門員に指定居宅介護支援の業務を担当させなければならない。ただし、介護支援専門員の補助の業務についてはこの限りでない。
3　指定居宅介護支援事業者は、介護支援専門員の資質の向上のために、その研修の機会を確保しなければならない。

（設備及び備品等）
第20条　指定居宅介護支援事業者は、事業を行うために必要な広さの区画を有するとともに、指定居宅介護支援の提供に必要な設備及び備品等を備えなければならない。

（従業者の健康管理）
第21条　指定居宅介護支援事業者は、介護支援専門員の清潔の保持及び健康状態について、必要な管理を行わなければならない。

（掲示）
第22条　指定居宅介護支援事業者は、指定居宅介護支援事業所の見やすい場所に、運営規程の概要、介護支援専門員の勤務の体制その他の利用申込者のサービスの選択に資すると認められる重要事項を掲示しなければならない。

（秘密保持）
第23条　指定居宅介護支援事業所の介護支援専門員その他の従業者は、正当な理由がなく、その業務上知り得た利用者又はその家族の秘密を漏らしてはならない。
2　指定居宅介護支援事業者は、介護支援専門員その他の従業者であった者が、正当な理由がなく、その業務上知り得た利用者又はその家族の秘密を漏らすことのないよう、必要な措置を講じなければならない。
3　指定居宅介護支援事業者は、サービス担当者会議等において、利用者の個人情報を用いる場合は利用者の同意を、利用者の家族の個人情報を用いる場合は当該家族の同意を、あらかじめ文書により得ておかなければならない。

（広告）
第24条　指定居宅介護支援事業者は、指定居宅介護支援事業所について広告をする場合においては、その内容が虚偽又は誇大なものであってはならない。

（居宅サービス事業者等からの利益収受の禁止等）
第25条　指定居宅介護支援事業者及び指定居宅介護支援事業所の管理者は、居宅サービス計画の作成又は変更に関し、当該指定居宅介護支援事業所の介護支援専門員に対して特定の居宅サービス事業者等によるサービスを位置付けるべき旨の指示等を行ってはならない。
2　指定居宅介護支援事業所の介護支援専門員は、居宅サービス計画の作成又は変更に関し、利用者に対して特定の居宅サービス事業者等によるサービスを利用すべき旨の指示等を行ってはならない。
3　指定居宅介護支援事業者及びその従業者は、居宅サービス計画の作成又は変更に関し、利用者に対して特定の居宅サービス事業者等によるサービスを利用させることの対償として、当該居宅サービス事業者等から金品その他の財産上の利益を収受してはならない。

（苦情処理）
第26条　指定居宅介護支援事業者は、自ら提供した指定居宅介護支援又は自らが居宅サービス計画に位置付けた指定居宅サービス等（第6項において「指定居宅介護支援等」という。）に対する利用者及びその家族からの苦情に迅速かつ適切に対応しなければならない。
2　指定居宅介護支援事業者は、前項の苦情を受け付けた場合は、当該苦情の内容等を記録しなければならない。
3　指定居宅介護支援事業者は、自ら提供した指定居宅介護支援に関し、法第23条の規定により市町村が行う文書その他の物件の提出若しくは提示の求め又は当該市町村の職員からの質問若しくは照会に応じ、及び利用者からの苦情に関して市町村が行う調査に協力するとともに、市町村から指導又は助言を受けた場合においては、当該指導又は助言に従って必要な改善を行わなければならない。
4　指定居宅介護支援事業者は、市町村からの求めがあった場合には、前項の改善の内容を市町村に報告しなければならない。
5　指定居宅介護支援事業者は、自らが居宅サービス計画に位置付けた法第41条第1項に規定する指定居宅サービス又は法第42条の2第1項に規定する指定地域密着型サービスに対する苦情の国民健康保険団体連合会への申立てに関して、利用者に対し必要な援助を行わなければならない。
6　指定居宅介護支援事業者は、指定居宅介護支援等に対する利用者からの苦情に関して国民健康保険団体連合会が行う法第176条第1項第3号の調査に協力するとともに、自ら提供した指定居宅介護支援に関して国民健康保険団体連合会から同号の指導又は助言を受けた場合においては、当該指導又は助言に従って必要な改善を行わなければならない。
7　指定居宅介護支援事業者は、国民健康保険団体連合会からの求めがあった場合には、前項の改善の内容を国民健康保険団体連合会に報告しなければならない。

（事故発生時の対応）
第27条　指定居宅介護支援事業者は、利用者に対する指定居宅介護支援の提供により事故が発生した場合には速やかに市町村、利用者の家族等に連絡を行うとともに、必要な措置を講じなければならない。
2　指定居宅介護支援事業者は、前項の事故の状況及び事故に際して採った処置について記録しなければならない。
3　指定居宅介護支援事業者は、利用者に対する指定居宅介護支援の提供により賠償すべき事故が発生した場合には、損害賠償を速やかに行わなければならない。

（会計の区分）
第28条　指定居宅介護支援事業者は、事業所ごとに経理を区分するとともに、指定居宅介護支援の事業の会計とその他の事業の会計とを区分しなければならない。

（記録の整備）
第29条　指定居宅介護支援事業者は、従業者、設備、備品及び会計に関する諸記録を整備しておかなければならない。
2　指定居宅介護支援事業者は、利用者に対する指定居宅介護支援の提供に関する次の各号に掲げる記録を整備し、その完結の日から2年間保存しなければならない。
　一　第13条第13号に規定する指定居宅サービス事業者等との連絡調整に関する記録
　二　個々の利用者ごとに次に掲げる事項を記載した居宅介護支援台帳
　　イ　居宅サービス計画
　　ロ　第13条第7号に規定するアセスメントの結果の記録
　　ハ　第13条第9号に規定するサービス担当者会議等の記録
　　ニ　第13条第14号に規定するモニタリングの結果の記録
　三　第16条に規定する市町村への通知に係る記録
　四　第26条第2項に規定する苦情の内容等の記録
　五　第27条第2項に規定する事故の状況及び事故に際して採った処置についての記録

第4章　基準該当居宅介護支援に関する基準

（準用）
第30条　第1条の2、第2章及び第3章（第26条第6項及び第7項を除く。）の規定は、基準該当居宅介護支援の事業について準用する。この場合において、第4条第1項中「第18条」とあるのは「第30条において準用する第18条」と、第10条第1項中「指定居宅介護支援（法第46条第4項の規定に基づき居宅介護サービス計画費（法第46条第2項に規定する居宅介護サービス計画費をいう。以下同じ。）が当該指定居宅介護支援事業者に支払われる場合に係るものを除く。）」とあるのは「基準該当居宅介護支援」と、「居宅介護サービス計画費の額」とあるのは「法第47条第3項に規定する特例居宅介護サービス計画費の額」と読み替えるものとする。

　　　附　則
この省令は、平成12年4月1日から施行する。

指定居宅介護支援等の事業の人員及び運営に関する基準について

平成11年7月29日老企第22号
各都道府県介護保険主管部（局）長宛　厚生省老人保健福祉局企画課長通知
注　平成27年3月27日　老介発0327第1号・老高発0327第1号・老振発0327第1号・老老発0327第2号改正現在

介護保険法（平成9年法律第123号）第47条第1項第1号並びに第81条第1項及び第2項の規定に基づく「指定居宅介護支援等の事業の人員及び運営に関する基準」（以下「基準」という。）については、平成11年3月31日厚生省令第38号をもって公布され、平成12年4月1日より施行されるところであるが、基準の趣旨及び内容は下記のとおりであるので、御了知の上、管下市町村、関係団体、関係機関等にその周知徹底を図るとともに、その運用に遺憾のないようにされたい。

記

第1　基準の性格

1　基準は、指定居宅介護支援の事業及び基準該当居宅介護支援の事業がその目的を達成するために必要な最低限度の基準を定めたものであり、指定居宅介護支援事業者及び基準該当居宅介護支援事業者は、基準を充足することで足りるとすることなく常にその事業の運営の向上に努めなければならないものである。

2　指定居宅介護支援の事業を行う者又は行おうとする者が満たすべき基準等を満たさない場合には、指定居宅介護支援事業者の指定又は更新は受けられず、また、基準に違反することが明らかになった場合には、①相当の期限を定めて基準を遵守する勧告を行い、②相当の期限内に勧告に従わなかったときは、事業者名、勧告に至った経緯、当該勧告に対する対応等を公表し、③正当な理由が無く、当該勧告に係る措置をとらなかったときは、相当の期限を定めて当該勧告に係る措置をとるよう命令することができるものであること。ただし、③の命令をした場合には事業者名、命令に至った経緯等を公表しなければならない。なお、③の命令に従わない場合には、当該指定を取り消すこと、又は取り消しを行う前に相当の期間を定めて指定の全部若しくは一部の効力を停止すること（不適正なサービスが行われていることが判明した場合、当該サービスに関する介護報酬の請求を停止させる）ができる。

ただし、次に掲げる場合には、基準に従った適正な運営ができなくなったものとして、指定の全部若しくは一部の停止又は直ちに取り消すことができるものであること。

① 指定居宅介護支援事業者及びその従業者が、居宅サービス計画の作成又は変更に関し、利用者に対して特定の居宅サービス事業者等によるサービスを利用させることの対償として、当該居宅サービス事業者等から金品その他の財産上の利益を収受したときその他の自己の利益を図るために基準に違反したとき

② 利用者の生命又は身体の安全に危害を及ぼすおそれがあるとき

③ その他①及び②に準ずる重大かつ明白な基準違反があったとき

3　運営に関する基準に従って事業の運営をすることができなくなったことを理由として指定が取り消され、法に定める期間の経過後に再度当該事業者から指定の申請がなされた場合には、当該事業者が運営に関する基準を遵守することを確保することに特段の注意が必要であり、その改善状況等が十分に確認されない限り指定を行わないものとする。

4　特に、指定居宅介護支援の事業においては、基準に合致することを前提に自由に事業への参入を認めていること等に鑑み、基準違反に対しては、厳正に対応すべきであること。

第2　指定居宅介護支援等の事業の人員及び運営に関する基準

1　基本方針

介護保険制度においては、要介護者である利用者に対し、個々の解決すべき課題、その心身の状況や置かれている環境等に応じて保健・医療・福祉にわたる指定居宅サービス等が、多様なサービス提供主体により総合的かつ効率的に提供されるよう、居宅介護支援を保険給付の対象として位置づけたものであり、その重要性に鑑み、保険給付率についても特に10割としているところである。

基準第1条の2第1項は、「在宅介護の重視」という介護保険制度の基本理念を実現するため、指定居宅介護支援の事業を行うに当たってのもっとも重要な基本方針として、利用者からの相談、依頼があった場合には、利用者自身の立場に立ち、常にまず、その居宅において日常生活を営むことができるように支援することができるかどうかという視点から検討を行い支援を行うべきことを定めたものである。

このほか、指定居宅介護支援の事業の基本方針として、介護保険制度の基本理念である、高齢者自身によるサービスの選択、保健・医療・福祉サービスの総合的、効率的な提供、利用者本位、公正中立等を掲げている。介護保険の基本理念を実現する上で、指定居宅介護支援事業者が極めて重要な役割を果たすことを求めたものであり、指定居宅介護支援事業者は、常にこの基本方針を踏まえた事業運営を図らなければならない。

2　人員に関する基準

指定居宅介護支援事業者は、指定居宅介護支援事業所に介護支援専門員を配置しなければならないが、利用者の自立の支援及び生活の質の向上を図るための居宅介護支援の能力を十分に有する者を充てるよう心がける必要がある。

また、基準第2条及び第3条に係る運用に当たっては、次の点に留意する必要がある。

(1) 介護支援専門員の員数

介護支援専門員は、指定居宅介護支援事業所ごとに必ず1人以上を常勤で置くこととされており、常勤の考え方は(3)の①のとおりである。常勤の介護支援専門員を置くべきこととしたのは、指定居宅介護支援事業所の営業時間中は、介護支援専門員は常に利用者からの相談等に対応できる体制を整えている必要があるという趣旨であり、介護支援専門員がその業務上の必要性から、又は他の業務を兼ねていることから、当該事業所に不在となる場合であっても、管理者、その他の従業者等を通じ、利用者が適切に介護支援専門員に連絡が取れる体制としておく必要がある。

なお、介護支援専門員については、他の業務との兼務を認められているところであるが、これは、居宅介護支援の事業が、指定居宅サービス等の実態を知悉する者により併せて行われることが効果的であるとされる場合もあることに配慮したものである。

また、当該常勤の介護支援専門員の配置は利用

者の数35人に対して1人を基準とするものであり、利用者の数が35人又はその端数を増すごとに増員することが望ましい。ただし、当該増員に係る介護支援専門員については非常勤とすることを妨げるものではない。

また、当該非常勤の介護支援専門員に係る他の業務との兼務については、介護保険施設に置かれた常勤専従の介護支援専門員との兼務を除き、差し支えないものであり、当該他の業務とは必ずしも指定居宅サービス事業の業務を指すものではない。

(2) 管理者

指定居宅介護支援事業所に置くべき管理者は、介護支援専門員であって、専ら管理者の職務に従事する常勤の者でなければならないが、当該指定居宅介護支援事業所の介護支援専門員の職務に従事する場合及び管理者が同一敷地内にある他の事業所の職務に従事する場合（その管理する指定居宅介護支援事業所の管理に支障がない場合に限る。）は必ずしも専ら管理者の職務に従事する常勤の者でなくても差し支えないこととされている。この場合、同一敷地内にある他の事業所とは、必ずしも指定居宅サービス事業を行う事業所に限るものではなく、例えば、介護保険施設、病院、診療所、薬局等の業務に従事する場合も、当該指定居宅介護支援事業所の管理に支障がない限り認められるものである。

指定居宅介護支援事業所の管理者は、指定居宅介護支援事業所の営業時間中は、常に利用者からの利用申込等に対応できる体制を整えている必要があるものであり、管理者が介護支援専門員を兼務していて、その業務上の必要性から当該事業所に不在となる場合であっても、その他の従業者等を通じ、利用者が適切に管理者に連絡が取れる体制としておく必要がある。

また、例えば、訪問系サービスの事業所において訪問サービスそのものに従事する従業者との兼務は一般的には管理者の業務に支障があると考えられるが、訪問サービスに従事する勤務時間が限られている職員の場合には、支障がないと認められる場合もありうる。また、併設する事業所に原則として常駐する老人介護支援センターの職員、訪問介護、訪問看護等の管理者等との兼務は可能と考えられる。なお、介護保険施設の常勤専従の介護支援専門員との兼務は認められないものである。

(3) 用語の定義

「常勤」及び「専らその職務に従事する」の定義はそれぞれ次のとおりである。

① 「常勤」

当該事業所における勤務時間（当該事業所において、指定居宅介護支援以外の事業を行っている場合には、当該事業に従事している時間を含む。）が、当該事業所において定められている常勤の従業者が勤務すべき時間数（週32時間を下回る場合は週32時間を基本とする。）に達していることをいうものである。ただし、育児休業、介護休業等育児又は家族介護を行う労働者の福祉に関する法律（平成3年法律第76号）第23条第1項に規定する所定労働時間の短縮措置が講じられている者については、利用者の処遇に支障がない体制が事業所として整っている場合は、例外的に常勤の従業者が勤務すべき時間数を30時間として取り扱うことを可能とする。

また、同一の事業者によって当該事業所に併設される事業所の職務であって、当該事業所の職務と同時並行的に行われることが差し支えないと考えられるものについては、その勤務時間が常勤の従業者が勤務すべき時間数に達していれば、常勤の要件を満たすものであることとする。例えば、同一の事業者によって指定訪問介護事業所が併設されている場合、指定訪問介護事業所の管理者と指定居宅介護支援事業所の管理者を兼務している者は、その勤務時間が所定の時間に達していれば、常勤要件を満たすこととなる。

② 「専らその職務に従事する」

原則として、サービス提供時間帯を通じて当該サービス以外の職務に従事しないことをいうものである。

③ 「事業所」

事業所とは、介護支援専門員が居宅介護支援を行う本拠であり、具体的には管理者がサービスの利用申込の調整等を行い、居宅介護支援に必要な利用者ごとに作成する帳簿類を保管し、利用者との面接相談に必要な設備及び備品を備える場所である。

3 運営に関する基準

(1) 内容及び手続きの説明及び同意

基準第4条は、基本理念としての高齢者自身によるサービス選択を具体化したものである。利用者は指定居宅サービスのみならず、指定居宅介護支援事業者についても自由に選択できることが基本であり、指定居宅介護支援事業者は、利用申込があった場合には、あらかじめ、当該利用申込者又はその家族に対し、当該指定居宅介護支援事業所の運営規程の概要、介護支援専門員の勤務の体制、秘密の保持、事故発生時の対応、苦情処理の体制等の利用申込者がサービスを選択するために必要な重要事項を説明書やパンフレット等の文書を交付して説明を行い、当該指定居宅介護支援事業所から居宅介護支援を受けることにつき同意を得なければならないこととしたものである。なお、当該同意については、利用者及び指定居宅介護支援事業者双方の保護の立場から書面によって確認することが望ましいものである。

また、指定居宅介護支援は、利用者の意思及び人格を尊重し、常に利用者の立場に立って行われるものであり、居宅サービス計画は基準第1条の2の基本方針及び利用者の希望に基づき作成されるものである。このため、指定居宅介護支援について利用者の主体的な参加が重要であることにつき十分説明を行い、理解を得なければならない。

(2) 提供拒否の禁止

基準第5条は、居宅介護支援の公共性に鑑み、原則として、指定居宅介護支援の利用申込に対しては、これに応じなければならないことを規定したものであり、正当な理由なくサービスの提供を拒否することを禁止するものである。

なお、ここでいう正当な理由とは、①当該事業所の現員からは利用申込に応じきれない場合、②利用申込者の居住地が当該事業所の通常の事業の実施地域外である場合、③利用申込者が他の指定居宅介護支援事業者にも併せて指定居宅介護支援の依頼を行っていることが明らかな場合等である。

(3) 要介護認定の申請に係る援助

① 基準第8条第1項は、法第27条第1項に基づき、被保険者が居宅介護支援事業者に要介護認定の申請に関する手続を代わって行わせることができること等を踏まえ、被保険者から要介護認

定の申請の代行を依頼された場合等においては、居宅介護支援事業者は必要な協力を行わなければならないものとしたものである。

② 同条第2項は、要介護認定の申請がなされていれば、要介護認定の効力が申請時に遡ることにより、指定居宅介護支援の利用に係る費用が保険給付の対象となり得ることを踏まえ、指定居宅介護支援事業者は、利用申込者が要介護認定を受けていないことを確認した場合には、要介護認定の申請が既に行われているかどうかを確認し、申請が行われていない場合は、当該利用申込者の意思を踏まえて速やかに当該申請が行われるよう必要な援助を行わなければならないこととしたものである。

③ 同条第3項は、要介護認定の有効期間が付されているものであることを踏まえ、指定居宅介護支援事業者は、要介護認定の有効期間を確認した上、要介護認定等の更新の申請が、遅くとも当該利用者が受けている要介護認定の有効期間が終了する1月前にはなされるよう、必要な援助を行わなければならないこととしたものである。

(4) 身分を証する書類の携行

基準第9条は、利用者が安心して指定居宅介護支援の提供を受けられるよう、指定居宅介護支援事業者が、当該指定居宅介護支援事業所の介護支援専門員に介護支援専門員証を携行させ、初回訪問時及び利用者又はその家族から求められたときは、これを提示すべき旨を指導するべきこととしたものである。

(5) 利用料等の受領

① 基準第10条第1項は、利用者間の公平及び利用者の保護の観点から、保険給付がいわゆる償還払いとなる場合と、保険給付が利用者に代わり指定居宅介護支援事業者に支払われる場合（以下「代理受領がなされる場合」という。）の間で、一方の経費が他方へ転嫁等されることがないよう、償還払いの場合の指定居宅介護支援の利用料の額と、居宅介護サービス計画費の額（要するに、代理受領がなされる場合の指定居宅介護支援に係る費用の額）との間に、不合理な差額を設けてはならないこととするとともに、これによって、償還払いの場合であっても原則として利用者負担が生じないこととする趣旨である。

② 同条第2項は、指定居宅介護支援の提供に関して、利用者の選定により通常の事業の実施地域以外の地域の居宅において指定居宅介護支援を行う場合の交通費の支払いを利用者から受けることができることとし、保険給付の対象となっているサービスと明確に区分されないあいまいな名目による費用の支払いを受けることは認めないこととしたものである。

③ 同条第3項は、指定居宅介護支援事業者は、前項の交通費の支払いを受けるに当たっては、あらかじめ、利用者又はその家族に対してその額等に関して説明を行い、利用者の同意を得なければならないこととしたものである。

(6) 保険給付の請求のための証明書の交付

基準第11条は、居宅介護支援に係る保険給付がいわゆる償還払いとなる場合に、利用者が保険給付の請求を容易に行えるよう、指定居宅介護支援事業者は、利用料の額その他利用者が保険給付を請求する上で必要と認められる事項を記載した指定居宅介護支援提供証明書を利用者に対して交付するべきこととしたものである。

(7) 指定居宅介護支援の基本取扱方針及び具体的取扱方針

基準第13条は、利用者の課題分析、サービス担当者会議の開催、居宅サービス計画の作成、居宅サービス計画の実施状況の把握などの居宅介護支援を構成する一連の業務のあり方及び当該業務を行う介護支援専門員の責務を明らかにしたものである。

なお、利用者の課題分析（第6号）から担当者に対する個別サービス計画の提出依頼（第12号）に掲げる一連の業務については、基準第1条の2に掲げる基本方針を達成するために必要となる業務を列記したものであり、基本的にはこのプロセスに応じて進めるべきものであるが、緊急的なサービス利用等やむを得ない場合や、効果的・効率的に行うことを前提とするものであれば、業務の順序について拘束するものではない。ただし、その場合にあっても、それぞれ位置付けられた個々の業務は、事後的に可及的速やかに実施し、その結果に基づいて必要に応じて居宅サービス計画を見直すなど、適切に対応しなければならない。

① 介護支援専門員による居宅サービス計画の作成（基準第13条第1号）

指定居宅介護支援事業所の管理者は、居宅サービス計画の作成に関する業務の主要な過程を介護支援専門員に担当させることとしたものである。

② 指定居宅介護支援の基本的留意点（第2号）

指定居宅介護支援は、利用者及びその家族の主体的な参加及び自らの課題解決に向けての意欲の醸成と相まって行われることが重要である。このためには、指定居宅介護支援について利用者及びその家族の十分な理解が求められるものであり、介護支援専門員は、指定居宅介護支援を懇切丁寧に行うことを旨とし、サービスの提供方法等について理解しやすいように説明を行うことが肝要である。

③ 継続的かつ計画的な指定居宅サービス等の利用（第3号）

利用者の自立した日常生活の支援を効果的に行うためには、利用者の心身又は家族の状態等に応じて、継続的かつ計画的に居宅サービスが提供されることが重要である。介護支援専門員は、居宅サービス計画の作成又は変更に当たり、継続的な支援という観点に立ち、計画的に指定居宅サービス等の提供が行われるようにすることが必要であり、支給限度額の枠があることのみをもって、特定の時期に偏って継続が困難な、また必要性に乏しい居宅サービスの利用を助長するようなことがあってはならない。

④ 総合的な居宅サービス計画の作成（第4号）

居宅サービス計画は、利用者の日常生活全般を支援する観点に立って作成されることが重要である。このため、居宅サービス計画の作成又は変更に当たっては、利用者の希望や課題分析の結果に基づき、介護給付等対象サービス以外の、例えば、市町村保健師等が居宅を訪問して行う指導等の保健サービス、老人介護支援センターにおける相談援助及び市町村が一般施策として行う配食サービス、寝具乾燥サービスや当該地域の住民による見守り、配食、会食などの自発的な活動によるサービス等、更には、こうしたサービスと併せて提供される精神科訪問看護等の医療サービス、はり師・きゅう師による施術、保健師・看護師・柔道整復師・あん摩マッ

サージ指圧師による機能訓練なども含めて居宅サービス計画に位置付けることにより総合的な計画となるよう努めなければならない。

なお、介護支援専門員は、当該日常生活全般を支援する上で、利用者の希望や課題分析の結果を踏まえ、地域で不足していると認められるサービス等については、介護給付等対象サービスであるかどうかを問わず、当該不足していると思われるサービス等が地域において提供されるよう関係機関等に働きかけていくことが望ましい。

⑤ 利用者自身によるサービスの選択（第5号）

介護支援専門員は、利用者自身がサービスを選択することを基本に、これを支援するものである。このため、介護支援専門員は、利用者によるサービスの選択に資するよう、当該利用者が居住する地域の指定居宅サービス事業者等に関するサービスの内容、利用料等の情報を適正に利用者又はその家族に対して提供するものとする。したがって、特定の指定居宅サービス事業者に不当に偏した情報を提供するようなことや、利用者の選択を求めることなく同一の事業主体のサービスのみによる居宅サービス計画原案を最初から提示するようなことがあってはならないものである。

⑥ 課題分析の実施（第6号）

居宅サービス計画は、個々の利用者の特性に応じて作成されることが重要である。このため介護支援専門員は、居宅サービス計画の作成に先立ち利用者の課題分析を行うこととなる。

課題分析とは、利用者の有する日常生活上の能力や利用者が既に提供を受けている指定居宅サービスや介護者の状況等の利用者を取り巻く環境等の評価を通じて利用者が生活の質を維持・向上させていく上で生じている問題点を明らかにし、利用者が自立した日常生活を営むことができるように支援する上で解決すべき課題を把握することであり、利用者の生活全般についてその状態を十分把握することが重要である。

なお、当該課題分析は、介護支援専門員の個人的な考え方や手法のみによって行われてはならず、利用者の課題を客観的に抽出するための手法として合理的なものと認められる適切な方法を用いなければならないものであるが、この課題分析の方法については、別途通知するところによるものである。

⑦ 課題分析における留意点（第7号）

介護支援専門員は、解決すべき課題の把握（以下「アセスメント」という。）に当たっては、利用者が入院中であることなど物理的な理由がある場合を除き必ず利用者の居宅を訪問し、利用者及びその家族に面接して行わなければならない。この場合において、利用者やその家族との間の信頼関係、協働関係の構築が重要であり、介護支援専門員は、面接の趣旨を利用者及びその家族に対して十分に説明し、理解を得なければならない。なお、このため、介護支援専門員は面接技法等の研鑽に努めることが重要である。

また、当該アセスメントの結果について記録するとともに、基準第29条第2項の規定に基づき、当該記録は、2年間保存しなければならない。

⑧ 居宅サービス計画原案の作成（第8号）

介護支援専門員は、居宅サービス計画が利用者の生活の質に直接影響する重要なものであることを十分に認識し、居宅サービス計画原案を作成しなければならない。したがって、居宅サービス計画原案は、利用者の希望及び利用者についてのアセスメントの結果による専門的見地に基づき、利用者の家族の希望及び当該地域における指定居宅サービス等が提供される体制を勘案した上で、実現可能なものとする必要がある。

また、当該居宅サービス計画原案には、利用者及びその家族の生活に対する意向及び総合的な援助の方針並びに生活全般の解決すべき課題を記載した上で、提供されるサービスについて、その長期的な目標及びそれを達成するための短期的な目標並びにそれらの達成時期等を明確に盛り込み、当該達成時期には居宅サービス計画及び各指定居宅サービス等の評価を行い得るようにすることが重要である。

さらに、提供されるサービスの目標とは、利用者がサービスを受けつつ到達しようとする目標を指すものであり、サービス提供事業者側の個別のサービス行為を意味するものではないことに留意する必要がある。

⑨ サービス担当者会議等による専門的意見の聴取（第9号）

介護支援専門員は、効果的かつ実現可能な質の高い居宅サービス計画とするため、各サービスが共通の目標を達成するために具体的なサービスの内容として何ができるかなどについて、利用者やその家族、居宅サービス計画原案に位置付けた指定居宅サービス等の担当者からなるサービス担当者会議の開催により、利用者の状況等に関する情報を当該担当者等と共有するとともに、専門的な見地からの意見を求め調整を図ることが重要である。なお、利用者やその家族の参加が望ましくない場合（家庭内暴力等）には、必ずしも参加を求めるものではないことに留意されたい。また、やむを得ない理由がある場合については、サービス担当者に対する照会等により意見を求めることができるものとしているが、この場合にも、緊密に相互の情報交換を行うことにより、利用者の状況等についての情報や居宅サービス計画原案の内容を共有できるようにする必要がある。なお、ここでいうやむを得ない理由がある場合とは、開催の日程調整を行ったが、サービス担当者の事由により、サービス担当者会議への参加が得られなかった場合、居宅サービス計画の変更であって、利用者の状態に大きな変化が見られない等における軽微な変更の場合等が想定される。

なお、当該サービス担当者会議の要点又は当該担当者への照会内容について記録するとともに、基準第29条の第2項の規定に基づき、当該記録は、2年間保存しなければならない。

⑩ 居宅サービス計画の説明及び同意（第10号）

居宅サービス計画に位置付ける指定居宅サービス等の選択は、利用者自身が行うことが基本であり、また、当該計画は利用者の希望を尊重して作成されなければならない。利用者に選択を求めることは介護保険制度の基本理念である。このため、当該計画原案の作成に当たって、これに位置付けるサービスについて、また、サービスの内容についても利用者の希望を尊重することとともに、作成された居宅サービス計画の原案についても、最終的には、その内容について説明を行った上で文書によって利用者の同意を得ることを義務づけることにより、利用者によるサービスの選択やサービス内容等への利用

者の意向の反映の機会を保障しようとするものである。

また、当該説明及び同意を要する居宅サービス計画原案とは、いわゆる居宅サービス計画書の第1表から第3表まで、第6表及び第7表（「介護サービス計画書の様式及び課題分析標準項目の提示について」（平成11年11月12日老企第29号厚生省老人保健福祉局企画課長通知）に示す標準様式を指す。）に相当するものすべてを指すものである。

⑪ 居宅サービス計画の交付（第11号）

居宅サービス計画を作成した際には、遅滞なく利用者及び担当者に交付しなければならない。

また、介護支援専門員は、担当者に対して居宅サービス計画を交付する際には、当該計画の趣旨及び内容等について十分に説明し、各担当者との共有、連携を図った上で、各担当者が自ら提供する居宅サービス等の当該計画（以下「個別サービス計画」という。）における位置付けを理解できるように配慮する必要がある。

なお、基準第29条第2項の規定に基づき、居宅サービス計画は、2年間保存しなければならない。

⑫ 担当者に対する個別サービス計画の提出依頼（第12号）

居宅サービス計画と個別サービス計画との連動性を高め、居宅介護支援事業者とサービス提供事業者の意識の共有を図ることが重要である。

このため、基準第13条第12号に基づき、担当者に居宅サービス計画を交付したときは、担当者に対し、個別サービス計画の提出を求め、居宅サービス計画と個別サービス計画の連動性や整合性について確認することとしたものである。

なお、介護支援専門員は、担当者と継続的に連携し、意識の共有を図ることが重要であることから、居宅サービス計画と個別サービス計画の連動性や整合性の確認については、居宅サービス計画を担当者に交付したときに限らず、必要に応じて行うことが望ましい。

さらに、サービス担当者会議の前に居宅サービス計画の原案を担当者に提供し、サービス担当者会議に個別サービス計画案の提出を求め、サービス担当者会議において情報の共有や調整を図るなどの手法も有効である。

⑬ 居宅サービス計画の実施状況等の把握及び評価等（第13号）

指定居宅介護支援においては、利用者の有する解決すべき課題に即した適切なサービスを組み合わせて利用者に提供し続けることが重要である。このために介護支援専門員は、利用者の解決すべき課題の変化に留意することが重要であり、居宅サービス計画の作成後、居宅サービス計画の実施状況の把握（利用者についての継続的なアセスメントを含む。以下「モニタリング」という。）を行い、利用者の解決すべき課題の変化が認められる場合等必要に応じて居宅サービス計画の変更、指定居宅サービス事業者等との連絡調整その他の便宜の提供を行うものとする。

なお、利用者の解決すべき課題の変化は、利用者に直接サービスを提供する指定居宅サービス事業者等により把握されることも多いことから、介護支援専門員は、当該指定居宅サービス事業者等のサービス担当者と緊密な連携を図り、利用者の解決すべき課題の変化が認められる場合には、円滑に連絡が行われる体制の整備に努めなければならない。

⑭ モニタリングの実施（第14号）

介護支援専門員は、モニタリングに当たっては、居宅サービス計画の作成後においても、利用者及びその家族、主治の医師、指定居宅サービス事業者等との連絡を継続的に行うこととし、当該指定居宅サービス事業者等の担当者との連携により、モニタリングが行われている場合においても、特段の事情のない限り、少なくとも1月に1回は利用者の居宅で面接を行い、かつ、少なくとも1月に1回はモニタリングの結果を記録することが必要である。

また、「特段の事情」とは、利用者の事情により、利用者の居宅を訪問し、利用者に面接することができない場合を主として指すものであり、介護支援専門員に起因する事情は含まれない。

さらに、当該特段の事情がある場合については、その具体的な内容を記録しておくことが必要である。

なお、基準第29条第2項の規定に基づき、モニタリングの結果の記録は、2年間保存しなければならない。

⑮ 居宅サービス計画の変更の必要性についてのサービス担当者会議等による専門的意見の聴取（第15号）

介護支援専門員は、利用者が要介護状態区分の変更の認定を受けた場合など本号に掲げる場合には、サービス担当者会議の開催により、居宅サービス計画の変更の必要性について、担当者から、専門的な見地からの意見を求めるものとする。ただし、やむを得ない理由がある場合については、サービス担当者に対する照会等により意見を求めることができるものとする。なお、ここでいうやむを得ない理由がある場合とは、開催の日程調整を行ったが、サービス担当者の事由により、サービス担当者会議への参加が得られなかった場合や居宅サービス計画の変更から間もない場合で利用者の状態に大きな変化が見られない場合等が想定される。

当該サービス担当者会議の要点又は当該担当者への照会内容については記録するとともに、基準第29条第2項の規定に基づき、当該記録は、2年間保存しなければならない。

また、前記の担当者からの意見により、居宅サービス計画の変更の必要がない場合においても、記録の記載及び保存について同様である。

⑯ 居宅サービス計画の変更（第16号）

介護支援専門員は、居宅サービス計画を変更する際には、原則として、基準第13条第3号から第12号までに規定された居宅サービス計画作成に当たっての一連の業務を行うことが必要である。

なお、利用者の希望による軽微な変更（例えばサービス提供日時の変更等で、介護支援専門員が基準第13条第3号から第12号までに掲げる一連の業務を行う必要性がないと判断したもの）を行う場合には、この必要はないものとする。ただし、この場合においても、介護支援専門員が、利用者の解決すべき課題の変化に留意することが重要であることは、同条第13号（⑬居宅サービス計画の実施状況等の把握及び評価等）に規定したとおりであるので念のため申し添える。

⑰ 介護保険施設への紹介その他の便宜の提供（第17号）

介護支援専門員は、適切な保健医療サービス

及び福祉サービスが総合的かつ効率的に提供された場合においても、利用者がその居宅において日常生活を営むことが困難となったと認める場合又は利用者が介護保険施設への入院又は入所を希望する場合には、介護保険施設はそれぞれ医療機能等が異なることに鑑み、主治医の意見を参考にする、主治医に意見を求める等をして介護保険施設への紹介その他の便宜の提供を行うものとする。

⑱ 介護保険施設との連携（第18号）

介護支援専門員は、介護保険施設等から退院又は退所しようとする要介護者から居宅介護支援の依頼があった場合には、居宅における生活へ円滑に移行できるよう、あらかじめ、居宅での生活における介護上の留意点等の情報を介護保険施設等の従業者から聴取する等の連携を図るとともに、居宅での生活を前提とした課題分析を行った上で居宅サービス計画を作成する等の援助を行うことが重要である。

⑲ 主治の医師等の意見等（第19号・第20号）

訪問看護、訪問リハビリテーション、通所リハビリテーション、居宅療養管理指導、短期入所療養介護、定期巡回・随時対応型訪問介護看護（訪問看護サービスを利用する場合に限る。）及び看護小規模多機能型居宅介護（訪問看護サービスを利用する場合に限る。）については、主治の医師又は歯科医師（以下「主治の医師等」という。）等がその必要性を認めたものに限られるものであることから、介護支援専門員は、これらの医療サービスを居宅サービス計画に位置付ける場合にあっては主治の医師等の指示があることを確認しなければならない。

このため、利用者がこれらの医療サービスを希望している場合その他必要な場合には、介護支援専門員は、あらかじめ、利用者の同意を得て主治の医師等の意見を求めなければならない。

なお、医療サービス以外の指定居宅サービス等を居宅サービス計画に位置付ける場合にあって、当該指定居宅サービス等に係る主治の医師等の医学的観点からの留意事項が示されているときは、介護支援専門員は、当該留意点を尊重して居宅介護支援を行うものとする。

⑳ 短期入所生活介護及び短期入所療養介護の居宅サービス計画への位置付け（第21号）

短期入所生活介護及び短期入所療養介護（以下「短期入所サービス」という。）は、利用者の自立した日常生活の維持のために利用されるものであり、指定居宅介護支援を行う介護支援専門員は、短期入所サービスを位置付ける居宅サービス計画の作成に当たって、利用者にとってこれらの居宅サービスが在宅生活の維持につながるように十分に留意しなければならないことを明確化したものである。

この場合において、短期入所サービスの利用日数に係る「要介護認定の有効期間のおおむね半数を超えない」という目安については、居宅サービス計画の作成過程における個々の利用者の心身の状況やその置かれている環境等の適切な評価に基づき、在宅生活の維持のための必要性に応じて弾力的に運用することが可能であり、要介護認定の有効期間の半数の日数以内であるかについて機械的な適用を求めるものではない。

従って、利用者の心身の状況及び本人、家族等の意向に照らし、この目安を超えて短期入所サービスの利用が特に必要と認められる場合においては、これを上回る日数の短期入所サービスを居宅サービス計画に位置付けることも可能である。

㉑ 福祉用具貸与及び特定福祉用具販売の居宅サービス計画への反映（第22号・第23号）

福祉用具貸与及び特定福祉用具販売については、その特性と利用者の心身の状況等を踏まえて、その必要性を十分に検討せずに選定した場合、利用者の自立支援は大きく阻害されるおそれがあることから、検討の過程を別途記録する必要がある。

このため、介護支援専門員は、居宅サービス計画に福祉用具貸与及び特定福祉用具販売を位置付ける場合には、サービス担当者会議を開催し、当該計画に福祉用具貸与及び特定福祉用具販売が必要な理由を記載しなければならない。

なお、福祉用具貸与については、居宅サービス計画作成後必要に応じて随時サービス担当者会議を開催して、利用者が継続して福祉用具貸与を受ける必要性について専門的意見を聴取するとともに検証し、継続して福祉用具貸与を受ける必要がある場合には、その理由を再び居宅サービス計画に記載しなければならない。

また、福祉用具貸与については以下の項目について留意することとする。

ア 介護支援専門員は、要介護1の利用者（以下「軽度者」という。）の居宅サービス計画に指定福祉用具貸与を位置付ける場合には、「厚生労働大臣が定める基準に適合する利用者等」（平成27年厚生労働省告示第94号）第31号のイで定める状態像の者であることを確認するため、当該軽度者の「要介護認定等基準時間の推計の方法」（平成12年厚生省告示第91号）別表第一の調査票について必要な部分（実施日時、調査対象者等の時点の確認及び本人確認ができる部分並びに基本調査の回答で当該軽度者の状態像の確認が必要な部分）の写し（以下「調査票の写し」という。）を市町村から入手しなければならない。

ただし、当該軽度者がこれらの結果を介護支援専門員へ提示することに、あらかじめ同意していない場合については、当該軽度者の調査票の写しを本人に情報開示させ、それを入手しなければならない。

イ 介護支援専門員は、当該軽度者の調査票の写しを指定福祉用具貸与事業者へ提示することに同意を得たうえで、市町村より入手した調査票の写しについて、その内容が確認できる文書を指定福祉用具貸与事業者へ送付しなければならない。

ウ 介護支援専門員は、当該軽度者が「指定居宅サービスに要する費用の額の算定に関する基準（訪問通所サービス、居宅療養管理指導及び福祉用具貸与に係る部分）及び指定居宅介護支援に要する費用の額の算定に関する基準の制定に伴う実施上の留意事項について」（平成12年老企第36号）の第二の9（2）①ウの判断方法による場合については、福祉用具の必要性を判断するため、利用者の状態像が、同 i ）から iii ）までのいずれかに該当する旨について、主治医意見書による方法のほか、医師の診断書又は医師から所見を聴取する方法により、当該医師の所見及び医師の名前を居宅サービス計画に記載しなければならない。この場合において、介護支援専門員は、指定

福祉用具貸与事業者より、当該軽度者に係る医師の所見及び医師の名前について確認があったときには、利用者の同意を得て、適切にその内容について情報提供しなければならない。

㉒ 認定審査会意見等の居宅サービス計画への反映（第24号）

指定居宅サービス事業者は、法第73条第2項の規定に基づき認定審査会意見が被保険者証に記されているときは、当該意見に従って、当該被保険者に当該指定居宅サービスを提供するように努める必要があり、介護支援専門員は、利用者が提示する被保険者証にこれらの記載がある場合には、利用者にその趣旨（法第37条第1項の指定に係る居宅サービス若しくは地域密着型サービス種類については、その変更の申請ができることを含む。）について説明し、理解を得た上で、その内容に沿って居宅サービス計画を作成する必要がある。

㉓ 指定介護予防支援事業者との連携（第25号）

要介護認定を受けている利用者が要支援認定を受けた場合には、指定介護予防支援事業者が当該利用者の介護予防サービス計画を作成することになるため、速やかに適切な介護予防サービス計画の作成に着手できるよう、指定居宅介護支援事業所は、指定介護予防支援事業者と当該利用者に係る必要な情報を提供する等の連携を図ることとしたものである。

㉔ 指定介護予防支援業務の受託に関する留意点（第26号）

指定居宅介護支援事業者は、指定介護予防支援業務を受託するにあたっては、その業務量等を勘案し、指定介護予防支援業務を受託することによって、当該指定居宅介護支援事業者が本来行うべき指定居宅介護支援業務の適正な実施に影響を及ぼすことのないよう配慮しなければならない。

㉕ 地域ケア会議への協力（第27号）

地域包括ケアシステムの構築を推進するため、地域ケア会議が介護保険法上に位置付けられ、関係者等は会議から資料又は情報の提供の求めがあった場合には、これに協力するよう努めることについて規定されたところである。地域ケア会議は、個別ケースの支援内容の検討を通じて、法の理念に基づいた高齢者の自立支援に資するケアマネジメントの支援、高齢者の実態把握や課題解決のための地域包括支援ネットワークの構築及び個別ケースの課題分析等を行うことによる地域課題の把握を行うことなどを目的としていることから、指定居宅介護支援事業者は、その趣旨・目的に鑑み、より積極的に協力することが求められる。そのため、地域ケア会議から個別のケアマネジメントの事例の提供の求めがあった場合には、これに協力するよう努めなければならないことについて、具体的取扱方針においても、規定を設けたものである。

(8) 法定代理受領サービスに係る報告

① 基準第14条第1項は、居宅介護サービス費を利用者に代わり当該指定居宅サービス事業者に支払うための手続きとして、指定居宅介護支援事業者に、市町村（国民健康保険団体連合会に委託している場合にあっては当該国民健康保険団体連合会）に対して、居宅サービス計画において位置付けられている指定居宅サービス等のうち法定代理受領サービスとして位置付けたものに関する情報を記載した文書（給付管理票）を毎月提出することを義務づけたものである。

② 同条第2項は、指定居宅介護支援事業者が居宅サービス計画に位置付けられている基準該当居宅サービスに係る情報を指定居宅サービスに係る情報と合わせて市町村（国民健康保険団体連合会に委託している場合にあっては当該国民健康保険団体連合会）に対して提供することにより、基準該当居宅サービスに係る特例居宅介護サービス費又は特例居宅支援サービス費の支払事務が、居宅サービス計画に位置付けられている指定居宅サービスに係る居宅介護サービス費の支払を待つことなく、これと同時並行的に行うことができるようにするための規定である。

(9) 利用者に対する居宅サービス計画等の書類の交付

基準第15条は、利用者が指定居宅介護支援事業者を変更した場合に、変更後の指定居宅介護支援事業者又は指定介護予防支援事業者が滞りなく給付管理票の作成・届出等の事務を行うことができるよう、指定居宅介護支援事業者は、利用者が他の居宅介護支援事業者の利用を希望する場合、要介護認定を受けている利用者が要支援認定を受けた場合、その他利用者からの申し出があった場合には、当該利用者に対し、直近の居宅サービス計画及びその実施状況に関する書類を交付しなければならないこととしたものである。

(10) 利用者に関する市町村への通知

基準第16条は、偽りその他不正の行為によって保険給付を受けた者及び自己の故意の犯罪行為若しくは重大な過失等により、要介護状態若しくはその原因となった事故を生じさせるなどした者については、市町村が、介護保険法第22条第1項に基づく既に支払った保険給付の徴収又は第64条に基づく保険給付の制限を行うことができることに鑑み、指定居宅介護支援事業者が、その利用者に関し、保険給付の適正化の観点から市町村に通知しなければならない事由を列記したものである。

(11) 運営規程

基準第18条は、指定居宅介護支援の事業の適正な運営及び利用者等に対する適切な指定居宅介護支援の提供を確保するため、同条第1号から第6号までに掲げる事項を内容とする規定を定めることを指定居宅介護支援事業所ごとに義務づけたものである。特に次の点に留意する必要がある。

① 職員の職種、員数及び職務内容（第2号）

職員については、介護支援専門員とその他の職員に区分し、員数及び職務内容を記載することとする。

② 指定居宅介護支援の提供方法、内容及び利用料その他の費用の額（第4号）

指定居宅介護支援の提供方法及び内容については、利用者の相談を受ける場所、課題分析の手順等を記載するものとする。

③ 通常の事業の実施地域（第5号）

通常の事業の実施地域は、客観的にその区域が特定されるものとすること。なお、通常の事業の実施地域は、利用申込に係る調整等の観点からの目安であり、当該地域を越えて指定居宅介護支援が行われることを妨げるものではない。

(12) 勤務体制の確保

基準第19条は、利用者に対する適切な指定居宅介護支援の提供を確保するため、職員の勤務体制等を規定したものであるが、次の点に留意する必要がある。

① 指定居宅介護支援事業所ごとに、原則として月ごとの勤務表を作成し、介護支援専門員については、日々の勤務時間、常勤・非常勤の別、管理者との兼務関係等を明確にする。

なお、当該勤務の状況等は、基準第17条により指定居宅介護支援事業所の管理者が管理する必要があり、非常勤の介護支援専門員を含めて当該指定居宅介護支援事業所の業務として一体的に管理されていることが必要である。従って、非常勤の介護支援専門員が兼務する業務の事業所を居宅介護支援の拠点とし独立して利用者ごとの居宅介護支援台帳の保管を行うようなことは認められないものである。

② 同条第2項は、当該指定居宅介護支援事業所の従業者たる介護支援専門員が指定居宅介護支援を担当するべきことを規定したものであり、当該事業所と介護支援専門員の関係については、当該事業所の管理者の指揮命令が介護支援専門員に対して及ぶことが要件となるが、雇用契約に限定されるものではないものである。

③ 同条第3項は、より適切な指定居宅介護支援を行うために、介護支援専門員の研修の重要性について規定したものであり、指定居宅介護支援事業者は、介護支援専門員の資質の向上を図る研修の機会を確保しなければならない。特に、介護支援専門員実務研修修了後、初めて就業した介護支援専門員については、就業後6月から1年の間に都道府県等が行う初任者向けの研修を受講する機会を確保しなければならない。

⒀ 設備及び備品等

基準第20条に掲げる設備及び備品等については、次の点に留意するものである。

① 指定居宅介護支援事業所には、事業の運営を行うために必要な面積を有する専用の事務室を設けることが望ましいが、他の事業の用に供するものと明確に区分される場合は、他の事業との同一の事務室であっても差し支えないこと。なお、同一事業所において他の事業を行う場合に、業務に支障がないときは、それぞれの事業を行うための区画が明確に特定されていれば足りるものとする。

② 専用の事務室又は区画については、相談、サービス担当者会議等に対応するのに適切なスペースを確保することとし、相談のためのスペース等は利用者が直接出入りできるなど利用しやすい構造とすること。

③ 指定居宅介護支援に必要な設備及び備品等を確保すること。ただし、他の事業所及び施設等と同一敷地内にある場合であって、指定居宅介護支援の事業及び当該他の事業所及び施設等の運営に支障がない場合は、当該他の事業所及び施設等に備え付けられた設備及び備品等を使用することができるものとする。

⒁ 掲示

基準第22条は、基準第4条の規定により居宅介護支援の提供開始時に利用者のサービスの選択に資する重要事項（その内容については⑴参照）を利用者及びその家族に対して説明を行った上で同意を得ることとしていることに加え、指定居宅介護支援事業所への当該重要事項の掲示を義務づけることにより、サービス提供が開始された後、継続的にサービスが行われている段階においても利用者の保護を図る趣旨である。

⒂ 秘密保持

① 基準第23条第1項は、指定居宅介護支援事業所の介護支援専門員その他の従業者に、その業務上知り得た利用者又はその家族の秘密の保持を義務づけたものである。

② 同条第2項は、指定居宅介護支援事業者に対して、過去に当該指定居宅介護支援事業所の介護支援専門員その他の従業者であった者が、その業務上知り得た利用者又はその家族の秘密を漏らすことがないよう必要な措置を取ることを義務づけたものであり、具体的には、指定居宅介護支援事業者は、当該指定居宅介護支援事業所の介護支援専門員その他の従業者が、従業者でなくなった後においてもこれらの秘密を保持すべき旨を、従業者の雇用時に取り決め、例えば違約金についての定めを置くなどの措置を講ずべきこととするものである。

③ 同条第3項は、介護支援専門員及び居宅サービス計画に位置付けた各居宅サービスの担当者が課題分析情報等を通じて利用者の有する問題点や解決すべき課題等の個人情報を共有するためには、あらかじめ、文書により利用者及びその家族から同意を得る必要があることを規定したものであるが、この同意については、指定居宅介護支援事業者が、指定居宅介護支援開始時に、利用者及びその家族の代表から、連携するサービス担当者間で個人情報を用いることについて包括的に同意を得ることで足りるものである。

⒃ 居宅サービス事業者等からの利益収受の禁止等

① 基準第25条第1項は、居宅サービス計画の作成又は変更に関し、指定居宅介護支援事業者及び指定居宅介護支援事業所の管理者が当該居宅介護支援事業所の介護支援専門員に利益誘導のために特定の居宅サービス事業者等によるサービスを位置付ける旨の指示等を行うことを禁じた規定である。これは、居宅サービス計画があくまで利用者の解決すべき課題に即したものでなければならないという居宅介護支援の公正中立の原則の遵守をうたったものであり、例えば、指定居宅介護支援事業者又は指定居宅介護支援事業所の管理者が、同一法人系列の居宅サービス事業者のみを位置付けるように指示すること等により、解決すべき課題に反するばかりでなく、事実上他の居宅サービス事業者の利用を妨げることを指すものである。また、介護支援専門員は、居宅介護支援費の加算を得るために、解決すべき課題に即さない居宅サービスを居宅サービス計画に位置付けることがあってはならない。ましてや指定居宅介護支援事業者及び指定居宅介護支援事業所の管理者は、当該居宅介護支援事業所の介護支援専門員に同旨の指示をしてはならない。

② 同条第2項は、指定居宅介護支援事業所の介護支援専門員が利用者に利益誘導のために特定の居宅サービス事業者等によるサービスを利用すべき旨の指示等を行うことを禁じた規定である。これも前項に規定した指定居宅介護支援の公正中立の原則の遵守をうたったものであり、例えば、指定居宅介護支援事業所の介護支援専門員が、同一法人系列の居宅サービス事業者のみを利用するように指示すること等により、解決すべき課題に反するばかりでなく、事実上他の居宅サービス事業者の利用を妨げることを指すものである。また、介護支援専門員は、居宅介護支援費の加算を得るために、解決すべき課題に即さない居宅サービスを居宅サービス計画

に位置付けることがあってはならない。
③　同条第3項は、居宅介護支援の公正中立性を確保するために、指定居宅介護支援事業者及びその従業者が、利用者に対して特定の居宅サービス事業者等によるサービスを利用させることの対償として、当該居宅サービス事業者等から、金品その他の財産上の利益を収受してはならないこととしたものである。

(17) 苦情処理
①　基準第26条第1項は、利用者の保護及び適切かつ円滑な指定居宅介護支援、指定居宅サービス等の利用に資するため、自ら提供した指定居宅介護支援又は自らが居宅サービス計画に位置付けた指定居宅サービス等に対する利用者及びその家族からの苦情に迅速かつ適切に対応しなければならないこととしたものである。具体的には、指定居宅介護支援等についての苦情の場合には、当該事業者は、利用者又はその家族、指定居宅サービス事業者等から事情を聞き、苦情に係る問題点を把握の上、対応策を検討し必要に応じて利用者に説明しなければならないものである。

なお、介護保険法第23条の規定に基づき、市町村から居宅サービス計画の提出を求められた場合には、基準第26条第3項の規定に基づいて、その求めに応じなければならないものである。

②　同条第2項は、苦情に対し指定居宅介護支援事業者が組織として迅速かつ適切に対応するため、当該苦情（指定居宅介護支援事業者が提供したサービスとは関係のないものを除く。）の内容等を記録することを義務づけたものである。

また、指定居宅介護支援事業者は、苦情がサービスの質の向上を図る上での重要な情報であるとの認識に立ち、苦情の内容を踏まえ、サービスの質の向上に向けた取組を自ら行うべきである。

なお、基準第29条第2項の規定に基づき、苦情の内容等の記録は、2年間保存しなければならない。

③　同条第3項は、介護保険法上、苦情処理に関する業務を行うことが位置付けられている国民健康保険団体連合会のみならず、住民に最も身近な行政庁である市町村が、一次的には居宅サービス等に関する苦情に対応することが多くなることと考えられることから、市町村についても国民健康保険団体連合会と同様に、指定居宅介護支援事業者に対する苦情に関する調査や指導、助言を行えることを運営基準上、明確にしたものである。

④　なお、指定居宅介護支援事業者は、当該事業所における苦情を処理するために講ずる措置の概要について明らかにし、相談窓口の連絡先、苦情処理の体制及び手順等を利用申込者にサービスの内容を説明する文書に記載するとともに、事業所に掲示するべきものである。

(18) 事故発生時の対応
基準第27条は、利用者が安心して指定居宅介護支援の提供を受けられるよう事故発生時の速やかな対応を規定したものである。指定居宅介護支援事業者は、利用者に対する指定居宅介護支援の提供により事故が発生した場合は、市町村、当該利用者の家族等に連絡し、必要な措置を講じるべきこととするとともに、当該事故の状況及び事故に際して採った処置について記録し、また、利用者に対する指定居宅介護支援の提供により賠償すべき事故が発生した場合には、損害賠償を速やかに行うべきこととしたものである。

なお、基準第29条第2項の規定に基づき、事故の状況及び事故に際して採った処置についての記録は、2年間保存しなければならない。

このほか、以下の点に留意されたい。
①　指定居宅介護支援事業者は、利用者に対する指定居宅介護支援の提供により事故が発生した場合の対応方法について、あらかじめ定めておくことが望ましいこと。
②　指定居宅介護支援事業者は、賠償すべき事態となった場合には、速やかに賠償しなければならない。そのため、事業者は損害賠償保険に加入しておくか若しくは賠償資力を有することが望ましいこと。
③　指定居宅介護支援事業者は、事故が生じた際にはその原因を解明し、再発生を防ぐための対策を講じること。

(19) 会計の区分
基準第28条は、指定居宅介護支援事業者に係る会計の区分について定めたものである。なお、具体的な会計処理の方法等については、別に通知するところによるものである。

4　基準該当居宅介護支援に関する基準

基準第1条の2、第2章及び第3章（第26条第6項及び第7項を除く。）の規定は、基準該当居宅介護支援の事業について準用されるため、1から3まで（「基本方針」「人員に関する基準」及び「運営に関する基準」）を参照されたい。この場合において、準用される基準第10条第1項の規定は、基準該当居宅介護支援事業者が利用者から受領する利用料と、原則として特例居宅介護サービス計画費との間に不合理な差異が生じることを禁ずることにより、基準該当居宅介護支援についても原則として利用者負担が生じないこととする趣旨であることに留意されたい。

指定介護予防支援等の事業の人員及び運営並びに指定介護予防支援等に係る介護予防のための効果的な支援の方法に関する基準

平成18年3月14日厚生労働省令第37号
注　平成27年3月31日厚生労働省令第57号改正現在

目次
　第1章　趣旨及び基本方針（第1条・第1条の2）
　第2章　人員に関する基準（第2条・第3条）
　第3章　運営に関する基準（第4条—第28条）
　第4章　介護予防のための効果的な支援の方法に関する基準（第29条—第31条）
　第5章　基準該当介護予防支援に関する基準（第32条）
　附則

第1章　趣旨及び基本方針

（趣旨）

第1条　基準該当介護予防支援（介護保険法（平成9年法律第123号。以下「法」という。）第59条第1項第1号に規定する基準該当介護予防支援をいう。以下同じ。）の事業に係る法第59条第2項の厚生労働省令で定める基準及び指定介護予防支援（法第58条第1項に規定する指定介護予防支援をいう。以下同じ。）の事業に係る法第115条の24第3項の厚生労働省令で定める基準は、次の各号に掲げる基準に応じ、それぞれ当該各号に定める規定による基準とする。

　一　法第59条第1項第1号の規定により、同条第2項第1号に掲げる事項について市町村（特別区を含む。以下同じ。）が条例を定めるに当たって従うべき基準　第2条（第32条において準用する場合に限る。）及び第3条（第32条において準用する場合に限る。）の規定による基準

　二　法第59条第1項第1号の規定により、同条第2項第2号に掲げる事項について市町村が条例を定めるに当たって従うべき基準　第4条第1項及び第2項（第32条において準用する場合に限る。）、第5条（第32条において準用する場合に限る。）、第22条（第32条において準用する場合に限る。）並びに第26条（第32条において準用する場合に限る。）の規定による基準

　三　法第115条の24第1項の規定により、同条第3項第1号に掲げる事項について市町村が条例を定めるに当たって従うべき基準　第2条及び第3条の規定による基準

　四　法第115条の24第2項の規定により、同条第3項第2号に掲げる事項について市町村が条例を定めるに当たって従うべき基準　第4条第1項及び第2項、第5条、第22条並びに第26条の規定による基準

　五　法第59条第1項第1号又は第115条の24第1項若しくは第2項の規定により、法第59条第2項第1号及び第2号並びに第115条の24第3項第1号及び第2号に掲げる事項以外の事項について市町村が条例を定めるに当たって参酌すべき基準　この省令で定める基準のうち、前各号に定める規定による基準以外のもの

第1条の2　指定介護予防支援の事業は、その利用者が可能な限りその居宅において、自立した日常生活を営むことのできるように配慮して行われるものでなければならない。

2　指定介護予防支援の事業は、利用者の心身の状況、その置かれている環境等に応じて、利用者の選択に基づき、利用者の自立に向けて設定された目標を達成するために、適切な保健医療サービス及び福祉サービスが、当該目標を踏まえ、多様な事業者から、総合的かつ効率的に提供されるよう配慮して行われるものでなければならない。

3　指定介護予防支援事業者（法第58条第1項に規定する指定介護予防支援事業者をいう。以下同じ。）は、指定介護予防支援の提供に当たっては、利用者の意思及び人格を尊重し、常に利用者の立場に立って、利用者に提供される指定介護予防サービス等（法第8条の2第16項に規定する指定介護予防サービス等をいう。以下同じ。）が特定の種類又は特定の介護予防サービス事業者若しくは地域密着型介護予防サービス事業者（以下「介護予防サービス事業者等」という。）に不当に偏することのないよう、公正中立に行わなければならない。

4　指定介護予防支援事業者は、事業の運営に当たっては、市町村、地域包括支援センター（法第115条の46第1項に規定する地域包括支援センターをいう。以下同じ。）、老人福祉法（昭和38年法律第133号）第20条の7の2に規定する老人介護支援センター、指定居宅介護支援事業者（法第46条第1項に規定する指定居宅介護支援事業者をいう。以下同じ。）、他の指定介護予防支援事業者、介護保険施設、住民による自発的な活動によるサービスを含めた地域における様々な取組を行う者等との連携に努めなければならない。

第2章　人員に関する基準

（従業者の員数）

第2条　指定介護予防支援事業者は、当該指定に係る事業所（以下「指定介護予防支援事業所」という。）ごとに1以上の員数の指定介護予防支援の提供に当たる必要な数の保健師その他の指定介護予防支援に関する知識を有する職員（以下「担当職員」という。）を置かなければならない。

（管理者）

第3条　指定介護予防支援事業者は、指定介護予防支援事業所ごとに常勤の管理者を置かなければならない。

2　前項に規定する管理者は、専らその職務に従事する者でなければならない。ただし、指定介護予防支援事業所の管理に支障がない場合は、当該指定介護予防支援事業所の他の職務に従事し、又は当該指定介護予防支援事業者である地域包括支援センターの職務に従事することができるものとする。

第3章　運営に関する基準

（内容及び手続の説明及び同意）

第4条　指定介護予防支援事業者は、指定介護予防支援の提供の開始に際し、あらかじめ、利用申込者又はその家族に対し、第17条に規定する運営規程の概要その他の利用申込者のサービスの選択に資すると認められる重要事項を記した文書を交付して説明を行い、当該提供の開始について利用申込者の同意を得なければならない。

2　指定介護予防支援事業者は、指定介護予防支援の提供の開始に際し、あらかじめ、介護予防サービス計画が第1条の2に規定する基本方針及び利用者の希望に基づき作成されるものであること等につき説明を行い、理解を得なければならない。

3　指定介護予防支援事業者は、利用申込者又はその家族から申出があった場合には、第1項の規定による文書の交付に代えて、第6項で定めるところにより、当該利用申込者又はその家族の承諾を得て、当該文書に記すべき重要事項を電子情報処理組織を使用する方法その他の情報通信の技術を使用する方法であって次に掲げるもの（以下この条において「電磁的方法」という。）

により提供することができる。この場合において、当該指定介護予防支援事業者は、当該文書を交付したものとみなす。
一　電子情報処理組織を使用する方法のうちイ又はロに掲げるもの
　　イ　指定介護予防支援事業者の使用に係る電子計算機と利用申込者又はその家族の使用に係る電子計算機とを接続する電気通信回線を通じて送信し、受信者の使用に係る電子計算機に備えられたファイルに記録する方法
　　ロ　指定介護予防支援事業者の使用に係る電子計算機に備えられたファイルに記録された第1項に規定する重要事項を電気通信回線を通じて利用申込者又はその家族の閲覧に供し、当該利用申込者又はその家族の使用に係る電子計算機に備えられたファイルに当該重要事項を記録する方法（電磁的方法による提供を受ける旨の承諾又は受けない旨の申出をする場合にあっては、指定介護予防支援事業者の使用に係る電子計算機に備えられたファイルにその旨を記録する方法）
二　磁気ディスク、シー・ディー・ロムその他これらに準ずる方法により一定の事項を確実に記録しておくことができる物をもって調製するファイルに第1項に規定する重要事項を記録したものを交付する方法
4　前項に掲げる方法は、利用申込者又はその家族がファイルへの記録を出力することによる文書を作成することができるものでなければならない。
5　第3項第1号の「電子情報処理組織」とは、指定介護予防支援事業者の使用に係る電子計算機と、利用申込者又はその家族の使用に係る電子計算機とを電気通信回線で接続した電子情報処理組織をいう。
6　指定介護予防支援事業者は、第3項の規定により第1項に規定する重要事項を提供しようとするときは、あらかじめ、当該利用申込者又はその家族に対し、その用いる次に掲げる電磁的方法の種類及び内容を示し、文書又は電磁的方法による承諾を得なければならない。
一　第3項各号に規定する方法のうち指定介護予防支援事業者が使用するもの
二　ファイルへの記録の方式
7　前項の規定による承諾を得た指定介護予防支援事業者は、当該利用申込者又はその家族から文書又は電磁的方法により電磁的方法による提供を受けない旨の申出があったときは、当該利用申込者又はその家族に対し、第1項に規定する重要事項の提供を電磁的方法によってしてはならない。ただし、当該利用申込者又はその家族が再び前項の規定による承諾をした場合は、この限りでない。

（提供拒否の禁止）
第5条　指定介護予防支援事業者は、正当な理由なく指定介護予防支援の提供を拒んではならない。

（サービス提供困難時の対応）
第6条　指定介護予防支援事業者は、当該事業所の通常の事業の実施地域（当該指定介護予防支援事業所が通常時に指定介護予防支援を提供する地域をいう。以下同じ。）等を勘案し、利用申込者に対し自ら適切な指定介護予防支援を提供することが困難であると認めた場合は、他の指定介護予防支援事業者の紹介その他の必要な措置を講じなければならない。

（受給資格等の確認）
第7条　指定介護予防支援事業者は、指定介護予防支援の提供を求められた場合には、その者の提示する被保険者証によって、被保険者資格、要支援認定の有無及び要支援認定の有効期間を確かめるものとする。

（要支援認定の申請に係る援助）
第8条　指定介護予防支援事業者は、被保険者の要支援認定に係る申請について、利用申込者の意思を踏まえ、必要な協力を行わなければならない。
2　指定介護予防支援事業者は、指定介護予防支援の提供の開始に際し、要支援認定を受けていない利用申込者については、要支援認定の申請が既に行われているかどうかを確認し、申請が行われていない場合は、当該利用申込者の意思を踏まえて速やかに当該申請が行われるよう必要な援助を行わなければならない。
3　指定介護予防支援事業者は、要支援認定の更新の申請が、遅くとも当該利用者が受けている要支援認定の有効期間の満了日の30日前には行われるよう、必要な援助を行わなければならない。

（身分を証する書類の携行）
第9条　指定介護予防支援事業者は、当該指定介護予防支援事業所の担当職員に身分を証する書類を携行させ、初回訪問時及び利用者又はその家族から求められたときは、これを提示すべき旨を指導しなければならない。

（利用料等の受領）
第10条　指定介護予防支援事業者は、指定介護予防支援（法第58条第4項の規定に基づき介護予防サービス計画費（法第58条第2項に規定する介護予防サービス計画費をいう。以下同じ。）が当該指定介護予防支援事業者に支払われる場合に係るものを除く。）を提供した際にその利用者から支払を受ける利用料（介護予防サービス計画費の支給の対象となる費用に係る対価をいう。以下同じ。）と、介護予防サービス計画費の額との間に、不合理な差額が生じないようにしなければならない。

（保険給付の請求のための証明書の交付）
第11条　指定介護予防支援事業者は、提供した指定介護予防支援について前条の利用料の支払を受けた場合には、当該利用料の額等を記載した指定介護予防支援提供証明書を利用者に対して交付しなければならない。

（指定介護予防支援の業務の委託）
第12条　指定介護予防支援事業者は、法第115条の23第3項の規定により指定介護予防支援の一部を委託する場合には、次の各号に掲げる事項を遵守しなければならない。
一　委託に当たっては、中立性及び公正性の確保を図るため地域包括支援センター運営協議会（介護保険法施行規則（平成11年厚生省令第36号）第140条の66第1号ロ(2)に規定する地域包括支援センター運営協議会をいう。）の議を経なければならないこと。
二　委託に当たっては、適切かつ効率的に指定介護予防支援の業務が実施できるよう委託する業務の範囲や業務量について配慮すること。
三　委託する指定居宅介護支援事業者は、指定介護予防支援の業務に関する知識及び能力を有する介護支援専門員が従事する指定居宅介護支援事業者でなければならないこと。
四　委託する指定居宅介護支援事業者に対し、指定介護予防支援の業務を実施する介護支援専門員が、第1条の2、この章及び第4章の規定を遵守するよう措置させなければならないこと。

（法定代理受領サービスに係る報告）
第13条　指定介護予防支援事業者は、毎月、市町村（法第53条第7項において読み替えて準用する第41条第10項の規定により法第53条第6項の規定による審査及び支払に関する事務を国民健康保険団体連合会（国民健康保険法（昭和33年法律第192号）第45条第5項に規定する国民健康保険団体連合会をいう。以下同じ。）に委託している場合にあっては、当該国民健康保険団体連合会）に対し、介護予防サービス計画において位置付けられている指定介護予防サービス等のうち法定代理受領サービス（法第53条第4項の規定により介護予

防サービス費が利用者に代わり当該指定介護予防サービス事業者に支払われる場合の当該介護予防サービス費に係る指定介護予防サービスをいう。）として位置付けたものに関する情報を記載した文書を提出しなければならない。

2　指定介護予防支援事業者は、介護予防サービス計画に位置付けられている基準該当介護予防サービスに係る特例介護予防サービス費の支給に係る事務に必要な情報を記載した文書を、市町村（当該事務を国民健康保険団体連合会に委託している場合にあっては、当該国民健康保険団体連合会）に対して提出しなければならない。

（利用者に対する介護予防サービス計画等の書類の交付）

第14条　指定介護予防支援事業者は、要支援認定を受けている利用者が要介護認定を受けた場合その他利用者からの申出があった場合には、当該利用者に対し、直近の介護予防サービス計画及びその実施状況に関する書類を交付しなければならない。

（利用者に関する市町村への通知）

第15条　指定介護予防支援事業者は、指定介護予防支援を受けている利用者が次のいずれかに該当する場合は、遅滞なく、意見を付してその旨を市町村に通知しなければならない。

一　正当な理由なしに介護給付等対象サービス（法第24条第2項に規定する介護給付等対象サービスをいう。以下同じ。）の利用に関する指示に従わないこと等により、要支援状態の程度を増進させたと認められるとき又は要介護状態になったと認められるとき。

二　偽りその他不正の行為によって保険給付の支給を受け、又は受けようとしたとき。

（管理者の責務）

第16条　指定介護予防支援事業所の管理者は、当該指定介護予防支援事業所の担当職員その他の従業者の管理、指定介護予防支援の利用の申込みに係る調整、業務の実施状況の把握その他の管理を一元的に行わなければならない。

2　指定介護予防支援事業所の管理者は、当該指定介護予防支援事業所の担当職員その他の従業者にこの章及び次章の規定を遵守させるため必要な指揮命令を行うものとする。

（運営規程）

第17条　指定介護予防支援事業者は、指定介護予防支援事業所ごとに、次に掲げる事業の運営についての重要事項に関する規程（以下「運営規程」という。）として次に掲げる事項を定めるものとする。

一　事業の目的及び運営の方針
二　職員の職種、員数及び職務内容
三　営業日及び営業時間
四　指定介護予防支援の提供方法、内容及び利用料その他の費用の額
五　通常の事業の実施地域
六　その他運営に関する重要事項

（勤務体制の確保）

第18条　指定介護予防支援事業者は、利用者に対し適切な指定介護予防支援を提供できるよう、指定介護予防支援事業所ごとに担当職員その他の従業者の勤務の体制を定めておかなければならない。

2　指定介護予防支援事業者は、指定介護予防支援事業所ごとに、当該指定介護予防支援事業所の担当職員によって指定介護予防支援の業務を提供しなければならない。ただし、担当職員の補助の業務についてはこの限りでない。

3　指定介護予防支援事業者は、担当職員の資質の向上のために、その研修の機会を確保しなければならない。

（設備及び備品等）

第19条　指定介護予防支援事業者は、事業を行うために必要な広さの区画を有するとともに、指定介護予防支援の提供に必要な設備及び備品等を備えなければならない。

（従業者の健康管理）

第20条　指定介護予防支援事業者は、担当職員の清潔の保持及び健康状態について、必要な管理を行わなければならない。

（掲示）

第21条　指定介護予防支援事業者は、指定介護予防支援事業所の見やすい場所に、運営規程の概要、担当職員の勤務の体制その他の利用申込者のサービスの選択に資すると認められる重要事項を掲示しなければならない。

（秘密保持）

第22条　指定介護予防支援事業所の担当職員その他の従業者は、正当な理由がなく、その業務上知り得た利用者又はその家族の秘密を漏らしてはならない。

2　指定介護予防支援事業者は、担当職員その他の従業者であった者が、正当な理由がなく、その業務上知り得た利用者又はその家族の秘密を漏らすことのないよう、必要な措置を講じなければならない。

3　指定介護予防支援事業者は、サービス担当者会議（第30条第9号に規定するサービス担当者会議をいう。）等において、利用者の個人情報を用いる場合は利用者の同意を、利用者の家族の個人情報を用いる場合は当該家族の同意を、あらかじめ文書により得ておかなければならない。

（広告）

第23条　指定介護予防支援事業者は、指定介護予防支援事業所について広告をする場合においては、その内容が虚偽又は誇大なものであってはならない。

（介護予防サービス事業者等からの利益収受の禁止等）

第24条　指定介護予防支援事業者及び指定介護予防支援事業所の管理者は、介護予防サービス計画の作成又は変更に関し、当該指定介護予防支援事業所の担当職員に対して特定の介護予防サービス事業者等によるサービスを位置付けるべき旨の指示等を行ってはならない。

2　指定介護予防支援事業所の担当職員は、介護予防サービス計画の作成又は変更に関し、利用者に対して特定の介護予防サービス事業者等によるサービスを利用すべき旨の指示等を行ってはならない。

3　指定介護予防支援事業者及びその従業者は、介護予防サービス計画の作成又は変更に関し、利用者に対して特定の介護予防サービス事業者等によるサービスを利用させることの対償として、当該介護予防サービス事業者等から金品その他の財産上の利益を収受してはならない。

（苦情処理）

第25条　指定介護予防支援事業者は、自ら提供した指定介護予防支援又は自らが介護予防サービス計画に位置付けた指定介護予防サービス等（第6項において「指定介護予防支援等」という。）に対する利用者及びその家族からの苦情に迅速かつ適切に対応しなければならない。

2　指定介護予防支援事業者は、前項の苦情を受け付けた場合は、当該苦情の内容等を記録しなければならない。

3　指定介護予防支援事業者は、自ら提供した指定介護予防支援に関し、法第23条の規定により市町村が行う文書その他の物件の提出若しくは提示の求め又は当該市町村の職員からの質問若しくは照会に応じ、及び利用者からの苦情に関して市町村が行う調査に協力するとともに、市町村から指導又は助言を受けた場合においては、当該指導又は助言に従って必要な改善を行わ

なければならない。
4 指定介護予防支援事業者は、市町村からの求めがあった場合には、前項の改善の内容を市町村に報告しなければならない。
5 指定介護予防支援事業者は、自らが介護予防サービス計画に位置付けた法第53条第1項に規定する指定介護予防サービス又は法第54条の2第1項に規定する指定地域密着型介護予防サービスに対する苦情の国民健康保険団体連合会への申立てに関して、利用者に対し必要な援助を行わなければならない。
6 指定介護予防支援事業者は、指定介護予防支援等に対する利用者からの苦情に関して国民健康保険団体連合会が行う法第176条第1項第3号の調査に協力するとともに、自ら提供した指定介護予防支援に関して国民健康保険団体連合会から同号の指導又は助言を受けた場合においては、当該指導又は助言に従って必要な改善を行わなければならない。
7 指定介護予防支援事業者は、国民健康保険団体連合会からの求めがあった場合には、前項の改善の内容を国民健康保険団体連合会に報告しなければならない。

(事故発生時の対応)
第26条 指定介護予防支援事業者は、利用者に対する指定介護予防支援の提供により事故が発生した場合には速やかに市町村、利用者の家族等に連絡を行うとともに、必要な措置を講じなければならない。
2 指定介護予防支援事業者は、前項の事故の状況及び事故に際して採った処置について記録しなければならない。
3 指定介護予防支援事業者は、利用者に対する指定介護予防支援の提供により賠償すべき事故が発生した場合には、損害賠償を速やかに行わなければならない。

(会計の区分)
第27条 指定介護予防支援事業者は、事業所ごとに経理を区分するとともに、指定介護予防支援の事業の会計とその他の事業の会計とを区分しなければならない。

(記録の整備)
第28条 指定介護予防支援事業者は、従業者、設備、備品及び会計に関する諸記録を整備しておかなければならない。
2 指定介護予防支援事業者は、利用者に対する指定介護予防支援の提供に関する次の各号に掲げる記録を整備し、その完結の日から2年間保存しなければならない。
一 第30条第14号に規定する指定介護予防サービス事業者等との連絡調整に関する記録
二 個々の利用者ごとに次に掲げる事項を記載した介護予防支援台帳
　イ 介護予防サービス計画
　ロ 第30条第7号に規定するアセスメントの結果の記録
　ハ 第30条第9号に規定するサービス担当者会議等の記録
　ニ 第30条第15号に規定する評価の結果の記録
　ホ 第30条第16号に規定するモニタリングの結果の記録
三 第15条に規定する市町村への通知に係る記録
四 第25条第2項に規定する苦情の内容等の記録
五 第26条第2項に規定する事故の状況及び事故に際して採った処置についての記録

　　　　第4章　介護予防のための効果的な支援の方法に関する基準

(指定介護予防支援の基本取扱方針)
第29条 指定介護予防支援は、利用者の介護予防(法第8条の2第2項に規定する介護予防をいう。以下同じ。)に資するよう行われるとともに、医療サービスとの連携に十分配慮して行わなければならない。
2 指定介護予防支援事業者は、介護予防の効果を最大限に発揮し、利用者が生活機能の改善を実現するための適切なサービスを選択できるよう、目標志向型の介護予防サービス計画を策定しなければならない。
3 指定介護予防支援事業者は、自らその提供する指定介護予防支援の質の評価を行い、常にその改善を図らなければならない。

(指定介護予防支援の具体的取扱方針)
第30条 指定介護予防支援の方針は、第1条の2に規定する基本方針及び前条に規定する基本取扱方針に基づき、次に掲げるところによるものとする。
一 指定介護予防支援事業所の管理者は、担当職員に介護予防サービス計画の作成に関する業務を担当させるものとする。
二 指定介護予防支援の提供に当たっては、懇切丁寧に行うことを旨とし、利用者又はその家族に対し、サービスの提供方法等について、理解しやすいように説明を行う。
三 担当職員は、介護予防サービス計画の作成に当たっては、利用者の自立した日常生活の支援を効果的に行うため、利用者の心身又は家族の状況等に応じ、継続的かつ計画的に指定介護予防サービス等の利用が行われるようにしなければならない。
四 担当職員は、介護予防サービス計画の作成に当たっては、利用者の日常生活全般を支援する観点から、予防給付(法第18条第2号に規定する予防給付をいう。以下同じ。)の対象となるサービス以外の保健医療サービス又は福祉サービス、当該地域の住民による自発的な活動によるサービス等の利用も含めて介護予防サービス計画上に位置付けるよう努めなければならない。
五 担当職員は、介護予防サービス計画の作成の開始に当たっては、利用者によるサービスの選択に資するよう、当該地域における指定介護予防サービス事業者等に関するサービス及び住民による自発的な活動によるサービスの内容、利用料等の情報を適正に利用者又はその家族に対して提供するものとする。
六 担当職員は、介護予防サービス計画の作成に当たっては、適切な方法により、利用者について、その有している生活機能や健康状態、その置かれている環境等を把握した上で、次に掲げる各領域ごとに利用者の日常生活の状況を把握し、利用者及び家族の意欲及び意向を踏まえて、生活機能の低下の原因を含む利用者が現に抱える問題点を明らかにするとともに、介護予防の効果を最大限に発揮し、利用者が自立した日常生活を営むことができるように支援すべき総合的な課題を把握しなければならない。
　イ 運動及び移動
　ロ 家庭生活を含む日常生活
　ハ 社会参加並びに対人関係及びコミュニケーション
　ニ 健康管理
七 担当職員は、前号に規定する解決すべき課題の把握(以下「アセスメント」という。)に当たっては、利用者の居宅を訪問し、利用者及びその家族に面接して行わなければならない。この場合において、担当職員は、面接の趣旨を利用者及びその家族に対して十分に説明し、理解を得なければならない。
八 担当職員は、利用者の希望及び利用者についてのアセスメントの結果、利用者が目標とする生活、専門的観点からの目標と具体策、利用者及びその家族の意向、それらを踏まえた具体的な目標、その目標を達成するための支援の留意点、本人、指定介護予防サービス事業者、自発的な活動によるサービスを提供する者等が目標を達成するために行うべき支援

内容並びにその期間等を記載した介護予防サービス計画の原案を作成しなければならない。

九　担当職員は、サービス担当者会議（担当職員が介護予防サービス計画の作成のために介護予防サービス計画の原案に位置付けた指定介護予防サービス等の担当者（以下この条において「担当者」という。）を召集して行う会議をいう。以下同じ。）の開催により、利用者の状況等に関する情報を担当者と共有するとともに、当該介護予防サービス計画の原案の内容について、担当者から、専門的な見地からの意見を求めるものとする。ただし、やむを得ない理由がある場合については、担当者に対する照会等により意見を求めることができるものとする。

十　担当職員は、介護予防サービス計画の原案に位置付けた指定介護予防サービス等について、保険給付の対象となるかどうかを区分した上で、当該介護予防サービス計画の原案の内容について利用者又はその家族に対して説明し、文書により利用者の同意を得なければならない。

十一　担当職員は、介護予防サービス計画を作成した際には、当該介護予防サービス計画を利用者及び担当者に交付しなければならない。

十二　担当職員は、介護予防サービス計画に位置付けた指定介護予防サービス事業者等に対して、介護予防訪問看護計画書（指定介護予防サービス等の事業の人員、設備及び運営並びに指定介護予防サービス等に係る介護予防のための効果的な支援の方法に関する基準（平成18年厚生労働省令第35号。以下「指定介護予防サービス等基準」という。）第76条第2号に規定する介護予防訪問看護計画書をいう。次号において同じ。）等指定介護予防サービス等基準において位置付けられている計画の提出を求めるものとする。

十三　担当職員は、指定介護予防サービス事業者等に対して、介護予防サービス計画に基づき、介護予防訪問看護計画書等指定介護予防サービス等基準において位置付けられている計画の作成を指導するとともに、サービスの提供状況や利用者の状態等に関する報告を少なくとも1月に1回、聴取しなければならない。

十四　担当職員は、介護予防サービス計画の作成後、介護予防サービス計画の実施状況の把握（利用者についての継続的なアセスメントを含む。）を行い、必要に応じて介護予防サービス計画の変更、指定介護予防サービス事業者等との連絡調整その他の便宜の提供を行うものとする。

十五　担当職員は、介護予防サービス計画に位置づけた期間が終了するときは、当該計画の目標の達成状況について評価しなければならない。

十六　担当職員は、第14号に規定する実施状況の把握（以下「モニタリング」という。）に当たっては、利用者及びその家族、指定介護予防サービス事業者等との連絡を継続的に行うこととし、特段の事情のない限り、次に定めるところにより行わなければならない。

　イ　少なくともサービスの提供を開始する月の翌月から起算して3月に1回及びサービスの評価期間が終了する月並びに利用者の状況に著しい変化があったときは、利用者の居宅を訪問し、利用者に面接すること。

　ロ　利用者の居宅を訪問しない月においては、可能な限り、指定介護予防通所リハビリテーション事業所（指定介護予防サービス等基準第117条第1項に規定する指定介護予防通所リハビリテーション事業所をいう。）を訪問する等の方法により利用者に面接するよう努めるとともに、当該面接ができない場合にあっては、電話等により利用者との連絡を実施すること。

　ハ　少なくとも1月に1回、モニタリングの結果を記録すること。

十七　担当職員は、次に掲げる場合においては、サービス担当者会議の開催により、介護予防サービス計画の変更の必要性について、担当者から、専門的な見地からの意見を求めるものとする。ただし、やむを得ない理由がある場合については、担当者に対する照会等により意見を求めることができるものとする。

　イ　要支援認定を受けている利用者が法第33条第2項に規定する要支援更新認定を受けた場合

　ロ　要支援認定を受けている利用者が法第33条の2第1項に規定する要支援状態区分の変更の認定を受けた場合

十八　第3号から第13号までの規定は、第14号に規定する介護予防サービス計画の変更について準用する。

十九　担当職員は、適切な保健医療サービス及び福祉サービスが総合的かつ効率的に提供された場合においても、利用者がその居宅において日常生活を営むことが困難となったと認める場合又は利用者が介護保険施設への入院又は入所を希望する場合には、利用者の要介護認定に係る申請について必要な支援を行い、介護保険施設への紹介その他の便宜の提供を行うものとする。

二十　担当職員は、介護保険施設等から退院又は退所しようとする要支援者から依頼があった場合には、居宅における生活へ円滑に移行できるよう、あらかじめ、介護予防サービス計画の作成等の援助を行うものとする。

二十一　担当職員は、利用者が介護予防訪問看護、介護予防通所リハビリテーション等の医療サービスの利用を希望している場合その他必要な場合には、利用者の同意を得て主治の医師又は歯科医師（以下「主治の医師等」という。）の意見を求めなければならない。

二十二　担当職員は、介護予防サービス計画に介護予防訪問看護、介護予防通所リハビリテーション等の医療サービスを位置付ける場合にあっては、当該医療サービスに係る主治の医師等の指示がある場合に限りこれを行うものとし、医療サービス以外の指定介護予防サービス等を位置付ける場合にあっては、当該指定介護予防サービス等に係る主治の医師等の医学的観点からの留意事項が示されているときは、当該留意点を尊重してこれを行うものとする。

二十三　担当職員は、介護予防サービス計画に介護予防短期入所生活介護又は介護予防短期入所療養介護を位置付ける場合にあっては、利用者の居宅における自立した日常生活の維持に十分に留意するものとし、利用者の心身の状況等を勘案して特に必要と認められる場合を除き、介護予防短期入所生活介護及び介護予防短期入所療養介護を利用する日数が要支援認定の有効期間のおおむね半数を超えないようにしなければならない。

二十四　担当職員は、介護予防サービス計画に介護予防福祉用具貸与を位置づける場合にあっては、その利用の妥当性を検討し、当該計画に介護予防福祉用具貸与が必要な理由を記載するとともに、必要に応じて随時、サービス担当者会議を開催し、その継続の必要性について検証をした上で、継続が必要な場合にはその理由を介護予防サービス計画に記載しなければならない。

二十五　担当職員は、介護予防サービス計画に特定介

護予防福祉用具販売を位置付ける場合にあっては、その利用の妥当性を検討し、当該計画に特定介護予防福祉用具販売が必要な理由を記載しなければならない。

二十六　担当職員は、利用者が提示する被保険者証に、法第73条第2項に規定する認定審査会意見又は法第37条第1項の規定による指定に係る介護予防サービスの種類若しくは地域密着型介護予防サービスの種類についての記載がある場合には、利用者にその趣旨（同条第1項の規定による指定に係る介護予防サービス若しくは地域密着型介護予防サービスの種類については、その変更の申請ができることを含む。）を説明し、理解を得た上で、その内容に沿って介護予防サービス計画を作成しなければならない。

二十七　担当職員は、要支援認定を受けている利用者が要介護認定を受けた場合には、指定居宅介護支援事業者と当該利用者に係る必要な情報を提供する等の連携を図るものとする。

二十八　指定介護予防支援事業者は、法第115条の48第4項の規定に基づき、同条第1項に規定する会議から、同条第2項の検討を行うための資料又は情報の提供、意見の開陳その他必要な協力の求めがあった場合には、これに協力するよう努めなければならない。

（介護予防支援の提供に当たっての留意点）

第31条　介護予防支援の実施に当たっては、介護予防の効果を最大限に発揮できるよう次に掲げる事項に留意しなければならない。

一　単に運動機能や栄養状態、口腔機能といった特定の機能の改善だけを目指すものではなく、これらの機能の改善や環境の調整などを通じて、利用者の日常生活の自立のための取組を総合的に支援することによって生活の質の向上を目指すこと。

二　利用者による主体的な取組を支援し、常に利用者の生活機能の向上に対する意欲を高めるよう支援すること。

三　具体的な日常生活における行為について、利用者の状態の特性を踏まえた目標を、期間を定めて設定し、利用者、サービス提供者等とともに目標を共有すること。

四　利用者の自立を最大限に引き出す支援を行うことを基本とし、利用者のできる行為は可能な限り本人が行うよう配慮すること。

五　サービス担当者会議等を通じて、多くの種類の専門職の連携により、地域における様々な予防給付の対象となるサービス以外の保健医療サービス又は福祉サービス、当該地域の住民による自発的な活動によるサービス等の利用も含めて、介護予防に資する取組を積極的に活用すること。

六　地域支援事業（法第115条の45に規定する地域支援事業をいう。）及び介護給付（法第18条第1号に規定する介護給付をいう。）と連続性及び一貫性を持った支援を行うよう配慮すること。

七　介護予防サービス計画の策定に当たっては、利用者の個別性を重視した効果的なものとすること。

八　機能の改善の後についてもその状態の維持への支援に努めること。

第5章　基準該当介護予防支援に関する基準

（準用）

第32条　第1条の2及び第2章から前章（第25条第6項及び第7項を除く。）までの規定は、基準該当介護予防支援の事業について準用する。この場合において、第4条第1項中「第17条」とあるのは「第32条において準用する第17条」と、第10条第1項中「指定介護予防支援（法第58条第4項の規定に基づき介護予防サービス計画費（法第58条第2項に規定する介護予防サービス計画費をいう。以下同じ。）が当該指定介護予防支援事業者に支払われる場合に係るものを除く。）」とあるのは「基準該当介護予防支援」と、「介護予防サービス計画費の額」とあるのは「法第59条第3項に規定する特例介護予防サービス計画費の額」と読み替えるものとする。

　　　附　則

1　この省令は、平成18年4月1日から施行する。

2　介護保険法等の一部を改正する法律（平成17年法律第77号）附則第10条第1項の規定により指定居宅介護支援事業者とみなされた者が指定居宅介護支援の事業を行う事業所であって、法第115条の21第3項の規定により指定介護予防支援の一部を委託する場合にあっては、平成19年3月31日までの間は、第12条第5号の規定は適用しない。

指定介護予防支援等の事業の人員及び運営並びに指定介護予防支援等に係る介護予防のための効果的な支援の方法に関する基準について

平成18年3月31日老振発第0331003号・老老発第0331016号
各都道府県・各指定都市・各中核市介護保険主管部（局）長宛　厚生労働省老健局振興・老人保健課長連名通知
注　平成27年3月27日　老介発0327第1号・老高発0327第1号・老振発0327第1号・老老発0327第2号改正現在

介護保険法（平成9年法律第123号。以下「法」という。）第59条第1項第1号並びに第115条の22第1項及び第2項の規定に基づく「指定介護予防支援等の事業の人員及び運営並びに指定介護予防支援等に係る介護予防のための効果的な支援の方法に関する基準」（以下「基準」という。）については、平成18年3月14日厚生労働省令第37号をもって公布され、平成18年4月1日より施行されるところであるが、基準の趣旨及び内容は下記のとおりであるので、御了知の上、管内市町村、関係団体、関係機関等にその周知徹底を図るとともに、その運用に遺憾のないようにされたい。

記

第1　基準の性格

1　基準は、指定介護予防支援の事業及び基準該当介護予防支援の事業がその目的を達成するために必要な最低限度の基準を定めたものであり、指定介護予防支援事業者及び基準該当介護予防支援事業者は、基準を充足することで足りるとすることなく常にその事業の運営の向上に努めなければならないものである。

2　指定介護予防支援の事業を行う者又は行おうとする者が満たすべき基準等を満たさない場合には、指定介護予防支援事業者の指定又は更新は受けられず、また、基準に違反することが明らかになった場合には、①相当の期限を定めて基準を遵守する勧告を行い、②相当の期限内に勧告に従わなかったときは、事業者名、勧告に至った経緯、当該勧告に対する対応等を公表し、③正当な理由が無く、当該勧告に係る措置をとらなかったときは、相当の期限を定めて当該勧告に係る措置をとるよう命令することができるものであること。ただし、③の命令をした場合には事業者名、命令に至った経緯等を公表しなければならない。なお、③の命令に従わない場合には、当該指定を取り消すこと、又は取り消しを行う前に相当の期間を定めて指定の全部若しくは一部の効力を停止すること（不適正なサービスが行われていることが判明した場合、当該サービスに関する介護報酬の請求を停止させる）ができる。ただし、次に掲げる場合には、基準に従った適正な運営ができなくなったものとして、指定の全部若しくは一部の停止又は直ちに取り消すことができるものであること。

①　指定介護予防支援事業者及びその従業者が、介護予防サービス計画の作成又は変更に関し、利用者に対して特定の介護予防サービス事業者、地域密着型介護予防サービス事業者等によるサービスを利用させることの対償として、当該介護予防サービス事業者、地域密着型介護予防サービス事業者等から金品その他の財産上の利益を収受したときその他の自己の利益を図るために基準に違反したとき

②　利用者の生命又は身体の安全に危害を及ぼすおそれがあるとき

③　その他①及び②に準ずる重大かつ明白な基準違反があったとき

3　運営に関する基準及び介護予防のための効果的な支援の方法に関する基準に従って事業の運営をすることができなくなったことを理由として指定が取り消され、法に定める期間の経過後に再度当該事業者から指定の申請がなされた場合には、当該事業者が運営に関する基準及び介護予防のための効果的な支援の方法に関する基準を遵守することを確保することに特段の注意が必要であり、その改善状況等が十分に確認されない限り指定を行わないものとする。

4　基準違反に対しては、厳正に対応すべきであること。

第2　指定介護予防支援等の事業の人員及び運営並びに指定介護予防支援等に係る介護予防のための効果的な支援の方法に関する基準

1　基本方針

介護保険制度においては、要支援者である利用者に対し、個々の解決すべき課題、その心身の状況や置かれている環境等に応じて保健・医療・福祉にわたる指定介護予防サービス、指定地域密着型介護予防サービス等が、多様なサービス提供主体により総合的かつ効率的に提供されるよう、介護予防支援を保険給付の対象として位置づけたものであり、その重要性に鑑み、保険給付率についても特に10割としているところである。

基準第1条の2第1項は、介護保険制度の基本理念である「自立支援」、すなわち利用者が可能な限りその居宅において自立した日常生活を継続するということを実現するため、利用者が要支援者であることに鑑み、介護予防の効果が最大限発揮され、利用者が有している生活機能の維持・改善が図られるよう、目標指向型の計画を作成し、支援することができるかどうかという視点から検討を行い支援を行うべきことを定めたものである。

このほか、指定介護予防支援の事業の実施にあたっては、高齢者自身によるサービスの選択の尊重、保健・医療・福祉サービスの総合的、効率的な活用、利用者主体、公正中立、地域における様々な取組等との連携等を基本理念として掲げている。これらの基本理念を踏まえ、介護予防支援の事業については、市町村が設置する地域包括支援センターが指定介護予防支援事業者としての指定を受け、主体的に行う業務としており、指定介護予防支援事業者は、常にこの基本方針を踏まえた事業運営を図らなければならないこととしている。

2　人員に関する基準

指定介護予防支援事業者は、指定介護予防支援事業所に保健師その他の介護予防支援に関する知識を有する職員（以下「担当職員」という。）を、事業が円滑に実施できるよう、必要数を配置しなければならない。この担当職員は、次のいずれかの要件を満たす者であって、都道府県が実施する研修を受講する等介護予防支援業務に関する必要な知識及び能力を有する者を充てる必要がある。

①　保健師
②　介護支援専門員
③　社会福祉士
④　経験ある看護師
⑤　高齢者保健福祉に関する相談業務等に3年以上従事した社会福祉主事

なお、担当職員は、前記の要件を満たす者であれば、

当該介護予防支援事業所である地域包括支援センターの職員等と兼務して差し支えないものであり、また、利用者の給付管理に係る業務等の事務的な業務に従事する者については、前記の要件を満たしていなくても差し支えないものである。

また、基準第2条及び第3条に係る運用に当たっては、次の点に留意する必要がある。
(1) 担当職員の員数

基準第2条において、1以上の員数の担当職員を置かなければならないこととされているが、介護予防支援事業者は、担当する区域の状況を踏まえ、必要な担当職員を配置するか、あるいは指定居宅介護支援事業者に業務の一部を委託することにより、適切に業務を行えるよう体制を整備する必要があることを示しているものである。

なお、基準においては、配置する職員について常勤又は専従等の要件を付していないが、指定介護予防支援事業所の営業時間中は、常に利用者からの相談等に対応できる体制を整えている必要があり、担当職員がその業務上の必要性から、又は他の業務を兼ねていることから、当該事業所に不在となる場合であっても、管理者、その他の従業者等を通じ、利用者が適切に担当職員に連絡が取れるなど利用者の支援に支障が生じないよう体制を整えておく必要がある。

また、担当職員が非常勤の場合や他の事業と兼務している場合にも、介護予防支援の業務については、介護予防支援事業者の指揮監督に基づいて適切に実施するよう留意しなければならない。

(2) 管理者

指定介護予防支援事業所に置くべき管理者は、専らその職務に従事する常勤の者でなければならないが、介護予防支援の業務又は当該指定介護予防支援事業所である地域包括支援センターの業務に従事する場合はこの限りでないこととされている。

指定介護予防支援事業所の管理者は、指定介護予防支援事業所の営業時間中は、常に利用者からの利用申込等に対応できる体制を整えている必要があるものであり、管理者が指定介護予防支援事業所である地域包括支援センターの業務を兼務していて、その業務上の必要性から当該事業所に不在となる場合であっても、その他の従業者等を通じ、利用者が適切に管理者に連絡が取れる体制としておく必要がある。

(3) 用語の定義

「常勤」及び「専らその職務に従事する」の定義はそれぞれ次のとおりである。
① 「常勤」

当該事業所における勤務時間（当該事業所において、指定介護予防支援以外の事業を行っている場合には、当該事業に従事している時間を含む。）が、当該事業所において定められている常勤の従業者が勤務すべき時間数（週32時間を下回る場合は週32時間を基本とする。）に達していることをいうものである。ただし、育児休業、介護休業等育児又は家族介護を行う労働者の福祉に関する法律（平成3年法律第76号）第23条第1項に規定する所定労働時間の短縮措置が講じられている者については、利用者の処遇に支障がない体制が事業所として整っている場合は、例外的に常勤の従業者が勤務すべき時間数を30時間として取り扱うことを可能とする。

また、同一の事業者によって当該事業所に併設される事業所の職務であって、当該事業所の職務と同時並行的に行われることが差し支えないと考えられるものについては、その勤務時間が常勤の従業者が勤務すべき時間数に達していれば、常勤の要件を満たすものであることとする。
② 「専らその職務に従事する」

原則として、サービス提供時間帯を通じて当該サービス以外の職務に従事しないことをいうものである。
③ 「事業所」

事業所とは、担当職員が介護予防支援を行う本拠であり、具体的には管理者がサービスの利用申込の調整等を行い、介護予防支援に必要な利用者ごとに作成する帳簿類を保管し、利用者との面接相談に必要な設備及び備品を備える場所であり、当該指定に係る地域包括支援センターの他の業務と兼ねることができる。

3 運営に関する基準
(1) 内容及び手続きの説明及び同意

基準第4条は、基本理念としての高齢者の主体的なサービス利用を具体化したものである。指定介護予防支援事業者は、利用申込があった場合には、あらかじめ、当該利用申込者又はその家族に対し、当該指定介護予防支援事業所の運営規程の概要、担当職員の勤務の体制、秘密の保持、事故発生時の対応、苦情処理の体制等の利用申込者がサービスを利用するために必要な重要事項を説明書やパンフレット等の文書を交付して説明を行い、当該指定介護予防支援事業所から介護予防支援を受けることにつき同意を得なければならないこととしたものである。なお、当該同意については、利用者及び指定介護予防支援事業者双方の保護の立場から書面によって確認することが望ましいものである。

また、指定介護予防支援は、利用者の状態の特性を踏まえた目標を設定し、常に利用者の目標に沿って行われるものであり、介護予防サービス計画は基準第1条の2の基本方針及び利用者の選択を尊重し、自立を支援するために作成されるものである。このため、指定介護予防支援について利用者の主体的な取組が重要であることにつき十分説明を行い、理解を得なければならない。

(2) 提供拒否の禁止

基準第5条は、介護予防支援の公共性にかんがみ、原則として、指定介護予防支援の利用申込に対しては、これに応じなければならないことを規定したものであり、正当な理由なくサービスの提供を拒否することを禁止するものである。

なお、ここでいう正当な理由とは、①利用申込者の居住地が当該事業所の通常の事業の実施地域外である場合、②利用申込者が他の指定介護予防支援事業者にも併せて指定介護予防支援の依頼を行っていることが明らかな場合等である。

(3) 要支援認定の申請に係る援助
① 基準第8条第1項は、法第32条第1項に基づき、被保険者が介護予防支援事業者に要支援認定の申請に関する手続きを代わって行わせることができること等を踏まえ、被保険者から要支援認定の申請の代行を依頼された場合等においては、介護予防支援事業者は必要な協力を行わなければならないものとしたものである。
② 同条第2項は、要支援認定の申請がなされていれば、要支援認定の効力が申請時に遡ることにより、指定介護予防支援の利用に係る費用が保険給付の対象となり得ることを踏まえ、指定

介護予防支援事業者は、利用申込者が要支援認定を受けていないことを確認した場合には、要支援認定の申請が既に行われているかどうかを確認し、申請が行われていない場合は、当該利用申込者の意思を踏まえて速やかに当該申請が行われるよう必要な援助を行わなければならないこととしたものである。

③ 同条第3項は、要支援認定の有効期間が付されているものであることを踏まえ、指定介護予防支援事業者は、要支援認定の有効期間を確認した上、要支援認定の更新の申請が、遅くとも当該利用者が受けている要支援認定等の有効期間が終了する1月前にはなされるよう、必要な援助を行わなければならないこととしたものである。

(4) 身分を証する書類の携行

基準第9条は、利用者が安心して指定介護予防支援の提供を受けられるよう、指定介護予防支援事業者が、当該指定介護予防支援事業所の担当職員に身分を証する証書や名刺等を携行させ、初回訪問時及び利用者又はその家族から求められたときは、これを提示すべき旨を指導するべきこととしたものである。当該証書等には、当該指定介護予防支援事業所の名称、当該担当職員の氏名を記載した上、写真を貼付したものとすることが望ましい。

(5) 利用料等の受領

基準第10条は、利用者間の公平及び利用者の保護の観点から、保険給付がいわゆる償還払いとなる場合と、保険給付が利用者に代わり指定介護予防支援事業者に支払われる場合（以下「代理受領がなされる場合」という。）の間で、一方の経費が他方へ転嫁等されることがないよう、償還払いの場合の指定介護予防支援の利用料の額と、介護予防サービス計画費の額（要するに、代理受領がなされる場合の指定介護予防支援に係る費用の額）との間に、不合理な差額を設けてはならないこととするとともに、これによって、償還払いの場合であっても原則として利用者負担が生じないこととする趣旨である。

(6) 保険給付の請求のための証明書の交付

基準第11条は、介護予防支援に係る保険給付がいわゆる償還払いとなる場合に、利用者が保険給付の請求を容易に行えるよう、指定介護予防支援事業者は、利用料の額その他利用者が保険給付を請求する上で必要と認められる事項を記載した指定介護予防支援提供証明書を利用者に対して交付するべきこととしたものである。

(7) 介護予防支援業務の委託について

法第115条の23第3項により、指定介護予防支援事業者は、指定居宅介護支援事業者に介護予防支援業務の一部を委託できることとされており、基準第12条は、当該委託を行う場合について規定したものであり、次の点に留意する必要がある。

① 指定介護予防支援事業者は、公正で中立性の高い事業運営を行う必要があり、業務の一部を委託する際には公正中立性を確保するため、その指定を受けた地域包括支援センターの地域包括支援センター運営協議会の議を経る必要がある。

② 指定介護予防支援事業者が業務の一部を委託をする場合には、基準第30条第7号に規定するアセスメント業務や介護予防サービス計画の作成業務等が一体的に行えるよう配慮しなければならない。また、受託する指定居宅介護支援事業者が本来行うべき指定居宅介護支援の業務の適正な実施に影響を及ぼすことのないよう、委託する業務の範囲及び業務量について十分に配慮しなければならない。

③ 指定介護予防支援事業者が業務の一部を委託をする居宅介護支援事業者は、都道府県が実施する研修を受講する等介護予防支援業務に関する必要な知識及び能力を有する介護支援専門員が従事する事業者である必要がある。

なお、委託を行ったとしても、指定介護予防支援に係る責任主体は指定介護予防支援事業者である。指定介護予防支援事業者は、委託を受けた指定居宅介護支援事業所が介護予防サービス計画原案を作成した際には、当該介護予防サービス計画原案が適切に作成されているか、内容が妥当か等について確認を行うこと、委託を受けた指定居宅介護支援事業者が評価を行った際には、当該評価の内容について確認を行い、今後の方針等について必要な援助・指導を行うことが必要である。

また、指定介護予防支援事業者は、委託を行った指定居宅介護支援事業所との関係等について利用者に誤解のないよう説明しなければならない。

(8) 法定代理受領サービスに係る報告

① 基準第13条第1項は、介護予防サービス費を利用者に代わり当該指定介護予防サービス事業者に支払うための手続きとして、指定介護予防支援事業者に、市町村（国民健康保険団体連合会に委託している場合にあっては当該国民健康保険団体連合会）に対して、介護予防サービス計画において位置付けられている指定介護予防サービス等のうち法定代理受領サービスとして位置付けたものに関する情報を記載した文書（給付管理票）を毎月提出することを義務づけたものである。

② 同条第2項は、指定介護予防支援事業者が介護予防サービス計画に位置付けられている基準該当介護予防サービスに係る情報を指定介護予防サービスに係る情報と合わせて市町村（国民健康保険団体連合会に委託している場合にあっては当該国民健康保険団体連合会）に対して提供することにより、基準該当介護予防サービスに係る特例介護予防サービス費の支払事務が、介護予防サービス計画に位置付けられている指定介護予防サービスに係る介護予防サービス費の支払を待つことなく、これと同時並行的に行うことができるようにするための規定である。

(9) 利用者に対する介護予防サービス計画等の書類の交付

基準第14条は、利用者が要介護認定を受け、指定居宅介護支援事業者に変更した場合等に、変更後の指定居宅支援事業者等が滞りなく給付管理票の作成・届出等の事務を行うことができるよう、指定介護予防支援事業者は、要支援認定を受けている利用者が要介護認定を受けた場合、その他利用者からの申し出があった場合には、当該利用者に対し、直近の介護予防サービス計画及びその実施状況に関する書類を交付しなければならないこととしたものである。

(10) 利用者に関する市町村への通知

基準第15条は、偽りその他不正の行為によって保険給付を受けた者及び自己の故意の犯罪行為若しくは重大な過失等により、要支援状態若しくはその原因となった事故を生じさせるなどした者については、市町村が、介護保険法第22条第1項に基づく既に支払った保険給付の徴収又は第64条に

基づく保険給付の制限を行うことができることに鑑み、指定介護予防支援事業者が、その利用者に関し、保険給付の適正化の観点から市町村に通知しなければならない事由を列記したものである。

(11) 運営規程

基準第17条は、指定介護予防支援の事業の適正な運営及び利用者等に対する適切な指定介護予防支援の提供を確保するため、同条第1号から第6号までに掲げる事項を内容とする規定を定めることを指定介護予防支援事業所ごとに義務づけたものである。特に次の点に留意する必要がある。

① 職員の職種、員数及び職務内容（第2号）

職員については、担当職員とその他の従業者に区分し、員数及び職務内容を記載することとする。

② 指定介護予防支援の提供方法、内容及び利用料その他の費用の額（第4号）

指定介護予防支援の提供方法及び内容については、利用者の相談を受ける場所、課題分析の手順等を記載するものとする。

③ 通常の事業の実施地域（第5号）

通常の事業の実施地域は、客観的にその区域が特定されるものとする。

(12) 勤務体制の確保

基準第18条は、利用者に対する適切な指定介護予防支援の提供を確保するため、職員の勤務体制等を規定したものであるが、次の点に留意する必要がある。

① 指定介護予防支援事業所ごとに、原則として月ごとの勤務表を作成し、担当職員については、日々の勤務時間、常勤・非常勤の別、管理者との兼務関係等を明確にする。また、非常勤の担当職員については、他の業務と兼務する場合には、当該他の業務に支障がないよう配慮しなければならない。

なお、当該勤務の状況等は、基準第16条により指定介護予防支援事業所の管理者が管理する必要があり、非常勤の担当職員を含めて当該指定介護予防支援事業所の業務として一体的に管理されていることが必要である。従って、非常勤の担当職員が兼務する業務の事業所を介護予防支援の拠点とし独立して利用者ごとの介護予防支援台帳の保管を行うようなことは認められないものである。

② 同条第3項は、より適切な指定介護予防支援を行うために、担当職員の研修の重要性について規定したものであり、指定介護予防支援事業者は、担当職員の資質の向上を図る研修の機会を確保しなければならない。

(13) 設備及び備品等

基準第19条に掲げる設備及び備品等については、次の点に留意するものである。

① 指定介護予防支援事業所には、事業の運営を行うために必要な面積を有する専用の事務室を設けることが望ましいが、指定介護予防支援の業務に支障がない場合には、地域包括支援センターが行う他の事業の用に供する事務室又は区画と同一のものであっても差し支えない。

② 指定介護予防支援事業者は、相談、サービス担当者会議等に対応するのに適切なスペースを確保することとし、相談のためのスペース等はプライバシーが守られ、利用者が直接出入りできるなど利用者が利用しやすいよう配慮する必要がある。

③ 指定介護予防支援に必要な設備及び備品等を確保すること。ただし、他の事業所及び施設等と同一敷地内にある場合であって、指定介護予防支援の事業及び当該他の事業所及び施設等の運営に支障がない場合は、当該他の事業所及び施設等に備え付けられた設備及び備品等を使用することができるものとする。

(14) 掲示

基準第21条は、基準第4条の規定により介護予防支援の提供開始時に利用者のサービスの選択に資する重要事項（その内容については(1)参照）を利用者及びその家族に対して説明を行った上で同意を得ることとしていることに加え、指定介護予防支援事業所への当該重要事項の掲示を義務づけることにより、サービス提供が開始された後、継続的にサービスが行われている段階においても利用者の保護を図る趣旨である。

(15) 秘密保持

① 基準第22条第1項は、指定介護予防支援事業所の担当職員その他の従業者に、その業務上知り得た利用者又はその家族の秘密の保持を義務づけたものである。

② 同条第2項は、指定介護予防支援事業者に対して、過去に当該指定介護予防支援事業所の担当職員その他の従業者であった者が、その業務上知り得た利用者又はその家族の秘密を漏らすことがないよう必要な措置を取ることを義務づけたものであり、具体的には、指定介護予防支援事業者は、当該指定介護予防支援事業所の担当職員その他の従業者が、従業者でなくなった後においてもこれらの秘密を保持すべき旨を、従業者の雇用時に取り決め、例えば違約金についての定めを置くなどの措置を講ずべきこととするものである。

③ 同条第3項は、サービス担当者会議等において、担当職員及び介護予防サービス計画に位置付けた各介護予防サービスの担当者が課題分析情報等を通じて利用者の有する問題点や支援すべき総合的な課題等の個人情報を共有するためには、あらかじめ、文書により利用者及びその家族から同意を得る必要があることを規定したものである。

なお、介護予防支援においては特に、サービス担当者会議に介護予防サービス事業者、主治医のほか地域において利用者を支援する取組を行う住民等の様々な関係者が参加する機会が多くなることが想定されるが、サービス担当者会議において用いられた個人情報が正当な理由なく目的外に使用されないよう、例えば法令上の守秘義務がない者に対しては、個人情報を適切に取り扱う旨に同意する文書を提出させるなど、指定介護予防支援事業者は、利用者等に係る個人情報の保護に留意する必要がある。

(16) 介護予防サービス事業者等からの利益収受の禁止等

指定介護予防支援事業者は公正で中立性の高い事業運営を行う必要があり、基準第24条は、これを具体的に担保するものであり、各項の趣旨は以下のとおりである。なお、指定介護予防支援事業者である地域包括支援センターにおいては、地域包括支援センター運営協議会が設けられ、介護予防支援の事業を含め地域包括支援センターが行う事業の公正かつ中立な運営を確保するために関わることから、地域包括支援センター運営協議会においては、基準第24条の規定が遵守されているかなどについても、適宜把握する必要がある。

① 基準第24条第1項は、介護予防サービス計画の作成又は変更に関し、指定介護予防支援事業者及び指定介護予防支援事業所の管理者が当該介護予防支援事業所の担当職員に利益誘導のために特定の介護予防サービス事業者等によるサービスを位置付ける旨の指示等を行うことを禁じた規定である。これは、介護予防サービス計画があくまで利用者の支援すべき総合的な課題に即したものでなければならないという介護予防支援の公正中立の原則の遵守をうたったものであり、例えば、指定介護予防支援事業者又は指定介護予防支援事業所の管理者が、同一法人系列の介護予防サービス事業者のみを位置付けるように指示すること等により、支援すべき総合的な課題に反するばかりでなく、事実上他の介護予防サービス事業者の利用を妨げることを指すものである。また、担当職員は、介護予防支援費の加算を得るために、支援すべき総合的な課題に即さない介護予防サービスを介護予防サービス計画に位置付けることがあってはならない。ましてや指定介護予防支援事業者及び指定介護予防支援事業所の管理者は、当該介護予防支援事業所の担当職員に同旨の指示をしてはならない。

② 同条第2項は、指定介護予防支援事業所の担当職員が利用者に利益誘導のために特定の介護予防サービス事業者等によるサービスを利用すべき旨の指示等を行うことを禁じた規定である。これも前項に規定した指定介護予防支援の公正中立の原則の遵守をうたったものであり、例えば、指定介護予防支援事業所の担当職員が、同一法人系列の介護予防サービス事業者のみを利用するように指示すること等により、支援すべき総合的な課題に反するばかりでなく、事実上他の介護予防サービス事業者の利用を妨げることを指すものである。また、担当職員は、介護予防支援費の加算を得るために、支援すべき総合的な課題に即さない介護予防サービスを介護予防サービス計画に位置付けることがあってはならない。

③ 同条第3項は、介護予防支援の公正中立性を確保するために、指定介護予防支援事業者及びその従業者が、利用者に対して特定の介護予防サービス事業者等によるサービスを利用させることの対償として、当該介護予防サービス事業者等から、金品その他の財産上の利益を収受してはならないこととしたものである。

(17) 苦情処理
① 基準第25条第1項は、利用者の保護及び適切かつ円滑な指定介護予防支援、指定介護予防サービス等の利用に資するため、自ら提供した指定介護予防支援又は自らが介護予防サービス計画に位置付けた指定介護予防サービス等に対する利用者及びその家族からの苦情に迅速かつ適切に対応しなければならないこととしたものである。具体的には、指定介護予防支援等についての苦情の場合には、当該事業者は、利用者又はその家族、指定介護予防サービス事業者等から事情を聞き、苦情に係る問題点を把握の上、対応策を検討し必要に応じて利用者に説明しなければならないものである。

なお、介護保険法第23条の規定に基づき、市町村から介護予防サービス計画の提出を求められた場合には、基準第25条第3項の規定に基づいて、その求めに応じなければならないものである。

② 同条第2項は、苦情に対し指定介護予防支援事業者が組織として迅速かつ適切に対応するため、当該苦情（指定介護予防支援事業者が提供したサービスとは関係のないものを除く。）の内容等を記録することを義務づけたものである。

また、指定介護予防支援事業者は、苦情がサービスの質の向上を図る上での重要な情報であるとの認識に立ち、苦情の内容を踏まえ、サービスの質の向上に向けた取組を自ら行うべきである。

なお、基準第28条第2項の規定に基づき、苦情の内容等の記録は、2年間保存しなければならない。

③ 同条第3項は、介護保険法上、苦情処理に関する業務を行うことが位置付けられている国民健康保険団体連合会のみならず、住民に最も身近な行政庁である市町村が、一次的には介護予防サービス等に関する苦情に対応することが多くなることと考えられることから、市町村についても国民健康保険団体連合会と同様に、指定介護予防支援事業者に対する苦情に関する調査や指導、助言を行えることを運営基準上、明確にしたものである。

④ なお、指定介護予防支援事業者は、当該事業所における苦情を処理するために講ずる措置の概要について明らかにし、相談窓口の連絡先、苦情処理の体制及び手順等を利用申込者にサービスの内容を説明する文書に記載するとともに、事業所に掲示するべきものである。

(18) 事故発生時の対応
基準第26条は、利用者が安心して指定介護予防支援の提供を受けられるよう事故発生時の速やかな対応を規定したものである。指定介護予防支援事業者は、利用者に対する指定介護予防支援の提供により事故が発生した場合は、市町村、当該利用者の家族等に連絡し、必要な措置を講じるべきこととするとともに、当該事故の状況及び事故に際して採った処置について記録し、また、利用者に対する指定介護予防支援の提供により賠償すべき事故が発生した場合には、損害賠償を速やかに行うべきこととしたものである。

なお、基準第28条第2項の規定に基づき、事故の状況及び事故に際して採った処置についての記録は、2年間保存しなければならない。

このほか、以下の点に留意されたい。
① 指定介護予防支援事業者は、利用者に対する指定介護予防支援の提供により事故が発生した場合の対応方法について、あらかじめ定めておくことが望ましいこと。
② 指定介護予防支援事業者は、賠償すべき事態となった場合には、速やかに賠償しなければならない。そのため、事業者は損害賠償保険に加入しておくか若しくは賠償資力を有することが望ましいこと。
③ 指定介護予防支援事業者は、事故が生じた際にはその原因を解明し、再発生を防ぐための対策を講じること。

(19) 会計の区分
基準第27条は、指定介護予防支援事業者に係る会計の区分について定めたものである。なお、具体的な会計処理の方法等については、別に通知するところによるものである。

4　介護予防のための効果的な支援の方法に関する基準

(1) 基準第30条は、利用者の課題分析、サービス担当者会議の開催、介護予防サービス計画の作成、介護予防サービス計画の実施状況の把握などの介護予防支援を構成する一連の業務のあり方及び当該業務を行う担当職員の責務を明らかにしたものである。

なお、利用者の課題分析（第6号）から介護予防サービス計画の利用者への交付（第11号）に掲げる一連の業務については、基準第1条の2に掲げる基本方針を達成するために必要となる業務を列記したものであり、基本的にはこのプロセスに応じて進めるべきものであるが、緊急的なサービス利用等やむを得ない場合や、効果的・効率的に行うことを前提とするものであれば、業務の順序について拘束するものではない。ただし、その場合にあっても、それぞれ位置付けられた個々の業務は、事後的に可及的速やかに実施し、その結果に基づいて必要に応じて介護予防サービス計画を見直すなど、適切に対応しなければならない。

① 担当職員による介護予防サービス計画の作成（基準第30条第1号）

指定介護予防支援事業所の管理者は、介護予防サービス計画の作成に関する業務の主要な過程を保健師等の担当職員に担当させることとしたものである。

② 指定介護予防支援の基本的留意点（第2号）

指定介護予防支援は、利用者及びその家族の主体的な参加及び自らの目標に向けての意欲の向上と相まって行われることが重要である。このためには、指定介護予防支援について利用者及びその家族の十分な理解が求められるものであり、担当職員は、指定介護予防支援を懇切丁寧に行うことを旨とし、サービスの提供方法等について理解しやすいようにわかりやすく説明を行うことが肝要である。

③ 計画的な指定介護予防サービス、地域密着型介護予防サービス等の利用（第3号）

利用者の自立した日常生活の支援を効果的に行うためには、利用者の心身又は家族の状態等に応じて、継続的かつ計画的に介護予防サービス、地域密着型介護予防サービス等が提供されることが重要である。担当職員は、介護予防サービス計画の作成又は変更に当たり、計画的に指定介護予防サービス、地域密着型介護予防サービス、地域の住民による自発的な活動等の提供が行われるようにすることが必要である。

④ 総合的な介護予防サービス計画の作成（第4号）

介護予防サービス計画は、利用者の日常生活全般を支援する観点に立って作成されることが重要である。このため、介護予防サービス計画の作成又は変更に当たっては、利用者やその家族の意向を踏まえた課題分析の結果に基づき、予防給付等対象サービス以外の、例えば利用者本人の取組、家族が行う支援、市町村保健師等が居宅を訪問して行う指導等の保健サービス、老人介護支援センターにおける相談援助及び市町村が一般施策として行う配食サービス、寝具乾燥サービスや当該地域の住民による見守り、配食、会食などの自発的な活動によるサービス等、更には、こうしたサービスと併せて提供される精神科訪問看護等の医療サービス、はり師・きゅう師による施術、保健師・看護師・柔道整復師・あん摩マッサージ指圧師による機能訓練なども含めて介護予防サービス計画に位置付けることにより総合的かつ目標指向的な計画となるよう努めなければならない。

この場合には、介護保険制度の基本理念等について、利用者が十分理解できるよう、担当職員は丁寧に説明をし、適切なサービスを利用者が選択できるよう専門的な観点から利用者の個別性を踏まえ、助言しなければならない。

なお、指定介護予防支援事業者である地域包括支援センターにおいては、当該日常生活全般を支援する上で、利用者やその家族の意向を踏まえた課題分析の結果に基づき、予防給付等対象サービスであるか否かに関わらず、地域で不足していると思われるサービス等が提供されるよう関係機関等に働きかけていくことが必要である。

⑤ 利用者自身によるサービスの選択（第5号）

担当職員は、利用者自身が主体的に意欲をもって介護予防に取り組むことを基本に、これを支援するものである。このため、担当職員は、利用者による適切なサービスの利用に資するよう、当該利用者が居住する地域の指定介護予防サービス事業者、指定地域密着型介護予防サービス等に関するサービスの内容、利用料等の情報を適正に利用者又はその家族に対して提供するものとする。

したがって、特定の指定介護予防サービス事業者又は指定地域密着型介護予防サービスに不当に偏した情報を提供するようなことや、利用者の選択を求めることなく同一の事業主体のサービスのみによる介護予防サービス計画原案を最初から提示するようなことがあってはならないものである。なお、地域の指定介護予防サービス事業者、指定地域密着型介護予防サービス等の情報を提供するに当たっては、都道府県又は指定情報公表センターが公表を行っている情報等についても活用されたい。

⑥ 課題分析の実施（第6号）

介護予防サービス計画は、個々の利用者の特性に応じて作成されることが重要である。このため担当職員は、介護予防サービス計画の作成に先立ち利用者の課題分析を行うこととなる。

課題分析では、利用者の有する生活機能や健康状態、置かれている環境等を把握した上で、利用者が日常生活をおくる上での運動・移動の状況、日常生活（家庭生活）の状況、社会参加、対人関係・コミュニケーションの状況、健康管理の状況をそれぞれ把握し、利用者及びその家族の意欲・意向を踏まえて、各領域ごとに利用者が現に抱えている問題点を明らかにするとともに、介護予防の効果を最大限に発揮し、利用者が自立した日常生活を営むことができるように支援すべき総合的な課題を把握する必要がある。

⑦ 課題分析における留意点（第7号）

担当職員は、課題の把握（以下「アセスメント」という。）に当たっては、利用者が入院中であることなど物理的な理由がある場合を除き必ず利用者の居宅を訪問し、利用者及びその家族に面接して行わなければならない。この場合において、事前に要支援認定の認定調査結果、主治医意見書等により、一定程度利用者の状態を把握しておく必要がある。また、面接に当たっては、利用者やその家族との間の信頼関係、協働関係の構築が重要であり、担当職員は、面接の趣旨を利用者及びその家族に対して十分に説明し、理解を得なければならない。なお、このため、

担当職員は面接技法等の研鑽に努めることが重要である。
　また、当該アセスメントの結果について記録するとともに、基準第28条第2項の規定に基づき、当該記録は、2年間保存しなければならない。
⑧　介護予防サービス計画原案の作成（第8号）
　担当職員は、介護予防サービス計画が利用者の生活の質に直接影響する重要なものであることを十分に認識し、目標指向型の介護予防サービス計画原案を作成しなければならない。したがって、介護予防サービス計画原案は、利用者についてのアセスメントの結果、利用者が目標とする生活、利用者及びその家族の意向を踏まえ、当該地域における指定介護予防サービス、指定地域密着型介護予防サービス等が提供される体制を勘案した上で、実現可能なものとする必要がある。
　また、当該介護予防サービス計画原案には、目標、目標についての支援のポイント、当該ポイントを踏まえ、具体的に本人等のセルフケア、家族、インフォーマルサービス、介護保険サービス等により行われる支援の内容、これらの支援を行う期間等を明確に盛り込み、当該達成時期には介護予防サービス計画及び各指定介護予防サービス、指定地域密着型介護予防サービス等の評価を行い得るようにすることが重要である。
⑨　サービス担当者会議等による専門的意見の聴取（第9号）
　担当職員は、新規に介護予防サービス計画原案を作成したときは、利用者の情報を各サービスの担当者等で共有するとともに、利用者が抱えている課題、目標、支援の方針等について協議し、各サービスが共通の目標を達成するために具体的なサービスの内容として何ができるかについて相互に理解するなどについて、利用者や家族、介護予防サービス計画原案作成者、介護予防サービス計画原案に位置付けた指定介護予防サービスの担当者、主治医、インフォーマルサービス担当者等からなるサービス担当者会議を必ず開催することが必要である。また、これらの各サービスの担当者でサービス担当者会議に参加できない者については、照会等により専門的見地からの意見を求めれば差し支えないこととされているが、この場合にも、緊密に相互の情報交換を行うことにより、利用者の状況等についての情報や介護予防サービス計画原案の内容を共有できるようにする必要がある。
　なお、当該サービス担当者会議の要点又は当該担当者への照会内容について記録するとともに、基準第28条の第2項の規定に基づき、当該記録は、2年間保存しなければならない。
⑩　介護予防サービス計画の説明及び同意（第10号）
　介護予防サービス計画に位置付ける指定介護予防サービス、指定地域密着型介護予防サービス等の選択は、利用者自身が行うことが基本であり、また、当該計画は利用者の希望を尊重して作成されなければならない。このため、当該計画原案の作成に当たって、これに位置付けるサービスについて、また、サービスの内容についても利用者の希望を尊重することとともに、作成された介護予防サービス計画の原案についても、最終的には、その内容について説明を行った上で文書によって利用者の同意を得ることを義務づけることにより、利用者によるサービスの選択やサービス内容等への利用者の意向の反映の機会を保障しようとするものである。
　また、当該説明及び同意を要する介護予防サービス計画原案とは、いわゆる「介護予防サービス・支援計画書」（「介護予防支援業務に係る関連様式例の提示について」（平成18年3月31日老振発第0331009号厚生労働省老健局振興課長通知）に示す標準様式を指す。）に相当するものすべてが望ましいが、少なくとも「目標」、「支援計画」、「【本来行うべき支援ができない場合】妥当な支援の実施に向けた方針」、「総合的な方針：生活不活発病の改善・予防のポイント」欄に相当するものについては、説明及び同意を要するものである。
⑪　介護予防サービス計画の交付（第11号）
　介護予防サービス計画を作成した際には、遅滞なく利用者及びサービスの担当者に交付しなければならない。なお、交付する介護予防サービス計画については、⑩の説明及び同意を要する介護予防サービス計画原案の範囲を参照されたい。
　なお、基準第28条第2項の規定に基づき、介護予防サービス計画は、2年間保存しなければならない。
⑫　担当者に対する個別サービス計画の提出依頼（第12号）
　介護予防サービス計画と各担当者が自ら提供する介護予防サービス等の当該計画（以下「個別サービス計画」という。）との連動性を高め、介護予防支援事業者とサービス提供事業者の意識の共有を図ることが重要である。
　このため、基準第30条第12号に基づき、担当者に居宅サービス計画を交付したときは、担当者に対し、個別サービス計画の提出を求め、介護予防サービス計画と個別サービス計画の連動性や整合性について確認することとしたものである。
　なお、担当職員は、担当者と継続的に連携し、意識の共有を図ることが重要であることから、居宅サービス計画と個別サービス計画の連動性や整合性の確認については、介護予防サービス計画を担当者に交付したときに限らず、必要に応じて行うことが望ましい。
　さらに、サービス担当者会議の前に介護予防サービス計画の原案を担当者に提供し、サービス担当者会議に個別サービス計画案の提出を求め、サービス担当者会議において情報の共有や調整を図るなどの手法も有効である。
⑬　個別サービス計画作成の指導及び報告の聴取（第13号）
　担当職員は、サービスの担当者に対して介護予防サービス計画を交付する際には、当該計画の趣旨及び内容等について十分に説明し、各サービスの担当者との共有、連携を図った上で、各サービスの担当者が自ら提供する介護予防サービス、地域密着型介護予防サービス等の当該計画における位置付けを理解できるように配慮するとともに、当該サービスの担当者が介護予防サービス計画の内容に沿って個別サービス計画を作成されるよう必要な援助を行う必要がある。
　また、利用者の状況や課題の変化は、利用者に直接サービスを提供する指定介護予防サービス事業者、地域密着型介護予防サービス事業者等により把握されることも多いことから、担当

職員は、当該指定介護予防サービス事業者、指定地域密着型介護予防サービス事業者等のサービスの担当者と緊密な連携を図り、設定された目標との関係を踏まえて利用者の状況や課題の変化が認められる場合には、円滑に連絡が行われる体制を整備する必要がある。そのため、各サービスの担当者がサービスの実施を開始した後は、それぞれのサービスの担当者から、少なくとも1月に1回、指定介護予防サービス事業者、指定地域密着型介護予防サービス事業者等への訪問、電話、FAX等の方法により、サービスの実施状況、サービスを利用している際の利用者の状況、サービス実施の効果について把握するために聴取する必要がある。

⑭　介護予防サービス計画の実施状況等の把握（第14号）

　指定介護予防支援においては、設定された目標との関係を踏まえつつ利用者の有する生活機能の状況や課題に即した適切なサービスを組み合わせて利用者に提供し続けることが重要である。このために担当職員は、設定された目標との関係を踏まえつつ利用者の有する生活機能の状況や課題の変化に留意することが重要であり、介護予防サービス計画の作成後、介護予防サービス計画の実施状況の把握（利用者についての継続的なアセスメントを含む。以下「モニタリング」という。）を行い、設定された目標との関係を踏まえつつ利用者の有する生活機能の状況や課題の変化が認められる場合等必要に応じて介護予防サービス計画の変更、指定介護予防サービス事業者、指定地域密着型介護予防サービス事業者等との連絡、調整その他の便宜の提供を行うものとする。

⑮　介護予防サービス計画の実施状況等の評価（第15号）

　介護予防サービス計画では、設定された目標との関係を踏まえた利用者の有する生活機能の状況や課題を基に利用者の目標とする生活を実現するためのさらなる具体的な目標を定め、当該目標を達成するために介護予防サービス、地域密着型介護予防サービス等を期間を定めて利用することとなる。このため、介護予防サービス計画で定めた期間の終了時には、定期的に、介護予防サービス計画の実施状況を踏まえ、目標の達成状況を評価し、今後の方針を決定する必要がある。したがって、評価の結果により、必要に応じて介護予防サービス計画の見直しを行うこととなる。

　なお、評価の実施に際しては、利用者の状況を適切に把握し、利用者及び家族の意見を徴する必要があることから、利用者宅を訪問して行う必要がある。

　また、基準第28条第2項の規定に基づき、介護予防サービス計画の評価の結果は、2年間保存しなければならない。

⑯　モニタリングの実施（第16号）

　担当職員は、モニタリングに当たっては、介護予防サービス計画の作成後においても、利用者及びその家族、主治の医師、指定介護予防サービス事業者、指定地域密着型介護予防サービス事業者等との連絡を継続的に行うこととし、当該指定介護予防サービス事業者等の担当者との連携により、モニタリングが行われている場合においても、特段の事情のない限り、少なくともサービスの期間終了月、サービス提供した月の翌月から起算して3月に1回のいずれかに該当する場合には利用者の居宅で面接を行うことが必要である。

　利用者宅を訪問しない月でも、指定介護予防サービス事業者等への訪問、利用者への電話等の方法により、利用者自身に介護予防サービス計画の実施状況について確認を行い、利用者の状況に変化があるときは、利用者宅を訪問して確認を行うことが必要である。

　こうして行ったモニタリングについては、1月に1回はその結果を記録することが必要である。

　なお、「特段の事情」とは、利用者の事情により、利用者の居宅を訪問し、利用者に面接することができない場合を主として指すものであり、担当職員に起因する事情は含まれない。

　さらに、当該特段の事情がある場合については、その具体的な内容を記録しておくことが必要である。

　また、基準第28条第2項の規定に基づき、モニタリングの結果の記録は、2年間保存しなければならない。

⑰　介護予防サービス計画の変更の必要性についてのサービス担当者会議等による専門的意見の聴取（第17号）

　担当職員は、利用者が要支援状態区分の変更の認定を受けた場合など本号に掲げる場合には、サービス担当者会議の開催、サービスの担当者に対する照会等により、介護予防サービス計画の変更の必要性について、サービスの担当者から、専門的な見地からの意見を求めるものとする。ただし、やむを得ない理由がある場合については、サービス担当者に対する照会等により意見を求めることができるものとする。なお、ここでいうやむを得ない理由がある場合とは、開催の日程調整を行ったが、サービス担当者の事由により、サービス担当者会議への参加が得られなかった場合や居宅サービス計画の変更から間もない場合で利用者の状態に大きな変化が見られない場合等が想定される。

　当該サービス担当者会議の要点又は当該担当者への照会内容については記録するとともに、基準第28条第2項の規定に基づき、当該記録は、2年間保存しなければならない。

　また、前記のサービスの担当者からの意見により、介護予防サービス計画の変更の必要がない場合においても、記録の記載及び保存について同様である。

⑱　介護予防サービス計画の変更（第18号）

　担当職員は、介護予防サービス計画を変更する際には、原則として、基準第30条第3号から第12号までに規定された介護予防サービス計画作成に当たっての一連の業務を行うことが必要である。

　なお、利用者の希望による軽微な変更（例えばサービス提供日時の変更等で、担当職員が基準第30条第3号から第12号に掲げる一連の業務を行う必要性がないと判断したもの）を行う場合には、この必要はないものとする。ただし、この場合においても、担当職員が、設定された目標との関係を踏まえた利用者の状況や課題の変化に留意することが重要であることは、同条第14号（⑭介護予防サービス計画の実施状況等の把握）に規定したとおりであるので念のため申し添える。

⑲　介護保険施設への紹介その他の便宜の提供（第

19号)

担当職員は、適切な保健医療サービス及び福祉サービスが総合的かつ効率的に提供された場合においても、利用者がその居宅において日常生活を営むことが困難となったと認められ、利用者が介護保険施設への入院又は入所を希望する場合には、利用者の要介護認定の申請の援助を行い、利用者が要介護認定を受けた上で、介護保険施設はそれぞれ医療機能等が異なることに鑑み、主治医の意見を参考にする、主治医に意見を求める等をして介護保険施設への紹介その他の便宜の提供を行うものとする。

⑳ 介護保険施設との連携(第20号)

担当職員は、介護保険施設等から退院又は退所しようとする者で要支援認定を受けた者等から介護予防支援の依頼があった場合には、居宅における生活へ円滑に移行できるよう、あらかじめ、居宅での生活における介護上の留意点等の情報を介護保険施設等の従業者から聴取する等の連携を図るとともに、居宅での生活を前提としたアセスメントを行った上で介護予防サービス計画を作成する等の援助を行うことが重要である。

㉑ 主治の医師等の意見等(第21号・第22号)

介護予防訪問看護、介護予防訪問リハビリテーション、介護予防通所リハビリテーション、介護予防居宅療養管理指導及び介護予防短期入所療養介護については、主治の医師又は歯科医師(以下「主治の医師等」という。)等がその必要性を認めたものに限られるものであることから、担当職員は、これらの医療サービスを介護予防サービス計画に位置付ける場合にあっては主治の医師等の指示があることを確認しなければならない。

このため、利用者がこれらの医療サービスを希望している場合その他必要な場合には、担当職員は、あらかじめ、利用者の同意を得て主治の医師等の意見を求めなければならない。

なお、医療サービス以外の指定介護予防サービス、指定地域密着型介護予防サービス等を介護予防サービス計画に位置付ける場合にあって、当該指定介護予防サービス等に係る主治の医師等の医学的観点からの留意事項が示されているときは、担当職員は、当該留意点を尊重して介護予防支援を行うものとする。

㉒ 介護予防短期入所生活介護及び介護予防短期入所療養介護の介護予防サービス計画への位置付け(第23号)

介護予防短期入所生活介護及び介護予防短期入所療養介護(以下「介護予防短期入所サービス」という。)は、利用者の自立した日常生活の維持のために利用されるものであり、指定介護予防支援を行う担当職員は、介護予防短期入所サービスを位置付ける介護予防サービス計画の作成に当たって、利用者にとってこれらの介護予防サービスが在宅生活の維持につながるように十分に留意しなければならないことを明確化したものである。

この場合において、介護予防短期入所サービスの利用日数に係る「要支援認定の有効期間のおおむね半数を超えない」という目安については、原則として上限基準であることを踏まえ、介護予防サービス計画の作成過程における個々の利用者の心身の状況やその置かれている環境等の適切な評価に基づき、適切な介護予防サービス計画を作成する必要がある。

㉓ 介護予防福祉用具貸与及び特定介護予防福祉用具販売の介護予防サービス計画への反映(第24号・第25号)

介護予防福祉用具貸与及び特定介護予防福祉用具販売については、その特性と利用者の心身の状況等を踏まえて、その必要性を十分に検討せずに選定した場合、利用者の自立支援は大きく阻害されるおそれがあることから、検討の過程を別途記録する必要がある。

このため、担当職員は、介護予防サービス計画に介護予防福祉用具貸与及び特定介護予防福祉用具販売を位置付ける場合には、サービス担当者会議を開催し、当該計画に介護予防福祉用具貸与及び特定介護予防福祉用具販売が必要な理由を記載しなければならない。

なお、介護予防福祉用具貸与については、介護予防サービス計画作成後必要に応じて随時サービス担当者会議を開催して、利用者が継続して介護予防福祉用具貸与を受ける必要性について専門的意見を聴取するとともに検証し、継続して介護予防福祉用具貸与を受ける必要がある場合には、その理由を再び介護予防サービス計画に記載しなければならない。

また、介護予防福祉用具貸与については以下の項目について留意することとする。

ア 担当職員は、利用者の介護予防サービス計画に指定介護予防福祉用具貸与を位置付ける場合には、「厚生労働大臣が定める基準に適合する利用者等」(平成27年厚生労働省告示第94号)第31号のイで定める状態像の者であることを確認するため、当該利用者の「要介護認定等基準時間の推計の方法」(平成12年厚生省告示第91号)別表第1の調査票について必要な部分(実施日時、調査対象者等の時点の確認及び本人確認ができる部分並びに基本調査の回答で当該利用者の状態像の確認が必要な部分)の写し(以下「調査票の写し」という。)を市町村から入手しなければならない。

ただし、当該利用者がこれらの結果を担当職員へ提示することに、あらかじめ同意していない場合については、当該利用者の調査票の写しを本人に情報開示させ、それを入手しなければならない。

イ 担当職員は、当該利用者の調査票の写しを指定介護予防福祉用具貸与事業者へ提示することに同意を得たうえで、市町村より入手した調査票の写しについて、その内容が確認できる文書を指定介護予防福祉用具貸与事業者へ送付しなければならない。

ウ 担当職員は、当該利用者が「指定介護予防サービスに要する費用の額の算定に関する基準の制定に伴う実施上の留意事項について」(平成18年老計発第0317001号・老振発第0317001号・老老発第0317001号)の第2の11(2)①ウの判断方法による場合については、福祉用具の必要性を判断するため、利用者の状態像が、同i)からiii)までのいずれかに該当する旨について、主治医意見書による方法のほか、医師の診断書又は医師から所見を聴取する方法により、当該医師の所見及び医師の名前を介護予防サービス計画に記載しなければならない。この場合において、担当職員は、指定介護予防福祉用具貸与事業者より、当該利用者に係る医師の所見及び医師の名前につ

いて確認があったときには、利用者の同意を得て、適切にその内容について情報提供しなければならない。
㉔ 認定審査会意見等の介護予防サービス計画への反映（第26号）
指定介護予防サービス事業者は、法第115条の3第2項の規定に基づき認定審査会意見が被保険者証に記されているときは、当該意見に従って、当該被保険者に当該指定介護予防サービスを提供するように努める必要があり、担当職員は、利用者が提示する被保険者証にこれらの記載がある場合には、利用者にその趣旨（法第37条第1項の指定に係る介護予防サービス種類については、その変更の申請ができることを含む。）について説明し、理解を得た上で、その内容に沿って介護予防サービス計画を作成する必要がある。
㉕ 地域ケア会議への協力（第28号）
地域包括ケアシステムの構築を推進するため、地域ケア会議が介護保険法上に位置付けられ、関係者等は会議から資料又は情報の提供の求めがあった場合には、これに協力するよう努めることについて規定しているところである。地域ケア会議は、個別ケースの支援内容の検討を通じて、法の理念に基づいた高齢者の自立支援に資するケアマネジメントの支援、高齢者の実態把握や課題解決のための地域包括支援ネットワークの構築及び個別ケースの課題分析等を行うことによる地域課題の把握を行うことなどを目的としていることから、指定居宅介護支援事業者は、その趣旨・目的に鑑み、より積極的に協力することが求められる。そのため、地域ケア会議から個別のケアマネジメントの事例の提供の求めがあった場合には、これに協力するよう努めなければならないことについて、具体的取扱方針においても、規定を設けたものである。
(2) 基準第31条は、利用者の要支援状態の改善又は悪化の防止という介護予防の効果を最大限発揮するために留意すべき事項を定めたものであり、担当職員は、基準第31条に規定されている事項について常に留意しつつ、介護予防支援を提供する必要がある。
① 基準第31条第1号については、介護予防が単に運動機能や栄養状態、口腔機能といった利用者の特定の機能を向上させることを目的とするものではなく、これらの心身機能の改善や環境調整などを通じて、利用者ができる限り要介護状態にならないで自立した日常生活を営むことができるよう総合的に支援することを目的として行われるものである。担当職員は、支援を行うことによって利用者がどのような生活を営むことができるのかということを常に留意しながら、支援を行う必要があることを規定したものである。
② 同条第2号については、介護予防の取組は、あくまでも利用者が自ら主体的に取り組むことが不可欠であり、そうした主体的な取組がなければ介護予防の十分な効果も期待できないおそれがあることから、担当職員は、介護予防支援の提供を通じて、利用者の意欲が高まるようコミュニケーションの取り方をはじめ、様々な工夫をして、適切な働きかけを行う必要があることを規定したものである。
③ 同条第3号については、利用者の状態に応じた目標を設定し、利用者が介護予防に意欲を持って主体的に取り組んだり、支援を受けることによってどのような生活を営むようになるのかを理解することが重要である。また、介護予防サービス事業者等が設定された目標を共有することにより、その目標を達成するために適切な支援を行うことが重要であることを規定したものである。この場合、利用者が主体的に目標の達成に取り組めるよう、利用者と一緒に目標を設定することが重要である。
④ 同条第4号については、介護予防の取組が利用者のできる行為を増やし、自立した生活を実現することを目指すものであることから、利用者の自立の可能性を最大限引き出す支援を行うことが基本であり、利用者のできる能力を阻害するようなサービスを提供しないよう配慮すべきことを規定したものである。
⑤ 同条第5号については、介護予防においては利用者の生きがいや自己実現のための取組も含めて利用者の生活全般を総合的に支援することが必要であり、介護予防支援の提供に当たっては、介護予防サービスのみで利用者を支援するのではなく、利用者自身の取組や家族の支援、様々な保健医療サービスや福祉サービス、地域における住民の自発的な活動など多様な主体によるサービスがサービス担当者会議等の機会を通じてそれぞれ連携して提供されるよう配慮すべきことを規定したものである。
⑥ 同条第6号については、地域支援事業及び介護給付との連続性及び一貫性を持たせることを規定したものである。具体的には、要支援者の心身の状態が改善したり、悪化することにより、地域支援事業における二次予防事業の対象者となったり、要介護者と認定されることがある。また、二次予防事業の対象者の心身の状態が悪化したり、要介護者の心身の状態が改善することにより要支援者と認定されることもある。このような場合に、利用者に対する支援が連続性及び一貫性を持って行われるよう、指定介護予防支援事業者が地域包括支援センター及び居宅介護支援事業者と連携を図るべきことを規定したものである。
⑦ 同条第7号については、利用者が要支援に至る過程やその状態は様々であり、また、利用者の意欲や生活の状況等によって、その取組の方法についても利用者によって様々であることから、一人ひとりの利用者に応じて、効果的なサービスが提供されるよう支援すべきことを規定したものである。
⑧ 同条第8号については、介護予防支援の提供を通じて利用者の機能が改善した場合には、その機能が維持できるように、利用者自らが継続的に意欲を持って取り組めるよう支援すべきことを規定したものである。

5 基準該当介護予防支援に関する基準

基準第1条の2、第2章から第3章（第27条第6項及び第7項を除く。）までの規定は、基準該当介護予防支援の事業について準用されるため、1から3まで（「基本方針」「人員に関する基準」及び「運営に関する基準」）を参照されたい。この場合において、準用される基準第10条第1項の規定は、基準該当介護予防支援事業者が利用者から受領する利用料と、原則として特例介護予防サービス計画費との間に不合理な差異が生じることを禁ずることにより、基準該当介護予防支援についても原則として利用者負担が生じないこととする趣旨であることに留意されたい。

関係法令・通知／サービスコード表等　CD-ROMのご利用について

巻末のCD-ROMには、以下の資料が収録されています。

◆関係法令・通知
1. 指定居宅介護支援に要する費用の額の算定に関する基準
2. 指定居宅サービスに要する費用の額の算定に関する基準（訪問通所サービス、居宅療養管理指導及び福祉用具貸与に係る部分）及び指定居宅介護支援に要する費用の額の算定に関する基準の制定に伴う実施上の留意事項について（抄）
3. 指定介護予防支援に要する費用の額の算定に関する基準
4. 「指定介護予防サービスに要する費用の額の算定に関する基準の制定に伴う実施上の留意事項について」の制定及び「指定居宅サービスに要する費用の額の算定に関する基準（訪問通所サービス及び居宅療養管理指導に係る部分）及び指定居宅介護支援に要する費用の額の算定に関する基準の制定に伴う実施上の留意事項について」等の一部改正について

◆サービスコード表
1. 介護給付費単位数等サービスコード表（平成27年4月施行版）介護サービス
2. 介護給付費単位数等サービスコード表（平成27年4月施行版）介護予防サービス
3. 介護給付費単位数等サービスコード表（平成27年4月施行版）地域密着型サービス

◆福祉用具ガイドライン
1. 介護保険における福祉用具の選定の判断基準について
2. 福祉用具販売サービスガイドライン
3. 福祉用具サービス計画作成ガイドライン

◆個人情報保護関係
1. 個人情報の保護に関する法律
2. 医療・介護関係事業者における個人情報の適切な取扱いのためのガイドライン

◆労働基準関係
1. 訪問介護員のための魅力ある就労環境づくり（労務管理マニュアル）（外部リンク）＊
2. 介護労働者の労働条件の確保・改善のポイント（外部リンク）＊
3. 労働手帳（外部リンク）＊

＊インターネット上のホームページにアクセスします（インターネット接続環境が必要です）。

◆様式集
新規相談受付票（支援経過記録）・新規利用者等　支援経過記録　確認シート・アセスメント総括表（課題整理総括表）・課題整理総括表・アセスメント結果に対する相談記録・居宅サービス計画書（1）・居宅サービス計画書（2）・ご本人の暮らし（生活リズム表）・居宅サービス提供依頼書・ADL等状況書・サービス担当者会議の開催依頼書・サービス担当者会議（次第・会議録）・サービス担当者の意見依頼書（チームアセスメント表）・モニタリング表（短期目標・長期目標評価表）・評価表（短期目標）・評価表（長期目標）・入院時情報提供書・退院・退所時情報確認書（連携シート）

[推奨動作環境]
- OS：Microsoft® Windows® Vista以降
- PDFファイル
 PDFファイルをご覧になるには「Adobe Reader」（無償）が必要です。「Adobe Reader」は6.0以上を推奨します。「Adobe Reader」ないし「Adobe Acrobat」がインストールされていない場合には、AdobeのWebサイト（http://www.adobe.com/jp/）から「Adobe Reader」をインストールすることができます。

[起動方法]
① CD-ROMをドライブに挿入します。
② Windows® の［マイコンピューター］をダブルクリック→表示されるウィンドウにあるCD-ROMドライブをダブルクリック→CD-ROMドライブにある［Index.html］をダブルクリック→トップ画面が開く
③ トップ画面の資料名をクリックすると該当のファイルが開きます。
④ 目的に応じて、拡大表示・印刷・保存してご利用ください。

警告

　このディスクはCD-ROMです。一般のオーディオ機器では、絶対に再生しないでください。大音量によって、耳に障害を被ったり、スピーカーが破損したりするおそれがあります。

[商標]
- Windows® の正式名称はMicrosoft® Windows® Operating Systemです。
- Microsoft、Windows、Windows Vistaは米国Microsoft Corporationの米国およびその他の国における登録商標および商標です。
- AdobeおよびAdobe Readerは、Adobe Systems Incorporated（アドビ システムズ社）の商標です。

編者プロフィール

公益社団法人　かながわ福祉サービス振興会

民間企業・市民団体および行政との連携により、福祉・介護サービスの振興と質の向上を目指し、21世紀の豊かな福祉社会を実現するため、1997（平成9）年3月、神奈川県において、民間主導で設立された社団法人（現在は公益社団法人）。現在、その理念を実現するために、情報事業、評価事業、教育事業、要介護認定調査事業、調査研究事業とともに、介護サービス情報の公表制度にかかる指定情報公表センター並びに指定調査機関の指定を受けて、多様な活動を展開している。

事務局　〒231-0023　横浜市中区山下町23番地　日土地山下町ビル9階
　　　　TEL 045-671-0294　　FAX 045-671-0295
　　　　公益社団法人かながわ福祉サービス振興会　　　　URL http://www.kanafuku.jp/
　　　　〈運営Webサイト〉
　　　　・介護情報サービスかながわ　　　　　　　　　URL http://www.rakuraku.or.jp/kaigonavi/
　　　　・障害福祉情報サービスかながわ　　　　　　　URL http://www.rakuraku.or.jp/shienhi/
　　　　・子育て支援情報サービスかながわ　　　　　　URL http://c.rakuraku.or.jp/

NPO法人　神奈川県介護支援専門員協会

2002（平成14）年2月、介護支援専門員団体として全国ではじめてNPO法人格を取得。介護支援専門員に関する調査研究の結果をふまえ、研修プログラムやケアマネジメント様式の開発、相談窓口の設置など介護支援専門員を支えるさまざまな活動を活発に行っている。また、各地域の介護支援専門員連絡組織の連携を支援している。資格の有無や活動地域にかかわらず入会可能。

会員数　1,042名（2015年9月30日現在）
事務局　〒231-0023　横浜市中区山下町23番地　日土地山下町ビル9階
　　　　TEL 045-671-0284　　FAX 045-671-0287
　　　　URL http://www.care-manager.or.jp/

執筆者一覧

第1章・第2章・第3章・第5章・第6章
瀬戸　恒彦：公益社団法人かながわ福祉サービス振興会理事長／神奈川大学講師

第4章
高砂　裕子：NPO法人神奈川県介護支援専門員協会顧問／南区医師会訪問看護ステーション・居宅介護支援センター　管理者
阿部　充宏：NPO法人神奈川県介護支援専門員協会顧問／合同会社　介護の未来　代表
荻原満寿美：社会福祉法人いきいき福祉会ケアプランセンターラポール　管理者

取材協力（50音順）
乙坂　佳代：横浜総合病院地域医療総合支援センター
笠原　由美：聖芳園指定居宅介護支援ステーション
柴山志穂美：杏林大学保健学部講師
白木　裕子：株式会社フジケア

四訂
居宅介護支援・介護予防支援 給付管理業務マニュアル

2015年11月20日 発行

編　集	公益社団法人　かながわ福祉サービス振興会
編集協力	NPO法人　神奈川県介護支援専門員協会
発行者	荘村明彦
発行所	中央法規出版株式会社
	〒110-0016　東京都台東区台東3-29-1　中央法規ビル
	営　　業　TEL 03-3834-5817　FAX 03-3837-8037
	書店窓口　TEL 03-3834-5815　FAX 03-3837-8035
	編　　集　TEL 03-3834-5812　FAX 03-3837-8032
	URL　　　http://www.chuohoki.co.jp/

本文・装幀デザイン……株式会社ジャパンマテリアル
印刷・製本　……サンメッセ株式会社
ISBN978-4-8058-5257-6

本書のコピー、スキャン、デジタル化等の無断複製は、著作権法上での例外を除き禁じられています。また、本書を代行業者等の第三者に依頼してコピー、スキャン、デジタル化することは、たとえ個人や家庭内での利用であっても著作権法違反です。
落丁本・乱丁本はお取り替えいたします。